도서출판 대장간은
쇠를 달구어 연장을 만들듯이
생각을 다듬어 기독교 가치관을
바르게 세우는 곳입니다.

대장간이란 이름에는
사라져가는 복음의 능력을 되살리고,
낡은 것을 새롭게 풀무질하며, 잘못된 것을
바로 세우겠다는 의지가 담겨져 있습니다.

www.daejanggan.org

나의 가족

캐롤, 에릭. 그리고 마크에게

BELIEVERS CHURCH BIBLE COMMENTARY

Old Testament

Genesis, by Eugene F. Roop, 1987
Exodus, by Waldemar Janzen, 2000
Deuteronomy by Gerald E. Gerbrandt, 2015
Joshua, by Gordon H. Matties, 2012
Judges, by Terry L. Brensinger, 1999
Ruth, Jonah, Esther, by Eugene F. Roop, 2002
1 & 2 Chronicles by August H. Konkel, 2016
Psalms, by James H. Waltner, 2006
Proverbs, by John W. Miller, 2004
Ecclesiastes, by Douglas B. Miller, 2010
Isaiah, by Ivan D. Friesen, 2009
Jeremiah, by Elmer A. Martens, 1986
Lamentations/Song of Songs by Wilma Ann Bailey, Christina Bucher, 2015
Ezekiel, by Millard C. Lind, 1996
Daniel, by Paul M. Lederach, 1994
Hosea, Amos, by Allen R. Guenther, 1998

New Testament

Matthew, by Richard B. Gardner, 1991
Mark, by Timothy J. Geddert, 2001
John, by Willard Swartley, 2013
Acts, by Chalmer E. Faw, 1993
Romans, by John E. Toews, 2004
2 Corinthians, by V. George Shillington, 1998
Galatians by George R Brunk III, 2015
Ephesians, by Thomas R. Yoder Neufeld, 2002
Philippians by Gordon Zerbe, 2016
Colossians, Philemon, by Ernest D. Martin, 1993
1–2 Thessalonians, by Jacob W. Elias, 1995
1–2 Timothy, Titus, by Paul M. Zehr, 2010
1–2 Peter, Jude, by Erland Waltner and J. Daryl Charles, 1999
1, 2, 3 John, by J. E. McDermond, 2011
Revelation, by John R. Yeatts, 2003

회중교회 사역자,

교회학교 교사,

선교단체의 리더,

그룹성경공부 구성원,

학생,

목회자,

연구자.

이 읽기 쉬운 주석 시리즈는

성서의 원래 메시지와 그 의미를

오늘날 더 온전히 이해하려는

모든 이들을 위한 것이다.

Original published in English under the title ;
Matthew -Believers Church Bible Commentary
by Richard B. Gardner.
Published by Herald Press, Herrisonburg, VG 22802
Realeased simultaneously in Canada by Herald Press Waterloo, Ont. N2L 6H7.

신자들의 교회 성서주석
마태복음

지은이 리처드 가드너 Richard B. Gardner
옮긴이 최태선 임요한
초판발행 2017년 3월 15일

펴낸이 배용하
책임편집 배용하
등록 제364-2008-000013호
펴낸곳 도서출판 대장간
www.daejanggan.org
등록한곳 대전광역시 동구 우암로 75-21 (삼성동)
편집부 전화 (042) 673-7424
영업부 전화 (042) 673-7424 전송 (042) 623-1424

분류 주석 | 신약 | 마태복음
ISBN 978-89-7071-408-0
978-89-7071-386-1 (세트 04230)
CIP제어번호 2017005249

값 25,000원

신자들의 교회 성서주석

마태복음

리처드 가드너

임요한 · 최태선 옮김

차례

5부 / 예루살렘의 예수

6부 / 예수의 죽음과 부활

시리즈 서문

신자들의 교회 성서주석시리즈는 기본적인 성서공부를 위한 새로운 도구를 사용할 수 있게 한다. 이 시리즈는 성서의 원래 메시지와 그 의미를 오늘날 더욱 풍부하게 이해하고자 하는 모든 사람들–주일학교 교사들, 성경공부그룹, 학생, 목회자 등–을 위해 발간되었다. 이 시리즈는 하나님께서 여전히 듣고자 하는 모든 이들에게 말씀하시며, 성령께서는 하나님의 뜻을 알고 행하고자 하는 모든 이들을 위해 말씀으로 권위 있는 산 지침을 삼으신다는 신념에 기초하고 있다.

저자들은 가능한 넓은 층의 독자들을 도우려는 열망으로 참여를 결정했다. 성서본문을 선택함에 있어 어떤 제한도 없으므로, 독자들은 가장 익숙한 번역을 계속 사용할 수도 있다. 이 시리즈의 저자들은 비교를 위한 기준으로 NRSV역과 NIV역을 사용한다. 이들은 어떤 본문을 가장 가까이 따르고 있는지, 그리고 자신들만의 번역을 하는 부분이 어디인지를 보여준다. 저자들은 혼자서 연구한 것이 아니라, 정선된 조언가들, 시리즈의 편집자들, 그리고 편집위원회와 협의했다.

각권은 성서를 조명하여 필요한 신학적, 사회학적, 그리고 유리적 의미들을 제공해주며, 일반적으로 "고르지 않은 땅을 매끄럽게" 해주고 있다. 비평적 이슈들을 피하지 않되, 그것을 학자들 간의 논쟁이 일어나는 전면에 두지도 않았다. 각각의 섹션들은 주를 달아, 이후에 "성서적 맥락에서의 본문"과 "교회생활에서의 본문"이라는 집중된 글들이 따라오게 했다. 이 주석은 해석적 과정에 도움을 주지만 모이는 교회 속에서 분별되는 말씀과 성령의 권위를 넘어서려 하지는 않는다.

신자들의 교회라는 용어는 교회의 역사 속에서 자주 사용되어 왔다. 16세기 이후로, 이 용어는 흔히 아나뱁티스트들에게 적용이 되었으며 후에는 메노나이트 및 형제교회를 비롯해 유사한 다른 그룹들에게도 적용되었다. 서술적인 용어로, 신자들의 교회는 메노나이트와 형제교회 이상의 것을 포함하고 있다. 신자들의 교회는 이제 특수한 신학적 이해들을 나타내고 있는데, 예를 들면 신자의 침례, 마태복음 18:15-20에 나타나는 교회 회원이 되기 위해 필수적인 그리스도의 통치에 헌신하는 것, 모든 관계들 속에서 사랑의 힘을 믿는 것, 그리고 자발적으로 십자가의 길로 그리스도를 따라가고자 하는 의지이다. 저자들은 이런 전통 속에 이 시리즈가 설 수 있도록 선정되었다.

신자들의 교회 사람들은 항상 성서의 단순한 의미에 순종하는 것을 강조한다고 알려져 있다. 이 때문에 그들은 깊이 있는 역사비평적 성서학문의 역사가 길지 않다. 이 시리즈는 고고학과 현재 진행되는 성서연구를 진지하게 취하면서 성서에 충실하고자 한다. 이런 작업의 의미는 다른 많은 좋은 주석들에서 발견될 수 있는 해석들과 저자들의 해석이 질적으로 크게 다르지 않다는 뜻이다. 그러면서도 이 저자들은 그리스도, 교회와 선교, 하나님과 역사, 인간의 본성, 그리스도인의 삶, 다른 교리들에 대한 기본적인 신념을 공유한다. 이런 가정들이 저자의 성서해석을 이루고 있다. 따라서 이 시리즈는, 다른 많은 주석처럼, 하나의 구체적인 역사적 교회의 전통 속에 서 있는 것이다.

이러한 교회의 흐름 속에서 많은 사람은 성경공부에 도움될만한 주석의 필요를 역설해왔다. 이 필요에 대한 응답이 신자들의 교회성서주석을 소개하는 데 충분한 정당성이 될 것이다. 그럼에도, 성령께서는 어떤 전통에도 묶이지 않으신다. 이 시리즈가 전 세계 그리스도인들 사이의 벽을 허물며 말씀의 완전한 이해를 통한 순종 속에서 새로운 기쁨을 가져다주기를 바라는 바이다.

〈BCBC 편집위원회〉

저자 서문

마태복음은 교회를 위해 쓰이고 교회에 의해 높이 평가된 자료이다. 마태복음은 교회 정경의 첫 번째 책으로 일찍이 받아들여졌고 교회의 삶과 실천을 형성하는 데 중추적인 역할을 했다. 이 사실은 신자들의 교회 전통에서 더욱 더 그러했다. 우리가 제사 삼는 일에 대해 말할 때, 교회의 훈련을 요구할 때, 무저항을 옹호할 때, 적어도 이런 것들에 기여하고자 할 때 각각의 경우 마태복음이 그 기준이 되었다.

마태복음에 관한 주석을 쓰는 것은 이처럼 초대이며 동시에 위협적인 모험을 시작하는 것이다. 이것은 우리가 어지럽히기를 원하지 말아야 하는 땅인, 거룩한 땅을 걷는 것이라는 의미에서 위협적이다. 그리고 이 첫 번째 복음은 교회에 제공해야 할 너무도 많은 것을 가지고 있기 때문에 이것은 해석자들에게 이 내용에 관해 새롭게 반영하라고 지속적으로 유혹한다. 나는 나 자신을 마태의 이야기 안으로 이끌리도록 하면서 거기에 반응함에 따라 점차 마태복음의 구조와 힘에 감사하게 되었다. 이 주석을 쓰는 나의 바람은 다른 독자들이 이 복음서의 유혹을 느끼고 이 이야기 안으로 이끌리고 그 소환에 반응하도록 돕는 것이다.

많은 사람들이 이런저런 방식으로 이 일에 "참여"했다. 내가 배웠던 성서 교사들 가운데 특별히 나의 박사 논문 지도교수 루돌프 슈나켄버그Rudolf Schnackenburg에게 감사를 드린다. 철저한 질문, 친절한 격려, 본문에 대한 분명한 열광과 더불어 그는 전염될 수밖에 없는 성서 연구에 대한 연구법의 모범이었다. 더욱 최근에 첫 번째 복음에 관해 초점을 맞춘 가르침과 쓰기 과제를 하면서 나는 마태복음에 특별한 관심을 가진 다른 사람들의 작품에서 자양분을 얻었다. 이들의 연구가 특별히 유익한 것으로 입증된 사람들 가운데 잭 딘 킹스베리Jack Dean Kingsbury, 울리히 루츠Ulrich Luz, 에두아르드 슈바이처가 있다.

그러나 탐구적인 연구자들 그룹과 함께 마태복음을 탐구했던 기회는 그에 못지않게 중요했다. 베다니 성서 신학교에서의 정기적인 수업에 더해 이 주석이 진행되는 동안 그 과정에서 물질을 시험하라고 자극하는 기회를 제공했던 몇 가지 특별한 사건이 발생했다. 이 사건에는 유니아타 대학에서의 형제 교회 지도자들을 위한 여름 학기 수업이 포함된다.1986년 7월, 펜실베이니아 헌팅턴 메노나이트 목사들을 위한 전문적 성장 이벤트가 연합 메노나이트 성서 신학교에서 열렸다.1987년 1월, 인디애나 엘크하트 세브링 성서 총회가 세브링 형제교회에서 있었다.1988년 1월 그것은 이런 모임들에 있었다. 거기서 우리는 배우는 사람들의 공동체가 함께 성서가 제공해야만 하는 것을 가장 완전하게 발견한 본문과 씨름했다.

이 주석에서 내가 논의 기초로서 사용했던 번역본은 NRSV이다. 주석으로 표시한 다른 곳을 제외하고 성서와 외경의 본문은 이 번역본에서 인용했다. 쿰란 텍스트에서의 인용은 영어로 된 사해 두루마리, 게자 베머스Geza Vermes에서 했다. 제임스 H. 찰스워스의 구약성서 위경은 유대 문헌의 그 몸체에서의 인용을 위한 자료이다. 인용된 다른 본문들의 자료는 참고 문헌 일람표에 표시되었다. 성서 밖의 문헌에 대한 참조들을 이해하고자 독자들은 "약어표/인용"의 소사전과 용어 해설에서 일차적인 출발점으로 의견을 묻기 원할 것이다. "유대인의 작품들"에의 더 깊은 참여는 이 재료에 대한 부가적인 정보를 제공한다.

이 주석을 옆에 두고 사용할 수 있는 가장 중요한 연구는 분명히 성서이다. 게다가 많은 독자들은 다른 복음서의 마태의 재료에 대한 병행기사를 검색할 수 있도록 복음서 일람표를 가까이 두는 것이 유용하다는 것을 알게 될 것이다. 이런 자료 유형의 두 뛰어난 간행물은 로버트 W. 펑크Robert W. Funk의 『새로운 복음서 병행기사』Polebridge Press와 커트 알란트Kurt Aland의 『사복음서의 개요』United Bible Societies이다.

이 주석이 책으로 만들어질 수 있도록 많은 사람들이 한 단계 혹은 다른 단계에서의 자료들을 읽고 유익한 조언과 비평을 제공했다. 이런 사람들의 목록 가운데 가장 먼저 언급할 수 있는 이는, 이 주석 시리즈의 신약성서 편집자인 하워드 H. 찰스이다. 그는 이 계획을 처음부터 감독하고 여러 방식으로 지원해주었다. 원고의 전부 혹은 일부를 검토하고 똑같이 귀중한 기여를 해준 사람들은 르네 칼데론René Calderón, 에스텔라 호닝Estella Horning, 샤론 허치슨Sharon Hutchison, 로버트 이브Robert Ives, 월터 클라센Walter Klaassen, 엘머 마튼즈Elmer Martens, 고든 매티즈Gordon Matties, 헨리 포엣커Henry Poettcker, 도날드 시니어Donald Senior, 그리고 폴 제어Paul Zehr이다.

기술적인 면에서 나는 나의 비서 마릴린 넬슨Marilyn Nelson에게 빚졌다. 나에게 컴퓨터라는 용감한 새로운 세상을 소개하고 이 원고의 최종 형태에서 자료들을 준비하도록 도운 사람도 바로 그녀이다.

마지막으로, 나는 최근에 섬기게 된 베다니 성서신학교와 형제교회의 대표자들에게 감사를 전한다. 두 단체는 내가 이 계획에 전념하도록 개인적인 시간뿐만 아니라 직업적인 시간도 사용할 수 있게 해주었다. 게다가 직장과 스텝 동료들은 알게 모르게 격려의 말들과 교회의 비전과 사역에 대한 셀 수 없는 대화를 통해 이 모험의 동반자가 되었다. 우리에게 성서를 연구하도록 계속해서 요구하고 성서에 대한 주석을 쓰도록 하는 것은 하나님의 모든 백성들에 속한 비전과 사역이다.

마태의 세상으로 들어가기

우리의 태도 정하기

본문에 대한 주석의 목적은 독자로 하여금 그 본문의 세상 속으로 들어가 탐구하도록 돕는 것이다. 그렇다면 어떻게 도울 것인가? 마태복음의 경우, 최소한 탐구해야할 세 가지 세상이 있다. 각각의 세상의 경우 무엇이 진행되고 있는지를 발견하려면 제기해야 할 어떤 질문이나 따라야 할 과정이 있다.

마태의 세상은 무엇보다도 마태가 하는 이야기 안에서 발견하는 세상이다. 현대의 책, 드라마, 영화 대본과 마찬가지로 첫 번째 복음은 우리를 말과 행동의 축소된 우주 안으로 던져 넣는다. 예를 들어 예수, 제자들, 유대 지도자들, 군중들과 같은 어떤 배역은 이 문어의 세상에서 탁월한 역할을 한다. 다른 배역들과 함께 이런 사람들은 결국 예수의 죽음으로 이끄는 것으로 드러나는 발전하는 줄거리에 참여한다.

이 길을 따라 많은 길들이 언급되고, 이들 가운데 어떤 것들은 이들이 전체 줄거리에 공헌하는 방식 때문에 중요하고, 어떤 것들은 단지 이 이야기에서 하나님을 위해 말씀하시는 예수의 입에서 나오기 때문에 중요하다. 이 마태의 이야기의 세상을 알고자, 우리는 줄거리, 구조, 형태, 수사학에 대한 질문에 주의를 기울일 필요가 있다. 우리가 이 문학을 정밀하게 조사하려면 이 이야기의 각각의 조각들에 복종하고 이 조각들이 함께 큰 전체에 대해 어떻게 적절한지를 물을 필요가 있다.

마태의 두 번째 세상은 이 복음서가 구성된 역사적 배경이다. 마태가 전하는 이야기는 단순히 예술 지상주의를 위한 예술 작품이 아니고 1세기 기독교 사회의 실재 삶의 이야기에 대한 생생한 관계를 가진 텍스트이다. 먼저, 마태가 그의 이야기를 그려내는 자료들은 성장하는 교회에서 왔다. 같은 방식으로 마태는 시간과 공간 속의 공동체, 특별한 문화적 유산에 의해 형성된 독자들, 이들의 사회적 종교적 맥락에서의 비평적 이슈를 쓴다.

그러므로 주석의 두 번째 과제는 이 복음서 안에 있는 문학적 세상과 기자와 첫 번째 독자들의 역사적 세상 사이의 관계를 분명히 하는 것이다. 이것을 하고자 우리는 마태가 자신의 자료, 유대 전통과의 접촉점, 되풀이 되는 이슈와 강조점, 후대에 반영되었거나 이야기 된 것으로 보이는 에피소드를 사용한 방식과 같은 현상에 엄밀한 주의를 기울여야 한다.

첫 번째 복음이 존재했던 여전히 넓은 세상은 아브라함과 사라의 시대에서 우리 자신의 시기까지 하나님 백성들의 이야기이다. 마태가 특별한 시공에서 그리스도인들에 대해 썼지만 그의 텍스트는 하나님과 믿음 공동체 사이의 계속되는 대화의 일부이다. 이 대화의 더 이른 시간들은 마태 자신의 대본을 형성하는 데 도움을 주었고 마태의 대본은 그 이후의 대화에서 핵심적인 역할을 했다.

따라서 우리의 탐구의 또 다른 부분은 마태가 이 더 넓은 말과 이야기의 세상에 관련된 사실에서 마태가 선택한 방식에 대해 묻는 것이다. 마태는 하나님과 이스라엘의 초기 이야기에서 어떤 방식으로 끌어내는가? 거기에 연관된 마태의 의제는 어떻게 다른 신약성서 기자들의 것과 연관되는가? 마태는 어떻게 교회의 삶에서 그것을 듣고 사용했는가? 그리고 마태는 하나님과 믿음 공동체 사이의 대화에 오늘날 어떻게 공헌하는가?

기자와 배경

바울 서신서와 다르게 복음서들은 기자를 지명하지 않는다. 마태에 관한 복음과 같이 복음서에 일반적으로 붙여진 제목은 2세기 초반 사본들에 첨가되었을 개연성이 있다. 누가 첫 번째 복음을 썼느냐의 문제는 이처럼 미결의 문제이다. 이 문제를 해결하기 위한 한 가지 방식은 단순하게 2세기와 그 이후의 교회 전통을 액면 그대로 받아들이는 것이다. 마태복음의 경우 이 전통은 교회 역사가 유세비우스가 인용한 파피아스라는 이름의 초기 감독의 것으로 보이는 진술의 지지를 받고 있다. 파피아스에 따르면 마태는 히브리어 혹은 아람어로 된 예수의 "구전"을 수집했고 다른 복음서 기자는 각각 가능한 방식으로 이것들을 번역했고 해석했다. 파피아스의 말은 사도 마태가 첫 번째 복음을 썼다는 것을 의미하는 것으로 일반적으로 받아들여진다.

원저자에 관한 질문에 대한 또 다른 접근 방식은 기자의 신원에 관해 마태복음 자체가 제공하는 실마리가 무엇인가를 묻는 것이다. 이것을 더 귀납적인 방식으로 진행한다면 우리는 다른 대답을 암시하는 자료를 발견하게 된다. 먼저, 마태복음서의 현존하는 그리스어 텍스트는 번역되었다는 어떤 징후도 보여주지 않는다. 반대로, 마태복음이 처음부터 그리스어를 사용하는 독자들을 위해 작성되었다는 증거가 있다. 두 번째, 첫 번째 복음의 구성과 언어는 이것의 기자가 교회와 회당 사이의 마지막 결별의 여파 속에서 썼다는 것을 암시한다. 이 사건은 사도 마태가 당연히 죽었을 A.D. 80년 혹은 그 이후까지 발생하지 않았던 것 같다.

원저자에 대한 이 두 가지 접근 방식 사이의 긴장을 연결할 수 있는 가장 그럴듯한 방법은 사도 마태와 이 복음서 사이의 간접적인 연결을 긍정적으로 가정하는 것이다. 복음이 전달되었던 교회의 이른 시기에 퍼져 있던 예수 어록의 아람어 수집물이 사도 마태의 손에 있었다는 것은 상상할 수 있는 일이다. 혹은 사도 마태가 시리아에서와 같이 이 교회를 설립하는 데 중요한 역할을 했고 게다가 이 복음을 공동체의 수호성인인 마태의 것으로 돌리는 것은 가능하다.9:9에 관한 주석적 해설 참조

상황이 어떠하든, 사도 마태는 첫 번째 복음서의 기자라기보다는 복음 전통에 대한 기여자였을 가능성이 있다. 마태복음서 기자는 전임자들의 사역에 의거했던 두 번째 혹은 세 번째 세대 지도자인 알려지지 않은 유대인 그리스도인이었다. 편의상 그리고 오래 유지되었던 전통에 반대하여, 우리는 이어지는 페이지에서 이 "마태"로 여겨지는 알려지지 않은 인물을 계속해서 명시할 것이다.

위에서 암시한 것처럼, 이 마태가 썼던 교회는 분명히 과도기에 있던 공동체였다. 기독교 기원의 초기 수십 년간 활기차게 유지되었던 유대인 그리스도인들은 더 큰 유대인 공동체에 매여 있었다. 발생했던 논쟁은 공통의 가정에 속한 형제 사이의 내부의 논쟁이었다. 그러나 로마인들이 A.D. 70년에 예루살렘을 파괴한 이후에 모든 것이 변화되었다. 유대교의 구조는 영원히 달라졌다. 더 큰 유대교 공동체가 바리새인들의 지도하에 재건되었을 때 유대교는 이단으로 간주한 그룹과 유대교 사이에 경계를 밝혔다. 그 결과 유대인 그리스도인들은 자신들이 더 이상 회당에서 환영받지 못한다는 것을 알게 되었다.

교회에 대한 이 분할의 의미는 최소한 두 부분이었다. (1) 교회는 유대인의 유산을 가지지만 유대교 제도에서 고립된 공동체로서 자신의 정체성을 재정의 해야만 했다. (2) 이 지점으로부터 계속해서 교회의 선교는 거의 배타적으로 이방인에 대한 선교가 되었을 것이다. 이러한 현실은 자신의 복음서에서 마태가 추구하는 의제를 형성하는 것을 도왔다. 불행하게도, 이런 실제들은 마태가 반영하고 있는 지독한 어조와 유대인 지도자들을 묘사할 때 때때로 사용한 통렬한 언어에도 영향을 미쳤다.[반유대주의, 소사전과 용어해설]

마태복음이 어떻게 한데 모아졌는가?

마태가 문학적 편성 단위와 자신들이 속한 섹션의 수준에서 자료를 체계적으로 조직했다는 점은 분명하다. 그러나 전체적으로 복음에 관해서는 어떠한가? 마태복음은 또한

잘 정돈된 설계나 구조 또한 보이는가? 이러한 구조에 관한 제안들에는 어떤 부족함도 없다.

어떤 학자들에 따르면 이 복음서에 예수의 권위 있는 가르침을 위한 무대를 설정하는 주변 이야기들과 더불어 예수의 다섯 개의 주요한 강화5-7, 10, 13, 18, 24-25장에서 발견되는가 이 구조의 골격을 제공한다고 한다. 다른 해석자들은 자신들이 자료들의 교차대구법적인 배열을 식별할 수 있다고 믿는다. 거기서 이 복음서의 마지막 섹션은 첫 번째에, 마지막 다음은 두 번째에 식으로 일치한다.a b c c' b' a' ; 소사전과 용어 해설의 "마태복음의 문학적 특징" 하의 교차대구법에 대한 논의 참조 여전히 다른 학자들은 이 구조가 이야기의 플롯에 놓여 있고 게다가 마태가 당시부터 이 구절을 4장 17절과 16장 21절에서 이 이야기의 새로운 중요한 섹션으로 소개하려고 사용한다고 주장한다. 이 제안에 따르면 마태는 세 무대, 즉 첫째, 예수는 누구인가 둘째, 예수의 말과 행위에 관해, 셋째로 예수의 죽음과 부활에서 그의 이야기를 발전시킨다.

이 제안들이 어떤 매력들을 가지지만, 이들 가운데 어떤 것도 그 일치가 분명하지는 않다. 그러므로 마태는 마음에 모든 것을 포함하는 하나의 계획을 가지고 그의 일을 시작하지 않았을 것이다. 아마 이 상황은 아주 단순한 집을 가지고 그것을 확장하려고 결정한 자기 집을 가진 사람에 비유할 수 있을 것이다. 마태의 경우, 그가 시작한 단순한 구조는 마가복음의 이야기이다. 마가의 이야기의 줄거리는 마태의 이야기의 줄거리에도 역시 기초가 된다.

그러나 그 줄거리 안에서 마태는 위에서 언급한 예수의 강화를 포함하는 자료의 주제별 수집물을 구성하기로 결정한다. 이 수집물은 자료들 가운데 마태와 누가가 모두 이용했던 기록된 자료인 마가의 자료와는 다른 출처에서 온 자료와 통합된다. 또한 마태는 복음서의 개막 장들에 있는 예수의 기원에 관한 자료와 함께 이 이야기에 대한 더 긴 서언을 발전시킨다.

이런 과정에서 오늘날 뮤지컬의 구조와 다르지 않은 혼합되거나 합성된 구조가 서서히 발전된다. 플롯을 가진 이야기는 이 구조의 기본적인 윤곽을 결정한다. 그러나 뮤지컬의 노래들과 마찬가지로 마태의 주제별 전시는 또한 구조에서 탁월한 위치를 차지한다. 더 멀리 나간 플롯에 더해 이들은 이 이야기를 능가하는 의미를 지니고 이것 자체의 생명 경험의 관점에서 독자들에게 약속하는 주제들을 확장한다. 이 복음서의 합성 구조의 윤곽을 그리는 방법은 여전히 논쟁 중에 있다. 이 윤곽은 마태가 다양한 방식으로 결합한 이야기와 가르침들 안에 있는 이 주석이 확인하는 여섯 개의 큰 자료의 덩어리들을 발전시켰다.

1:1–4:16	예수의 기원과 소명
4:17–10:42	예수의 메시아적 사명
11:1–16:20	예수에 대한 이스라엘의 반응
16:21–20:34	예수의 마지막 여행
21:1–25:46	예루살렘의 예수
26:1–28:20	예수의 죽음과 부활

첫 번째 복음서의 기원과 형성에 관한 그 이상의 논의는 소사전과 용어 해설의 몇 개의 표제어에서 발견될 수 있다. 마태의 편집 양식에 흥미를 가진 독자들은 "마태복음, 문학적 특성"[p.445]을 참고로 해도 좋을 것이다.

다른 표제어는 마태가 어디에서 그의 이야기에서 통합된 자료들을 얻었는가에 대한 질문을 반영한 "마태의 자료"이다. 마지막으로 "마태의 특징적인 주제들"이라는 표제가 붙어 있는 마태의 이야기의 신학적 차원을 탐구한 용어 해설이 있다.

이 정도로 서론을 지나 이제 마태의 세상으로 들어가야 할 때가 되었다.

1부
예수의 기원과 소명

마태복음 1:1-4:16

사전 검토

모든 사복음서는 예수의 사역의 근원 혹은 이전 상황으로 시작한다. 마가복음은 예수의 사역을 광야의 침례 요한의 이전 행위에 연관시킨다. 다른 복음서들 역시 요한을 언급하지만 예수의 근원을 이보다 훨씬 이전으로 밀고 나아간다. 마태복음과 누가복음 모두에서 우리는 예수의 출생과 관련한 계보와 역사에 대한 기록을 발견한다. 사복음서에서 기자는 예수의 기원을 창조 때부터 계속 세상에서 활동한 하나님의 말씀으로 되돌아가 끝까지 거슬러 올라간다. 이 서론의 설명에 공통적인 것은 예수의 이야기를 이스라엘 백성의 삶에서의 하나님의 이전 행위의 이야기와 연결시키려는 시도이다.

마태복음에서 예수의 근원에 관한 설명은 1장 1절에서 4장 16절까지 이어진다. 이 섹션에서 우리는 수많은 자료의 다른 유형들을 발견한다. 예수의 유년기의 관한 이야기인 가계는 부분적으로 모세의 유년기에 관한 대중적인 이야기를 따라 모형을 삼은 침례 요한에 기인하는 말들과 예수의 침례와 유혹 이야기에 담겨 있는 예수의 이야기에서 성취되는 구약성서의 본문들을 인용한다. 마태는 이 내용 가운데 어떤 것들을 문자로 된 이전의 자료들에서 발견했다. 소사전과 용어 해설의 "마태의 자료"를 보라 다른 자료는 마태에게 유일하고 마태의 공동체 혹은 예수의 기원에 관한 그 자신의 영적 안내를 받은 사상에서 유래했을 수도 있다.

그의 자료가 무엇이든 마태는 이 다양한 자료들을 택하여 예수의 공적 사역을 위한 무대를 설정하는 일관적인 이야기로 발전시켰다. 이 섹션 내내 마태는 예수의 정체성과 소명, 독자들에게 예수가 누구인가를 확실하게 알도록 만드는 것에 초점을 맞춘다. 그 과정에서 마태는 예수가 나타났던 장소들 가운데 어떤 것들을 강조한다. 베들레헴, 이집트, 갈릴리, 광야, 요단 강 등이 그것이다. 이 장소들과 이전의 성서의 사건들과 약속들을 연결하는 것으로 마태는 예수의 오심과 소명의 메시아적 특징을 확인한다.

개요

예수의 가계 역사, 1:1–17

예수의 출생과 유년기

1:18–25 성령으로 예언된 아이

2:1–12 왕으로 환영을 받은 아이

2:13–23 멸망에서 구원 받은 아이

예수의 사역을 위한 준비, 3:1–4:16

3:1–12 선구자로서 요한의 사역

3:13–17 요한에게 받은 예수의 침례

4:1–11 광야에서의 예수의 시험

4:12–16 예수의 갈릴리로의 귀환

마태복음 1:1–17

예수의 가계 역사

사전 검토

마태복음은 다윗을 통해 아브라함까지 예수의 조상들을 추적한 긴 이름들의 목록인 족보로 문을 연다. 이것은 오히려 이야기를 시작하는 지루하고 영감을 주지 않는 방식으로 많은 현대의 독자들에게 충격을 준다. 그러나 이스라엘과 같은 고대 민족은 족보에 큰 흥미를 가졌고 다양한 방식으로 기능했다. 어떤 족보는 단순히 혈족 관계의 범위만을 보여준다. 또 어떤 족보는 정치적 혹은 종교적인 직무의 상속에서 개인적인 주장을 지지한다. 또 다른 족보는 어떤 특정한 그룹의 역사와 연관된 준거의 틀로서 기여한다. 거의 없지만 드물게, 족보는 우리가 오늘날 가계도에서 찾는 생물학적 정밀함과 완전함을 위한 관심으로 편집되기도 한다.

예수는 족보가 중요했던 세상에 태어났기 때문에 마태가 자신의 작업을 족보와 함께 시작한 것은 놀랄 일이 아니다. 마태는 독자들이 예수가 이스라엘에 속하게 된 방식과 이스라엘의 역사가 그에게 속하게 된 방식을 알게 되기를 원한다! 족보의 이름들에 대해 마태는 성서의 족보역대상 1–3; 룻4:13–22 참조와 성서의 기록이 끝난 다윗 이후 시기의 후손들의 목록 모두에 신세를 지고 있다. 그가 구성한 족보는 예수의 가계가 이전 목록에서 거명된 중요한 선조들과 결합된 방식을 보여주고자 의도되었다. 더욱 특별한 것으로 마태는 다음과 같은 요점들을 만들고자 하였다.

(1) 예수는 다윗과 아브라함의 자손이다. 따라서 다윗과 아브라함과 연관된 하나님의

약속에 대한 합법적인 후손이다.

(2) 예수에게로 이어지는 세대의 수와 유형은, 그가 하나님이 그를 통해 약속을 성취하실 메시아임을 확인한다.

(3) 예수의 조상들의 기원에는 예수 자신의 기원에서 더 큰 불규칙한 일을 기대하게 하는 어떤 불규칙한 일들이 있다.

개요

머리말, 1:1

아브라함에서 다윗까지, 1:2–6a

다윗에서 포로기까지, 1:6b–11

포로기에서 예수까지, 1:12–16

요약, 1:17

주석적 해설

머리말 1:1

마태복음의 첫 절은 메시아 예수의 족보에 대한 설명으로 이어지는 내용을 묘사한다. 어떤 학자들은 밑에 있는 그리스어 구절을 더욱 자유롭게 "메시아 예수의 역사"로 번역하고 이 구절을 전체적인 마태복음의 제목으로 간주한다. 그러나 같은 구절창2:4a, 5:1을 발견하게 되는 70인역LXX의 두 구절에서 문제가 되고 있는 말씀은 분명히 기원에 대한 설명을 가리킨다. 이 구절들 가운데 하나는 마태의 족보와 다른 긴 족보를 포함하고 있다. 그러므로 마태복음 1장 1절에서 이 구절의 의미는 예수의 조상 혹은 기원에 대한 기록으로서의 족보일 것이다. 이 구절은 족보의 머리말로서 기여한다. 그리고 이미도 이 복음서 전체의 개막 섹션으로 기여할 것이다.

1절은 예수를 다윗의 아들과 아브라함의 아들로 계속해서 이야기한다. 두 구절은 의미심상하다. 이스라엘의 가장 위대한 왕 다윗의 아들로서 예수는 다윗과 관련된 모든 왕의 약속들을 성취할 후보이다. 이스라엘의 가장 위대한 족장인 아브라함의 아들로서 예수는 아브라함에게 있었던 더 큰 약속까지도 성취하게 될 후보이다. 아브라함의 아들이라는 것은 이스라엘을 넘어 확장되어 이방 나라들에게까지도 역시 생명을 가져올 축복에 관해 이야기한다. 따라서 처음부터 마태는 예수의 메시아적 통치와 모든 나라들을 위한 복음이라는 더 큰 이야기에 중요한 주제를 소개한다.

아브라함에서 다윗까지 1:2-6a

2-6a절에서 마태는 아브라함에서 다윗까지의 세대들을 열거한다. 이름의 목록은 우리가 역대기상 1장 34절과 2장 1-15절에서 발견하는 목록을 엄중히 따른다. 여기와 족보 내내 마태는 이런 공식을 사용한다. "A는 B의 아버지였고, B는 C의 아버지"라는 식이다. 조금 더 문학적으로 번역하면 "A는 B의 아버지 되고혹은 낳고, B는 C의 아버지 되고" 식이 된다.

이름의 목록에서 한 가지 놀라운 점은 유대인의 족보의 보통 관행과 다르게 몇몇 여성들이 내포되었다는 사실이다. 또한 사라, 리브가, 라헬과 같이 이름이 거명된 여성들이 이스라엘 역사에서 빛나는 여성 리더들도 아니다. 대신 마태가 언급한 이름은 다말자신의 시아버지를 유혹했던, 라합여리고의 유명한 기생, 룻보아스에게 비정상적으로 다가갔던과 같은 이름이다. 마태는 그럼에도 이름들의 다음 그룹에서 간부姦婦로서의 역할을 배경으로 하는 방식우리아의 아내, 6b절으로 언급되는 또 다른 여인 밧세바를 소개한다. 우리는 메시아의 족보에 이런 이름들이 있다는 것을 어떻게 설명해야 할 것인가?

레이몬드 브라운Raymond Brown은 이 문제에 대한 그의 분석에서 많은 해석들이 일치한다고 표현한다. 브라운은 언급된 네 여인 각자의 경우 "이들의 배우자들과의 결합에서 비범하거나 비정상적인 그 무엇이 있다"는 것을 지적한다. 이런 점을 무릅쓰고, 이 여인들은 하나님의 계획에서 중요한 역할을 담당하여 하나님의 섭리나 성령의 도구로 간주되게 되었다.Brown, 1977:73 그러므로 예수의 조상들의 어떤 기원에서 네 여인의 역할은 예수 자신의 비범한 기원에서 마리아의 역할의 전조가 된다.1:18-25 참조

더욱이 마태가 거명한 이 네 여인은 이방인이거나 이방인과 연관된다. 다말과 라합은 가나안 여인이었고, 룻은 모합 여인, 밧세바는 헷 족속의 아내였다. 따라서 예수의 족보에 이런 여인들의 포함된다는 것은 이후 예수의 공동체에 이방인들이 포함될 것이라는 사실의 전조가 될 것이다. 그렇다면 몇 가지 방식으로 예수의 족보에서 거명된 여인들은 펼쳐지지 않은 예수의 이야기에서 무언가 중요한 것의 선소가 될 것이다.

다윗에서 포로기까지 1:6b–11

6b–11절은 다윗의 통치에서 바벨론 포로기까지의 세대를 열거한다. 우리가 발견하는 이름들은 역대기상 3장 1–16절의 목록에서 도출한 것으로 보인다. 그러나 역대기 기자의 목록을 마태의 목록과 비교해보면 마태의 이야기에서 몇몇 왕의 이름이 생략되어 있다는 사실이 드러난다. 11절에서 요시아는 사실은 여호야김의 아버지이지만 여고냐의 아버지로 거명되고 여호야김은 여고냐의 아버지로 거명된다. 더 중요한 생략은 8절에 있는데, 거기서 세 세대가 생략된다. 요람과 웃시아역대기 기자가 아사랴로 부르는의 통치기간 사이에 아하샤, 요아스, 아마샤의 통치기간이 있다. 이 모든 것은 고대 계보학자들이 정확성과 완전함 이외의 다른 관심에 이끌렸다는 우리의 이전 관찰을 굳게 한다.위의 1:1–17d의 사전 검토를 보라

이 섹션의 이름 목록에서 주목해야할 가장 중요한 것은 왕들의 목록이다. 누가와 다르게눅3:23–38 참조 마태는 예수의 가계를 왕족의 가계를 통해 다윗부터 더듬어나간다. 이 목록은 이스라엘의 가장 위대한 통치자에서 시작하고 포로기 전의 마지막 자유로운 왕으로 끝난다. 이런 계보는 마태가 예수에게 돌리고 독자들로 하여금 예수를 왕권을 위해 예정된 한 왕으로서 예수를 생각하도록 초대하는 메시아적 역할에 배경이 되도록 하는 데 기여한다.

포로기에서 예수까지 1:12–16

12–16절에서 마태는 바벨론 포로기에서 예수의 탄생까지의 세대를 열거한다. 첫 번째 세 이름은 역대기상의 족보에서 발견되고3:17–19, 요셉, 마리아, 예수의 이름은 초기 교회의 전통의 일부이다. 그러나 아비훗에서 야곱까지의 이름에 대해 우리는 마태의 기록 이외와 다른 기록을 알지 못한다. 이들은 아마도 신약성서 시대에 순환하고 있던 하나 혹은 다수의 다윗의 왕족 자손들의 목록에서 유래했을 것이다.

이 족보는 메시아로 불리는 예수가 이 모든 이전 세대의 최종 소산이라는 것을 진술하는 16절에서 절정에 도달한다. 예수의 기원을 묘사하고자 사용된 언어가 어떻게 이전 세대의 자손을 얻는 것을 묘사하는 데 사용되었던 공식을 깨뜨리고 있는지에 주목하라. 마태는 더 이상 아들을 낳은 아버지가 아니라 아들이 태어난 아내의 남편에 대해 말한다. 이 문상의 바로 이 구조가 예수 기원의 비정형성이나 비범함을 암시한다. 요셉이 마리아의 남편이기에 마리아의 아이는 법적으로 요셉의 아들이고 이처럼 족보에 기록된 긴 혈통에 대한 상속자이다. 그러나 예수의 궁극적인 정체성은 요셉이 아니라 마태가 이어지

는 에피소드에서 밝히게 될 자료에 의해 결정될 것이다.

요약 1:17

17절에서 마태는 예수의 실마리가 되는 세대의 수와 유형을 강조하면서 자신의 족보의 자료들을 요약한다. 그는 아브라함과 예수 사이에 각각 열네 세대로 이루어진 구별되는 세 시기가 있었다고 지적한다. 이와 관련하여 두 가지 의문이 일어난다.

첫째, 족보에 있는 이름들의 세 그룹이 각기 요구된 열네 세대를 포함하는가? 첫 번째와 두 번째 이름 그룹에는 그다지 중요한 문제가 없다. 그러나 세 번째 그룹은 단지 열세 세대만이 표현된 것으로 드러난다. 그 해법으로 제안된 것은 중간 어디에선가 한 이름이 뜻하지 않게 이 목록에서 떨어져나갔다거나 예수와 그리스도의 이름이 따로 계산되었다는 것이다.[그리스도가 고양된 메시아의 새로운 세대를 의미하기에] 좀 더 그럴듯한 제안은 마태가 우리에게 요셉과 마리아를 분리된 세대로 계산할 것을 요구한다는 것이다. 16절의 구조는 요셉이 예수의 법적 아버지로서 간주되지만 예수가 마리아에게서 났다는 것을 강조하면서 이 방향을 가리킨다. 이 분석이 옳다면 12–16절에서 이 이름 그룹은 열네 세대를 표현한 것이다.

더 중요한 질문은 마태가 왜 각기 열네 세대로 이루어진 역사의 세 기간이라는 유형에 대한 중요성에 집착했는가 하는 것이다. 아마도 우리는 같은 유형으로 역사를 반영한 유대인의 문서에서 실마리를 발견할 수 있을 것이다. 예를 들어 다니엘서 9장 24–27절이 유배와 하나님 나라의 도래 사이의 70주간에 대해 언급한 것도 그렇다. 그리고 바룩 2서로 알려진 위경은 세계 역사를 아담에서 메시아까지 열두 개의 구별된 기간으로 나눈다.[바룩2서53–74 참조] 두 저작들은 하나님이 역사를 주의 깊게 구성된 계획에 따라 정해진 목표를 향해 분명하게 움직이고 있다는 묵시적 확신을 반영한다. 자신의 족보를 위해 사용한 구조에서 마태는 자신이 이 확신을 공유하고 있다는 것을 보여준다.

그가 사용한 숫자에 대한 상징적 의미에서 마태의 사고에 대한 더 깊은 실마리를 발견한다. 14는 7의 두 배이고 히브리의 사고에서 숫자 7과 3은 완전함 혹은 극치를 의미한다. 더욱이 14는 다윗과 예수가 다윗의 자손이라는 것을 위한 히브리 문학에서 절대적 가치를 지닌다. 그러므로 그의 족보를 통해 마태는 예수가 태어났을 때 그 시간이 하나님이 약속을 성취하는 적기라는 자신의 믿음을 전달한다. 전제적인 복음의 관심을 고려하여 예수에게로 화제를 끌고 가는 세대의 숫자와 유형은 예수가 메시아로서 역사를 다스릴 다윗의 자손임을 확인한다.

성서적 맥락에서의 본문

우리가 마태복음 1장 1-17절에서 발견하는 족보는 성서에서 발견되는 수많은 족보들 가운데 하나이다. 우리는 이미 역대기상의 초반 장들에서 이 목록들과 창세기 5장의 인간 기원에 관한 설명에 대해 언급했다. 다른 구약성서의 목록들은 창세기 11장 10-26절의 셈에서 아브라함까지 계보의 기록을 포함하고 창세기 46장 8-27절은 야곱의 자손들의 목록을, 그리고 에스라 7장 1-6절은 에스라의 조상들의 이야기를 포함한다. 우리가 이 족보들과 다른 족보들을 비교할 때 우리는 족보들이 다양한 질문들을 불러일으킨다는 것을 알게 된다. 이 모든 것은 어디에서 시작되는가? 누가 누구에게 연관되는가? 누가 올바른 보증서를 가지고 있는가? 누구를 통해 하나님이 약속을 성취하시는가? 마태복음 1장 1-17절의 족보는 이 모든 질문들의 관심을 반영한다.

마태복음 1장 1-17절에 가장 직접적으로 연관된 족보는 누가복음 3장 23-38절에 있는 예수의 선조에 대한 기록이다. 어떤 사람들의 경우에서 이 두 목록 사이의 차이는 당혹스럽고 동시에 곤혹스럽다. 그리고 이 두 이야기를 조화시키려는 고귀한 노력에도 불구하고, 우리는 아마도 결코 예수의 부계의 할아버지가 누구인지 알지 못할 것이다. 우리는 다시 우리 자신에게 고대 세계의 족보의 편집자들이 우리가 조상의 정확하고 완전한 기록에 관해 가지는 관심보다 훨씬 더 적은 관심을 가졌다는 사실을 다시 상기할 필요가 있다. 오히려 편집자들은 대상자들의 근원과 운명에 대해 특별한 진술을 할 방법을 찾았고 그 목적을 달성하고자 임의로 정보를 사용했다.

그러므로 우리는 누가 정확한가를 결정하려 하지 말고 각각이 예수에 관해 무엇을 말하는가를 발견하려고 마태와 누가의 족보를 연구한다. 각각이 예수에 대해 말하는 것은 매우 분명하다. 마태는 예수가 이스라엘의 이야기를 형성한 하나님의 모든 약속에 대한 상속자라는 것이 요점이 되기를 원한다. 누가는 예수가 첫 번째 조상의 창조와 함께 시작하여 인류 전체의 이야기를 따라잡는 것이 요점이 되기를 바란다. 두 확언은 오늘날 믿음에 대한 목적인 신약성서의 믿음에 중요하다.

더 큰 이야기를 위해 중요한 마태의 족보가 야기하는 한 가지 특별한 이슈는 하나님이 역사에서 어떻게 일하시는지에 대한 이슈이다. 하나님의 방식은 질서 있고 예측이 가능한가, 아니면 하나님의 방식은 놀라움으로 가득한가? 1장 1-17절의 족보는 두 대답이 부분적으로 옳다는 것을 암시한다. 한편, 각각에서의 열네 세대와 함께 세 기간의 주제는 하나님이 질서 있는 계획을 추구하신다는 사실을 암시한다. 더욱이 족보에 숨어 있는 전제는 하나님이 이전의 아브라함과 다윗에게 한 약속에 대해 충실할 것이라는 사실이다.

반면에 이 족보는 가정의 역사에서 하나님은 있을 것 같지 않고 예기치 못한 관계를 통해 일하신다는 사실을 밝히는 불규칙성을 말한다. 게다가 마태는 바벨론 유배를 족보에서 두 기원 사이의 계보를 분할하는 것으로 이스라엘의 역사의 중요한 분열과 동일시한다. 이 모든 것은 마태가 아직 하지 않은 예수와 교회에 관한 이야기의 길을 예비한다. 이것은 또한 예기되고 예기되지 않은 발전으로 드러나는 이야기가 될 것이다. 예수와 그의 공동체를 통해 마태는 하나님이 장기간의 목적과 약속을 기초로 활동하시지만 이스라엘의 역사에서 또 다른 중요한 분열을 낳는 방식으로 이것들을 성취하실 것이라는 사실에 대해 논할 것이다.

교회생활에서의 본문

언뜻 보기에 마태복음 1장 1-17절과 같은 고대 족보는 우리에 대해 아무것도 말하지 않는 것처럼 보인다. 그러나 이것도 그런 경우인가? 어떤 문화는 족보에서 반영된 유대감을 계속해서 소중하게 여긴다는 점은 분명하다. 서구 문화에서 많은 사람들이 더 큰 맥락에서의 소속감을 재발견할 방법을 찾고 있다는 점도 똑같이 분명하다. 작가 알렉스 헤일리가 고전적인 작품 『뿌리』에서 자신의 검은 조상들을 향한 연구를 공유했을 때 그것은 셀 수 없이 많은 사람들로 하여금 자신 고유의 가정 역사를 재생하도록 격려했다. 이런 공동체적인 소속감을 가지지 못한다는 것은 삶을 역사 가운데 있는 고아로 경험하는 것이다.

이런 점에서 마태복음의 본문은 우리에게 가장 중요한 어떤 것을 제공한다. 예수의 조상들의 이야기를 펼칠 때 이것은 우리에게 우리가 전에는 결코 알지 못했던 우리를 위한 뿌리를 발견할 가능성을 제공한다. 예수의 공동체에 속한 사람들은 아브라함과 다윗에게 약속한 모든 것에 대해 예수와 함께 상속자가 된다. 그리고 예수의 정체성을 형성한 이 가정의 역사는 또한 우리 가정의 역사가 된다.

족보가 무언가를 말할 수 있는 중요성을 가지는 또 다른 요점은 하나님이 교회생활에서 움직이시는 방법에 대한 이슈이다. 이스라엘 공동체에 못지않게, 예수의 공동체는 얼마나 질서 있게 혹은 얼마나 파괴적으로 하나님이 역사 속에서 일하느냐에 관한 질문과 씨름한다. 신자들의 교회 전통에서 우리는 새로운 방식으로 행동할 하나님의 자유를 단언할 수밖에 없다. 우리는 교회 역사에서 우리 자신의 기원이 현존하는 구조와의 근본적인 결별을 내포한다는 것을 알고 있다. 그렇게 분명하지 않은 것은 우리가 우리의 역사에서 하나님의 불규칙하고 비범한 행위에 대해, 그리고 약속의 성취를 위한 하나님의 인습에 사로잡히지 않는 통로가 된 사람들족보에 나오는 여인들과 같은을 우리가 단언할 수 있는지에 대해 열린 상태로 있는가 하는 것이다. 마태복음 1장 1-17절은 우리가 규칙적으로 때로는 파괴적인 방식으로 역사를 안내하시는 하나님을 알도록 도전하게 한다.

마태복음 1:18-2:23

예수의 탄생과 유년기

사전 검토

마태는 예수의 탄생과 유년기와 관련된 몇 개의 이야기와 함께 예수의 기원에 대한 그의 설명을 계속한다. 1장 18절-2장 23절의 자료를 읽을 때 우리는 이스라엘의 이야기와의 모든 종류의 연관들을 발견한다. 가장 분명한 것은 마태가 **'이 모든 일이 일어난 것은, 주님께서 예언자를 시켜서 이르시기를'** 이라는 특별한 문학 공식과 더불어 소개한 구약성서에서의 인용이다.1:22, 2:15 참조 이 성취 인용은 예수의 삶의 구체적 사건들이 어떻게 이스라엘 성서의 특별한 본문을 구체화하거나 반영하는가를 보여주려고 시도한다.

그러나 마태의 유대 그리스도인 독자들에게 예수의 탄생과 유년기의 이야기는 이러한 인용 **없이도** 성서적 묘미를 가졌을 것이다. 예수의 임박한 탄생을 알리는 천사의 이야기는 이스마엘, 이삭, 삼손의 탄생을 알리는 비슷한 이야기들을 생각나게 한다. 어찌할 수 없는 사람의 삶을 보호하려고 꿈을 통해 안내를 받은 **의로운 사람**으로서의 요셉의 역할과 더 멀리 나아가 하나님의 목적은 창세기의 족장 요셉의 역할과 다르지 않다. 아기 예수를 죽이는 것에 실패한 헤롯의 시도에 대한 묘사는 히브리 아이들과 이후 모세 자신을 죽이려는 바로의 시도에 대한 성서의 설명에 대한 몇 개의 병행을 포함한다. 최종적으로 별의 안내를 받았던 동쪽에서 온 마술사들의 에피소드는 야곱에게서 한 별이 나올 것이라고 예언했던 동쪽에서 온 예언자 발람의 이야기의 특징을 따라간다. 마술사들과 마찬가지로 그는 사악한 왕의 계획을 저지했다.

나중에 우리는 이 구약성서와의 병행 내용에 대해 아주 자세하게 살펴볼 것이다. 지금 당장은 이스라엘 이야기의 수많은 가닥들을 모으는 마태의 아기 예수 이야기 방식에 대한 모든 느낌을 알아듣는 것으로 충분하다.

우리가 단지 이것이 회람됐던 형태만을 추측할 뿐이지만 1장 18절–2장 23절 자료 중 많은 것들이 마태가 그의 복음서를 쓰기 전에 그가 살던 세계의 교회에는 익숙한 것이었을 것이다. 마태가 의지했던 전통들 가운데 하나는 누가의 복음 역시 반영했던 전통인 성령을 통한 예수의 구상에 대한 천사의 공표 이야기였다. 마태의 공동체에서 이 이야기는 우리가 2장 13–13절에서 발견하는 요셉과 그의 꿈에 초점을 맞춘 자료들과 관련이 있었을 것이다. 마술사들의 이야기는 아마도 예전에는 분리된 이야기였을 것이다. 그런데 마태는 그것을 그의 이야기 안으로 합병했다. 그가 예수의 이야기에 관련된 본문을 발견하려는 이전 기독교의 노력 위에 세웠을 것이지만 아마도 마태 자신이 이야기 안으로 흥미로운 구약성서를 인용한 것에 대해 책임을 졌을 것이다.

마태가 임의대로 이 자료에서 만든 이야기는 세 부분으로 구성된다. 1장 18–25절에서 마태는 예수의 기원에 있는 "거룩한 불규칙성"을 분명히 설명한다. 마태는 성령의 권능으로 하늘의 전달자로서의 그의 미래의 역할의 전조가 되는 사건을 만들어내었다. 2장 1–12절의 마술사의 이야기에서 마태는 아직 도래하지 않은 것들을 예고하는 예수의 탄생에 대한 다른 반응들에 대해 말한다. 유대 관원들은 예수를 두려워하고 거절하는데 반해 이방인들은 왕인 예수를 기쁨과 경배로 환영한다. 2장 13–23절의 헤롯의 분노에서 도주하는 예수의 이야기에서 마태는 아기 예수에 대한 하나님의 보호하심을 가장 눈에 띠게 만든다.

이것에서 다시 이 에피소드는 예수를 최종적으로 고난 받도록 운명 지어진, 방황하고 환영 받지 못하는 통치자로 묘사하며 미래의 일을 미리 나타낸다. 그러므로 1장 18–23절에 뒤뿐만 아니라 앞을 내다보는 이야기가 있다. 예수의 탄생과 유년기의 이야기는 모두 이스라엘의 지나간 이야기를 따라가고 예수의 메시아 사명의 이야기를 앞서 가리킨다.

이 탄생과 유년기 이야기들과 관련하여 고려해야할 마지막 질문은 문학적 유형 혹은 이 자료의 유형이다. 다른 이들이 주목한 바와 같이 마태의 이야기는 유대 미드라쉬에서 발견된 사람들과 같은 특징을 담고 있다. 미드라쉬는 성서의 해석 혹은 성서에 대한 주석의 이름이다. 유대 미드라쉬에서 사용된 기법 가운데 관련된 본문들을 비교하고, 본문을 당대의 사건들에 적용하고 이 본문을 높이거나 예증하는 이야기들하가다을 구성하는 기법이 있다.

우리가 마태복음 1-2장에서 보는 특별히 흥미로운 것들 가운데, 모세의 출생과 유아기를 다루는 1세기의 어떤 이야기들이 있다.Josephus, Antiquities 2.205-237 참조 이런 이야기 하나는 바로의 신성한 학자들 가운데 하나가 바로에게 히브리인의 구원자가 태어나려 하고 있다고 말했을 때 바로의 경고에 대해 말한다. 이 이야기는 계속해서 하나님이 모세의 아버지의 꿈에 나타나 그에게 태어날 아이는 히브리인들을 속박에서 구원할 것이라고 말했다.

유대 공동체가 모세의 출생에 관한 성서의 이야기의 가치를 더하려고 하가다를 발전시켰던 것과 마찬가지로 유대 그리스도인들은 예수의 탄생을 해석하려는 같은 이야기를 발전시켰을 것이다.우리 시대에서 예수의 출생에 관한 기독교 하가다의 예는 헨리 반 다이크[Henry van Dyke]의 "The Story of the Other Wise Man"이다 마태의 예수의 탄생과 유년기의 이야기가 유대 기독교 미드라쉬를 실제로 반영한 것이라면 우리는 예수의 어린 시절에 관한 역사적 정보를 발견하기보다는 우리의 믿음을 위한 예수 출현의 의미를 발견하기 위해 이것들을 읽어야 할 것이다.

성령으로 예언된 아이

마태복음 1:18-25

사전 검토

위에서 가리킨 것처럼 1장 18-25절의 이야기는 예수의 계획과 출생에 대한 공표를 포함하고 있다. 같은 수태 고지 이야기들이 창세기 16장 7-14절, 사사기 13장 2-25절, 누가복음 1장 18-23절, 누가복음 1장 26-38절에서 발견된다.사7:10-17 참조 이 이야기들을 비교하면, 우리는 수많은 공통점들을 발견하게 된다. 즉 (1) 주님 혹은 주님의 천사들의 출현 (2) 출현한 자의 인사말 혹은 때로 이름을 받은 자에 대한 이야기 (3) 아이가 받은 혹은 곧 받게 될 메시지 (4) 아이에 대한 이름 제공과 이름에 대한 설명 (5) 미래의 역할에 대한 정보 혹은 아이의 운명과 같은 것들이다. 때때로마태의 설명은 아니지만 수령하는 자는 이 모든 것이 어떻게 일어나고 확신의 징표로 받을 수 있는지를 묻는다.

포고된 이야기들에서 복음에 대한 중심은 하나님이 섭리하셨거나, 하나님의 목적을 위해 어떤 중요한 사람의 탄생이 가능하도록 개입하셨다는 말이다. 몇몇 경우에서사무엘상 1장도 참조 하나님이 불임이거나 가임기가 지난 여인에게 가임 능력을 주고 그 여인은 통상적인 방식으로 임신한다. 예수의 계획과 탄생의 경우, 하나님은 훨씬 더 급진적인 방식으로 개입하셨다. 마리아의 태에서 자라난 아이는 전적으로 하나님의 의도를 통해 수태되었고 따라서 분명하게 우리 가운데 하나님의 임재의 전조가 된다. 예수의 계획과 탄생의 선포에서 우리가 가지게 되는 것은 구약성서의 병행기사 이야기에서 하나님의 섭리의 주제에 대한 강력한 고조이다. 이삭과 삼손과 사무엘의 출생이 하나님의 구속의 목적을 나타낸다면, 예수의 탄생은 이보다 훨씬 더 그러할 것이다!

개요

요셉의 딜레마, 1:18–19

천사의 메시지, 1:20–21

예언의 뒷받침, 1:22–23

요셉의 반응, 1:24–25

주석적 해설

요셉의 딜레마 1:18–19

18절에서 탄생으로 번역된 단어는 1절에서 계보로 번역된 단어발생와 동일하다. 이처럼 마태는 계보에 이어지는 이야기를 연결하고 다시 예수의 기원에 대한 질문에 주의를 집중한다. 1절과 16절에서와 같이 17절의 메시아는 예수와 동일시된다.

18절은 마리아가 요셉과 약혼했지만 이들이 함께 살기 이전에 잉태했다는 것을 우리에게 알린다. 인용된 이 구절은 당시 유대인의 결혼 관습에 포함된 두 단계를 표현한다. 증인 이전에 공식적인 동의의 교환이 첫 번째 단계이고 이것은 법적으로 비준된 결혼을 구성했다. 남자와 여자가 남편과 아내로 간주된다는 점에서 이들 관계의 어떤 갈라섬도 이혼 증명서를 요구했다. 두 번째 단계는 신랑이 신부를 그의 가정집으로 데려올 때 일어났다. 그리고 이 둘은 남편과 아내로 함께 살기 시작했다. 첫 번째 단계 후 종종 일 년 후인 두 번째 단계가 이루어질 때까지 신부는 계속 자신의 가정집에서 살아야 했다. 이것은 분명히 그녀가 자신의 잉태 사실을 발견했을 때의 마리아의 상태이다.

19절에 따르면 요셉은 두 고려사항에 기초하여 이 상황에 대응했다. 의로운 사람이었기에 요셉은 마리아의 정절에서의 분명한 위반을 간과할 수 없었다. 동시에 요셉은 마리아를 간음이라는 공적 재판에 오르게 하는 불명예에 노출하고 싶지도 않았다. 명예를 지키고 긍휼함도 지킬 수 있는 방식을 찾아 요셉은 가능한 사적인 방식으로 마리아와 이혼하기로 결심한다.

천사의 메시지, 1:20-21

요셉이 그의 결심을 실행하기 전에 주님의 천사가 나타나 그에게 계획을 바꾸라고 지시한다. 위에서 주목한 바와 같이 하나님 혹은 하나님의 천사사자의 출현은 수태 고지 이야기에서 정규적인 특징이다. 이 이야기 가까이에 천사의 메시지가 요셉의 꿈속에서 전해진다. 더욱이 하나님의 계시의 통로로서 꿈에 대한 언급은 2장 12절, 2장 13절, 2장 19절, 2장 22절에서 일어난다. 성서 이야기의 다른 곳에서 하나님의 메시지는 때때로 꿈이 포함하는 상징으로 발견된다.창40-41장의 바로와 그의 관원들의 꿈 참조 그러나 이곳에서 꿈은 단지 하나님의 사자가 말하는 배경만을 제공한다.

천사는 요셉에게 마리아를 아내로 맞아 그녀를 자신의 집으로 데려가 남편과 아내로서 함께 살라고 명령한다. 천사는 마리아가 간음의 행위가 아니라 성령의 행위를 통해 잉태했음을 요셉에게 확신시켰다. 마태는 이미 독자들에게 마리아의 잉태의 원인을 18절에서 알렸지만 이제야 요셉은 이것을 알게 된다. 본문이 마리아에게 잉태된 아이가 성령으로 된 것이라고 지시할 때 이 사고는 성령이 예수의 아버지로서 남편의 역할을 수행했다는 것이 아니다. 오히려, 성령은 모든 생명의 근원이며 이처럼 잉태의 일반적인 수단과 별개인 창조의 능력인 생명을 주는 능력으로서 행동한다.창1:2; 시104:30; 겔37:1-14 참조

천사는 또한 요셉에게 마리아가 낳을 아들의 이름에 대해서도 알려준다. 유대 전통에서 부모 가운데 하나가 아이의 이름을 지을 수 있었고창4:25-26, 16:11, 17:19 참조, 누가복음 1장 31절은 마리아를 예수의 이름을 지을 사람으로 지명한다. 그러나 마태의 경우에는 요셉이 이 책임을 수행하는 것이 중요하다. 아이의 이름을 짓는 것은 요셉이 이 아이를 자신의 아이로 받아들이는 것이며 이것은 다음에 다윗의 조상이라는 예수의 주장을 확보할 것이다.

예수라는 이름은 그리스어 '예수스' Iēsous의 번역인데 이것은 다음에 히브리 이름 '예호수아' YehošuaJoshua를 줄인 '예수아' Yešua로 번역된다. 긴 형태인 '예호수아' Yehošua는 아마도 '하나님the Lord이 도우신다.' 혹은 '하나님이 구원하신다.'를 의미했을 것이다. 1세기에 사용되었을 이 이름의 유형은 대중적인 어원이 '구하다' 혹은 구원의 의미를 가

진 단어와 관련된 '예수아Yesua' 였다. 천사의 메시지는 이 이름에 대한 이해를 반영한다. 마리아의 아이는 자신의 백성을 구할 것이기 때문에 예수라 불릴 것이다. 그러나 예수가 자신의 백성을 구하는 것은 죄에서이지 로마로부터가 아니다. 모세와 예수의 탄생 모두 하나님의 구원하시려는 의도를 알리지만 예수는 정치적인 억압보다는 보다 더 결정적인 노예 신분에서 자신의 백성을 구할 것이다.시130:8; 마26:28 참조

예언의 뒷받침, 1:22-23

본문의 이 시점에서 마태는 우리가 전에 언급했던 성취의 인용들 가운데 하나를 소개하려는 이야기를 가로막는다. 첫 번째 복음에는 유년기 이야기에서 넷 혹은 다섯 개를 포함하는 이런 인용이 열둘이 있다. 이번 경우 마태는 70인역에서 인용하고 인용된 구절은 이사야 7장 14절이다. 이 구절은 어느 정도 이 백성의 삶에서 하나님의 현존의 전조가 되는 아이의 잉태와 탄생에 대해 말한다. 이사야 7장 14절 히브리어 본문이 아이의 어머니를 젊은 여인으로 말하지만 70인역은 이 기초를 이루는 히브리 단어를 처녀라는 의미의 더 특별한 그리스 용어로 번역했다.1:23 마태에 따르면 이사야의 약속은 마리아가 성령의 능력으로 예수를 잉태했을 때 이것의 가장 깊은 성취를 발견한다.

잉태의 과정보다 더 중요한 것은 잉태된 아이가 하나님이 우리와 함께 계신다는 임마누엘이 된다는 사실이다.사7:14; 8:8, 10 흥미롭게 마태는 예수의 아버지가 그를 임마누엘이라고 불릴 것이라고 말하지 않는다. 오히려 히브리어 본문과 70인역 모두와 다른 어법을 사용하여 마태는 이들이 예수를 임마누엘이라고 이름 지을 것이라고 진술한다. 이들은 누구를 가리키는가? 십중팔구 마태는 자신이 21절에서 언급한 예수를 인정하는 참 이스라엘인 백성을 생각한다.

요셉은 마리아의 아이를 예수라 부를 것이다. 왜냐하면 예수는 자신의 백성을 죄에서 구원할 것이기 때문이다. 그러나 예수가 죄로부터 구원할 백성은 예수를 임마누엘로 환영할 것이다. 자신 안에 하나님이 현존하는 사람만이 죄에서 구원할 수 있다! 자신의 복음서 말미에서 마태는 이 하나님의 현존에 관한 주제로 돌아올 것이며 새로운 방식으로 이것을 다시 확인할 것이다. 하나님이 예수 안에 있는 우리와 함께 계시듯이 예수도 끝날까지 항상 자신의 공동체와 함께 하실 것이라고 약속한다.28:20

요셉의 반응, 1:24-25

이 탄생의 공표 이야기는 천사의 메시지에 대한 요셉의 반응에 관한 짧은 진술로 끝난

다. 유년기의 이야기에서 두서너 번 우리는 하나님의 명령에 대한 순종의 반응과 관련된 유형을 발견한다. 따라서 이곳에서 요셉은 **주님의 천사가 그에게 명령한 대로 행했다.** (1) 요셉은 마리아를 자신의 집으로 데려가 그것으로 마리아와 그녀의 아이 모두를 위한 공적인 책임을 다한다. (2) 요셉은 아이의 이름을 짓는 아버지의 권리를 행사했고, 그것으로 예수를 자신의 법적 후사로 인정했다. 이 행위를 통해 성령으로 잉태된 아이는 **하나님의 아들**4:3은 물론 **다윗의 아들**1:1, 20이 되어 요셉의 다윗의 가계를 획득했다.

마태는 요셉이 예수의 탄생 이전에 자신의 아내와 **성적 관계를 가지지 않았다**는 것 또한 우리에게 알린다. 이 그리스어 본문은 실제로 요셉이, 자신의 아내를 성적 결합에 대한 일반적 셈어의 표현인창4:1; 삼상1:19 참조 **알지 못했다**NKJV고 말한다. 본문의 어법은 요셉과 마리아가 예수의 탄생 **이후에**12:46, 13:55–56 서로에게 어떻게 관계했는가에 대한 열려있는 의문을 남긴다. 그러나 마태는 이 복음서에서 나중에 예수의 자매들과 형제들에 대해 언급하는데 이들은 분명히 보통의 방식으로 잉태되었다. 그러므로 마태는 마리아가 영원히 처녀로 남아 있었다는 후대의 전통을 알았을 것 같지 않다. 마태 자신의 관심은 마리아의 처녀성에 있지 않고 이처럼 예수의 잉태가 성령의 사역이라는 것을 확인하는 데 있다.

성서적 맥락에서의 본문

1장 1–17절의 족보에서 마태는 어떤 불규칙한 관계 혹은 예수의 조상들의 기원에서 별난 상황에 주의를 환기시킨다. 이 모든 것들은 독자들에게 예수의 기원에서 훨씬 더 불규칙적인 일에 대해 준비시킨다. 이렇게 우리를 준비시킨 후에 마태는 1장 18–25절에서 이스라엘 가계 안으로의 예수 참여에 있어 미증유의 본질에 대한 자세한 설명으로 나아간다. 예수는 통상의 방식으로 잉태된 것이 아니라 성령의 특별한 행위로 잉태되었다.

마태가 요셉의 딜레마를 묘사한 것은 별나고 예기치 않았던 것의 이슈를 고조시키는 데 기여한다. 처음에 요셉은 마리아의 임신을 통상적인 용어간음로 해석할 수밖에 없었고 통상적인 해법이혼을 통해 이 상황을 다룰 방도를 찾는다. 요셉에게 마리아가 통상적이지 않은 방식으로 잉태했고 게다가 태어날 아이가 비범한 사역을 담당하게 될 것이라는 사실을 확신시키고자 꿈을 통한 하나님의 특별한 계시를 필요로 한다! 물론 마태는 독자들에게 이 모든 것이 성서에서 발견되는 하나님의 약속과 일치하는 것이라고 말한다. 그러나 하나님이 이 약속에 따라 행동하실 때 이것이 결코 놀라움의 요소에서 벗어나게 하

지는 못한다.Minear: 35-37 참조

이 에피소드를 공유하려는 마태의 동기는 물론 그것 자체가 목적으로 화자의 놀란 기쁨을 넘어선다. 마태는 이 설명을 우리에게 예수의 하나님과의 특별한 관계에 관한 무엇인가 중요한 것으로 말하려고 사용한다. 마태가 아직 하나님의 아들4:3이라는 표제를 소개하지 않았지만 성령을 통한 예수의 잉태 이야기는 우리를 이 방식으로 예수를 생각하도록 초대한다. 신약성서의 다른 곳에서 하나님의 아들로서의 예수의 역할은 때때로 그의 부활롬1:3 혹은 침례막1:9-11와 연결되었다. 그러나 마태와 누가는 모두 예수가 처음부터 하나님과의 특별한 관계를 즐겼다는 점을 분명히 한다. 예수의 잉태와 탄생에서 하나님의 행위의 이야기는 이 점을 강조하는 데 기여한다.[그리스도/기독론, p. 436.]

전에 주목한 바와 같이 구약성서에는 예수의 잉태와 탄생 이야기와 부분적인 유사점이 있다. 거기에서도 역시 하나님은 후에 하나님의 목적을 수행할 자손의 탄생에 있어 능동적인 역할을 하신다. 그러나 마태복음의 경우 예수의 출현에서 하나님의 역할은 과거의 모든 것을 능가한다. 예수의 잉태 방식과 예수의 사역을 알리는 이름은 예수가 독특하고 비교할 수 없는 방식으로 하나님의 존재를 현시할 것이라는 것을 증언한다.

더 깊은 질문은 예수의 잉태 이야기가 신자들의 공동체로서 우리 자신의 "잉태"와 어떤 연관을 맺는가이다. 마태 자신이 이 질문을 추구하지 않았지만 다른 신약성서 본문들은 어떤 흥미를 자아내는 병행기사들을 제공한다. 사도행전에서 기자는 분명하게 성령의 권능에서 비롯되는 삶인 가장 초기의 그리스도인의 삶을 묘사한다. 사도 바울은 성령을 하나님의 자녀롬8:9-17인 우리의 정체성의 원천으로 말하고 그리스도 안에 있는 사람들이 새로운 창조를 경험한다는 것을 확언한다.고후5:17

모든 것 가운데 가장 놀라운 것은 사복음서에서 우리가 발견하는 언어이다. 그곳에서 기자는 신자들을 "위에서 난"거듭난, 새번역 혹은 "영에서 난" 사람들로 묘사한다.요3:3, 6 또 다른 곳에서 기자는 이들이 "혈통에서나, 육정에서나, 사람의 뜻에서 나지 아니하고, 하나님에게서 났다."요1:13고 주장하며 "하나님의 자녀가 되는 권세"를 받은 사람들에 대해 언급한다. 마태복음 1장 18-25절을 이러한 본문들과 나란히 고려한다면 우리는 성령에 의한 잉태의 주제가 예수의 기원뿐만 아니라 신자들의 기원에도 적용된다는 것을 알 수 있다. 조금 다르지만 진정한 의미에서 우리 역시 "성령으로 잉태 되었다".

교회생활에서의 본문

복음서의 성령으로 잉태한 예수의 이야기는 교회 역사에서 무시되는 아픔을 겪지 않았다. 교회는 예배와 신학적 논의 모두를 위한 수단으로 이 자료를 의지했다. 그러나 마태복음 1장과 누가복음 1장이 받았던 주목 모두가 유익한 것으로 입증된 것은 아니다. 이따금 교회는 이 본문이 대답하지도 질문하지도 않는 질문들로 탈선했다. 동정녀 탄생은 예수가 우리의 죄 된 본성을 획득하는 것을 막는 데 필요한가? 예수는 자신의 인간 정체성을 마리아 혹은 성령에서 받았는가? 예수는 동정녀가 정상적인 결혼관계에서 보다 어떻게 해서든지 더 거룩하기 때문에 동정녀 탄생 하였는가? 다른 시기에 교회는 동정녀 탄생을 입증하거나 혹은 반증하려는 시도로 탈선했다. 이 같은 사건은 과학적 가능성이 있는가? 우리는 이 복음서가 설명하는 것의 역사성을 입증할 수 있는가?

이 본문에 대한 이런 역사적 이용과 오용의 한 가운데서 우리는 근본적인 질문을 던질 필요가 있다. 예수의 동정녀 탄생 혹은 동정녀 잉태를 믿는 것이 의미하는 바가 무엇인가? 또한 다른 방식으로 마태가 우리를 예수 탄생에 대한 자신의 이야기를 확신하도록 초대하는 것은 무엇인가? 에두아르드 슈바이처Eduard Schweizer는 이것을 자신의 이 본문에 대한 주석에서 잘 평가한다.

이 이야기의 초점은 … 육체적, 생물학적 과정이 아니라 신학적 분수령이다. … 이 본문이 질문하는 것은 그러므로 우리가 동정녀 탄생을 육체적 가능성으로 고려할 것이 아니라 … 이 탄생에서 우리가 우리의 구원을 위한 하나님 자신의 그리고 유일한 섭리를 볼 수 있느냐이다. 그리고 이런 경우라면, 우리 역시 이 동정녀 탄생 이야기가 말하는 의미 그 이상을 말할 수 있다. 즉 동정녀 탄생은 단순히 긴 수백만의 탄생 시리즈에서 많은 것 가운데 하나를 대변하는 것이 아니라 단순히 사람의 창조적 의지나 동인을 통해 발생한 것이 아닌 창조주로서 하나님 자신의 의지를 통해서라는 것을 나타낸다.[35]

동정녀 탄생을 믿는다는 것은 예수가 하나님에게서 자신의 생명을 받았고, 하나님이 태초부터 예수의 생명 안에서 우리와 함께 하시고, 그러므로 예수는 구원하시려는 하나님의 능력을 나타낸다는 것을 믿는 것이다.

동정녀 탄생을 믿는다는 것은 또한 우리 자신의 생명을 다른 방식으로 이해하는 것이다. 첫 번째, 우리는 우리의 그리스도인 정체성을 위한 성령에 관한 근본적인 의존을 인정할 것이다. 위에서 밝힌 인용된 본문처럼, 예수의 생명을 창조했던 성령은 이제 예수의 공동체의 생명을 창조한다. 이것이 사실이라면 우리는 현재의 우리라는 근본적인 의미를 위해 우리의 문화보다는 성령에 기대할 것이다.

두 번째, 우리는 강력하고 예측할 수 없는 방식으로 활동하는 하나님의 성령의 자유를 인정할 것이다. 동정녀 탄생은 우리의 삶의 일상적인 것으로서의 일 그 이상에 흥미를 가지신 하나님을 증언한다. 동정녀 탄생은 새로운 일 하시기를 꺼려하지 않는 분이고 실제로 모든 것을 새롭게 만들려 하시는 분이라는 것을 증명한다.

세 번째, 우리는 하나님의 뜻에 대한 오래된 견해들을 변경하는 성령의 요구에 열린 태도를 가져야 할 것이다. 요셉과 마찬가지로, 우리도 통상적인 종교적 행위에 반하는 반응을 요구하시는 하나님의 행동을 발견할 수도 있다. 동정녀 탄생을 믿는다는 것은 새 창조에서 하나님의 동반자가 되어 요셉이 행동했던 것처럼 반응하는 것이다.

왕으로 환영을 받은 아이

마태복음 2:1-12

사전 검토

누가와 다르게 마태는 예수가 탄생한 밤에 대한 이야기를 전하지 않는다. 그러나 마태는 얼마간 시간이 지난 후에 예수를 찾아 온 대표단들에 대해 우리에게 말한다. 마태복음 2장 1-12절에 따르면 이 대표단은 우리가 보통 현자로 언급하는 마술사 혹은 점술가로 구성되었다. 고대 세계에서는 하늘의 신호가, 예를 들어 알렉산더나 아우구스투스와 같은 통치자들을 포함하여 위대한 인물의 탄생에 동반된다. 마태복음 2장의 마술사들은 바로 이 같은 신호를 보았다고 주장한다. 새로 태어난 유대인의 왕의 떠오르는 별을 보고 이들은 그를 찾아 그에게 경의를 표하려고 순례의 길을 떠난다.

이런 이야기를 듣고 마태의 독자들은 A.D. 66년에 발생했던 유사한그리고 널리 공표되었던 순례 여행을 상기했을 것이다.cDio Cassius, Roman History 63.1-7; Suetonius, Nero 13; Pliny, Natural History 30.6.16-17 참조 그 해에 아르메니아의 왕 티리다테스와 세 명의 이웃 파르티아 통치자의 아들들로 구성된 대표단이 로마에 도착했다. 이 동쪽에서 온 왕족 모임은 플리니가 마술사로 묘사했던 네로 황제에게 경의를 표하고자 로마에 왔었고 로마는 이들을 맞으려고 등과 화관으로 장식되었다. 네로를 만나자 티리다테스는 "내가 미트라에게 했던 것처럼 나의 주님 당신에게 경의를 표하려고 왔습니다."라고 선언했다. 네로가 티리다체스를 아르메니아의 왕으로 확인한 후에 이 모임은 고향으로 돌아갔지만 이들은 자신들이 왔던 길과 다른 길로 돌아갔다.마2:12 참조

티리다테스의 이야기는 마태복음의 본문과 매혹적으로 유사하지만 마태의 이야기의

근원은 로마의 역사보다는 성서 역사에 있다. 마태복음 2장 1-12절은 민수기 22-24장의 발락과 발람의 이야기와 몇 가지 유사성을 보인다. 그 이야기에서 우리는 자신의 계획을 수행하고자 동쪽에서 온 이방의 점쟁이발람를 이용하려 했던 하나님의 백성을 멸하려는 사악한 왕발락과 이 점쟁이가 그 왕을 돕지 못하도록 막으셨던 하나님에게서 온 계시에 대해 배운다. 이 특징들 하나하나가 마태의 헤롯과 마술사의 묘사에서 겉으로 드러난다. 더욱이 발람은 민수기 24장 17절에서 하나님 백성의 미래의 통치자의 모습을 묘사하는 별의 이미지를 사용한 예언을 말한다. "한 별이 야곱에게서 나올 것이다. 한 통치 지팡이가 이스라엘에서 일어설 것이다."T. Levi 18:3; CD 7:18-20 참조 민수기 24장에서는 은유였지만 마태복음 2장에서는 신호가 된다. 유대 백성의 "탁월한 통치자"의 탄생을 의미하는 한 별이 하늘에 나타난다.

그렇다면 마태복음 2장 1-12절은 다른 에피소드를 제공하는데, 이 에피소드에서 예수의 이야기는 이스라엘의 이야기에 나오는 이전 순간들에 대한 줄거리를 전달하고 있다. 마태가 이 이야기를 우리 앞에서 발전시킬 때 우리는 그가 두 가지 중요한 주제를 추구하고 있다는 것을 발견한다. (1) 예수는 자신의 백성과 모든 나라들을 다스리는 왕이 될 운명이다. (2) 예수는 자신의 나라에서 배척을 받지만 이방인에게 환영을 받을 것이다.[이방인, p. 439.] 문학적 견지에서 마술사들의 이야기는 아래가 가리키는 것처럼 네 극적인 장면으로 나뉜다.

개요

동방 박사들이 새 왕을 찾다, 2:1-2

헤롯이 자신의 자문가들과 협의하다, 2:3-6

헤롯이 동방 박사들과 협의하다, 2:7-8

동방 박사들이 새 왕을 발견하다, 2:9-12

주석적 해설

새 왕을 찾는 동방 박사들 2:1-2

동방 박사들의 이야기는 예수의 탄생 시기에 대한 간단한 역사적 언급으로 시작한다.

마태는 이 사건을 **헤롯왕의 시기**로 날짜를 기입한다.문자적으로: 통치시기에[KJV], 시기에 관해 언급하는 일반적 성서의 관용구; 룻1:1; 느12:46 참조. 이곳에서 언급된 헤롯은 헤롯 대왕이다. 이두메인으로 출생한 헤롯은 B.C. 37년에서 그가 죽는 B.C. 4년까지 로마의 가신으로 팔레스타인을 통치했다. 대규모의 건축 사업으로 그럭저럭 갈채를 받으면서 헤롯은 한편으로 자신의 경쟁자들과 상대방에 대한 무자비한 취급으로 두렵고 경멸의 대상이었다. 마태복음 2장은 헤롯의 평판을 언제나 자신의 왕의 지위에 대해 걱정하는 약삭빠르고 나쁜 정치가로 확인한다.

헤롯이 여전히 왕이었지만 마태는 헤롯이 왕이었을 때에 **현자** 혹은 **마술사들**NIV의 대표단이 예루살렘에 도착했다고 말한다. 마술사는 그리스어 본문의 '마고이magoi' 라는 단어를 라틴어로 만든 것이다. '마고이magoi' 라는 용어는 원래 메데와 페르시아인 가운데 사제 계급을 가리키는데 특별한 종교적 혹은 신비의 능력을 행하는 광범위한 사람들, 즉 점성가, 음양가, 해몽가, 마법사, 마술사, 이밖에 여러 사람들을 가리키는 포괄어가 되었다.단1:20; 2:2; 행8:9–24; 13:6–11 참조 흥미롭게 1세기 유대인 작가 필로는 발람을 마술사magos로 언급한다. 마태복음 2장 1절에서 정황상 **'마고이(magoi)' 는 점성가(REB)를 의미한다.**

우리는 이 점성가들이 동쪽에서 왔다고 들었다. 그곳은 아라비아, 바빌로니아, 혹은 파르티아페르시아 가운데 하나를 의미할 수 있었다. 어떤 경우든 마태는 동방 박사들을 이방인으로 묘사한다. 이들은 **유대인의 왕**을 찾아 왔는데 그것은 비유대인들이 유대인 통치자를 부르는 것이었다.마27:37 참조 더욱이 이들은베들레헴을 가리킬 성서에 대한 지식도 아직 가지지 못했다. 그러나 이들은 단지 보통의 이방인이 아니었다. 다른 이들이 관찰했던 것처럼, 동방 박사들은 최고의 이교도의 지혜를 가졌던 사람들로서 이방세계의 영적 엘리트를 대표한다.

이 동방 박사들은 자신들이 새로 태어난 유대인의 왕의 별이 **떠오르는 것**혹은 가능성이 적지만, 동쪽에서, KJV을 보았고 이처럼 그를 찾아 유대인의 우두머리에게 왔다고 보고한다. 2세기 이후 내내 해석자들은 유대인과 연관된 황도 십이궁물고기 자리, 물고기이 무리에 나타난 초신성, 혜성, 혹은 행성의 결합이라는 것을 제시하며 이 별을 확인하려고 노력했다. 그러나 제시한 어떤 이론도 본문의 모든 정보를 충족하지는 못한다. 더욱이 마태 자신이 이 별의 물리학적 특성보다는 그것의 신학적 의미에 더 많은 관심을 가지고 있다. 마태가 이해한 것처럼 발광의 예언의 배경에 대항하여 이 별은 많은 나라들을 통치할 메시아적 왕의 출현의 전조가 된다.민24:7 LXX; 24:17 참조 동방 박사들이 이 왕을 찾아 왔을 때, 이들은 이사야 60장 3절, "이방 나라들이 너의 빛을 보고 찾아오고, 뭇 왕이 떠오르는 너의 광명을 보고, 너에게로 올 것이다."를 구체화한다.

2절은 동방 박사들이 **경의를 표하고자** 새로 태어난 왕을 찾는다는 사실을 기록한다. **'경의를 표하다'** 라고 번역된 동사는 그리스어 '프로스쿠네오proskuneō' 이다. 마태는 이 단어를 자신의 복음서에서 열세 번 사용하는데, 대부분의 경우 예수에게 반응하는 사람들의 방식을 묘사하는 데 사용된다.9:18의 무릎을 꿇고; 15:25; 그리고 14:33; 28:9; 28:17의 절을 하였다 참조 우리 앞에 있는 이야기에서 마태는 '프로스쿠네오proskuneō' 를 2절, 8절, 그리고 11절에서 자그마치 세 번이나 사용한다. 이 단어 자체는 어떤 사람이나 당국에 경의를 표하거나 우리가 신성에 드리는 예배로 알려진 특별한 경의 가운데 하나를 가리킬 수 있다. 이곳에서는 두 가지 의미가 섞이거나 융합되어 나타난다. 동방 박사들은 왕에게 경의를 표하려고 왔지만 우리 독자들은 예수가 통상적인 왕이 아니고 게다가 그의 통치는 하나님의 법과 구별할 수 없을 것이라는 사실을 안다. 그러므로 동방 박사들이 마태복음 2장에서 예수에게 경의를 표할 때 이들은 마태복음 28장의 살아나신 주님에 대한 **예배**의 전조가 된다.9,17

헤롯이 자신의 자문가들과 협의하다 2:3–6

3–6절에서 헤롯과 그가 어떻게 동방 박사들의 요구에 반응하는가로 초점이 변화된다. 마태는 크게 동요하거나 걱정하는 것을 가리키는 단어를 사용함으로써 헤롯이 **두려워한다**는 것을 우리에게 전한다. 제자들이 예수가 물 위를 걷는 것을 보고 유령이라고 생각했을 때의 이들의 두려움을 묘사한 같은 단어가 사용된다.14:26 헤롯의 경쟁자에 대한 두려움을 고려할 때, 자신의 나라에서 새로운 왕을 찾는 사람들에 대한 그의 반응은 놀라운 것이 아니다. 그러나 우리는 헤롯만 그런 반응을 보인 것이 아니라 **모든 예루살렘**이 그와 함께 떨었다는 것을 안다. 마태는 히브리 구원자의 임박한 출생 소식이 바로를 겁먹게 하고 모든 이집트인들을 공포로 몰았던 모세에 관한 유대 미드라쉬를 이곳에 반영한다.Josephus, Antiquities 2.205–206, 215 그러나 이제 역할이 바뀐다. 이방 나라의 대표들이 그를 경배하려고 찾고 있는 반면 히브리 구원자의 탄생으로 당황하고 있는 이들은 유대 민족과 이들의 왕이다.

새로 태어난 왕이 발견될 것처럼 보이는 곳을 찾고자 헤롯은 유대의 대제사장과 율법학자들 가운데 몇몇 지도자들을 모아 놓는다.4절 '모아 놓는다' 라는 그리스어 단어는 마태가 예수의 재판과 십자가에 못 박는 이야기에서 유대 지도자들 악의가 있는 모임을 묘사하고자 사용한 것과 같은 단어이다.26:3,57, 27:17,27,62, 28:12 참조 이 단어는 통치자들이 음모를 함께 꾸며 주님을 거역하고, 주님과 그의 기름 부음 받은 이를 거역했다고 기록하는 70인역 시편 2편 2절에서도 사용되었던 단어이다. 이러한 것들과 연관된 어휘를 사용함으로써 마태는 이 모임이 결코 순수한 신학적 상담이 아니라는 것을 분명히 한다. 이것은 앞으로 다가올 더욱 불길한 모임을 미리 말하는 모임이다.

헤롯은 5절과 6절에서 메시아가 태어난 장소에 대한 자신의 질문에 대한 답을 받는다. 일반적인 유대인의 전통을 반영하면서 지도자들은 메시아가 **유대 베들레헴**에서 태어날 것이라고 지시한다.요7:40–44 참조 **유대**의 혹은 **유다의**라는 구절은삿17:7, 9; 룻1:1–2 참조 이 베들레헴을 갈릴리에 있는 또 다른 베들레헴과 구별하는 데 기여한다. 다윗의 기원이 된 성읍16:1, 17:12, 20:6 참조인 베들레헴은 쉽사리 메시아의 기원에 관한 추측의 초점이 되었다. 미가서 6장 2–4절히브리어 본문에서는 5:1–3은 메시아가 베들레헴에서 나올 것이며 그래서 6절에 인용된다는어느 정도 견해를 지지한다.

실제로 마태는 미가서 5장 2절과 사무엘상 5장 2절을 이곳에서 결합했다. 사무엘상 5장 2절 본문이 축어적으로 인용된 반면, 미가 구절의 유형은 히브리어 본문과 70인역의 형태와 다르다. 오늘날 몇 개의 다른 성서 번역본을 고르고 선택하는 연구자들만큼이나 마태는 본문의 다른 번역들을 의존하거나 본문의 정확한 형태에 관한 자신만의 필사의 판단에 의존하는 것에 부담을 갖지 않았다. 마태의 방법이 우리에게 여러 점에서 멋대로인 것처럼 보이지만 이들은 당시의 유대인과 기독교 사회에서 아주 일반적인 성서 연구에 대한 접근 방식을 반영한다.

헤롯이 동방 박사들과 협의하다 2:7–8

7장에서 다시 장면이 바뀐다. 자신의 자문가들과 협의한 후에 헤롯은 이제 비밀리에 동방 박사들과 협의한다. 다른 누구도 헤롯의 계획을 알아서는 안 되었고 동방 박사들조차 사진의 진짜 속마음을 알아서는 안 될 것이다. 별이 나타났던 시간에 대한 헤롯의 조사는 2절에서 언급했던 별이 떠오르는 것을 가리키는 것으로 나타났다. 이 별이 지평선 위로 떠올랐을 때의 정확한 년, 월, 일은 언제인가? 마태는 이곳에서 헤롯이 언제 이 천문학적인 정보를 이용할 것인가에 대한 다음 이야기에 대해 우리를 준비시킨다. 그것은 제거되어야만 하는 새로이 탄생한 왕의 시기를 가리킬 것이다.2:16 그러나 그것은 이후가 될 것이다. 지금은 동방 박사들을 베들레헴에 급파하여 이들이 자신들의 발견을 돌아와 보고하게 하려는 지침을 가지고 이 아이를 찾게 하는 것으로 충분하다. "나도 가서, 그에게 경배할 생각이오."라고 헤롯은 공언한다. 헤롯의 위선이 동방 박사들에게 숨겨져 있었지만 권력에 대한 헤롯의 누룩을 아는 독자들에게 헤롯의 위선은 충분히 분명하다.

동방 박사들이 새 왕을 발견하다 2:9-12

9-12절에서 동방 박사들은 다시 주연 배우가 된다. 이들이 베들레헴으로의 8km의 여행을 시작했을 때 이들이 떠오르는 것을 보았던 별이 다시 나타난다. 이 지점까지 이 이야기에는 동방 박사들이 실제로 그 별을 **따라갔었는지**에 대한 암시가 없었다. 예루살렘과 베들레헴은 모두 이런 종류의 도움 없이도 발견할 수 있었다. 그러나 이제 이 별은 동방 박사들을 인도하고출13:21-22의 불기둥과 같이 아이를 발견할 수 있는 정확한 장소를 정밀하게 가리킨다. 마태는 여기서 별이 멈추었을 때 동방 박사들이 경험했던 비교할 수 없는 기쁨에 주목하도록 만든다. 이런 기쁨은 규칙적으로 메시아의 시기와 연관된다.사35장 참조 그리고 이 기쁨은 누가복음의 탄생 이야기에서도 핵심 주제이다.

11절은 우리에게 동방 박사들이 예수를 베들레헴에 있는 한 집에서 발견한다는 것을 말해준다. 누가가 마리아와 요셉을 베들레헴의 방문자로 묘사한 반면, 마태는 분명하게 예수의 가족을 베들레헴의 거주자로서 생각한다. 이들은 이후에 나사렛에 자신들의 집을 정한다.2:19-23 참조 집안으로 들어가서 동방 박사들은 그의 **어머니 마리아**와 함께 있는 예수를 발견한다. 마태는 고대 유대에서 왕족 가문의 기억들을 일깨우고자 이런 방식으로 장면을 묘사했을지도 모른다. 고대 유대에서 왕비인 어머니는 왕 옆의 영광의 자리에 앉았다.왕상2:19; 렘13:18 참조

어떤 경우든, 동방 박사들이 예수에게 제공한 경의와 경배는 의심할 여지없이 그의 왕으로서의 지위에 대한 것이다. 동방 박사들이 자신들의 보물 상자에 가져와 예수에게 드린 **황금**과 **유향**과 **몰약**은 실제로 "왕에게 합당한" 선물이었다.왕상10:1-2,10; 시72:8-11,15; 사60:6; 솔로몬의 노래3:6-7 마태는 이곳에서 전개하고 있는 장면을 통해 예수가 모든 나라들이 경외하고 충성하게 될 왕이 될 것이라고 단언한다.

이 에피소드는 12절에서 구성에 있어서의 마지막 섬세한 변화와 더불어 종결된다. 이 지점에서 동방 박사들은 자신들의 발견을 헤롯에게 보고할 것으로 기대된다. 그러나 동방 박사들이 자신들이 방금 왕으로 환영했던 아이의 죽음에 대해 알지 못한 채 공헌하는 것은 하나님의 뜻이 아니었다. 따라서 요셉의 경우와 같이 동방 박사들은 꿈을 통해 자신들의 계획을 변경하라는 하나님의 특별한 지시를 받았다. 이것이 이들이 자신들의 고향으로 돌아갈 때 이 이야기에서 퇴장하며 한 일이다.

성서적 맥락에서의 본문

마태와 누가는 모두 그때 아이를 보려고 베들레헴에 온 선택된 사람들 그룹에 대해 예수 탄생에 대한 정보를 보고한다. 누가복음 2장에서 천사의 복음을 알리는 말에 반응한 이들은 목자 무리이다. 마태복음 2장에서 하늘의 별에서 자신들이 추론한 메시지에 반응한 이들은 점성가 무리이다. 얼핏 보면 이 두 그룹은 전적으로 관계가 없는 것으로 보인다. 팔레스타인의 목자들은 동쪽에서 선물을 가져온 동방 박사들과 어떤 관계가 있는가? 분명히 마태와 누가의 이야기 사이에는 어떤 문학적인 연결도 없다. 그러나 두 경우 모두, 예수 탄생의 소식은 유대 백성의 신실한 핵심층에게보다는 "외부인" 그룹에게 전해진다.

목자는 많은 사람들에게 의심스러운 순수성을 가진 사람으로 여겨지는 유대 사회 가장자리에 위치한 낮은 그룹이었다. 동방 박사들은 유대인의 믿음과 삶에 어떤 실질적인 관계도 없는 외국에서 온 이방인이었다. 그러므로 마태복음과 누가복음 모두에서 예수를 찾아 온 방문자들은 예수 탄생의 **우주적 의미**의 배경이 되는 데에 기여한다. 외부인으로서 어떤 의미 혹은 또 다른 의미에서 동방 박사들과 목자들은 예수가 가져오는 구원에 **포함될** 사람들 그룹에서 분리되어 있거나 제외된 많은 사람들을 대표한다.

물론 마태에게 외부인들의 탐험은 내부자들이 보인 태도와 분명한 대조를 이룬다. 새로운 왕의 탄생이라는 말로 말미암아 이방인 동방 박사들은 예수를 찾아 경배하게 되었지만, 이 말 때문에 예루살렘은 놀라움에 휩싸였고 헤롯은 예수를 죽일 방법을 찾게 된다. 이 두 특징은 예수의 이야기에서 이후에 일어날 일을 미리 보여준다. 예수 자신의 민족 지도자들은 그의 통치권을 인정하기를 거절할 것이며 실제로 그를 죽이려 한다. 그러나 다른 민족들은 이스라엘이 거절한 예수를 받아들일 것이며 그의 통치와 법을 승인할 것이다. 이 유대인의 거절과 이방인의 수용의 주제는 상당한 정도로 신약성서 전체를 관통한다. 그러나 이 주제는 마태 자신의 시기에 회당과 교회 사이의 강렬한 경쟁을 반영하면서 마태복음에서 크게 두드러진다.[마태의 세상으로 들어가기, p. 16.]

이미 주목한 바와 같이 동방 박사의 이야기는 예수의 **왕권**에 대한 주제에 특별한 타월성을 제공한다. 예수는 하나인 그리고 동시에 **유대인의 왕**이며 모든 나라들이 경외하고 충성할 오래도록 기다려온 세상의 통치자이다. 그의 부활 이후에만 예수는 **하늘과 땅에 있는 모든 권세들이 나에게 굴복했다**고 정말로 주장할 수 있다.28:18 그러나 동방 박사의 경배는 예수의 왕으로서의 운명을 발전적으로 확인하고 경축한다.

예수의 왕다운 역할에 관한 관심은 마태복음에만 한정되지 않고 신약성서에 널리 스며들어 있다. 초기 교회가 전통적인 정치적 용어에서 예수의 메시아직을 이해하지 못했던 것은 사실이다.요18:33-36 참조 그러나 예수의 통치권의 개념을 "영적으로 만들지도" 못했다. 신약성서 기자들은 자유롭게 예수를 "만군의 주요 만왕의 왕"계17:14이며 "모든 원수를 그리스도의 발 아래에 두실 때까지 다스리실"고전15:25 다윗의 보좌의 계승자로 말한다. 하나님이 전능하신 왕으로 역사와 창조를 통치하시는 것과 같이시24:7-10, 99:1-5 참조 예수는 이제 그 통치권을 공유한다. 동방 박사의 이야기는 예수에 관한 이 사고의 방식에 든든하게 기여한다.

교회 생활에서의 본문

수세기에 걸친 기독교 신앙심에서 동방 박사들의 역할은 지대했다. 2세기에 벌써 이들은 초기 교회 그림의 주제가 되었다. 시편 72편과 이사야 60장과 같은 본문에 기초하여 교회는 곧 이 동방 박사들이 왕이었음에 틀림없다고 결정했다. 본문에서 세 가지 선물이 언급되었다는 사실에서 동방 박사들이 세 명이었다고 추론되었다. 따라서 우리는 우리가 부르는 크리스마스 케롤 역시 "동방 박사 세 사람"이 아니라 "우리 동방의 세 왕"으로 바꿔 불러야 할 것이다.

선물들에 대한 상징적 해석은 이레니우스까지 거슬러 올라간다. 이에 따르면 황금은 예수의 왕권, 유향은 그의 신성, 몰약은 그의 고난과 연관된다. 결국 더욱 분명히 나타난 정체성은 동방 박사들에게 돌아갔다. 서구 교회공현축일에 동방 박사들을 인정하는에서 가장 알려진 전통은 동방 박사들을 멜키오르흰 머리칼을 가진 늙은이, 카스파르젊고 붉은 안색을 가진 남자, 그리고 발타자르수염이 많은 흑인 남자로 이름 짓는다.

오늘날 교회에서, 동방 박사들은 전형적인 연례 크리스마스 행렬에서 주연 배우 역할을 한다. 그러나 이런 행렬들이 우리에게 동방 박사들에 대한 방문의 완전한 의미를 이해하게 하는지는 논쟁의 여지가 있다. 우리가 보통 간과하는 것은 마태가 그리는 예수 탄생에 대한 대조적인 반응이라는 강력한 충격이다. 더 충실한 대본은 현행 기성의 권력 조직을 전복하려는 새로운 지도자의 탄생에 대한 당국의 걱정에 관해 집중하는 장면을 포함하게 될 것이다. 헤롯은 쓰리피스 정장과 성직자의 복장을 입은 자문관들에 둘러싸인 오늘날의 지도자로 배역이 결정될 것이다. 다음으로 동방 방사들은 오늘날 "외부"에서 온 사람들 그리고 새로운 질서를 찾는, 아마도 열렬한 남녀평등주의자, 남성 권리 옹호자, 심지어는 뉴 에이지 신비주의자와 같은 사람들로 구성될 것이다. 이런 행렬에서 마태 이야기의 최첨단은 다시 분명해질 것이다.

어떻게 묘사되어도 동방 박사들의 이야기는 우리를 예수의 **왕권**에 대한 의문과 씨름하도록 초대한다. 본문에서 아직 배워야 할 것이 있다면, 우리는 이 왕권이 우리의 믿음과 삶이라는 특별한 영역을 위해 무엇을 의미하는지를 배워야 할 것이다. 여기서 이슈는 우리가 예수를 우리의 **왕**으로 생각할 수 있는지에 관한 더욱 근본적인 질문이다. 많은 사람들의 경우 왕과 왕권에 대해 말하는 것은 다른 영역이나 다른 문화에 속한다. 여전히 다른 사람들의 경우는 왕권에 대해 말하는 것은 이것이 삶의 계층적 견해를 강화하기 때문에 문제가 된다.

왕을 말하는 것이 어떤 한계들을 가진다 해도, 이것은 고대 군주제에서 그랬던 만큼 우리에게 적용되는 삶의 실재에 대한 관심을 연출한다. 우리는 다양한 권력과 구조가 우리의 삶에 대해 주권을 발휘하고 우리의 충성을 시끄럽게 요구하는 세상에 살고 있다. 우리는 다음에 어떤 권세를 우리가 인정하고 이들에게 얼마만큼의 충성을 제공할 것인가를 결정해야만 한다. 예수를 왕으로 환영하는 것은 그의 주권이 궁극적이며 그가 우리의 충성에 관해 처음이자 마지막 요구를 한다는 것을 확언하는 것이다.

파멸에서 구원 받은 아이

마태복음 2:13-23

사전 검토

마태의 유년기 이야기에서 세 번째이자 마지막 부분에서 새로 태어난 왕의 생명은 불안정한 상태에 있다. 헤롯 대왕은 예수의 탄생에 기뻐할 어떤 이유도 발견할 수 없다. 그의 권력에 대한 경쟁자라는 관점에서 위기감을 느끼고 자신의 계획에서 동방 박사들과의 협력이 실패로 돌아간 것에 대해 격분하여 헤롯은 갓난아이들을 죽이려는 조치를 취한다. 그러나 그의 계획은 하나님의 계획을 좌절시킬 수 없었다. 하나님이 헤롯의 계획을 다시 한 번 이 이야기에서 중심인물이 된 요셉에게 밝힌다. 꿈에서 자신이 받은 메시지에 반응하여 요셉은 예수와 예수의 어머니와 함께 다른 나라로 도피함으로써 위험을 피한다. 위협 이후에 뒤이은 계시는 마침내 이 거룩한 가정을 약속의 땅으로 돌아오는 것을 허락한다. 이 이야기는 예수의 사역을 위한 준비 이야기와 더불어 3-4장까지 이어질 것이다.

이 섹션의 자료에 대한 무엇보다 중요한 주제는 분명히 아기 예수를 헤롯과 그의 무리들이 야기한 위협에서 지키는 하나님의 보호하심이다. 이 이야기를 발전시키면서 마태는 이 방식을 따라 적어도 다음의 세 가지 하부요점을 만들고 있는 것으로 보인다. (1) 예수가 멸망에서 도망하여 헤롯의 손아귀에서 탈출하는 것은 모세가 멸망을 피해 바로의 손아귀에서 벗어나는 것과 유사하다. (2) 아기 예수의 시험은 더 이른 시기의 이스라엘 이야기의 거룩한 사건들과 지형의 어떤 것을 따라간다. (3) 아이로서의 예수의 경험은 그의 메시아적 사역을 특징짓게 될 집도 없는 방황과 적대적인 반응들을 미리 형상화한다. 우리는 잠시 후 이 세 가지 요점의 각각에 대해 더 많은 것을 이야기하게 될 것이다.

2장 13-23절의 개요와 구조는 매우 분명하다. 이 자료는 세 가지 문학적 단위로 구성된다. 그 각각은 이전에 언급되었던 인용들의 성취 가운데 하나로 종결된다.

개요

이집트로의 피신, 2:13-15

베들레헴의 대량학살, 2:16-18

이스라엘로의 귀향, 2:19-23

주석적 해설

이집트로의 피신 2:13-15

13-15절에서 우리가 전에 1장 18-25절에서 주목했던 주제가 다시 제기되고 그것은 우리 앞에 있는 이야기에서 두 번 더 나타날 것이다.2:19-23 참조 하나님은 요셉에게 결정적인 정보를 계시하려고 꿈을 사용한다. 그러자 요셉은 하나님이 알려준 방식으로 그 정보에 따라 행동한다. 천사가 헤롯이 **죽이려고 아이를 찾고 있다**고 경고할 때 사용된 언어는 절박한 위기감을 전한다. 그러므로 머뭇거릴 시간이 없었기 때문에 요셉과 그의 가족은 밤에 성을 떠나 이집트를 향한다.

마태는 이 여행에 대한 세부사항에 어떤 관심도 보이지 않고 이집트로의 도피를 간결하게 보고한다. 그러나 후에 기독교 전설에서 이 거룩한 가족의 경험이 매우 상세하게 묘사된다. 이런 이야기 가운데 하나는 표범과 사자가 아기 예수께 경배하고 종려나무가 예수의 명령에 따라 여행자들을 위해 음식과 물을 제공했다고 말한다.Gospel of Pseudo-Matthew 19-20

이집트는 마태가 2장 13-23절에서 강조하는 몇몇 지리적 위치 가운데 하나이다. 팔레스타인의 정치적 위험에서 도피하는 사람들을 위한 중요한 피난처로서 이집트는 이 이야기에서 요셉 가족을 위한 목적지였던 것 같다. 그러나 마태에게 이집트는 피난자를 위한 적절한 피난처일 뿐만 아니라 이스라엘의 초기 역사에서 두드러지게 나타나는 땅이었다. 야곱의 가족이 또 다른 요셉의 보호 아래 발견했던 피난처가 바로 이집트였다. 그리고 하나님이 노예 상태에서 구원하셔서 자신의 백성으로 부르셨을 때 이스라엘의 어린아이들이 왔던 것도 **이집트에서**였다.

마태가 **"내가 이집트에서 내 아들을 불러냈다."**[민23:22, 24:8 참조]라는 15절에서 호세아 11장 1절의 성취 인용을 소개할 때 염두에 두었던 것은 이 연결이다. 출애굽 당시의 이스라엘과 같이 예수는 하나님과 특별한 관계를 누리고, 하나님의 목적을 성취하고자 이집트에서 나오게 될 것이다. 레이몬드 브라운[Raymond Brown]은 그것을 이렇게 평가한다.

마태는 하나님 백성의 자식의 관계는 이제 이 백성의 생명을 자신의 생명 안에서 구원하는 예수 안으로 요약된다. 백성 전체가 하나님의 "아들"이라면 "자기 백성을 죄에서 구원할" 예수에 대해서는 얼마나 더 이 직함이 적절하겠는가.[1977:215]

베들레헴의 대량학살 2:16-18

예수님이 그 땅에서 안전하게 나올 때, 이 이야기는 이제 베들레헴의 사내아이들의 대량학살로 방향을 바꾼다. 헤롯은 아이의 신원을 확인하는 데 실패하지만 새로 태어난 왕을 죽이려고 그의 별이 나타난 때로부터 두 살 이하의 사내아이들을 모두 죽이기로 결정한다. 출애굽기 1장 15-22절의 바로의 명령을 상기시키는 행동에서 헤롯은 별이 나타난 이후 태어난 **베들레헴과 그 주변에 있는 모든 아이들**을 죽이려고 관원들을 급파한다.[2:7,16 참조] 우리 앞에 있는 이 이야기는 잘 알려진 실재 혹은 상상 속의 위협에 직면한 헤롯의 격노와 잔인성을 반영한다. 요세푸스의 작품을 통해 우리는 헤롯이 셀 수 없이 많은 다른 자식들 뿐 아니라 자신의 자녀들 몇 명을 죽였다는 것을 알고 있다. 유대인들의 돼지 기피증을 암시하면서 아우구스투스 황제가 한 것으로 알려진 "헤롯의 아들[huios]이 되느니 차라리 헤롯의 돼지[hus]가 되는 게 더 낫다!"는 말은 유명하다.

17-18절에서 마태는 예레미야 31장 15절의 인용과 함께 베들레헴에서의 에피소드에 관해 논평한다. 이번에 마태는 성취의 문제에 관해 말한다. 그는 예레미야서의 구절이 헤롯의 대학살 시기에 **성취되었다**고 진술한다. 그러나 그는 이 비극이 하나님이 그 대학살을 의도했다는 것을 내포하는 성서의 성취를 위해 발생했다고 말하는 것을 자제한다.

인용된 이 구절에서 우리는 가까운 비극에 슬퍼하는 여자 가장 라헬의 울부짖음을 그녀의 무덤에서 듣는다. 예레미야 본문의 본래의 배경에서 라헬은 하나님 백성을 다른 나라로 추방하는 비극을 한탄한다. 이것은 라헬이 라마 근처 베냐민 지파의 영토인 예루살렘 북쪽에 묻힌 것으로 가정된다.삼상10:2 참조 그곳에 이 백성들이 유배로 향하는 행렬을 위해 모인다.

그러나 마태복음에서 예레미야의 말들은 새로운 의미를 얻는다. 여기서 이 가정은 그녀를 헤롯의 관원들이 수행했던 학살의 목격자로 만들고자 라헬이 베들레헴 근처에 매장된다는 것이다.창35:19, 48:7 참조 최근에 자녀들을 잃고 울면서 그녀는 라마에까지 멀리 들릴 만큼 큰 소리로 울부짖는다!

이스라엘로의 귀향 2:19-23

19-23절에서 마태는 이 가정의 이집트에서의 도피 상황으로 되돌아간다. 얼마간의 시간이 경과한 후에 요셉은 헤롯이 죽었고 이제 자신의 가정이 안전하게 이스라엘 땅으로 돌아가는 것이 안전하다는 것을 알았다. 천사의 전언에서 사용된 언어는 마태가 예수의 이야기를 하려고 모세의 이야기를 그리고 있다는 것을 확인한다. 출애굽 이야기에서 모세는 "바로가 모세를 죽이려고 찾았다"출2:15라고 말하고 있듯이 바로에게서 달아나야만 했다. 그러나 후에 모세는 자신의 백성에게로 돌아가라는 명령을 받았다. 왜냐하면 "너의 목숨을 노리던 모든 사람들이 죽었다."출4:19는 말을 들었기 때문이다.

이 이야기와의 유사성은 분명하다. 하나님은 요셉에게 도망가라고 경고하셨다. 왜냐하면 헤롯이 예수를 죽이려고 찾고 있었기 때문이었다.13절 여기서 요셉은 예수와 예수의 어머니를 데리고 이들의 나라로 돌아가라는 지시를 받았다. **이 아이의 생명을 노리던 사람들이 죽었기** 때문이다.20절

이전의 에피소드에서와 같이 요셉은 하나님의 명령에 공손하게 대응하여 자신의 가족을 데리고 이스라엘로 돌아간다. 요셉은 당초에 그가 유다에서 떠났던 고향으로 돌아갈 것으로 추정한다. 그러나 더 나아가는 계시는 유대의 정치적인 분위기가 여전히 너무 위험하다는 사실을 그에게 확신시킨다.

헤롯의 죽음으로 그의 왕국은 그의 세 아들, 헤롯 안티파스, 필립, 그리고 아켈라우스에게로 분할되었다. 본문이 가리키듯이, 유대는 아켈라우스의 통치 아래 있는 지역들 가운데 하나였다. 아켈라우스는 분명히 자신의 아버지의 폭력적인 경향을 물려받았다. 왜냐하면 그는 그의 통치 초기에 3천 명의 사람들을 살해했다는 평판을 받았다. 그의 잔인

성과 독재적인 방식은 마침내 너무 과도해져서 A.D. 6년에 로마에 의해 폐위되어 고올로 유배되었다. 이 모든 것은 요셉이 유대로 돌아가는 것을 두려워해서 대신 갈릴리로 향했던 이유를 설명하는 데 유익하다. 갈릴리 역시 헤롯의 아들, 헤롯 안티파스의 통치를 받았지만 그곳의 상황은 상대적으로 덜 위협적이었다.

예수의 귀환 이야기가 계속되면서 예수의 목적지는 점차로 더 특별해진다. 이 목적지는 이스라엘 땅으로서 첫 번째로 밝혀지고[20,21절] 다음으로는 **갈릴리 지역**[22절], 그리고 마침내 **나사렛이라 불리는 성읍**이 된다. 예수가 나사렛에 거주했기 때문에 그는 나사렛 사람 혹은 **나조렛 사람**으로 알려질 것이다. 그러나 마태에게 나사렛 사람으로서의 예수의 목적지는 그가 사는 장소를 가리킬 뿐만 아니라 어떤 방식으로 **예언자들을 통해 전해졌던 것**을 성취한다.

여기서 어려운 점은 구약성서 어디에서도 나사렛이라는 성읍 혹은 그곳의 거주자가 언급되지 않는다는 사실이다. 그러나 나조리안이라는 형태와 비슷한 말이 사용된 본문이 몇 곳 있고 마태는 아마도 더욱 일반적인 방식으로 인용했을 것이다. 예를 들면 사사기 13장 5절과 7절[16:17 참조]은 태어날 때 하나님께 봉헌된 지도자인 하나님의 백성을 구원할 사람을 나실 혹은 나실인으로 부른다. 이사야 11장 1절은 메시아적 왕을 다윗의 뿌리에서 자란 한 가지인 이새[neser]로 부른다. 마태는 하나님의 구원자가 나사렛에서 나타나 나사렛 사람으로 환영을 받을 때 이런 본문들이 성취되었다고 주장한다.

성서적 맥락에서의 본문

마태복음 2장 13-23절은 여러 가지 면에서 이 구절들에서 부른 장소들을 중심으로 하는 이야기이다. 전에도 살핀 것처럼, 우리는 예수의 도피와 귀환 이야기에서 많은 거룩한 장소들을 망라한다. 이 이야기는 베들레헴에서 시작하는데 그곳은 다윗과 그의 왕국에 대한 기억을 일깨운다. 베들레헴에서 우리는 이집트로 이동하는데 그곳은 출애굽과 국가로서의 이스라엘의 탄생과 결합된다. 그 이후에 우리의 관심은 라마로 이끌리는데 그곳은 포로기의 비극과 연결된다. 마지막으로 우리는 갈릴리에 도착하게 되는데 그곳은 북부의 부족들의 정신적 외상과 희망과 관련된다.[사9:1 이하를 보라; 마4:14-16 참조]

앞으로 나올 장들에서 여전히 다른 특별한 장소들이 이 이야기의 일부가 된다. 예수는 요르단을 향해 내려갈 것이고, 광야에서 시간을 보내고, 산에서 무리들을 가르칠 것이다. 이 모든 것은 우연의 일치가 아니다. 예수의 유년기를 이와 같은 장소들과 연결함으로써 마태는 예수의 이야기가 이스라엘의 더 큰 이야기에 근거하고 모아진다는 점을 분명히 한다.

물론 우리가 2장 13–23절에서 발견하는 이 여행담은 추적과 도피의 줄거리와 결합된다. 예수의 가족은 성서의 세계를 보려는 즐거운 휴가 여행으로 유대를 떠나지 않는다. 대신 이들은 적대적인 세력들이 어떤 다른 곳에 피난처를 찾도록 강요할 만큼 공포로 다가왔기 때문에 떠난 것이다. 누가와 마찬가지로 빈 방이 없는 그의 이야기에서 마태는 우리가 예수의 세상이 예수를 환대로 받아들이지 않았다는 사실에 대해 이해하기를 원한다. 예수는 집 없는 방랑자로서, 자신이 구하러온 세상의 위협을 받으며 자신의 삶을 시작해야 한다.

이 성서의 해석자의 경우 이런 예수의 유년기에 대한 묘사가 두 배로 중요하다. (1) 이 묘사는 다시 한 번 예수를 더 큰 성서 드라마와 연결한다. 예수가 헤롯에게서 도망쳐야만 했던 것처럼 모세 역시 바로에게서 도망쳐야만 했고, 다윗은 사울에게서, 엘리야는 이세벨에게서 도망쳐야만 했다. (2) 이 묘사는 우리에게 예수가 후에 그의 사역에서 경험하게 될 미리 보기를 제공한다. 여우도 굴이 있고, 하늘을 나는 새도 보금자리가 있으나, 인자는 머리 둘 곳이 없다.8:20 이것을 다른 방식으로 말하면 베들레헴에서 예수를 위협한 적대감은 갈보리에서 드러나게 될 적대감의 예고이다.

예수가 직면한 위협에도 불구하고, 이것은 우세한 헤롯의 목적보다는 결과적으로 하나님의 목적이다. 이곳에서도 역시 마태는 성서의 이야기에서 반복해서 제기하는 주제를 반영한다. "사람의 마음에 많은 계획이 있어도, 성취되는 것은 오직 주님의 뜻뿐이다."잠19:21 요셉의 형제들과 바로의 아내가 요셉을 죽이려고 할 때 하나님은 이들의 악한 의도를 굶주린 사람들을 구하는 자신의 계획으로 바꾸셨다.창50:20 참조 더 이후에 바로가 이집트에서 히브리인들을 멸하고자 할 때 하나님은 그의 음모를 좌절시키고 미래에 히브리인들을 해방할 한 아이의 생명을 보존하신다.출1–2장

게다가 하나님의 목적이 이기기 때문에 하나님의 목적의 중심에서 살아가는 사람들은 여러 형태로 하나님의 보호하심을 즐기게 된다. "하나님을 사랑하는 사람들, 곧 하나님의 뜻대로 부르심을 받은 사람들에게는, 모든 일이 서로 협력해서 선을 이룬다는 것을 우리는 압니다."롬8:28 마태복음 2장의 어린 예수의 경우도 그렇다. 예수의 생명을 통해 다른 사람들을 구하는 것이 하나님의 목적이기 때문에 하나님은 자신의 아이를 파멸에서 구원하신다.

교회생활에서의 본문

예수를 도망자나 난민으로 보는 것은 많은 문제를 일으키며 하나님의 의제와 혜롯의 의제 사이의 갈등에 놓이게 한다. 이 문제들 가운데 가장 중요한 것은 예수 공동체의 부르심과 운명이다. 예수의 운명은 그의 제자로서의 우리의 운명에 대하여 무엇인가를 말하는가? 마태 자신이 이 문제에 관해 한 조각의 의심도 남기지 않는다. 예수를 따르는 것은 집 없는 방황의 길을 선택하는 것이며8:18–22 한 성읍에서 다른 곳으로 사람을 달아나도록 만드는 박해에 직면하는 것이다.10:16–23 이런 것이 16세기 아나뱁티스트들과 세기를 가로지르는 수없이 많은 그룹들과 개인들이 경험했던 것이다.

같은 시대 사람들의 시련들을 요약한 것에서 메노 시몬즈599–600는 하나님의 백성을 난민으로 말한다.

> 얼마나 많은 경건한 하나님의 자녀들이 지난 몇 해 동안 자신들의 집과 소유를 하나님과 자신의 양심을 증언코자 빼앗기고 … 자신의 도시와 나라에서 쫓겨나는 것을 보았는가? 이들은 목적지가 없이 이리저리 방황하고 여러분은 바울이 말한 것처럼 산에서, 사막에서, 굴에서, 그리고 땅의 갈라진 틈에서 필요곤경, 고통, 그리고 불편함 가운데 있습니다. 이들은 모든 사람의 미움을 받아 학대를 당하고, 중상모략을 당하고, 조롱당하고, 모욕을 당하고, 짓밟히고, "이단"으로 정죄를 받으며 이 나라에서 저 나라로, 이 도시에서 다른 도시로 도망을 가야했으며 자신의 아내와 어린 자녀들을 데리고 떠나야 했다.

아직도 기독교 신자들이 적대적인 권력의 공포에서 도망가야만 하는 곳에서 마태 이야기의 힘은 쉽게 느껴질 것이다. 이들에게 마태의 이야기는 하나님의 사자가 자신의 뿌리째 뽑힌 상황과 자신의 도피에서 이들과 일치한다는 확신을 준다. 그러나 우리 가운데 다른 이들에게는 피난자의 길과의 동일시는 어려운 일이다. 우리는 결코 더 안락한 도시 혹은 나라를 구한 적이 없었다. 마태의 이야기는 우리에게 어떻게 말하는가? 적어도 그 이야기는 현재 우리가 살고 있는 안락하고, 안정된 삶이 언제라도 붕괴될 수 있는 불확실한 축복이라는 사실을 생각나게 한다. 이 사실을 넘어 마태의 이야기는 피난자인 사람들과의 연대와 이들을 우리 가운데 환영하라는 초대이다. 우리가 그렇게 할 때 우리는 베들레헴의 도망자인 예수 그리스도와의 혈족관계를 굳게 한다.

마태복음 3:1-4:16

예수의 사역을 위한 준비

사전 검토

마태복음 2장을 떠나 3장으로 이동하자마자, 우리는 곧 이 이야기가 앞을 향해 갑작스럽게 도약한다는 사실을 발견하게 된다. 예수의 유년기의 장면은 더 이상 이 이야기에 등장하지 않는다. 오히려 우리는 30년 후의 예수의 메시아 사역의 발단으로 우리를 데려오는 사건을 다루게 된다. 3-4장의 마태의 의제는 여전히 예수의 사역의 근원 혹은 전례를 뚜렷하게 하는 의제이다. 그러나 초점은 세상 안으로의 예수의 참여 문제에서 그의 사역으로의 예수의 참여로 바뀐다. 누가 또는 무엇이 예수의 출현을 위한 배경을 설정하는가? 예수와 그의 백성은 어떻게 그가 수행할 사역을 준비하는가?

마태는 이러한 의문들을 네 가지 바뀌는 범위의 정확한 묘사를 통해 추구한다. 이 모든 것들은 이전에 언급했던 "거룩한 장소"에 대한 관심을 반영한다. 이 묘사들 가운데 첫 번째에서[3:1-12] 마태는 침례 요한이라는 이름의 불같은 선생을 말한다. 그는 광야에서의 자신의 회개를 위한 운동으로 예수를 위한 길을 예비한다. 다음 에피소드에서[3:13-17] 우리는 예수가 요단강에서 침례를 받으려고 온 사람들 가운데 하나라는 것을 알게 되고 게다가 이 사건이 그의 메시아 사명을 승인한다는 것을 알게 된다. 이어지는 후속 사건에서[4:1-11] 마태는 예수가 자신의 침례 후에 직접적으로 대면하는 광야에서의 시험의 시기인 시련을 보도한다. 최종적으로 이 섹션을 종결하는 간단한 이야기에서[4:12-16] 우리는 예수가 갈릴리로 돌아온다는 이야기를 듣게 된다. 그곳에서 예수의 사역은 예언에 따라 진행될 것이다.

마태의 복음서의 이 섹션을 위해 그는 마가복음 1장 1-15절에서 우리가 발견한 이야기에 의존하게 된다. 그러나 마태는 누가 역시 사용한 다른 원천에서 얻은 말과 대화를 가지고 이 이야기를 확장했다.마3:7-10 그리고 눅3:7-9 참조 마가복음에서 유래한 기본적인 복음의 비슷한 사용과 강화는 첫 번째 복음서 전체를 통해 분명히 나타난다.[마태의 자료들, p. 447.]

마태는 분명히 자신의 출처에서 나온 자료를 한데 모으고 가다듬을 때 최소한 다음과 같은 세 가지 특별한 관심에 따라 안내받았다. (1) 마태는 요한과 예수가 다가오는 나라와 사람들에게 회개하라는 주장에서 공통의 원인을 표현했다. (2) 마태는 요한과 예수의 저마다의 역할을 분명히 하기를 원했고 예수와 비교하여 요한의 종속적인 지위를 설립코자 하였다. (3) 마태는 복음의 거룩한 장소로서의 갈릴리의 신학적 의미를 강조하기를 원했다. 예수의 사역이 시작될 장소는 예수의 사역이 끝날 장소에 관해 중요한 어떤 것을 말하기 시작할 것이다. 우리는 이 주석에서 마태가 어떻게 본문에 관한 이 세 가지 관심사를 가지고 작업하는지를 보게 될 것이다.

선구자로서 요한의 사역

마태복음 3:1-12

사전 검토

마가복음 1장 1-18절에 따르면 "예수 그리스도의 복음"은 침례 요한과 더불어 시작한다. 마태는 마가복음의 예수의 선임자의 의미에 대한 평가를 공유하고 따라서 우리로 하여금 요한과 그의 사역에 주목하도록 한다. 역사적 관점에서 침례 요한과 그의 추종자들은 예수 시기 이전과 이후 수세기에 걸친 팔레스타인과 시리아 특히 요단강과 그 주변에서 번창했던 분리주의자 그룹의 더 큰 운동에 속한다. 이 각각의 그룹들은 금욕주의 유형의 삶을 추구하면서 종교적인 주류에서 분리되었고 물로 씻는 일종의 의식을 실시하는 경향이 있었다.

이런 그룹들 가운데 가장 잘 알려진 것은 쿰란에 있는 에세네 공동체였다. 이 공동체는 뒤에 소위 말하는 사해 문서를 남겼다. 어떤 학자들은 침례 요한이 어떤 점에서 쿰란 공동체와 연관을 가졌다고 상상하기를 좋아한다. 이 사실은 불확실한 것으로 남아 있지만 요한이 종말이 임박했다는 확신을 포함하여 유대인의 더욱 급진적인 믿음을 요구하

는 사람들의 확신들 가운데 많은 것을 공유했다는 점은 분명하다.[유대인의 그룹과 분파, p. 440.]

물론 마태에게 침례 요한은 더 큰 운동의 실례 그 이상이다. 요한은 예수의 메시아 사역과 관련하여 성서의 약속과 일치하는 유일하고 독특한 역할을 한다. 3장에서 기자는 기꺼이 우리에게 선구자로서의 요한의 행동이 이사야서의 예언을 성취한다고 우리에게 말하는 것에 만족하고, 요한의 진짜 정체성에 관한 몇 가지 암시를 던진다. 그 뒤에 마태는 요한이 누구인가에 대해 더욱 명백히 밝힐 것이다. 모든 예언자들과 율법이 예언했던 것들은 요한의 때까지이다. 그리고 **당신이 이것을 기꺼이 받아들인다면 요한은 오기로 되어 있던 엘리아이다.** 11:13–14, 17:9–13 참조 마태에게 침례 요한은 다름 아닌 주님의 오심에 백성들을 예비하고자 돌아온, 혼란의 시기에 나타났던 위대한 선지자이다. 말3:1–2, 4:5–6; 집회서48:9–10 참조

개요

광야에서의 요한의 사역, 3:1–6

요한의 회개하라는 외침, 3:7–10

위대한 "침례자"인 요한의 약속 3:11–12

주석적 해설

광야에서의 요한의 사역, 3:1–6

마태는 언제 그리고 어디서 요한이 등장했는지를 우리에게 말하는 것으로 요한의 활동에 대한 기사를 시작한다. 요한은 요단강에서 침례를 행하지만, 마태는 요한의 사역의 더 큰 지역을 **유대 광야**와 동일시한다. 이 구절은 유대의 고지에서 사해까지 비스듬하게 내려오는 지역에 대해 언급하고 있다. 그러나 이 구절의 사용에서 마태는 우리에게 지리적인 교훈 이상을 전하고 있다. **광야**에 대해 말하는 것은 출애굽에 이어진 광야에서의 이스라엘의 시기를 회상하고 광야에서 시작되었던 새로운 구원의 행위에 대한 소망을 붙잡는 것이다.

누구도 이 점을 놓치지 않게 하려고 마태는 이 침례 요한이 일이 시작되도록 **광야에서 외친 인물**이라는 것을 확인하며 이사야 40장 3절을 인용한다. 70인역에서 강조한 것처럼 우리

는 역시 예언자 엘리야가 광야와 관련되어 있다는 것 역시 명심해야 한다. 왕상19:4이하를 보라 그리고 매우 흥미롭게, 요한은 엘리야가 한 때 입었던 것과 같은 종류의 낙타 털옷과 가죽 띠를 띠었다. 마3:4와 왕하1:8 참조 이 모든 연관은 중요하다.

2절에서 우리는 요한이 선포했던 메시지의 요약을 발견한다. **회개하여라. 하나님 나라가 가까이 왔다.** 첫 번째 복음서는 요한이 **이 나라**에 대해 설교했던 사람이라는 것을 제시했던 유일한 복음서라는 사실과 마태가 4장 17절에서 예수의 메시지를 우리가 이곳에서 발견하는 것과 정확하게 똑같은 말로 요약한다는 사실은 주목할 만하다. 이전에 살핀 바와 같이 마태는 독자가 요한과 예수를 긴급한 회개를 요하는 절박한 하나님의 통치에 대한 공동의 사자로서 공통의 이유를 가지고 동맹한 것으로 보기를 원한다.

우리는 4장 17절에 관한 이 주석에서 **하나님 나라**에 관하여 더 많이 이야기하게 될 것이다. 여기에서 더 깊은 논평을 요구하는 용어는 **'회개하라'** 라고 번역된 동사 '메타노에오metanoeō' 와 관련된 명사인 **회개**라는 단어 '메타노이아metanoia' 이다. 이 단어들은 침례 요한의 이야기에서 세 번 사용되고3:2,8,11 예수를 다루는 자료에서 네 번 사용된다.4:17; 11:20–21; 12:41 '메타노에오metanoeō' 가 일반적으로 마음을 바꾸는 것에 대해 언급할 수 있지만 대부분의 학자들은 이 단어가 복음에서는 더 풍부한 의미를 전달한다는 것에 동의한다. 이 단어는 아마 히브리어 동사 '수브šub' 를 반영하는 것 같은데 이 동사는 **'돌아서다'** 혹은 **'되돌아가다'** 를 의미한다. 이 동사는 자주 이스라엘에게 하나님과의 바른 관계로 되돌아오라고 촉구하고자 예언자들이 사용했다.신30:2; 렘4:1; 겔18:30–32; 호14:1 참조 그러므로 요한이 회개할 것을 호소했을 때, 그는 그의 말을 듣는 이들에게 자신의 죄스러운 과거를 근본적으로 깨뜨리고 곧 심판하러 오실 하나님에게 새로이 돌아서라고 초대하고 있었던 것이다.

6절에 따르면 요한은 그의 설교에 반응했던 사람들에게 **침례를 주었다.** 따라서 그의 별명이 침례자이다 요단강에서의 이 씻음은 죄에서 돌아서려는 자신의 바람과 어떻게 해서든 심판의 때의 침례를 위한 준비를 확인하는 상징적 행동이었다.11–12절과 함께 쿰란의 에세네파 역시 씻음의 의식을 실천했다. 하나님이 모든 교훈에 기꺼이 복종하는 이들은 "깨끗한 물을 뿌리고 깨끗이 한 물로 축성하였다."IQS 3:8–9 쿰란의 의식이 자주 반복되었던 반면 요한의 침례는 명백하게 일회적인 사건이었다. 요한의 침례에 관한 그의 묘사에서 마태는 하나의 중요한 존경으로 마가복음 1장 4절에서 출발한다. 마가는 우리에게 요한의 회개의 침례가 "죄 사함을 위한" 것이었다고 말한다.눅3:3 참조 그러나 예수만이 진정으로 죄를 사할 수 있기 때문에 마태는 요한의 의식의 묘사에서 용서에 관한 단어를 삭제

하고 후에 요한의 죽음에 관한 예수의 담화에 이들을 삽입한다!마26:28 참조

회개하라는 요한의 외침 3:7-10

7-10절은 정력적이고 활기 있는 언어로 가득 찬 회개에 관한 요한의 설교를 보존하고 있다. 3장 7-9절의 누가의 병행 기사에서 요한은 전체적으로 대중들에 대한 이 통렬한 말들을 전한다. 그러나 마태는 요한이 비난하는 청중들인 바리새인들과 사두개인들을첫 번째 복음에서 공식적으로 이스라엘을 대표하는 기능을 하는 지적한다. 7절에서 거명된 지도자들이 실제로 **침례를 받으려고 왔었는지**NRSV, emphasis added 혹은 단순히 **침례의 장소에 왔었는지**NIV 참조는 분명하지 않다.

어쨌든 요한은 가장 노골적인 용어인 바로 악의 전형인 뱀의 무리인 독사의 자식들이라고 소개한다.12:33-34; 23:33 참조 이 빈정대는 어조는 이어지는 질문에도 계속된다. "누가 너희에게 닥쳐올 징벌을 피하라고 일러주더냐?" 요한은 자신의 청중들이 사실 이들이 피할 방법을 찾는 하나님의 최종 심판에서 **있을 분노**의 중요한 대상이라는 사실을 내포한다.엡5:6; 살전1:10

하나님의 맹렬한 심판을 통과하려면 사람들이 아브라함이 조상이라는 주장 그 이상에 서있어야만 한다고 요한은 이어간다.요8:31-40; 롬9:6-9; 솔로몬의 지혜서12:20-22 여기서 요한은 아브라함에게 약속했던 축복을 함께 공유하는 보증을 받은 아브라함의 혈통이라는 인기 있는 가정에 도전한다. 필요하다면 아브라함이라는 바위에서 이스라엘을 "떨어져 나오게 하시는" 하나님은사51:1-2 생명이 없는 돌들로도 원래의 상속자들을 대치할 아브라함의 새로운 자손들로 태어나게 하실 수 있다.요한의 선언은 아마 아람어나 히브리어로는 더욱 심한 충격을 주었을 것이다. 그 언어들에서 자녀들과 돌들이라는 단어는 거의 동일하다. 아브라함에게 호소하는 대신 심판을 피하고자 하는 사람들은 하나님의 정의에 대한 구체적인 증거로서 **자신들의 삶에서 회개에 합당한 열매**를 보일 필요가 있다.8절, 7:15-20 참조; 눅13:6-9; 빌1:11; 갈5:22 이하를 보라.

위대한 "침례자"인 요한의 약속3:11-12

요한의 설교의 본보기는 11-12절에서 계속되지만 새로운 주제를 가진다. 요한의 작업은 곧 그와 관련하여 분명히 그 역할이 줄어들게 되는 또 나른 "침례자"에게 자리를 내어주게 될 것이다. 마태는 세 가지 연관된 주장을 통해 이 점을 수립한다. (1) 요한에 이어 오는 사람은 사실 요한보다 **더 강력하다.**요1:30; 3:31 참조 (2) 요한은 오실 그분의 신을 들

거나 옮길 자격조차 없다. (3) 오실 그분은 능력과 효과에서 요한의 침례를 훨씬 더 능가하는 침례를 베풀 것이다.

이 전능한 사람의 정체성은 다른 방식들로 설명되었다. 어떤 이들은 요한이 하나님 자신의 오심이라는 구약성서의 용어들에서 말하고 있다고 제안했다.사40:10; 59:20; 슥14:5; 말3:1 그러나 이것이 그런 경우라면 요한은 아마 자신과 오실 그분 사이의 어떤 비교 하는 일도 하지 않았을 것이다. 요한이 하나님을 대신하여 행동하는 우리가 유대 묵시 작품들에서 발견하는 그런 종류의 메시아적 인물을 생각한다는 것이 더 있음직한 일이다.에녹 38; 46; 48장 참조; 솔로몬의 시편 17편 물론 마태에게 이 메시아적 인물은 다름 아닌 예수다.

우리는 **더 강력한** 사람이 사람들에게 **성령과 불**로 침례를 베풀 것이라는 사실에 대해 들었다. 초기 교회에서 이 불에 관한 언급이 마지막 심판과 관계가 있었지만 약속의 첫 번째 부분은 때때로 교회생활에서의 성령의 강력한 임재와 연관되었다.행1:5,8, 2:1–4 그러나 요한 자신은 아마 하나님의 성령이 모든 가치 없는 대상이 파괴되는 불같은 과정인 이스라엘 백성을 깨끗이 하고 정화할 단 하나의 사건을 상상한 것 같다.슥13:9; 말3:2–3; 4:1; IQS 4:20–21

12절은 이 해석을 지지한다. 이전에 요한은 도끼를 이미 나무뿌리에 갖다 놓았으니, **좋은 열매**를 맺지 않는 나무는 다 찍어서, 불 속에 던지실 것이라고 말했다.10절 이제 그는 **타작마당**을 깨끗이 할 것이라는 또 다른 은유를 소개한다. 하나님의 심판은 알곡과 쭉정이를 가르는 바람이 부는 곳에서의 **키질**과 같을 것이다. 심판의 최종적인 성격을 강조하려고 요한은 쭉정이는 꺼지지 않는 불에 태우실 것이라고 지적한다. 여기서 요한은 예수와 그를 따르는 자들 역시 채택할 심판의 이미지를 사용하여 예언자들의 언어를 그리고 있다.마13:40, 18:8, 25:41; 살후1:5–10; 계20:14–15

성서적 맥락에서의 본문

우리가 마태복음과 다른 복음서가 침례 요한에게 보이는 관심을 관찰할 때 우리는 마땅히 다음처럼 질문할 것이다. 왜 요한이 중요한가? 왜 그의 이야기가 예수의 이야기에 그토록 밀접하게 연계되어 있는가? 왜 그의 사역이 복음의 시작을 표시하는가? 그 대답의 일부분은 예수의 운동이 어떤 의미에서 요한이 시작했던 운동의 파생과 연장선상에 있다는 것이다. 요한을 예언자와 **예언자 이상**으로 환호하며 예수 자신이 요한에게 침례를 받았고마11:9 많은 사람들에게 요한의 계승자로 여겨졌다.14:1 이하를 보라 더욱이 예수가 얻었던 제자들 가운데 많은 이들이 요한의 추종자들 가운데서 왔다.행1:21-22 그렇다면 초기 교회가 침례 요한과의 관계를 날조한 것이 아니었다. 이 관계는 처음부터 거기 있었다.

초기 교회가 해야만 했던 일은 요한과 예수 사이의 관계를 **밝히거나 해석하는** 것이었다. 예수는 단순하게 자신의 스승의 발자국을 따라가는 요한의 제자였는가? 혹은 이 관계가 다른 방식으로 해석되어야 하는가? 우리가 마태복음 11장 7-19절에서 발견하는 것과 같은 말들을 통해 어느 정도까지 예수 자신이 해석의 과정을 시작했다. 이 과정은 초기 그리스도인들의 증언들을 물려받은 요한과 예수 모두의 이야기로서 계속된다. 이들의 증언에 대한 중심은 요한이 예수를 위하여 길을 예비했다는 확신이다. 예수가 약속된 메시아인 것과 같이 요한은 일들이 움직이도록 설정한 약속된 선구자이다.사40:3; 말3:1, 4:5-6; 눅1:16-17,76-79

각각의 사복음서들은 이 기본적인 확신 위에 그러나 다른 방식으로 세워진다. 마태의 경우, 전에도 살핀 바와 같이 요한이 수행한 역할을 예리하게 하거나 정확히 나타내려는 노력이 있다. 마가복음에 이미 존재했던 줄거리 위에 만들어졌기 때문에 마태는 침례 요한을 이스라엘 백성에게 회개할 것을 요구하려고 보내진 위대한 선지자 엘리야와 동일시한다.

그러므로 어떤 면에서 마태는 구원의 역사를 발전시키는 중추적인 역할을 했던 "당시의" 인물인 요한에게 관심이 있다. 그러나 마태가 요한에게 가지는 매력은 요한의 과거의 의미에 대한 지적에 머물지 않는다. 예수의 길을 예비하는 회개하라는 요구는 예수 공동체에서 계속해서 들려져야 할 요구이다. 아무도 그 나라에 들어가지 못할 것이라는 것과는 별도로 그곳에서도 역시 하나님의 진정한 백성은 **자신들의 열매**로 알게 될 것이다.7:15-23, 21:43 그러므로 마태에게 침례 요한은 **현재**의 의미를 지닌 설교자이고 그는 이스라엘은 물론 교회에도 말하고 있다. 그는 **어떤** 종교적 공동체에서도 일어날 수 있는 자기만족과 위선에 대항하여 경고한다. 그리고 그는 새로운 생명을 시험해야 하는 모든 세대의 교회에 도전한다.

교회생활에서의 본문

회개하라는 것은 무엇을 의미하는가? 이것이 요한의 메시지가 우리 앞에 놓는 질문이고 교회가 세기들을 가로질러 씨름해왔던 질문이다. 때때로 회개는 주로 슬픔이나 자신의 죄에 대한 후회의 느낌처럼 어떤 느낌으로 이해되었다. 또 다른 때에 회개는 단식, 고행, 특별한 기도, 순례와 같은 행동을 통한 자신의 죄에 대한 "참회의 행동"과 동일시되었다. 그러나 요한과 예수가 말했던 회개는 유감스런 감정이나 참회의 행위를 넘어선다. 위에서 제시한 것처럼, 회개는 우리의 우선권과 가치에 있어서의 총체적인 전환인 근본적인 삶의 전환을 포함한다. 회개한다는 것은 죄의 통제 하에 있던 삶에서 돌아서서 하나님의 통치 아래 있는 삶과 방향을 **향해** 돌아서는 것이다. 이것을 다르게 표현하면 회개는 회심을 의미한다.

이것이 회개의 본질이라면 우리는 계속해서 두 번째 질문을 할 필요가 있다. **교회**가 회개라는 용어에서 자신의 정체성에 정의를 내리는 것은 무엇을 의미하는가? 이것은 근본적으로 교회가 **회심한** 사람들이 되는 것을 의미한다. 메노 시몬즈의 "진정한 회개"[genuine penitence]에 관한 논평, 110–115 아브라함의 혈통이라는 주장이 요한의 청중들에게 충분하지 않았던 것처럼 개혁주의자, 혹은 아나뱁티스트들에게 우리가 하나님의 백성이 되는 것은 충분하지 않다. 대신 각 세대는 회개와 그에 따라 자신의 삶을 재정리하라는 호소에 새로이 반응해야만 한다. 이런 일이 일어나는 곳, 교회가 끊임없는 도덕적 변혁의 무대가 되는 곳, 문화에 대한 예속이 하나님의 통치에 대한 충성에 굽히는 곳, 사람들이 죽음의 길에서 생명의 길로 전환하는 곳, 거기에서 진정한 교회가 다시 나오게 될 것이다.

요한에게 받은 예수의 침례

마태복음 3:13–17

사전 검토

요단강으로 침례를 받으려고 왔던 많은 사람들 가운데 하나가 나사렛 예수였다. 각각의 복음서들은 이 사건을 기록하는데 이것은 마태복음 3장 13–17절에 영향을 받는다. 우리가 마태의 이야기를 읽을 때, 우리는 곧 예수의 침례가 요한이 수없이 많은 다른 사람들에게 베풀었던 침례와 다른 어떤 것을 의미한다는 사실을 발견한다. 이들에게 침례는 죄의 고백과 연관되었다. 예수에게 침례는 자신의 메시아 사명으로의 참여 의식이다. 이것은 예수가 물에서 나올 때 발생했던 신현의 분명한 증거가 된다. 하늘에서의 소리는 예수가 하나님의 목적을 수행할 사람임을 확인한다. 그러므로 유형과 주제에서 예수의 침례 이야기는 출애굽기 3장의 불타는 떨기나무 이야기, 이사야서 6장의 성전 환상, 그리고 사도행전 26장의 다마스쿠스로 가는 길에서의 경험과 유사하다.

마태가 했던 예수의 침례 이야기의 중요한 자료는 마가복음 1장 9-11절이다. 그러나 마태는 마가의 짧은 이야기에 침례 받기 직전 요한과 예수 사이에 있었던 대화를 덧붙임으로써 확장했다.[마3:14-15] 요한이 14절에서 제기한 반대를 통해 마태는 초기 교회에서 많은 사람들에게 명백하게 문제가 되었던 한 질문을 제기한다. 왜 예수는 **요한**에게 침례를 받았는가? 15절의 요한에 대한 예수의 대답은 어떤 오해도 막을 수 있는 자신의 침례에 대한 근본적인 이유를 제공한다.

개요

적절한 행동, 3:13-15

선택된 아들, 3:16-17

주석적 해설

적절한 행동 3:3-15

마태는 예수의 요단강 방문에 대한 이야기를 우리에게 예수가 **침례를 받으려고** 요한에게 왔다고 이야기하는 것으로 시작한다. 그러므로 우리는 즉시 예수가 이 문제에서 자신의 새로운 계획에 따라 행동한 것이고 복음전도자의 압력에 굴복했기 때문이 아니라는 것을 알게 된다. 예수는 침례를 받기로 선택되었다. 그러나 요한이 예수의 의도를 알았을 때, 그는 그것에 따르는 일을 마음 내켜하지 않는다. 마태는 요한이 예수가 단순한 침례 지원자가 아니라 메시아라는 것을 어느 정도 알았다는 사실을 암시한다.

14절에서 요한이 제기한 반대는 11-12절의 내 뒤에 오시는 분에 관한 요한의 설교를 전제로 삼는다. 왜 불과 성령으로 침례를 주시는 분이 단순하게 물로 침례를 주는 사람에게 복종해야 하는가? 무언가 다른 방법이어야 하지 않는가? 15절의 예수의 답변은 저마다의 역할에 관한 요한의 평가가 궁극적으로 옳다는 것을 사실이라고 본다. 그러나 당장은지금은 그렇다면 그런 예수가 침례를 받는 것이 **적절하다.** 어떤 방식으로 이 행동은 **모든 의를 성취하게** 될 것이다.

의는 그리스어 단어 **'디카이오쉬네**dikaiosunē' 의 번역으로, 마태의 어휘 가운데 핵심 용어이다. **성취** 역시 구약성서에서의 인용과 연결하는 데 사용된 첫 번째 복음서에서의 중요한 단어이다. 그러나 마태가 이 두 단어를 한 표현에서 결합했을 때 그것은 무엇을 의미하는가? 요한과 예수가 예수의 침례를 통해 어떻게 **모든 의를 성취하는가?** 적어도 다음의 세 가지 해석이 가능하다.

(1) 침례는 하나님이 정하시거나 명령하신 관습이다. 따라서 예수의 침례는 하나님의 의로우신 요구를 성취할 것이다.

(2) 침례는 예수의 죄인과의 동일시의 첫 번째 조치이다. 이들은 차례로 예수를 통해 의롭게 될 것이다.[고후5:21]

(3) 침례는 예수가 하나님의 계획에서 자신의 역할을 맡는 방식이다. 하나님의 계획은 예수가 모으는 공동체에서 자체의 목적으로서의 의를 가진다.[마5:6, 17–20; 6:33 참조] 예수에게 침례를 줌으로써 요한은 자신의 사역이 주도하던 **의**의 방식을 자신의 후임자의 사역의 성취를 향해 옮기는 것을 가능하게 할 것이다. 이 해석들 각각이 어떤 타당성을 가지지만 마태는 세 번째 해석을 가장 있음직한 것으로 생각했다.

선택된 아들 3:16–17

이제 요한의 반대가 극복되고, 이야기는 계속되어 예수의 침례가 행해진다. 그러나 본문이 묘사하는 것은 침례 그 자체가 아니라 침례에 이어지는 신현이다.[신현, p. 437.] 우리는 하나님의 현존을 증언하는 다음과 같은 세 가지 다른 상징적인 행동들을 읽게 된다. (1) 하늘이 열린다. (2) 하나님의 성령이 비둘기와 같이 내려 예수 위에 머문다. (3) 하늘에서 소리가 난다. 이와 같은 현상이 비전과 계시와 정기적으로 연합되기 때문에[겔1:1,28, 2:1–2; 바룩2서13:1–3; 행10:11; 계4:1, 19:11 참조] 우리는 즉시 어떤 중요한 발표가 지금 막 일어나려 한다는 것을 알게 된다.

예수에게 내린 성령에 대한 언급은 특별히 의미가 깊다. 이 이야기가 하나님의 성령을 위한 상징으로 비둘기를 사용한 유일한 성서 이야기이지만 수많은 본문들이 하나님의 선택받은 종에게 기름을 붓거나 그를 자신의 소명에 구비되도록 내리는 성령에 대해 이야기한다.[사11:2, 42:1, 61:1; 에녹1서49:3; 레위 언약서18:6–7 참조] 그러므로 성령이 예수에게 내릴 때 우리는 그가 자신의 메시아 사역을 시작할 준비가 된다는 것을 알게 된다.

하늘에서의 소리는 하나님의 아들로서의 예수의 정체성을 확인하다. 그것은 마태가 예수를 위한 공식적인 직함으로 아들을 사용한 첫 번째이다.[그리스도/기독론, p. 436.] 신현에 대한 마가의 이야기에서[막1:11] 하늘에서 난 소리는 예수 자신에 대한 개인적인 발표이다. "너는 내 사랑하는 아들이다. 내가 너를 좋아한다." 그러나 마태복음 3장 17절에서 이 소리는 모든 사람들의 이익을 위한 공적인 선포이다. **"이는 내가 사랑하는 아들이**

다. 내가 그를 좋아한다.”

내가 사랑하는 아들이라는 구절은 **유일한** 아들로 귀하게 여기는 사람창22:2 참조 혹은 엇갈리어 **특별한** 과업을 위해 선택된 사람을 암시한다. 선택된다는 것의 개념은 이어지는 구절에서 분명하게 보여주는데 그것은 **내가 그를 좋아한다**고 더 잘 번역된다.JB, NEB 참조 다른 이들이 지적한대로 3장 17절의 언어는 시편 2편 7절과 이사야 42장 1절을 반영하는 것으로 보인다. 이 본문들 가운데 하나는 나라들을 통치할 왕을 다루고, 나머지는 나라들에 구원을 가져올 종인 인물을 다룬다. 요한에게 침례를 받은 사랑하는 아들은 자신의 메시아 사역에서 두 역할을 모두 성취할 것이다.

성서적 맥락에서의 본문

예수의 침례 이야기는 복음서들의 더 큰 이야기에서 두 가지 목적에 기여한다. 첫째, 이것은 메시아의 사역에 대한 선구자의 사역에서 변화를 만들어낸다. 일단 예수가 침례를 받으면 침례 요한은 배경으로 물러나지만 줄거리는 **예수의 행동**으로 집중될 수 있다. 둘째, 독자들에게 예수가 누구인가에 대한 하늘의 확증을 독자들에게 제공하는 몇몇 이야기 가운데 첫 번째이다. 예수의 침례 시에 선포되었던 예수의 아들 됨은 후에 가다라의 귀신들에 의해 입증되고8:28-34 예수의 변형 때 하늘에서 난 소리에 의해 입증된다.17:1-8 제자들14:28-33, 16:13-20과 로마의 백부장27:51-54을 포함하는 다양한 인물들이 예수를 하나님의 아들로 인정한 이야기들에 밀접하게 연관된다. 이런 이야기들은 우리의 관심을 예수의 매우 특별한 하나님과의 관계에 집중하게 한다.

더욱 논쟁의 대상이 되는 의문은 복음서 기자가 예수의 침례의 이야기를 기독교 침례를 바라보게 하는 방식을 제공하려고 의도했는가 하는 것이다. 확실히 마태와 어떤 신약성서 기자도 예수의 침례를 우리 자신을 위한 모범이나 본보기로 분명하게 지적하지 않는다. 게다가 예수가 받은 침례는 사실 기독교 의식이라기보다 요한의 침례이다.

그럼에도 기독교 침례에 **간접적인** 관심을 제시하는, 우리 앞에 있는 이야기에는 특징들이 있다. 예를 들어 마태는 예수를, 침례 받을 것을 요구하고, 이 행위를 구하는 자신의 의도를 주장하고, 겸손과 복종의 분위기 속에서 침례를 받으러 온 인물로 묘사한다. 이렇게 해서 예수는 이상적인 침례 지원자의 좋은 예가 된다. 더욱이 이 이야기는 **정체성**과 **소명**의 주제에 중점을 두는데 이것은 기독교 침례의 의미에 있어서도 중심이 된다. 갈3:23-29; 롬6:1-11 그러므로 예수의 침례 이야기는 교회의 침례 관습을 기대하는 것으로 드러날 것이다.

교회생활에서의 본문

마태의 의도가 무엇이든 예수의 침례 이야기는 실재로 초기와 우리 시대 모두에서 교회의 침례에 대한 이해를 알려주었다. 이것은 빈번하게 겸손과 복종의 본보기와 침례와 헌신이 함께 간다는 것의 본보기인 예수의 행동을 기독교 침례의 효시로 지적했던 신자들의 교회의 저자들에게도 명백하게 해당된다.

알렉산더 맥Alexander Mack이 자신의 "권리와 규례"Rights and OrdinancesDurnbaugh, 1958:350에서 한 진술은 전형적인 예이다.

> 하나님의 아들을 아버지의 계획과 뜻을 잘 알았다. 그래서 그는 요한에게 "지금은 그렇게 하도록 하십시오. 이렇게 하여, 우리가 모든 의를 이루는 것이 옳습니다."마3:15라고 말했다. 하나님의 아들은 자신 안에서 믿게 될 모든 사람들의 효과적인 기름부음과 외적인 상징이 되도록 자신의 모든 교회를 위한 침례가 발견되고 규례가 되기를 원했다. 이처럼 하나님의 아들은 첫 번째 장소에서 하나님 아버지의 뜻을 성취했고요한의 침례가 하나님의 명령에 따른 것이었기 때문에 동시에 물침례의 효시로 삼았다. … 하나님의 아들은 이것을 우리와 그를 따르는 모든 사람들에게 우리가 따라야 하는 위대한 본보기로 남겼다.

더욱 최근에 예수의 침례 방식에 집중된 관심은 규례로서의 침례의 이해를 뒷받침한다. 본문이 분명히 하듯이, 예수의 침례는 자신의 메시아 사역으로의 참여와 밀접하게 연관되었다. 마찬가지로 우리의 침례는 그리스도의 이름으로 하는 봉사와 사역으로의 부르심과 연관된다. 우리가 하늘이 열리는 것과 하나님의 성령이 오늘날 신자들에게 내리는 것을 보는 보지 못하는 간에 요단강에서 예수에게 일어났던 일과 마찬가지이다. 그리고 그 성령은 세상에서 하나님의 백성의 더 큰 사역 안에서 우리의 특별한 소명을 수행하도록 우리를 준비시킨다. 결국 직업과 별도로 사역으로 부르심을 받은 어떤 사람들에게는 우리가 **성직위 수여**로 지정한 위임의 다음 전례가 있을 수 있다. 그러나 침례에서 모든 신자들은 그리스도의 사역 안으로 들어간다.

광야에서의 예수의 시험

마태복음 4:1-11

사전 검토

예수의 침례 이야기 다음에 이어지는 것은 광야에서의 시험 이야기이다. 옛적 이스라엘이 홍해를 건넌 후와 같이신8:2 예수는 물에서 나온 후에 **시험을 당해야만** 했다. 하나님의 선택된 자로서 그의 소명에 대해 진실할 것인가 그렇지 않을 것인가? 다시 한 번 시험은 굶주림에 대한 것이었고 위기에 처한 것이 충성인 그 시험의 배경은 광야이다. 예수의 경우 다른 것은 그 결과이다. 히브리서 4장 15절의 기자의 말을 바꾸어 말하면 예수는 "이스라엘처럼 시험을 받으셨지만 죄는 없으시다." 그러나 이 결과는 피할 수 없는 결론이 아니다. 예수의 시험은 그가 하나님의 뜻을 거절할 수 있었던 진짜 시험이다.

우리 앞에 있는 이야기의 구성에서 마태는 두 개의 예수의 고난에 대한 이전 보도에 의지했다. 이 이야기를 소개하고 종결하는 데 사용된 언어 가운데 얼마는 마가복음 1장 12-13절에서 온 것으로 보인다. 거기서는 예수가 천사들의 시중으로 지낼 수 있는, 들짐승과 악한 영들의 장소인 광야 자체가 강조되었다. 그러나 마가는 자신의 짧은 이야기에서 예수와 사탄과의 대화에 대해 아무것도 말하지 않는다. 나중에 기록한 마태는 자신이 누가와 공유하는눅4:1-13 참조 또 다른 자료에서 발견되었던 예수의 유혹에 관한 더 온전한 번역에 신세를 진다. 이곳에서 싸움은 마태에게 최우선적인 의미를 지닌 주제인 하나님의 뜻에 대한 충실함에 집중된다.

우리가 마태복음 4장 1-11절에서 발견하는 이야기의 형태는 몇 가지 방식으로 생각될 수 있다. 각각의 부분이 어느 순간 성서에 호소하면서 예수와 사탄 사이의 대화가 구체화될수록 이 대화는 율법 학자의 토론과 같이 들린다. 그러나 이 토론의 한 가운데서 하나님의 권위를 주장하는 합법성과 관련된 이야기인 또 다른 유형의 이야기를 생각해내는 방향을 듣는다. 사탄이 돌들을 빵으로 바꿔보라는 것, 성전 꼭대기에서 뛰어 내리라는 것으로 예수의 아들 됨의 정당성을 입증해보라고 도전했을 때, 그 조롱은 우리가 후에 마주치게 되는마12:38-39, 16:1-4, 27:40; 요6:30 이하를 보라 표적을 요구하는 것과 유사하다. 각각의 경우 예수는 하나님의 권위를 가지고 행동한다는 것을 "입증"하라는 요구를 받는다. 그리고 각각의 경우 예수는 도전을 제기한 사람들에 맞추어 탈선하기를 거부한다.

마태복음 4장 1-11절은 드라마의 대본을 읽는 것 같다. 마태복음 4장 1-11절은 간단한 서언으로 시작하고 점차 강도가 증가하는 세 장면을 통해 줄거리가 발전하고 마침내 적절한 에필로그로 종결한다.

개요

광야로, 4:1–2

우선권에 대한 시험, 4:3–4

확신에 대한 시험, 4:5–7

충성에 대한 시험, 4:8–10

마침내 끝나다, 4:11

주석적 해설

광야로 4:12

침례를 받은 후 곧바로 예수는 성령에 이끌려 광야로 간다. 문자적으로 말하면 이 구절은 요단 계곡에서 유대 광야의 거친 경사면으로의 일상적인 여행을 묘사한다. 그러나 본문은 큰 기쁨이나 환상 가운데 예수가 성령에 이끌려 광야로 이동되었다는 것을 의미할 수 있다. 겔17:3; 겔8:3; 37:1; 에녹1서 17:1 이하를 보라; 고후12:1–4 참조 예수의 광야로의 참여 방식이 무엇이든 성령이 그를 그곳으로 데려간 이유는 매우 분명하다. 예수는 **유혹을 받고** 마귀의 **시험을 받아야만** 한다.

마태에 따르면 예수는 시험을 받으려고 이전 사십일 낮과 사십일 밤을 금식한다. 이 예수의 고난의 기간은 오래전 이스라엘의 경험을 다시 체험하고 있다는 사실을 확인한다. 이스라엘 백성은 생명을 유지하려고 하나님께 의존하며 사십 년 동안 광야를 방황했다. 출16:35; 신2:7, 8:2 금식 후에 마태는 우리에게 예수가 시장하고 나약한 상내에 있었다고 말한다. 이제 시험이 시작될 수 있다.

우선권에 대한 시험 4:3–4

3절에서그리고 다시 5절에서 마귀는 예수에게 **'네가 하나님의 아들이거든…'** 이라는 말로 호소한다. 이 구절은 오히려 예수의 아들 됨의 문제를 가정하고 그의 침례 시의 예수의 정체성의 계시로 돌아가는 것을 말한다. 예수가 직면한 각각의 시험에서 유혹하는 사람은 예수가 자신의 메시아 역할을 주장하고 입증할 수 있는 방식을 제안한다. 예수는 이 제안들에 도전하는 구약성서에서 인용한 말씀들로 대응한다. 모든 말씀들은 신명기에서 왔고 적절하게 모두 이스라엘의 광야 체험을 다룬다.

마귀의 세 가지 제안 가운데 첫 번째는 예수가 돌들에게 명하여 빵이 되게 하라는 것이다. 어떤 면에서 이 호소는 사십 일 금식 후의 예수의 굶주림이라는 직접적인 상황과 연관되어 있다. 또 다른 면에서 이 이야기는 예수가 자신의 전 사역을 통해 어떻게 자신의 메시아로서의 능력을 실천할 것인가의 문제를 제기한다. 예수는 "자신의 능력을 자신의 목적으로 굴곡 시키는 이기적인 놀라운 사역자가 되라는 요구를 받은 것이다."Senior, 1977:49 4절의 예수의 반응은 자신이 하나님과 독립하여 행동하지 않을 것이며 자신의 능력을 스스로의 욕망을 만족시키려고 사용하지 않을 것임을 분명히 한다. 대답에서 예수는 신명기 8장 3절을 인용하는데 그것은 우리의 삶을 위해 하나님의 뜻에 따라 먹는다는 교훈인 이스라엘의 만나에 대한 의존으로 해석한다. 그것이 예수가 다른 모든 것 위에 두는 굶주림을 위한 음식이다.

확신에 대한 시험 4:5–7

두 번째 시험을 위해순서가 누가복음의 이야기와 다르다 배우들은 어떤 방식으로 광야에서 **거룩한 도성** 예루살렘으로 이동한다.27:53 참조 마귀가 예수를 데리고 간 성전 꼭대기는 바깥 뜰 벽의 구석, 발코니, 높은 문의 상인방, 혹은 문자 그대로 성전의 정상으로 다양하게 해석되었다. 아무튼 예수는 이 숭고한 장소에서 뛰어내리라는 초대를 받는다. 다시 한 번 이 시험은 한 가지 이상의 의미를 가질 수 있게 되었다. 어떤 관점에서 이것은 예수 자신을 죽일 수 있게 만드는 미묘한 시도이다.잘못된 확신을 통해 또 다른 관점에서 이것은 예수가 기적과 마술을 통해 자신의 사역을 위한 대중적인 갈채를 구하도록 하는 호소이다.

이번에는 마귀 스스로 하나님은 자신의 신뢰하는 사람을 모든 재앙에서 보호하실 것이라는 약속으로 자신의 도전을 지지하는 성서를 인용한다.시91:11–12 그러나 예수는 속지 않고 자신을 성서 본문의 더욱 신실한 해석자로 드러낸다. 신명기 6장 16절을 인용하여 예수는 자신의 적에게 우리가 하나님께 도움을 강요하는 것은 잘못이라는 것을 상기시킨다. 광야의 맛사에서출17:1–8을 보라 이스라엘 백성은 물을 요구함으로써 "하나님을 시험하였을" 때 바로 이 일을 저질렀다. 이런 요구는 믿음보다는 불신을 드러낸다. 그러나 예수는 하나님이 자신과 함께 하신다는 어떤 기적적인 증거를 필요로 하거나 찾지도 않았다.

충성에 대한 시험 4:8–10

다시 장면은 세 번째 시험을 위해 마귀가 예수를 **매우 높은 산**으로 데려가는 것으로 바뀐다. 산은 마태복음에서 이들 모두가 능력과 권위를 다루는 몇몇 이야기들의 배경을 제공한다.[4:8, 5:1, 15:29, 17:1, 28:16] 여기서 산은 보통과 달리 장엄하고 분명히 표상적이다. 왜냐하면 그곳에서 예수는 **세상의 모든 나라들**을 바라볼 수 있었다.[바룩 2서 76] 우리는 모세가 느보산에 오르고 하나님이 그에게 이스라엘이 언젠가 소유하게 될 "모든 나라"를 보여주신 신명기 34장 1–4절의 이야기를 떠올리게 된다. 우리는 또한 "내게 청하여라. 뭇 나라를 유산으로 주겠다. 땅 이 끝에서 저 끝까지 너의 소유가 되게 하겠다."라는 시편 2편 8절에서 왕에게 제공한 것을 떠올린다. 이곳에서만 제공하는 이가 마귀이고 그가 요구하는 것은 예수의 충성이다.

이 제안을 이해하려면 우리는 구약성서 자체가 마귀를 현재 세상의 통치자로 말한다는 것을 기억할 필요가 있다.[요12:31; 16:11; 엡2:2, 6:12 참조] 마귀가 예수에게 적어도 통상적으로 메시아가 구했을 통치권을 줄 수 있는 전략적 지위에 있다는 것으로 보일 것이다. 그러나 다시 한 번 예수는 굴복하기를 거절한다. 예수는 베드로가 십자가의 길에서 떠나라고 하였을 때 베드로에게 했던 것과 같은 방식으로 사탄에게 떠나라고 명령한다.[4:10, 16:21–23 참조] 그리고 예수는 오직 하나님 한 분만이 우리의 경배와 충성을 받을 자격이 있다는 이스라엘의 믿음의 기본적인 교의를 사탄에게 상기시킨다.[신6:13]

물론 독자들은 처음부터 예수가 나라들에 대한 통치권을 받게 **될** 것이라는 사실을 알고 있다.[28:18–20 참조] 그러나 이 통치권은 현재의 악한 질서에 기회주의적인 충성에서 오지 않을 것이다. 대신 이 통치권은 예수의 죽음과 부활을 통해 하나님의 통치의 승리에서 오게 될 것이다.

마침내 끝나다 4:11

세 번째이자 마지막 시험이 끝났을 때 정말로 남은 할 말은 없다. 예수는 각각의 유혹의 책략을 거절했고 악마는 예수의 떠나라는 명령에 따르는 수밖에는 없었다.[10절] 이 이야기에는 분명히 그 이상의 시험이 기다리고 있다.[16:1, 16:23, 26:36–46, 27:39–44 참조] 그러나 지금은 일시적 중단의 순간이다. 마귀가 물러나자 천사들이 와서 예수에게 **시중**을 든다. 여기서 본문은 호렙산으로 가는 "밤 낮 사십 일"의 여행을 시작하기 전에 천사가 음식을 먹였던 예언자 엘리야의 경험을 상기시킨다.[왕상19:1-8] 두 에피소드에서 천사는 하나님의 시험을 받고 있는 사람들에게 제공하시는 위안과 힘을 상징한다. 그리고 이쯤에서 예수의 시험 이야기는 종결된다.

성서적 맥락에서의 본문

광야에서의 예수의 고난에 대한 기사는 결코 성서에서 유혹과 시험을 볼 수 있는 유일한 곳이 아니다. 전에도 주목한 바와 같이 마태의 이야기는 다양한 방식으로 이스라엘의 광야에서의 시험 이야기를 암시한다. 다른 곳에서 우리는 아브라함[창22:1-14]과 욥[욥1-2장]과 같은 고대 족장들이 직면했던 시험의 이야기, 예수의 적들이 야기했던 시험들[마22:18], 박해에서 오는 시험[벧전4:12], 종말과 관련된 시험[계3:10]을 발견한다. 때때로 시험은 우리 자신의 악한 욕망에서 오거나,[약1:14] 우리의 몰락을 구하는 어둠의 권세에서 온다.[살전3:5] 또 어떤 때에는 유혹하거나 함정에 빠지게 하려는 것이 아니라 우리의 충성의 깊이와 진실함을 살피게 하려고 하나님이 시험을 지휘하신다. 원천이 무엇이든 시험은 성서 이야기에서 하나님의 종들에게 반복해서 온다.

마태복음 4장 1-11절은 예수를 이 더 큰 성서의 맥락에 연결한다. 이것은 독자들에게 예수 역시 시험 가운데서 자신의 신실함을 입증해야만 했다는 사실을 알게 한다.[히2:17-18, 4:14-16, 5:7-10 참조] 확실히 예수의 시험은 그 자체의 차별되는 특징을 가진다. 이 특별한 싸움에서 우리는 우주의 갈등, 처음부터 끝까지 예수의 사역을 특징짓는 하나님과 마귀의 권위의 충돌을 다룬다. 더욱이 이 시험은 포괄적인 의미에서의 신실함이 아니라 메시아 소명의 맥락에서의 신실함을 다룬다. 하나님의 아들로서 예수는 어떻게 행동할 것인가?

이 지점에서 이 이야기는 적어도 세 가지 목적에 기여한다. (1) 이 이야기는 예수가 이어지는 이야기들에서 자신의 사역에 접근할 방식에 대한 시연을 제공한다. (2) 이 이야기는 예수의 사역의 모양과 메시아의 역할에 대한 전통적 개념 사이의 어떤 불일치도 예수 자신의 자격의 모자람이 아니라 하나님의 뜻에 대한 충실함에서 초래한다는 것을 제시한다. (3) 이 이야기는 예수의 이름으로 행동하는 메시아의 공통체인 교회가 신실해진다는 것이 무엇을 의미하는지에 대한 단서를 제공한다.

교회생활에서의 본문

우리가 이미 살펴본 바와 같이 사탄에게 받은 예수의 **유혹**은 사실 시험이었다. 이곳에서 **유혹**의 의미는 우리가 일상에서 사용하는 용어의 범위를 능가한다. 때때로 우리는 유혹을 우리가 매력적인 것으로 발견하게 되는 어떤 것을 묘사하려고 중립적인 방식으로 사용한다. 우리는 그렇게 하는 것이 매우 매력적이라고 인정하기도 한다. 경우에 따라서 우리는 유혹을 무언가 잘못된 것을 하도록 몰아붙이는 것, 특히 돈과 섹스의 영역에서의 비행과 연결한다. 사람들은 전형적인 방식을 생각한다. "마귀가 내게 그렇게 하도록 만들었어!" 그러나 예수는 중립적인 방식이나 부정에 대한 유혹에 직면한 것이 아니었다. 예수의 유혹은 그의 정체성과 그가 하려는 일의 핵심을 향했다. 잘 알려진 자신의 영혼을 파는 것에 대해 마귀에게 설득되었던 후대의 이야기에서와 같이성서 이야기에 빚지고 있는 소설 예수는 자신의 진정한 소명을 즉석의 권세와 영광과 바꾸라는 유혹을 받는다. 이 이야기를 교회생활의 유혹에 반영하라고 초대하는 것은 바로 이 지점이다.

이 기록이 보여주듯이 너무 자주 교회는 예수가 거절했던 권력을 갈망하고 예수가 본을 보였던 충성을 저버리고 유혹에 굴복했다. 이 모든 것에 대한 가장 날카로운 논평은 도스토예프스키의 **카라마조프가의 형제들**이라는 소설에 나오는 "대 심문관"의 이야기이다. 이 대 심문관이 그리스도땅으로 돌아온에게 말하듯이, 그는 교회가 예수의 사역을 없애고 예수의 사역을 기적과 신비와 권위 위에 세웠다고 호언장담한다. 대 심문관은 교회가 예수가 광야에서 거절한 바로 그 선택을 받아들고 어떻게 통제와 지배권을 얻게 되었는지를 묘사한다.

도스토예프스키의 이야기에서 묘사했던 시기 이후 특별히 예수의 공동체에 적절한 권세에 대한 우리의 개념에서 교회의 많은 것들이 변화되었다. 그럼에도 그 자체의 제도적 필요에 기여하려 하거나 혹은 십자가의 약함을 능가하는 카리스마적 은사를 강조하려 하거나 혹은 교회 사역의 기준을 성공으로 만들려 하거나 혹은 다른 이념과 원인에 충성하려는 유혹이든지간에 오늘날 교회는 여전히 예수의 유혹에 직면하고 있다.

마찬가지 시험이 우리의 개인적인 경험에도 온다. 어떤 이들에게 이 시험은 이들이 소명에 관한 결정을 내릴 때 발생한다. 또 어떤 이들에게 권력의 학대와 남용이 언제나 일어날 수 있는 곳에서 이 시험은 리더십의 지위가 된다. 또 다른 사람들에게 상반되는 가치들이 우리의 관심과 충성을 위해 경쟁하는 곳에서 신실함은 일상의 도덕적 선택으로 시험된다. 유혹이 언제 어떻게 오든지간에 우리는 마태복음 4장 1-11절에 다시 귀를 기울일 필요가 있다.

예수의 갈릴리로의 귀환

마태복음 4:12-16

사전 검토

마태복음 1장 1절에서 4장 16절까지에서 자료의 마지막 부분은 광야에서의 예수의 시험 후에 갈릴리로의 귀환을 이야기한다. 이 섹션을 구성함에 있어 마태는 마가복음 1장 14a절에서 발견된 간단한 진술을 택하고 그것을 두 가지 방식으로 확장한다. (1) 마태는 나사렛에서 갈릴리의 유명한 성읍인 가버나움으로의 예수의 거주지의 변화를 기록한다. (2) 마태는 갈릴리가 하나님의 구속적 목적에 얼마나 적절한지를 보이려고 이사야서에서 한 구절을 인용한다. 이 모든 것은 준비의 기간이 끝났다는 것을 우리에게 알게 한다. 예수가 자신의 메시아 계획을 시작할 시간과 장소가 이제 준비되었다.

개요

바닷가에 있는 가버나움, 4:12-13

이방 사람들의 갈릴리, 4:14-16

주석적 해설

바닷가의 가버나움 4:12-13

마태와 마가는 요한이 유대에서 체포된 후 갈릴리에서 지도자로 나타난다는 사실에 동의한다. 마가의 이야기에서 이것은 연대순서의 단순한 문제이다.막1:14a 참조 그러나 마태의 어법은 요한을 향한 적대적 행동이 실제로 예수를 갈릴리로 돌아가도록 촉구했다는 것을 암시한다. 이 갈릴리로의 **물러남**은 단순히 악한 세력을 피하려는 움직임이 아니다. 대신 예수는 요한의 체포를 자신 고유의 사역을 시작하라는 신호로 해석하고, 따라서 이 사역이 구체화되어야만 하는 곳으로 **돌아갔다.** 그럼에도 예수가 갈릴리로 돌아간 **방식**은 불길하게 들리는 것으로 소개된다. 요한의 체포에 대한 언급은 예수 또한 당국에 넘겨지게 될 시간을 가리킨다.마17:22, 26:2 참조

한때 갈릴리에서 예수는 자신의 고향 나사렛을 통과했지만 즉시 가버나움으로 이동해 정착한다. 지금은 텔 험으로 알려진 지역의 갈릴리의 북서쪽 해변에 위치한 가버나움은

15,000–20,000명의 인구를 가진 활발하고 번영한 마을이었다. 가버나움이 정치적 경계선 가까이에 있었기 때문에 이것을 세무서 혹은 세관이 있었고9:9 참조 헤롯의 군대의 파견대의 전초 기지로 기여했다.8:5–13 참조

복음서들은 이 마을에 대해 대략 16번을 언급하면서 가버나움이 예수의 활동의 주요한 중심이었다는 것에 동의한다.11:23 참조 그러나 오직 마태만이 분명하게 가버나움을 예수의 마을인 그의 거주지로 묘사한다. 마태는 13절에서 가버나움을 묘사하듯이, 14–16절에서 성읍을 이사야에서 인용한 것과 연결하는 언어를 사용한다. 즉 가버나움은 한 때 **스불론**과 **납달리** 지파에 속했던 지역에 있는 **바닷가**의 마을이다.

이방사람들의 갈릴리 4:14–16

마태가 인용한 이사야서의 구절은 여전히 또 다른 이사야서에서 도출한 몇몇 구절 가운데 하나인 성취 인용문이다.2:23, 8:17, 12:18–21 참조 마태가 자신만의 특징적인 방식으로 편집한 이 구절은 이사야서 9장 1–2절히브리어 원문에서는 8:23–9:1에서 왔다. 이들의 본래의 정황에서 "바다의 길, 요단 너머의 땅, 나라들의 갈릴리"에 대한 이사야 9장 1절 말씀은 앗시리아가 이스라엘을 정복했을 때 설정한 세 지역인 돌과 길리아드와 메기도에 대한 언급일 수도 있다. 그러나 마태가 인용한 것처럼 이 구절 모두는 한 지역 즉 갈릴리를 다루는 것으로 보인다.마카베오1서5:14–15 참조 **이방 사람들의 갈릴리**라는 구절은 갈릴리에 거주했던 비 유대인들의 많은 숫자를 암시할지도 모른다. 혹은 이 말은 단순히 하나님이 궁극적으로 이방인들을 포함하게 될 구원의 계획을 시작하는 장소로서 갈릴리를 선정하는 것일 수도 있다.[이방인, p. 439.]

이 인용은 16절까지 계속된다. 거기서 이 인용은 갈릴리를 어둠의 땅으로 묘사한다. 이사야서의 말씀을 처음 들었던 사람들에게 **어둠**은 침울함과 걱정으로 드러났던 정치적 분위기와 동일시되었다. 이 비유는 하나님과의 바른 관계를 아직 발견하지 못한 사람들을 묘사하면서 마태에게 더 넓은 의미를 가진다. 그러나 갈릴리의 삶은 변화되려고 한다. 예수와 더불어 그의 메시아 사역이 시작될 준비가 되었기 때문에 **빛이** 어둠에 살고 있는 사람들에게 **동트기 시작했다.**인용의 마지막 줄에서 마태가 '빛나다' 대신에 '동 트다'를 사용한 것에 주목하라; 눅1:78–79 참조 여기서 빛의 수령자들은 무엇보다 먼저 예수의 사역 기간 동안4:23–25 참조 그에게 모였던 유대인 군중이다. 그러나 갈릴리가 **이방인의** 땅이라는 사실은 어둠의 더 넓은 사회에 예수가 그의 추종자들의 사역을 통해 가져올 빛에 대해 말한다.

성서적 맥락에서의 본문

전에 지적한 것처럼 마태복음 4장 12-16절은 예수의 기원과 소명에 관한 첫 번째 복음서의 섹션을 종결한다. (1) 예수의 이야기를 하나님의 약속에 연결하는 성서의 인용, (2) 예수를 하나님 백성의 거룩한 지역과 연관시키는 여행담, (3) 자신의 계획에 이방인을 포함하려는 하나님의 의지에 대한 미묘한 신호를 포함하는 몇몇 특징들은 이 섹션의 특성이다. 이 모든 특징들을 본문에서 결합시킴으로써 마태는 이전 이야기들의 다양한 입장들을 함께 묶는 데 성공한다.

이전에 지나간 것들을 따라가는 것에 더해 4장 12-16절은 앞으로 이어질 것들을 위한 배경을 설정한다. 갈릴리 바닷가의 가버나움에 예수가 정착하면서 이야기는 예수의 공적 사역을 향해 나아갈 준비가 된다. 그러므로 3장 12-16절은 마태의 복음의 한 섹션에서 다른 섹션으로의 이동을 만들어내는 잘 구성된 단원이다.

더 넓은 성서의 맥락과 연관된, 위에서 언급했던 이 특징들 가운데 하나는 마태의 **땅**에 대한 관심이다. 마태가 이스라엘 내부와 외부로의 예수의 여행을 추적할 때 그는 성서의 다른 곳에 반영되었던 믿음과 장소의 결합을 가정한다. 구원은 이 세상의 어떤 영역에서 일어나지 않지만 얍복강, 요단강, 시내산, 갈멜산, 여리고와 예루살렘 같은 고대 세계의 지도에 표시될 수 있는 장소에 있다. 이런 이유 때문에 이스라엘 땅은 그분의 백성으로서의 이스라엘의 경험과 밀접하게 연관된 하나님의 목적의 중심에 있는 땅인 거룩한 땅으로 여겨진다.

동시에 성서의 기록은 하나님의 구원이 어떤 한 특정한 지역적 영역에 제한되지 않는다는 점을 분명히 한다. 성서의 기록은 니느웨, 바빌론, 안디옥, 로마와 같은 새롭고 가망이 없는 장소들에 자신을 분명히 나타낼 수 있다. 마태의 갈릴리에 대한 취급은 두 가지 점에서 동시에 작동한다. 갈릴리가 스불론과 납달리 지역의 일부인 한 갈릴리는 하나님의 약속의 땅에 대한 충실함을 나타낸다. 그러나 말하자면 다른 나라들의 출입구로서 갈릴리가 **이방 사람들**의 땅인 한 갈릴리는 거룩한 장소의 경계를 확장할 수 있는 하나님의 자유와 하나님의 목적을 위한 새로운 땅이라는 주장을 나타낸다.

교회생활에서의 본문

믿음과 장소는 하나님 백성의 이야기에서 계속해서 서로 맞물릴 것이다. 교회가 어떤 특별한 거룩한 땅에 연결되지 않는다는 사실에도 불구하고 우리 또한 어떤 장소들을 우리의 이야기에서 신성한 표지물로 볼 수 있다. 그것은 로마 혹은 콘스탄티노플, 비텐베르그 혹은 제네바, 슐라이다임 혹은 슈바르츠체나우가 될 수도 있다. 더 가까운 곳에서 우리의 믿음은 우리가 참석하고 있는 교회의 땅, 기도원이나 피정 센터, 혹은 침례를 하는 강이나 호수와 연결되기도 한다. 우리 자신이 하나님의 행위와 연관되는 장소가 어떤 곳이든 우리의 거룩한 장소를 열거할 때 우리는 마태의 본보기를 따르고 있는 것이다.

그러나 마태가 우리에게 상기하듯이 하나님의 구속의 행위는 옛 경계나 표지물에 제한을 받지 않는다. 믿음과 장소의 긴 이야기의 새로운 장들은 우리가 태어날 때 존재하지 않았던 나라들이나 문화적 형태가 우리 자신과 크게 다른 지역에서 혹은 이전 시대의 시골 마을 생활과 공통점이 거의 없는 도시의 배경에서와 같이 과거의 지역에서 밀리 떨어진 장소에서 일하시는 하나님을 발견할지도 모른다. 우리가 마태복음 4장 12-16절에 나오는 **갈릴리**의 의미심장함을 인정한다면 우리는 하나님의 구원과 관련하여 우리가 이미 거룩한 장소로 소중히 여기고 있는 우리가 사는 "이방" 지역에서 하나님이 역사하시는 징후를 발견하게 될 것이다.

2부

예수의 메시아 활동

마태복음 4:17-10:42

사전 검토

4장 17절에서 시작하는 이 섹션에서 마태는 예수의 갈릴리에서의 사역에 대한 개요를 말한다. 4장 17-25절의 개막 이야기에서 이 사역이 **말씀**과 **행동** 모두로 구성된다는 것은 분명하다. 마태는 이어지는 자료의 두 수집물에서 예수의 사역의 이 두 측면을 예증한다. 첫 번째는 마태복음의 다섯 개의 담화 가운데 하나인 산상수훈이라 불리는 담화에서 온다.[5:1-7:29] 거기서 독자들은 예수가 다른 선생들을 훨씬 능가하는 권위를 가지고 가르친다는 것에 접하게 될 것이다. 그리고 곧바로 예수의 기적의 특징을 이루는 이야기들의 수집물로 향한다.[8:1-9:34] 여기서 예수가 역시 특별한 권위를 가지고 하나님의 목적에 일치하여 생명과 건강을 회복하는 **행동을 한다**는 것은 분명하다. 요컨대 예수는 선포하는 메시지와 수행하는 기적 모두에서 자신의 메시아의 권능을 보여준다. 둘 모두 예수의 사명과 그 사명에 대한 이야기에 필수적이다.

똑같이 의미 있는 것은 마태가 예수의 사역에 대한 자신의 그림 안으로 제자도의 주제를 엮어나가는 방식이다. 마태의 예수 사역 개막 이야기 가운데에서 우리는 첫 번째 제자들을 부르는 이야기를 발견한다.[4:18-22] 이로 말미암아 산에서 예수가 그의 가르침을 기억하고 준수해야 할 공동체의 핵심으로 가르칠 때[5:1-2] 제자들은 참여하게 된다.[5:13-16, 7:24-27]

특히 놀라운 것은 마태가 메시아적 행동들에 관한 자료들을 정리하는 방식으로, 제자도에 관한 막간과 함께 기적 이야기들을 세 그룹으로 나누고 있다는 것이다.[8:18-22, 9:9-17] 이 모든 것은 온 이스라엘 전역으로 예수의 사역을 확장할 열두 제자의 임명[9:35-10:42]에 대한 실마리를 제공한다. 4장 17절에서 10장 42절은 예수의 메시아 사명 그 사명 공유할 제자들의 준비에 관한 이야기이다.

개요

예수가 자신의 사명을 시작하다, 4:17–25

예수가 권위로 가르치다, 5:1–7:29

- 5:1–16 하나님 나라의 상속자
- 5:17–48 더 위대한 의
- 6:1–18 진정한 경건과 거짓
- 6:19–7:2 중대한 선택

예수가 권위로 행하다, 8:1–9:34

- 8:1–17 강력한 일들, 주기 1
- 8:18–22 예수 따르기, 막간 1
- 8:23–9:8 강력한 일들, 주기 2
- 9:9–17 예수 따르기, 막간 2
- 9:18–34 강력한 일들, 주기 3

예수가 자신의 제자들을 임명하다, 9:35–10:42

- 9:35–10:4 추수를 위한 일꾼
- 10:5–15 열두 제자의 사명
- 10:16–42 제자도의 대가

마태복음 4:17-25

예수가 자신의 사명을 시작하다

사전 검토

위에서 지적한 바와 같이 마태는 예수의 **사명**을 묘사할 때 예수의 **제자**들을 강조한다. 이것은 우리 앞에 있는 항목에서 분명히 설명된다. 이 항목은 예수가 설교했던 메시지의 간단한 요약과 함께 시작하고17절 예수의 사역의 범위와 영향의 개요로 종결된다.23-25절 그러나 이 이야기의 중간에서 곧바로 기자는 네 명의 제자들의 부름에 대한 이야기와 이들이 맡게 될 새로운 직업을 연결한다.18-22절 이곳과 복음서 전체에서 제자를 돋보이게 하는 것은 문학적 현상 그 이상이다. 마태에게 제자는 교회의 창립 구성원이다. 그러므로 이 제자들을 통해 교회는 예수의 역사에서 자신을 발견할 수 있다. 그리고 예수가 제자들에게 말할 때 그는 교회에 말하는 것이다.

마태의 4장 17-25절의 자료를 위한 출처는 다시 마가의 복음이다. 17절은 마가복음 1장 14b-15절의 예수의 설교의 개요에 기초한다. 마찬가지 방식으로 18-22절의 네 명의 어부들의 이야기는 마가복음 1장 16-20절에서 온다. 23-25절에서 마태는 마가의 이야기의 순서에서 벗어나 대신 위에서 언급한 예수의 사역의 개요로 움직인다. 그러나 이곳에서도 역시 마태는 마가에게 빚을 진다. 23-25절의 언어를 고려할 때 우리는 마태가 마가복음의 몇 개의 다른 진술들에서 구절들을 혼합했다는 것을 알게 된다.1:28,34,39, 3:7-8 참조 이 혼합된 묘사는 곧 전개될 이야기에 우리를 준비시키고 처음부터 예수를 따르는 경외심을 느끼도록 한다.

개요

예수의 하나님 나라 선포, 4:17

예수의 제자도로의 초대, 4:18–22

예수의 말씀 사역과 행동, 4:23–25

주석적 해설

예수의 하나님 나라 선포

4장 12–16절에서 우리는 예수가 갈릴리로 돌아와 가버나움에 살기로 결정했다는 것을 알았다. 마태는 17절에서 우리에게 예수가 **그때부터** 갈릴리 사람들에게 설교하기 시작했다고 말한다. 나중에 이 복음서에서 예수가 자신의 죽음에 대해 말하기 시작했을 때 마태는 다시 '**그때부터**'라는 이 구절을 사용하기 시작할 것이다.16:21 두 가지 예 모두에서 이 말은 이 이야기의 중요한 전환점을 가리키는 신호가 된다. 여기서 이 말은 선포를 위한 준비에서 변화를 나타낸다. 예수가 선포한 메시지는 3장 1절에서 마태가 세례 요한에게 속한 것으로 생각한 메시지와 동일하다. 그러나 지금만이 그 메시지가 갈릴리에 주목하게 하면서 이처럼 4장 15–16절에 인용한 약속을 성취하면서 더 많은 청중들에게 전해진다.

마태는 예수의 메시지를 마가복음 1장 15절에서 발견된 요약에서 채택한 말씀을 **"회개하여라. 하늘 나라가 가까이 왔다."**라고 요약한다. 적어도 두 가지가 마태가 제공한 공식에서 주목할 만하다. (1) 예수의 메시지는 회개하라는 한 마디 말에 독자의 관심을 집중하면서 예수가 찾고 있는 반응의 윤리적 특성을 강조한다. (2) 예수의 메시지는 다가오고 있는 하나님 나라에서 회개하라는 요구의 근거이다. 그리고 그것은 예수의 설교에서 무엇보다 중요한 주제로서 제시되고 있다.

예수와 마태가 말한 **하늘 나라**혹은 하나님 나라는 하나님의 종말론적 통치 혹은 다스림을 말한다.[종말론, p. 438 / 마태복음, 특징적인 주제, p. 443.] 이 통치의 다가옴에 관한 예수의 가르침의 중심은 이 통치가 지금 가까이에 혹은 우리에게 임했다는 확신이다. 하나님 나라의 완성이 여전이 미래에 있지만 "하나님 나라의 권능은 예수 안에서, 그와 함께, 그리고 그의 주변에서 작동하고 있다."Stendahl, 1962:774 예수의 회개하라는 소환에 긴급성을 더하는 것은 바로 이것이다.

예수의 제자도로의 초대

예수가 모두에게 회개할 것을 요구했지만 18-22절의 **나를 따르라**는 예수의 초대에 응한 사람은 적은 무리의 사람들이다. 그리고 이들은 물고기를 거래하는 형제와 갈릴리 바다 혹은 바닷가에서 바쁘게 일하던 형제이다. 비슷한 이야기가 누가복음 5장 1-11절과 요한복음 21장 1-19절에서도 발견된다. 그러나 직접적인 병행기사는 마가복음 1장 16-20절인데 마태는 그것을 엄밀하게 따른다. 이 이야기의 마태복음 버전에서 주목할 만한 한 가지 특징은 마태가 예수의 요청에 대한 반응을 보고하는 방식이다. 마태가 22절에서 야고보와 요한의 반응을 묘사할 때 그는 이전 20절에서 발견되었던 같은 구조를 사용한다. 즉 20절은 **"그들은 곧 그물을 버리고 예수를 따라갔다."**이고 22절은 **"그들은 곧 배와 자기들의 아버지를 놓아두고, 예수를 따라갔다."**이다.

이 진술은 함께 예수를 따르는 결정의 긴박성과 완전성을 생생하게 표현할 수 있게 해준다.[8:18-22 참조]

어떤 사람을 따른다는 것은 문자적으로 뒤에서 걷거나 쫓아다니는 것을 뜻한다. 이것은 복음서에서 이 무리들이 예수를 따라다닌다는 의미이다. 그러나 다른 경우에 어떤 사람을 따른다는 것은 그 사람의 제자가 된다는 것을 의미한다. 가까이 있는 이 이야기는 두 의미를 다 포함하는 것으로 보인다. 예수가 네 명의 갈릴리 어부들을 부를 때 그는 자신의 여행에 따라오라는 것과 그의 제자로서 새로운 직업을 가지라는 의미로 이들을 초대한다.

1세기의 많은 종교적 인물들 가운데 유대 랍비들은 추종자들이나 제자들을 동반했다. 그러나 랍비의 제자들이 자신들이 따르기를 원하는 스승을 선택한 반면, 여기서 예수는 추종자들로 자신이 원하는 사람들을 부를 때 스승인 자신이 주도권을 가진다. 예수의 행동과 가장 유사한 일이 열왕기상 19장 19-21절에서 발견된다. 그곳에서 엘리야는 엘리사에게 자신의 외투를 던져준다. 그러자 엘리사는 엘리야를 "따르기" 시작한다. 복음서에서와 같이 거기서 제자도는 사역과 하나님의 종으로서의 능력을 함께 나누는 것을 포함한다.

부름 받은 사람들의 새로운 직업은 이들의 옛 직업과 관계가 없지 않다. 이들은 계속해서 어부일 것이다. 이제 예수는 이들에게 **사람 잡는** 어부가 될 것이라고 말한다. 어떤 해석자들은 이곳에서 예레미야 16장 16절에 대한 암시를 본다. 그러나 이 은유는 시몬과 다른 사람들의 실재 작업에서 벗어난다.

어쨌든, 이것은 복음서의 이후 자료와 일치하여 사역에 관해 말하는 도발적인 방식을 제공한다. 하늘 나라에 관한 비유의 장들에서 예수는 그 나라를 **바다에 던져져 온갖 고기를 잡는 그물**에 비유한다.13:47-50 예수는 일꾼들을 보내 추수할 것을 거두게 하라는 열두 제자를 파송하기 전 관련된 비유에 사용한다.9:35-38 두 본문은 하나님의 통치 영역 안으로 사람들을 모으는 원대한 모험을 마음에 그린다. 이것이 예수가 소환한 사람들을 부르는 방식이다.

예수의 말씀 사역과 행동

전에 살펴본 바대로, 이 구절들은 예수의 사역에 대한 범위와 영향의 개관을 제공한다. 어떤 학자들은 이 구절을 요약과 동일시한다. 반면 다른 학자들은 이것을 그 이상인 이어지는 자료를 위한 기초나 맥락을 제공하는 확장된 주제의 문장으로 볼 것이다. 어떤 제목을 우리가 붙이기로 결정하든 우리는 복음서들과 사도행전에서 이러한 수많은 구절들을 발견하게 된다.막3:7-8; 눅6:17-19; 행2:43-47, 9:31 참조

우리 앞에 있는 이 구절은 예수의 행동에 대한 삼중으로 된 서술과 더불어 23절에서 시작한다. 예수는 회당에서 가르치며 하나님 나라의 복음을 설교하고, 모든 종류의 질병을 치료한다. 이 묘사는 이 이야기의 주제가 되는 구조를 강화하며 9장 45절에서 반복된다.문학의 함유물로 알려진 것을 만들며 24-25절은 예수의 행동에 대한 반응을 보고하면서 이 묘사는 다시 세 가지 요소들을 포함한다. 예수의 소문이 멀리 그리고 널리 퍼지고, 아픈 사람들이 치료를 위해 예수께 왔고, 많은 무리가 예수를 따랐다.

이 개관에서 몇 가지 세부 내용은 더 많은 논평이 필요하다. (1) **하나님 나라의 복음**이라는 구절은 마태에게 특별하며 그의 사고에서 하나님 나라의 중심성을 확증한다. 게다가 이것은 그것을 받아들이는 사람에게 희망을 가져다주는 기쁜 사건으로서 다가오는 하나님의 통치라는 마태의 관점을 보여준다. (2) 본문에는 과장이 많이 있다. 예수는 **갈릴리 전역**을 다니고 **온 시리아**가 그의 행적에 대해 듣는다. 사람들이 **온갖 환자들**을 데려오고 예수는 **모든** 질병을 고친다. 이스라엘의 네 지역 모두에서 **많은 무리들**이 예수를 따랐다. 이와 같은 어법으로 마태는 중요한 사역들의 그림에 색을 칠한다. (3) 복음서 저자들 가운데 마태만이 우리에게 팔레스타인이 속한 로마 관구의 이름이었던 **시리아** 전역에 퍼진 예수의 소문을 전한다. 이것은 그의 독자들에게 예수의 이야기와의 증가된 관련성을 제공하며 마태가 시리아 교회를 위해 쓰고 있다는 실마리가 될 수도 있다.

성서적 맥락에서의 본문

공관복음서의 메시지의 기초가 되는 두 가지 주제가 4장 17-25절에서 표면에 드러난다. 이 두 주제 가운데 하나는 **하나님 나라**이다. 마태는 이것을 **하늘 나라**라고 부르기를 좋아한다.[아마도 하나님의 이름을 과도하게 사용하는 것을 막으려고; 출20:7; 단4:34-37] 공관복음서 각각에서 하나님 나라는 하나님의 구원하시는 행위를 가리키는 주요한 은유이다.

이 나라는 인간 삶에서 하나님의 주권을 완전하게 확립하고[마12:28] 가난한 사람들과 삶에서 부서진 다른 사람들[눅6:20-23]에게 축복을 제공하는 하나님의 선물로 다가온다. 하나님 나라는 새 시대를 열고[눅16:16] 하나님과 하나님의 백성들이 함께하는 삶인 종말의 잔치[마22:1-14]에 참여할 수 있는 문을 이미 지금 열어주는 역사의 완성을 가져온다.[막1:14] 그러므로 신약성서의 구원의 신학은 바울의 이신 칭의 교리로 시작하지 않는다. 마태가 우리에게 말하고 있듯이 구원은 하나님의 통치라는 복음과 그것이 가져오는 축복으로 시작한다.

4장 17-25절이 소개하는 두 번째 주제는 예수 따름 혹은 **제자도**이다.[소사전과 용어 해설에 있는 "마태, 특징적인 주제들" 참조] 사복음서와 사도행전 외에는 제자들에 관한 언급이 없고 단지 예수를 따르는 것에 대한 산발적인 언급만이 있다.[계14:4; 벧전2:21을 보라; 히13:13 참조] 그러나 복음서와 누가의 사도행전에서 우리는 이런 언급들에 대한 기록을 발견한다. 어떤 것들은 단지 이야기 구조의 일부이고 또 다른 것들은 제자도의 본질 안으로 파고든다.[마10:16-39; 막8:34-38; 눅9:57-62 참조]

첫 번째 복음서에서 기자는 제자도에 관해 이중 접근법으로 작업한다. 예수의 사역기간 동안 마태는 **제자들**이라는 용어를 **열두 제자**들의 한정된 집단으로 제한한다.[10:1-5; 11:1; 19:28 참조] 그러나 이 모든 것들은 복음서 말미에서 변한다. 거기서 예수는 **열한 제자**[유다는 이제 이 이야기에서 제외된다]에게 온 세상에서 제자를 삼으라고 위임한다![28:16-20] 복음을 듣는 모든 사람들은 이제 제자로서 예수를 따르라고 초대될 것이다. 이 점에서 독자는 이전 장들의 제자들이 역사적인 의미 이상을 가진다는 것을 실감한다. 예수가 열두 제자들을 훈련시킨 것은 처음부터 미래의 모든 시기의 제자들을 가르치기 위한 배경이었다.

교회생활에서의 본문

여전히 연구되어야 할 본문은 제자도의 주제에 관해 더 깊이 반영하는 많은 기회를 제공할 것이다. 여기서 우리는 교회가 하나님 나라에 관한 예수의 가르침을 사용했던 방식을 관찰해본다. 불행하게도 **하나님 나라**에 대한 잘못된 생각이 모든 세대의 교회에서도 역시 흔히 있는 일이었다. 어떤 이들은 하나님 나라를 교회의 제도나 성도들이 권력을 잡는 신정을 위한 진술과 같다고 생각했다. 다른 이들은 하나님 나라를 천년기간의 통치와 연관시키거나 하늘의 영역의 관점에서 전적으로 미래의 사실로 보았다. 또 다른 이들은 하나님 나라의 의미를 마음 안에 있는 내적인 통치로 제한하여 이것의 이미지를 영적인 것으로 여겼다. 마지막으로 하나님의 통치가 **하나님의 행위**라는 사실을 망각하고 그리스도인들이 **건설하는 것**을 하나님 나라라고 말하는 사람들이 있다. 이 각각의 견해들은 진리의 요소를 포함하고 있지만 모두가 신약성서의 메시지를 왜곡하거나 어떤 부분만을 파악하고 있다.

다행히 우리 시대에 하나님의 통치에 관한 예수의 비전을 교정할 수 있도록 도와주는 목소리들이 있다. 그 한 방향에서 우리는 하나님 나라 본문을 분석하여 이들의 의미를 분명하게 만들었던 학자들의 목소리를 듣는다. 또 다른 방향에서 우리는 억압적인 사회에서 폭력과 불법에 대항하는 이들의 계속적인 투쟁에서 예수의 비전이 가진 능력을 증언하는 그리스도인들의 목소리를 듣는다. 이 두 출처에서 우리가 듣는 말은 하나님 나라의 은유가 삶을 바라보는 옛 방식들에 도전하는 강력한 이미지라는 것이다. 이것은 우리의 세상에 손을 뻗쳐 그것을 가다듬어 재정리하는 현재에 작동중인 미래의 권능인 하나님의 전능하신 현존과 구원하시는 능력에 대해 말한다. 이것이 '그 나라를 오게 하여 주시며' 라고 기도할 때 우리가 구해야 하는 것이다.[6:10] 그리고 이것이 **"하나님 나라가 가까이 왔다!"**라는 예수의 말을 들을 때 우리가 기뻐해야 하는 이유이다.

마태복음 5:1-7:29

예수가 권위로 가르치다

사전 검토

세기를 가로지르는 수많은 그리스도인들에게 예수의 가르침에 대한 주요 자료는 우리가 마태복음 5-7장에서 발견하는 예수의 말들의 수집물이었다. 이것은 주님의 기도와 팔복과 같은 고전적인 본문들을 포함하고 예수를 비할 바 없는 권위를 지닌 분으로 묘사한다. 수많은 제목들이 이 말씀의 수집물을 위해 제안되었다. 하나님의 통치에 관한 예수의 메시지가 연결되어 있기 때문에 어떤 이들은 이것이 하나님 나라의 장이나 성명이라는 꼬리표를 달았다. 다른 이들은 기독교 윤리를 위한 자원으로서 그 의미에 주목할 것을 요구하며 이것을 삶을 위한 계획이나 모범이라고 불렀다. 그러나 대부분의 독자들에게 알려진 제목은 마태 이야기의 배경에서 도출되었고 어거스틴의 주석에서 처음으로 입증되었다. 그 제목은 **산상수훈**이다.

어떤 의미에서 이 이름의 설교는 다소 잘못된 이름이다. 마태복음 5-7장의 자료의 대부분은 예수 혼자만이 제시한 것을 모은 것이 아니다. 오히려 이것은 수많은 다른 경우에 관해 사용되었던 말들에 대한 해설이다. 그러나 또 다른 의미에서 수훈이라는 이름은 적절하다. 본문의 다양한 말들의 본래의 배경이 무엇이든 지금 나타난 문학적 배경은 분명하게 **연설** 혹은 **담화**의 배경이다.

고전적 학자 조지 케네디George Kennedy는 이 연설의 구조와 "깊이 생각하는 수사학"으로 알려진 고대의 연설 유형에 대한 구조 사이의 이목을 끄는 유사점에 주목한다.Kennedy: 39–63 참조 이 같은 연설은 종종 정교하게 만들어진 시나 머리말로 시작하고 몇 개의 표제 하에서 탐구된 제안을 진술하고 청중에게 행동하도록 감동을 주려고 계획된 끝말로 종결된다. 마태복음 5장–7장의 예수의 가르침의 경우 연설의 세 섹션은 다음과 같이 정의될 수 있다.

머리말, 5:3–16 팔복과 연관된 말들

제안과 노작勞作, 5:17–7:12율법과 예언자의 성취로서의 예수의 가르침

끝말, 7:13–27 예수의 말에 따라 행동하게 하려는 청중에 대한 훈계

마태복음 5장–7장에 대한 이 유형분석이 옳다면, 이것은 문학 구성에서의 기자의 솜씨가 뛰어남을 확인하는 것이다.

마태의 산상수훈과 닮은 내용은 누가복음 6장 17–49절에서 발견된다. 거기서 예수가 "평평한 곳"에서 말했기 때문에 학자들은 이 구절을 평지 설교로 부르게 되었다. 누가복음의 이 설교가 마태의 산상수훈보다 훨씬 간단하지만 이 두 구절은 자료의 같은 결과를 나타낸다. 둘 모두 지복으로 시작하고 다음에 도덕적 가르침으로 나아가고 현명한 자와 어리석은 자의 이야기로 종결된다. 이것은 두 복음서 저자가 이들이 어떤 딴 곳에서 사용한 일반적인 자료의 같은 설교에 의존한다는 것을 암시한다.

마태복음 5장–7장의 이 설교의 확장된 버전은 그가 활동하던 교회에서 가르침과 예배에서 사용하기 위해 더 이른 본문에서 채택했던 것으로 마태가 복음서를 쓰기 오래 전 형성되기 시작했을 것이다. 마태 자신은 그의 출처의 다른 말들과 함께 이 설교를 확장하고 예수의 가르침과 유대 전통의 관계를 분명히 하고 그의 독자들에게 더욱 효과적으로 설명하고자 그 유형과 내용을 채택하는 과정을 계속하는 것을 당연한 것으로 알았다.

우리가 현재 가지고 있는 산상수훈은 마태의 이야기 발전에 중요한 공헌을 한다. 선에 주목했던 바와 같이 산상수훈은 예수의 메시아 사역 측면에서의 가르침을 묘사한다. 그의 복음서에서 일찍이 마가복음 기자 역시 예수의 새롭고 강력한 가르침에 대해 말한다. 막1:21–22,27 그러나 마태의 경우 예수가 권위로 가르쳤다고 우리에게 단순하게 말하는 것만으로는 충분하지 않다. 대신 마태는 독자들이 예수의 말씀의 너비와 능력을 경험하도록 하면서 이 산상수훈을 예수의 가르침의 전시물로서 제시한다.

하나님 나라의 상속자

마태복음 5:1-16

사전 검토

이미 제시한 바와 같이 5장 1-16절은 시 혹은 산 위에서의 설교를 위한 머리말로 기능한다. 이 머리말은 세 요소들로 구성된다. 이들 각각은 분명한 문학적 형태를 보인다. (1) 1-2절의 이야기체의 서론이것에 대한 속편은 7:28-29의 이야기체의 결론이다 (2) 3-12절의 팔복 Beatitudes 혹은 **마카리즘**'복되다' 라는 그리스어 단어에서 온으로 알려진 일련의 담화 각각은 핵심어인, 그것에 의하여 특별한 사람들의 그룹의 호의적이고 운이 좋은 지위를 가리키는 '복되도다' 로 시작한다. (3) 한 쌍의 '너희들' 이라는 단어가 3-12절에서 언급된다. 사복음서의 예수의 '나는 ~이다' 라는 말과 마찬가지로요6:35; 8:12 참조 이 **'너희들'** 은 특별한 역할이나 소명을 묘사하는 진술이다. 이 세 요소들은 함께 예수가 5장 17절- 7장 12절에서 제공할 윤리적인 가르침의 이해를 위한 문맥을 제공한다.

팔복으로 알려진 말들은 더 깊은 논평을 요구한다. 문학적 형태로서 팔복은 고대 세계에서 널리 사용되었다. 예를 들어 그리스 문학은 신들, 좋은 자녀들을 가진 부모들, 사랑과 그것의 더 없는 기쁨을 발견하는 것, 지식이나 경건함을 가진 사람들의 행복한 상태를 말한다. 가장 초기의 유형은 자주 시편과 지혜 문학에서 발생한다. "복 있는 사람은 악인의 꾀를 따르지 아니하며"시1:1 "또한 총명한 사람과 자기 말을 경청하는 청중을 가진 사람은 얼마나 행복한가?"집회서35:9 여기서 강조는 **이 세속적인** 것이다. 인생은 지시한 대로 사는 사람들이 잘 사는 것으로 나타난다.

팔복의 두 번째 유형은 다소간 후대의 역사의 묵시적 관점을 반영한 본문들에서 나타난다. "의롭고 선택된 너희들은 복되다. 왜냐하면 영광이 너의 것이다."에녹1서58:2 "어린 양의 혼인 잔치에 초대를 받은 사람은 복이 있다."계19:9 여기서 본문이 복되다고 선언하는 사람들의 행복은 이 시대가 아니라 미래와 관련된다. 현재의 일들의 계획에서의 "좋은 삶"을 정의하는 대신 이 팔복은 아직 나타나지 않은 새로운 질서의 역속을 가져온다. 행복은 사람이 새로운 질서의 일부가 될 것이라는 것을 아는 것으로 이루어진다.[묵시론, p. 436, 종말론, p. 438.]

마태복음 5장의 팔복은 뚜렷하게 이 두 유형 가운데 두 번째에 속한다. 이들은 세상에서 성공과 행복을 가져올 것을 보증하는 삶의 방식을 묘사하지 않고 행운이나 기회에 호소하지도 않는다. 대신 이들은 하나님이 미래를 약속한 사람들을 축하한다. 복된 사람들로 지정된 사람들은 처음에는 몇 가지 특징적인 범위의 사람들처럼 보인다. 이들 각자에게 예수는 적당한 보상을 약속한다. 온유한 사람은 땅을 기업으로 받을 것이다. 슬퍼하는 사람은 위로를 받을 것이다. 마음이 깨끗한 사람은 하나님을 볼 것이다.

그러나 좀 더 분석해보면 우리는 다양한 진술들이 실은 **한** 그룹과 **한** 약속을 다루고 있다는 것을 발견한다. 복된 사람들을 묘사하고 있는 각각의 구절은 삶의 어떤 면과 예수의 공동체의 행위에 주목할 것을 요구한다. 그리고 앞으로 올 세대들에 대한 각각의 묘사들은 하늘 나라의 어떤 측면에 관심을 촉구한다. 종합하면 마태복음 5장 3-12절의 팔복은 단 하나의 메시지를 설명한다. **예수가 선포한 하나님의 통치 안으로 들어갈 것이기 때문에 예수의 말을 듣고 그에 따라 사는 사람들은 복되다.**

마태복음 5장의 팔복 가운데 네 가지에서 우리는 누가의 평지 설교와 유사한 말들을 발견한다.[눅6:20-23 참조] 전달의 과정에서 이 핵심적 말들이 다른 방식으로 추가되었다. 누가복음 6장에서 우리는 24-26절의 4개의 "화" 있다는 말에 4개의 지복에 대한 닮은 내용을 발견한다. 대신 마태는 우리에게 모두 9개의 말로 확장된 지복 그룹을 제공한다. 이 확장된 지복은 11-12절의 더 길고 더 복잡한 지복에 이어 4개의 지복 각각에 포함된 두 연에서 정리된 것으로 나타난다.

마태의 팔복에서 주목할 만한 또 다른 특징은 "이러저러한 사람은 복이 있다"와 같이 대부분 3인칭으로 표현된다는 것이다. 그러나 누가의 지복은 "이러저러한 여러분은 복이 있다."와 같이 2인칭으로 표현된다. 마태의 유형이 유대 전통에서 더 일반적이지만 어떤 유형이 예수 어록의 전통에서 더 원형에 가까운지를 결정하기란 어렵다. 어떤 경우에서든, 마태가 사용한 유형이 팔복이 단지 예수의 직접적인 청중들이 아니라 모든 세대의 청중들을 위해 유효하다는 사실을 강조하는 경향이 있다.

개요

예수와 그의 청중, 5:1-2

행복한 신실한 자들, 5:3-12

5:3-6 약속과 필요

5:7-10 약속과 의

5:11-12 약속과 박해

가시적 공동체, 5:13-16

주석적 해설

예수와 그의 청중 5:1-2

1-2절의 이야기체 서론은 이어지는 내용을 위한 기초를 마련한다. 다른 것들 가운데서 우리는 예수가 산에서 말할 것이라는 사실을 알게 된다. 이전에 주목한 바와 같이p.?? 산은 예수가 자신의 사역을 시작했을 때 세 번째 유혹의 무대였고4:8-10 산은 자신의 사역 말미에서 예수의 대 위임령의 무대가 될 것이다!28:16-20 그러므로 예수의 첫 번째 중요한 담화가 산에서 전달된다는 것은 놀라운 일이 아니다.

이 장면을 발전시키면서, 마태는 이스라엘의 역사와 관련된 특별한 두 산을 염두에 두었을 것이다. 하나는 모세가 꼭대기에서 하나님의 말씀을 백성들에게 가져온 시내 산이다.출19-20장 다른 하나는 이사야가 하나님에게 배운 것으로 모든 나라들이 종말에 몰려오게 될 장소로 묘사되는 예루살렘이다.사2:1-4, cf. 미4:1-4 참조 이 산들이 마태가 연관 지으면서 일깨우려 했다면 산 위에서의 예수의 메시지는 결코 평범한 설교가 아니다. 이 설교는 하나님의 통치와 하나님의 백성들을 모으고 가르치는 것에 대한 예수의 권위를 알리는 계시의 순간이다.

우리에게 장소를 알릴뿐만 아니라 마태는 여기에 참석한 청중들을 기록한다. 각각 자신들의 방식에서 중요한 두 그룹의 사람들이 있다. 더 큰 그룹은 4장 25절에서 언급된 같은 군중으로 모든 이스라엘에서 온 사람들이다. 가까운 곳에는 적은 그룹이 있었는데 이들은 4장 18-22절에서 화제가 되었던 소명을 받은 예수의 제자들 무리이다. 이 적은 그룹의 사람들은 더 큰 그룹의 사람들이 이들 뒤에서 산의 경사면을 따라 내려가며 더 큰 반원형을 형성한 가운데 명백하게 예수 앞에 반원 모양으로 앉아 있었을 것이다.

1절에 따르면 유대 사회에서 가르침을 위한 전통적인 자세를 취해 예수 자신 역시 앉는다.마13:2; 23:2; 눅4:20-21 참조 그 다음 예수는 입을 열어 그들을 가르쳤다.RSV 이 구절은 비슷한 언어가 중요한 가르침을 소개하려고 다른 곳에서 사용되는 고상하고 시적인 울림을 가진다.시78:1-2; 욥33:1-2; 행8:35 참조

그러나 예수는 누구에게 말하고 있는가? 그의 가르침은 제자들, 무리들, 혹은 둘 모두를 위한 것인가? 2절에서 본문이 예수가 그들을 가르쳤다고 말할 때, 가장 가까운 전례는 1절의 자신의 제자들이다. 더욱이 마태복음의 담화가 제자들을 위한 교훈을 포함한

다는 점은 분명하다. 동시에 교훈의 말미에서 무리가 그의 가르침에 몹시 놀랐다는 것을 보게 되는 것은 이목을 끄는 대목이다.7:28

이 모든 것에서 마태는 우리가 무리를 무대의 배경 이상으로 생각하기를 원하는 것으로 드러난다. 예수는 하나님의 나라의 요구들에 대하여 가르칠 때 무리가 대표하는 온 이스라엘에게 이야기하고 있는 것이다. 모든 사람들이 제자로서 반응할 것이라는 것은 상상할 수 있는 일이고 이들이 그렇게 할 수 있는 기회를 가진다는 것은 중요하다. 예수가 **제자들을 위해** 말하므로, 이 기회는 산상수훈에 있지만, **모두가 들을 수 있는** 말이다.

행복한 신실한 자들 5:3-12

5:3-6 약속과 필요

예수는 자신의 담화를 3-6절에서 발견되는 첫 번째 세트나 연聯인 팔복으로 시작한다. 눅6:20-21 참조 몇 가지 일들이 이 말의 그룹에서 주목할 만하다. (1) 그리스어 본문 뒤에 있는 '복이 있다' 는 말을 묘사하는 단어들은 모두 'p' 로 시작한다.ptochoi, penthountes, praeis, and peinontes 이 두운은 말의 시적 능력을 높인다. (2) 마태의 번역의 어법은 누가의 것과 몇 가지 점에서 다르다. 더욱 중요하게, 누가가 사회에서의 이들의 주위 사정에 더 집중하는 것에 반해 마태는 종교적인 태도나 복 있는 사람들의 기질을 강조한다. (3) 마태가 사용한 언어는 구약성서, 특히 이사야서 61장에서 끌어온다. 마태의 팔복을 이해하려면 우리가 이 성서의 배경에 주의를 기울일 필요가 있다.

팔복의 첫 번째로 **마음이 가난한 사람**을 고양시킨다.누가복음 6:20에서는 "너희 가난한 사람들"이라고 지칭한다 성서 색인의 목록들을 빠르게 훑어보면 알 수 있듯이 구약성서는 가난한 사람들에 대한 언급들로 가득하다.신15:11; 시37:14; 72:1-4; 암8:4 참조 가난한 사람들에 대해 말하고자 사용된 어휘는 억압의 결과로서의 이들의 경제적인 박탈뿐만 아니라 가난에 동반되는 낮은 지위에 대한 관심을 요구한다. 이러한 상황에서 하나님은 가난한 사람들의 원인을 옹호하고 이들을 구하려고 행동을 취하신다.시34:6; 35:10; 삼상2:8; 사41:17 참조 이처럼 이것은 가난한 사람들이 결국 노움을 바라며 하나님을 찾는 어려움에 처한 사람들의 전체 공동체의 전조가 된다. 마태가 **가난한 사람**을 **마음이 가난한 사람**으로 만들 때 그는 이 의미의 맥락에 쌓아 올리는 것이다.

'마음이 가난한' 이라는 구절이 사해 문서에 한 번 나온 적이 있지만 이 구절은 구약성서에서는 머리에 떠오르지 않는다.1QM 14:7 이 구절의 정확한 의미는 많은 토론의 논제였고 해석자들은 두 방향 가운데 하나를 택하는 경향이 있다. 어떤 이들에 따르면 이 구절은 자신을 비우고 가난한 사람들의 잰 체 하지 않는 방식으로 다른 이들에게 이야기하는 겸손한 마음을 기르는 사람들에 대해 언급한다. 다른 이들은 이 구절이 가난한 사람들을 좋아하는 이들은 가난한 상태에 있지만 이들의 가난은 마음의 고민 이상임을 묘사한다고 제안한다.

이 경우 **마음이 가난한 사람들**은 박해의 면전에서 약하고 위기에 처한 사람들이거나 10-12절 참조 이들의 하나님과의 관계에서 의가 부족하다고 느끼는 사람들이다.6절 참조 비슷한 뉘앙스가 가난한 사람들이나 이사야 61장 1절의 고통 받는 사람들에 대한 언급에 있는데 마태가 팔복에 반영했을 때 이것이 그의 마음에 있었던 것으로 보인다. 로버트 구엘리히Robert Guelich가 "'마음이 가난한 사람' 은 그때처럼 지금도 모든 자만, 자기 안전, 자기 의를 벗어버리고 궁극적으로 하나님 앞에 허위 없이 서 있는 사람이다."라고 쓸 때 이것을 잘 표현한다.[98]

마음이 가난한 이런 사람들에게 하나님은 **하늘 나라**를 주실 것이다. 우리는 하늘 나라가 예수가 약속한 모든 좋은 것들에 대한 언급을 포괄하는 것이라는 사실을 이미 살펴보았다. 하나님의 통치는 4절에서 약속된 위로, 5절에서 약속한 유산, 6절에서 약속한 만족과 모든 나머지들의 원천이다. 이런 이유로 하늘 나라는 팔복의 첫 세트의 시작인 이곳과 두 번째 세트의 말미인 10절에서 다시 언급된다.

이 말들에서 사용된 것처럼, 이 나라라는 언어는 아직 미래에 놓여 있는 선물을 기대한다. 그러나 예수의 사역에서 하나님의 통치는 이미 이스라엘에 나타나고 있다. 약속을 받은 사람들의 이 행복은 이처럼 이중적이다. 이들은 하나님의 백성을 위한 하나님의 미래의 일부가 될 것으로 보증을 받고 예수가 한 바로 이 말에서 미래에 올 세대의 능력을 감지한다.

두 번째 팔복은 **슬퍼하는 사람들**에게 위로를 약속한다. 누가복음 6장 21절 병행기사에서 이 대조는 울고 웃는다는 용어에 표현되어 있다. 그곳에서 이 언어는 시편 126편 5-6절을 생각나게 한다. 그러나 마태의 버전은 유배에 따르는 이스라엘의 곤경에 우는 사람들을 위한 위로를 말하는 이사야 61장 2-3절의 어휘를 사용한다. 이것은 우리에게 예수가 복 있는 사람이라고 부르는 슬퍼하는 사람의 비탄의 원인에 대해 어떤 실마리를 제공한다. 이들의 슬픔은 단순히 무덤에서의 사별이 아니고 개인적인 죄에 대한 슬픔에 국한되지도 않는다. 이들이 슬퍼하는 것은 현재 존재하는 것으로서 세상의 조건이다. 그리고 이들이 이 세상에서 경험했던 모든 상실과 고통이다. 시므온과 마찬가지로눅2:25 참조 이들은 더 이상 슬픔이 지배하지 않는 새로운 시대를 위한 "이스라엘이 받을 위로"를 기대한다.

예수가 말하는 이런 사람들은 **위로를 받을 것이다.** 여기서 수동태는 세상을 변화시키고 슬픔을 기쁨으로 바꾸실 하나님의 행동을 가리킨다.사49:13, 66:13; 렘31:13; 고후1:4; 계21:4 참조 현재 세상의 구조에 대한 이 "위로의" 반전은 다시 한 번 소망의 문제이다. 그러나 예수가 말한 대로 성취가 시작된다는 것이 바로 소망이다. 위로에 대한 그의 확신은 아직 다가올 위로를 조금 맛보는 것이다.

오직 마태복음에서만 발견되는 세 번째 팔복에서 예수는 온유한 사람에게 만족을 표한다. 이 언어는 "겸손한 사람들이 오히려 땅을 차지할 것이며, 그들이 크게 기뻐하면서 평화를 누릴 것이다."라는 시편 37편 11절의 약속을 반영한다.사61:7 참조 거기서 온유한 사람들은 자신의 주장을 방어할 힘이 없지만 하나님의 중재와 압제자의 손아귀를 깨뜨리시는 것을 믿는 사람들이다. 예수가 자신의 권위를 행사하는 방식을 묘사하려고 같은 단어를 사용할 때 마태 자신이 본문의 겸손한 사람에 대한 이해를 돕는다.온유하고[gentle], 11:29; 온유하시어[humble], 21:5 참조 여기서 이 단어는 우리가 삼가는 힘센 사람들의 거만하고 폭력적인 방식의 유형인 다른 사람들과 관련이 있는 유형을 지적한다.

힘이 없는 사람이든지 혹은 자신의 힘을 부드럽게 취급하는 사람이든지 간에 온유한 사람은 **땅을 차지할 것**이라는 보증을 받는다. 우리의 말씀 뒤에 놓여 있는 구약성서 텍스트에서 차지하게 될 나라 혹은 땅은 가나안 땅이다.창17:8 참조 그러나 예수의 팔복에서 나라나 땅은 더 넓은 의미를 가진다. 이것은 하나님 나라의 새로운 영역에서 두려움 없이 거주하게 될 장소를 묘사하는 방식이다. 이와 같은 것들은 자신의 운명을 형성하고 보증하고자 하나님을 바라보는 사람인 예수를 따르는 온유한 사람들의 몫이 될 것이다.

마태의 팔복의 첫 번째 연의 마지막 말은 우리가 누가복음 6장 21a절에서 발견한 더 짧은 말을 확장한다. 누가가 단지 "너희 지금 굶주리는 사람들"로 말한 곳에서 마태는 **의에 주리고 목마른 사람**으로 말한다. 이 어법은 구약성서의 주제들을 반영한다. 우리의 굶주림과 목마름에 만족을 주시는 하나님시107:9, 하나님과의 관계를 위한 은유인 먹는 것과 마시는 것사55:1-3, 하나님이 인산에게 부여하시는 선물인 의사61:3,10-11가 그 주제이다. 그러므로 예수가 복이 있다고 선포하신 주리고 목마른 사람들은 하나님과의 더 깊고 올바른 관계를 동경하는 사람들이다.마6:33 참조 이들은 3절의 오직 하나님만이 채워주실 수 있는 필요를 가진 사람인 마음이 가난한 사람들과 동일시되는 같은 사람들이다. 그리고 이들은 세례 요한과 예수가 계시한 의의 방식에 반응하는 사람들이다.

이런 사람들은 본문이 우리에게 말하듯이 실망하지 않을 것이다. 하나님이 이들의 갈망을 만족시킬 것이기 때문이다. 이미 이들은 예수가 가져온 말을 통해 하나님과의 바른 관계로 접근했다. 그리고 이들은 아직 오지 않은 하나님 나라의 잔치에 참여하게 될 것이다. 거기서 하나님과의 교제는 충분하고 완전할 것이다.

5:7-10 약속과 의

7-10절은 두 세트의 두 번째 혹은 전에 언급했던 연인 네 개의 지복을 더 포함한다. 이 네 개의 말들은 모두 마태에게 유일하고 모두 마태의 의제에 중요한 주제들을 언급한다. 이것을 다른 방식으로 말하면 예수가 이 말들에서 발탁한 복이 있는 사람들은 예수가 곧 이어지는 가르침에서 요구할 특성들을 나타낸다. 예를 들어 자비한 사람은 주기도문과 다른 곳에서 용서를 들어 올리는 모형을 만든다.6:12,14-15, 7:1-5, 18:21-35 참조 같은 방식으로 마음이 깨끗한 사람은 표리부동에서 자유로운 집중되고 순수한 믿음을 반영한다.5:33-37, 6:1-8, 16-18, 6:19-34 참조 그리고 마지막으로 평화를 이루는 사람은 예수의 인간 폭력의 순환을 깨라는 놀라운 요구를 구체화하고 사랑의 길을 추구한다.5:21-26, 38-48; 26:52 참조 이 모든 것에서 하나님 나라의 상속자는 **의에 주리고 목마를** 뿐만 아니라 이들이 서로와 세상에서 행동하는 방식에서 의의 길을 실천한다는 점이 분명해진다.

7절에서 고양된 특성이나 품성은 **자비**이다. 하나님의 자비를 경험하게 될 사람은 **자비한 사람**이라고 예수는 말한다. 이 인간과 하나님의 자비의 상호관계에 대한 강조는 다른 곳에서 증명된다. 탈무드에서 한 속담은 "다른 사람에게 자비를 베푸는 사람은 하늘이 그에게 자비를 베풀 것이다."라고 진술한다.bShab. 151b 로마의 클레멘트는 "자비를 보이라. 그러면 너희도 자비를 보게 될 것이다."를 포함하여 이 지역에서 예수 어록의 수집물을 인용한다.클레멘트1서13:2; 약2:13 참조

언뜻 보기에 이런 진술은 자비를 보이는 과정이 우리와 함께 시작한다는 것을 암시하는 것처럼 보인다. 그러나 그렇지 않다. 무엇보다도 자비하고 인자하신 분은 하나님이시고출34:6; 시86:15-16 하나님 백성은 하나님의 자비를 받았기 때문에 하나님의 백성이다.사63:7-9; 벧전2:10 마태 자신이 용서에 관한 우화에서 분명히 하듯이18:23-35, 특별히 33절 본보기와 서로에게 자비를 보이기 위한 기초를 공급하는 것은 하나님의 선행하는 자비이다. 그러므로 팔복에서 우리가 듣는 **자비한 사람**은 자신들이 하나님에게서 경험했던 똑같은 용서와 긍휼을 다른 이들에게 제공하는 사람이다. 그렇게 행하는 모든 이들은 마지막에도 자비를 발견할 것을 기대할 수 있다고 우리는 듣는다.

다음 팔복에서 복이 있는 사람은 **마음이 깨끗한 사람**이다. 이곳에서 사용된 언어는 시

편 24편 3-6절에서 온 것으로 보이는데 이 언어는 누가 성전에서 하나님을 찾을 준비가 되었느냐는 의문을 제기한다. 시편기자에 따르면 그것은 "깨끗한 손과 해맑은 마음을 가진 사람, 헛된 우상에게 마음이 팔리지 않고, 거짓 맹세를 하지 않는 사람이다" 시편기자의 말에서 분명하듯이 마음이 깨끗한 사람은 우리가 보통 생각하는 "깨끗한 생각"이라기보다는 우리가 하나님과 다른 이들과 관계하는 방식에서 교활함이 없다는 것을 언급한다.[약4:8 참조] 마음이 깨끗한 사람은 그의 비전이 깨끗하고 명확한 사람들, 그의 헌신이 언제나 성실한 사람들, 그의 행동이 흠이 없는 사람들이다.

마음이 깨끗한 사람에게 주어진 약속은 이들이 **하나님을 볼 것**이라는 것이다. 하나님을 보는 것은 우리가 얼굴과 얼굴을 마주하는 만남에서 동료 인간들을 경험하는 방식과 같은 친밀한 방식으로 하나님의 현존을 경험하는 것이다. 이것은 시편기자가 자신이 성전에서 하나님을 뵈었다고 기록했을 때 그에 의해 증명된 그런 종류의 경험이다.[시63:1-2; 24:3-6 참조] 하나님과의 만남이 두렵고 굉장할 수 있지만[사6:5; 창32:22-31] 이것은 또한 변화와 축복의 원천이기도 하다.[사6:6-7; 창32:26-30] 후대의 기자들이 올 세대를 상상할 때 하나님을 보거나 주시하는 것에 대해 말하는 것은 이처럼 당연하다.[에스드라2서7:98; 요일3:2] 이것은 예수님이 마음이 깨끗한 사람에 대해 한 약속에서 찾은 희망이다. 한결같은 신뢰에서 이미 하나님을 보았기 때문에 이들은 믿음이 정확하게 보이는 미래의 날까지 기다릴 수 있다!

9절에서 팔복은 복이 있는 사람들의 삶을 표시하는 일들의 목록에 **평화를 이루는 일**을 덧붙인다.[에녹2서52:11-14; 아보스1:12 참조] 신약성서에서 **평화를 이루는 사람**으로 번역된 이 단어는 이곳에만 있지만 연관된 용어들은 다른 곳에서 발견된다. 에베소서와 골로새서는 평화를 이루는 일을 하나님의 몫으로 표현하지만[엡2:13-16; 골1:19-20] 야고보서 3장 18절은 평화를 이루는 신자들을 칭찬한다. 신약성서 외부에서 이 평화를 이루는 사람들이라는 용어는 자신들의 영토에서 평화를 수립한 그리스와 로마의 통치자들을 묘사하는 데 사용된다.

이 모든 것에서 예수가 축복하는 평화를 이루는 사람은 단순하게 평화스러운 사람이 아니다. 대신 이들은 평화를 가져오거나 평화를 이루려고 활동적으로 일하는 사람이다. 그 사랑이 친구와 원수에게까지 확장되는[마5:45] 하나님에게서 지시를 받았기 때문에 이들은 모든 사람들과 더불어 평화를 도모한다. 이들은 교회의 지체이건[5:23-24, 18:10 이하를 보라] 외부의 적대적인 모임이건[5:38-48] 상관없이 다른 사람과의 관계에서 일체성을 회복하려고 일한다. 평화를 이루는 사람들은 하나님의 행위로서 행동하기 때문에 이들은 자신을 진정한 하나님의 자녀로 모습을 나타낸다. 이처럼 하나님이 다가올 세대에서 이들을 자신의 것으로 주장하실 것이라고 예수는 말한다.

말씀의 두 번째 연을 결론짓는 팔복은 **의를 위하여 박해를 받는 사람들**을 말한다.벧전 3:14 참조 **'박해를 받다'** 라는 그리스어는 순전한 수동 분사인데 이것은 마태의 독자들이 박해에 대해 아주 잘 알고 있다는 실마리를 제공해준다.11-12절에 관한 아래의 해설 참조, 10절은 거기에서 이끌어온 것으로 보인다 조심스럽게 선택된 언어와 함께 10절의 말씀은 전체로서의 팔복을 요약하고 묶는다.

첫째, 10절 말씀은 3절과 4절이 전제로 하는 복 있는 사람의 사회적 곤경을 동일시한다. 박해는 가난의 조건과 복 있는 사람들이 자신을 발견하는 슬퍼하는 상태의 원인 가운데 하나이다. 둘째, 이 말씀은 6절에서 소개되었던 의의 주제를 다시 다룬다.팔복의 첫 번째 세트를 종결하는 말씀 복 있는 사람들이 직면한 박해는 **의의 방식**에 대한 반대에 기인한다. 마지막으로 이 말씀은 예수가 3절에서 복이 있는 사람들에게 준 핵심 약속을 되풀이한다. 지금 여기서 이들이 어떤 상실을 경험하든 박해를 받는 사람들은 자신들이 **하나님의 나라**를 받을 것이라는 보증을 받는다.

5:11-12 약속과 박해

박해는 여전히 11-12절의 더 길어진 팔복에 주제가 된다. 이 말씀에 대해 우리는 베드로전서 4장 13-16절 뿐만 아니라 누가복음 6장 22-23절에서 병행기사를 발견한다. 11절의 어법에서 몇 가지 일들이 두드러진다. 3인칭에서 2인칭으로의 언어의 변화와 예수가 **나 때문에** 겪게 되는 어려움을 말하는 방식을 더 깊이 주목하라. 두 특징은 마태복음의 팔복이 특별한 그룹을 향하고 있다는 것을 확인한다. 이것들은 자신의 충성을 예수와 그의 말씀에 드리는 사람들을 위해 그리고 그들에 관한 말씀이다. 본문에서 또한 주목할 만한 것은 반대가 모욕, 박해, 비난일 것이라는 세 가지 형태의 묘사이다.

모욕과 비난이 말의 학대를 다루는 것에 반해 박해는 적대적인 행위의 넓은 영역을 포괄하는 넓은 개념의 용어이다. 누가복음에서 이 언어는 다소 더 예리하게 예수의 추종자들이 회당에서 제외될 것이라는 것을 언급한다. 이것이 이 말씀의 이전 초점이었다는 것은 당연하다. 그러나 마태는 자신의 공동체에 대한 위협이 유대인과 이방인 모두에게 10:17-18 참조 많은 **장소들**에서 온다는 것을 알고 따라서 이 위협을 더욱 일반적인 범주에서 묘사한다.

박해에 직면해서 예수의 추종자들이 **기뻐하고 즐거워해야 할** 두 가지 이유가 있다. 첫째 이들은 하나님이 자신들의 믿음 때문에 괴로움을 당하는 사람들에게 보상한다는 사실과 게다가 자신들의 보상이 **하늘에서** 정말 **큰 것**이라는 사실을 알고 있기 때문이다. 보상에 대한 주제는 전형적으로 유대인과 신약성서 시대에 널리 증명된 것이다.마6:1–4; 10:42; 20:1–16; 에스드라2서7:83, 13:56; 에녹1서108:10 참조 이런 언어들이 사용될 때 이 사고는 우리가 미래의 보상을 얻는다는 것이 아니라 하나님이 고통 받고 견디는 사람들에게 정당하고 신실하다는 것이다.

예수의 추종자들이 고난 가운데 즐거워할 수 있는 두 번째 이유는 이들이 걱정할 필요가 없기 때문이다. 이들은 예수가 말한 **너희 앞에 있던 예언자들과 같은 방식으로 박해를 받았다.**23:29–39; 행7:51–52; 살전2:14–16; 히11:35–38 참조 방금 인용한 말씀을 읽는 두 가지 방식이 있다. 예수는 단지 예언자들과 제자들이 공통의 운명을 공유한다는 사실을 의미할 수 있었다. 그러나 NRSV에서 강조하였듯이 예수의 말씀은 그 이상의 어떤 것을 말한다. 이 말씀들은 자신들이 곧 예언자인 제자들은 이전 시대의 예언자들과 같은 방식으로 박해를 받았다는 사실을 암시한다. 이것은 마태가 의도한 의미와 같은 것으로 보이고 다른 곳에서 예수의 추종자들에 대해 묘사했던 예언자의 역할에 적절하다.5:13–16, 10:26–33, 10:40–41

가시적 공동체 5:13–16

신실한 사람들을 기다리고 있는 즐거움을 묘사한 후 예수는 13–16절에서 세상에서의 이들의 **소명**에 대한 묘사를 계속한다. 예수는 자신의 추종자들을 위해 **세상의 소금과 세상의 빛**이라 이름을 붙인 두 개의 생생한 은유를 사용한다. 이 절들의 기본적인 내용을 위해 마태는 분명하게 소금과 빛을 다루는 몇 개의 말씀을 이용한다.막4:21, 9:49–50; 눅8:16, 11:33, 14:34–35; G. Thom. 32,33 참조 그러나 '너희는' The you은 마태복음에서만 발견되는 공식이다. 이 구절들에 예수 공동체의 천직을 강조하는 이들 특유의 특성을 주는 것은 이 구절이다.

'소금이었다'와 '소금이다'는 조미, 보존, 혹은 깨끗이 하는 물질과 같은 많은 방식으로 사용된다. 이 의미들 가운데 어떤 것이 마태의 마음에 으뜸가는 의미를 가졌는지는 말하기 어렵다. 분명한 것은 소금이 일상생활에서 극히 중대한 역할을 한다는 것이고 게다가 제자들은 세상에서 같은 역할을 한다는 것이다. 16절에서 더 분명하게 밝히듯이 이 역할이 성취되지 않는 것은 그 **맛을 잃은 소금**과 같아지는 것이다.문자적으로, 어리석거나 무미건조해 지는 것 예수는 그와 같은 화학적 불순물 때문에 결국 부패시키고 그 맛을 잃은 소금을 사해에서 생각했을 것이다. 이런 소금은 어떤 유용한 목적으로도 사용되지 못하고 오직 **던져버리게** 될 수밖에 없다. 이곳에서 이 은유는 독자에게 예수가 말한 하나님 나라에서 **쫓겨난** 사람들을 상기시키며 자신들의 소명을 등한시한 사람들에 대한 심판을 암시한다.8:12, 22:13, 25:30 참조

두 번째 은유에서 마태는 빛의 이미지를 선택하고 이것을 몇 가지 방식으로 발전시킨다. 마태는 이것이 보이거나 가시적인 자연의 빛임을 강조함으로써 시작한다. 등불은 이들이 넓은 지역을 밝힐 수 있도록 등경 위에 놓고, 산 위에 세운 마을은 먼 거리에서도 볼 수 있을 것이다. 이 이야기에서 마을을 통해 마태는 하나님의 성전이 있는 언덕의 도시 예루살렘이나 시온을 암시할 것이다. 이 도시에서 하나님의 영광이나 말씀은 어느 날 땅위의 모든 사람들의 관심을 끌게 될 것으로 믿어지고 있었다.사2:1-4; 60:1-3 어떤 경우든 예수 공동체의 빛을 나르는 역할은 중요한 선례를 지닌다. 이것은 "이방의 빛"이 되라는 이스라엘의 소명을 반영하고사42:6 갈릴리에 빛을 가져온 예수의 역할을 연장한다.마 4:12-16; 요8:12 참조

게다가 마태는 17절에서 뻔한 이야기를 설명하기 시작한다. 우리가 세상의 빛이라면, 그리고 이 빛이 보이는 것이라면, 우리는 우리를 불러내신 분의 영광을 일깨우는 방식으로 우리의 빛을 비추어야 한다. 이것이 **선한 일**을 통해 우리가 하는 것이라고 본문은 말한다. 후에 우리는 우리의 빛을 나르는 사역은 말씀을 통한 증언을 포함한다는 것을 배우게 될 것이다.10:26-33, 28:20 참조 그러나 여기서는 의로운 사람의 행위를 통한 우리 삶의 증언을 강조하고 있다.

성서적 맥락에서의 본문

신약성서 책들과 특별히 마태의 복음서에서 종말론과 윤리는 서로에게 긴밀하게 연결되어 있다. 이 연결에는 적어도 세 가지 차원이 있다. (1) 하나님 나라의 출현은 하나님과 다른 이들과의 바른 관계를 위한 새롭고 긴급한 가능성을 만든다. (2) 밝아오는 이 나라는 우리의 삶에 대한 하나님의 뜻의 모양을 재 정의하면서 윤리적 사고를 위한 새로운 구조를 소개한다. (3) 이 나라에 참여하는 것은 이 나라에 수반되는 사람의 방식을 기꺼이 따르려는 도덕적 결정에 달려있다. 이 모든 것은 마태복음 5장의 팔복에 전제가 된다. 예수가 하나님 나라를 받게 될 복이 있는 사람들의 이름을 붙였을 때 그는 의와 하나님 나라가 구상하는 그런 종류의 삶의 추구를 동경하는 사람들을 말한다.

하나님 나라가 어떤 삶의 방식을 가리킨다면 이것은 또한 어떤 공동체적인 소명을 구상한다. 하나님 나라의 요구에 반응하는 사람들은 이들이 사는 세상에서 성취해야 하는 역할을 가진다. 이것이 5장 13-16절에서 말한 소금과 빛의 주제이다. 모든 사람들이 보기 위한 가시적인 사람의 행위를 통해 예수의 추종자들은 자신들의 삶에서 하나님의 능력에 대한 증언을 담지 해야만 한다.

'너희는' 은 베드로전서 2장 9절에서 선언하는 유사한 유형을 생각나게 하는 마태복음 5장의 진술이다. "그러나 여러분은 택하심을 받은 족속이요, 왕과 같은 제사장들이요, 거룩한 민족이요, 하나님의 소유가 된 백성입니다. 그래서 여러분을 어둠에서 불러내어 자기의 놀라운 빛 가운데로 인도하신 분의 업적을, 여러분이 선포하는 것입니다."출19:5-6; 사49:6; 빌2:15 참조 이런 선언은 적어도 두 가지 기능을 수행한다. 이 선언은 한편으로 우리에게 하나님의 계획에서 우리가 "대단한 사람"이라는 것을 보증한다. 그러나 이 선언은 동시에 우리에게 우리의 특별한 정체성이 선교와 연결되어 있다는 사실을 상기시킨다.

게다가 우리가 산상수훈의 머리말에서 발견하는 것은 하나님 나라, 윤리, 선교와 같은 많은 중요한 주제들의 집합점이다. 이전의 진술을 확장하면, **예수가 선포한 하나님의 통치는 하나님 백성의 삶과 선교를 위한 새로운 가능성을 만들어낸다.** 이것이 마태가 산상수훈에서 예수의 가르침에 대해 듣도록 우리를 초대하는 맥락이다.

마태복음 5장의 팔복은 기독교 사회뿐만 아니라 서구 전역에 널리 알려져 있고 널리 인용된다. 많은 사람들이 이 말씀들을 십계명에 대한 부본이라고 생각한다. 말할 것도 없이 본문의 대중성은 이것이 바르게 이해될 것이라는 것을 결코 보증할 수 없다. 팔복의 경우 최소한 두 가지 잘못된 생각이 해석자들 가운데 만연했다.

교회생활에서의 본문

어떤 이들은 팔복을 기독교 성식사나 성인을 위한 완전함에 대한 권고 혹은 전반적으로 신자들의 성숙에 대한 표지로서 미덕의 목록으로 취급했다. 여기서 문제점은 이 말씀이 정말로 약속이고 명령이 아니라는 것, 게다가 이 말씀이 완전을 얻으려는 어떤 단계를 설명하는 것보다는 전체적으로 제자도의 길의 정당성을 입증하는 것을 목표로 한다는 것이다.

다른 해석자들은 이 말씀들을 시편이나 잠언의 지복과 같은 행복을 위한 처방인, 인간

행복을 위한 디자인으로 취급했다. 여기서 문제는 예수의 약속의 본질을 오해하는 것 가운데 하나이다. 신실한 사람들에게 약속된 좋은 일들은 현재의 삶이 작동하는 방식이 아니라 하나님의 **통치**에 기초를 가진다. 팔복을 바르게 들으려면 우리는 팔복을 이들 자신의 처지에서 들어야만 한다.

소금과 빛에 관한 말씀은 팔복이 가지는 것보다 상당히 덜한 관심을 받았다. 그러나 진정한 교회의 본질에 관한 토론에서 소금과 빛에 관한 말씀은 중요한 역할을 하고 때로는 논쟁의 역할을 했다.Menno Simons: 734–759 참조, 특별히 747 이 말씀은 교회를 주시하고 무언가 다른 것을 볼 수 있는 세상에서 교회가 이와 같이 존재할 것을 요구한다.

이처럼, **제자도의 대가**The Cost of Discipleship에서의 본문에 대한 자신의 논평에서 디트리히 본 훼퍼Dietrich Bonhoeffer는 보이지 않는 교회에 만족하는 사람들에 반대한다. 예수의 추종자들은 "세상 밖으로 이들을 들어 올리는 행동에서 이들의 제자도가 눈에 보이는 가시적인 공동체이다."106라고 쓰고 있다. 게하르트 로핑크Gerhard Lohfink가 다음과 같이 쓰고 있는 것처럼, 이 세상에서의 구별됨은 예수가 자신의 공동체에 준 사역에 필수적이다. "산 위의 빛나는 마을은 대조사회인 교회의 상징이다. 교회는 **대조사회**로서 분명하게 세상을 변화시킨다. 교회가 자신의 대조적인 특성을 잃는다면, 교회의 소금이 밋밋해지고 교회의 빛이 서서히 꺼진다면 … 교회는 자신의 의미를 잃는다."66

더 위대한 의

마태복음 5:17–48

사전 검토

이전에 윤곽을 그려보았듯이 마태 설교의 중심 섹션은 5장 17절에서 7장 12절로 이동한다. 거기서 예수는 윤리와 경건에 대한 다양한 질문들을 이야기하면서 하나님의 뜻에 대한 한정적인 진술을 제기한다. 이 섹션을 지배하는 것은 마태와 그의 독자들에 대한 큰 관심사의 문제이다. 예수의 메시지는 유대인의 토라와 어떤 관계가 있으며 유대인 공동체의 삶에서 율법의 준수와 어떻게 연관되는가? 따라서 5장 17절은 율법과 예언자에 관한 공표와 함께 시작한다. 그리고 7장 12절은 **율법과 예언자들을 요약한** 황금률에 표현된 예수의 메시지에 대한 관찰로 종결된다.5:17과 7:12로 형성된 인클루지오에 주목하라

이 중심 섹션은 우리가 5장 17–48절에서 발견한 항목으로 시작한다. 여기서 마태는 예수와 토라에 관한 그의 기본적 주장을 발전시킨다. 예수는 율법과 예언자들의 가르침

을 폐지하러 온 것이 아니라 그것을 성취하러 왔다. 17-29절에서 네 개의 짧은 말씀 모음인 성취의 이해가 조금은 보수적으로 들린다. 예수는 율법에 정해진 모든 교훈에 대한 엄격한 충성을 요구 받은 것으로 보인다. 그러나 21-28절에서 이어지는 진술들로 말미암아 우리는 다른 방식으로 성취에 대해 생각하지 않을 수 없다. 여기서 우리는 예수가 자신의 가르침과 옛 토라와 **차이**가 보통 "반명제"라 부르는 여섯 개의 말씀의 일습을 발견한다. 여기서 예수는 율법을 **넘어섬으로** 율법을 성취하는 급진적이고 놀라운 방식으로 하나님의 뜻을 정의한다.

마태의 율법에 관한 관심은 그의 많은 동료들과 비슷하다. 에스라 시대 이후로 율법에 관한 강한 헌신은 유대주의의 표시 가운데 하나였다. 유대 작품들에서 율법을 지키는 것에 대한 언급은 기독교 시대 이전의 수세기에 걸친 유대 문서에 많이 있다.외경에 대한 색인 목록 참조 율법 준주의 관심이 특별히 강하고 자신들의 의의 선생님의 가르침을 숭배했던 그룹은 사해의 쿰란 공동체였다.c1QS 1:1-5, 5:7-9, 8:14; lQpHab 7:1-5, 8:1-3 참조

마태 자신의 세상에서 적어도 두 개의 발전이 율법의 문제에서 관심을 고조시켰다. 포함되었던 이 유대인 학자들 가운데 한 무리가 요하난 벤 자카이의 지도하에 얍니아에 모였다. A.D. 70년 예루살렘 멸망의 영향으로 이 사람들은 권위 있는 랍비의 가르침 주변에 유대인 공동체들을 재편성하려고 노력하고 있었다. 다른 발전은 기독교 사회 내부에서 진행되던 토론이었다. 예수의 추종자들, 특히 이방인의 배경을 가진 이들이 어떻게 모세의 율법을 지키고 유대인의 유전을 준수해야 하는가? 5장 17-48절의 율법에 관한 예수의 논평은 이 문제들 모두에 대해 말한다.

개요

성취하러 온 예수, 5:17-20

더 큰 의를 구한 예수, 5:21-48

- 5:21-26 평화를 만드는 사랑
- 5:27-39 경계를 존중하는 사랑
- 5:31-32 헌신을 유지하는 사랑
- 5:33-37 진리를 말하는 사랑
- 5:38-42 악을 이기는 사랑

5:43-48　모든 것을 포괄하는 사랑

주석적 해설

성취하러 온 예수 5:17-20

17-20절의 네 가지 말씀의 일반적인 주제는 뚜렷하게 **율법**에 관한 주제이다. 이 말씀들이 어떻게 그리고 언제 일어나 함께 연결되었는가는 그렇게 분명하지 않다. 마태는 누가복음 16장 14-18절에서 발견된 느슨하게 연결된 말씀을 채택하거나 또 다른 알려지지 않은 기원의 수집물 위에 세웠을 수도 있다. 어떤 경우든 마태는 이 말씀을 예수와 토라의 주제를 소개하려고 사용한다. 17절의 **'나는 왔다'** 는 예수가 5장에서 말하는 모든 것을 이해할 수 있는 틀을 제공한다. 예수의 목적은 율법과 예언자들이 가르치는 것을 폐지하거나 무시하려는 것이 아니다.성서, 7:12, 22:40 참조; 눅16:16; 2 마카베아서 15:9 대신 예수는 이전 시대에 사용되었던 말씀을 **성취**하러 온다. 그러나 어떻게 성취할 것인가?

우리가 여기서 사용하는 **성취**는 몇 가지 방식으로 해석될 수 있다. (1) 예수는 하나님의 구원의 약속을 성취하러 온다. 이것이 분명하게 사실일지라도 본문의 도덕적 의제는 다른 방향을 가리키는 것으로 보인다. (2) 예수는 자신의 가르침에서 구체화된 방식으로 율법과 예언자를 성취하는 하나님의 뜻에 완전하게 순종하는 사람으로서 온다. 이것 역시 타당할지라도 본문은 **예수의** 삶뿐만 아니라 그의 추종자들의 삶 역시 관심을 가진다. (3) 예수는 율법과 예언자가 가리키는 하나님의 완전한 뜻을 드러내고 하나님의 뜻을 듣고 행하는 공동체를 만들려고 온다. 이런 일이 발생할 때, 의가 이스라엘과 세상에서 모양을 갖출 때, 율법과 예언자는 진정으로 성취된다.

18절은 율법 자체가 가진 지위로 초점을 옮긴다. 마태가 발견했던 것인 이 말씀에서눅16:17 참조 단 하나의 관심은 현재 시대를 통틀어 율법의 타당성에 관한 관심인 것으로 보인다. 천지가 없어지기 전에는 율법은 일점일획도 없어지지 않고, 다 이루어질 것이다. 그러나 18절은 이 기록에서 끝나지 않지만 이 말씀에 **마지막 말**의 자격을 준다. 율법의 완전함은 **모든 것이 이루어질 때까지** 유효한 것으로 남아있을 것이다. 이 구절이 일반적인 방식으로 종말이 있을 것이라는 암시를 줄 수 있지만 이것은 십중팔구 17절의 성취의 주제를 들어올린다. 마태에게 **율법은 율법이 의도하는 모든 것이 예수의 가르침에서 완전하게 드러나고 예수의 공동체에 완전하게 반영될 때까지 남아 있다.**

19절의 주제는 교회에서의 선생들의 주제약3:1 참조와 이들이 율법으로 행하는 것이다.

예수가 율법을 폐하려고 오지 않았다면 예수의 이름으로 가르치는 사람들은 율법의 교훈을 무시하지 말고 다른 이들에게도 그렇게 하지 말라고 격려해야 한다. 대신 이들은 율법의 계명의 **가장 적은 것이라도** 가르치고 실천해야 할 것이다.무겁고 가벼운 계명 사이의 랍비의 구분을 상기시키는 공식화

물론 여기서 함축하는 것은 율법이 **예수에 의해 재 정의된 것으로서** 가르쳐지게 될 것이라는 가정이다. 그렇다 하더라도 **하나님 나라에서 위대한 평판으로** 율법을 지키는 상호 관련은 다소 충격적이다. 이 **계명의 작은 것이라도** 무시하는 사람은 자신들이 하나님 나라에서 **아주 작은 사람으로 일컬어질 것이다!** 나중 구절은 적은 존중이나 낮은 계급을 암시할 수도 있고, 혹은 실제로 하나님 나라에서의 제외를 암시할 수도 있다.20절과 18:1-4 참조 어떤 경우든 19절은 기독교 가르침을 위한 기초로서 율법을 지지하고 율법을 무시하거나 불신하는 사람들에 단단히 반대한다.

20절은 5장 17-20절의 율법의 말씀들의 간단한 수집물로 종결된다. 이 말씀에서 마태는 예수의 자신의 추종자들에 대한 기대를 강조한다. **예수는 이들의 의가 율법학자들과 바리새인들의 의보다 훨씬 더 나아야** 한다고 말한다.23:2-12 참조 율법학자들때로는 랍비라 부르는은 율법의 선생과 해석자들이었다. 반면 바리새인들은 율법을 세심하게 지키는 데 관심을 가진 종교적인 집단이었다. 의를 탐구하는 데 있어 어떻게 이들과 같은 지도자들을 능가할 수 있는가? 그러나 예수는 자신의 공동체에 그 이상의 어떤 것을 요구하고 그것을 하나님 나라로 들어가기 위한 필요조건으로 만든다. 이 무언가 더 위대한 것이 21-48절의 반명제에서 분명한 것이 된다.

더 큰 의를 구한 예수 5:21-48

5:21-26 평화를 이루는 사랑

21-48절의 여섯 세트의 반명제는 모두 같은 공식으로 소개된다. 첫 번째와 네 번째 반명제에서 발견된 더 긴 버전에서 공식은 이렇다. **옛사람들에게 말하기를 ~한 것을 너희는 들었나.** 어떤 학자들은 이 구절을 부분적으로 랍비식 병행기사를 고려하여 이것이 "이전의 전통에 따른 것"을 의미한다고 이해한다. 이런 경우 예수는 단순하게 자신의 율법 이해를 다른 율법 선생들의 것과 대조하는 것이 될 것이다.

그러나 '들었다' 라는 어법은 하나님이 말했던 것에 관해 언급하는 "신적 수동태"이다. 이 경우 우리는 이 완전한 공식을 다음과 같이 바꾸어 말할 수 있다. "율법이 상세히 설명하듯이 하나님이 시내 산에서 율법을 받았던 옛 사람들에게 …너희는 회당에서 들었

다. 하나님이 시내 산에서 율법을 받았던 옛 사람들에게 … 그 다음 예수가 계속해서 말할 때, **그러나 나는 너희에게 말한다.** 그는 단순히 율법에 관한 자신의 논평을 준 것이 아니다. 그는 율법의 요구를 재 정의하는 하나님의 권위를 주장하며 자신의 말을 하나님의 말씀과 동등하게 놓고 있는 것이다.

첫 번째 반명제에서 인용된 옛 말씀은 여섯 번째 계명이다. 법률 제정과 관련된 간단한 요약과 더불어, **살인하지 못한다.**출20:13; 신5:17 살인을 저지른 사람은 **재판을 받아야만 한다.** 즉 법정에 서야하고 따르는 벌을 받아야 한다.출21:12; 레24:17; 민35:16–17; 신17:8–13 참조

'그러나 나는 말한다' 라는 예수의 대응어는 22절에서 시작한다. 거기서 예수는 쉽사리 폭력의 행동으로 이끄는 적의 있는 말과 감정을 극복하고자 여섯 번째 계명을 확장한다. 살인과 다름없는 성내는 것은 사람을 재판 받게 만들고 가혹한 비난에 표현된 분노는 공의회에서 재판을 받도록 한다.예루살렘의 산헤드린은 유대교의 "최고 법정"이었고 지옥이나 게헨나는 모든 역사의 마지막 심판을 대리한다 이 모든 것에서 예수의 지적은 그의 청중들이 미움과 분노를 벌하는 합법적인 법전을 수정해야 한다는 것이 아니다. 대신 그의 의도는 하나님의 뜻을 더럽히는 사람들의 공동체의 삶을 위협하는 모든 행동이나 감정을 보여주는 것이다.전7:9; 시락28:1–12; 엡4:26; 약1:19–20; 요일3:15 참조

연관된 두 말씀이 분노의 주제를 교회의 문제로 다룬다.23–24와 25–26절 여기서 이 문제는 적의와 깨짐으로 **인해** 내 편에서 성이 났을 때 어떻게 해야 하느냐이다. 첫 번째 말씀은 성전의 예배의 배경을 반영하여 제물을 위한 전제 조건에 대해 말한다. 우리가 예배에서 하나님과 화해할 수 있기 전에 우리는 먼저 우리의 형제와 자매와 화해해야 한다.막11:25; 디다케14:1–2; 요마8:9 두 번째 말은 법정으로 가기 전에 고소를 다루는 지혜에 관한 비유이다. 누가의 병행기사에서눅12:57–59 그렇게 할 수 있는 시간이 남아 있는 동안에 이 이야기는 청중으로 하여금 일들을 하나님과 함께 놓도록 몰아간다. 그러나 마태는 인간관계를 다루는 절박한 심판의 기록과 더불어 우화를 사용한다. 마태는 다른 사람들과의 다름에 대해 서둘러 화해하라고 말한다!

5:27–30 경계를 존중하는 사랑

두 번째 반명제는 일곱 번째 계명에서 이야기하는 간음의 문제를 다룬다.출20:14; 레20:10; 신22:22 참조 구약성서에서 이해되듯이, 간음은 남자가 다른 남자의 아내와 성관계를 맺는 행위이다. 율법은 결혼의 권리를 보호하고 결혼 자체의 안정성을 보호하려고 간

음을 금지했다. 이 주제에 관한 예수 자신의 말28–32절은 다시 한 번 율법을 확장한다. 간음은 이웃의 침실에서 시작하지 않고 이웃의 배우자를 **소유하려는** 사람의 마음의 **갈망**에서 시작한다고 예수는 말한다.

여기서 예수가 하는 것은 일곱 번째 계명의 범위 내에서 열 번째 계명이 포함된다.look 보라 … '욕망을 가지고-음욕을 품는' 은 70인역이 출20:17에서 '몹시 탐내다' 를 가리키는 단어의 번역 이 점에서 예수의 가르침은 유례가 없지 않다. 수많은 유대 문서들이 사람이 눈과/혹은 마음으로 간음을 범할 수 있다고 기록한다.시편 솔로몬의 지혜서 4:4; T. Iss. 7:2; Kalla 1; Lev. R. 23:122b 이 반명제의 본래의 특징은 언제나 이 입장을 취하지는 않지만 그가 이 입장을 관련지을 때 예수가 주장한 권위는 이 입장을 취한다.

29–30절은 마태가 두 가지 다른 맥락에서 사용한 말씀을 포함한다.18:8–9/막9:43–48 참조 우리는 예수 자신이 이런 자료를 사용했을지도 모른다는 환경에서 단지 추측할 수 있을 뿐이다. 그러나 여기서 예수의 말씀은 청중에게 어떤 대가를 치르더라도 간음을 피해야 할 필요에 대해 훈계한다. 눈을 뽑아버리라는 말이 먼저 나온다. 왜냐하면 눈은 다른 이들을 호색적인 의도를 가지고 보기 때문이다. 오른쪽 눈과 오른쪽 손이 포함되어 있다는 것 역시 주목하라. 그것들을 잃는 것이 특별히 심한 것으로 이해될 것이다. 표면적으로 이 말들은 스스로 불구로 만들라고 요구하는 것처럼 보인다. 그러나 이것은 그런 말이 아니다. 가혹한 진술은 사람에게 문자적 의미 이상의 의미를 찾으라고 강요하는 지나친 언어로서 예수가 사용하는 과장법의 예이다. 이 요점은 예수의 추종자들이 초기에 간음을 방지하는데 필요한 어떤 조치라도 취해야한다는 것이다. 본문은 이런 방식으로 우리가 그런 욕망이 자주 이끄는 파괴적인 결말을 회피할 수 있다고 말한다.

5:31–32 헌신을 유지하는 사랑

이혼에 관한 세 번째 반명제는 2절로 구성될 뿐이다. 그러나 해석자들에게 이것은 수많은 문제들을 야기한다. 이혼에 관해 인용된 율법은 신명기 24장 1–4절에서 왔다. 거기서 "남편이 아내에게서 수치스러운 일을 발견하여 아내와 같이 살 마음이 없을 때에는" 에서 보는 것처럼 남편이 이혼할 수 있다. 두 사람이 결혼을 취소하고 아내를 자유롭게 재혼하도록 허락하는 "이혼 증서"를 주라는 교훈이 주어진다.

신명기 본문의 다소 막연한 언어 때문에 랍비 선생들은 이혼의 타당한 근거에 대해 다른 견해들을 주장했다. 힐렐 학파는 아내가 남편을 불쾌하게 하면심지어 밥을 태우기만 해도! 언제든 이혼을 허락하는 율법에 대해 다소 폭넓은 접근을 한다. 반면에 샴마이 학파는 아내가 정숙하지 못한 경우에혹은 최소한 천박한 경우 이혼할 수 있도록 이혼을 제한하였다. 아무도 의문을 가질 수 없었던 것은 결혼은 적절한 법적 절차에 따라 해산할 수 있다는 율법의 기본적인 가정이다.

예수는 5장 32절의 이혼에 관한 자신의 진술에서 이 가정에 도전한다.눅16:18; 막10:2-12/마19:3-9; 고전7:10-11 예수에 따르면 아내와의 이혼은 결혼이라는 실제를 변경하지 않는다. 이혼을 하는 것은 아내를 경제적 필요 때문에 그녀가 새로운 관계를 맺게 됨으로써 간음을 범하게 하는 상황에 처하게 하는 것이다. 마찬가지로 이혼한 여자와 결혼한 남편은 결국 간음한 자가 된다. 마가복음과 누가복음의 관련된 본문에서 예수는 이혼증서를 주지 않고 이혼하는 것에 반대한다. 그러나 마태복음 5장에서19:9도 역시 참조 우리는 **부정에 관한 것을 제외하고** 수정된 구절을 발견한다.

어떤 학자들은 이 예외적인 구절을 그의 아내와 이혼하는 말씀보다는 **그녀로 하여금 간음을 범하도록 하는 원인이 되는** 말씀에 연결한다. 이 경우, 이 구절은 이혼에 대한 가능한 근거를 주는 것이 아니라 단순하게 남편이 그의 아내와 이혼하는 것은 결혼 기간 중에 이미 정숙하지 못했다면 그녀의 그 후의 간음에 대해 책임이 없다는 것을 말할 뿐이다. 그러나 이것은 다소간 어법에 대한 무리한 해석이고 마태복음 19장 9절의 유사한 예외 조항을 가장 잘 뒷받침 하는 본문에서 선택사항이 아니라는 것이다. 요컨대 5장 32절은 음행의 경우에 이혼을 허락하는 것 같아 보인다.

음행으로 번역된 그리스어 단어porneia에는 몇 가지 의미들 가운데 하나가 있을 수 있는데 그것들 가운데 적합한 두 의미는 간음과 근친상간이다. 근친상간은 배우자가 율법으로 금지된 방식으로 관계가 있는 이방인 개종자들의 결혼을 가리킨다.레18:6-18; 고전5:1; 행15:20 참조 문제가 간음이건 근친상간 결혼이건 예외 조항은 유대인 그리스도인들이 불쾌한 것으로 알았던 결혼의 상황을 다루려고 덧붙여졌다. 이런 상황에서 마태는 자신의 공동체에게 사람이 결혼을 해산할 수도혹은 아마도 해야? 있다는 충고를 한다.

5:33-37 진리를 말하는 사랑

유대 선생들이 자세하게 논의했던 맹세하는 것은 네 번째 반명제의 주제이다.미쉬나는 전체 논문을 이 주제에 바친다 이 주제에 관한 **옛 말씀**은 몇 개의 구절에 반향하고레19:12; 민30:2; 신23:21-23 세 번째 계명의 관심을 다룬다.출20:7 이 본문들에서 이중의 문제는 맹세와 맹세를 지키는 신실함이 정직하냐는 것이다. 나중 본문들은 맹세가 분명하게 사용되었던 횟수에 질문하기 시작한다. 시락서의 기자는 "네 입이 맹세에 익숙해지지 않도록 하라."고 경고하면서 "또 습관적으로 거룩하신 분의 이름을 입 밖에 내지도 말라."고 한다.시락23:9-11 시락서의 기자그리고 다른 이들가 재갈 물리려 하는 것을 예수는 34절에서 모두 금지한다. 예수는 **아예 맹세하지 말라**고 자신의 추종자들을 몰아친 후에 맹세하지 말아야 하는 경우를 계속해서 말한다.

맹세를 반대하는 예수의 사례는 두 가지 기본적은 요점을 지적한다. 우선 예수는 하나님의 이름을 사용하지 않는 "해롭지 않은" 맹세들을 발견하려는 시도는 분명히 반드시 실패한다고 말한다.34-36절, 23:16-22 참조 사람이 하는 모든 맹세는 이런 저런 방식으로 하나님을 포함하기 마련이다. 하늘은 하나님의 보좌, 땅은 하나님의 발을 놓으시는 발판, 예루살렘은 하나님의 도성이다.사66:1; 시48:2 참조 자신의 삶을 두고 맹세하는 것도 이 문제에서 하나님을 수반한다. 왜냐하면 삶이란 머리카락 색에 이르기까지 **하나님의** 결정사항이기 때문이다

두 번째 요점은 37절에서 발견된다. 거기서 예수는 맹세하는 것이 포함하는 진리에 대한 이중 기준을 비난한다. 우리의 주장이 사실이고 우리의 약속이 진짜라는 것을 보증하려고 맹세가 필요하다면, 악한 세력이 우리의 삶을 지배하고 있다는 표시가 된다. 대조적으로 의로운 공동체는 진실한 이야기가 언제나 기준이 되는 곳이다. 거기서 '예'는 '예'를 의미하고 '아니오'는 '아니오'를 의미한다.약5:12 이것이 너희 가운데 이루어져야 하는 것이라고 예수는 말한다.

5:38-42 악을 이기는 사랑

마지막 두 개의 반명제에서 마태는 예수의 설교에 관한 누가의 버전에도 역시 나타나는 말씀을 그린다.눅6:27-36 참조 38-42절에서 위기에 처한 이 문제는 인간관계의 기초이다. 우리가 어떻게 상해와 모욕에 반응해야 하는가? 그리고 우리에게 부당한 요구를 하는 사람에게 어떻게 반응해야 하는가? 고대 이스라엘에서 이것을 관리하는 율법은 **복수법**으로 알려진 규칙이다.동해 형법; 적어도 함무라비 법전까지 거슬러 올라가는데 이것은 구약성서에 없는 계층적 특성을 가졌다 예수는 **눈에는 눈 그리고 이에는 이**라는 시각적 어법을 인용하며 38절에서 이 율법을 인용한다.출21:23-25; 레24:19-20; 신19:21

동해 형법은 실제로 이중의 목적에 기여했다. 한편으로 동해 형법은 해를 당한 쪽의 보상과 보복을 지켜주었다. 다른 한편으로 동해 형법은 저질러진 범죄에 대한 적당한 징벌로서의 보복의 확대를 제한하였다. 후에 이 법은 벌금이 엄중한 보복을 대신하도록 때때로 그리 심각하지 않게 적용되었다. 그러나 저지른 잘못에 대한 바로잡을 권리가 그대로

남아 있었고 개인들은지금처럼 그때도 일반적으로 이 권리를 실천했다.

잘못에 대응하는 이 방법을 능가하고 또 이에 반대하여 예수는 자신의 청중에게 다음과 같이 권고한다. **악을 행한 자에게 저항하지 말라.** 저항으로 번역된 말그리스어: antisthemi은 **자신을** 어떤 일이나 사람에게 **들이대는 것**을 의미한다.약4:7; 갈2:11; 행6:10 참조 여기서 더 정확한 의미는 문맥에서 파악된다. 너를 상하게 하거나 해친 사람에 대항하여 보복하지 말라. 보복해야만 하는 적으로서 행동하지 말라. 해를 입은 편으로서 너의 권리를 주장하지 말라.

그 다음으로 각각 이 문제가 야기하는 상황을 다루면서 실례가 되는 일련의 진술이 따른다. (1) 오른쪽 뺨을 치는 것은 이처럼 십중팔구 손등으로 치는 것인데 이것은 유대 율법에 의하면 극단적으로 모욕적인 행동이다. (2) 채권자가 사람의 속옷NRSV의 겉옷은 잘못이다을 요구하는 소송, 속옷은 피부에 닿는 의복이다. (3) 짐을 나르라는 요구를 받거나 당국여기서는 로마의 군대을 위한 안내자로 봉사하라는 것, 페르시아에서 기원한 관습 (4) 거지나 빌리려는 사람의 요구, 실제로 우리에게 잘못하지 않았지만 종종 부당한 요구를 하는 것처럼 보이는 요구를 하는 사람.

이 각각의 경우들에 대해 예수는 청중에게 충격으로 다가오는 행동 방침을 제안한다. 다른 쪽 뺨을 돌려대라! 채권자에게 너의 **모든** 의복을 주어라! 요구된 의무의 두 배를 해주어라! 요구하는 모든 것을 자유롭게 주어라! 각각의 예에서 응답자는 **동해 형법**과 다른 기초 위에서 행하는 예상하는 것에 반대를 행한다. 이러한 제안들의 의미는 인용한 네 가지 경우에서 법률에 따른 행위자에게 하는 것이 아니다. 이들의 목적은 오히려 이런 모든 경우에 대해 우리의 접근방식에 초점을 다시 맞추고 우리에게 반응의 새로운 방식들을 찾을 것을 강요한다.동해 형법[Tannehill]: 67–77; Yoder, 1982:100–101,130–133 참조

우리의 권리를 열렬히 확보하거나 지키려고 적대적인 행동들을 단계적으로 확대하는 순환에 굴복하는 대신 우리는 이 순환을 깨뜨리는 방식으로 행동해야만 한다. 이것은 하나 혹은 그 이상의 성난 모임과 평화를 도모하고자 상처 입은 자존심을 떠나보내는 것을 의미할 것이다. 혹은 이것은 우리가 악보다 강한 선으로 악을 대하는 법을 찾는 상호 관계의 새로운 차원을 추구하는 것을 의미할 것이다.잠24:29; 롬12:17–21; 살전5:15; 벧전2:23 참조 이런 방식으로도 다른 방식으로도 우리는 예수가 5장 9절에서 명령한 평화를 도모하는 사람으로서 행동한다.

5:43–48모든 것을 포괄하는 사랑

43–48절의 말씀은 율법에 대한 여섯 세트의 반명제를 마무리한다. 여기서 **옛 말씀**은 레위기로 돌아가는데 이것은 백성에게 자신의 이웃 이스라엘과[19:17–18] 자신의 땅에 살고 있는 나그네[19:33–34]를 사랑하라고 명한다. 토라의 어느 곳에서도 너의 **원수를 미워하라**는 말이 있는 곳은 없다. 그러나 이웃 사랑은 사랑이 공동체 내부의 사람들에 제한되고, 적대자들과 외부인들은 다른 계층으로 빠진다. 시편 기자는 이처럼 하나님의 원수들을 미워하는 것을 자랑할 수 있다.[시139:19–22] 쿰란의 작품 가운데 어떤 것에서 사용된 언어가 비슷한 어조이다.[IQS 1:3–4, 9–10 참조] 거기서 신실한 사람들은 "하나님의 설계에서 각기 자신의 운명에 따른 모든 빛의 아들들을 사랑하고, 하나님의 복수에서 각기 자신의 죄에 따른 모든 어둠의 아들들을 미워한다고 묘사된다."

예수는 44절의 사랑에 관한 자신의 **새로운 말씀**에서 이 견해에 도전한다. 이웃에 대한 사랑을 제한하는 대신 당신을 파괴하려고 시도하는 외부인까지 사랑하라고 도전한다.[롬12:14, 20–21; 벧전3:9; 눅23:34; 행7:60] 우리는 구약성서에서 원수에 대해 동정을 요구하는 본문들을 발견했고[출23:4–5; 잠25:21–22] 랍비의 문서들은 때로 모든 인간을 사랑하라고 말한다.[아봇1:12 참조] 그러나 원수를 포함하는 사랑에 대한 예수의 호소는 다른 어떤 곳에서 비할 수 없는 직접적이고 강력한 특성을 가진다.

45–47절은 이 포괄적인 사랑을 위한 경우를 만들어 간다. 보답이 있을 때에만 사랑하거나 우리 자신의 것에만 반응을 보이는 것은 세상이 사랑하는 것처럼 사랑하는 것이다. 그러나 우리를 위협하고 반대하는 사람에게까지도 평화를 제공하며 제한 없이 사랑하는 것은, 하나님이 사랑하시는 것처럼 사랑하는 것이다. 이처럼 우리는 우리의 사랑이 이웃과 원수 사이의 어떤 차별도 만들지 않을 때 우리 자신이 **하나님의 자녀**가 된다는 것을 입증한다.

48절에서 우리는 짧은 요약의 진술을 발견한다. **그러므로 하늘에 계신 너희 아버지께서 완전하신 것 같이, 너희도 완전하여라.**[레19:2; 신18:13 참조] 이 말씀에 대한 누가의 버전은[눅6:36] 하나님이 자비하신 것처럼 자비하라고 말한다. 거기서 이 요약은 원수와 복수하지 않는 사랑에 관한 말씀만을 나눈다. 그러나 마태에게 이 요약은 21–47절의 예수의 견해의 전체 시리즈를 모은다.

따라서 예수는 완전[그리스어: teleios]해질 필요성에 대해 말하는데 그것은 완전히 발전된 완전함, 혹은 하나님이 의도하시는 모든 것을 의미한다. 어떤 점에서도 이 완전함이 우리가 방금깊이 생각했던 사랑에 관한 말씀에서보다 더 잘 정의되지 않는다. **하나님처럼 완전해지는 것은 자비와 축복으로 가득하고 모든 방식에 신실한 모든 이에게 열려 있**

는 하나님이 사랑하시는 것처럼 사랑하는 것이다. Driver: 97-99; Meier, 1980:54-55; Snyder/Shaffer: 9-10 참조 이런 종류의 사랑이 우리의 삶에서 작동할 때 우리의 의는 이전 모델을 크게 능가할 것이며 율법과 예언자는 진실로 성취될 것이다.5:17-20 참조

성서적 맥락에서의 본문

5장 17-48절에서 논의 되었던 율법의 주제는 이스라엘 역사에 깊은 뿌리를 가진 주제이다.[토라, p. 450.] 시내 산에서부터 이스라엘은 하나님의 언약과 함께 살았고 율법은 이 언약의 없어서는 안 될 부분이었다. 초기 교회에서 일어날 수밖에 없었던 질문들 가운데 하나는 이 모든 것에 관련된 새 언약에서 어떻게 사느냐이다. 이스라엘의 토라는 이제 필요 없게 되었는가? 아니면 기독교 공동체가 어떻게든 여전히 시내 산의 언약과 율법에 따라 살아야 하는가? 마태복음 5장은 이와 같은 질문에 대한 씨름을 반영하고 이 문제를 다루기 위한 자체의 관점을 제공한다.

마태의 대답의 입장은 율법이 하나님 뜻의 계시로서 타당한 것으로 남아 있다는 것이다. 율법은 유대 문화와 역사의 유물 이상이다. 한편으로 교회는 율법을 **고대 시기의 사람들**에게 주어졌던 것처럼 단순히 율법을 물려받지 않는다. 마태의 태도의 근본적인 입장은 율법이 **예수에 의해 재정의된 것**으로서 타당한 것으로 남아 있다는 것이다. 예수는 율법이 가리키는 하나님의 뜻을 펼치고 완전하고 가장 신뢰할만한 방식으로 전개한다. 토라의 모든 것은 여전히 가르침의 기초이지만 모든 것은 이제 예수와 그의 말을 통해 굴절되었다.

마태복음 5장 17-48절의 부본은 바울 서신의 율법에 관한 논평이다. 마태와 마찬가지로 바울은 율법이 하나님의 뜻을 계시한다고 믿는다. 본질적으로 율법은 "거룩하고 의롭고 선한 것이다."롬7:12 그러나 바울은 율법 아래서 우리의 경험은 결코 긍정적이지 않다. 죄인인 우리 때문에 율법은 저주와 포로 됨을 의미한다.갈3:10 이하를 보라 율법은 우리가 하나님의 뜻에 미치지 못하는 한계를 드러내고 우리로 하여금 우리의 모든 행동에 책임지도록 만든다.롬3:19 이하를 보라 율법은 이처럼 우리가 끊임없이 반역하는 경향이 있다는 것에 대항하여 우리를 개인교사나 가정교사의 돌봄 아래 있는 어린아이와 같이 속박에 가둔다.롬7장 참조

자기 의의 올무에 희생물이 되어 율법을 지키는 것에 열중하고 있는 사람들조차 표적을 벗어난다.롬10:1-3; 빌3:4 이하를 보라 요컨대 율법은 율법 자체가 요구하는 하나님과의

바른 관계 안으로 우리를 이끌 수 없다. 바울에게 이것을 할 수 있는 사람은 예수 그리스도이다.갈3:25 이하를 보라 그리고 마태복음에서 예수 그리스도가 율법을 **재정의**한 반면 바울의 메시지에서는 예수 그리스도가 **율법을 대신한다.** 예수만이 우리 삶의 기초이고 중심이다. 하나님의 뜻을 알고 행하는 것은 이처럼 더 이상 의문의 준수의 문제가 아니다. 이것은 그리스도의 몸에서 일하는 성령에 주의하는 과정이다.갈5:16-25; 롬8:1-17

율법의 입장에 대한 이들의 관점이 분명하게 다르지만 마태와 바울은 보통 인식하는 것보다 더 일반적이다. 한편으로 바울은 율법의 **완성**에 관한 마태의 방식으로 말할 수 있다.롬8:4; 13:8 바울이 한 곳에서 그리스도를 "율법의 마침"으로 언급했을 때롬10:4 그는 그리스도가 율법 아래의 삶의 시기가 끝났다는 것뿐 아니라 율법의 목적이나 목표가 그리스도 안에서 완성된다는 것을 의미한다.마5:17 참조

다른 한편, 마태는 기독교 공동체의 삶의 **기초**는 율법이 아니라 그리스도라는 바울의 견해를 공유한다. 예수의 추종자들에게 메라고 초대한 **멍에**는 전통적인 율법의 멍에가 아니라 그리스도 자신과의 관계이다.11:28-30 그리고 교회가 윤리적 문제를 고려하거나 결정해야 할 때 그리스도와의 관계는 그 가운데에 그리스도의 현존에서 그리고 그리스도를 통해 작동한다.18:18-20, 28:20 참조

마태와 바울의 가장 현저한 집중성은 인간 삶을 위한 하나님의 뜻에 일치하는 생활양식에 관계한다. 율법에 할당된 역할이나 입장이 무엇이든 결국은 **"사랑은 율법의 완성이다."**롬13:8-10, 강조체 첨부함; 갈5:13-15; 마5:43-48, 7:12, 22:39-40 마태와 바울이 똑같이 하나님의 뜻에 대한 신실함은 교회를 세우고 모든 것에서 평화를 구하는 사랑의 삶을 사는 것을 의미한다.

교회생활에서의 본문

신약성서에서 시작된 율법에 관한 토론은 교회 역사를 통틀어 교회를 지배했다. 두 가시 중요한 언질에서 마태복음 5장 17절 이하에서의 논쟁은 결정적인 역할을 했다.Luz: 261-264; 272-273 참조 이 에피소드의 첫 번째는 2세기 마르시온과의 논쟁이다. 기독교 복음을 믿는 것과 유대 율법은 일반적으로 관계가 없기 때문에 마르시온은 예수가 율법을 완성하러 왔다는 사고를 거절했다. 마르시온에 반대한 사람들은 이레니우스와 터툴리안과 같은 지도자들이었는데 이들은 그리스도가 율법을 **완성**하거나 율법의 범위를 확장하러 왔다고 가르쳤다.

이후에 주류 종교개혁자들과 아나뱁티스트 사이의 논쟁에서 위기에 처한 문제는 **새로운** 예수의 가르침이 정말로 무엇이냐는 것이었다. 종교개혁자들에게 예수가 율법을 완성하려고 왔다는 주장은 무엇보다 먼저 두 성서의 연속성을 가리켰다. 따라서 산상수훈의 예수의 말들은 이전의 명령을 폐지하는 새로운 명령이 아니라 율법의 새로운 설명으로 간주되었다.

그러나 아나뱁티스트에게 예수의 율법의 완성은 더욱 더 근본적인 그 무엇을 의미했다. 이들은 예수의 명령이 어떤 점에서 율법을 대신한 것으로 이해했고 예수의 추종자들은 이 명령에 순종해야만 한다고 주장했다. 이런 요점 하나는 맹세하는 것이었는데 메노 시몬즈는 이에 관해 이렇게 말한다.

> 신약성서에서 그리스도 예수는 자신의 제자들에게 맹세를 허용했던 불완전한 것의 처리를 맹세의 문제에 관한 율법으로 지적하지 않았다. 하지만 그는 이제 우리에게 완전함에 대한 처리로서 율법에서 예나 아니오 할 것을 지적한다. … 진정으로 맹세하는 것은 율법 하에서 유대인들에게 허락된 것이었다. 그러나 복음은 그리스도인들에게 맹세를 허락하지 않는다.Menno Simons: 518–519; Klaassen: 282–289 참조

아나뱁티스트들이 율법을 대신하는 예수에게서 보았던 또 다른 요점은 무저항과 원수를 위한 사랑에 대한 그의 가르침이었다.Klaassen: 265–281 참조 종교개혁자들이 개인적인 영역에 대한 예수의 말씀에 대한 적용을 제한했던 곳에서 아나뱁티스트들은 예수의 말씀이 사회적 관계에서는 물론 신자들의 행위를 좌우해야 한다고 주장했다. 예를 들어 마태복음 5장 43–48절을 인용한 후에 메노 시몬즈는[555] 이런 질문을 한다. "그리스도인들이 어떻게 성서적으로 보복, 반란, 전쟁, 데모, 살해, 고문, 도둑질, 강탈과 약탈 그리고 도시를 불태우고 나라들을 정복할 수 있는지? 나에게 말해 달라."

메노 시몬즈는 같은 논문에서[556] 계속해서 평화의 백성들인 예수의 진정한 추종자들을 묘사한다.

> 이들은 평화의 자녀들인가. 이들의 심장은 평화로 흘러넘친다. 이들의 입은 평화를 말한다. 그리고 이들은 평화의 길을 걷는다. 이들은 평화로 가득 차 있다. 이들은 단지 평화만을 찾고 구하고 안다. 그리고 나라, 선, 생명, 평화를 위한 모든

것을 위해 준비된다. 왜냐하면 이들은 그 나라, 백성, 회중, 성읍, 소유, 평화의 몸이기 때문이다.

"우리는 하나님의 평화의 백성이다."는 메노의 이 본문에 기초한 찬송이다.

16세기에 살던 사람들에게 그랬던 것처럼 이 모든 것은 오늘날 삶에 관한 부속물이다. 그때와 같이 지금도 사회가 자신의 삶을 사는 보통의 규범은 동해 복수법이다. 사람들은 법정에서 유행하고 있는 소송, 테러리즘과 반테러리즘의 순환, 중요한 징벌을 위한 대중적인 지지, 국가적인 적들을 위협하려는 무기들의 저장소를 생각한다. 예수의 말씀을 심각하게 받아들이는 평화의 백성들이 된다는 것은 이 "법"에 도전하는 것이고 다른 길을 모범으로 삼는 것이다. 전통적인 지혜가 승자와 패자가 있어야만 한다고 말하는 곳에서 평화를 도모하는 교회는 각각의 편의 존엄을 지키는 협상된 합의점들을 구해야 한다. 전통적인 지혜가 징벌과 범죄자에게 굴욕을 주는 곳에서 평화를 도모하는 교회는 범죄자와 희생자 사이의 깨어진 관계를 회복할 수 있는 방안을 구해야 한다. 전통적인 지혜가 폭력적인 혁명이 억압의 사슬을 끊을 수 있는 유일한 방법이라고 명령하는 곳에서 평화를 도모하는 교회는 비폭력적 변화를 위한 시작을 만들려는 상징적 시위에 종사해야 한다.[평화 도모에 대한 부름에 관한 더 많은 숙고를 위해, Yoder, 1983; Hauerwas, 1983.를 보라]

참된 경건과 거짓

마태복음 6:1–18

사전검토

마태복음 6장 1–18절에서 예수는 계속해서 율법학자들과 서기관들의 의를 능가하는 의에 관해 말한다. 지금까지 초점은 우리의 이웃 인간들과의 관계에서 바르게 행동하는 것이었다. 이제 초점이 우리의 경건한 행동 혹은 실천인 하나님과의 관계에서의 바른 행동으로 방향을 바꾼다. 예수가 언급하는 특별한 실천들은 자선[2–4절], 기도[5–15절], 금식[16–18]이다. 이 세 가지 모두는 유대주의 경건에서 관습적인 표현들이었다.[토비아스12:8; 시락7:10; 행10:2 참조] 쟁점은 이 실천이나 훈련들에 종사하는 바른 방식인데, 마태는 이것이 예수의 추종자들에 의해 여전히 지켜질 것이라고 추정한다.

다시 한 번 예수는 각각의 실천에 관한 그의 논평의 틀을 잡는 일련의 모범을 사용하여 옛 방식과 새로운 방식을 대조시킨다.

너희가 __________ 할 때,

어떤 이들이 하는 것처럼, 사람에게 보이려고 그것을 하지 말아라.

진정으로, 그들은 자기네 상을 이미 다 받았다.

그러나 너희는 __________ 할 때,

그것을 은밀히 하라하나님 한 분만 보시도록.

그러면 숨어서 보시는 하나님이 너에게 갚아주실 것이다.

마태복음에서만 우리는 자선, 기도, 금식에 관한 이 조직적인 논의를 발견한다.그러나 G. Thom. 6, 14 참조, 거기서 같은 일련의 주제들이 떠오른다 아마도 2–4절, 5–6절, 16–18절의 말씀과 같은 말씀의 수집물은 그의 복음이 쓰이기 전 마태의 교회에서 이미 사용되고 있었다. 이 수집물에 대해 마태는 1절의 서론 부분과 7–15절의 기도에 관한 추가적인 자료를 덧붙였다.

이곳의 첫째가는 중요성은 9–13절에 있는 주님의 기도이다. 왜냐하면 우리가 누가복음 11장 2–4절에서 병행기사를 발견하기 때문이다. 뒤에 숨은 자료의 유형이 무엇이든 마태의 교회는 마태복음 6장에 있는 현재의 모습으로 정착되기 이전에 이 기도를 사용했던 것 같다. 어떤 경우든 마태의 주님의 기도에 포함된 것은 교회들이 마태복음을 사용할 때 가르침과 예배에서 이 기도의 미래의 역할을 보증했다.디다케8:1–3 참조 기도에 관한 몇 가지 부가적인 말씀과 함께 기도의 주제는 통일의 특별한 강조를 받는다.

개요

공적 혹은 개인적 경건, 6:1

자선 행위의 실천, 6:2–4

기도의 실천, 6:5–15

6:5–6 기도의 방법

6:7–13 기도의 언어

6:14–15 용서와 기도

금식의 실천, 6:16–18

주석적 해설

공적 혹은 개인적 경건 6:1

자선, 기도, 금식에 관한 훈계를 소개하려고 마태는 그의 독자들에게 경건을 실천하는 그릇된 방법들에 관해 경고한다. 경고를 시작하는 말, '조심하라'는 마태복음에서 여섯 번 나오고, 주의를 촉구하고 보증을 하는 데 필요함을 강조한다.7:15, 16:6 참조 마태가 피하기 원하는 위험은 인간의 감탄을 얻으려고 종교적 경건의 형태를 사용하는 것이다.6:1-2,5,16, 23:5 참조 이 경건을 공개적으로 드러내는 것은 하나님과의 관계를 강화하는 데 아무런 역할을 하지 못하는 그런 종류의 보상으로 이끌 뿐이다.

대조적으로 진정한 경건의 행위는 하나님의 시선만을 의식하며 하나님만이 주실 수 있는 축복을 구한다. 6장 1절에서 경건으로 번역된 단어가 5장 20절과 다른 곳에서 의로 번역된 단어와 같다는 것에 주목하는 것은 중요하다. 이것은 예수가 6장 17-20절에서 선포한 설교의 제안을 더욱 발전시킬 준비가 되어 있다는 것에 대한 실마리이다. 그럼에도 6장 1-18절의 말씀은 우리에게 완성되고 능가하는 의에 대한 또 다른 그림을 제공할 것이다.

자선 행위의 실천, 6:2-4

예수가 이야기하는 첫 번째 실천은 자선이다. **'자선을 베풀다'** 라는 이 구절은 문자적으로 **상냥한 행위를 한다**고 읽을 수 있는 그리스어 표현을 번역한 것이다. 하지만 이 구절은 여기서 가난하고 도움이 필요한 사람들에게 기부한다는 특별한 의미로 사용된다. 자선을 베푼 배경 가운데 잔치나 회당의 봉사와 같은 공적인 모임이 있었다. 때로 자선은 조용하게 드러나지 않는 방식으로 행해졌다.랍비들이 장려했던 방식 다른 때에는 자신들의 관대함으로 다른 이들에게 감동을 주기를 원하는 사람들은 자신들의 선물을 공개적으로 발표했다.

화려한 과장법으로, 예수는 자신들 앞에 **나팔을 부는 이런 사람들**을 묘사하고 이들에게 **위선자**라는 꼬리표를 붙였다. 마태가 율법학자들과 바리새인들에게 자주 사용하는 위선자라는 용어는15:7, 22:18 참조; 23:13 이하를 보라 문자적으로 연극의 배우들을 말한다. 이처럼 위선자는 청중들을 위해 행하는, 즉 보이기 위해 무엇을 하는 사람들과 이들이 하는 행위가 연극과 다름없는 사람들을 암시한다. 이런 방식으로 경건을 실천하는 사람들은 **이미 보상을 완전히 받은 것**이라고 예수는 말한다.GNB 이들의 보상은 자신들이 찾는 대중적인 갈채이다. 이것을 넘는 어떤 것도 그들은 받지 못한다.

예수는 다음으로 3–4절에서 자선을 행하는 바른 방식을 계속해서 묘사한다. 그러면서 또 다른 과장법으로 예수는 사람들이 오른손이 하는 것을 왼손이 모르게 해야 한다고 말한다! 이 표현의 요점은 우리가 가능한 한 조용하고 겸손하게 자선을 행해야 한다는 것이다. 4절에서 말하듯이 우리는 자선을 **남모르게** 해야 한다.

이 사실은 우리가 하는 일을 숨기려고 비상한 노력을 해야 한다는 것을 의미하지는 않는다. 이것은 단순하게 공적인 이미지를 향상하도록 하는 것이 아니라, 하나님 한 분만이 보고 인정하도록 자비로운 행위를 해야 한다는 사실을 강조한다. 경건의 진실한 행동으로서 우리가 바른 방법으로 자선을 행할 때 우리의 가장 깊은 부분과 뜻을 보는 사람은 우리의 행위를 인정할 것이다. 정말로 대가보다 선물이 더 크지만 이것 역시 예수는 **보상**이라고 한다. 이 보상은 우리의 **아버지**라고 우리가 알고 있는 분에게서 오는 선물이다. 그리고 그분은 우리와의 밀접한 관계를 찾고 귀하게 여기신다.

기도의 실천 6:5–15

6:5–6기도의 방법

위에서 살펴본 바와 같이 마태는 기도의 실천에 특별한 관심을 기울인다. 이 주제에 관한 확장된 섹션은 자선과 금식에 관한 말씀에 대한 유형과 내용과 유사한 기도의 방식에 관한 논평으로 시작한다.[시전 검토 참조] 기도는 회당과 성전에서의 공동체의 예배와 독실한 개인들의 실천이라는 유대인의 삶에서 의미 있는 역할을 담당했다. 어떤 기도문들은 외워서 낮의 일정 시간에 사용되었다. 예를 들어 열여덟 개의 축복은 하루에 세 번 아침, 오후, 저녁에 기도하도록 되어 있었다.

기도의 시간이 정해졌든 일반적으로 그 이상이든 어떤 사람들은 중요한 도로의 교차점과 같은 공개적인 장소에서 자신들의 기도하는 행위에 주목하도록 하였다.[거리에서] 다시 예수는 다른 이들 앞에서 자신의 경건을 진열하려는 시도를 거절한다. **기도할 때는 언제나 골방에 들어가 문을 닫으라**고 예수는 말한다.[사26:20, LXX 참조] 골방을 뜻하는 그리스어 단어는 창고를 위해 사용되었던 창문이 없는 작은 내부의 방을 언급한다.[KJV, 벽장 참조] 이 생생한 은유의 요점은 우리의 기도를 어둡고, 개인적인 장소들에 제한해야 한다는 것이 아니라 우리가 단 한 가지 **하나님**과의 소통을 목적으로 기도해야 한다는 것이다. 왜냐하면 하나님의 현존은 거의 **공개적인** 현상으로 드러나지 않기 때문이다. 그럴 때에만 우리는 기도의 진정한 보상을 받을 수 있다.

6:7–13 기도의 언어

기도의 **방법**을 다루면서 마태는 **기도의 언어**라는 다른 문제로 전환한다. 다시 한 번 이 토론은 부정적인 본보기로 시작한다.[7–8절] 그러나 여기서 우리가 피해야 할 것, 특히 **빈말을 되풀이하는 것**은 **이방인들**의 기도의 습관이다. 인용된 이 말씀은 기도에 관한 그리고 기도에서의 끝없이 하나님의 이름을 사용하고 자신의 청원이 전해진다는 것을 확실하게 하는 특별한 기도의 공식들을 사용하여 말을 많이 하는 습관에 관해 언급한다.[왕상18:26–29 참조] 빈정거리는 말로 철학자 세네카는 그런 습관을 "신들을 피곤하게 하는 것"으로 묘사했다.

이런 기도들에 대한 예수의 비판은 하나님의 관점에 기초한다. 이방인들과 달리 너희는 하나님이 들으실 것인지 여부에 대해 걱정할 필요가 없다고 말한다. 하나님은 너희의 필요한 것은 너희들이 구하기 전에 알고 계신다.[6:32 참조] 이처럼, 하나님의 주목을 끌려는 말들로 하늘을 포격할 필요가 없다.

우리가 기도할 때의 바른 방법을 설명하려고 예수는 우리에게 주님의 기도로 알려진 본보기를 제공한다.[9–13절] 주님의 기도는 우리가 해야 할 기도로 의도되고 다른 기도들을 위한 모범으로서 의도된 것으로 보인다. 위에서 주목한 것처럼, 기도는 더 짧고 아마도 이전 버전인 누가 복음에도 역시 나온다.[눅11:2–4 참조] 거기에서도 역시 내용은 기도하는 방법에 관한 교훈 가운데 하나이다.[11:1–13] 마태의 주님의 기도 버전에서 이 기도는 도입과[우리 아버지…] 하나님에게 자신의 의제에 관한 행동을 요구하는 세 개의 청원과[9c–10절] 우리의 필요를 돌보아 달라고 요구하는 세 개의 청원으로 구성되어 있다.[11–13절]

오래된 번역본들은 때로 **"나라와 권세와 영광은 영원히 아버지의 것입니다. 아멘."**이라는 송영으로 이 기도를 마무리한다. 왜냐하면 이 송영은 우리의 가장 좋은 그리스어 사본에는 나타나지 않기 때문이다. 이 송영은 아마도 후대에 마태의 본문에 첨가한 것이다. 그럼에도 이 송영은 이 기도를 마무리하는 적절한 방법이다. 송영은 유대인의 기도에서 일반적이었고 이 송영은 아마도 우리가 구약성서에서 발견하는 송영에 기초했을 것이다.[내상29:10–13]

이 기도의 누가의 버전에서 예수는 하나님을 단순히 **아버지**로 이야기하는데 이것은 하나님을 부르는 보통과 다른 친밀한 방식이었다. 아람어 **아바**라는 단어에 상응하는 것은 유대인의 아이들이 자신의 아버지를 부를 때 사용하던 용어였다. 하나님을 아바라 부르는 것은 분명히 예수가 하나님에게 이 방식으로 기도하던 습관이었는데[막14:36; 마11:25 참조] 다음으로는 초기 교회의 기도 언어에 영향을 미쳤다.[갈4:6; 롬8:15–16 참조]

우리 앞에 있는 본문에서 예수는 유대 세계에서 더욱 일반적인 하나님을 다소간 더 완벽한 공식, 즉 **하늘에 계신 우리 아버지**로 부른다. 그러나 예수의 입술에서 **우리 아버지**라는 말은 유대인의 전통적인 공식 그 이상이다. 예수는 아버지이신 하나님과 특별한 관계를 가지고 그의 추종자들에게 이 친밀한 관계 속으로 들어오는 것을 가능하게 한다.[마 11:27; 12:50 참조] 마태에게 이것은 예수가 우리 아버지로 기도하라고 초대할 수 있는 방법이었다. 덧붙여진 '하늘에 계신' 은 이 아버지를 다른 아버지들과 구별하고 그분을 하나님과 동일시하는 것에 기여한다. 이 구절은 또한 하나님의 통치를 가리킨다. 그러나 이것은 하나님이 우리에게서 멀리 있는 분이라는 것을 포함하지는 않는다.

주님의 기도에서 하나님을 향하는 첫 번째 세 개의 청원은 종종 **"당신-청원"**이라는 표지가 붙는다.

당신의 이름을 거룩하게 하여 주시며.

당신의 나라를 오게 하여 주시며.

당신의 뜻을 이루어 주옵소서.

각각의 청원에서 우리는 하나님에게 말한다. "당신께 중요한 것을 행하소서. 당신이 세상의 중심이 되게 하소서." 이 하나님을 위한 의제는 수많은 유대인의 기도들에 나타나는 이러한 청원들을 설명한다. 특별히 놀라운 유사점은 아마 예수의 시기까지 돌아갈 가장 초기 유형인 카디쉬로 알려진 송영에서 발생한다. "당신의 뜻에 따라 창조하신 세상에서 당신의 위대하신 이름이 찬미되고 거룩해지기를 바라나이다. 너의 일생과 너의 사는 날 동안 그리고 모든 이스라엘 집의 사는 날 동안 당신이 당신의 나라를 빨리 곧 세우소서."

카디쉬와 주님의 기도에서 하나님에 대한 청원은 종말론적 특성을 가진다. 이들은 하나님께 모든 생명이 하나님의 목적을 반영하는 구원의 시기인 종말에 안내자를 구한다. 예수의 추종자들에게 이 같은 미래를 위한 청원은 이미 일어난 일과 밀접하게 연관된다. 이들은 예수의 사역에서 시작된 구원의 사역을 **완성**해달라고 하나님께 간청한다.[Harner: 80 참조]

'당신 청원' 을 밀접하게 조사해보면 청원의 세 가지 주제들이 매우 밀접한 관계가 있다는 사실이 밝혀진다. 첫 번째 청원은 하나님의 **이름**을 말하는데 이것은 하나님의 인격 혹은 존재를 나타낸다. 하나님의 이름은 사람들이 하나님의 거룩함을 인정하고 그에 따라서 살아갈 때[사29:23 참조] 혹은 하나님 자신이 자신의 거룩하신 본성을 입증하려고 행동하실 때[겔36:22-23 참조] **거룩히 여김을 받는다.** 우리 앞에 있는 청원에서 우리는 이 두 가지 일이 일어나기를 기도해야할 것이다. "이런 방식으로 행하소서, 오주님, 그러면 세상이 당신의 위대하심을 보고 당신이 누구신지를 찬양할 것입니다!"

이것을 성취할 하나님의 행동은 두 번째 청원에서 충분히 설명된다. **"그 나라를 오게** 하여 주시며, 당신의 통치를 완전하게 드러내소서. 모든 방식으로 생명과 역사를 주도하소서." 하나님의 통치가 완전하게 이루어질 때 세 번째 청원도 역시 주어진다. **"그 뜻을 하늘에서 이루심 같이, 땅에서도 이루어 주십시오."** 하나님의 뜻은 역사를 위한 하나님의 목적 혹은 윤리적 의미에서 우리의 삶을 위한 하나님의 뜻을 지시할 수 있을 것이다.사 46:10,13; 마카비1서3:60; 마26:42 참조 여기에서 다시 두 가지 의미들이 의도되는 것 같다. "그러므로 오 주님, 당신의 구속적 목적이 성취되고 우리의 삶이 당신의 바라시는 의를 보이도록 우리 가운데에서 통치하소서."

하나님의 의제를 위하여 먼저 기도한 후에 우리는 우리 자신의 필요를 위한 청원을 제공할 수도 있다. 이것들은 11-13절의 세 가지 "우리-청원"에 집중된다.

우리에게 필요한 양식을 내려주시고

우리에게 우리의 빚을 탕감하시고.

우리에게 시험의 시간을 주지마시고 **우리를** 구하소서.

해석을 위한 중요한 문제는 이 청원들이 첫 번째 세 청원과 어떻게 연관되느냐이다. 앞선 청원들과 마찬가지로 이 청원들은 아직 오지 않은 일들을 다루는가?메시아의 잔치, 마지막 심판, 종말의 시험 혹은 이들이 예수의 추종자들이 언제나 직면했던 일상의 문제들을 다루는가? 두 번째 견해가 아마도 더욱 정확할 것이다. 예수는 이들이 미래에 관계된 것만큼 현재에도 관계되었던 필요들을 거의 모두 열거한 것으로 보인다. 동시에 "당신-청원"에 표현되었던 종말론적 소망이 "우리- 청원"을 위한 배경을 형성한다. 우리는 **먼저 하나님의 나라와 그의 의를 위해 노력하는 사람들**로서 우리의 직접적인 필요와 함께 하나님을 향해 돌아서고6:33 우리가 하나님에게서 받는 모든 것을 아는 사람들이 지금 여기서 아직 오지 않은 것을 미리 맛본다.

첫 번째 "우리-청원"은 빵이다. 이것은 가장 먼저 음식 혹은 영양분에 관해 언급하시만 삶을 위한 다른 기본적인 양식들도 암시할 수도 있다. 빵이라는 단어의 변형은 주님의 기도와 하나 또는 두 개의 분명치 않은 고대 분문에서만 발견되는 드문 용어이다. 이것은 **오늘, 미래, 혹은 다음 날**을 위한 필요를 의미할 수 있었다.NRSV 각주 참조 아마도 다음 날이라는 의미가 가장 가능성이 높을 것이다. 에두아르드 슈바이처Eduard Schweizer는 빵의 청원을 위한 그의 바꿔 쓰기에서 이 의미를 선택했다. "풍성한 의미 혹은 어려운 시기에 대비한 보증이 아니라 단지 다음 날이 준비되었음을 알고 실망하지 않고 우리가 누워 잘 수 있도록 주시옵소서."[154]

우리 몸에 빵 못지않게 중요한 것은 다음 청원인 우리의 죄에 대한 용서이다. 예수가 사용한 죄에 대한 은유는 빚이다. 그런데 이것은 우리의 하나님과의 관계에서 채워지지 않은 의무를 암시한다. 다른 곳과 마찬가지로 이곳에서마5:7, 18:21-35; 시락28:2 참조 하나님의 용서는 인간 차원에서의 용서와 연결되어 있다. 우리가 하나님에게 우리의 죄를 용서해달라고 요구할 때, 우리는 다른 사람들에 대한 해결되지 않은 의무를 이미 용서한 사람들과 같이 우리도 그래야만 한다.

마지막 청원은 이중적 청원이다. 아직 우리에게 닥치지 않은 악에 직면하여 하나님의 도움을 구하는 것이 그 하나이다. **우리에게 시험의 시간이 오지 말게 하옵시고, 하지만 악한 위기에서 우리를 구하소서.**혹은 악에서 여기서탈무드에서 발견된 유대인들의 저녁과 아침 기도에서의 유사한 청원에서와 같이 시험과 악은 동등한 용어이고 우리의 하나님과의 관계를 위험에 빠뜨릴 수 있는 모든 것을 가리킨다. 마지막 청원을 기도할 때, 우리는 하나님께 이 관계를 보호해달라고 요청한다. **우리의 믿음을 매몰시킬지도 모르는 상황 속으로 우리를 이끌지 마시고 오히려 우리를 기다리고 있는 매일의 위기에서 우리를 구하옵소서.**cf. 딤후4:18; 벧후2:9; 시락33:1

6:14-15 용서와 기도

기도에 관한 이 섹션을 마무리하는 말씀은 주님의 기도의 다섯 번째 청원의 주제로 되돌아간다. 때때로 거룩한 법의 문장이라는 표시가 붙은 형태를 사용하여 예수는 하나님의 용서와 인간의 용서를 정확한 점에서 서로 관련시킨다.

너희가 용서하면 하나님이 용서하실 것이다.

너희가 용서하지 않으면 하나님이 용서하지 않으실 것이다.

마가복음 11장 25절에서 부분적인 병행기사가 발생하는데 이곳의 말씀이 기초일 수도 있고 그렇지 않을 수도 있다. 자비에 관한 팔복의 토론에서 이미 주목한 바와 같이 지적되는 요점은 우리가 하나님의 용서를 받을만한 우리 자신을 만들거나 입증해야만 하는 것이 아니다. 마태는 신약성서의 다른 곳에서 표현하고 있는 하나님의 용서는 우리의 서로간의 용서에 선행하고 그 기초가 된다는 견해에 동의한다.마26:28, 18:23-35 예수의 말씀의 요점은 우리가 다른 이들의 악행침해자에 대하여 반응하는 방식과 우리 자신의 악행에 반응하시는 하나님의 방식 사이의 상호 관계가 있어야만 한다는 것이다. 우리가 다른 이들과의 관계에서 용서를 실천하기를 거절한다면, 우리는 우리 자신의 삶에서도 역시 하나님의 용서를 무효로 하는 것이다.

금식의 실천 6:16-18

6장 1-18절의 마지막 말씀은 금식의 실천을 다룬다. 기도와 마찬가지로, 금식은 유대인의 삶에서 중요한 부분을 차지했고 때로는 기도에 대한 보조라고 생각되었다. 속죄의 날과 같이 나라 전체가 참여했던 주요한 금식에 더하여 금식은 다양한 사람들과 그룹에서 개인적인 훈련으로 관찰되었다. 바리새인들은 일주일에 두 번, 월요일과 수요일에 금식했다.눅18:12; 디다케8:1 참조

금식은 후회나 회개의 표시인 슬픔이나 비탄의 표현 혹은 하나님 앞에서의 겸손의 표시가 될 수 있었다. 이 관련 때문에 사람들의 금식은 종종 이들의 외모에서 슬퍼하는 사람의 흉내를 냈다. 이들은 베옷을 입고 자신의 머리에 재를 뿌리고, 머리나 몸에 기름을 바르지 않은 채 낯을 씻지 않고 나가 일반적으로 슬픈 표정을 지었다. 이것이 대중적으로 사람의 경건에 주의를 끄는 또 다른 기회가 되었다는 것은 두 말할 필요가 없다. 그리고 다시 한 번 예수는 날카롭게 그렇게 하는 사람들을 비난한다. 재담으로 예수는 이런 사람들이 인정을 받으려고phanosin 자신의 얼굴을 인정할 수 없도록aphanizousin 만든다고 말한다!

분명하게 금식이 예수와 제자들의 생활양식의 일부가 아니었지만막2:18 이하를 보라; 마11:18-19 예수는 그와 같은 금식을 거절하지 않는다. 우리 앞에 있는 말씀은 예수의 추종자들이 금식하게 될 적절한 시간이 있을 것이고 금식은 영적인 훈련으로서 가치를 지닌다고 가정한다. 그러나 예수는 우리가 자선과 기도에서와 마찬가지로 겉을 꾸미지 않는 방식으로 금식해야 한다고 주장한다. 음울하고 슬퍼하는 사람처럼 보이게 하는 대신 정상인 사람처럼 보이도록 하라고 예수는 말한다. 다른 모든 사람들이 하는 것처럼 머리에 기름을 바르고 낯을 씻으라고 말한다.사무엘하 12:20에서 슬퍼하는 금식을 멈추었을 때의 다윗의 행동을 참조하라 이곳에서의 예수의 권면은 2-4절과 5-6절에서 한 같은 기록으로 마무리된다. 너의 금식이 너와 하나님 사이에서 일어나는 그 무엇이 되게 하라. 그러면 하나님이 그것을 경건의 순수한 행동인 의로운 행위로 받으시고 인정하실 수 있을 것이다.

성서적 맥락에서의 본문

위선자들의 대중적 경건에 대해 비판할 때 마태복음 6장 1-18절은 다른 성서 기자들도 역시 이야기하는 문제에 몰두한다. 어떤 종류의 경건과 예배가 하나님 백성들에게 적절한가? 놀랍지 않게 이 문제는 종종 불완전한 실천과 함께 문제의 본문에서 겉으로 드러난다. 이사야 58장은 국가적 금식의 날로 야단스럽게 떠들지만 가난한 사람들을 먹이고, 일꾼들에게 남부럽지 않은 임금을 주고 또는 집 없는 사람에게 피난처를 제공하려고 자신의 생활양식을 바꾸기를 꺼려하는 사람들을 비난한다.

신약성서에서 누가복음 18장 9-14절은 개인적으로는 충분하게 기도하지만 겸손한 심령으로 하나님께 접근하기보다는 스스로를 축하하는 일로 기도하는 사람의 이야기를 해준다. 사도행전 5장 1-11절은 이 선물의 일부를 자신들의 개인적 사용을 위해 감추어 놓고 자신의 관대한 선물의 크기로 공동체를 감동시킬 방도를 찾은 한 부부에게 일어난 심판을 보고한다. 그리고 고린도전서 14장은 찬양이 단순한 무질서로 바뀌는 예배에서 다른 이들 앞에 자신의 영적 은사를 전시하기를 갈망하는 사람들에 대해 이야기한다.

이런 문제의 상황에 일반적인 것은 자아나 자아의 이미지에 대한 몰입이며, 그것은 필연적으로 경건의 실천을 왜곡한다. 대조적으로 진정한 경건의 행위는 우리 자신에게서 벗어나게 한다. 이들은 우리의 의의 비전을 확장하고 더 큰 공동체의 유익을 찾아 우리의 관심을 하나님께 집중한다.

6장 1-18절의 경건에 대한 토론 안에 하나님을 위한 특별한 이름이 적어도 열 번 사용된다. 이 이름은 마태가 특별히 좋아하는 가족적 은유인 **아버지**이다. **나의 아버지**와 **너희 아버지**에 대한 언급이 반복해서 복음서 전체에서 일어난다.7:21, 18:19, 25:34, 6:26, 10:20, 23:9 그리고 수많은 다른 구절들 참조 여기서 마태는 초기 기독교 문서에 널리 보급된 말의 현상을 반영한다.특별히 요한과 바울의 작품들을 보라

하나님의 이름을 위한 이 **아버지**의 사용은 더 이른 성서 언어에 기초하지만 두 가지 대목에서 이것을 넘어간다. 첫 번째 아버지의 이미지는 구약성서에서 하나님에 대해 언급하는 많은 방식들 가운데 하나일 뿐이고 거기서 상대적으로 드문 한 가지이다. 그러나 마태복음과 대부분의 신약성서에서 **아버지**는 분명하게 하나님을 위한 **주된** 이름이 되었다.

두 번째 아버지로 하나님을 아는 것의 의미에 변화가 있다. 히브리 성서는 일반적으로 백성인 이스라엘과 하나님의 언약 관계를 표현하는 이미지를 사용한다.사64:8-9; 렘31:9; 호11:1-2; 희년서1:24-25 참조 그러나 기독교 공동체에게 **아버지**는 백성인 우리가 속한 분일

뿐만 아니라 우리가 예수 그리스도를 통해 친밀하고 가족적인 방식으로 아는 분이다. 바울은 아버지를 로마서에서 간결하게 진술한다. "우리가 아바 아버지라고 부를 때 성령이 우리의 영과 함께, 우리가 하나님의 자녀임을 증언하십니다."8:15-16, 8:9-17 참조; 갈3:25-4:7

교회생활에서의 본문

마태복음 6장 1절 이하는 수많은 방식으로 기독교 경건 실천에 영향을 주었다.Luz: 360-61, 366, 372-74, 387-88 참조 사람들이 기대하듯이 이것은 종교적 경건에 대한 고도로 개인적이고 사적인 접근을 장려했는데 강점과 약점을 모두 가진다. 이처럼 경건주의자들은 기도하기 위해 골방으로 들어가라는 예수의 권면에서 적은 가정 모임에서 예배드리는 것에 대한 지지를 발견했다. 본문이 역할을 했던 또 다른 요점은 기도에서 공허한 말들을 되풀이하는 것에 대한 비판을 제공하는 것에 있다. 많은 그룹들은 계속해서 이런 저런 기도의 공식을 따라다니는 기독교 기도들을 비난하는 기초로 이 말을 이용했다.

그러나 모든 것 가운데 가장 중요한 것은 6장 9-13절의 주님의 기도에 대한 영향인데 이 기도는 분명히 기독교 세계에서 가장 많이 사용된 기도이다. 2세기 초의 한 작품은 신자들로 하여금 이 기도를 하루에 세 번씩 하게 하였고디다케8:3 초기에 기독교 의식의 정기적인 부분이 되었다. 예배에서의 사용을 넘어 주님의 기도는 영적 본질에 대한 의미 있는 자료로서 기여했다. 많은 그리스도인들이 마틴 루터가 다음과 같이 쓸 때 그의 의견에 동의했을 것이다. "오늘까지 나는 어린아이와 같이 주님의 기도에서 젖을 먹고 노인으로서 이것에서 먹고 마시지만 결코 주님의 기도로 나는 충분히 먹었다고 할 수는 없다."Luz: 374에서 인용

우리가 우리 자신의 삶에서 기도의 의미와 실천으로 씨름할 때 본문은 적어도 우리를 위한 다음 세 가지 문제를 제기한다.

⑴ 기도의 진정한 목적은 무엇인가. 마태복음 6장을 기초로 한 이 질문에 대한 정확한 대답은 하나님과의 소통이다. 또 다른 의제를 가진 기도는, 그것이 유창하거나 우리 동료 예배자들에게 설교하려는 시도이건 간에 진정한 기도로서의 자격을 갖추는 데 실패한다.

⑵ 기도에서 하나님께 이야기하는 바른 길은 무엇인가? 예수는 그의 청중들을 **아버지**인 하나님께 기도하도록 초대한다. 왜냐하면 이 이름이 하나님께 사랑과 열린 접근을 뜻

했기 때문이다. 오늘날 많은 그리스도인들에게 이것은 여전히 마찬가지이다. 그러나 다른 이들에게 **아버지**로서의 하나님의 배타적인 남성의 이미지로 말미암아 실제로 기도에서 하나님을 가까운 분으로 느끼는 데 방해가 된다. 어떻게 공동체적인 기도에서 우리가 하나님이라 부를 때 이 장애물을 극복할 수 있는가?

⑶ 기도를 위한 적절한 초점은 무엇인가? 모든 사람들에게 너무 자주, 우리가 드리는 기도들이 생일에 원하는 품목들과 감사의 기록과 현저하게 유사한 것들을 지니게 된다. 그러나 주님의 기도에서 우리는 우리 자신의 의제에 앞서 하나님의 의제를 위해 기도하고 나의 필요보다 우리들의 필요를 말한다. 두 가지 요점에서 이 기도의 모범은 우리에게 많은 것을 가르쳐준다.

집중된 삶

마태복음 6:19–7:12

사전 검토

5장 17–48절과 6장 1–18절에서 말하는 의의 문제는 6장 19–7장 12절에서 더 깊은 주목을 받는다. 이 항목에서 우리가 발견하는 말씀은 적어도 두 가지 관점에서 앞선 항목의 말씀과 다르다. ⑴ 이들은 서로에게 그리고 5장 17–48절의 반명제와 6장 19–7장 12절의 경건에 관한 말씀들보다 더 큰 맥락에서 훨씬 더 느슨하게 연결되어 있다. ⑵ 이들은 예를 들어 우리가 잠언과 시락서에서 발견하는 지혜 말씀 유형인 앞선 말씀들과 크게 다른 문학적 유형에 속한다.

이 말씀들은 특별한 상황에서 우리가 행동하는 바른 방식을 위한 규범들을 제공한다기보다는 전체적으로 우리의 삶을 향하게 하는 바른 방식에 관한 더 넓은 종류의 권면을 제공한다. 이 항목 전체를 흐르는 것은, 많은 하지 말라는 진술들인데 이 진술들은 우리의 삶이 지향하는 잘못된 방식들을 지적한다. 예수는 우화를 비롯하여 격언과 수사학적 질문들을 포함하는 다른 다양한 자료들과 함께 이 금지들을 지지한다. 예수의 가르침과 막4:30–32; 마20:1–16; 눅13:6–9 참조 초기 지혜 자료에서잠6:6–8, 30:24–28; 욥12:7–10 이들이 어느 곳에나 있는 자연과 일상의 삶에서의 예들이 이곳에 많이 있다. 이 항목의 마지막에서7:12 우리는 이 설교의 전체 중심 섹션을 위한 요약으로서 기여하는 말씀을 발견한다. 거기서 마태는 5장 17절에서 시작했던 율법과 예언자의 문제를 다룬다.

6장 19절–7장 12절의 거의 모든 말씀에 대해 우리는 누가복음의 병행기사를 발견한다. 이 병행의 말씀들 가운데 어떤 것은 누가의 평지 설교에서 나타난다.[눅6:31,37-42] 그러나 다른 예에서 이 병행의 말씀들은 다른 문맥에서 나타나고[눅11:33-36, 12:22-34, 16:10-13 참조] 뒤에 숨은 전통에서 또한 다른 배경을 가졌을 수도 있다. 그 다음 다시 한 번 우리는 다양한 문맥에서 예수의 말씀을 선택하고 어떤 주제들을 고조시키는 특별한 방식으로 이 말씀들을 배열하는 편집자로서 일하는 마태를 발견하게 된다. 도마의 복음으로 알려진 2세기 외경 작품에서 발견되었던 수많은 병행의 말씀들 역시 주목할 만한 가치가 있다.[G. Thom. 2,24,26,36,47,76,92-94] 이것은 우리 앞에 있는 말씀들이 매우 가치 있고 초기 교회에 널리 순환되었다는 사실을 굳게 한다.

우리는 이미 6장 19절-7장 12절이 어느 정도 느슨한 조직의 유형이라는 것에 주목했다. 표면적으로 이것은 마태가 이 항목을 다양한 주제들에 관한 말씀을 위한 포괄적인 섹션으로 사용한 것처럼 보인다. 그러나 자세히 조사해보면 적어도 이 말씀들 서로와 이 설교의 나머지들과 이어진 두 가지 주제의 연관성이 밝혀진다.

첫째, 모든 말씀들은 한 가지 혹은 다른 방식으로 6장 5-15절의 기도에 관한 예수의 가르침을 다루는 문제 혹은 더욱 특별하게 주님의 기도의 주제와 연결된다. 예를 들면 먹을 것과 입을 것에 대한 걱정에 관한 6장 25-34절의 말씀은 일용할 양식을 위한 청원과 연결되고 7장 16절의 다른 사람을 판단하는 것에 관한 말씀은 6장 14-15절의 용서에 관한 훈계와 연결된다.

둘째, 우리 앞에 있는 항목의 모든 말씀은 제자로서의 우리의 삶에 초점을 다룬다. 소유에 매이는 것, 우리의 필요에 대한 염려, 혹은 다른 사람의 흠을 잡는 것을 거부하면서 우리는 하나님께 삶의 초점을 맞추어야만 하고 하나님의 통치와 의를 구해야 한다.[6:33]

개요

하나님을 당신의 초점이 되게 하라, 6:19-24

하나님의 선하심을 신뢰하라, 6:25-34

다른 이들의 허물에 초점을 맞추지 말라, 7:1-6

하나님의 선하심을 신뢰하며 기도하라, 7:7-11

요약한 하나님의 뜻, 7:12

주석적 해설

하나님을 당신의 초점이 되게 하라, 6:19-24

19-24절에서 우리는 하나의 초점을 가진 삶의 주제를 발전시키려고 사용한 세 개의 말씀들의 덩어리를 발견한다. 이 덩어리는 19-21절의[눅12:33-34 참조] **보물**에 관한 말씀으로 시작되는데 이것은 6장 1-18절의 **보상** 주제를 발판으로 삼는다. 이 설교 전체에서 그러듯이 예수는 어떤 일을 다른 일과 대조하는 것으로 자신의 요점을 만든다. 한 종류의 보물은 의복과 귀금속과 같은 금고에 가득한 땅에 쌓아둔 것이다. 이런 종류의 보물들의 문제점은 모두가 너무 쉽게 망가진다는 것이다.[사51:8; 약5:2-3; 욥24:15-16, REB 참조] 아름다운 의복은 종종 좀이 슬거나 벌레 먹는다.[녹이라고 번역된 말은 애벌레 상태의 곤충을 가리킨다; 말3:11 LXX 참조] 그리고 귀금속은 금고를 보관하는 창고를 도둑이 뚫고 들어오면[문자적으로: 벽을 파고 들어오면] 쉽게 잃어버릴 수 있다.

대조적으로 **하늘에 있는 보물**은 망가지지 않는다. 유대인의 작품에서 하늘의 보물은 자주 율법을 지키거나 자비로운 행동과 연관되고[시락서29:11-12; 토비아스4:7-11; 딤전6:17-19 참조] 마태는 이것을 마음과 연결시킬 수 있었다.[6:1-18 참조] 그러나 전체적인 말씀의 요점은[21절을 보라] 우리가 가장 귀하게 여기는 것이 소유물보다 하나님이 아닌 것은 아니지만 좋은 것들을 하늘에 쌓아두어야 한다는 것이다. 로버트 구엘리히[Robert Guelich] 말하듯이 "사람의 **보물을 하늘에** 둔다는 것은 전적으로 자신을 **하늘**에 있는 것, 즉 **하나님의 주권적인 규칙**에 복종시키는 것을 의미한다."[Guelich: 328]

22-23절에 이어지는 말씀은 눈과 빛과 어둠에 관하여 말한다.[눅11:33-36; 막4:21-23] 한 해석에 따르면 이 말씀은 우리에게 이기적, 소유적인 관점으로 인생을 보지 말라고 경고한다. **성한** 눈이 후하고 관대한 태도로 다른 사람을 보는 것인 반면 **성하지 않은** 눈은 비열하고, 인색하거나 탐욕스러운 눈을 가리킬 것이다.[신15:9; 시락24:8-10 참조]

그러나 더 적절한 해석은 예수가 하나님 뜻의 분명한 비전을 다루고 자신의 요점을 주장하고자 비유를 말하는 것이다. 우리가 성한[건강한] 눈을 가질 때 우리의 세상은 빛의 세상이고 우리는 분명하게 보고 걷는다. 그러나 우리의 시선이 성하지 못하면[건강하지 않은] 삶은 어둡고 흐릿한 사건이 된다. 이런 식으로 예수는 영적인 영역을 암시한다. 우리가 하나님의 뜻을 단지 공허한 것으로 인식한다면, 삶은 매우 어두워질 것이다! 반면 우리의 비전이 하나님께 맞추어져서 하나님께서 비춰주신다면[T. Iss. 4:1-6 참조] 우리의 삶은 빛으로 가득할 것이다.

24절에서 발견된 세 번째 말씀에서[눅16:13 참조] 예수는 하나님께 집중된 삶을 위한 경우를 만들고자 또 다른 실례를 사용한다. 이번에는 비유가 하인과 고용된 종의 세상, 즉 주인 혹은 고용주와의 관계에서 나온다. 두 주인 사이의 사람의 기본적인 충성을 구분하는 것은 단순히 일하지 않는 것이라고 예수는 말한다. 우리는 불가피하게 하나를 다른 하나보다 더 좋아하게 될 것이며이것이 이곳에서의 '사랑하다' 와 '미워하다' 라는 동사가 의미하는 것이다 혹은 다른 하나를 실제로 업신여기고 한쪽을 중히 여길 것이다.

이 모든 것을 믿음의 세계에 적용하는 것은 마지막 구절에서 발생한다. **너는 하나님과 재물**KJV: 맘몬**을 아울러 섬길 수 없다.** 재물로 번역된 단어mamona는 재산, 돈, 소유를 포함하는 모든 종류의 물질적 소유를 가리킨다. 여기서 우리는 19절에서 소개되었던 보물의 주제로 되돌아가서 예수는 다시 삶에서 우리의 우선권에 대한 분명한 양자택일에 직면하게 한다. 우리는 우리의 재물에 헌신할 것인가? 아니면 하나님께 헌신할 것인가?

하나님의 선하심을 신뢰하라, 6:25-34

19-24절의 더 짧은 선언과 달리, 25-34절의 말씀은 장황하게 발전된다.눅12:22-31의 병행기사 참조 **~하지 말라**는 진술로 시작한25절 예수는 금지와 관련되고 명확한 대안을 제공하는31-33절 금지를 지지하는 일련의 요지를 제공하고 전체 토론에 대한 해설로 끝을 맺는다.34절

걱정하지 말라는 금지는 **'~에 대해 걱정하다'** 혹은 **'~을 따라 애쓰다'** 를 위미할 수 있는 그리스어 동사를 번역한 것이다. 우리 앞에 있는 말씀에서 두 사고는 현재와 개연성이 있다. 삶에 대한 걱정이 충분한 먹을 것과 입을 것을 얻는 것에 몰두하도록 이끌게 하시 밀라. 그러나 예수는 이것을 훨씬 더 시적인 방식으로 말한다.

목숨을 부지하려고 무엇을 먹을까 ,
몸을 감싸려고 무엇을 입을까 걱정하지 말아라.
목숨이 음식보다 소중하지 아니하냐?,
몸이 옷보다 소중하지 아니하냐?

여기서 이 수사적인 질문은 예라는 대답으로 초대한다. 동시에 우리를 의아하게 만든다. 목숨이 어떻게 음식과 의복보다 **중한가?** 33절에 이르러서야 비로소 우리는 본문의 대답을 발견한다.

삶에 대한 걱정스러운 접근에 반대하려는 것을 설명하는 토론에서 예수는 먼저 **음식**을 다룬 후에 우리에게 **새를 보라고** 몰아간다.26절의 보라와 28절의 '살펴보다' 라는 동사는 자세한 관찰을 암시한다. 누가복음 12장 24절이 새를 까마귀와 동일시하는 반면 마태복음의 말

씀은 성서의 일반적인 표현인 **하늘의 새** 혹은 **공중 나는 새**로 더욱 일반적으로 말한다.창1:26; 욥12:7; 마8:20 참조 어떤 경우든, 예수는 그의 청중들을 하나님이 새를 돌보시는 방식에서 배우라고 초대한다.욥38:41; 마10:29–31; 솔로몬의 시편5:8–10 참조 공중의 새를 보아라. 씨를 뿌리지도 않고, 거두지도 않고, 곳간에 모아들이지도 않으나, 너희의 하늘 아버지께서 그것들을 먹이신다. 너희는 새보다 귀하지 아니하냐?

27절은 또 다른 수사적인 질문으로 첫 번째 논의를 강화하면서 보충설명과 같이 읽는다. 사람들은 본문을 **사람의 키에 한 자**cubit**를 더할 수 있느냐고** 번역할 수 있다.대략 18인치 그러나 예수가 짧은 시간에 대하여 언급하려는 비유적인 방식에서 '한 자' 라는 말을 사용했을 가능성이 높다. 그렇다면 우리는 예수의 질문을 바꾸어 말할 수 있다. 양식에 대해 걱정하는 것이 무슨 소용이 있는가, 그렇게 할 때 사람의 **수명을 단 한 시간이라도 더할 수 있을 것인가?**

두 번째 주된 논의에서28–32절 예수는 의복에 대해 말하면서 우리의 관심을 **들의 백합화**로 향하게 한다. 인용된 이 말씀은 특별한 꽃아마도 아네모네을 가리킬 수 있거나 단순히 일반적인 들꽃시편103:15 참조을 가리킬 수도 있다. 어떤 경우이든, 우리는 여기서 정원에서 키운 꽃보다는 색채가 풍부한 잡초를 다루고 있다. 이런 꽃의 덧없는 본질은 30절의 배경 음악이다.시90:5–6; 사40:6–8 참조 거기서 이들은 땔감으로 사용될 운명을 지닌 들풀로 묘사된다. 그럼에도 예수는 이들의 아름다움이 솔로몬의 영화왕상9:26–10:29 참조를 능가한다면서 이들 자신의 노력을 통한 것이 아니라고 말한다. 이 꽃들을 입히고 이들에게 아름다움을 주시는 분은 하나님이시다.

26절에서와 같이 예수는 더욱 작은 것에서 더 위대한 것을 논함으로써 자신의 입장을 밝힌다. 하나님이 영원히 지속될 가치를 지니지 못한 들풀을 입히신다면 하나님이 **너 역시 입히지 않으시겠느냐 믿음이 적은 자들아?** 마지막 구절은 약하거나 깨어지는 믿음을 표시하는 마태가 선호하는 표현이다.8:26, 17:20 참조 여기서 믿음이 적은 자들이란 이들의 걱정이 하나님의 섭리를 신뢰하는 것을 방해하는 사람들을 가리킨다.

31–33절에서 **걱정하지 말라**는 명령을 다시 말할 때 예수는 걱정에 수반되는 불안한 질문들 몇 가지를 열거한다. 이후에 예수는 이런 질문들로 억제된 삶과 이런 질문들이 다른 방식으로 이들의 대답을 발견하는 삶을 대조하려고 진행된다. 우리가 언제나 물질적인 필요들에 몰두해 있다면 우리는 이방인과 같이 행동하는 것이라고 예수는 말한다.공동체의 외부 사람들처럼 우리는 하나님이 이미 우리의 필요를 알고 계신다는 사실을 잊었다.6:7–8 참조 한편으로 우리의 노력이 하나님 나라를 위한 노력이라면 우리는 우리의 **모**

든 필요가 하나님이시기 때문에 채워주실 것을 안다.빌4:6; 벧전5:7 참조 여기서 마침내 우리는 삶이 어떻게 음식과 의복보다 중한지를 배운다.25절 참조 우리의 모든 행동을 다스려야 하는 추구는 이 세상에서 하나님의 법을 위한 추구이고 우리의 삶에서 하나님의 뜻을 위한 추구이다.

위에서 주목한 바와 같이 34절은 걱정에 관한 논의에 대하여 해설을 제공한다. 누가복음의 병행구절을 놓친다면, 이 선언은 앞선 논의에 대한 실용적인 논변을 제공한다. 어떤 학자들은 이 구절에 대한 온건하고 낙관적인 해설을 제안한다. 내일 걱정은 내일이 맡아서 할 것이다. 한 날의 괴로움은 그 날에 겪는 것으로 족하다. 그러나 다른 해석자들은 예수의 말씀에서 빈정대거나 비관적인 어조를 발견한다. 오늘의 문제를 다루는 것은 충분히 힘겹다. 내일의 걱정을 오늘에 더하지 말라! 어떻게든 본문은 우리에게 한 번에 하루를 살라고, 그리고 미래에 대하여 걱정하는 것에 굴복하지 말라고 충고한다.

다른 이들의 허물에 초점을 맞추지 말라, 7:1–6

6장 19절에서 7장 12절의 모든 자료들 가운데 7장 1–6절의 말씀은 말씀의 다른 그룹 가운데 어떤 것보다 그 나머지와 현저하게 다르다. 판단하지 말라는 교훈은눅6:37–42; 막4:24–25 참조 하나님을 우리 삶의 중심으로 삼으라고 재촉하는 교훈보다 다른 의제를 다루는 것처럼 보인다. 그러나 앞선 말씀 못지않게 7장 1–16절의 예수의 말씀은 하나님 나라의 초점에서 우리를 벗어나게 할 수 있는 삶의 유형을 비난한다. 여기서 한결같은 믿음과 헌신에 위협이 되는 것은 우리 자신의 제자도에 참여하는 것보다 다른 이들의 허물을 찾으려는 것이다.

이 말씀은 하나님이 지금 우리가 남을 판단하는 것처럼 마지막 날에 가혹하게 심판하실 것이라는 경고와 더불어 또 다른 **~하지 말라**는 진술로 시작한다. 비슷한 말씀이 수많은 유대교와 기독교 작품들에서 발견될 수 있다. 이 같은 하나는 미쉬나의 소타 1장 7절이다. "어떤 사람이 할당한 척도로 그에게 다시 측정될 것이다." 기독교 지도자들에게 더욱 친숙한 것은 로마서 2장 1절의 바울의 진술이다. "그러므로 남을 심판하는 사람이여, 그대가 누구이든지, 죄가 없다고 변명할 수 없습니다. 그대는 남을 심판하는 일로 결국 자기를 정죄하는 셈입니다. 남을 심판하는 그대도 똑같은 일을 하고 있기 때문입니다."약4:11–12, 5:9 참조

3–5절에서 예수는 과장법을 선호하는 또 다른 본보기를 우리에게 제공하면서 흠잡는 사람의 위선을 강조한다. 남을 판단하는 이들은 자신들의 눈에는 들보를 가지고 있으

면서 남의 눈 속의 티를 제거하는 것을 자신의 사명으로 만드는 도덕적 광신자로 묘사된다! 이 구절들에서 이 이미지는 6장 22-23절에서 보았던 눈에 관한 이전의 논평을 상기시키고 마태가 다음과 같이 말하는 것은 무리가 아니다. 여기에 또 다른 건전하지 않거나 비뚤어진 시각이 있다.

5장의 요약한 훈계는 두 가지 방식으로 이해될 수 있다. 우리가 **처음**과 **나중**에 공정하게 똑바른 방식으로 읽는다면 예수는 우리에게 우리 자신을 고친 후에 남의 허물을 다루는 것이 허용된다고 말한다. 그러나 예수는 실제로는 비꼬는 말을 하고 있다. 너희의 주요 관심사는 남의 것이 아니라 너 자신의 결점이 되어야 한다. 이 모든 것에서 예수가 거절한 행동은 비난할 준비를 하고 판단하는 마음을 가진 남들과 관련된다는 사실에 주목하는 것이 중요하다. 믿음의 공동체에서 서로 돌보는 책임은 또 다른 문제이다.[마18장]

6절의 선포는 복음서에서 가장 알기 어려운 말씀 가운데 하나이다. 이곳에서만 생기는 것으로 마태의 자료에서 판단에 관한 이전의 말씀들에 덧붙여졌거나 그렇지 않을 수도 있다. 비교적 분명해 보이는 이 말씀에 대한 유일한 특징은 교차대구법적 구조이다.[a b b' a']

a. 거룩한 것을 개에게 주지 말고,

b. 너희의 진주를 돼지 앞에 던지지 말아라,

b'. 그들이[돼지] 발로 그것을 짓밟고, 되돌아서서,

a'. 너희를[개] 물어뜯을지도 모른다.

다소 더욱 시험적으로 우리는 이 말씀의 핵심어의 가능한 의미를 확인할 수 있다. 개와 돼지는 모두 부정한 짐승으로 간주되었고[벧후2:22 참조] 유대인의 세계에서 이방인에 대한 일반적인 은유였다.[마15:26 참조] 같은 방식으로 **거룩한 것**은 정한 음식을 묘사하는 레위기의 언어를 반영하는데 이 음식을 외부인이 먹는 것은 허락되지 않았다.[레22:10 참조] 그리고 진주는 어떻게 해서든 가치 있는 것을 의미한다.[마13:45-46 참조]

어려운 과제는 이 모두가 무엇을 의미하는지를 결정하는 것이다. 어떤 면에서 이 말씀은 이방인들에 대한 선교에 반대하는 금지의 역할을 할 수 있었다. 그러나 현재의 본문에서 이런 기능을 한다고 보기 어렵다. 대부분의 해석자들은 다음 두 가지 가운데 하나로 결론을 내린다. (1) 우리는 솔직하게 이 말씀이 마태와 그의 공동체에게 의미하는 것을 모른다. 혹은 (2) 이 말씀은 판단에 관한 이전의 말씀을 점검하는 데 기여한다. 후자의 경우 예수는 공동체에 어울리지 않을지라도 우리가 믿지 않는 이들 혹은 배교자들에게 관련되는 방식에서 판단이 필요하다고 주장하는 것이 될 것이다.

더 그럴듯한 해석은 이 말씀이 판단하지 말라는 예수의 권면의 주요 주제를 이어나가고 있고 **거룩한 것**과 **진주**는 교회에서의 서로간의 관계를 가리킨다는 것이다. 그렇다면 우리는 이 말씀을 이렇게 바꾸어 말할 수 있다. 세상이 너에게 돌아서서 너의 약함을 이용해 먹지 않도록 적대적인 세상 가운데서 서로 비난하지 말라. 유사한 것들이 고린도전서 6:1-8에 나타나는데 그곳에서 바울은 그리스도인들이 이방 법정에서 서로에 대해 소송하지 말라고 훈계한다.

하나님의 선하심을 신뢰하며 기도하라, 7:7-11

우리가 이미 검토했던 이 말씀과 대조를 이루어, 7장 7-11절의 자료는 금지를 중심으로 다루지 않는다. 대신 예수는 이들의 모든 필요와 함께 하나님에게로 돌아서라고 격려하면서 적극적인 조치를 취하라고 그의 청중들에게 권고한다. 눅11:9-13 참조 집중된 삶은 이처럼 6장 5-15절에서 이야기된 주제인 기도의 삶으로 정의된다. 일련의 두 짧은 진술을 가진 7-8절의 이 말씀은 대칭 유형으로 정돈된다. abc, a' b' c' 성서의 어느 곳에서나 들리는 말씀처럼 들리지만 잠8:17; 렘29:12-13; 막11:24 참조 예수는 우리에게 하나님이 구하고 찾고 두드리는 사람에게 응답하신다는 것을 확신시켜준다.

이 약속을 지지하려고, 예수는 9-10절에서 발견되었던 수사학적 질문을 소개한다. 여기서 예수 당시의 빵 한 덩어리는 종종 돌의 모양처럼 둥글고 납작했고 게다가 뱀과 닮은 먹을 수 있는 뱀장어 같은 물고기가 있었다는 사실에 주목하는 것이 도움이 된다. 이 두 질문에 대한 분명한 대답은 이런 것이다. 아니다. 어떤 부모도 필요한 것을 요구하는 자녀에게 단지 진짜인 것처럼 보이는 쓸모없는 선물을 줌으로써 조롱하지 않을 것이다. 그 다음 11절에서 예수는 작은 것에서 큰 것에 이르는 주장을 한다. 전에도 그랬던 것처럼 너희가 악해도 너희 자녀에게 좋은 것을 줄 줄 알거든, 하물며 하늘에 계신 너희 아버지께서, **자신의 자녀들**에게 좋은 것을 주지 아니하시겠느냐?

요약한 하나님의 뜻, 7:12

7장 12절에서 발견되는 말씀은 친숙한 황금률이다. 누가복음의 병행기사에서 이것은 원수 사랑에 관한 말씀들 사이에 있다. 눅6:31 참조 그러나 마태는 5장 17절에서 7장 12절의 이 설교의 중심 섹션 전체를 요약하는 말씀으로 사용한다. 사실 7장 12절은 5장 17절과 문학적 인클루지오를 형성한다. 처음에 우리에게 그가 율법과 예언자를 완성하러 왔다고 말한 후에 예수는 7장 12절에서 우리에게 이들의 의미가 우리가 이 법에 따라 살 때 성취될 것이라고 말한다.

이 말씀과 유사한 것들은 유대와 다른 원천들 모두에서 고대 세계에 많이 있다. 가장 알려진 공식 가운데 하나는 이른바 예수와 동시대 인물인 힐렐이 한 발로 서 있을 동안에 토라를 요약해달라는 요구를 받았을 때 한 대답이다. "무엇이든 너를 불쾌하게 하는 일을 네 이웃에게 하지마라. 이것이 전체 율법이고 다른 모든 것은 이에 대한 해설이다."bShab. 31a; 토비아스서 4:15 참조; 디다케1:2b 부정적이라기보다 긍정적으로 진술된 유사한 말이 시락서 31장 15절에 나타난다. "네 이웃의 기분을 너 자신이 판단하지 마라, 그러면 모든 문제들이 사려 깊을 것이다."에녹2서61:2 참조

본질적으로 황금률은 이기주의나 상식에 기초한 윤리에 대한 호소로서 해석될 수 있다. 그러나 현재의 본문에서 황금률은 그 이상이다. 마태는 분명하게 이 말씀을 예수가 산상수훈에서 가르쳤던 모든 것에 대한 요약으로 본다. 그러므로 남에게 대접을 받고자 하는 대로 남을 대접하는 것은 예수가 그의 추종자들에게 명령했던 사랑의 길을 실천하는 것이다.

성서적 맥락에서의 본문

6장 19절에서 7장 12절의 말씀은 성서 이야기에서 몇 개의 핵심 문제를 건드리는데 이 가운데 하나는 부와 소유에 관한 주제이다. 구약성서와 연관된 유대의 작품들에서 우리는 부에 관한 크게 다른 평가들을 발견한다. 많은 구절들이 부는 가난보다 낫다는 점을 분명히 하면서 부에 대해 호의적으로 말한다.잠10:15, 15:6; 출31:12 부는 일반적으로 사람들이 하나님과 바른 관계 안에서 살아가고 있다는 확증으로 하나님의 축복의 표시로 간주된다.신28:1-14; 시1:1-3, 112:1-3 그러나 다른 본문들은 부를 매우 비평적으로 바라본다. 이 본문들은 부에 대한 추구가 어떻게 사람을 너무도 사로잡아 믿음과 삶을 파괴하는지를 지적한다.시락서31:5-8; 잠30:8-9 그리고 가난한 자들을 착취하거나 억누르는 것으로 획득한 부는 세차게 비난을 받는다.암5:11-12, 8:4-6; 시락서13:3-4, 14:3-10; 에녹1서94:6-9

신약성서 기자들이 이 논의 안으로 들어올 때, 이들은 문제가 되는 부의 측면에서 심하게 실추시킨다. 확실히 부에 대한 무조건적인 거절은 없고 자신의 풍부함을 교회의 유익을 위해 사용하는 사람은 모범으로 확정된다.행4:32-37; 롬16:1-2; 고후8-9장 그러나 대부분의 관련된 본문들은 우리가 구약성서에서 발견하는 부의 이중적 비평을 반영한다. 부는 억압과 무감각과 연관되어 있다.약2:6-7; 5:1-6; 눅6:24장, 16:19-31; 계18장 후자의 문제는 마태가 6장 19절 이하에서 이야기한 것이다. 거기서 예수는 우리가 맘몬을 섬기는 삶과 하

나님을 섬기는 삶 사운데 선택해야만 한다는 점을 분명히 한다.

하나의 초점을 가지고 살라는 예수의 부름에서 우리는 이 본문과 다른 본문들 사이의 또 다른 연결을 알게 된다. 이스라엘 역사 초기에서 우리는 여호와 앞에 다른 신을 두지 말고주님; 출20:2 온전한 전체로서 하나님을 사랑하라는 소환과 관련된신6:4–5 오래된 계명을 발견한다. 구약성서를 관통하는 주제들 가운데 하나는 하나님에 대한 충성과 경쟁하는 충성 사이에서 선택할 필요이다.Deut. 신11장; Josh. 호24장; 1 Kings 왕상18:20–40; 렘2장

갈멜 산에서 엘리야가 백성들에게 도전했던 때보다 더 이목을 끄는 말은 어디에도 없다. "여러분은 언제까지 양쪽에 다리를 걸치고 머뭇거리고 있을 것입니까? 주님이 하나님이면 주님을 따르고, 바알이 하나님이면 그를 따르십시오."왕상 18:21 이스라엘이 직면했던 선택을 예수 자신이 예수가 그의 추종자들에게서 찾는 한 마음으로 하는 헌신의 모형이 된 에피소드인 광야의 시험에서 직면한다.마4:1–11/눅4:1–12 이 모든 것은 예수가 자신의 청중들에게 먼저 하나님의 통치를 구하라는 가르침인 배경 안에 들어있다.마6:33

교회생활에서의 본문

마태복음 6장 19–34절은 시적인 언어로 되어 있으며 인용할만한 가치가 있는 본문이다. 수많은 구절들과 이미지들이 우리 본문에 들어왔다. 그러나 본문에서 제기했던 문제들을 다룰 때 교회를 위한 어려운 과업들이 있었다. 부의 문제를 이야기하는 것에서Hengel, 1974 참조 개인과 그룹들은 다음 세 가지 접근방법 가운데 하나를 선택하는 경향이 있었다.

(1) 그것이 사용되는 방법에 따라서 부는 도움 또는 방해물 가운데 하나가 될 수 있다. 그리 부유하지 못한 사람들을 도우려고 관대하게 사용된다면 많은 부는 긍정적인 선이 될 수 있다. 게다가 이것은 본질적으로 고전적인 유대인들의 입장이다.

(2) 부는 예수가 제자들과 **완전해지기**를 원하는 모든 사람들을 위해 구상한 생활양식에 부합하지 않는다. 이 접근방식은 때때로 수도 공동체의 훈련의 일부로 사람을 부에 대한 맹세로 이끈다.

(3) 부나 가난은 인간 삶을 위한 하나님의 목적이 아니라, 기본적인 욕구를 충족하고 과도함을 피하는 생활양식이다. 이 접근방식을 옹호하면서 어떤 그룹들은 "검소함" 혹은 "간소한 삶"에 대해 말했다. 우리의 소비 수준을 낮추는 생태적인 위기와 정의를 위한 자신들의 투쟁에서 가난한 사람들과의 연대를 이루려는 희망을 반영하여 보다 덜 풍부

한 생활양식에 대한 호소가 우리 시대에 증가하고 있다.

우리의 이전 분석이 드러냈듯이 부를 추구하는 것에 대한 예수의 비난의 뒤에 있는 더 큰 문제는 우리의 삶에서 **첫 번째**가 무엇이냐는 물음이다. 아무도 본문의 이 차원에 대해 네덜란드의 철학자 죄렌 키에르케고르보다 더욱 강력하게 이야기한 사람은 없다. 잘 알려진 그의 우화 가운데 하나는 이 문제를 다음과 같이 묘사한다.

> 한 부유한 남자가 어둡지만 별이 빛나는 밤에 그의 마차를 기분 좋게 몰 때 빛나는 등을 가지고 있었고 물론 그는 안전하고 어떤 어려움도 두려워할 필요가 없었다. 그는 그의 등을 가지고 그의 주변은 그리 어둡지 않았다. 그러나 바로 그가 빛나는 등을 가지고 있기 때문에 그리고 그 가까이에 밝은 빛이 있다는 바로 이 이유 때문에 그는 별들을 볼 수 없다. 왜냐하면 그의 빛이 별을 가린다. 하지만 불 없이 마차를 모는 가난한 농부는 어둡지만 별이 빛나는 밤에 찬란하게 볼 수 있다. 따라서 기만당한 사람들은 일시적인 존재 안에서 산다. 또한 삶의 필요들에 얽매여 말하자면 비치는 랜턴과 같이 이들은 너무 바빠 스스로 경치나 자신의 번영과 자신들이 가진 좋은 날들을 보지 못한다. 그리고 자신들에 갇혀 모든 것이 너무 만족하고, 너무 즐겁고, 너무 안락하지만 경치는 별들의 경치인 전망이 부족하다.1948:123

"별들의 경치"는 물론 예수가 우리에게 무엇보다 먼저 찾으라고 요구하신 하나님 나라의 비전이다. 본문에 기초한 일련의 수필들에서 키에르케고르는 하나님 나라를 먼저 구하는 것이 무엇을 의미하는지를 규명한다. 출발점으로 그는 우리가 좋은 예가 되는 새들과 백합화들처럼 하나님 앞에서 침묵함으로 배울 필요가 있다고 제안한다.

> 침묵 속에 있는 당신은 자신을 잊은 위대한 이, 당신의 이름이 무엇이든, 당신 자신의 이름, 명성 있는 이름, 불쌍한 이름, 의미 있는 이름, 하지만 침묵 속에서 하나님께 기도하기 위하여, "이름이 거룩히 여김을 받으소서!" 침묵 속에 있는 당신은 자신을 잊은 위대한 이, 위대하고 포괄적인 당신의 계획, 혹은 당신의 삶에 관한 작은 계획 그리고 그것의 미래까지 침묵 속에서 하나님께 기도하기 위하여, "나라이 임하옵시며!" 침묵 속에서 자신을 잊은 위대한 이, 당신 자신의 뜻, 침묵 속에서 기도하기 위하여, "당신 뜻이 이루어지이다!"1961:330

우리가 하나님 앞에서의 이런 기다림 속에서 우리 삶의 우선권을 발전시킨다면 부와 소유의 문제는 스스로를 돌볼 것이다.19:16-20:16에 대한 TLC도 참조

결정적인 선택

마태복음 7:13-29

사전 검토

마태복음 7장 말씀의 마지막 그룹은 에필로그로서 이전에 확인했던 산상수훈의 섹션을 구성한다. 에필로그에서 이야기하는 사람이 청중으로 하여금 적절한 행동을 하도록 도전하게 하려고 이야기의 주요한 문제를 요약하는 것은 관례이다. 이것은 분명히 7장 13-29절에서 예수가 하고 있는 일이고 이렇게 하는 것은 전형적인 방식이다.

이 설교 전체에서 우리는 분명한 대안이라는 면에서 문제들을 진술하는 유형을 관찰했다. 이곳의 자료는 같은 유형을 보인다. 다른 이미지를 따라 한 이미지를 사용하는 방식으로 예수는 넓은 길과 좁은 길, 좋은 나무와 나쁜 나무, 좋은 열매와 나쁜 열매, 듣는 자와 행하는 자, 현명한 건축자와 어리석은 건축자를 대조한다. 우리가 이 구절을 더 넓은 성서의 맥락에서 바라볼 때 우리는 두 개의 길이라는 이 이미지들을 지배하는 주제에 관한 더 깊은 논평을 하게 될 것이다. 왜냐하면 본문에서 이것의 기능을 주목하기에 충분하기 때문이며, 그것은 독자가 선택할 필요성을 가지고 본문을 대해야 하기 때문이다.

문자적으로 에필로그의 이 말씀은 지혜 권면과 예언적 훈계가 섞여 다소 혼합적이다. 이 말씀 대부분의 경우에서 우리는 누가 이야기와의 유사성을 발견한다. 다른 것들이 다른 배경에 나타나는 동안눅13:22-30 어떤 것은 평지 설교에서 발견된다.눅6:43-45,46-49 예수의 말씀을 종결하는 이어지는 우화에서 우리는 전체적인 이 설교의 이야기체의 덧붙이는 말을 발견한다.28-29절, 눅7:1; 막1:22 참조 이 결론적인 이야기의 목적은 예수가 권위 있게 가르친 이 설교 전체에서 이미 분명해진 것을 명백히 하는 것이다.

개요

두 개의 길, 7:13-14

그들의 열매로 알리라, 7:16-20

나는 너희를 도무지 알지 못한다, 7:21-23

두 집에 대한 이야기, 7:24-27

권위를 가진 분, 7:28-29

주석적 해설

두 개의 길 7:13-14

에필로그로 시작한 말씀에서 예수는 **문**과 **길**이라는 한 쌍의 은유를 사용한다.13:24의 누가복음의 병행기사에 주목하라. 그것은 "문"에 들어가는 것을 말한다. 문이라는 말은 성벽으로 둘러싸인 도시의 관문이나계22:14 참조 성전의 문들 가운데 하나와 같은시24:7-10 참조 공공의 입구 지점을 암시한다. 길은 길이나 간선 도로를 가리키는데 사람들이 어떤 목적지를 향해 여행하는 길이다. 마태가 문과 길 사이의 관계를 어떻게 이해하는지는 다소가 분명하지 않다. **문**이 길을 향해 열려 있는가? **길**이 문을 향해 이어져 있는가? 아니면 문과 길이 실제로 동의어로 사용되는가? 어떤 경우든 예수는 두 가지 다른 문과 길을 구분한다. **생명**으로 이끄는 **좁은** 문과 **비좁은** 길이 있다. 그리고 **멸망**으로 이끄는 **넓은** 문과 **널찍한** 대로가 있다.

이 모든 이미지들의 의미는 판독하기 어렵지 않다.에스드라2서의 언어의 유사한 사용 참조; T. Abr.[B] 8 이어지는 구절이 지시하듯이 **생명**이 그 나라의 또 다른 말인 반면 **멸망**은 최후의 심판을 암시한다. 상응하는 것으로 그 나라에서 생명으로 이끄는 좁은 길 혹은 문은 예수의 가르침에서 의를 설명하는 방식이다. 이것은 예수가 그의 청중에게 이들이 여행의 끝에서 **그 나라** 안으로 들어올 수 있도록 들어오라고 초대하는 문이다.5:20, 7:21 참조

본문에 따르면 단지 소수의 사람들만이 이 길을 **발견하고** 따를 것이며 대부분의 사람들은 멸망으로 향하는 넓은 길을 갈 것이다.어떤 사본에서 이 소수에 대한 진술은 감탄문으로 되어 있다. 생명으로 이끄는 길은 얼마나 좁으며, 이 길을 발견하는 이는 얼마나 적은가!이와 같은 진술의 목적은 얼마나 많은 이들이 구원을 받을 것인지에 대한 교리를 제의하는 것이 아니라 이 설교의 청중이 자신들이 들은 바에 따라 행동하도록 초대하는 것이다. 이들은 실제로 많은 사람들이 피했던 길을 **발견했고** 이들이 그 길을 따르기로 결정한 것은 결정적이다.

그들의 열매로 알리라 7:15-20

마태복음과 누가복음 모두에서 예수의 설교는 좋은 열매와 나쁜 열매에 관한 말씀을

포함한다.[눅6:43–45] 그러나 마태는 이 말씀을 교회가 직면하고 있는 거짓 예언자라는 특별한 문제에 적용한다.[7:15,22; 벧후2:1; 요일4:1; 디다케11 참조] 나중에 이 복음서에서 거짓 예언자는 종말의 고난과 연관되고[24:11–12, 24] 마태가 이런 관점에서 자신의 공동체에서 이들의 행동을 보는 것은 당연하다. 이 예언자들은 예수가 그의 제자들에게 가서 가르치라고 했던 방식[10:5–15 참조]과 마찬가지로 도시에서 도시로[이 말씀은 너희에게 왔다, 15절 참조] 돌아다니던 교사들이었을 것이다.

이 예언자들이 초기 교회의 어떤 특정한 "분파"에 연계되었는지는 확실하지 않다. 이들은 법의 여지를 남기지 않는 도덕률 폐기론자, 바리새적 영을 가진 유대 그리스도인 엄격주의자, 혹은 믿음보다 기적에 더 관심을 가진 카리스마적인 열광자 등으로 다양하게 동일시되었다. 이들이 무엇에 열중하든 거짓 예언자는 예수의 말씀을 듣고 행하는 것에 위협을 가했다. 그리고 그것이 마태로 하여금 다시 "조심하여라!"라고 말하게 한다.[6:1 참조]

거짓 예언자를 묘사하는 이 말씀은 은유의 혼합물을 사용한다. 마태에게 있는 말씀인 15절에서 우리는 이 교사들이 다른 하나님의 양떼의 다른 구성원들과 마찬가지로 나타난다는 것을 듣는다. 그러나 이리처럼 이들은 실제로는 자신의 필요를 만족시키려고 공동체를 삼키려고 나타난다.[행20:28–29; 겔22:27; 디다케16:3 참조]

거짓 예언자가 현혹시키듯이 교회는 자신을 자신의 열매와 동일시할 수 있다.[7:16,20] 16–20절의 나무와 열매의 표상은 성서의 어느 곳에서나 일어나고[마12:33–37; 약3:12; 시락서27:6; 갈5:22–23 참조] 인격과 행위의 일치를 강조한다. 우리가 하는 것이 우리가 누구라는 것을 드러낸다. 거짓 예언자들의 경우에서 나쁜 열매는 이들을 무너뜨리고 결국 심판으로 이끌 것이다.[7:19와 3:10 참조] 누가 이리냐는 것을 알기 위해 여기서 주어진 표준이 특별히 잘못된 교리나 가르침이 아니라는 사실은 주목할 만하다. 대신 이 표준은 이들의 삶이다.

나는 너희를 도무지 알지 못한다 7:21–23

자신의 청중에게 거짓 예언자에 관해 경고한 후에 예수는 21–23절에서 이들의 운명에 관한 것으로 나아간다. 이 구절들은 누가복음서에 널리 흩어져 있는 말씀들을 통합시키고[눅6:46; 13:26–27 참조] 마지막 심판에서의 장면을 묘사한다. **그날에** 거짓 예언자들은 모든 신자들과 마찬가지로 예수에게 갈채를 보낼 것이고[주여, 주여] 예수의 증언자로서의 자신들의 신임장을 열거할 것이다.[7:22, 10:1, 24:24; 막9:38–39 참조]

그러나 이들이 놀랄 정도로 예수는 이들과의 어떤 관계도 부인할 것이고나는 너희를 도무지 알지 못한다 이들을 자신의 있는 곳에서 멀리 보낼 것이다.25:12,41 참조; 그리고 시6:8a 이 가혹한 심판의 기초는 21장에서 분명히 나타난다. 이들의 기독교 고백에도 불구하고 거짓 예언자들은 예수가 상세히 설명한 하나님의 뜻을 실천하는 데 실패한다. 이것이 이들에게 불법을 행하는 자들이라는 표시를 붙인다.그리스어: anomia, 23:28에서 율법학자와 바리새인을 묘사하는 데 사용된 같은 단어 그리고 이것이 이들이 **하나님 나라에 들어갈** 수 없는 이유이다.5:19-20 참조, 7:21-23이 이것에 대해 잘 언급한다

두 집에 대한 이야기 7:24-27

예수는 비유를 말함으로써 산상 수훈을 마무리하는데, 이는 유대 교사들 사이에서는 흔한 관행이었다. 비유는 두 건축자와 이들이 세운 두 집의 운명에 대한 이야기이다. 이 이야기의 누가의 버전에서눅6:47-49 두 집은 강 근처 평원에 지어졌고 홍수가 나자 기초가 약한 집은 무너졌다. 반면에 마태는 하나는 산중턱의 반석 위에 다른 하나는 계곡의 모래 위라는 다른 두 지역에 있는 집을 상상한다. 여기서 두 번째 집의 무너짐은 바람, 맹렬한 비, 그리고 홍수가 산기슭에서 계곡으로 들이닥친 결과이다.

두 버전에서 물로 말미암아 무너지는 그림은 하나님의 심판을 가리키는 은유이다.겔13:10-16; 사28:17-18; 마24:37-39 참조 그리고 예수의 가르침은 이 비유가 심판을 피할 수 있는 우리의 삶을 세우라고 우리를 격려하는 반석이다.같은 주제가 랍비 엘리사 벤 아부야에게서 나타나는데 거기서는 선한 일과 토라에 대한 앎이 홍수에 대한 기초를 제공한다; Luz: 452 참조 이처럼 세운다는 것은 어리석은 자들이 아니라 현명한 자들 가운데 포함된다는 것이며, 이는 25장 1-13절의 열 처녀의 비유에서 다시 등장하는 주제이기도 하다.

권위를 가진 분 7:28-29

7장 28-29절에서 이 설교에 대한 간단한 이야기체에 덧붙이는 말은 5장 1-2절의 이야기체 서론에 대한 속편을 형성한다. 여기서 마태는 우리에게 무리의 존재를 상기시키고 이들의 이 설교에 대한 반응을 묘사한다. 이 덧붙이는 말은 다음 공식으로 시작한다. **예수께서 이 말씀을 마치시니….** 같은 진술이 마태복음의 예수의 다른 네 담화의 말미에 나타난다.11:1, 13:53, 19:1, 26:1 참조 병행 구절에서 이 공식은 새로운 이야기나 주제에 대한 변화로 기여한다. 그러나 7장 28절에서 이것은 **무리가 그의 가르침에 몹시 놀랐다**는 논평으로 이끄는 이 설교 자체의 이야기의 구조의 일부분이다. **'몹시 놀랐다'** 는 말은 **'압**

도당했다' 로 번역되거나 **'충격을 받았다'** 로도 번역될 수 있다.

이 반응에 대한 이유는 예수가 가르칠 때 가지는 **권위**이다. 가르칠 때 본문이나 전통에 호소했던 율법학자들과 다르게 예수는 직접적이고 권위 있는 방식으로 하나님의 뜻을 선포한다. 예수는 율법을 재 정의하고 자신의 말을 마지막 말로 만들면서 하나님을 대변한다. 이런 교사 앞에서 놀람은 청중과 독자 모두를 위해 매우 적절한 것이다.

성서적 맥락에서의 본문

어떤 사회에서 인기 있는 가정은 삶의 길들이 결국 모두 합쳐지고 같은 목적지로 이끈다는 것이다. 성서의 믿음의 세계에서는 디다케의 도입 말씀에서 전통적인 공식을 발견하는 매우 다른 가정이 지배한다. "생명의 길과 멸망의 두 갈이 있다. 그리고 두 길 사이에 큰 차이가 있다." 디다케1:1; Bam. 18:1 참조

적어도 예언자들의 시대만큼 오래된 전통에 뿌리를 둔 **두 길**의 개념은 유대 본문의 넓은 스펙트럼에 반영되어 있다. 신11:26, 30:15–20; 시1:6; 렘21:8; IQS 3:20–21; 에녹2서30:15; T. Asher 1:3–9; 그리고 잠언의 모든 책 본문의 분석에서 분명하듯이 예수의 설교의 에필로그는 이 전통의 흔적을 지니고 있다. 마태복음의 경우 여행할 수 있는 다른 두 길, 집을 세우는 두 방식이 지금 여기 있다. 그리고 이들은 대조적인 결과에 이르는 마지막으로 인도할 것이다. 25장의 종말의 비유 참조 **바른** 길을 선택하는 것은 이처럼 가장 중요한 문제이다.

에필로그가 우리를 더 넓은 성서의 대화 속으로 데려가는 두 번째 요점은 예수가 가르친 것을 **행하는 것**에 대한 강조이다. 신명기와 야고보서의 기자와 마찬가지로 마태는 구원을 받을 사람은 말씀을 행하는 자이다. 마7:21,24; 신32:45–47; 약1:22;2.24 참조 표면적으로 마태복음은 바울이 그의 서신에서 그토록 격렬하게 거절한 행함으로 구원을 얻는다는 견해를 지지하는 것처럼 보인다. 롬3:20; 갈2:16

그러나 사실 마태는 바울 못지않게 은혜의 신학을 사용하며 진행한다. 마태에게 예수의 윤리적 요구들은 하나님의 호의 안으로 들어가는 길을 오도하는 수단이 아니다. 오히려 이 요구들은 시내 산의 언약이 선물이었던 것처럼 하나님이 우리에게 선물로 알게 하신 삶의 방식을 제공한다. 일치하여 예수의 요구에 대한 우리의 순종은 하나님의 선물에 대한 신실한 반응이지만 바울이 로마 12장 1–2절에서 요구한 반응과 다르지 않다. 이것이 말씀을 행한다는 것의 본질이다.

그럼에도 7장 13–29절에서 더 깊은 논평을 초래하는 세 번째 요점은 예수의 권위의

문제이다. 무슨 권위로 예수는 하나님을 위해 말할 수 있고 율법을 재 정의하는가? 예수가 가르칠 때 행하는 것에는 특별한 역할이나 능력이 있는가? 어떤 학자들은 마태가 예수를 이스라엘 백성에게 새로운 율법을 가져오는 새로운 모세로 그리고 있다고 믿는다. 산이라는 배경이 시내 산의 계시의 기억을 일깨울지라도 예수의 권위는 모세의 권위를 정말로 능가하는 것으로 산에서 나타난다. 더욱 가능성 높은 견해는 마태가 예수를 하나님의 지혜의 개인적인 현존으로 이해하는 것이다.

구약성서 시대 늦게, 유대 작가들은 지혜를 이스라엘의 역사의 창조와 활동에서 하나님과 함께 나타난 인물로 의인화하기 시작했다.잠8:1-31; 시락서24; 솔로몬의 지혜서7:22-30; 요1:1-5, 9-13 참조 어떤 구절에서 지혜는 율법과 연관되고 자신의 박애에 와서 배우라고 사람들을 초대한다.시락서24:19-29, 51:23-30 매우 현저하게 예수 자신이 시락서와 마태복음 11장 28-30절에서 발견되었던 지혜의 언어로 말한다.다시 시락서51:23-27 참조 다른 구절들 역시 마태복음이 예수를 지혜와 동일시한다고 확신한다.11:2,19;23:34/눅11:49 참조 요컨대 하나님의 지혜가 율법 뒤에 있듯이 예수는 율법을 재 정의할 완전한 권위를 가지고 율법을 완성한다. 그리고 예수는 산상수훈에서 이 권위를 나타낸다.

교회생활에서의 본문

7장 13-29절의 성서적 맥락에서의 논의에서 우리는 이미 본문과 함께 어떤 교회의 핵심 문제를 떠오르게 하였다. 적당한 예는 교회 역사를 통해 많이 논의되었던 주제인 구원에 대한 순종의 관계가 될 것이다. 이 문제와 다른 문제 안으로 더 깊이 파고드는 것은 흥미로울 것이다. 그러나 에필로그가 이 설교를 결론에 이르게 하기 때문에 우리는 관심을 전체적으로 이 설교에 대한 교회의 접근방식에 대한 더 큰 질문으로 전환하는 것이 좋을 것이다. 세기를 가로질러 교회는 어떻게 산상수훈의 예수의 윤리를 듣고 적용해 왔는가?

해석의 역사가 밝히듯이Guelich: 14-22, Schweizer: 193-209 참조, 그리고 Kissinger와 Baumanand의 연구들 예수의 윤리는 다양한 방식으로 이해되었다. 한 가지 접근 방식은 모든 그리스도인들이 준수할 의무가 있는 가르침과 완전해지려는 소수를 위한 어려운 가르침을 구별하는 것이다. 다른 이들에 따르면 예수의 윤리의 더욱 급진적인 부분은 마주보는 관계에 있는 모든 신자들을 안내하는 것을 의미하지만 사회적 질서에서 우리가 해야만 하는 다양한 역할에 적용할 수 있는 것은 아니다. 또 다른 입장은 예수의 윤리가 신자들이 자신들의 삶의 모든 영역에서 실천해야 하는 것이고 이 신자들은 자신을 사회의 구조와 이 윤리를 타협할 수도 있는 역할에서 분리해야 한다는 것이다.

견해에서 더욱 공상적인 것은 이 설교를 직접적으로 개인적인 행위와 공동체적인 정책 모두에 적용할 수 있다는 견해를 가진 모든 인간을 위한 사회의 청사진으로 취급하는 사람들이다. 여전히 다른 이들은 예수의 의도가 모든 사람과 모든 그룹들을 위한 윤리적 청사진을 제공하는 것인가에 대해 의문시한다. 어떤 이들은 이 설교가 태도와 성향에 초점을 맞추고 있다고 주장할 것이다. 반면 다른 이들은 예수의 요구들이 우리의 범위를 너무 벗어나기 때문에 이것들이 우리가 완전하다는 희망을 포기하도록 강요하고 하나님의 자비를 바라보게 한다고 주장한다. 마지막으로 자신들이 종말의 시대를 산다고 보는 제자들을 위한 "한시적인 윤리", 혹은 예수의 천년 통치 시기의 체제를 위한 삶의 방식으로 보든 예수의 가르침을 제한된 의미에서 종말의 윤리로 보는 사람들이 있다.

참으로 다양한 견해들이 있다. 우리 자신이 이 해석의 역사 속으로 들어갈 때 가장 현명한 길은 이 설교 자체에서 우리의 실마리를 찾으려 하는 것이다. **마태**는 우리가 예수의 윤리를 어떻게 듣고 이해하기를 원하는가? 다음 일곱 개의 주제들은 이 질문에 대한 대답을 시도한다.

(1) 예수의 윤리는 하나님 나라의 윤리이다. 처음부터 끝까지 마태복음의 예수의 메시지는 하나님의 통치이다. 예수는 예수의 사역에서 이미 우리에게 가까이 다가오고 있는 종말에 역사를 포함할 하나님의 규칙을 고려하여 삶을 재정립하라고 우리에게 요구한다.

(2) 예수의 윤리는 공동체를 위한 윤리이다. 예수가 산에서 가르치듯이 예수는 자신의 말을 구현하고 세상의 빛이 될 제자들의 공동체를 마음에 그린다. 이것을 다르게 표현하면 예수의 가르침은 하나님의 통치를 환영하고 이것의 비전에 따라 살고자 하는 사람들을 위한 윤리이다.

(3) 예수의 윤리는 공동체의 법전 이상이다. 왜냐하면 하나님 나라는 교회보다 넓고, 하나님 나라의 윤리는 교회 밖의 삶과 연관된다. 예수의 윤리는 신자들이 사회에서 살라는 부르심을 받은 방식과 전 세계에서 모든 생명을 위한 하나님의 뜻을 드러내는 것 모두를 정의한다.

(4) 예수의 윤리는 행위와 태도를 함께 보유한다. 반명제들이 가리키듯이 예수는 단순히 바른 실천이 아니라 우리의 존재 전체에서 의를 요구한다. 동시에 예수는 우리에게 그가 가르치는 것을 **행하라**고 요구하고 우리의 의가 구체적이 되어야만 하는 어떤 요점들을 지적한다.

(5) 예수의 윤리는 화나도록 도발하는 윤리이다. 예수가 율법을 재 정의할 때 그는 상세한 법률 제정을 규정하는 방법을 택하지 않는다. 대신 그는 새로운 방향을 설정한다. 그 다음에 행동에 대한 새롭고 적절한 방식들을 발견하도록 우리를 **자극하는** 이야기와 언어를 사용한다.

(6) 예수의 윤리는 사랑의 윤리이다. 사랑이라는 말이 5장 43-48절까지 나타나지 않지만 예수는 여섯 개의 반명제의 처음부터 끝까지 사랑을 요구하는 것을 가르친다. 예수는 평화를 이루는 사랑, 경계를 존중하는 사랑, 헌신을 유지하는 사랑, 진리를 말하는 사랑, 악을 견디는 사랑, 모든 것을 포함하는 사랑을 요구한다.

(7) 예수의 윤리는 영성에 근거한다. 우리가 몇 가지 점에서 발견했듯이 예수의 말씀에 대한 순종은 진공상태에서 발생하지 않는다. 오히려 이 순종은 신뢰와 기도의 삶에서 싹튼다. 이것을 다르게 표현하면, 먼저 하나님의 나라를 구하고 그 나라가 임하는 것을 위해 살 수 있는 힘과 용기를 발견할 이들은 하나님을 찾는 사람들이다.

마태복음 8:1–9:34

예수가 권위로 행하다

사전 검토

마태복음 11장 29–24절에서 예수는 자신의 사역이 있었던 갈릴리의 도시들 가운데 몇몇을 명명하고 이들 가운데서 이루어진 **전능한 사역들**RSV을 이야기한다. 우리는 8장 1절–9장 34절의 이야기들의 수집물에서 이 전능한 사역들에 대한 그림을 얻는다. 여기서 예수는 나병 환자를 고치고 아프거나 장애가 있는 사람들을 치료하고, 바다의 폭풍을 잠잠케 하고, 귀신을 쫓아내며, 죄를 사하고, 죽은 아이를 살린다. 이 기적의 파노라마를 통해 우리는 예수가 그의 가르침에서 드러냈던 권위가 그의 행위로도 확장되는 것을 본다. 예수는 도움이 필요한 사람들을 구원하고 생명을 온전케 하는 하나님의 능력을 보여준다. 마태에게 이러한 전능한 사역의 의미는 전혀 모호하지 않다. 예수가 수행한 행위들은 **메시아의** 행위이다.11:2, 11:2–5 참조

8장 1절–9장 34절의 계획 혹은 설계는 학자들이 동의하지 않는 문제이다. 한 오래된 가설은 마태복음이 우리에게 출애굽기 2–12장에 묘사된 열 개의 재앙에 대한 대조를 형성하는 열 개의 긍정적인 기적인 기적의 전시물을 우리에게 제공한다는 것이다. 그러나 어떤 이들은 마태가 보고하는 사건들이 정말로 합쳐서 열 개인지에 대해 의문을 제기한다. 더욱 중요한 것은 이 제안이 기적 이야기들의 진행을 깨뜨리는 예수의 제자들에 관한 자료를 설명하는 데 실패한다.8:18–22, 9:9–17 참조 더 최근의 제안은 8장 1절–9장 34절이 주제별 기초에 관해 정리된다는 것이다. 한 견해에 따르면 마태는 8장 1–17절에서 기

독론, 8장 18절–9장 17절에서 제자도, 그리고 9장 18–34절에서 믿음의 문제로 일한다. 이곳의 문제는 기독론과 믿음의 문제가 지시된 섹션에 한정되지 않고 오히려 8장 1절–9장 34절에 퍼져있다는 것이다.

이 섹션에서 마태의 설계에 관한 가장 적절한 제안은 그가 기적과 제자도에 관한 번갈은번갈아 나오는 섹션의 관점에서 수집물을 정리했다는 것이다.Meier, 1980:79–80; Gundry, 1982:138 참조 우리가 가지고 있는 것은 각기 세 이야기들을 포함하는 기적 이야기들의 세 그룹이고8:1–17, 8:23–9:8, 9:18–34 막간으로 기여하는 제자도에 관한 두 섹션이다. 자료의 이 정리를 통해 마태는 선교의 도제로서의 제자를 묘사하고 이들은 곧 예수의 이름으로 전능한 사역을 수행하라는 부르심을 받을 것이다.9:35–10:42

대부분의 이야기 섹션에서처럼 마태의 8장 1절–9장 34절의 이야기들을 위한 주요한 자료는 마가의 복음이다. 예수의 제자들에 관한 자료의 섹션들 가운데 하나와 같이 예수의 기적에 관한 아홉 이야기 가운데 일곱이 마가복음에서 왔다. 두 번째 복음에서 몇 개의 더 짧은 기적 이야기들의 수집물막1:21–45, 4:35–5:43 참조은 이 종류의 자료를 모으는 것에 대한 개념을 암시했을 수도 있다. 남아 있는 이야기들과 말들은 누가복음과 병행을 이루고 분명하게 마태와 누가가 마가복음에 더해 사용했던 공통의 자료에서 왔다.

이 자료를 편집하면서 마태는 몇 가지 방식으로 자신의 흔적을 남겼다. 첫째, 그는 이야기를 위한 새로운 지리적 구조를 만들었는데 거기서 가버나움은 예수의 활동을 위한 중심으로 기여한다. 둘째, 마태는 마가의 이야기들이 새로운 구조에 더 잘 맞도록 이 이야기들의 순서를 재정리했다. 셋째, 마태는 본질적 요소에 집중하여 이 이야기들의 대부분을 크게 압축했다. 더욱 특별한 것은 마태가Bornkamm, Barth, Held: 225 참조

(1) 자신의 이야기를 말하려고 조밀하고 표준적인 구절을 사용한다.

(2) 행위에 대한 부차적인 특성에 주의를 기울이지 않는다.

(3) 그의 자료를 연결하여 단일화하려고 어떤 슬로건을 반복한다.

(4) 탄원하는 예수의 대화를 중심에 내세운다.

(5) 믿음의 주제에 대한 특별한 중요성을 부여한다.

8장 1절–9장 34절의 특별한 의도 때문에 우리는 다른 방식으로 이 섹션에 접근한다. 먼저 우리는 8장 1절–9장 34절의 다섯 개 항목 각각을 분석한다. 그 다음 성서의 맥락에서의 본문과TBC 교회생활에서의 본문에서TLC 전체적으로 이 섹션을 논의할 것이다. 그곳의 논평들은 배경과 기적 이야기들의 의미를 탐구할 것이며 이 이야기들이 사용했던 방식들을 심사숙고할 것이다.

전능한 사역들, 주기 1
마태복음 8:1–17

사전검토

예수의 전능한 사역에 대한 첫 번째 세 이야기가 산상수훈에 이어지는 예수가 가버나움으로 돌아오는 구조에 놓인다. 첫 번째 이야기에서 예수가 산에서 내려올 때 나병 환자가 그에게 다가온다. 그 다음에 가버나움으로 들어올 때 백부장이 예수를 맞으러 나온다. 마지막으로 예수가 이 도시의 베드로의 집으로 진행하는 도중에 세 번째 이야기의 사건이 열린다. 지리적인 상세함보다 더 의미 있는 것은 이 이야기들에서 마주치는 사람들이다. 존 마이어John Meier가 쓰듯이 이 이야기들은 이스라엘 공동체 안에서 배제되거나 감소된 권리만을 가질 수 있었던 "세 유형의 사람들을 불러 모은다. 즉 나병 환자, 이방인 군인, 여성이다."Meier, 1980:82; Minear: 62 참조 그러므로 처음부터 마태는 우리가 예수의 사역의 포괄적인 특성을 이해하기를 원한다. 예수의 전능한 사역은 모든 종류의 사회적 장벽을 철폐한다.

8장 1–17절의 세 가지 이야기는 모두 치유의 이야기로 묘사될 수 있다. 마태의 전형적인 치유 이야기에서 한 사람이 예수께 나아와 도움을 청한다. 그러면 예수는 때로는 즉각적으로 청원을 들어주고 때로는 더 많은 대화에서 그 사람과 협상한다. 일단 요청이 승인되면 이야기는 치유가 되었다는 사실을 확인하는 진술로 끝맺는다. 8장 1–17절의 첫 번째 두 이야기는 이 유형을 따른다.

그러나 세 번째 이야기에서는 몇 가지 일들이 다르다. 여기에 한 사람과 많은 사람들 모두의 치유를 보고하는 복합적인 이야기가 있다. 또 다른 유일한 특징은 예수가 도움을 청하는 부탁을 기다리지 않고 이 이야기에서 주도권을 가진다는 것이다. 특별히 주목할 만한 것은 이야기 말미의 성취 인용이다. 이사야서 53장에서의 이 말씀과 함께 마태는 치유의 사역이 하나님의 종으로의 부르심의 일부라는 점을 준비한다.

개요

부정에서 완전으로, 8:1–4

이방인을 위한 치유, 8:5–13

그가 우리의 질병을 짊어지시다, 8:14–17

주석적 해설

부정에서 완전으로 8:1–4

예수가 산에서 내려오자 설교를 들었던 **많은 무리들**이 계속해서 예수와 함께 했다. 이들은 이처럼 예수의 가르침뿐만 아니라 전능한 행동들에 대한 증인들이 되었다.8:18;9:8;9:33 참조 이들이 본 첫 번째 기적은 나병 환자의 치유이다.막1:40–45/눅5:12–16 참조 그리고 눅17:11–19의 연관된 이야기 성서에서 나병 환자라는 용어는 다양한 피부 질환을 가리킨다. 그것은 우리가 나병한센병으로 알고 있는 질병을 포함할 수도 있고 그렇지 않을 수도 있다. 분명한 것은 나병을 부정한 것으로 보았다는 것이고레위기 13–14장, 병이 낫고 의식을 통해 깨끗해질 때까지 공동체와 떨어져 살아야만 했다.

2절에서 이런 사람이 예수에게 나아왔고 그는 예수에 대한 믿음의 반응의 모형이 된다. 그는 예수를 **주님**으로 부르며 그의 앞에 무릎을 꿇고 절을 했다.'무릎 꿇다' 에 대한 그리스어 단어, proskuneō,는 동방 박사들의 경배를 위해 사용되었던 같은 단어이다 나병 환자들과 접촉하는 것을 금기시했던 것을 무시하고 예수는 나병 환자의 치료해달라는 청에 대해 손을 내밀고 그를 만지는 것으로 반응하고 그는 즉시 나았다.

이 사건의 묘사는 마태의 이야기 스타일의 좋은 본보기이다. 조밀한 언어와 분명한 핵심 말씀들의 반복에 주목하라.

주님이 하고자 하시면, 나를 깨끗하게 해주실 수 있습니다.

내가 그렇게 해주마. 깨끗하게 되어라.

곧 그의 나병이 나았다.

이 이야기는 나병 환자를 위한 이어지는 교훈으로 종결된다. 첫 번째, 예수는 그에게 이 사건을 알리지 말라고 명령한다.9:30 참조 이 비밀의 주제는 마가에게서 오는데 그는 이것을 수많은 기적 이야기에서 특징으로 삼는데, 이것의 의미는 아직 논박의 여지가 있는 문제이다. 마태에게 비밀로 하라는 명령은 12장 15–21절에 묘사된 예수의 종의 역할과 관련된다. 예수는 "왁자지껄하기를" 원하지 않았지만 그의 소명을 가능한 한 잰체하지 않고 수행하기를 원한다.

나병 환자에 대한 예수의 두 번째 명령은 나았다는 증명을 위해 제사장에게 가고 레위기 14장에서 언급된 예물을 드리라는 것이다. 그리스어 본문에서 **'사람들에게'** 로 번역된 말씀은 단순히 **그들에게**로 읽을 수 있는데 이것은 대중이나 제사장들 가운데 하나를 가리킨다. 그러므로 이들에게 증거가 되는 것은 공동체를 위한 치유가 이루어졌다는 증거나 예수가 모세의 율법을 존중한다는 사실을 종교 당국에 증거 하는 것 가운데 하나를 의미할 수 있다.5:17 참조

이방인을 위한 치유 8:5–13

무리들이 본 두 번째 전능한 사역은 예수가 가버나움으로 들어갈 때 발생한다. 이 이야기에 대해 누가복음과 요한복음에 병행기사들이 있다.눅7:1–10; 요4:46–54 참조 여기서 예수에게 온 청원자는누가복음 버전에서 그는 자신의 부탁을 하려고 예수에게 대리자를 보낸다. 백부장으로 확인된다. 백부장은 로마 군단에서 백 명의 군인들에게 명령했던 로마의 장교의 직책이다. 로마 군단은 예수 당시 갈릴리에 주둔하지 않았기 때문에 이 직책은 여기서 막연하게 사용되었을 것이다. 우리의 이야기에서 백부장은 국경 도시와 세관 지역에 위치해 있기 때문에 적은 병력을 데리고 가버나움에 정착했던 헤롯 아티파스에게 봉사하던 시리아인 이방인이었을 것이다.

아무튼 백부장은 아파서 누워있기 때문에 움직일 수 없고 심하게 앓고 있던 자신의 하인을 대신하여 예수에게 다가왔다.GNB 하인으로 번역된 단어그리스어: pais는 다소 영어 단어 소년과 유사하다. 이 단어는 아들이나 자녀요4:51에서와 같이, 4:46,50 참조를 의미할 수도 있고 종이나 하인눅7:7에서와 같이, 7:2–3 참조을 의미할 수도 있다. 마태복음 8장에서 본문은 우리가 이 의미들 가운데 하나를 수락하도록 허용한다.

7절의 백부장에 대한 예수의 반응은 다른 방식으로 받아들여질 수 있다. NRSV에서 주어진 번역에서 예수는 백부장의 집으로 갈 것이라고 제안한다. 그러나 그리스어 본문의 구조는 예수가 질문을 하고 있는 것으로 제시된다. 내가 가서 그를 치료할까요? 혹은 이 질문을 바꾸면 '내가 이방인인 당신과 함께 당신의 집으로 갈까요?' 가 된다. 이런 경우라면 백부장에 대한 예수의 반응은 15장 21–28절의 가나안 여인에 대한 그의 반응과 유사하나.

예수의 말씀에서 백부장이 무엇을 들었건 그는 방문이 적절하지 않다받을 자격이 없다고 대답했거나 그럴 필요가 없다는 것이었다. 말 한 마디면 족할 것이다. "군대 장교로서 명령을 받고 주는 것이 어떤 것인지를 압니다. 그리고 명령에 따라 어떻게 행동해야 하는지를 압니다."라고 이어서 말한다. 유추에 따르면, 권위를 가진 어떤 사람에게서의 간단한 명령으로 예수는 환자를 분명히 치유할 수 있었다. 신뢰의 이 표현으로 예수는 아첨하는

무리들에게서는 볼 수 없던 방식으로 백부장의 믿음을 기리도록 만든다. 나는 이스라엘 사람 가운데서는, 아직 이런 믿음을 본 일이 없다.[NIV] 마태에게 이 이방인 장교의 믿음은 이스라엘의 불신과 이방인을 복음에 받아들이는 견해에 대한 판단이었다.

마태는 계속해서 11-12절에서 이방인의 믿음과 유대인의 불신의 문제에 관해 곰곰이 생각한다. 여기서 마태는 누가복음 7장 1-10절에는 나타나지 않은 예수의 말씀을 통합하지만 그것은 누가복음 13장 28-29의 다른 배경에서는 발견되지 않는다. 이 말씀에 묘사된 장면은 이스라엘의 족장들이 주도하는[마카비4서13:17; Pesah. 119b; 출25:8 참조] 종말의 메시아의 잔치[사25:6; 눅14:15-24; 계19:9 참조]이다. 그러나 이제 이 어법은 이 나라 속으로 밀려드는 이방인들에게 적용된다.

대조적으로 하나님 나라가 원래 약속되었던 하나님의 백성들은[이 나라의 상속자] 바깥에서 안을 쳐다보고 있는 자신들을 발견한다.[21:43 참조] 이들의 운명은 전통적 심판의 이미지대로, 바깥 어두운 데로 쫓겨나서 거기서 울며 이를 갈 것이다.[시112:10; 에녹1서108:3-7; 마13:42, 22:13, 24:51, 25:30 참조] 마태의 공동체에게 11-12절의 이 말씀은 이 나라가 모두에게 열려있지만 보증을 받았던 이들에게는 아무에게도 열려 있지 않다는, 정신 차리게 하는 조언이다. 백부장과 같이 믿는 사람들만이 예수와 아브라함과 함께 식탁에 앉을 것이다.

백부장에 관해서는 자신의 요구가 마침내 13절에서 받아들여진다. 예수는 그의 능력이 작동하도록 했다는 말씀을 한다. 그리고 예수의 명령으로 병이 나았다. 비슷한 명령들이 아직 오지 않은 다른 이야기들의 말미에서 발견될 수 있다.[9:29, 15:28 참조] 각각의 경우 마태는 우리에게 예수의 능력에 접근하도록 하면서 믿음의 역할을 강조한다.

그가 우리의 질병을 짊어지시다 8:14-17

일단 가버나움에 있게 되자 예수는 가정을 가진 베드로의 집으로 간다. 우리는 이제 베드로가 가정을 가졌다는 것을 발견한다.[고전9:5 참조] 세 번째 치유 이야기가 펼쳐지고[막1:29-34/눅4:38-41 참조] 베드로의 장모에게서 시작한다. 그녀의 병은 열병으로 밝혀지는데 고대 세계에서는 단순한 증상이 아니라 열이 나는 어떤 병들을 가리킨다. 위에서 주목했듯이 예수는 이 에피소드에서는 도움의 청원을 기다리지 않고 행동을 취한다. 열이 떠나자 베드로의 장모는 일어나 예수에게 **시중**[diakoneo]을 들었다. 이 문자적 의미는 그녀가 예수에게 환대를 제공한다는 것이다. 그러나 마태에게 그녀의 행동은 확장된 상징적 의미 역시 가질 수 있다. 그녀는 예수에 의해 회복된 모든 사람들이 그에게 **시중들어야** 하는 방식을 상징한다.

이 이야기는 16-17절에서 예수에게 왔던 가버나움에 거주하거나 **무리들** 가운데 있던 사람들인 수많은 사람들의 치유와 함께 계속된다. 마가복음의 병행기사에서 "모든" 환자들과 귀신들린 사람들을 예수에게 데려왔고 "많은 사람들"이 치유되었다. 그러나 마태는 예수의 **말씀**의 효과적인 능력을 더 한층 배경으로 삼으며 **많은** 사람들을 예수에게 데려왔고 온 모든 사람들이 치유되었다고 기록한다.8:16b, 8:8-9 참조

이사야서 53장 4절의 인용문은 이 이야기를 종결하고 마태가 구약성서를 창조적으로 사용하는 것을 증명한다. 이사야서의 히브리어 본문에서 병이나 결점은 죄와 관련된 고통을 위한 은유인데 이것을 그 종이 자신을 택하여 대리로 몸에 지닌다. 그러나 마태가 인용했듯이 이사야서의 말씀은 육체적 질병이나 결점을 묘사하는데 예수는 그의 치유 사역을 통해 그것들을 제거한다. 이것 역시 성서의 약속에 대한 예수의 성취의 일부이다.

예수 따르기, 막간 1

마태복음 8:18-22

사전 검토

이전에 주목한 바와 같이 마태는 8장 1절에서 9정 34절의 기적 이야기들을 제자도에 관한 막간들로 세 주기로 나눈다. 우리가 8장 18-22절에서 발견하는 간단한 항목은 이 막간들 가운데 첫 번째이다. 이 자료를 위해 마태는 예수가 제자가 될 가능성이 있는 이들에게 한 말씀의 그룹에 관해 그렸다.눅9:57-62 참조 이 각각의 말씀들은 강제적이고 생기 있는 언어를 사용하는데 거기에 대해 우리는 간단하게 논평할 것이다. 전체적으로 이 항목은 마태의 이야기에서 적어도 세 가지 목적에 기여한다. (1) 이것은 8장 23-27절의 예수를 **따르는 것**의 융통성 없는 위험을 위한 길을 준비하면서 이야기의 줄거리 안으로 제자들을 다시 소개한다. (2) 이것은 우리가 9장 35절-10장 42절의 열 두 제자의 등장에 준비되도록 예수가 떠나가게 하는 이야기에서9:9 참조 세사를 더한다는 것을 독자들에게 알게 한다. (3) 이것은 이 이야기와 마태의 공동체 모두를 위한 중요한 주제인 제자도의 급진적인 특성을 강조한다.

개요

집이라 부를 수 있는 장소가 없다, 8:18-20

모든 다른 곳을 버리기, 8:21-22

주석적 해설

집이라 부를 수 있는 장소가 없다 8:18-20

복음서에서 정기적으로 이야기가 무리를 벗어나 예수와 그의 제자들의 작은 사회에 초점을 맞춘다. 18절의 이 이야기체의 진술은 이와 같은 변화 하나를 표시하고3-27절에서 이어질 이야기를 미리 하면서 마가복음 4장 35-36a절에서 온 것이다. 이 특별한 시간에 예수가 무리에서 떠나기로 결정한 어떤 이유도 제시되지 않는다. 어떤 이에 따르면 예수의 의도는 자신의 기적이 만들어낸 대중적 갈채와 같은 것에서 자신을 멀리 떨어지게 하는 것이다. 여하튼 가버나움을 떠나기로 한 결정은 무리에서 제자들을 분리할 수 있는 환경을 제공하고 호수를 건너가라는 명령은 요컨대 제자로의 부름이 된다. 19-20절과 21-22절에서 이어지는 말씀에서 이 부름에 응한 두 사람이 제자가 될 것이다.

이 첫 번째 응답자는 **율법학자**로 확인되는데 왜 그가 예수를 **선생님**으로 불렀는지에 대한 설명일 수 있다. 어떤 마태의 본문에서 율법학자들은 예수의 반대자로서 바리새인들과 연결된다.15:1, 23:13 참조 그러나 율법학자 역시 제자가 될 수 있었고13:52, 23:34 참조 8장 19절의 율법학자는 예수를 따라 어디든 갈 준비가 되어 있는 것을 보여주는 예로 의도된다. 그에게 비용을 계산할 것을 촉구하는 이 율법학자에 대한 예수의 대답은 상대적으로 안전한 여우와 새를 **인자**의 노숙자 신세와 비교한다.

인자라는 구절 뒤에 아람어 표현으로 '바르 나시bar naša' 가 있는데 이는 단순히 **남자** 혹은 **사람**을 의미한다.시8:4의 히브리어 구절과 연관된; 겔2:1 참조 신약성서에서 **인자**는 거의 배타적으로 예수를 가리키는 말씀으로 마태복음에서 스물아홉 번 나타난다. 가장 논쟁적인 질문들 가운데 하나는 예수가 이 구절을 메시아의 직함으로 사용했느냐, 아니면 단순하게 인간의 모습인 자신을 가리키는 간접적인 방식으로 사용했느냐이다.Lindars 참조 마태에게 이 표현은 예수를 위한 자기 지시와 **인자**와 **나**I or me가 서로 호환성이 있는 직함 모두로서 기능한다고 보인다. 8장 20절에서 사용되었듯이 **인자**는 **이 사람** 혹은 **나와 같은 사람**이라는 의미를 전한다. 이것은 "모든 중류 계급의 안전이 결여된 이 세상에서 돌아다니는 예수 자신"을 분명하게 가리킨다.Schweizer: 219 그렇다면 예수를 따른다는

것은 "그의 불안정과 그의 운명에서 인자와 결합하는 것"이다.Schweizer: 220; 고전4:11 참조

모든 다른 곳을 버리기 8:21-22

두 번째 응답자는 지금의 두 사람이 막 되려고 하는 사람이라고 말하는 예변법 방식인 예수의 제자의 또 다른 사람으로 묘사된다.본문을 제자 가운데 한 사람인 또 다른 사람으로 번역하는 것이 가능한데 이는 제자와 율법학자를 대조할 것이다. 하지만 이것은 다소 강요된 것이다 여기서 이 응답자는 자신이 예수를 따르기 전에 먼저 또 다른 문제를 돌볼 수 있는 허가를 구한다. 그리고 그것은 작은 문제가 아니었다. 부모의 장례는 모든 독실한 유대인들에게 의무로서 지워지는 종교적 의무였다.Tob. 4:3-4 참조

그러나 예수에게 "제자의 새로운 세상으로의 부름은 미봉책이나 망설임의 여지가 없다."Meier, 1980:87 **죽은 사람의 장례는 죽은 사람에게 치르게 하라**는 훈계는 예수의 충격적인 과장의 용법의 또 다른 예이다. 이것은 "오래된 질서에게 스스로를 돌보게 하라" 혹은 "제자도는 다른 우선권을 능가하는 우위를 가진다" 가운데 하나를 의미할 수 있다. 어떤 경우든 예수는 자신을 따르라는 이전 4장 10절의 이런 명령을 생각나게 하는 분명한 명령을 내린다.

전능한 사역들, 주기 2

마태복음 8:23-9:8

사전 검토

마태의 기적 이야기의 두 번째 그룹에 대한 배경은 호수를 건넜다가 되돌아오는 여행이다. 첫 번째 에피소드는 외국으로 나가는 여행에서 일어났고 예수가 배를 거의 빠지게 할 뻔한 풍랑을 잔잔케 한 것이다. 때때로 자연 기적이라 부르는 이 사건은 예수가 정말 누구인지를 신비하게 드러내는 거의 신현의 범주에 속한다. 두 번째 이야기는 갈릴리와 사마리아 동쪽의 그리스 도시 연방인 데가볼리에서 일어난다. 이 외국의 배경에서 예수는 귀신들려 고통을 받는 두 사람에게서 악령을 쫓아내고 이들을 의심하지 않는 돼지 떼 속으로 들어가게 했을 때 큰 소동의 원인이 된다. 세 번째 기적의 배경은 예수가 배에 올라 돌아온 자신의 도시 가버나움이다. 거기서 예수는 중풍환자를 무력하게 만든 죄를 용서하는 권세라는 생명을 회복시키는 능력과는 또 다른 면을 나타낸다.

8장 1-17절의 이야기와 다르게 8장 23절-9장 8절의 세 기적 이야기들 가운데 어떤 것도 본질적으로 치유의 이야기가 아니다. 다시 걷게 된 중풍 환자의 이야기에서조차 치유의 주제는 용서의 주제라는 다른 주제에 종속된다. 이 항목의 세 이야기가 공통적으로 가지고 있는 것은 예수의 능력 혹은 권위에 대한 극적인 영역에 대한 이들의 초점이다. 한 예로 예수는 폭풍우를 능가하는 권위를 분명히 한다. 또 다른 것으로 마귀의 권능을 망친 것은 권위이다. 그리고 세 번째 이야기에서 예수는 죄를 용서할 수 있는 자신의 권위를 우리에게 대면시킨다. 이 세 이야기 모두가 독자들에게 야기하는 질문은 8장 27절에서 발견된 질문이다. 이분이 누구이기에, 바람과 바다까지도 그에게 복종하는가?

개요

폭풍우를 능가하는 권위, 8:23-27

마귀를 능가하는 권위, 8:28-34

죄를 용서하는 권위, 9:1-8

주석적 해설

폭풍우를 능가하는 권위 8:23-27

바다에서의 풍랑의 이야기는 특별한 방식으로 독자들을 사로잡고, 여기서 전하는 마가복음에서의 이야기도 분명하게 결코 예외가 아니다.막4:35-41 /눅8:22-25 참조 이 이야기의 권위를 더하는 것은 이 이야기의 언어가 바다에서의 이전의 기억, 곧 요나가 니느웨로 항해한 기억을 일깨우는 방식이다.요1:4-6 참조 이 바다를 둘러싸고 있는 언덕의 깊고 좁은 골짜기에서 급습하는 바람에 의한 갑작스런 풍랑이 갈릴리 바다에서는 드문 일이 아니었다. 예수와 그의 제자들을 건너편 호수로 나르던 배를 위협한 것은 뜻밖에 일어나는 이런 풍랑이다.

특별이 주목할 것은 마태가 풍랑을 가리키는 데 사용한 그리스어 단어 **'세이스모스 seismos'** 인데 이것은 보통 지진을 가리킨다. 종말과 지진과의 연합 때문에마24:7; 27:51-54; 28:2; 계6:12 참조 '세이스모스seismos' 흔들리는로 표현된 풍랑은 독특한 공포를 가하는 것으로 묘사되었다. 그러나 예수는 바람과 파도와 동등한 그 이상이다. 잠에서 깨어 예수는 폭풍우를 **꾸짖는다.**17:18에서 악한 영을 꾸짖은 것처럼 그리고 이 명령으로 그는 시편 기자들이 하나님의 능력으로만 이루어질 수 있다고 증언한 일을 행한다. "그가 풍랑에게 조용하라고 하자 바다의 풍랑이 잔잔해졌다." 시107:29, 65:5-8, 107:23-32 참조

이 에피소드를 전할 때 마태는 역사 속으로 교회를 그리려고 많은 노력을 기울였다. 이야기의 시작에서 우리는 예수의 제자들이 배 안으로 **그를 따랐다**라는 표현을 접하는데, 이는 앞선 구절에서 **자신을 따르라**고 명령했던 것을 분명히 암시한다. 두 번째 이목을 끄는 특성은 풍랑이 일 때 도움을 구하는 제자들의 청원이다. 그 말씀은 **"주여, 우리를 구하소서!"**이다. **"우리가 죽게 되었습니다."**라는 말은 예배에서의 공동체의 외침을 전달하는 의식의 종소리 역할을 한다.

이 청원에 대한 예수의 응답은 역시 주목할 만하다. 예수가 큰 풍랑을 상대하기 전에 이것은 마태의 이야기에서 그가 한 첫 번째 일이다 그는 "종교적인" 문제를 다룬다. 그는 자신을 따르는 이들의 비틀거리는 믿음을 이야기한다. 6:30, 14:31, 16:8 참조 이 이야기의 말미에서 드디어 예수의 권위에 놀라는 사람들에 대한 언급이 있다. 이들의 즉각적인 대상이 제자들 그룹일지라도 이 언급은 물론 이 이야기에 통합된 나중 청중들로도 충분히 넓어진다. 이것을 다른 방식으로 말하면 궁극적으로 놀라움으로 반응한 것은 더 큰 믿음의 공동체이다. **"이분이 누구이기에, 바람과 바다까지도 그에게 복종하는가?"**

마귀를 능가하는 권위 8:28-34

예수가 무덤 사이에서 귀신들린 사람들을 만난 이야기는 마가복음 5장 1-20절에서 온다. 눅8:26-39 참조 이 이야기를 다시 전할 때 마태는 한 명 대신 두 명의 귀신 들린 자들에 대해 쓰고 이야기의 지역을 변경하면서 마가 이야기의 수많은 생기 있는 특성들을 생략한다. 마가복음에 따르면 이 사건은 갈릴리 바다의 남서쪽 30마일 지점에 있는 거라사 근처에서 일어난다. 그러나 마태는 이 사건을 가다라 주변 지역에 놓는데 그곳은 호수에서 불과 6마일 떨어진 곳이었다. 가다라는 이야기 말미에 돼지들이 바다로 뛰어드는 장면에 더 적합하고 이 사건을 재배치한 것에 대한 설명이 될 수 있다. 거라사이건 가다라이건 간에 우리가 이것에서 잘못된 추론을 이끌어내는 것에 주의해야 하지만 우리는 이 에피소드가 이방 영토돼지의 존재가 가리키는에서 열린다는 사실에 주목해야 할 것이다. 이방인들에 대한 예수와 그의 제자들의 사명은 너무 이르고 10:5 참조 이곳의 이야기는 다른 요점을 지적한다. 전에 주목한 바와 같이 이 이야기는 마귀의 권세를 멸망시키는 예수의 능력에 집중한다. 이방의 땅이라는 거룩하지 않은 땅보다 마귀에 직면하기 좋은 장소가 어디 있겠는가!

성서 세계의 본문에서 귀신은 자주 나타나고 하나님과 하나님 백성에 반대하는 "악한 영"을 가리킨다.[Achtemeier: 217] 이야기의 귀신 들린 사람이 입증하듯이 마귀는 질병이나 별난 행동의 원인이 되면서 사람에게 들어와 그를 소유할 수 있다고 믿어졌다. 그러나 우리는 복음서들이 세상에서 악의 통치와 더불어 귀신 들림과 연결된 주제라고 생각할 수도 있고, 악을 압도하는 하나님의 통치의 신호로서 귀신이 쫓겨난다고 본다.[마12:22-28 그리고 이 구절에 대한 해설 참조] 우리 앞에 있는 이야기가 이 견해를 강화한다.

8장 28–34절의 귀신들은 종말에 심판이 자신들을 기다리고 있다는 것을 알고[T. Levi 18:12; 에녹1서15–16장; 희년서10:8–9] 예수가 **그 시간 이전에** 왜 자신들을 괴롭히느냐고 묻는다.[29절] 그러나 예수는 그 시간이 이미 왔다고 밝힌다. 예수가 돼지 떼에 새로운 집을 갖게 해달라는 귀신들의 요구를 받아들이지만 돼지들은 바다로 뛰어들어 이 귀신들을 멸망에 이르게 한다! 가다라의 거주자들에게 예수가 보여준 능력은 너무나 위협적이어서 이들 주변에 머물게 할 수 없었다.[33–34절] 이 능력이 다음에 어떤 일을 할 것인지는 아무도 모른다.

죄를 용서하는 권위 9:1–8

가버나움으로 돌아오자마자 예수는 중풍병 환자를 침상에 **누인 채**로 날라 온 몇 사람을 만난다. 예수 시대의 일반적인 침대는 매트리스와 비슷한 받침대였고 이것은 쉽게 들 것으로 사용될 수 있었다. 중풍병 환자의 이야기는 마가복음 2장 1–12절에서 왔는데[눅5:17–26; 요5:1–18 참조] 이 행동의 배경은 베드로의 집이었다. 어떤 학자에 따르면 마가의 이야기는 치유의 이야기와 용서에 관한 논쟁의 이야기를 함께 엮는다. 그럴지도 모르지만 마태복음 9장 1–8절은 단일화된 이야기로서 읽을 수 있고 죄 용서에 대한 예수의 권위의 문제에 집중한다. 이 이야기를 이해하려면 사람들은 이 논쟁을 좌우하는 유대교 믿음의 두 교리를 명심해야만 한다. 먼저 죄와 질병은 어떤 방식으로 연관되어 있다.[요9:2;5:14] 다른 하나는 하나님만이 죄를 용서하실 수 있다.[막2:7 참조]

그가 가장 필요로 하는 선물로서 중풍병 환자에게 **용서**를 제공하도록 예수를 이끈 것은 이 두 교의 가운데 첫 번째이다. 예수의 마음을 잡은 첫 번째 말씀은 구약성서의 "두려워 말라"는 구절을 상기시킨다.[사43:1] 그 다음 **'네 죄가 용서받았다.'** 는 선언은 그 자리에 있던 유대 율법학자들에게 **하나님을 모독**한다는 것으로 예수를 고발하도록 이끈다. 두 경우에서 예수가 하나님의 속성을 자신에게 주장했다는 사실을 내포하여 같은 혐의로 대제사장이 26–65절에서 예수에 대해 고발한다 4–6절에서 율법학자들에게 한 예수의 반응은 죄와 질병이 연관되듯이 용서와 치유도 연관된다고 가정한다. 예수가 중풍병 환자의 사지를 자유롭게 할 수 있다면, 이것은 그가 사람을 그의 죄에서 자유롭게 할 권위 역시 가지고 있다는 징표가 될 것이다. 그래서 예수는 중풍병 환자에게 두 번째로 **일어나라**고 말하는데 모든 사람이 놀라는 가운데 중풍병 환자가 일어난다.

율법학자들에 대한 반응에서 예수는 다시 자신을 **인자**라는 말로 언급한다.8:20에 관한 해설 참조 어떤 해석자에 따르면 6절의 요지는 종말에 다른 이들을 심판하고 석방할 사람이 땅에서도 역시 죄를 용서할 권위를 가진다는 것이다. 그러나 다른 학자는 위기에 처한 문제가 인간이 하나님을 대신하여 죄를 용서할 수 있느냐는 것이고 게다가 예수가 하나님이 실제로 이런 권위를 인간인 사람에게 주셨다는 것을 논증하려고 제시한다는 것이라고 주장한다. 이것은 8절의 **무리들**이 예수의 말씀을 듣고 무리들도 역시 이 권위를 분명하게 말했다는 의미이다. 마태 자신에게 **인간에게** 죄를 용서하는 **권위**를 주시는 하나님에 관한 언급도 아마 그 이상의 의미를 전달할 것이다. 복수형은 예수가 죄를 용서하는 자신의 권위를 공유할 우리가 교회로 알고 있는 공동체에 관한 암시를 준다.마16:19, 18:18; 요20:22-23 참조

예수 따르기, 막간 2

마태복음 9:9-17

사전 검토

9장 9-17절의 예수 따르기에 관한 이야기는 마가복음 2장 13-22절에서 왔다. 마가의 이야기에서 이 자료는 **논쟁 이야기들**의 수집물의 일부이다.막2:1-3:6 이 이야기들 각각은 유대 공동체를 전복하고 의문이나 논쟁으로 이끄는 예수의 행동의 어떤 면을 고양시킨다. 마태복음 9장에서 논쟁의 요소는 여전히 두드러진다. 그러나 이 이야기들의 주요한 목적은 방향을 바꾸었다. 마태는 이들의 예수의 제자들에 대한 초점 때문에 이곳을 포함하는 에피소드들에 흥미를 가진다. 에피소드들은 **나를 따르라**라는 예수의 소명이라는 줄거리를 계속 발전시킨다. 그리고 이들은 제자들과 예수 주변에 모인 구원의 공동체를 묘사한다.

이 항목을 위한 이야기의 구조는 다시 한 번 조심스럽게 만들어진다. 예수는 분명히 이 항목을 시작하면서 가버나움으로 들어가는 과정에 있다. 그 과정 어딘가에서 그는 세관을 지나고 그곳에서 9절의 에피소드가 발생한다. 거기서 이 행동은 누군가의 집에서 예

수가 주도하는 식사로 재빠르게 움직인다. 정확히 누구의 집인지 본문은 열린 채로 남겨둔다. 이것은 베드로, 마태 혹은 예수 자신의 집일 수 있다.그러나 8:20을 보라 어떤 경우든 방문자들이 들리는 것을 허용하고 무엇이 진행되고 있는지 의문인 채 식사를 위한 배경은 오히려 열려 있다. 10-13절은 바리새인 무리의 반대를 다루는 반면 14-17절은 세례 요한의 제자들의 질문과 관련 있다.

개요

공적인 부르심, 9:9

식탁의 은혜, 9:10-13

새로운 것을 위한 새로운 부름, 9:14-17

주석적 해설

공적인 부름 9:9-17

9장 9절의 짧은 부르심 이야기에서 제자도를 위해 가망이 없어 보이는 후보자는 세리이다.막2:13-14/눅5:27 참조 인두세, 수입세, 공물, 수송화물에 대한 관세를 포함하는 다양한 종류의 세금이 로마 제국에서 할당되었다. 어떤 세금들은 로마 관원에 의해 징수되었던 반면 다른 세금의 수집은 세리 혹은 징세권 보유자에게 계약에 의해 일을 주었다. 지역 대중에서 차례로 고용된 이 하급자들과 복음서에서 언급된 세리들은 이 범주에 속하는 것으로 보인다. 마태가 일하던 세관은 아마도 도시의 외곽에 있는 통관 세관이었을 것이다. 그곳에서 빌립의 영토에서 갈릴리로 들어오는 물품에 대한 관세가 부과되었다. 눅3:1 참조 그렇다면 궁극적으로 마태는 헤롯 안티파스를 섬기고 있었고 로마는 그에게 그의 통치지역에 부과된 세금을 징수할 권한을 주었다.

흥미롭게도 첫 번째 복음서만이 이 이야기에서 세리를 **마태**와 동일시한다. 마가는 그를 "레위"로 언급하고 누가는 마가를 따른다. 우리는 어떻게 이 차이를 설명할 것인가? 한 가지 제안은 이 세리가 두 다른 이름으로 알려졌다는 것이다. 이것이 불가능할지라도 더욱 가능성 있어 보이는 설명은 본문의 기자가 그의 이야기에서 세리인 레위를 마태로 대체했다는 것이다. 이렇게 한 이유는 다음 두 가지일 것 같다.

(1) 예수의 사역 동안 제자들의 몸은 열둘에 제한되었다는 것이 그의 견해이다.4:17-25

에 관한 TBC 참조 그러므로 제자가 된 세리는 10장 1–4절의 거명된 사람들 가운데 하나이어야만 한다.

(2) 제자 마태는 첫 번째 복음이 쓰였던 교회에서 활동적이었다. 레위의 부르심에 관한 이야기를 마태의 부르심으로 변경함으로써 기자는 그의 공동체에 말할 수 있다. 여기가 예수 그리스도에 대한 우리 고유의 제자도가 그 시작을 하는 곳이다! 마태는 그의 방식을 이야기 안으로 만들면서 그는 예수가 나를 따르라고 말할 때 베드로와 다른 사람들과 같이 반응한다.[4:18–22 참조]

식탁의 은혜 9:10–13

예수의 사역의 한 가지 특이한 특징은 **세리**와 **죄인들**과의 식탁 교제였다.[11:19; 눅7:36–50, 15:1–2, 19:1–10 참조] 당시 사람들에게 예수의 식탁 동료의 선택은 놀라운 것이었다. 세리는 이방인의 돈과 상업에 연관되어 이들의 정부와의 협력과 이들의 부정직한 평판 때문에 자주 피하는 대상이었다. GNB가 적절히 다른 추방된 사람으로 바꾸어 말하는 **죄인들**은 율법의 엄격한 요구를 준수하는 데 있어 부주의한 사람들을 가리키고 **또 다른 버림받은** 바리새인들도 마찬가지로 이들을 가능한 피하려고 노력했다.

그런 사람들이 예수에게 참가한 무리들이었고 9장 10–13절에 묘사된 저녁식사의 경우 그의 제자들이다.[막2:15–17/눅5:28–32 참조] 마가에게 이곳에 묘사된 식탁 교제는 적어도 세 방식에서 의미심장하다. (1) 이 식탁 교제는 하나님의 수락과 그에게 오는 모든 사람들에게 가능한 용서를 만들어내는 예수의 능력을 나타낸다.[9:6; 1:21 참조] (2) 이 식탁 교제는 더 많은 부류의 사람들이 예수와 함께 식탁에 앉게 될 메시아의 잔치를 미리 말한다.[8:11, 22:1–14 참조] (3) 이 식탁 교제는 예수와 제자들 주변에 성장할 교회의 성찬식 교제를 미리 볼 수 있는 기회를 제공한다.

놀랍지 않게 예수와 그의 동료들을 찾아온 바리새파는 이들이 바라보는 것에 기분이 상한다. 11절에서 이들이 제기한 질문은 예수가 부정한 이들과 신앙심이 없는 사람들과 교제함으로써 오염될 위험을 무릅쓰지 않아야 한다는 것을 암시한다. 그의 대답에서 예수는 먼저 누가 도움이 필요한 사람인가에 대한 헬라의 속담을 인용한 후에 호세아서 6장 6절의 말씀 일부를 계속해서 인용한다.[이것을 마태는 12장 7절의 또 다른 논쟁에 끼워 넣을 것이다] **가서 배우라**는 듣는 이가 성서의 교훈의 의미를 수용하도록 재촉하는 랍비의 공식이다.

바리새파가 호세아서에서 배워야 할 것은 의식적인 정결함을 유지하는 것보다 세리와 죄인들에게 자비를 보이는 것이다. 예수는 이 속담과 자신의 사역에 대한 성서를 적용함으로써 자신의 대답을 끝낸다.눅19:10; 딤전1:15 참조 여기서 **의인**은 이미 하나님과의 교제를 즐기는 사람을 의미할 수도 있고, 혹은 예수와 세례 요한이 자신들에게 아무것도 제공한 것이 없다고 생각하는 사람들을 빈정거리는 말일 수도 있다.21:28–32 참조 여하튼 예수는 필요한 사람 모두에게 하나님의 자비를 확장코자 왔고 가버나움에서의 그의 열린 식탁은 이 자비를 구체화한다.

새로운 것을 위한 새로운 부름 9:14–17

여전히 식사하고 있는 중에 두 번째 질문을 하는 그룹이 예수와 그의 동료들에게 다가온다.막2:18–22/눅5:33–37 참조 전에도 주목한 바와 같이 이 그룹은 세례 요한의 제자들이다.11:2–6에서 예수에게 또 다시 방문할 이들 이들이 제기한 질문은 누가 예수와 함께 먹느냐가 아니라 보다 근본적인 것으로 왜 예수와 그의 동료들은 금식보다 먹기를 즐기느냐는 것이다. 이 점에서 예수의 실천은 바리새파일주일에 두 번 금식하는 이들와 금욕적인 생활을 하는 요한과 그의 제자들의 실천과 달랐다.11:16–19 참조

예수는 슬퍼하고 금식할 시기가 오게 될 것이라고 인정함으로써 그에게 질문하는 사람들에게 대답한다.15b절 그러나 그의 제자들과 예수가 함께 있는 당분간은 신랑이 결혼식 손님들과 함께 섞여 있는 결혼식 잔치와 같다.15a절 이런 시간에 누가 금식을 하겠는가? 여기서 사용된 결혼이라는 이미지는 결혼 관계에 대한 용어들에서 이스라엘과 함께하는 하나님의 언약을 묘사하는 구절들을 상기시킨다.사54:4–6, 61:10, 62:4–5; 호2:16–20 참조 게다가 이 이미지는 예수의 동료들과의 식사가 종말의 메시아의 잔치를 미리 말한다는 사실을 분명히 한다.22:2; 계19:9 참조

16–17절에서 이어지는 말씀은 금식이라는 특별한 문제를 넘어 예수의 사역이 그의 동료들에게 만들어내는 더 넓게 확장된 새로운 상황을 다룬다. 동시에 낡은 옷/생베 조각과 포도주/가죽 부대에 대한 말씀은 이들의 현재의 정황과 다르게 회자됐다. 그러나 이미 마가복음에서 이들은 예수를 따르는 이들의 예배 형태에 관한 논평이 되었는데 이것은 회당의 관습에서 여러 방식으로 나뉜다.

두 은유가 만드는 요점은 하나님이 예수를 통해 만들고 있는 새로운 것은 현재 있는 구조에 덧붙이거나 쏟아 부을 수 없다. 반대로 예수의 사역에 현존하는 하나님의 통치는 삶과 예배의 급진적인 변혁을 요구한다. 독자들에게 16–17절 말씀은 이 이야기가 나아가고 있는 방향에 관하여 결정적인 질문을 제기한다. 이스라엘은 스스로 하나님이 예수

를 통해 하고 있는 일을 받아들일 수 있도록 충분히 변화될 수 있는가? 또는 **새 가죽 부대**가 하나님 백성의 새로운 공동체의 형성에 암시를 주는가? 이에 대한 **마태**의 대답은 16장에서 주어질 것이다.

전능한 사역들, 주기 3

마태복음 9:18-34

사전 검토

9장 18-34절에서 마태는 8장 1절에서 시작된 이야기들의 수집물을 끝낸다. 처음의 세 조각 한 벌의 이야기들과 마찬가지로8:1-17절의 여기에 포함된 세 개의 이야기들이 예수의 **치유**의 능력에 초점을 맞춘다. 만성적인 질병이 마침내 치유된다. 죽은 아이가 살아난다. 눈 먼 사람이 볼 수 있는 선물을 받는다. 말 못하는 사람이 말하기 시작한다.

기자에게 이 이야기들에서 보고했던 행위들은 두 가지 면에서 의미심장하다. 먼저, 이 행위들은 우리가 아직 본보기를 가져보지 못했던 어떤 일들을 설명하면서 11장 1-5절에서 예수에게 돌리는 기적의 목록을 미리 말한다. 두 번째 이 행위들은 구원의 오는 시대는 예수의 사역 가까이에서 만들어진다는 더 깊은 증거를 제공한다. 이미 보고되었던 중풍병 환자의 치유와 함께 이 행위들은 이사야서 35장 5-6절, "그 때에 눈먼 사람의 눈이 밝아지고, 귀먹은 사람의 귀가 열릴 것이다. 그때에 다리를 절던 사람이 사슴처럼 뛰고, 말을 못하던 혀가 노래를 부를 것이다."라는 약속이 성취된다.

문학적인 관점에서 이 항목에서 이 이야기들의 몇 가지 특징들은 주목되어야 한다.

⑴ 예수와 그의 제자들이 음식을 나누었던 가버나움의 **집**은 9장 18-34절의 예수의 행동의 축으로 남아있다. 다시 그 집이 누구의 것이었느냐에 대한 어떤 모호함이 있다.

⑵ 이 섹션의 이야기들 가운데 둘은 나중에 계속해서 이야기 될 간단한 한 쌍의 이야기들이다.9:27-31/20:29-34, 9:32-34/12:22-30 참조 위에서 암시되었듯이 이들은 예수의 행위들을 완선하게 나타내고자 이곳에서 사용된다.

⑶ 이 이야기들 가운데 두 이야기는 예수의 번져나가는 명성에 대한 통지와 더불어 말을 맺는다.26, 31절 참조 9장 35절 이하에서 이어지는 요약과 함께 이 통지는 4장 23-25절의 말씀을 생각나게 하고 예수의 행동에 대한 이후의 이야기들을 위한 길을 예비한다.

⑷ 마태가 이전 기적 이야기들에서 소개했던 주제들은 여기서 특별한 강조와 더불어 다시 수면에 떠오른다. 이들 가운데 예수의 치유하는 능력과의 결정적인 연결8:10, 9:2,

9:22, 9:28–29 참조로서 **만짐**8:3, 8:15, 9:21, 9:29 참조과 **믿음**의 주제가 있다.

개요

이중의 구원, 9:18–26

믿음과 본다는 것, 9:27–31

처음 보는 일, 9:32–34

주석적 해설

이중의 구원 9:18–26

9장 18절에서 시작한 치유의 이야기는 하나의 이야기 속의 두 개의 이야기로 구성된다.막5:21–43/눅8:40–56 참조 9장 10–17절에 묘사된 식사가 여전히 진행되고 있지만 지도자혹은 회당의 지도자 한 사람이 자신의 딸을 살려달라고 긴급하게 청원하며 뛰어든다. 예수와 그의 제자들은 이 지도자와 함께 가지만 도중에 **열두 해 동안 혈루증으로 고통을 받고 있는** 두 번째 청원자인 한 여인이 다가와서 말을 건다. 그녀와 그녀의 필요를 돌본 이후에야 지도자의 딸의 이야기는 결론으로 나아간다.

다시 한 번 마태는 전체를 줄여 쓰지만 어떤 특징들에 대해 주목하는 방식으로 마가복음에서 발견한 이야기를 채택했다. 어떤 하나를 상술하는 것을 가치 있게 여기지 않는 것이 이 지도자와 그의 청을 묘사하는 마태의 방식이다. 8장 2절의 나병 환자와 마찬가지로 그는 믿음과 경배의 동작으로 예수 앞에 무릎을 꿇는다. 더욱이 그가 요구하는 것은 단순히 치명적으로 아픈 아이의 치료가 아니라마가복음 5:23과 같이 이미 죽은 아이의 회복이다. 우리는 이처럼 이것이 나사로의 이야기가 될 것이라는 것을 처음부터 알게 된다.

20–22절은 이야기 안에 이야기를 포함한다. 12년 동안 지속된 **혈루증**에 관한 언급에서 우리는 최소한 두 가지 일들을 배운다. 첫째, 이 여인은 명백히 치료가 불가능한 상태였다. 둘째, 이 여인은 유대 율법으로 정결하지 않는 상태였다.레15:25–30 참조 그러나 이것은 그녀를 단념시키지 못한다. 담대하고 염치없는 행동에서, 그녀는 예수의 뒤에 나타나 예수의 **옷술**에 손을 대었다.옷술이란 민수기15:37–41에 묘사된 술을 가리킬 것인데 이것은 율법을 지켜야 함을 상기시키는 것으로 신실한 유대인들이 입던 것이다

똑같이 이목을 끄는 행동에서 예수는 여인이 손을 댄 것을 '네 믿음이 **너를 구원하였**

다' 라고 한 믿음의 몸짓으로 받아들인다.치유에 뒤따르는 것으로 21절과 22절에 **잘**이라고 번역된 이 말씀은 그리스어 동사 '소조sozo' 인데 다른 곳에서 이것은 "구원 받은"saved 것을 말하려고 사용된다.행2:21; 고전1:18; 엡2:8 참조 그러므로 기독교 독자들에게 이 여자에 대한 예수의 말씀은 우리가 믿음으로 구원 받았다는 복음을 구체화한다!

처음 이야기가 23절에서 다시 시작할 때 우리는 지도자의 아이가 죽었다는 당면한 문제를 보게 된다. 지도자의 집에서 무리들이 크게 울부짖고 있고동요하며 곡하는 것을 도우려고 고용된 피리 부는 이들은 이미 피리를 부느라 바빴다. 확실하게 예수는 그 소녀가 **죽은 것이 아니라 자는 것**이라고 말씀하셨다. 그러나 예수가 의미하는 것은 그 소녀가 단지 혼수상태에 있는 것이 아니라 하나님의 능력이 우리가 죽음에서 깬 것처럼 쉽사리 죽음에서 깨어나게할 수 있다는 사실이다. 죽음은 마지막이 아니다.

이어지는 묘사에서 예수는 무리를 밖으로 내보내고 혼자서 그녀와 있는 동안 그 소녀를 살아나게 했다. 사용된 어법은 얼마간 유사한 방법으로 각각 아이를 소생시켰던 엘리야와 엘리사의 이야기를 상기시킨다.왕상17:17-24; 왕하4:32-37 동시에 여자와 소녀의 이야기는 (1) 생명을 회복시키는 예수의 능력은 총체적이고 (2) 예수에게 도달한 믿음은 우리에게 이 능력을 받게 한다.

믿음과 본다는 것 9:27-31

예수를 의지하는 다음 탄원자는 우리 시대의 세상보다 성서의 세계에서 더욱 일반적인 상태인 눈이 멀어 고생하는 사람들이다. 이들의 이야기는 마태가 20장 29-34절에서 다시 사용하게 될 바디매오의 이야기막10:46-52/눅18:35-43 참조에 근거한 것으로 드러난다. 아마도 눈 먼 것에 대한 다른 마가의 이야기에 대한 그의 생략을 보충하고자막8:22-26 마태는 여기서 등장인물을 두 배로 하여 두 눈 먼 사람을 이야기한다.같은 이유로 8:28-34의 두 귀신들린 사람의 이야기의 같은 현상을 참조하라

이 에피소드는 예수가 지도자의 딸을 소생시킨 후 집으로 향하고 있는 때 시작한다. 예수와 그의 측근자들을 따라서 눈 먼 사람들이 예수에게 **사비를 베풀어날라고** 소리를 질렀다. 이들이 한 탄원은 동정을 구하는 것이 아니라 예수가 자신들의 시각을 회복시켜 주는 것으로 자비를 보이라는 것이다. 예수를 부르면서 눈 먼 사람들은 다윗의 자손이라는 메시아의 직함을 사용하는데 이것은 다윗에게서 유래한 통치자의 표시이다.1:1 참조 이것은 보통 정치적 의미가 담겨 있는 호칭이다. 그러나 마태에게 메시아는 하나님 백성을 통치할 뿐만 아니라 하나님의 약속을 성취하는 것을 의미한다. **다윗의 자손**이 예수의

치유의 능력과 연결되어 있는 것은 이 구절뿐만 아니라 다른 구절에서도 역시 마찬가지이다. 12:23, 15:22 참조

눈 먼 사람들에 대해 예수는 길 위에서 반응하지 않고, 그가 머물고 있는 집에 도착할 때까지 미룬다. 분명히 이 두 사람은 예수를 쫓아 집 안으로 따라들어 왔고 거기서 믿음에 관한 대화가 이어진다.

너희는 내가 이 일을 할 수 있다고 **믿느냐?**

예, 주님.

그렇다면 너희 **믿음**대로 되어라.

이 대화는 분명히 이 이야기의 핵심이고 이 대화의 윤곽으로 말미암아 독자들은 참여자가 된다. 이야기가 계속되면서 믿음은 보는 것으로 이어지고 예수는 두 사람에게 이 치유에 대해 비밀로 하라고 명령한다. 막5:43 참조, 그리고 8:4의 해설을 보라 그러나 일어난 일은 예수와 그의 사역에 대한 대중적 반응을 위한 무대를 마련하면서 이 일이 멀리 그리고 널리 퍼진 것이다.

처음 보는 일 9:32-34

마태복음 8-9장의 마지막 치유 대상은 눈 먼 사람이었던 사람들이 떠난 직후 예수의 호별 방문에서 나타난다. 본문에 따르면 12장 22-30절에서 언급되었던 같은 귀신들린 사람인 그는 **귀신이 들려 말 못하는 사람**이다. 눅11:14-23 참조 **말 못하는 사람**으로 번역된 단어는 그리스 단어 '코포스kophos' 인데 이것은 **못 듣고, 말 못하는 것** 혹은 둘 모두를 의미할 수 있다. 33절에서 발생한 치유가 **말**이 회복되었다는 것을 강조하지만 마태는 이 사람을 못 듣고 말 못하는 것으로 보는 것 같다. 그리고 그의 치유를 11장 5절에서 증명된 일련의 행동들을 완성하는 행동으로 본다.

이 이야기는 예수의 전능한 사역에 대한 두 다른 반응에 주목하는 것으로 끝을 맺는다. 한 면은 예수의 행위가 이전에 목격했던 모든 일들을 넘어서는 것을 이상하게 여기는 무리들이다. 다른 한 면은 예수의 능력을 하나님 보다는 마귀의 것으로 여기고 이처럼 이후에는 전체적으로 예수를 거부해야 하는 표본으로 삼은 바리새파 사람들이다.

성서적 맥락에서의 본문

우리가 마태복음 8–9장에서 발견하는 기적의 이야기들은 진공상태에서 발전하지 않았다. 실제로 치유와 퇴마의 기록은 신약성서 시대에 풍부하다. 이 이야기들 가운데 어떤 것들은 이방 신에 헌신하는 치료의 신전, 특히 이시스와 아스클레피우스와 연결되어 있다. 이런 신성한 장소들은 지중해 지역의 수많은 도시들에서 발견되었다. 다른 기록들은 개인적인 기적 사역자들과 연결되는데 예를 들어 티아나의 아폴로니우스소아시아 출신의 철학자와 차니나 벤 도사일세기 유대 랍비와 같은 이들이 있다. 신약성서는 유대인 퇴마자들과 기독교 기적 사역자들을 포함하여 이런 종류의 다양한 사람들의 순회하는 행동을 언급한다.행19:13; 마12:27 참조 그러므로 어떤 면에서 복음서의 기적 이야기들은 우리가 알아야 할 필요가 있는 더 큰 그림의 일부이다.

복음서 이야기들에서 한 가지 독특한 것은 이들이 보고한 행동이라기보다는 이 행위들이 이해되어지는 방식이다. 마태와 다른 복음서 저자들에게 예수의 기적은 하나님이 이스라엘 이야기에서 약속한 행위에서 이들의 의미를 발견한다. 거기서 하나님은 도움이 필요한 사람들을 구하시려고 개입하시는 분으로 밝혀진다. 이 이야기 가운데 하나가 이스라엘의 출애굽에 대한 증언인데 거기서 하나님은 모세와 아론을 통해 표적과 기사를 행하신다.신26:8, 34:10–12; 시105:26–27 참조

우리들이 이미 언급했던 이 이야기의 또 다른 측면은 유배에서 돌아온 이스라엘의 귀환과 관련된 구원의 약속이다.사35:5–6, 65:17–19 참조 땅과 그곳의 백성들은 어느 날 하나님이 의도하신 거룩함으로 회복될 것이다. 이 모든 것이 예수가 갈릴리를 여행하고 그의 전능한 일들을 수행할 때 이 배경 안에 있다. 믿음의 눈으로 이 행위들을 본 사람들에게 예수는 죄와 고통에서 창조세계를 해방시키고 지금 이곳의 실재로 다가오는 시대의 치유를 이루는11:2–6, 8:17 참조 하나님의 통치를 논증한다.마12:28 참조

기적 이야기의 현저한 특징은 이들이 **경계**의 주제를 말하는 방식이다.Theissen, 1983:75–80; 129–152 참조 치유의 이야기에서 기본적인 경계는 질병과 고통이다. 이것은 전체와 아픈 사람 사이에 있는 방벽이다. 선형적인 이야기들이 밀하듯이 이 문제와 혼합되어 있는 더 깊은 다른 방해물들경계를 강조하는 주제들이 나타난다. 이처럼 마태복음의 8–9장의 이야기에서 우리는 의식적 부정, 이방인의 문제, 죄, 의심, 신성하지 않은 근거, 종교적 반대, 귀신 들림, 심지어 죽음과 같은 방해물들을 발견한다. 이런 경계들을 극복하는 것은 불가능하지는 않지만 어려워 보인다. 그러나 이것은 분명하게 이 이야기들에 묘사되었던 **경계를 가로지르는** 행동에서 발생하는 것이다.

도움이 필요한 사람들의 편에서 이 행동은 만짐, 경배, 도움을 청하는 외침, 그리고 무엇보다 믿음을 포함한다. 예수의 편에는 확신의 말씀, 타당한 논의, 치유의 만짐, 결정적인 명령이 있다. 고통의 경계를 가로지르는 각각의 이러한 행동들은 치유로 이끄는데 이것은 하나님의 능력이 지배한다.

마태 이야기의 내용에서 기적 이야기는 이중적 역할을 한다. 복음의 이야기 줄거리 안에서 이들의 기능은 예수의 메시아 권위를 강조하는 것이다. 예수의 기적이 메시아가 해야 하는 것에 대한 전통적인 견해에 일치하지 않는다. 그러나 이들이 하는 것예수의 가르침과 더불어은 다가올 시대의 삶을 변화시키는 것에 대한 하나님의 약속을 성취한다. 이 이유로 보여준 능력이 군사적이라기보다는 치료상의 것이라 하더라도 예수의 행위는 **메시아**의 행위11:2, 12:23 참조라고 부를 수도 있다.

이 기적 이야기의 두 번째 기능은 마태 공동체의 자신들의 치유와 관련된다. 이스라엘에서 예수가 했던 것에 대한 교회의 기억에 덧붙여 이 이야기들은 구원의 패러다임이나 비유로서 기여한다.Kingsbury, 1978:568-573 참조 이들은 교회의 지체들을 자신들 고유의 위기의 면전에서 도움을 위한 청원과 함께 예수에게 접근하도록 초대한다. 그리고 이 이야기들은 예수의 능력이 믿음 안에서 손을 뻗치는 모든 사람들을 구원할 수 있도록 그렇게 하는 사람들을 안심시킨다.14:28-33! 참조 교회 내에서 혹은 밖에서의 박해로 고통을 받던지 간에 고유한 자신의 경계의 상황에 직면한 공동체들에게 이 기적 이야기들은 믿음과 희망을 강화시키는 자료를 제공한다.

교회생활에서의 본문

예수의 기적과 이들에 대한 이야기는 수많은 방식으로 교회들에 영향을 미쳤다. 이 영향들 가운데 음악과 예배에서의 기적의 이야기들의 언어의 사용이 있다. 예를 들면 이방 백부장의 진술이 성찬을 기념하는 로마 의식에 나타난다. "주님, 나는 주님을 내 집으로 모셔들일 만한 자격이 없습니다. 그저 한 마디 말씀만 해주십시오. 그러면 내 종이 나을 것입니다."

근대의 시와 찬송은 더 많은 예들을 제공한다. 시와 관련된 것으로 마이라 브룩스 웰치Myra Brooks Welch의 "주님의 손으로 만지심"The Touch of the Master's Hand을 생각할 수 있고 19세기의 복음 성가 "주여 폭풍우가 격렬하게 이나이다."Master, the Tempest is Raging, 그리고 에드워드 H. 플럼트르의 서정시 "당신의 품, 주님, 옛날에"Thine Arm, O Lord, in Days of Old가 있다. 아마도 기적 이야기들의 언어를 사용하는 가장 알려진 찬양은 찰스 웨슬리의 펜에서 나온다. "오 만입이 찬양할"O For a Thousand Tongues to Sing 이라는 서정시에서 우리는 예수가 치유하고 자유롭게 해준 사람들 가운데 몇몇에 대해 노래한다.

> 그를 들으소서, 예 귀먹은 이; 그의 찬양, 예, 귀먹은 이,
> 너의 풀린 혀가 사용된다.
> 예, 눈먼 이, 너의 구원자가 오시는 것을 보라,
> 그리고 뛰어라, 예, 절름발이여, 기쁨에 넘쳐.

기적이 교회의 삶에 단단히 매여 있는 두 번째 면은 증언이나 선교의 측면이다. Theissen, 1983:259-264; MacMullen: 17-42; Senior, 1985a 참조 이 연계에는 다음의 몇 가지 측면이 있다.

(1) 기적 이야기들은 위에서 주목했듯이 장벽을 뚫는 하나님의 능력을 증명한다. 직접적으로 그리고 간접적으로 이들은 이처럼 이방 선교를 유지하고 모든 문화적 경계를 넘어 복음을 나누도록 격려했다.

(2) 기적 이야기들은 때때로 그리스도 안에서 다른 이들을 믿음으로 초대하기 위한 복음의 매체로서 기여한다. 사복음서가 그리는 예수의 표징에 대한 이야기들의 수집물과 함께 하는 경우가 이와 같을 것이다. 요2:11, 20:30-31 참조

(3) 기적 이야기들은 이들이 살았던 공동체의 그리스도인들의 전능한 행위를 위한 길을 마련한다. 우리가 말할 수 있는 모든 것에서 이런 행위들은 로마 제국을 복음화 하는데 중요한 역할을 했다. 그리고 예수의 행위의 이야기들은 예수의 이름 안에서 기독교 기적을 기대하게 하도록 도왔다.

기적이 기독교 역사에서 만들었던 마지막 방식은 논쟁의 시작이 될 수 있다. Theissen, 1983:287-302; Fuller: 8-17,110-114 참조 복음 이야기들 자체 안에서 우리는 이 논쟁의 첫 라운드를 듣는다. 예수의 반대자들은 마귀와 동맹하여 그를 고발하고 그의 전능한 역사를 마술 행위로 의심한다. 우리의 시대에서 이 논쟁은 다른 관점에서 발생한다. 기적 이야기들은 소원 성취의 몽상으로 일축되거나 현대의 정신을 만족시키는 "자연적인" 방식으로 설명되거나 하였다.

기적 이야기들의 가치를 저하시키는 사람들에 대한 반작용으로 교회는 때때로 문제가 되는 변호를 했다. 종종 이것은 믿음이 이성적 증거 혹은 논의에 의존하게 되도록 복음서

의 기적을 입증하려고 시도하는 모습을 보였다. 이런 접근방식은 뚜렷하게 예수의 행위에 대한 성서의 증언을 파괴한다. 기적 이야기들에 대한 적절한 "방어"는 예수의 행위가 가리키는 하나님의 능력을 나타내는 것으로 구성된다. 세상이 하나님의 백성을 바라볼 수 있고 치유와 사역중인 변화를 볼 때 기적 이야기들은 받아들여지고 기적으로서 소중하게 여겨질 것이다.

마태복음 9:35-10:42

예수가 그의 제자들을 임명하다

사전 검토

4장 17절에서 시작한 주요 섹션의 처음부터 끝까지 예수는 자신의 사역을 나눌 다른 이들을 준비한다. 그 방향은 소명 이야기들에 설정되는데 예수는 자신을 따를 사람들을 제자로 초대한다.4:18-22, 8:18-22, 9:9 추종자로서 이 사람들은 예수에게서 교훈을 받고 5:1-2, 예수의 능력과 권위를 보고8:23-27, 이들이 예수의 식탁에 앉았을 때 예수의 사역의 의미를 배운다.9:10-17

이 모두가 인도하는 제자들의 소명은 9장 35절에서 10장 42절에 설명되어 있다. 여기서 예수는 공식적 방법으로 **열두 제자를 임명하고** 이들을 보내면서 이들에게 사명에 관한 담화를 전한다. 이 설명에서 인상적인 것은 예수의 사명과 제자들의 사명이 하나이고 같은 범위라는 사실이다. 예수의 사신으로서 열두 제자는 예수의 권위로 출발할 것이고 예수의 순회하는 방식을 채택하고, 예수가 설교한 메시지를 설교하고, 예수가 수행한 행위들을 수행하고, 예수를 기다리는 운명 역시 공유하게 될 것이다.

제자들의 사명에 관한 이전 이야기는 마태 이야기를 위한 기초를 제공한다. 이것은 마가복음 6장 7-13절의 위임 이야기와눅9:1-6 참조 누가복음 10장 1-16절의 병행기사를 포함한다. 누가복음이 나뉜 사건의 두 이야기를 연결하지만두 번째 이야기가 70명의 더 큰 그룹을 포함하는 마태복음에는 두 원천에서의 자료에 관해 그리는 하나의 위임이 있다. 또한 마태는 주제와 경우에 맞는 다른 자료를 통합했다. 특별히 주목할 만한 것은 마가복음 3장

13-19절에서 가져온 제자들의 목록, 제자도의 대가에 관한 말씀, 계시적 구절에서의 고난에 대한 예언, 보내는 이와 보냄을 받는 이 사이의 연결에 관한 말씀이다. 마지막 소산은 이처럼 마태의 작업의 특징적인 방식으로 함께 묶은 선교에 관한 확장된 논평이다.

이 구성에서 마태의 목적은 근본적으로 이중적이다. 한 국면에서 마태가 이스라엘에 대한 하나님의 신실하심에 대한 이야기의 전달자로서 쓰고 있다는 것이고롬1:16 참조 이 과업은 확장될 수 있기 이전에 완료되어야만 한다는 것이다. 따라서 **열두** 제자들을 선택하고 파송하는데, 이는 이전 시대의 이스라엘의 열두 부족을 상징한다. 또한 이처럼 이후의 대 위임령을 받을 때까지28:19 참조 이 열두 제자는 자신들의 사역이 **이스라엘 집의 잃어버린 양**으로 제한되어야 할 것이다.

또 다른 국면에서 마태는 그 자체로 사역이 되어야 할 공동체의 지체로서 쓰고 있다. 이스라엘에 국한된 말씀이 더 이상 적용되지 않지만 교회는 예수가 열두 제자에게 준 이 위임을 상속받는다. 이것은 거부와 박해에 직면하는 세상에서 예수를 대리하고 이 과업을 위한 격려를 필요로 한다. 마태복음 10장은 이방 통치자들 앞에서의 기독교 증언에 관한 말씀을 포함한다. 그리고 예수가 열둘에게 경고하고 강화한 모든 것들은 이들의 상속자들에게 경고하고 강화한다.

추수할 일꾼들

마태복음 9:35-10:4

사전 검토

9장 35절에서 10장 4절의 자료는 10장의 선교 담화와 함께 산상수훈과 기적 이야기들을 묶는 변형된 항목을 형성한다. 이 항목을 만들고자 마태가 사용한 작은 부분들 가운데 모든 도시와 마을에서의 예수의 사역에 관한 요약, 마가의 이야기에서 추출한 무리와 세자들에 관한 진술, 추수할 일꾼들의 필요성에 관한 선교 이야기, 그리고 소위 말하는 열두 사도들에 이름의 목록이 있다. 이 다양한 부분들은 두 틀이 되는 면과 함께 한 이야기를 만들고자 연결되는데 여기에서 10장 1-4절의 열두 제자의 위임은 9장 35-38절에 묘사된 필요성에 대하여 대답한다.

개요

추수할 일꾼, 9:35–38

채워진 자리, 10:1–4

주석적 해설

추수할 일꾼 9:35–38

36절의 예수의 사역에 대한 요약은 4장 23절에서 주어진 요약을 되풀이한다. 이처럼 이것은 동시에 36절에 이어지는 관찰을 위한 기초를 제공하면서[마가복음6:34에서 온] 4장 23절과 인클루지오를 형성한다. 자신의 사역이 향하고 있는 무리를 바라보면서 예수는 이들의 절망적인 상황을 인식한다.

목자 없는 양이라는 표현은 구약성서의 어법을 반영하고[민27:16–17; 왕상22:17; 겔34:5; 슥10:2 참조] 새로운 지도자를 필요로 하는 양떼로서의 이스라엘을 묘사한다. 민수기 27장에서 이 주제는 모세의 대리 역할을 할 누군가에 대한 필요성인데 마태복음의 문제와 유사하다. **지치고 기운이 빠져 있다**는 구절은 양떼 은유와 연관되고 지쳐서 들에 누워 있는 양떼를 암시한다. 이런 백성들을 예수가 **불쌍히 여겼다**고 본문은 우리에게 말한다.[14:14; 15:32; 20:34 참조] 인간의 감정 이상으로 여기서 **긍휼**은 하나님이 이스라엘에 대해 가진 동정심을 상기시키는데 그것은 때로 종말과 연결된다.[T. Zeb. 8:2; 눅1:78 참조]

37–38절에서 이 은유는 양떼에서 추수와 추수할 일꾼에 대한 목자로 바뀐다.[눅10:2; 요4:35 참조] 이 표상을 담은 말씀은 하나님 백성에 대한 사역이 긴급함을 강조한다. 하나님의 종말의 행동을 위한 일반적인 은유인[사27:12; 호6:11; 욜3:13; 미3:12; 계14:14–20 참조] 추수는 하나님 백성을 모으는 것과 사악한 자들을 멸망시키는 것 모두를 가리킬 수 있다. 여기서 이 표상은 구원의 추수를 암시하는데 거기서 밝아오는 나라는 하나님의 구원의 약속을 완성하고 추수할 일꾼들은 이 즐거운 사건 안으로 들어오라고 초대한다.

이 그림에서 최소한 두 일들이 주목할 만하다. 첫째, 보통 최후의 심판과 연관된 사건은 현재에 일어나기 시작한다. 둘째, 하나님은 전통적으로 자신을 위해 예비하거나 천사에게 할당한 추수의 과업을 인간 일꾼에게 위탁한다![3:12, 13:30,41–43 참조] 그러므로 예수가 제자들에게 기도하라고 초대한 사명은 사실은 두려움을 느끼게 하는 것이다.

채워진 자리 10:1-4

마치 9장 38절에서 청하는 기도에 대한 대답에서처럼 예수는 자신의 제자들 그룹을 소집하고 이들을 보낼 준비를 한다. 마가복음 3장 13-19절에서 예수는 사진의 권위를 나눌 열둘을 정하지만 6장 7-13절까지 이들을 보내지 않는다. 그러나 마태는 자신의 마가복음 사용에서 위임과 파송을 하나의 사건의 일부로서 기록한다.

이곳까지 겨우 다섯 명의 제자들의 이름이 확인되었지만베드로, 안드레, 야고보, 요한, 마태 마태는 우리에게 앞선 이야기에서 전개되는 소명의 과정을 알려준다. 이것은 예수의 **열두 제자**들에 관한 언급에 대해 우리를 준비한다.이들의 열두 제자로서의 특별한 역할은 초기 교회에서 일반적인 지식이었다; 고전15:5 참조 이 열둘에게 예수는 자신의 이름으로 자신이 행동하는 것처럼 행동하고 생명을 회복시키는 **권위**를 준다.9:35와 10:1의 비슷한 어법 참조 이것을 다르게 쓰면 예수는 열두 제자에게 사역에서 자신의 동료가 될 것을 위임한다.

10장 2-4절에 이어지는 이름의 목록은 세트로 혹은 유사한 것들로 배열되고 신약성서의 이런 몇 개의 목록 가운데 하나이다.막3:16-19; 눅6:14-16; 행1:12-14; G. Eb. 1 참조 이름들 가운데 어떤 것은 더 많은 해설이 필요하다. 베드로가 언제나 거명되는 이름의 첫 번째이기는 하지만 본문은 베드로가 특별한 중요성이나 우선권을 갖고 있다는 것을 암시하며 이곳에서 분명하게 그를 **첫 번째**로 지시한다. 마태의 경우 첫 번째 복음서는 우리에게 이것이 9장 9절에서 언급했던 제자라는 것을 상기시키며 **세리**라는 구절을 덧붙여 말한다.

열심당원 시몬에 관해서 열심당원이라고 번역된 형용사는 아마도 **열심당**을 의미하는 아람어 단어를 반영할 것이다.눅6:15 참조 그는 그의 열성적인 성격이나 혁명적인 열심당원으로서의 그의 이전 경력 때문에 이 이름을 받았을 것이다.NIV와 GNB 참조, 많은 학자들이 현재 열심당이 예수의 시기와 같이 이른 시기에 존재했었는가에 의문을 가지지만 마지막으로 거명된 이름은 가룟 유다인데 그는 여기서 다른 곳에서와 마찬가지로 예수의 배반자와 동일시된다. 가룟이란 말은 불확실한 기원을 가지고 **케리옷**유다에 있는 마을 **사람, 잇사갈 사람**열두 지파 가운데 하나, 혹은 **비밀 결사단**그리스 단어 '시카리오스[sikarios]' 에서을 의미할 수도 있다.

성서적 맥락에서의 본문

고대와 현대 본문의 해석자들을 위한 문제들 가운데 하나는 기자가 같은 단어를 사용하지만 다른 방식으로 그것을 사용하는 것이다. 9장 35절의 세 용어, 명사인 **제자**와 **사**

도 그리고 형용사 **열둘**이것은 때때로 명사인 열둘로 사용된다이 이런 경우에 해당한다. 어느 점까지 우리는 신약성서 전체에서 이들의 용법에 맞는 이 용어들에 대한 정의를 지정할 수 있다. **제자**는 예수의 운동에 대한 지지자로서 예수를 따르는 사람이다. **사도**는 예수의 대리인으로 보냄을 받은 사람이다. 그리고 **열둘**은 10장 2-4절에서 거명된 추종자들의 그룹을 가리키는데 이들은 이스라엘에 대한 예수의 사역에서 상징적인 역할을 하고 예루살렘의 초기 교회의 삶에 공헌했다.유다를 대신한 맛디아와 함께; 행1:12-26 신약성서 기자들이 의견을 달리하는 곳은 제자와 사도라는 용어들이 적용되는 그룹들의 범위이다.

바울 서신에서 **제자**라는 용어는 전혀 나타나지 않는다. 그러나 사도들에 대한 풍부한 언급인데 이들은 살아나신 그리스도를 본 사람들과 그의 증인으로 보내진 사람들이다.고전9:1; 롬16:7 참조

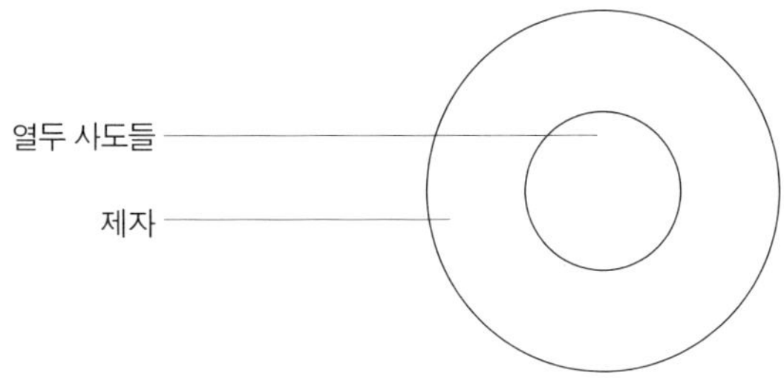

다른 유형은 누가의 작품들에서 발견된다.누가복음과 사도행전 여기서, 곧 이스라엘에 대한 예수의 사역과 예수의 성장하는 공동체의 그 이후의 삶에서 많은 사람들이 예수의 제자= 신자들들이 된다. 그러나 한 이야기를 제외하고행14:14 누가는 열둘에 대한 사도의 직함을 제한하는데 이들의 증언은 바울과 다른 이들의 증언의 기초가 된다.

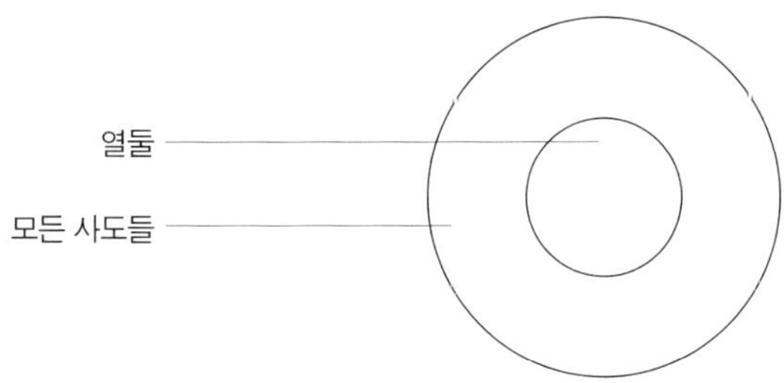

첫 번째 복음서에서는 세 용어들을 가장 엄격하게 사용한다. 마태에게 열둘 = 제자들 = 사도들이다. 물론 마태복음 28장 18-20절은 대위임령이 수행될 때 제자들의 너 넓은 공동체를 구상한다.따라서 그림의 열린 원 그러나 예수의 이스라엘에 대한 사역의 맥락에서 동시에 열두 사도인 열두 제자만이 있다.

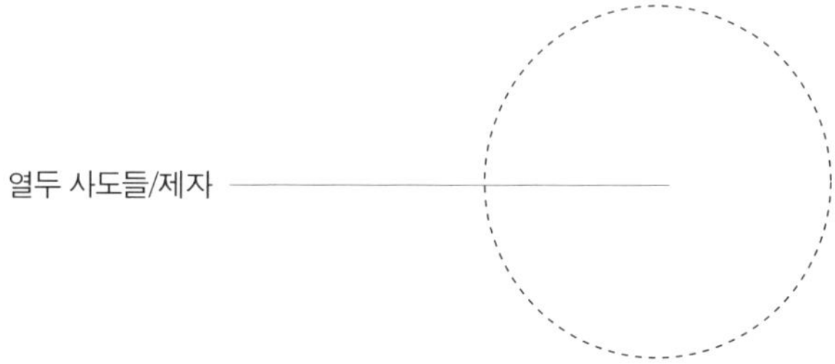

교회생활에서의 본문

초기부터 계속해서 열두 사도들은 기독교 경건과 문헌에서 대중적인 인물이었다. 신약성서 자체가 비교적 이 사람들의 삶과 사역에 관해 상대적으로 적은 정보를 제공한다. 그러나 역사적인 전통이 그치면 전설이 이어진다. 개인적 사도들에 관해 전해진 풍부한 이야기들에서 우리는 강한 인상을 주는 기적, 먼 지역으로의 여행예를 들어 이디오피아, 인디아, 스키타이, 신실한 순교의 이야기들을 발견한다. 디다케열두 사도들의 가르침, 도마복음, 베드로의 묵시, 많은 다른 것들을 포함해서 수많은 외경 작품들은 사도들에게 힘입은 바가 크다.

이런 문헌은 기독교 믿음의 기초로서 사도의 증언의 성장하는 숭배의 증거가 된다. 에베소서에 이미 교회가 건설되는 기초로서의 "사도들과 예언자들"에 관한 언급이 있다. 이처럼 사도성은 교회에서 다양한 전통을 위한 기준과 어떤 기독교 작품이 정경인가를 결정하는 시험의 하나가 되었다. 같은 관심사가 "하나의 거룩한 보편적 **사도의 교회**"에서 믿음을 확인하는 니케아 콘스탄티노플 신조에서 분명히 나타난다.

열두 사도에 관한 마태 자신의 흥미는 우리를 다른 방향으로 데려간다. 우리 앞에 있는 본문의 강조는 사도의 안정성이 아니라 사도의 **유동성**이다! 예수를 따르는 이가 되는 것은 예수의 대리인으로서 파송되는 것이다.여기서 이후의 사도들의 여행에 대한 전설은 이들의 모호한 역사성에도 불구하고 건전한 성격을 구현한다 이 강조와 일치하여 제자도를 강조하는 기독교 운동은 자주 선교와 복음 전도에 높은 우선권을 할당했다. 초기 아나뱁티스트, 퀘이커,

경건주의를 포함하여 종교개혁의 왼쪽 날개의 수많은 그룹들이 그 같은 경우이다.[Durnbaugh, 1968:226–241 참조] 우리에게 열두 제자의 위임은 제자로서 우리 자신의 소명이 비밀스런 사건이 될 수 없다는 것을 상기시켜준다. 우리가 어떤 형태의 보냄을 받건 우리는 그리스도의 증인으로서 그리고 그의 능력을 세상에 보여주려고 바깥으로 움직이는 원심성의 공동체의 일부로 부름을 받은 것이다.

열둘의 사역

마태복음 10:5–15

사전 검토

10장 5절에서 시작해서 10장 42절까지 계속되는 제자들의 교훈은 마태복음에 있는 예수의 다섯 개의 담화 중 두 번째를 구성한다. 실은 열둘의 파송에 연결되어 있기 때문에 이것은 자주 선교 담화라고 불린다. 이 담화의 첫 번째 부분은 열둘에 대한 예수의 책임을 포함하고 이들의 선교를 묘사한다.[10:5–15] 이어지는 말씀에서[10:16–42] 예수는 제자도의 대가[그리고 보상]를 배경으로 자신의 사자들이 마주치게 될 반대에 관한 조언을 제공한다.

우리 앞에 있는 이 항목에서 열둘에 대한 책임은 마태의 원천에서 발견된 유사한 말씀의 수집물에 관해 그린다.[막6:8–11; 눅10:3–12 참조] 초기 교회의 선교에 관한 이 간단한 논문은 순회하는 예언자들과 기적 사역자들의 다양한 그룹을 가르치는 데 사용되었다. 이 항목에 어떤 날카로운 단절은 없지만 이 책임은 세 가지 일련의 주제들을 이야기한다. 5–6절은 선교의 경계를 설정한다.[이스라엘에 제한된] 7–10절은 무엇을 하고 어떻게 여행하는지에 대한 수많은 자세한 명령들을 제공한다. 그리고 11–15절은 이들이 방문하는 고을에서의 예수의 사자들에 대한 영접을 다룬다.

개요

이스라엘에 한정된, 10:5–6

여행 수칙, 10:7–10

영접과 거절, 10:11–15

주석적 해설

이스라엘에 한정된 10:5–6

예수가 열둘을 보낼 때 그는 이들의 전도의 범위를 자신 고유의 행동 범위에 제한한다. "이질적인 지역으로 가지 말고", "이방인의 땅으로도 가지 말고", "사마리아 사람의 고을에도 가지 말라."고 예수는 말한다. 사마리아 사람들은 유대인과 공통의 유산과 조상을 공유했던 사마리아에 기초를 둔 민족적 종교 그룹이었지만 수 세기 동안 분리된 삶을 발전시켰고 유대인 공동체와 긴장관계에 있었다. 신약성서 기간에 유대인들은 사마리아 사람들은 부정하고 사실상 이방인과 같은 사람들로 간주했다.요4; 눅17:18 참조.

예수와 그의 제자들이 보내진 사람들은 **이스라엘 집의 길을 잃은 양들**이었다.15:24 참조 이 길을 잃은 양들은 이스라엘 안의 어떤 무시당하는 사람들뿐만 아니라 **고생에 지치고 기운이 빠진** 전체 유대인 공동체를 포함한다.9:36; 겔34; 렘50:6 참조 전도를 이스라엘에 제한하는 이 말씀이 마태복음에서만 발견되기 때문에 이들의 기원은 논박의 여지가 있다. 이들이 얼마나 일찍 사용되었든, 마태복음에서 이들의 목적은 예수의 사역에서 이스라엘의 **우선성**의 배경이 된다.TBC의 해설 참조 이 복음서의 말미에서 이스라엘로의 제한은 해제될 것이고 제자들은 모든 나라들로 파송될 것이다.28:19

여행 수칙, 10:7–10

7–10절에서 예수가 준 속사포 같은 명령들은 제자의 전도의 요지와 양식을 다룬다. 예수의 발걸음에 이어 열둘은 **말씀**과 **행위**의 사역에 종사해야만 한다. 놀랍지 않게 이들은 세례 요한과 예수가 선포했던 **하나님 나라**가 다가온다는 것과7절;3:2;4:17 참조 이들이 수행했던 전능한 사역이8절 예수 자신의 기적에서 하나님 나라를 증거 하는 능력을 보일 것이라고 선포해야만 한다.

열둘은 또한 순회하는 사자로서 이들 자신이 행하는 방식에서 예수에게서 자신들의 신호를 받아야만 한다.8:20 참조 예수처럼, 이들은 자신들의 주머니를 채우는 수단으로서가 아니라8b절; 고전9장; 행20:33 참조 다른 이들을 축복하려는 선물로서 자신들의 권위를 사용해야만 하고 이들은 가능한 최소한의 방법으로 고을에서 고을로 움직여야만 한다.9–10절 예수는 기본적인 식량을 휴대하는 것을 금할 뿐만 아니라돈, 음식 주머니, 여분의 옷 거친 지역, 뱀, 야생 동물에 대항할 수 있는 정상적인 보호 수단마저 없어야 한다.신발, 여행용 지팡이 이러한 금지들을 통해막6:8–9의 금지보다 더욱 심한 마태는 무방비와 부담이 없는 자로서 예수의 사자를 묘사한다. 이들은 위험에 직면하여 하나님이 자신들을 보호해주실 것과 듣는 이들의 영접을 통해 자신들의 필요를 공급받을 것을 믿으며 출발한다.6:25–34; 고전9:4–7, 13–14; 딤전5:18; 디다케13:1 참조

영접과 거절 10:11–15

10장 마지막 구절을 발판으로 삼아 11–15절은 영접의 문제에 관해 집중한다. 방문자를 영접하는 것은 셈족의 문화에서 중요한 부분이었고 방문자가 하나님의 사자로 올 때는 더더욱 그래야 했다.창18:1–15; 히13:2 참조 예수의 사자가 찾아낼 준비가 된 가치 있는 집은 수용하는 집이고 그 나라의 말씀을 들을 준비가 되어 있고 영접하는 집이다.

이런 집을 발견하면 사자는 그 집에 인사를 해야 하고 그 집에 평화를 빌어야 한다.눅10:5 참조 인사는 히브리어 샬롬을 반영하는데 이것은 여기서 하나님의 통치에서 오는 완전한 삶인 하나님 나라의 평화를 의미한다. 비록 영접하는 곳에서만 이지만 하나님은 평화인 이 말씀과 자기를 너무도 긴밀하게 동일시하기 때문에 축복이 선포될 때 축복이 일어난다.사55:11 참조

만일 거절한다면 이 축복은 예수의 사자에게로 되돌아오는데 그렇다면 그는 심판의 메시지를 전해야만 한다. 이것이 이루어지는 시각적인 행위는 이들이 떠날 때 자신의 발에서 먼지를 터는 것이다.행13:51 참조 요컨대 이 행동은 하나님이 이 집이나 고을을 버린다는 의미의 이 몸짓으로 하는 말이다. 이 같은 고을은 악과 심판의 전형적 도시인 소돔과 고모라보다 더 나은 상황에 처할 것이라고 예수는 말한다.사1:9–10; 렘23:14; 벧후2:6; 유1:7 참조 이 호의적이 아닌 비교의 뒤에는 창세기 19장 1–11절의 롯을 방문했던 사자들을 향한 소돔의 손님을 냉대하는 행동이 놓여있다. 존 마이어John Meier는 그것을 이렇게 표현했듯이 "소돔과 고모라는 구약성서에서 하나님의 사자인 천사들에게 무례한 태도를 보였다. 더욱 나쁜 것은 신약성서에서 그리스도의 사자인 사도들에게 보여준 무례함이다."1980:108 라고 표현했다.

성서적 맥락에서의 본문

마태복음 10장에 묘사된 열둘의 파송은 고립된 사건 그 이상이다. 신약성서 자료가 확인하듯이Theissen, 1978:8–23 참조 순회하는 예언자들이나 교사들은 초기 기독교 경관에서 공통적인 특징이다.Theissen은 이것을 첫 번째 선교사들인 "돌아다니는 카리스마적인 인물들"이라고 부른다 마태복음 10장과 그것의 병행기사들이 첫째로 이스라엘 안에서의 행동에 관련되지

만, 이 현상은 이보다 더 크다. 바울과 그의 동료들은 이방 지역에서 선교하는 일 로 널리 여행했고 그의 편지의 언급들은 좋든 나쁘든 많은 다른 사도들 역시 길 위에 있었음을 가리킨다.고전4:9-13, 9장, 16:5-18; 고후11-12 참조

이 모든 것을 뒤돌아볼 때 누가복음과 사도행전의 기자는 예수, 예수의 가장 이른 증인들, 바울의 선교 여행과 밀접하게 유사한 **여행**의 개념을 그의 작품의 중심 주제로 삼았다. 다른 작품들에서 순회 사역은 일세기 말에도 여전히 계속해서 진행되었고 기독교 공동체들이 직면한 문제들 가운데 하나가 영접할 가치가 있는 사람들이 남아 있었지만 "거짓" 사자들을 분별하는 방법이었다는 것은 분명하다.마7:15-23; 요일4:1-6; 요한2서와 3서2장; 디다케11-13장 참조

마태의 선교 그림에서의 두 번째 요점은 복음의 드라마에서 이스라엘의 우선성에 관한 그의 강조를 더 많이 보여주는 것의 일부이다. 누가가 사도행전에서 초기 교회의 성장을 묘사하는 것처럼, 마태는 이스라엘이 두 가지 방식에서 **첫 번째**라는 사실을 수립한다. (1) 마태는 사도행전 1장 8절의 "예루살렘과 온 유대와 사마리아와 땅 끝까지"라는 계획된 선교의 순서 주위에 전체 이야기를 구성한다. (2) 마태는 이방인들에게 가기 전에 언제나 회당에서 자신의 사역을 시작하는 선교사로서의 바울을 그리고 있다.행13:5,14-15,44-48, 14:1, 17:1-2,10-11 참조

바울 자신이 회당에 가는 것에 대해 조금밖에 말하지 않지만 그는 분명하게 신학적 용어에서 이스라엘의 우선성을 단언한다. 로마인들에게 편지를 쓰면서 그는 복음이 "이 복음은 **유대 사람을 비롯하여**먼저 유대 사람에게 그리고 그리스 사람에게 이르기까지, 모든 믿는 사람을 구원하는 하나님의 능력입니다."라고 기록한다.롬1:16, 강조체 덧붙임; 롬 9-11장 참조 그러므로 구원의 약속이 인류의 나머지들을 위해 성취될 수 있기 전에 그것을 받은 공동체에서 먼저 성취된다는 신약성서의 기본적인 일치가 있다.

교회생활에서의 본문

교회 역사의 다양한 시기에서 개인들 혹은 그룹들이 예수가 열둘을 불렀던 순회 사역의 모범에 대한 모형이 되려고 노력했다. 우리는 여기서 늦은 중세 시대의 탁발 수도사들예를 들어 프란시스의 추종자들, 13세기그리고 이후의의 발도파, 그리고 현대의 선교 운동의 어떤 범위에 이르기까지를 생각한다. 본문이 기능했던 어떤 그룹의 또 다른 방식은 무급 혹은 자유로운 사역의 개념을 뒷받침할 수 있다.집에서건 길에서건

의심할 여지없이 우리의 상황에 적절할 수도 있고 그렇지 못할 수도 있는 이전 시대와 장소라는 환경에 근거한 형태를 모방하려는 것에는 위험요소들이 있다. 그럼에도 본문은 다음과 같은 몇 가지 흥미를 자아내는 문제들을 제기한다. 가볍게 여행하는 상처 입기 쉬운 사도의 그림은 부의 제국과 기술적인 화려함을 가진 현대의 복음전도자에게 무엇을 말하는가? 또는 이 문제를 더욱 예리하게 하려면 기독교 증언의 요지가 기독교 증언 양식에 어떻게 영향을 미쳐야 하는가?

이 목적을 받아들이는 우리들에게 본문은 다소 다른 질문을 제기할 수도 있다. 즉 우리는 어떻게 우리 자신과 공동체가 익숙한 말씀으로 설교하는 사람뿐만 아니라 우리를 새로운 방향으로 끌어당기는 하나님 나라의 비전을 가져오는 사람들을 융숭하게 맞을 수 있도록 개방할 수 있는가? 오늘날도 마태의 시대와 마찬가지로 하나님의 **평화**는 이런 사람들을 영접하는 사람들에게만 온다.

제자도의 대가

마태복음 10:16-42

사전 검토

열둘의 파송 너머를 바라보는 말씀을 가진 이 선교 담화는 10장 15절에서 시작하고 10장 16-42절까지 계속된다. 여기서 예수는 적대적인 세상에서 어떤 시대에도 기독교 사신들을 위한 적절한 말씀인 증인에 관한 더 일반적인 충고를 제공한다. 이 항목을 구성함에 있어 마태는 다양한 종류의 말씀들을 조합했다. 어떤 것들은 **조심하라, 두려워하지 말라, 염려하지 말라**는 용어와 같은 것으로 두드러지는 경고와 격려의 말씀이다.16-23, 26-33 참조 박해와 순교를 미리 말하는 이 말씀들은 신실하게 남은 증인들에 대한 종말의 축복을 약속한다.

다른 말씀에서 분위기는 확신의 분위기가 아니라 오히려 냉정한 반성의 분위기이다. 여기서 대가 없는 제자도를 상소하고 예수는 그의 청중들에게 결과를 잘 생각하라고 권고한다.34-39절 마지막으로 예수와 그의 증인들의 결속을 배경으로 하는 말씀들이 있다. 예수는 그의 사신들과 함께 존재하고 그들을 통해 받아들여지는데40-42절 이들은 다음에 예수가 얻는 것과 똑 같은 것을 기대할 수 있다. 이 다양한 말씀에서 마태는 신실한 증인에 대한 강력한 진술을 구성했다.

개요

시험 받고 있는 믿음, 10:16-23

공통의 운명, 10:24-25

담대한 증언, 10:26-33

지불해야 할 대가, 10:34-39

은혜의 통로, 10:40-42

주석적 해설

시험 받고 있는 믿음 10:16-23

상대적으로 희망의 어조를 띤 5-15절은 주로 마가복음 13장 9-13절에 기초한 16-23절의 더 침울한 기록에 자리를 양보한다. 예수의 증인들이 출발할 때 이들은 자신들의 믿음에 대한 시험의 자리에 있게 될 것이라는 경고를 받는다. 이들은 자신들의 가족 구성원들을 포함하는21-22절; 34-37참조; 미7:6 이들에 대한 반대자들이 가져온 소송에 직면하여 유대 종교 당국과 이방의 정부 당국 앞에 서게 될 것이다.17-18절

이런 일이 일어날 것을 알고 예수의 증인들은 가능한 곳에서는 박해자들을 피할 수 있을 만큼 충분히 민감해야 한다.뱀 같이 슬기롭게; 23a절 참조 동시에 이들은 자신들이 체포된다면 자신들의 행위가 자신들의 호의를 증명하는 방식으로 살아야 한다.비둘기 같이 순진하게; 롬16:19; 벧전3:14-16 참조 전에 주목한 바와 같이 경고는 우리가 여기서 발견하는 말씀에서 격려와 짝을 이룬다. 예수의 사신들은 법정 청문회가 증언할 기회를 제공할 것이며18절 성령이 증언에서 이들을 안내 것이고19-20절 지금 고통을 견디는 사람은 종말에 구원을 기뻐하게 될 것이라는 사실22절을 확신한다.

10장 23b절의 진술은 이스라엘에 대한 열둘의 본래의 선교 주제와 인자가 이 선교가 완성되기 전에 올 것이라는 약속으로 되돌아온다. 마태복음에 유일하지만비록 막9:1 참조 이 말씀은 성취되지 않은 약속이 되어 표면으로 드러난다. 그러나 마태는 우리가 파루시아종말의 예수의 재림에 관한 언급으로서가 아니라 예수의 부활28:16-20에 이어 열한 제자에게 나타날 것이라는 약속으로 보기를 원할 수 있다. 이 경우 10장 23절의 이스라엘에 대한 선교에 관한 약속은 성취되었고 동시에 모든 나라에 대한 더 큰 선교에 관한 28장 20절의 새로운 약속으로 대치된다. **보아라, 내가 세상 끝 날까지 항상 너희와 함께 있을 것**

이다.

공통의 운명 10:24–25

자신들의 선생과 같아져야 하는 제자들을 위해 필요한 것에 관한 잘 알려진 말씀들이 기독교와 랍비의 본문에서 발견될 수 있다.마10:24; 눅6:40; 요13:16, 15:20; bBer. 58b 참조 여기서 강조되는 일치는 거절과 고난에서의 닮음인데 이것은 이전 구절의 박해의 주제를 다시 거론한다. 예수가 적의와 학대에 마주쳤기 때문에 그의 제자들은 더 심한 같은 것을 예상할 수 있다.12:22–30

예를 들어 예수는 아직 보고되어야 할 분쟁에 대해 언급하는데 거기서 그의 반대자들은 예수를 마술사로 고발하고 그의 능력을 **바알세불**의 것으로 돌렸다. 바알세불은 본래 팔레스타인 신의 이름이었고 신구약중간기에 사탄에게 주어진 많은 이름들 가운데 하나였다. 이 이름 자체가 "집의 우두머리" 혹은 "거처의 주님"을 의미하기 때문에 예수는 실제로 10장 25b에서 조롱당하고 있는 것이다. 사람들이 하나님의 집의 우두머리를 사탄의 집의 우두머리로 부른다면 이들이 나머지 집들은 얼마나 더 불신하겠는가?

담대한 증언 10:26–33

16–23절의 이전 말씀들과 같이 26–33절의 말씀은 박해와 순교에 직면하여 격려를 제공한다.눅12:2–9 참조 **덮어둔 것**과 **알려진 것**에 관해 여는 말씀은 원래 종말의 선과 악의 계시를 다루는 것이었다. 그러나 마태에게 이 말씀은 담대한 증언에 대한 호소로서 기여한다. 사적인 가르침에서 예수가 그의 제자들에게 드러냈던 것을 이제 그들은 듣는 모든 이들에게 공공연하게 선포해야 한다.

이것이 반대를 일깨울 것이라는 사실에도 불구하고 예수는 그의 증인들에게 두려워하지 말라고 말한다. 다음의 두 요지로 이 호소를 지지하면서 무려 세 번이나 예수는 제자들에게 **두려워하지 말라**고 권고한다.26,28a,31절 (1) 삶을 파괴하는 박해자들의 능력은 결국 모두가 **제한적인** 능력이나. (2) 삶과 죽음을 능가하는 궁극적인 능력을 휘두르는 분은 우리의 삶을 하찮게 보지 않으신다.6:25–34 참조 제자들의 두려움을 일깨워야 할 유일한 가능성은 불성실해지는 것인데 그것이 생명을 주는 분에게서 사람을 단절시키기 때문이다.

이 모든 것은 32–33절의 결론이 된다. 여기서 우리는 다시 시험과 법정의 표상을 발견한다. 예수에 따르면 세상의 법정 앞에서 그의 증인들의 행동이 최후의 심판 법정에서 발생하는 일을 결정할 것이다. 그때에 예수는 공적으로 자신과의 결속을 확인했던 사람들을 요구하고 **인정**할 것이지만 자신과의 관계를 부인한 사람들과의 어떤 관계도 부인할 것이다. 가장 이른 형태에서 이곳의 선언은 인자의 말이었을 수도 있다.눅12:8-9; 막8:38 참조 그러나 마태의 버전에서 대명사 '나'[I]는 심판이 예수에 달려 있다는 점을 더욱 더 분명히 하면서 인자라는 말을 대신한다. 그러므로 인류 앞에서 예수에 대한 신실한 옹호자가 된다는 것은 예수가 마지막에 우리의 옹호자가 될 것이라는 사실을 아는 것이다.

지불해야 할 대가 10:34-39

위의 이 항목의 사전 검토에서 주목했듯이 34-39절은 예수를 따르는 것에 대한 큰 대가를 강조한다. 마태는 여기서 몇 가지 짧은 이야기들을 결합했다.눅12:49-53, 14:25-33, 17:33 참조 첫 번째 말씀에서34-36절 예수는 자신의 사역이 일깨우고 이것이 메시아 시대에 예기된 평화와 대조되는 충돌검에 대해 말한다. 이 충돌의 근원은 예수를 위할 것이냐 대항 할 것이냐를 결정할 필요성인데 이 충돌은 가족들을 절반으로 나눈다. 그 결과 식구들은 미가서 7장 6절의 언어로 묘사된 상황에서 서로 대적할 수도 있다.21절 참조

두 번째 말씀37-38절은 제자도가 모든 다른 관계에 선행하는 우선이 되어야만 한다는 점을 분명히 하면서 계속해서 가족들의 불화의 주제에 대해 이야기한다.눅14:26의 더욱 강한 어법 참조 이 말씀에서 우리는 자신의 **십자가**를 지라는 마태복음의 두 언급 가운데 첫 번째를 발견한다.16:24 참조 여기서 이 은유는 가족의 대립과 궁극적으로 이르게 될지도 모르는 폭력적인 결말을 견딜 수 있는 준비를 표시한다. 생명을 얻거나 잃을 수 있다는 마지막 말씀은39절 사복음서에서 하나 혹은 다른 형태로 발견된다.막8:35; 눅17:33; 요12:25 참조 예수에 따르면 순교를 견딘 신실한 증인은 하나님 나라에서 새로운 생명을 발견하게 될 것이다. 그러나 자신의 생명을 보존하려고 예수를 부인한 사람들은 가장 중요한 생명을 잃게 될 것이다.

은혜의 통로 10:40-42

선교 담화를 마무리하는 말씀에서 마태는 예수의 사신들의 환영에 대한 주제로 되돌아온다.10-15절 참조 마태의 자료 가운데 하나에서 임명 이야기는 분명히 같은 기록으로 끝났고눅10:16 참조 마태는 그곳의 말씀에 예수를 받아들이는 것과 관련된 선언들을 더했다.막9:37, 41; 요13:20, 12:44-45 참조 이 다양한 말씀과 더불어 마태는 제자들의 선교의 의미를 배경으로 삼는다. 예수는 자신의 사신들 안에서 그리고 이들을 통해 활동하고, 예

수의 대리인들에 대한 반응은 예수 자신에 대한 반응이고25:31–46 참조! 궁극적으로는 하나님에 대한 반응이다.

여기에 표현된 개념은 "어떤 사람의 사절은 그 사람 자신과 같다."는 전통적 유대의 견해를 반영한다.Ber. 5:5 마태에게 이것이 적용되는 사신들은 사도들뿐만 아니라 **예언자들**이후의 선교사들, **의인들**아마도 회중의 장로나 교사들일, **작은 자들**예수의 추종자들 가운데 아무것도 아닌 자들이다. 이 사절들에게 환대로 반응하는 것은냉수 한 그릇으로라도 자신의 보상, 즉 아직 도래하지 않은 하나님 나라의 자리를 보장 받는다.

성서적 맥락에서의 본문

박해받는 사신에 대한 마태복음 10장의 말씀은 구약성서와 신약성서에 이어지는 전통에 속한다. 이것의 근원은 고대 이스라엘의 예언자들에 있는데 이들은 거절과 영접에 대해 잘 아는 사람들이다. "예루살렘아, 예루살렘아, 예언자들을 죽이고, 네게 파송된 사람들을 돌로 치는구나!"눅13:34; 렘26:20–23 참조; 대하24:20–22; 눅11:47–51; 행7:52; 히11:32–38 예언자들이 박해를 만났기 때문에 예수와 그의 사신들은 같은 운명을 예상할 수 있다.마 5:12, 21:33–41, 22:1–6, 23:29–36; 요15:18–20; 살전2:14–15 참조 사도행전의 확산하고 있는 기독교 증인들의 이야기는 이처럼 체포, 시험, 투옥, 순교의 이야기들과 함께 풍부하게 뿌려진다.5:17–42, 6:8–8:1; 그리고 21:27–26:32 참조 그리고 1세기 말 무렵 소아시아에 있는 신자들에게 쓴 편지는 이들이 아마도 요한계시록에 언급된 교회들을 괴롭히는 같은 시험인 "갖가지 시험으로 고난을 받아야만 했다"벧전1:6, 4:12–5:11 참조고 기록한다.

신약성서에서 박해받는 증인에 대한 주제가 나타나는 어느 곳에서든 우리는 다음과 같은 몇 가지 중요한 하부주제들을 발견한다. (1) 하나님 나라의 도래는 세상의 강한 반대와 충돌을 불러낸다. (2) 이 충돌의 한 가운데서 하나님께 대한 신실함은 값비싼 문제가 될 수 있다. (3) 고난은 신자들을 예수와 연결하는데 예수의 고난 가운데서의 신실함은 예수의 추종자들에게 보범을 제공한다. (4) 하나님은 신실한 사람들의 시험에 대해 아시고 사실 하나님은 이들의 시련 가운데 이들과 함께 계신다. (5) 고난을 견디고 이들의 증언이 확고하게 남는 사람들은 자신들의 신실함에 대해 보상을 받을 것이다. 이 하부주제들 각각은 제자도와 파송과 고난이 밀접하게 연결된 신학인 마태복음 10장의 선교 신학에서 분명히 나타난다.

교회생활에서의 본문

신약성서 시대의 그리스도인의 박해는 지역적이고 산발적인 경향이 있었다. 그러나 후에 박해가 더욱 철저하고 널리 퍼지게 된 시기들이 있다. 우리는 4세기 초 디오클레티안 황제 하의 교회의 고난, 16세기와 17세기의 서로에 대한 그리스도인들의 폭력, 그리고 교회가 폭정과 불의에 반대하는 우리 시대의 그리스도인에 대한 괴롭힘을 생각할 수 있다.

이런 상황과 다른 상황에서 마태복음 10장은 박해에 직면한 사람들을 강하게 하기 위한 강력한 자원이 된다는 것이 입증되었다. 따라서 예를 들면 우리는 **순교자의 거울**과 메노 시몬즈의 "성인들의 십자가"와 같은 고전적 아나뱁티스트 작품들에서 마태복음 10장에 대한 수많은 언급들을 발견한다. 우리들 모두에게 본문은 하나님 나라의 메시지가 언제나 기쁨과 열린 마음으로 받아들여지는 것이 아니라는 것을 상기시켜주는 도구로서 기여한다. 대신 하나님 나라의 메시지는 교회에 우호적일 것이라고 기대되는 사회에서조차도 적의와 반대를 불러일으킨다. 예수는 이런 일이 일어날 때 어떤 대가를 치르더라도 신실하게 남아 있으라고 증인들에게 요구한다.

3부
이스라엘 예수에 응답하다

마태복음 11:1-16:20

사전 검토

마태복음의 첫 열 개의 장들에서 관심의 초점은 하나님의 아들로서의 예수의 소명과[1:1-4:16] 갈릴리에서 모양이 갖추어지기 시작한 예수의 메시아 사역의 방식이다.[4:17-10:42] 11장 1절에서 시작하는 새로운 섹션에서 우리는 이스라엘의 얼마나 다양한 사람들과 그룹들이 예수의 사역에 반응하는지에 대해 알게 된다. 이 섹션을 지배하는 불행한 주제는 이스라엘의 대부분이 예수를 거절한다는 것이다. 이들의 무디어진 마음 때문에[13:15] 백성들은 예수의 가르침을 이해하는 데 실패하고[13:13-14], 예수의 전능한 사역에 대해 반응이 없고, 예수에게 기분이 상한다.[13:53-58] 지도자들의 반응은 더욱 적대적이다. 이들의 태도는 일관되게 비판적이고[12:1-14, 15:1-20], 이들은 예수의 신적인 권위에 대해 인정하기를 거절하고[12:22-45, 16:1-4], 예수를 죽이려는 음모를 꾸미기 시작한다.[12:14]

다행히 예수에게 매우 다른 방식으로 반응하는 제자 무리라는 한 그룹의 사람들이 있다. 예수의 제자들은 다른 이들과 다르게 예수가 정말로 누구인가를 알고[11:25-27, 14:28-33, 16:13-17], 예수의 메시지와 사역을 이해하고[13:11, 16-17], 하나님이 명령하시는 것을 할 준비가 되어 있다.[12:46-50] 이들은 이처럼 새로운 공동체의 기초가 되고[16:18], 예수는 이들에게 하나님 나라의 열쇠를 준다.[16:19]

믿음과 불신의 이 묘사 전체에 예수의 메시아의 정체성의 문제가 끊임없이 우리 앞에 있다. 세례 요한이 **"오실 그분이 당신이십니까? 그렇지 않으면, 우리가 다른 분을 기다려야 합니까?"**라고 물었을 때 처음으로 이 문제가 제기된다. 그리고 이 섹션의 마지막에 우리는 한 쌍의 질문을 발견한다. **사람들이 인자를 누구라 하느냐?…그러면 너희는 나를 누구라 하느냐?**[16:13,15] 어떤 의심도 남지 않도록 정체성의 질문에 대한 정확한 대답이 몇 가지 관점에서 제시된다. 이 대답은 예수의 행동으로 드러나는 메시아 증언[11:4-6], 예수의 하나님의 지혜와 자신과의 동일시[11:28-30], 음식물 기적의 영향[14:13-21, 15:32-39],

바다에서의 제자들의 예비적인 고백에서 발견된다. 그러나 가이사랴 빌립보에서의 에피소드에 가서야 우리는 결정적인 진술을 발견한다. 시몬 베드로가 예수의 질문에 **"선생님은 살아 계신 하나님의 아들 그리스도십니다."**16:16라는 정확한 믿음의 고백을 입 밖에 낼 때 이루어졌다.

문학의 구성 요소에서 우리는 11장 1절–16장 20절 안에 있는 자료의 세 개의 더 큰 덩어리를 묘사할 수 있다. 이 가운데 첫 번째인 11장 1절에서 12장 50절은 예수의 권위를 설명하고 이 권위를 받아들이기를 거부하는 이스라엘의 이야기와 말씀으로 구성된다. 특성에서 똑같이 주제가 되는 것은 모든 것이 제자들만이 이해할 수 있는 **하나님 나라**를 다루는 13장 1–52절 말씀 안에 있는 비유들의 수집물이다. 세 번째 섹션인 13장 53절–16장 20절에서 마태는 오히려 더 엄중하게 예수의 사역에 대한 두 가지 믿음과 불신의 반응을 계속해서 발견하게 되는 이야기인 마가의 이야기를 따르기 시작한다.막6:1–8:30 참조

개요

믿음과 불신, 1부, 11:1–12:50

- 11:1–19 세례 요한과 예수
- 11:20–30 누가 지혜를 얻는가?
- 12:1–21 예수와 안식일
- 12:22–37 무슨 권한으로?
- 12:38–50 우리에게 표징을 보여주십시오

비유들의 많은 일들, 13:1–52

- 13:1–35 하나님 나라의 비밀
- 13: 36–52 제자와 하나님 나라

믿음과 불신, 2부, 13:53–16:20

- 13:53–14:12 환영받지 못하는 예언자
- 14:13–36 자비와 위엄
- 15:1–20 누가 정말로 더럽혀졌는가?
- 15:21– 39 무한한 긍휼
- 16:1–20 참 이스라엘

마태복음 11:1-12:50

믿음과 불신, 1부

사전 검토

우리가 4장 17절-10장 42절에서 예수의 사역 이야기를 읽을 때, 무리들의 반응을 동일시하기 쉽다. 무리와 같이 우리는 예수의 가르치고 치유하는 권위를 이상하게 여기고 7:28-29, 9:8 참조 이스라엘에서 무언가 비할 바 없는 것이 일어나고 있다고 느낀다.9:33 이 같은 사역은 틀림없이 성공할 것이라고 생각한다. 그러나 그렇게 되지 않는다.

대중적인 갈채를 이야기하는 같은 장에서 우리는 거절의 암시를 발견한다. 가다라의 주민들은 예수에게 자기네 지역을 떠나달라고 간청하였다.8:34 그리고 예수 자신이 이스라엘의 믿음 없음을 한탄한다.8:10-12 같은 기록이 10장에서 자신의 사신들을 가르칠 때 들려온다. 몇몇 가정과 마을이 복음을 수용하게 될 것이지만10:12-13,40-42 반대의 반응이 똑같이 있을 것이다.10:14-15,24-25

11-12장의 이야기와 말씀은 거절과 이스라엘의 불신의 여지를 그리는 이 이전의 암시 위에 세워졌다.더 큰 섹션에 관한 위의 해설 참조, 11:1-16:20 자료의 첫 번째 항목에서 일찍이 예수는 자신의 사역을 평가하는 사람들에게 자신을 거절하지 말라고 격려한다.6절 그러나 이어지는 항목은 거절이 바로 그렇게 일어날 것임을 증명한다. 예수나 세례 요한에게 냉정하게 율법학자들과 바리새파들이 안식일을 범한다고 예수와 그의 제자들을 비난하고 12:1-21, 예수의 기적을 마귀의 힘으로 돌리고12:22-37, 예수에게 사역의 타당함을 증명할 수 있는 징표를 보이라고 요구하는 동안12:38-50 갈릴리의 고을들은 회개하기를 거

절한다.11:16–30

위에서 살펴본 바와 같이 다른 반응은 단지 제자들에게서만 발견할 수 있다. 하나님의 계시를 통해 이 어린아이들은 **지혜 있는 자들**이 이해하지 못하는 것을 이해하고11:25–27 하나님의 뜻에 따라 살 수 있다.12:46–50 그러므로 주된 불신의 이야기인 이 이야기에서 이들은 계속되는 믿음의 가능성이라는 신호를 보낸다.

세례 요한과 예수

마태복음 11:1–19

사전 검토

마태복음 3장 1–12절의 해설에서 우리는 세례 요한과 그의 예수와의 관계에 대한 초기 교회의 관심에 주목하였다. 이 관심은 우리 앞에 있는 항목, 곧 마태복음과 누가복음에서 사용한 자료의 수집물에 대한 확장판에서 입증된다.눅7:18–35, 16:16 참조 이 수집물에 포함된 세 가지 삽화는 차례로 예수를 요한이 선포한 오실 그분으로 여기고11:1–6, 요한을 길을 닦는 심부름꾼으로 묘사하고11:7–15, 당시의 사람들이 요한과 예수를 환영하는 것11:16–19을 다룬다.

양식상으로 세 삽화를 연결하는 데 기여하는 몇 가지 특성들이 있는데 이것은 본래 다음과 같이 전통의 나뉜 부분들이었을 것이다. ⑴ 이 에피소드들 각각은 토론 가운데 있는 문제를 야기하는 **인물** 혹은 **사물**에 관한 질문을 사용한다.3, 7–9, 16절 참조 ⑵ 각 이야기들에는 요한과/이나 예수의 **올 것**에 관한 언급이 있다.3, 14, 18–19절 참조 ⑶ 이 항목은 두 진술이 인클루지오를 형성하는 예수의 행위에 관한 진술들로 시작하고 종결된다.

마태에게 이 자료는 우리 앞에 있는 이 섹션을 소개하기에 적절했다. 무엇보다 요한이 3절에서 제기한 질문은 모든 이스라엘이 대답해야만 하는 질문이다. 이 자료는 이처럼 이어지는 이야기에서 예수와 그의 사역에 대한 반응을 위한 배경을 마련한다. 두 번째, 16–19절의 **이 세대**에 관한 그림은 이스라엘의 예수의 대한 반응이 서질 가운데 하나라는 점을 분명히 한다. 이것은 마태가 이야기 머리에서 강조하려는 주제이고 장터의 어린아이에 대한 비유를 통해 마태는 처음부터 이 분위기를 설정한다.

개요

예수는 누구인가? 11:1-6

요한은 누구인가? 11:7-15

이들은 어떻게 받았는가? 11:16-19

주석적 해설

예수는 누구인가? 11:1-6

1절은 과도적이다. 전형적인 마태의 공식은 이어지는 이야기와 더불어 예수의 바로 앞의 담화와 연결한다.7:28-29, 13:53, 19:1, 26:1 참조 놀랍게도 마태는 열두 제자가 이스라엘의 고을로 자신들의 사역을 떠나게 되는지에 관해 말해주지 않는다.10:5절 이하 참조 우리는 예수 자신의 행동 재개 대신 감옥에 갇힌 세례 요한에게 이르렀던 소식에 관해 듣게 된다.2절, 4:12, 14:3-12; 눅7:18-23 참조

대부분의 번역들은 11장 2절의 그리스어 본문 뒤에 숨은 것을 바꾸어 말하는데 이 본문은 요한이 앞 장들에서 묘사되었던 **행위인 메시아**의 행위에 대해 들었다고 진술한다. 이 말씀을 명확히 말하는 이야기 하는 사람과 달리, 요한은 예수의 행위의 메시아적 의미를 아직 이해하지 못한다. 예수의 행동은 사실상 요한이 **오실 그분**에 대해 지정했던 불같은 프로그램에 미치지 못한다.3:11-12 참조 격변하는 마지막 심판은 발생하지 않았다. 그래서 요한은 추종자들을 보내어 예수를 믿는 믿음이 잘못된 것이냐고 질문하게 한다. "오실 그분이 당신이십니까? 그렇지 않으면, 우리가 다른 분을 기다려야 합니까?"[3]

4-5절의 요한에 대한 예수의 대답은 간접적이고 암시적이다. 요한에게 어떤 새로운 자료를 주는 대신 예수는 성서의 관점에서 예수의 사역에 관해 이미 알고 있는 것을 보라고 요한에게 권한다. 이사야의 책에서 예수는 하나님 백성의 구원을 약속하는 언어로 자신의 행동을 묘사한다.사35:5-6, 29:18-19, 26:19, 61:1-2 참조 이 행동의 목록은 이것을 가장 필요로 하는 가난한 자들에게 희망을 선포하는 예수의 설교에 관한 언급에서 절정에 이른다.5:3; 눅4:18-19; 사61:1 참조

요한이 이러한 관점에서 예수의 사역을 본다면 그는 자신의 질문에 대한 답을 발견할 것이다. 세례 요한은 성취의 모양이 자신의 기대와 다르지만 예수가 미래를 위한 하나님의 약속을 성취하고 있다는 것을 발견할 것이다. 요한에 대한 예수의 대답은 6절에서 다른 곳에서 보았던 말씀의 유형인 지복으로 종결된다.5:3-12, 24:46; 눅11:27-28 참조 단순히

요한 뿐만 아니라 잠재적인 모든 추종자들에게 말하면서 예수는 자신이 이들의 메시아직에 대한 선입견에 맞지 않는다는 사실에 걸려 넘어지지 말라고 촉구한다. **다른 사람**을 기다리지 않는 사람은 복이 있다. 그러나 믿는 사람은 하나님이 예수를 통해 하시고 있는 것을 받는다.

요한은 누구인가? 11:7–15

예수가 정말 **오실 그분**이라는 사실을 확립한 후에 본문은 예수보다 먼저 온 사람에게로 방향을 바꾼다. 세례 요한은 누구인가? 예수는 7–9절에서 수사적인 질문을 통해 요한의 역할을 되돌아보도록 무리들을 초대한다. 수사적 질문은 각각, **'너는 무엇을 보러 나갔더냐?'** 또는 **'너는 왜 나갔더냐? 보려고…?'** 로 시작한다. 우리가 이 질문들을 어떻게 번역해도 이 문제는 '무엇이 사람들을 유대 광야로 이끌었는가?' 이다.[3:1 참조] 끌어당기는 것이 단순하게 자연적 현상이었는가? 바람에 흔들리는 요단 계곡의 갈대냐? 거의 아니겠지만 아니면 최고급 리넨이나 비단에 수를 놓은 화려한 옷을 입은 사람이냐? 여기서 무리는 요한이 입은 낙타 털 옷과 가죽 허리띠를 생각하며 확실히 웃었을 것이다![3:4]

마지막으로 9절에서 예수는 정말 매력적인 것을 확인한다. 무리는 하나님의 사자인 **예언자를 보려고** 광야에 몰려들었다. 사실 예수는 요한이 단지 일어날 일들을 말할 뿐 아니라 이들의 도래의 일부로 참여하는 역할을 하는 **예언자 그 이상**이라고 덧붙여 말한다. 이것은 그 자체로 메시아의 의미를 가지는 광야에서의 요한의 위치로 확인된다.[24:26, 3:1, 4:1; 사35, 40:3–11; IQS8:12–14 참조]

이어지는 말씀에서 예수는 요한의 역할과 지위에 관한 더 깊은 논평을 한다. 이 말씀들 가운데 둘인 10절과 11절은 이미 마태가 받았던 전통에서 요한에 관한 삽화의 일부였다.[눅7:24–28 참조] 10절의 증거 본문은 말라기 3장 1절에서 오지만[말:5 참조] 출애굽기 23장 20절의 어법을 수정한 것이다. 본문의 이 개조된 모양은 하나님에 의해 약속된 사신은 더 이상 하나님 자신의 선구자["내 앞에"]가 아니라 메시아의 선구자[너의 앞에]이다. 그리고 세례 요한은 오기로 되어있는 사람이다.

11절에 따르면 요한의 위업은 그의 모든 조상들의 위업보다 탁월하다.[여자가 낳은 사람이라는 표현은 인간을 언급하는 시적 방식이다; 욥14:1; 갈4:4 참조] 이런 위대함조차도 하늘 나라의 생명의 고상함으로 소멸되는데 예수의 추종자들 가운데 **가장 작은 자**도 이를 향유하게 될 것이다. 그러나 이것은 결코 하나님의 행위의 역사적 드라마에서 요한의 중요성을 줄어들게 하지 않는다.

마태가 요한에 연관된 말씀과 12–13절의 하나님 나라를 덧붙이는[눅16:16 참조] 이 모든 것 위에 세운 것은 14–15절의 요한의 역할에 관한 해설을 공급한다. 11장 12–13절 말씀은 오고 있는 하늘 나라에 참여하는 힘에 대해 말한다. 이 말씀의 이전 형태에서 힘은 하늘 나라의 강력한 도래를 위한 은유였는데 마태와 누가는 이것을 다른 방식으로 해석했다. 누가복음 16장 16절은 이 말씀을 하늘 나라의 설교에 연결하고 그 나라에 들어오기를 구하는 사람들의 강력한 열정에 연결한다. 어떤 학자들이 마태복음 11장 12절[NIV 참조]에서 유사한 추진력을 발견하는데 반해 이곳에서 예수의 말씀은 더 어두운 의미를 전달하는 것으로 보인다. 하나님의 통치는 헤롯[요한을 박해했던]과 바리새파[예수를 죽일 방도를 찾던]와 같이 그것이 오는 것에 반대하는 사람들에 의해 맹렬한 공격을 받는다.

어떤 경우든 하늘 나라의 출현은 요한과 함께 시작하는데 그는 **모든 예언자들과 율법**의 소망을 성취하는 사건의 도화선이 된다. 더욱 특별하게 요한은 오기로 한 엘리야라는 이스라엘의 소망을 성취한다.[14–15절, 17:10–13; 말4:5–6; 시락서48:10 참조] 엘리야의 역할은 백성들을 하나님과의 언약 관계로 되돌아가라고 외치는 것이었다. 엘리야로서 요한을 받아들이는 것은 믿음의 행위를 요구한다.[예수를 그리스도로 받아들이는 것에서 믿음이 역할을 하는 것과 마찬가지로] 그리고 예수는 무리에게 자신이 드러낸 것을 들으라고 호소할 때 이 같은 믿음을 요구한다.[13:9, 19:12d 참조]

이들은 어떻게 받았는가? 11:16–19

예수는 우리가 16–19절에서 발견한 말씀에서 계속해서 무리에게 말을 한다.[눅7:31–35 참조] 여기서 이야기되는 주제는 무리 자체인데 예수를 이들을 이 백성 혹은 이 세대로 언급한다. 짧지만 신랄한 비유에서 예수는 그의 동시대 사람들을 시장에 앉아 있는 아이에 비유한다. 아이들 가운데 얼마가 결혼 놀이 혹은 장례식 놀이와 같은 놀이를 시작하려 했다.[세계 전체의 아이들의 놀이와 마찬가지로 유대 아이들도 어른들의 삶을 흉내 낸다] 그러나 어떤 문제가 제안 되어도 어떤 사람들은 반대한다. **"우리는 그 놀이를 하고 싶지 않아!"** 그리고 그 결과는 어떤 놀이도 되지 않는다. 논다기보다는 아이들은 앉아서 불평한다.

이것이 요한과 내가 너희 가운데 일할 때 이루어졌던 방식이다. 요한이 슬픔에 잠긴 곡조로 노래하고 정상적인 삶의 즐거움을 삼갔을 때 너희는 그를 이상하고 귀신이 들렸다고 치부했다. 그러나 내가 모든 사람들에게 은혜의 잔치에서 먹고 마시자고 초대하면서 구원의 즐거운 노래를 불렀을 때 너희는 마구 먹어대는 자라고 역시 흉을 보았다.[11:19; 신21:20 참조] 비유의 아이들처럼 요한과 예수의 세대는 함께 놀기를 거절했다. 이들은 그것이 어떤 방식으로 제시되든 하나님의 호소를 거절했다.

그럼에도 예수는 19c절에서 우리에게 이스라엘이 거절한 지혜는 **정당성이 입증될 것이다.** 여기서 지혜는 하나님의 지혜를 가리키는데 이것은 다른 곳에서 예언자의 파송과 연결되고 마태는 그것을 예수 자신과 동일시한다.눅11:49/마23:34 참조 누가복음의 병행기사에서 지혜는 하나님의 음성을 인정하고 그래서 하나님의 사신들을 받아들이는 사람들인 **"자신의 자녀들에 의해"** 정당성이 입증된다.잠8:32; 시락서4:11; 요1:9-13 참조 그러나 마태에 따르면 지혜는 위의 3절에서 언급된 메시아의 행위인 자신의 행동으로 입증된다. 이 행위들은 자신을 말하고 그렇게 하는 사람들을 칭찬한다.어떤 사본에서 마태복음 11장 19절은 누가의 어법인 '자신의 자녀들에 의해' 를 가지고 KJV에서도 그렇게 만들어진다. 하지만 최고의 사본은 '자신의 행위에 의해' 를 지지한다. 행한 행위에 의해서건 제자들이 만들 건, 지혜는 이스라엘의 불신에도 불구하고 하나님의 정당성을 입증하는 증인들을 남긴다.

성서적 맥락에서의 본문

본문에 관한 우리의 해설에서 이미 관찰했듯이 소망과 약속의 구약성서의 언어가 마태복음 11장 1-19절에 많이 있다. 이사야의 책에서 끌어온 구원의 이미지들이 있다.5절 다른 사람들을 위해 길을 예비하는 사신에 대한 말라기서의 약속이 있다.10절 그리고 말라기서와 시락서14절 모두에서 예언된 엘리야의 귀환에 대한 언급이 있다. 그러므로 본문이 더 큰 성서의 전통과 연결되는 방식들 가운데 하나는 약속과 성취의 용어들이다. 이것은 요한과 예수의 사역을 오는 세대를 위한 이스라엘의 어떤 기대에 연결한다.

요한과 예수 사이의 관계의 묘사에서 마태복음 11장은 다른 본문들의 구절들과의 비교로 초대한다. 사복음서 모두는그리고 사도행전 역시 예수의 선구자의 역할에 세례 요한을 투입한다.3:1-12를 위한 참조 그러나 각각의 복음서들은 기자의 공동체에서 중요한 문제에 대한 견해를 가지고 각자의 고유한 방식으로 이 주제를 발전시킨다. 월터 윙크Walter Wink는 복음서 이야기의 다른 뉘앙스에 대한 좋은 요약을 제공한다.Wink, 1968:110 111; 막9:9-13; 눅1:5-80; 요1:6-8, 19-34 참조

> **마가**는 요한을 그의 고난이 주님의 길을 예비하고 로마에서 박해받는 그리스도인들에 대한 예로서 기여하는 엘리야로 그린다. **마태**는 요한을 그의 시대의 유대교에서 그가 마주쳤던 반대의 적대적인 사람들에 대항하는 예수와의 동맹으로

사용한다. … **누가**는 작은 변화들과 더불어 선구자로서의 요한의 전통적인 그림을 받아들이고 이것을 [구원 역사]의 개관적인 개념으로 개조한다. 그리고 마지막으로 **네 번째 복음서 기자**는 교회 앞에서 요한을 이상적인 복음전도자의 **"전형"**에 대한 설명으로 내세우는데 그의 기능은 예수가 그리스도라는 것을 증언하는 것이다. 필자가 강조체 더함

교회생활에서의 본문

교회의 본문으로서 우리 앞에 있는 항목은 다양한 방식으로 접근될 수 있다. 우리는 고전적 기독교 미술과 드라마에서 요한의 묘사에 대한 그의 추종자들그리고 이후에 계속해서 만다야교 분파에 의해로 남은 자들에게서 요한이 받았던 존경에서 세례 요한이 세기를 가로질러 받았던 관심을 개관할 수도 있다. 다시 우리는 요한의 대조적인 생활양식과 예수가 기독교 경선에서 선택받는 방식을 탐구할지도 모르고 우리 자신이 요한이나 예수에게 더욱 은혜를 입고 있는지를 물을 수도 있다.

그러나 가장 적절할 지도 모르는 숙고는 본문이 믿음의 문제에 제기하는 방식에 있다. 마태복음 11장에 따르면 믿음은 다른 모든 사람들이 보는 동일한 역사의 사건들을 매우 다른 관점에서 본다. 어떤 이들이 단지 미혹하는 광야의 광신자로 보는 곳에서 다른 이들은 엘리야를 본다. 어떤 이들이 단지 파티를 좋아하는 사람으로 보는 곳에서 다른 이들은 하나님과의 교제를 제공하는 메시아를 본다. 모든 세대에게 이 질문은 동일하다. 우리가 예수의 이야기를 바라볼 때, 그리고 우리가 우리 자신의 이야기를 해석할 때 우리는 무엇을 보는가?

누가 지혜를 받는가?

마태복음 11:20-30

사전 검토

마태복음 11장 20-30절은 예수를 거절하는 사람들에게 다가오는 심판과 예수를 받아들이는 사람들에게 약속된 나머지를 대조하는 두 면을 가진 항목이다. 첫 번째 면에서20-24절 우리는 회개하지 않는 이들을 꾸짖는 갈릴리의 마을들을 향한 말씀woe-saying을 발견한다.23장의 더 긴 꾸짖는 말씀들의 목록 참조 GNB의 바꾸어 쓴 말이 암시하듯이 **'너**

에 게 화가 있을 것이다' 라는 말은 이것이 **너에게 매우 끔찍한 일이 될 것**이라는 의미를 전달한다! 이런 유형의 말씀은 장례식의 장송가와 쓰러진 적들을 조롱하는 노래에 그 근원을 가진다.[민21:27–30 참조] 이후에 예언자의 연설의 일부로 꾸짖는 말씀은 아직 오지 않은 심판과 파멸을 선포하는 데 사용된다.[사5:8–23, 30:1–5 참조] 구약성서에는 우리가 11장 21–24절에서 발견하는 것과 같이 도시나 나라를 향한 꾸짖음의 말씀의 수많은 예들이 있다.[사28:1–4; 렘13:27; 겔24:9; 암6:1–3; 에스드라2서15:46–47; Sib. Ora. 3:303 참조]

이 항목의 두 번째 면에서[25–30 절] 우리는 예수와 그에게 오는 사람들에 대한 지혜를 가진 말씀을 발견한다. 여기서 하나님에 대한 지식과 하나님의 신비한 목적들, 즉 이런 지식에 대한 중재자로서의 예수의 역할이 강조된다. 이 말씀에서 사용된 어법은 더 넓은 잠언의 지혜 전통과, 시락과 솔로몬의 지혜, 유대 묵시 문학에서의 종말에 관한 지혜를 위한 관심을 반영한다.[단2:19–23; 에스드라2서4:21이하를 보라.; 에녹1서60:10 참조] 유사한 어법이 쿰란 공동체의 작품들, 특별히 찬송 문서에서 발견된다.

개요

화의 선포, 11:20–24

축복의 약속, 11:25–30

주석적 해설

화의 선포 11:20–24

11장 2절에서 소개된 예수의 메시아의 행위들에 대한 주제는[19절 참조] 11장 22–24절의 토론의 주제로 남아 있다. 여기서 마태는 더욱 특별하게 예수의 전능한 사역 혹은 **권능의 행위**를 언급한다.[막6:2; 행2:22 참조] **권능의 행위** 구절 뒤에는 **권능**을 나타내는 그리스어 단어 **'뒤나미스**dunamis' 가 있는데, 이 본문에서 이 단어는 예수의 기적에서 역사하는 하나님의 권능을 암시한다. 이 하나님의 권능의 노출에도 불구하고 우리는 사람들이 **회개하지 않았다는 것**을 듣는다.[요12:37 참조] 예수에게 21–24절의 말씀을 입 밖에 내도록 하는 것이 바로 이것인데[눅10:12–15 참조] 마태복음에서 이것은 두 개의 유사한 선언으로 구성된다.[21–22, 23–24] 각각의 선언은 다음과 같은 것을 포함한다.

(1) **화**에 대한 진술 혹은 이와 동등한 것.[21a,23a]

(2) **만일…하다면**[21b, 23b]

(3) 결과를 이끄는 **'나는 너희에게 말한다.'**[22,24]

21절에서 거명된 두 마을 가운데 고라신은 그것의 추정되는 위치가 가버나움에서 북북서쪽으로 2마일 떨어진 곳이라는 것 외에는 알려진 바가 거의 없다. 벳세다는 복음서에서 몇 번 언급되고 요단 서안 갈릴리 바다의 북서쪽 구석에 있는 어촌이었다. 21b–22절에서 고라신과 벳세다와 호의적이지 않게 비교되는 두로와 시돈이라는 페니키아의 도시들은 이들의 부와 능력으로 유명했지만 이들의 자만심 때문에 예언자들의 저주를 받았다.[사23장; 겔27–28장 참조]

23–24절의 두 번째 선언에서 예수는 쓰러진 통치자의 장대한 망상을 조롱하는 애도가에서 표현을 취하고[사14:13–15] 이것을 그의 사역의 전초기지로 기여하는 마을인 가버나움에 적용한다. 여기서 비교되는 마을은 소돔인데 이 마을은 고모라와 함께 악의 패러다임과 구약성서의 악에 대한 하나님의 심판으로서 나타난다.[창18:16–21, 19:24–28; 사1:9–10; 겔16:48–50; 암4:11 참조] 이 호의적이지 않은 비교의 힘을 이해하려면 우리는 두로와 시돈과 소돔이 모두 **이방의** 마을들이라는 사실을 기억해야만 한다. 그렇다면 예수가 말하는 것은 **이방인들이** 이스라엘보다 더 쉽사리 회개하고[12:41–42 참조] 따라서 이들이 심판에서 하나님 백성들보다 더 나은 대접을 받게 될 것이다.

축복의 약속 11:25–30

25–30절의 지혜의 말씀에서 마태는 누가복음 10장 21–22절에서 역시 발견된 말씀의 확장된 버전을 제공한다. 특성상 찬송 같은 이 자료는 다음과 같이 세 부분으로 된 구조를 보인다.

(1) 하나님의 계시에 대한 감사의 기도.[25–26]

(2) 계시자로서의 예수의 역할에 관한 진술.[27]

(3) 자신의 가르침을 받아들이라는 예수의 초대.[28–30]

25–26절의 감사의 공식은 시락서 51장 1절을 상기시킨다.[1QH 11:28–30 참조] 지혜 있는 자들이 이해하는 데 실패한 것을 간단하게 분별한다는 사고는 친숙한 성서의 주제와 같다.[사29:14; 시119:130; 솔로몬의 지혜서10:21; 고전1:18–31 참조] 여기서 드러나는 지식은 예수의 메시아적 행위들의 의미이다. 즉 하나님이 **이런 일들**을 드러내시는 **아이들**은 제자들이다. 이 지식이 감추어져 있는 **지혜 있고 똑똑한 사람들**은 율법학자들과 바리새파이다. 이 모든 것은 하나님 자신이 선택하신 사안이다.

27절에 따르면 예수는 계시의 과정에서 중추적인 역할을 한다. 11장 27a절의 권한 부여의 공식에 주목하라, 이것은 이 복음서 말미에 다시 나타난다.28:18a 그곳에서 예수는 **모든 것을 능가하는** 권세를 받았다고 선포한다. 여기서 이 주장은 예수가 **모든 지식**을 부여받았고 그는 이 지식을 다른 사람들과 차례로 공유한다. 하나님 한 분만이 예수의 사역에서 역사하는 하나님의 목적을 아시고 예수 홀로만이 이 하나님의 이해에 접근한다.

이 말씀이 표현하는 아버지/아들 어법은 공관복음서에서는 거의 발생하지 않지만 사복음서에 배어들어 있다.요3:34-35, 7:29 참조 아들 됨이라는 이 표현 형식을 위한 부분적인 병행기사는 하나님의 아들로서 왕을 다루고삼하 7:14 하나님의 아들로서의 의로운 개인을 다루는솔로몬의 지혜서2:13-18; 시락서4:10 본문에서 발견될 수 있다. 그러나 가장 깊은 수준에서 이 어법을 위한 기초는 예수의 **아바**이신 하나님과의 친밀한 관계이다.

28-30절의 와서 배우라는 예수의 초대는G. Thom. 90 참조 지혜가 개인에게 교훈을 배우라고 호소하는 수많은 구절들에 메아리친다.잠1:20-23; 8:32-9:6; 시락서24:19-22 참조 그러나 시락서 51장 23-27절보다 더 이목을 끄는 병행기사는 어디에도 없다.렘6:16 역시 참조 시락서에서 지혜는 토라와 동일시되고시락서24:23-29 참조 지혜의 "멍에"는 랍비들이 말하는 율법의 멍에이다.아보스3:5; 행15:10 참조

마태복음 11장에서 지혜는 예수 자신의 육화이고 지혜의 멍에는 토라가 새로운 특성을 나타내는 예수와의 관계이다. 다른 사람들에게 무거운 짐을 지게 하는 율법의 교사들과 다르게23:2-4 예수는 우리의 짐을 가볍게 하고 평화와 만족으로 이끄는 토라가르침를 제공한다. 예수와 함께 우리는 하나님이 창조의 일곱째 날에 즐겼던 것과 같은 안식일의 쉼인 완성이나 성취의 **쉼**을 발견한다.바나바2서73:1; 히4.1-11 참조

성서적 맥락에서의 본문

위의 해설에서 우리는 본문에서 받아들인 구약성서의 요소들 가운데 어떤 것, 특히 지혜 전통의 요소를 이미 확인했다. 주목해야 할 다른 관련성은 마태복음의 다른 곳의 하나님의 계시에 관한 초점과10:26-27, 13:10-17, 16:17, 18:20, 28:20 참조 다른 신약성서 작품에서의 유사한 강조를 포함한다. 지혜 전통에 빚을 진 계시 신학의 등장에 대한 가상 이른 증언은 고린도전서 1장 18에서 2장 16절인데 거기서 바울은 참된 영적 이해에 필적하는 주장으로 나뉜 공동체를 이야기한다. 성령이 계시와 이해를 준다는 고린도인들에

게 동의할지라도 바울은 이 지혜가 그리스도와 십자가에 연결되고 따라서 인간이 자랑할 수 없는 문제라는 것을 강조한다.

기독교 계시 신학이 더 발전된 후대의 작품들은 에베소서와 요한복음을 포함한다. 에베소서의 풍부한 산문에서 우리는 하나님이 사도들과 예언자들에게 밝히시고 이제 "지혜와 계시의 영"으로 교회에게 알게 하신 그리스도 안에서 성취하신 신비한 목적들을 듣는다.[1:17이하를 보라; 1:9–14, 3:1–21 참조] 요한복음에서 우리는 말씀 혹은 진리를 찬양하는 지혜 주제들에 기초한 찬송과[1:1–18] 예수가 하나님의 계시자로서 말하는 긴 담화와[5:19–47 참조] 교회에서의 예수의 계시 행위를 수행하는 성령에 관한 말씀을[14:25–26, 16:12–15 참조] 발견한다. 그러므로 계시의 공동체로서의 교회의 관점은 신약성서의 믿음에 대한 중심적인 관점이다.

교회생활에서의 본문

관련된 본문과 함께 마태복음 11장 20–30절의 계시의 말씀은 교회의 기독론을 형성하는데 도움이 되었다. 어떤 경우에 마지막 결과는 조금도 바람직하지 않았다. 그리스도를 진리의 계시자로 초점을 맞출 때의 위험들 가운데 하나는 우리가 구원을 단지 영적 이해의 용어들에서 해석할 수 있고 역사와 세상을 위한 하나님의 관심을 놓칠 수 있다는 것이다. 이것이 정확하게 영지주의로 알려진 초기의 이단에서 발생한 일인데 거기서 기독교를 세상의 영역에서 우리를 해방하고 신성한 것과 우리를 재결합시키는 자각을 야기하는 것으로 보았다.

영지주의에 반대했던 교부들 가운데 마태복음 11장 25–30절과 같은 본문들은 다른 종류의 영향을 미쳤다. 이들에게도 역시 지혜의 언어와 아들 됨의 언어는 예수의 하나님과의 유일한 관계에 대해 증언했지만 예수가 단지 우리들 가운데 온 하나님의 방문자라는 사실을 내포하지 않았다. 그러므로 초기 공의회의 신조의 진술에서 우리는 예수의 신성과 인성을 지지하려는 시도와 구속이 역사 속에서 발생한다는 사실을 강조하려는 시도를 보게 된다. 그때처럼 오늘도 자신에게 와서 배우라는 예수의 호소는 세상을 떠나라는 소환이 아니고 세상을 변화시키는 하나님의 뜻을 발견하라고 초대하는 것이다.

예수와 안식일

마태복음 12:1-21

사전 검토

마태가 12장에서 결합했던 이야기를 가장 잘 묘사하는 말씀은 갈등이나 논쟁의 이야기이다. 논쟁의 요점들 가운데 하나는 안식일의 준수인데 그것이 12장 1-14절의 두 이야기의 주제이다. 마가복음 2장 1절-3장 6절의 갈등 이야기들의 이전 수집물에서 채택한2:23-28, 3:1-6 참조 이 이야기들은 율법에 관한 랍비식의 논쟁처럼 읽힌다. 각각의 에피소드에서 바리새파들은 예수에게 안식일에 어떤 것이 **옳으냐**고 묻고 이에 대해 예수는 다양한 종류의 논의로 대답한다. 이 항목의 세 번째 삽화는12:15-21 말다툼의 특별한 요점을 다루지 않고 오히려 예수가 어떻게 갈등에서 떠나 자신의 사역으로 가는지를 반영한다. 여기서 제시된 자료는 장황한 성취 인용에 이어 간단한 이야기체의 요약으로 구성된다.

편집자의 견지에서 마태가 왜 이 이야기에서 이 시점에 갈등 이야기를 소개하기로 선택했는지를 알기란 어렵지 않다. 이 이야기들은 예수에 대한 반대로 모여드는 폭풍을 설명하고 그래서 예수에 대한 이스라엘의 거절이라는 전체 주제에 대해 공헌한다. 또한 **안식일**을 향한 예수의 태도를 다루는 첫 번째 두 갈등의 이야기들은 놀라운 일이 아니다. 다른 사람들이 관찰했듯이 안식일의 주제는 11장 28-30절의 쉼에 대한 예수의 약속을 다시 거론한다. 그리고 안식일에 대해 예수가 택한 접근 방식에서 예수는 자신의 추종자들에게 그가 취하라고 요구한 멍에가 사실은 **쉬운** 멍에라는 것을 입증한다. 예수는 규정으로 강요된 부담이라기보다 사람들이 율법이 의도했던 안식일의 쉼을 즐기도록 사유롭게 한다.

개요

안식일의 배고픔, 12:1-8

안식일의 치료, 12:9-14

낮은 이미지의 메시아, 12:15-21

주석적 해설

안식일의 배고픔 12:1-8

안식일을 준수하는 것은 십계명에 근거한 것으로 언제나 유대인의 관습에서 중요한 부분이었고출20:8-11; 신5:12-15 참고 랍비들의 가르침에서 매우 조심스럽게 정의되었다. 미쉬나에 따르면 수확과 낫질을 포함하여 39 종류의 일이 안식일에 금지된다.Shab. 7:2 참조 그러므로 바리새파들은 예수의 제자들이 안식일에12:1-2 이삭아마도 밀 혹은 보리을 자르는 것을 보았을 때, 이들이 안식일을 범한 것으로 고발한다.다른 어떤 날에도 이웃의 곡식밭에서 밀을 자르는 것은 허락되었을 것이다; 신23:25 이곳 마태복음의 자료인 마가복음의 이야기에서cf. 막2:23-28/눅6:1-15 참조 제자들을 방어하려는 예수의 대답은 하나의 기본적인 요지로 구성된다. 마태복음 12장 1-8절에서 이 논쟁은 두 개의 다른 것으로 보충되고 모두 세 가지로 성서에 호소한다.

첫 번째 논쟁은3-4절 일화 혹은 이야기에 기초한 하가다에 일치한다.하가다 사무엘상 21장 1-6절에서 발견된 예수가 인용한 이 이야기는 다윗과 그 일행이 굶주림을 면하려고 제사장들만 먹을 수 있는레24:5-9 제단에 차려놓은 거룩한 빵을 먹었던 방식과 연관된다. 우리는 여기서 하나님의 종이 굶주림 때문에 그의 추종자들에게 의식법을 무시했던 전례를 발견한다.

두 번째 논쟁은5-6절 율법 혹은 규정할라카에 기초하고 따라서 할라카적으로 분류될 수 있다. 민수기 28장 9-10절과 유사한 본문들을 염두에 두고 예수는 제사장들이 안식일에 죄를 범하지 않고 성전에서 의무를 수행할 권한을 부여 받았다고 지적한다. 안식일에 제사장들이 성전에서 음식을 차리는 것과 같은 덜한 경우에 율법에 대한 예외가 있다면 **성전보다 더 큰** 원인에 기여하는 예수와 그의 동역자들의 경우에는 얼마나 더 그러하냐고 예수는 주장한다.

세 번째이자 마지막 논쟁에서7절 예수는 안식일 법의 참된 의도를 잘 생각해보라고 그의 반대자들을 초대한다. 호세아 6장 6절9:13에서 이미 인용했던 구절을 인용하면서 예수는 자비와 인간의 안녕이 안식일이 의미하는 모든 것이며 의식적 옳음이 아니라고 주장한다. 그러므로 안식일에 배고픔을 면하려고 이삭을 자르는 것은 용인될 수 있다.

자신의 경우를 논한 후에 예수는 안식일의 문제를 이야기한 권위를 진술하는 8절로 간다. 율법과 예언자들을 완성하려고 온 사람으로서 예수는 **안식일의 주인**이며 안식일을 다스리는 규칙이다. 이와 같이 예수는 자신을 따르는 사람들이 지켜야 하는 안식일의 방식을 재 정의할 수 있다.

안식일의 치료 12:9-14

두 번째 갈등의 이야기의 이슈는 안식일에 **치료하는 것**이다.막3:1-6/눅6:6-11 참조 우리는 복음서의 수많은 이런 이야기들에서 안식일의 치료가 예수와 그의 반대자들 사이의 다툼의 중요한 요점이었다고 생각할 수 있다.눅13:10-17, 14:1-6; 요5:1-18, 9장 참조 랍비의 율법에 따르면 안식일에 생명이 위험에 처한 누군가를 구하는 것은 허용되었지만 Yoma8:6; Mek. Exod.22:2; 23:13 참조 그리 심각하지 않은 질병으로 고통을 받는 사람들에게는 허용되지 않았다. 그러나 손이 오그라든 사람을 치료한 것이 분명히 예증하듯이 예수는 이 같은 차이로 제한하지 않았다.

이 이야기의 배경은 회당인데 예수는 12장 1-8절에 언급된 같은 안식일에 회당을 방문한다.이들의 회당을 언급함으로써 마태가 교회와 회당 사이에 거리를 두는 방식에 주목하라; 4:23; 10:17; 13:54 참조 다시 한 번 이야기는 논쟁의 유형으로 들어가는데 예수는 자신의 반대자들의 적대적인 질문에 응답한다.10절 11-12절에서 예수가 발전시킨 논쟁은 그가 또 다른 안식일 논쟁을 한 경우를 닮았고눅14:3-5 이 에피소드에서 택한 것은 당연하다. 여하튼 예수는 이곳에서 적은 것에서 큰 것으로 나가는 전형적인 방식으로 설득한다. 안식일에 양들을 구하는 것이 옳다면 인간에게는 얼마나 더 그러하냐?

흥미롭게도 모든 유대인 교사들이 예수의 기본적인 전제를 받아들이지 않았다. 사람이 안식일에 부상당하거나 위험에 처한 동물들에게 얼마의 도움을 제공할 수 있는지에 대한 의견은 첨예하게 나뉘었다.cf. bShab. 128b; CD 11:13-14 그러나 예수는 자신의 경우를 랍비들의 태도에 기초하지 않았지만 자신의 청중들에게 더욱 실용적으로 이야기했다. 너의 것이고 단지 동물에 지나지 않는 너의 동물이 안식일에 구덩이에 빠진다면, 너는 어떻게 하겠느냐?

양에게 그리고 인간에게 똑같이 **안식일에 선을 행하는 것**이 옳다는 사실을 확립한 후에12b절 예수는 손이 오그라든 사람을 치료하기 시작한다.13절 이것은 생명의 완전함을 회복하는 자비의 행위이다. 그러나 예수의 반대자들의 반응에서 다른 종류의 행위가 형성되기 시작한다.14절 여기서 처음으로 우리는 결국 그의 체포와 십자가로 이끄는 음모인 예수를 죽이려는 음모에 대해 듣게 된다.

낮은 이미지의 메시아 12:15-21

12장 15-16절의 간단한 이야기체의 요약은 마가복음 3장 7-12절의 단축된 버전이다. 마태는 이 요약에서 바리새파와의 충돌에서 물러남, 그를 따랐던 모든 사람들에 대한 그의 치료, 그리고 자신의 자비의 행위를 공표하지 말하는 명령을 포함하여 세 가지 일들을 강조한다. 17-21절에 이어지는 성취 인용에서 이 세 요소들 각각은 어떤 방식으로 다시 거론된다. 이처럼 우리는 하나님의 종이 다른 사람들과 논쟁하지 않을 것이라는 사실에 대해 듣게 된다.19a절 그는 자기 자신의 목적을 추구하는 것에서 다른 사람들을 부수기보다는 육체와 정신이 부서진 사람들을상한 갈대와 꺼져가는 심지 회복하러 온다. 그리고 그는 자신의 사역을 수행할 때 스스로 널리 알려지려고 하지 않을 것이다.19b절 마태에게 예수의 사역의 모든 상세한 것들이 성서에서 예견된 것이다.

이곳에서 발견되는 본문이 히브리어 본문이나 70인역과 같지 않지만 우리가 논의했던 인용은 이사야 42장 1-4절에서 온 것이다. 우리가 가진 것은 이것을 인용하는 과정에서 이사야 본문을 해석한 바꾸어 쓰기인 기독교 탈굼과 더욱 유사하다. 위에서 언급한 구절과 더불어 주석을 요하는 인용의 두 가지 요소가 있다. (1) 예수를 하나님의 사랑하는 종 혹은 자녀그리스어: pais로 묘사하는 것은 3장 16-17절의 예수의 세례 이야기를 생각나게 한다. (2) 나라들이나 이방에 대한 이 종의 사역에 대한 언급은 예수에 대한 바리새파의 반대가 하나님의 목적을 헛되게 하지 않을 것이라는 사실을 가리킨다. 이스라엘의 지도자들에 의해 받아들여지든 거절당하든 예수는 이스라엘을 넘어 나라들에게 **정의를 선포할 것이다.** 그는 모든 사람들이 의의 길을 발견하고 걸을 수 있도록 하나님의 의로우심과 구원하시려는 의지를 밝힐 것이다.

성서적 맥락에서의 본문

마태복음 12장 1-21절의 안식일에 관한 논쟁은 길고 풍부한 성서의 전통에서 자라나온 논쟁이다. 안식일의 기원이 다소 불확실할지라도 이스라엘의 삶을 위한 안식일의 중요성은 많은 방식으로 증명된다. 전통의 한 가닥은 안식일을 창조에 관련시키는데 하나님 자신이 일곱째 날을 거룩한 날 혹은 특별한 날로 만들면서 쉬신다.창2:1-3; 출20:8-11 참조 신명기에서 안식일은 이스라엘의 노예에서의 하나님의 구원과 연결되는데 그것을 기억하는 것은 백성들로 하여금 이스라엘의 모든 생물을 위한 안식일의 쉼을 제공하도록 이끌어야 한다.신5:12-15;15:12-18 참조

그럼에도 자료의 세 번째 가닥은 안식일을 이스라엘을 다른 민족들과 구별하는 관습인 하나님과 이스라엘 사이의 특별한 관계의 표시로서 말한다.출31:12-17; 겔20:12-13 참조 후자의 강조는 포로기 이후의 유대교에서 중요한 지위를 가지는데 안식일의 준수는 이

방인들이 통제하는 세상에서 유대인의 정체성의 증표가 되었다.

복음서의 예수와 그의 반대자들 간의 논쟁에 이 안식일 전통이 중요하다는 일치가 있다. 이 문제는 사람들의 안식일 **준수** 여부가 아니라 안식을 지키는 **방식**의 문제이다. 사람이 안식일을 보호하고자 고안된 규칙을 준수함으로써 안식일을 준수하는가? 아니면 사람이 하나님이 의도하신 것이 될 수 있도록 함으로써 안식일을 준수하는가? 마태에 따르면 안식일은 인간 생명을 회복하기 위한 날이다. 인식일은 선을 행하고 하나님의 자비를 실천하기 위한 날이다. 안식일을 지키는 것은 이 목적에 기여하려는 것이다.

교회생활에서의 본문

복음서 이야기에서 안식일에 대한 토론은 신약성서 시대에 끝나야 했던 토론이다. 예수 자신의 안식일과 관련한 자유의 본보기와 더불어 초기 교회는 유대 관습에 얽매인다고 느끼지 않았고, 예배의 주요한 날로서 새로운 날을 채택했다.행20:7; 고전16:2; 계1:10 참조 그러나 이후에 안식일 엄수주의자의 제한들이 기독교 주일과 함께 나타나기 시작했다. 이 발전의 첫 번째 신호는 황제와 교회가 함께 일요일에 일하는 것을 금지하거나 단념시켰던 4세기에 나타난다.

개혁주의 교회에서 안식일 엄수주의 경향은 1959년 니콜라스 바운드Nicholas Bound의 **안식일의 진정한 교의**가 발표된 때로부터 시작될 수 있는데 그것은 기독교 일요일을 유대교의 안식일과 동등하다고 생각한다. 이런 입장은 쉽게 일요일에 운동과 오락을 제한하고 바리새인들의 안식일과 현저하게 유사한 주일의 개념인 일요일 휴업령으로 이끌었다.그렇게 이끌 필요가 없는데도 다른 유형의 안식일 엄수주의자 믿음은 예수가 선동적인 유대인의 안식일을 폐기하지 않았고 교회가 여전히 일곱째 날을 거룩한 날로 지켜야 한다고 믿는 기독교 그룹들 사람들에게서 발견된다. 아나뱁티스트 전통에서 이 입장에 대한 초기 변호자는 안드레아스 피셔Andreas Fischer이다.Liechty, 1988 참조

오늘날 대부분의 교회에게 안식일 준수에 대한 엄한 전통들은 현재의 실재라기보다는 기억이다. 그런 점에서 우리의 상황은 예수의 시대와 다르다. 그러나 다른 각도에서 우리의 상황은 1세기 유대 공동체의 상황과 매우 유사하다. 우리 역시 첫 번째 날이든지 일곱째 날이든지 안식일에 관해 거의 알지 못하는 이방 문화 가운데 살고 있다. 우리는 결코 폐쇄되지 않는 세상의 일부이다. 그곳에서 사람들은 끊임없는 다망함으로 소비되고 있다. 이런 종류의 문화에서 우리는 이전에 제기되었던 이 질문을 새로이 물어야만 한다.

우리가 어떻게 안식일을 지킬 것인가? 마태의 교회와 같이 우리를 위해 예수는 중요한 실마리를 제공한다.

무슨 권한으로?

마태복음 12:22-37

사전 검토

앞선 항목의 이야기들과 같이 12장 22-37절은 충돌 혹은 논쟁에 참여한다. 이번 예수와 그의 반대자들 간의 논쟁은 마귀를 축출하는 그의 사역에 관계된다. 무슨 권한으로 예수는 귀신들린 사람에게서 마귀를 쫓아내는가? 이 논쟁의 보도에서 마태는 마가의 이 에피소드 이야기와막3:20-30 참조 누가복음에서 발견되는 같은 이야기의 또 다른 버전눅11:14-23 모두에 도움을 청했다. 또한 마태는 자신의 비판에 대한 예수의 대답을 확장하는 또 다른 정황에서 합병한 말씀들을 가진다.12:33-37, 7:15-20; 눅6:43-45 참조 마지막 산물은 세 부분으로 이루어진 이야기이다. 첫째, 우리는 논박으로 이끄는 행위에 대해 듣고 이것이 어떻게 경이와 비평을 자아내는지를 듣게 된다.22-24절 다음으로, 우리는 예수의 방어와 그렇게 묶인 사람들을 치료하는 그의 사역에 대한 해석을 발견한다.25-30절 마지막으로 예수는 자신을 비판하는 사람들을 깨닫게 하는 선제공격을 가한다.31-37절

개요

논쟁의 행위, 12:22-24

갈라진 나라 12:25-30

용서할 수 없는 비판, 12:31-37

주석적 해설

논쟁의 행위 12:22-24

예수가 귀신을 쫓아낸 것에 논쟁을 유발한 이 에피소드는 주목할 만큼 짧게 보고된다.9:32-34의 이야기의 중복 참조 우리는 이어지는 말씀을 위한 배경을 설정하는 데 필요한

만큼 자세한 이야기를 공급받는다. 22-24절에서 우리가 배우는 것은 예수가 눈이 멀고 말을 못하는심각한 경우 귀신들린 사람을 치유할 수 있다는 것이고 이것이 예수의 권능에 대한 의문을 새로이 들어 올린다는 것이다.

본문에서 무리들이 **놀랐다**고 말할 때 사용된 동사는 사람들이 놀라서 제정신이 아니었다는 것을 암시한다. 이들은 심지어 예수가 메시아일지도 모른다는 가능성을 거론하기까지 한다. 많이 다른 분위기는 바리새파의 평가인데 이들은 계속해서 반대의 중심으로 나타난다. 이들은 예수의 귀신을 능가하는 힘이 마귀의 것이라고 주장한다.요7:20, 8:48, 10:20-21의 유사한 고발에 주목하라 이들의 관점에서 예수는 마귀의 대리인으로서 행동한다.10:25의 바알세불에 관한 해설 참조

갈라진 나라 12:25-30

예수는 자신을 비판하는 사람들에게 다양한 요지로 반응한다. 우선 예수는 악의 세력들을 다스리는 사람이 악의 세력을 공격하려고 다른 누군가를 초대하려 한다고 생각하는 것은 부당하다고 예수는 응답한다.25-26절 이런 과정은 사탄의 나라를 망하게 만들 것이다. 그의 두 번째 논의에서27절 예수는 자신을 비판하는 사람들의 위치가 비난 받기 쉬운 자리에 그들을 남겨놓을 것임을 생각나게 한다. 귀신을 능가하는 **자신의** 힘이 마귀에게서 오는 것이라면 '너희의 아들들은 누구의 힘으로 귀신을 쫓아낸다는 말이냐?' 고 예수는 반문한다.행19:13-19의 유대인 귀신 쫓는 사람 이야기 참조

마지막으로 예수는 자신이 보인 힘에 대한 자신의 해석으로 바리새파의 입장을 받아친다.28절 마태에 따르면 예수는 **하나님의 성령으로, 하나님의 능력으로** 귀신을 쫓아낸다.눅11:20, "하나님의 능력을 힘입어" 이것이 사실이라면 하나님의 통치는 악의 세력을 극복하고 예수의 행위 안에서 그 행위를 통해 형성된다. 그리고 예수를 비판하는 자들은 하나님의 통치를 반대하는 위치에 있다!

29-30절 말씀은 갈라진 나라의 주제에 관한 더 깊은 논평을 한다. 간단하지만 생생한 비유를 사용하여 예수는 29절에서 **힘센 사람**과 그의 집을 약탈하는 것에 대해 말한다. 이 의미는 예수의 치유 사역이 악의 손아귀에 붙들린 사람을 해방할 수 있게 사탄의 능력을 묶거나 제한한다는 것이다.사49:24-25 참조 여기에 중요한 주장이 있다. 즉 사탄을 묶는 것은 마지막 날들이 이미 일어나고 있다는 사실과 관련된다.Ass. Mos. 10:1; T. Levi 18:1; 계20:2 참조 이어지는 말씀은 예수와 사탄 사이의 충돌에는 중간 지대가 없다는 것을 강조한다. 하나님의 통치가 이제 세상의 악의 통치에 도전한다. 그리고 우리는 하나님이 하시

려는 것을 지지하거나 방해한다.

용서할 수 없는 비판 12:31-37

자신이 행동하는 **힘**을 밝힌 후에 예수는 계속해서 이 능력에 **반대하는 것**의 위험에 관해 이야기한다. 31-32절에서 예수는 그를 비판하는 사람들을 **신성모독**으로 고발한다.[막 3:28-30; 눅12:10; G. Thom. 44 참조] **신성모독**이라는 용어는 명예훼손, 하나님에 대한 저주, 스스로 하나님의 권위를 주장하는 것, 하나님에 대한 다른 불경스런 행동들을 포함하는 다양한 범죄를 포괄한다. 여기서 이것은 예수의 행동을 하나님보다 사탄의 힘에 돌리는 24절의 바리새파의 말을 가리킨다.

이 말씀에서 예수는 두 종류의 신성모독을 구분한다. 즉 용서받을 수 있는 것과 용서받을 수 없는 것이다. 확실히 말하면 사람이 **인자**에 대항하여 말할 수 있고 이것은 용서받을 수 있지만 성령을 거슬러 말하는 것은 **이 시대나 다가올 세대에서 용서받지 못한다.** 이 구별의 의미에 대해 해석자들은 의견을 달리한다. 어떤 사람들에 의하면 이 말씀은 예수의 사역기간 동안 예수를 거절하는 것과 성령을 통해 높아진 예수로서의 예수의 행동을 거절하는 것을 구별한다. 그러나 이 말씀이 하나님의 사자로서의 예수를 거절하는 것과 예수에게 권한을 부여하시는 분을 거절하는 것을 구별한다는 것이 더 적절할 것이다. **사자를** 비판하는 것은 용서받을 수 있는 범죄이지만 이 사자가 자유롭게 하고 치유하도록 하는 **하나님의** 능력을 불신하는 것은 용서가 없는 범죄이다.

33-37절은 계속해서 산상수훈에서 이전에 발견된 말씀을 사용하여 악한 말의 문제를 이야기한다.[7:16-20; 눅6:43-45 참조] 거기서 마태는 나무와 열매의 은유를 거짓 예언자들의 문제에 적용한다. 여기서 나쁜 나무는 예수를 욕하는 바리새파이고 나쁜 열매는 욕하거나 비판하는 데 사용된 말을 가리킨다. 33-35절은 말이 우리의 기본적인 특징을 저버리는 방식에 대해 강조한다. 자신들의 마음으로 하나님의 목적을 반대하는 악한 사람들은 악하거나 부당한 말을 하기 마련이다.

마지막 두 절에서 예수는 가치 있는 목적에 기여하지 못하는 말인 **부주의한 말**을 입밖에 내는 사람들의 결과에 대해 경고한다. 우리가 하는 말은 우리 자신을 드러내기 때문에[15:18-19 참조] 하나님은 우리의 말을 기초로 무죄를 선고하거나 유죄 판결을 내리실 것이다. 마태의 경우 이 경고는 예수 당대의 사람들뿐만 아니라 후대의 사람들에게도 역시 적용된다. 이것은 마태 시대의 예수의 공동체에 대한 랍비들의 비판을 비난한다. 그리고 이것은 공동체 자체, 특히 가르치는 교사들에게 경고한다.[5:19; 약3:1-12 참조]

성서적 맥락에서의 본문

구약성서에서 이야기하는 악의 문제는 근본적으로 하나님과 인간 사이의 문제이다. 우리가 이따금씩 악이나 반대하는 영들에 대한 언급을 발견하지만레16:6-10; 시91:5-6; 사34:14; 삼상18:10 참조 다른 고대 문화를 특징짓는 영적 세계에 빠져들었다는 증거는 조금도 없다. 사탄은 몇 개의 본문에서 나타나지만욥1-2장; 대상21:1; 슥3:1-2 악한 제국의 지휘자로서가 아니라 하늘에 있는 무리 모임의 구성원으로서시82:1, 89:7 참조 나타난다.

그러나 포로기 이후에 이 그림은 변화되기 시작한다. 부분적으로는 적대적인 세상에서 이스라엘의 힘의 감소와 포로 감각 때문에 그리고 부분적으로는 다른 문화의 선한 영과 악한 영이라는 이원론에 기인하여특별히 페르시아의 삶의 악마와 같은 측면에 점차 더 관심을 가지기 시작했다. 이런 관심은 인류를 위협하는 악한 영들의 주인을 이끌어낸 사탄과 유사한 인물들이 타락한 천사로 묘사되는 곳인 유대의 묵시록에 반영된다.에녹1서6-10장; 희년서10:1-14;11:5; L. Adam 12-17장 참조 이 세계관에서 하나님과 악은 하나님이 최종적으로 지배하는 종말까지 우주의 투쟁에 갇힌다.에녹1서54:5-6; T. Levi 18:12; T. Jud. 25:3 참조

마태복음 12장 22-37절과 같은 본문이 설명하듯이 신약성서는 악의 문제에 대한 이런 접근 방식을 가정하고 거기에 의존한다. 마귀와 악에 대한 언급은 풍부하고마8:28-34; 막1:21-28; 눅10:17-20 참조 사탄이나 악마는 하나님과 신실한 사람들의 악한 대적으로 나타난다.눅22:3; 요8:44; 살후2:9; 벧전5:8 참조 연관된 개념들이 바울에 속한 것으로 생각되는 몇몇 서신에서 발생하는데 그곳에서 우리는 하나님이 싸우셔야만 하는 **통치자들과 권세자들**에 대해 듣는다.롬8:38; 엡6:12; 골2:15 참조

하나님과 악 사이의 충돌에 대한 가장 극적인 묘사는 유대 묵시문학과 가장 닮은 초기 기독교 책인 요한계시록의 환상에서 설명된다. 신약성서 믿음의 중심은 하나님이 예수 그리스도를 통해 악한 세력들에 도전하고 이들을 물리친다는 확신에 있다. 이것이 귀신을 쫓아내는 예수와 그의 사역을 통해 그리고 예수의 죽음과 부활을 통해 생겨난다. 낯선 권세자들의 속박에서 하나님의 세상을 자유롭게 하는 모든 것을 능가하는 하나님의 통치를 확립하는 것은 바로 예수의 죽음과 부활이다.

12장 23-37절이 더 넓은 본문들에 속하게 되는 데서 두 번째 요점은 용서할 수 없거나 용납할 수 없는 죄에 대한 본문의 토론이다. 이와 같은 개념의 근원은 민수기에서 발견될 수 있다. 거기 죄와 속죄를 다루는 법률 제정의 한 가운데서 기자는 "고압적으로" 하나님과 하나님의 명령에 도전하는 사람들에 관해 언급한다.민15:30-31 우리는 이런 사람들이 "완전히 잘려나갈 것"이라고 듣는다. 이 전통을 세우려고 랍비들은 언약을 부인

하고 토라의 길을 거절하는 사람들은 오는 시대의 삶에서 어떤 것도 공유하지 못할 것이라고 주장한다. Aboth 3:12; Yoma Bar. 85b 참조

신약성서에서 우리는 용납할 수 없는 신성모독에 관한 예수의 논평과 유사한 몇 개의 구절을 발견한다. 첫 번째, 요한은 너무 중대하여 죽음과 파멸에 이르게 하는 죄인 "치명적인 죄"에 대해 말한다. 그리고 히브리서 기자는 성령을 받고 타락한 사람들은 회복이 불가능하다고 쓰고 있다. 히6:4–8 이런 계통의 본문들의 다양한 진술들을 비교할 때 우리는 모두가 극단적인 상황, 곧 우리의 믿음 자체가 문제가 되는 상황을 다루고 있다는 것을 이해하게 된다. 궁극적으로 용서받을 수 없는 죄는 용서를 제공하시는 하나님에 대한 믿음을 저버리는 것이며, 곧 하나님에게서 돌아서서 우리 자신의 길을 선택하는 것이다.

교회생활에서의 본문

마귀의 악과 인간의 악은 교회의 믿음과 삶에서 관심을 받는다. 옛날부터 교회는 악마의 능력으로부터 어떤 구제의 의식을 발전시키고 실천했다. 어떤 사람들은 새롭게 배운 회심자들의 세례와 관련시켰다. 세례에서의 이와 같은 의식의 흔적은 악마를 부인할 것을 약속한다는 것 참조 다른 의식들은 실제로 악한 영에 "들린" 사람들을 다루었다.

우리의 시대에 교회는 귀신학의 주제에 관한 두 극단 가운데 하나로 움직이는 경향이 있다. 어떤 사람들은 악에 대한 과학이전의 개념으로 악마와 악령에 대한 믿음을 일축한다. 반면 다른 사람들은 그러한 문제를 다루는 거의 신비에 가까운 매력적인 힘을 보여준다. 제임스 에퍼드James Efird는 다음과 같이 더 균형 잡힌 관점을 제공한다. "자신을 다양한 방식으로 나타내는 악한 세력이 세상에 있다는 사고는 여전히 타당하다. 어떻게 사람이 한 문화에서 다른 문화로 변화되는 이 사고를 말로 표현하겠는가?" Achtemeier: 218 어떤 방법으로 우리 자신이 악한 세력에 관해 말하기로 선택하든 사람들과 그룹들이 이 같은 세력에 포로가 될 수 있다는 점은 분명하다. 그리고 본문은 우리에게 하나님의 의도는 귀신들린 사람들을 해방하는 것이라는 사실을 상기시킨다.

귀신에 대한 두려움이 모든 시대의 교회에서 문제였을지라도 많은 사람들은 "용서할 수 없는 죄"에 대하여 더 많이 걱정했다. 마태복음 12장 31–32절은 때때로, 특별히 지나치게 민감한 양심을 가진 사람들의 편에서 병적인 자기 시험으로 이어졌다. 그러나 논평자들이 보통 분명히 하려고 하듯이 예수의 말씀은 신실한 사람들을 위협하려는 것이 아니고, 불신으로 하나님을 거절하기 직전에 있는 사람들에게 경고하려는 것이다.

어거스틴은 본문을 어떤 진정한 교회에서 자신을 분리시킨 사람들에게 관계시키는죄를 용서하는 성령의 교제 반면 종교개혁주자들은 하나님의 계시를 거절하고 헐뜯는 사람들을 지적한다. 칼빈이 다음과 같이 쓸 때 그 전형이라 할 수 있다. "그 빛남으로 인해 이들이 감동을 받아 무지를 주장할 수 없지만 악한 의도를 가지고 하나님의 진리에 저항하는 사람들인 이들은 성령에 대항하여 죄를 짓는다."1960:3.3.22 유사한 논평이 아나뱁티스트 본문에서도 발견될 수 있다.Balthasar Hubmaier in Williams: 122; Menno Simons: 1004 참조 한 가지 방식 혹은 다른 방식으로 본문에 대한 토론에서 계속해서 겉으로 드러나게 하는 이 주제는 하나님의 호소에 일부러 완고하게 반대하는 마음의 굳어짐이다. **성령에 대항하여 신성모독**으로 이끌고 하나님의 용서가 미치지 못하는 곳에 있도록 하는 것이 바로 이 마음이다.

우리에게 표징을 보여주십시오

마태복음 12:38-50

사전 검토

12장 22-37절의 예수의 권위를 놓고 벌이는 논쟁은 12장 38-50절의 논쟁에서 그 속편이 나온다. 사실 이 두 항목은 공통의 이야기 배경을 공유한다. 12장 24절의 사탄과 동맹하였다는 예수에 대해 고발한 사람들은 율법학자들과 함께 예수에게 12장 38절에서 자신들에게 **표징**을 보여 달라고 강요하는 바리새인들과 같은 사람들이다. 이들은 성령을 거스른 신성모독을 비난하는 예수의 말에 동요하지 않고서, 예수가 하나님의 권위로 행동한다는 그의 주장을 입증하라고 도전한다. 하나님이 정말로 예수의 사역 뒤에 계신가, 아니면 단지 예수 혼자의 결정인가?21:23 참조

이 항목을 구성하면서 마태는 자신의 출처에서 온 몇 자료에 의존한다. 그 자료 가운데 하나는 예수의 **이 세대**에 관한 말씀을 포함하는 표징에 대한 논쟁이다.38-42절 이 핵심 자료에 대해 마태는 마가복음 8장 11-13절과 누가복음 11장 29-32절에서도 역시 발견되는 말씀11:16 참조에 신세를 진다. 두 번째 구성 요소는 악한 귀신이 되돌아 온 것에 대한 말씀이다.43-45절 누가의 병행기사에서눅11:24-26 이 말씀은 예수가 귀신을 쫓아낸 것을 놓고 벌인 논쟁에 포함되어 있다. 그러나 마태는 예수의 **이 세대**에 대한 비난을 확장하고자 이 말씀을 사용한다.

이 항목을 완성하려고 마태는 귀신을 쫓아낸 것에 대한 논쟁에 연계된 마가의 이야기

로 향한다.46–50절, 막3:31–35 참조 이 이야기에서 예수의 친척들이 그를 찾아오고 예수는 누가 자신의 "진정한" 가족인가를 확인하는 경우로 사용한다. 이 항목에서 우리가 가지게 되는 것은 11장 29–30절의 두 면과 같이 "현저하게 다른 토대를 보이는 관객"Senior, 1977:130이다. 더 큰 화폭은 예수를 거절하는 지도자들에 의해 표현된 믿음 없는 이스라엘이라는 **악하고 음란한 세대**를 묘사한다. 그러나 이 음침한 그림 옆에는 예수의 주장을 받아들이고 하나님의 뜻을 행하는 제자들의 초상이 있다.

개요

악한 세대, 12:38–45

예수의 진정한 가족, 12:46–50

주석적 해설

악한 세대 12:38–45

예수의 반대자들이 구했던 표징은 단순하게 또 다른 기적이 아니었고 예수의 신용증명이 되는, 정당성을 입증할 수 있는 하늘의 징표이다.3:16–17, 4:5–6; 눅11:16; 요2:18 참조 하나님으로부터의 표징은 자주 이스라엘의 역사에서 긍정적인 역할을 한다.아래 성서적 맥락에서의 본문을 보라 그러나 여기서 표징에 대한 요구는 예수를 의심하는 마음에 가면을 씌운 것이다. 이것은 예수가 십자가에 달릴 때 하나님에게 호소하라는 조롱의 분위기와 유사하다.27:39–43 참조

이것이 그런 경우라는 것을 알고 예수는 자신의 반대자에게 이들이 원하는 것을 주기를 거절하지만 대신 이런 요구를 하도록 이끈 이들의 불신에 대해 비난한다. **악하고 음란한 세대**가 표징을 요구한다.강조는 필자가 예수가 사용한 거친 어법은 구약성서에서 온 것이다. 신명기에서 이스라엘 백성은 "어리석고 미련한 세대"로 묘사된다.신32:5 그리고 예언자들은 반복해서 이스라엘의 불성실함에 대해 간음의 은유를 사용한다.호2장, 3:1; 렘3:1–10; 겔16장 참조

이런 세대에게 예수는 이들이 받을 유일한 표징은 **예언자 요나의 표징**밖에 없다고 말한다.39절 그러나 이 표징은 무엇인가? 누가복음 11장 30절에 따르면 이 징표는 회개의 메시지를 선포하러 온 누군가로 구성된다. 요나는 니느웨 사람들에게 이런 표징으로 섬

졌고 예수는 이스라엘에 대한 자신의 사역에서 요나의 역할을 한다.

그러나 마태는 이 표징을 요나의 이야기의 특징과 다르게 연관시킨다. 40절에 따르면 이 표징은 죽음에서의 기적적인 구원으로 구성된다. 요나가 큰 물고기 뱃속에서 구원되었던 것과 똑같이 예수는 땅의 무덤에서 구원될 것이다. 이것은 예수의 사역의 정당성을 입증하는 하나님의 방법이 될 것이다.이 방법 역시 논쟁의 대상이 될 것이지만; 28:11-15 참조 **예언자 요나의 표징**에 어떤 의미가 주어지든 이것은 회개하기를 거절하는 사람들을 심판하는 표징이다.

41-42절에 이어지는 말씀은 이 거절의 진지함의 배경이 된다. 예수는 요나와 같을 뿐 아니라 사실 **요나보다 위대하고 솔로몬보다도 위대하다.** 예언자들을 능가하는 예수는 예언의 희망을 성취한다. 현자를 능가하는 예수는 몸소 지혜이다. 이 세대의 회개의 실패는11:16; 12:45; 17:17 참조 이처럼 더욱더 변명할 도리가 없다. 그 결과 예수는 요나와 솔로몬에게 귀를 기울였던 옛 이방인들이욘3:1-5; 왕상10:1-13 참조 마지막 심판에서 이스라엘에 대항하는 증거가 될 것이다.11:20-24 참조

전에 살펴보았듯이 예수는 계속해서 **43-45절에서 이스라엘의 불신을 비난한다.**45절의 악한 세대가 39절의 악하고 음란한 세대와 인클루지오를 형성하는지에 주목하라 여기서 단지 사람의 생명에서 악을 제거하는 것만으로는 충분하지 않다는 강조된 비유는 사회적으로 적용된다. 마태에 따르면 예수는 이스라엘의 생명에서 귀신을 쫓아냄으로써12:28-29 참조 사탄의 손아귀를 부서뜨렸다. 그러나 이스라엘이 하나님의 구속 목적에 자신을 맞추지 않는다면 마지막 상태는 예수 앞에 나타났던 경우보다 더욱 애처롭게 될 것이다.

예수의 진정한 가족 12:46-50

46절과 13장 1절의 이야기체의 논평에서 우리는 12장 22-50절 전체가 **집 안에서** 일어나고 있다는 것을 배우게 된다.9:10 참조 이제 이 이야기의 마지막 장면에서 예수의 가족들이 집밖에 나타나 예수에게 말을 하겠다고 요구한다.막3:31-35/눅8:19-21 참조; G. Thom. 99 한 사람이 예수의 가족들의 요구를 예수에게 전하는 47절은 어떤 사본에는 누락되어 있다. 이에 대한 가장 있음직한 설명은 46장 말미에서 47절의 마지막에 있는 같은 단어에 대해 필사자의 눈이 우연히 이 그리스어 단어lalesai, 말하는를 빼먹었다는 것이다.

어떤 경우든 예수는 그의 친척들의 요구에 신학적 질문을 제기하며 응답한다. 누가 **진정으로** 나의 가족인가? 누가 나의 진정한 가족인 **하나님의 가족**인가? 예수는 자신의 질

문에 대해 49-50절에서 대답한다. 예수의 진정한 가족은 자신들의 이전 가족들을 남겨 두고 예수를 따랐던 그의 제자들로 구성된다.8:21-22, 19:29 참조 하나님의 **뜻**을 행함으로 이들은 자신들이 하나님을 **나의 아버지**로 부르는 가족임을 입증한다.

성서적 맥락에서의 본문

고린도에 있는 교회에 보낸 편지에서 바울은 "유대 사람은 기적표징을 요구하고, 그리스 사람은 지혜를 찾으나"고전1:22 성서 이야기에서 **표징**이 두드러지는 것은 간과하기 어렵다. 어떤 이야기에서 표징은 하나님의 약속과 신실하심을 확인하려고 제시된다.창9:13; 삿6:17-18; 사7:10-14; 눅2:12 참조 다른 본문에서, 특별히 심판과 구원이라는 종말의 사건에서 표징은 사건이 오고 있다는 조짐이다.욜2:30-31; 막13:4이하 참조 아직도 다른 구절은 하나님의 능력과 영광을 밝히는 경우로 표징을 말한다.렘32:21; 행4:30; 그리고 특별히 요2:11 참조, 예수의 표징에서 나타나는 영광에 대해 언급하는 어떤 혹은 또 다른 유형에서 표징은 하나님이 역사와 사람들에게 관계하는 방식에 내재한다.

마태복음 12장의 표징을 위한 요구의 문제는 예수가 행하는 것에 표징이 자리할 곳이 없다는 것이 아니다.반대로, 11:2-6 참조 오히려 문제는 이 특별한 요구가 불신의 산물이라는 것이다. 다른 방식으로 말하면 표징은 발견하려고 하는 사람들을 위한 것이지 논쟁하려는 사람의 것이 아니다.

본문이 다른 본문들과 교차하는 두 번째 요점은 **가족**의 주제를 말하는 방식이다. 고대와 현대의 대부분의 사회에서 그렇듯이 가족은 이스라엘의 사회적 삶의 기본적인 단위이다. 가정생활은 성서 이야기의 많은 것을 위한 이야기의 실마리를 제공한다.야곱, 다윗, 다른 사람들의 이야기들 참조 가족의 관심사는 또한 이야기를 동반하는 율법에 대부분 나타난다.출20:12; 레25; 신21:15-21; 왕상21:1-24 참조 가족과 믿음은 함께 너무 가까이 연결되어서 아브라함과의 혈족 관계와 이스라엘의 자손 됨은 사실상 하나이고 같은 것이다.

그러나 복음서에서 우리는 이 가족과 믿음의 결합에 도전하는 몇 개의 말씀들을 발견한다. 이처럼 세례 요한은 요단강에서 자신의 방문자에게 이들 지파의 가계를 자랑하지 말라고 경고한다. 왜냐하면 **하나님은 이 돌들로도 아브라함의 자손을 만드실 수 있기** 때문이다. 다른 곳에서 예수는 자신을 따르는 것이 가족과의 충돌을 빚을 수 있고 그런 경우 이들은 가족과 믿음 사이에서 선택을 해야만 한다고 주장한다.10:34-39, 8:21-22 참조 세 번째 본보기는 우리 앞에 있는 본문 말씀이다. 마태복음에 따르면 혈족 관계의 결속은 예수가 그의 백성들에게 제공한 하나님과의 관계에서 가치가 없다고 말한다. 가치가 있는 것은, 듣기로 선택하고 하나님의 뜻을 행하는 것이다.

교회생활에서의 본문

누가 예수에 속하고 우리가 **어떻게** 예수에 속하느냐의 문제는 교회가 역사를 통틀어 씨름해온 문제이다. 신약성서에서 증명된 초기 기독교 공동체들에서, 이 공동체들이 자주 가정 교회로 조직되었다는 사실에도 불구하고 가족은 믿음과 회개에 기초한다. 그러나 교회와 국가가 사회제도에서 협력자가 된 이후에 가족의 본질은 변화되기 시작했다. 고대 이스라엘에서 사실이었듯이 가족과 위치는 누가 공동체에 속하는가를 결정하는 요소였다.

신자들의 교회 옹호자들은 "교회는 예수 그리스도를 주님으로 고백한 사람들의 자발적인 참여로 구성된다."고 주장하면서 이 발전과 논쟁했다.Durnbaugh, 1968:32 알렉산더 맥Alexander Mack은 자신의 "기본적인 질문"Basic Questions을 썼을 때 전형적으로 그러했다.Durnbaugh, 1958:339 "기독교의 진정한 형제애는 진정한 믿음과 예수 그리스도와 복음에의 순종에서 언제나 발견되었다. … 그리스도 자신은 하나님의 뜻을 행하는 자들만을 자신의 형제로 생각한다."마12:50 그러나 신자들의 교회 전통에서는 한층 모든 가족의 경계가 믿음의 공동체의 경계로 정해진다. 예배에서 회중들이 불과 가족들에 한정되거나 공통의 조상들의 공통의 부르심보다 우리가 누구냐가 더 중요한 곳에서 우리는 누가 자신의 가족에 속하느냐는 예수의 비전에서 벗어난다.

마태복음 13:1-52

비유 속의 많은 것들

사전 검토

복음서의 예수의 가르침에는 비유가 많다. 예수는 자신의 반대자를 **독사의 자식들**이라고 혹평하고12:34 다른 곳에서는 이들을 **회칠한 무덤**에 비유한다.23:27 예수는 **암탉이 병아리들을 날개 아래 품는 것**과 같이, 자신의 사역을 이스라엘을 모으는 노력이라고 말한다.23:38 예수는 자신의 제자들을 **세상의 소금**과 **세상의 빛**으로 묘사하고5:13-14 **양을 이리 떼 가운데 보내는 것**과 같이 이들을 보낸다.10:16

이와 같은 간단한 은유와 직유를 사용하는 것 이외에도 예수는 우리가 자주 예수의 **비유**라고 부르는 비유적인 방식의 언어를 사용하는 **이야기들**을 말한다. 복음서에는 우리가 얼마나 넓게 이 **비유**라는 용어를 적용하느냐에 따라 30에서 40개의 이런 이야기들이 있다. 용어 자체는 그리스어 '파라볼레parabolē' 에서 온 것으로 이것은 **비교**를 의미하고 70인역은 히브리어 '마샬mašal' 을 번역하려고 사용한다. 구약성서에서 '마샬mašal' 혹은 '파라볼레parabolē' 는 엄격한 의미에서의 비유뿐만 아니라 수수께끼, 속담, 풍유를 포함하여 다른 종류의 비유적인 자료를 가리킬 수 있다.

우화는 "자연이나 일상의 삶에서 이끌어 낸 생생함이나 생경함으로 청중을 사로잡아 마음속으로 그 정확한 의미를 의심케 하여 적극적으로 생각하도록 괴롭히는" 비유로 정의될 수 있다.Dodd: 5 비유의 열려 있는 특성 때문에, 비유는 이 플롯에 비추어 우리 자신의 삶을 조사하지 않을 수 없게 하면서, 우리에게 플롯을 주목하게 하는 경향이 있다.

초기 교회에서 다시 들려지면서, 비유는 여러 방식으로 채택된다. 새로운 특징 혹은 해석이 때때로 이 이야기들에 더해지고, 이야기를 말하는 것은 문답식의 목적에 기여했다. 이 비유는 교회 자신의 이야기와 소명을 조명하고 신자들에게 어떤 방식으로 행동할 것을 권면하고자 예수의 메시지를 설명하는데 사용되었다. 이 채택의 과정에서 종종 비유의 각각의 이야기체의 요소들에서 의미를 찾으려는 경향이 있었다. 이것을 다른 방식으로 평가하면 비유는 때때로 우리 앞에 있는 본문에서 우리가 관찰할 수 있는 현상인 풍유로 해석되었다.

마태복음 13장은 네 개의 섹션에 의해 보충되는 여덟 개의 전형적인 비유들의 수집물이다. 마가복음 4장의 더 짧은 수집물의 줄거리를 따른 부분에서 형성된 이 자료는 마태복음의 예수의 다섯 개의 담화 가운데 세 번째를 만든다. 이 담화의 주제는 **하늘 나라**이고예를 들어 24절 이 비유는 이 나라에 관한 계시를 위한 매개물로 기여한다. 마태복음에 따르면 예수는 이 소통의 수단을 이스라엘의 불신에 대한 반응으로 채택한다. 이스라엘이 예수의 하늘 나라의 개막 선언을 거절했기 때문에 "예수는 이스라엘에서 물러나 비유 언어로 들어가는데"Meier, 1980:141 이것은 단지 제자들만이 이해할 수 있게 될 것이다.13:10-17 참조 무리에게 비유를 말하는 것은 이처럼 무리에 대한 심판이고 무리들은 이들의 지도자들과 같이 불신의 역할 속으로 던져진다.

13장의 배치에서 예수가 배라는 공공의 연단을 떠나 자신의 제자들과의 내밀한 모임을 위해 집으로 물러나는 35절 이후에 주요한 단절이 발생한다. 이처럼 우리는 1-35절과 36-52절이라는 탐구해야 할 두 자료의 항목을 가진다. 진행의 방법으로 두 항목을 위한 본문의 자세한 분석을 하는 것이 권할 만한 것으로 보이고 다음으로 수집물 전체를 위한 성서적 맥락에서의 본문과 교회생활에서의 본문을 다룰 것이다.

하늘 나라의 비밀

마태복음 13:1-35

사전 검토

13장 1-35절의 자료는 이 비유들 가운데 하나의 해석인 네 개의 비유와 예수가 왜 비유로 말하는지에 관한 말씀으로 구성된다. 마태복음이 마가복음의 이야기를 따라 만들어진 것은 이 담화의 이 부분이고막4:1-34 참조 위에서 살핀 바와 같이 예수가 무리들에게 연설하는 것은 이 부분이다.2-3절과 34절이 형성하는 인클루지오 참조 이 항목의 네 개의 비유를 시험할 때 우리는 적어도 세 가지 공통적인 특징을 식별할 수 있다. (1) 각각의 네 비유는 형식적으로 **비유**로 소개되는데 마태에게 이것은 수수께끼인 무언가 곤혹하게 하는 함축을 전한다.[3, 24, 31, 34 절 참조] (2) 각각의 네 비유는 식량 생산의 주기의 어떤 면을 그리는 곡식 혹은 씨에 관해 말한다. (3) 각각의 네 비유는 하늘 나라의 거의 지각할 수 없는 출현과 이에 대항하여 작동하는 많은 세력들에도 불구하고 이 나라의 궁극적인 승리를 단언하며 하늘 나라를 다룬다.

개요

씨와 땅, 13:1–9

듣기와 이해하기, 13:18–23

네 종류의 청중, 13:10–17

하늘 나라가 오는 방식, 13:24–33

숨겨둔 지혜를 알게 하다, 13:34–35

주석적 해설

씨와 땅 13:1–9

13장 1–35절의 배경은 예수가 자주 나타나는 가버나움 근처 갈릴리 바닷가이다. 무리들에 밀려 예수는 스승이 관례적으로 그렇게 하듯 배에 올라가 앉았다.[5:1 참조] 그러나 예수는 무리를 가르치지 않고 오히려 무리들에게 그의 가르침을 감추는 비유로 **말한다.** 이런 비유 가운데 첫 번째는[막4:2–9; 눅8:5–8; G. Thom. 9 참조] 우리와 마태가 똑같이 씨 뿌리는 사람의 비유라고 부르는 것이다.[18절 참조] 땅을 갈기 전에 씨를 뿌리는 것은 팔레스타인의 관례였고, 이것이 손으로 씨를 뿌리거나 흩뿌리고 있는 씨 뿌리는 사람이 이곳에서 하고 있는 일이다.

본문에 따르면 어떤 씨는 길가에 떨어져 싹이 나지도 못한다. 어떤 씨는 돌짝밭에 떨어지는데 그곳은 땅이 너무 얇아 생명을 유지할 수 없다. 어떤 씨는 좋은 곳에 떨어져 싹이 텄지만 다른 식물에 눌려 질식한다. 그리고 어떤 씨는 성장의 조건에 맞는 좋은 땅에 떨어져 수확 때 100배의 열매를 안겨준다.[산출된 양의 과장에 주목하라!] 후에 마태는 우리에게 이 비유의 해설을 제공한다.[18-23] 그러나 이미 우리는 이 이야기가 하늘 나라의 선포와 이것이 산출할 결과인 예수의 사역과 연관된다는 사실을 짐작할 수 있다.

듣기와 이해하기 13:10-17

예수가 비유로 말하자, 제자들은 왜 그가 이런 소통의 수단을 선택했는지에 대해 질문하게 된다.[막4:10-12, 25 참조] 주어진 설명이 마태복음의 이야기에서 줄거리를 발전시키는 것과 연관된다는 것에 주목하는 것은 중요하다. 복음서의 다른 곳에서 우리는 예수가 말하는 비유들이 청중이 더욱 완전하게 그의 메시지에 관여하도록 이해를 높이려고 사용된다는 것을 알게 된다. 그러나 여기서는 이전 장들에서의 이스라엘의 예수에 대한 거절의 정황에서 예수는 이해가 **보류**되도록 비유를 사용한다. "예수는 그의 분명한 메시지를 보고 듣기를 거절하기 때문에 사람들에게 비유로 말하는데 이것이 4장 이후에 그가 제공하는 방식이다."[Meier, 1980:145]

이 점에서 사람들은 점점 이해의 폭이 좁아지고 예수의 가르치는 사역은 제자들에게 초점을 맞추게 될 것이다. 그가 종종 그러하듯이 마태는 예수의 행동을 위해 이사야 6장 9-10에서[흥미롭게 이것은 마태복음에서 예수 자신의 입을 통해 성취 인용을 하는 유일한 본보기이다] 인용한 성서의 기초를 인용한다.[14-15절] 이사야 자신에게, 인용된 말씀은 그의 설교를 통해 사람들의 눈과 귀를 열라는 쓰라린 요구의 일부였다. 마태에게 이 말씀은 사람들이 스스로에게 가져온 눈멂과 듣지 못함을 묘사하는데 예수가 비유로 말하기 시작할 때 이것을 확고히 한다.

그러나 모든 사람이 다 눈멀고 못 듣는 것은 아니다. 비유 안에 숨은 메시지는 예수의 제자들에게 숨어 있는 채로 남지 않을 것이다. 이들의 눈과 귀를 이미 열어주신 하나님의 은혜로 제자들은 다른 이들에게 보류된 이해가 주어지게 될 것이다.[11-12절] 이처럼 우리는 비유를 제자들에게 해설하는 예수를 그의 담화의 일부로 발견한다.[18-23,36-43 절]

제자들의 보고 듣는 것에 배경이 되게 하려고 마태는 누가가 다른 맥락에서 사용한 지복을 덧붙인다.[16-17절; 눅10:23-24절 참조] 이 지복은 제자들이 자신을 빌견히는 행복한 상황에 대해 제자들을 축하한다. 이들은 자신의 조상들에게 한 하나님의 약속들이 성취되는 행위를 목격했다.[11:4-6절 참조] 그리고 이들은 이 행위들이 정말로 의미하는 것들을 이해할 수 있는 믿음을 받았다. **듣기는 들어도 이해하지 못하고 보지만 결코 이해하지 못하는** 무리들과 다르게 제자들은 정말로 볼 수 있는 눈과 정말로 들을 수 있는 귀를 가진다.

네 종류의 청중 13:18-23

예수는 18-23절에서 3-9절의 비유들을 해석하면서 제자들에게 계속해서 말한다.막 4:13-20; 눅8:11-15 참조 비유 자체에서 주요한 관심사는 씨의 운명처럼 보인다. 그러나 여기서는 예수의 말씀을 받는 듣는 사람의 다른 유형들과 관련된 다양한 땅의 종류에 대해 강조한다. 어떤 듣는 사람들은 결코 듣는 것을 믿음으로 바꾸지 못한다. 어떤 사람들은 역경이 다가올 때 사라지는 짧은 생명을 가진 믿음으로 반응한다. 어떤 사람들은 말씀을 받지만 세상적인 관심들로 자신들의 믿음을 질식시키게 된다. 어떤 사람들은 듣고, 믿고, 실제로 하나님의 원하시는 것을 행한다.

이 해석을 통해 마태와 그의 조상들은 다음과 같은 의문을 제기하는 것처럼 보인다. 우리는 이 씨 뿌리는 사람의 비유 어디에서 우리 자신을 발견하는가? 사람들이 기대하듯 마태는 이것을 우리에게 전할 때 다음과 같은 자신만의 손길을 이 해석에 더한다. (1) 그는 씨를 뿌린다는 단어를 하늘 나라라는 단어와 동일시하는데18절 이는 이 수집물에서 각각의 비유의 주제이다. (2) 마태는 이전 장의 주제를 들어 올리면서 이해하고 이해하지 못하는 사람이라는 용어에서 듣는 사람의 처음과 마지막 유형을 대조한다.19,23절 (3) 듣는 것이 행함으로 이끌어야 한다는 사실을 배경으로 삼는다. 여기서 '결실을 낸다' 는 말로 번역된 동사를 더하지만23절 이것은 하나님의 뜻을 행하는 사람을 위해 다른 곳에서 사용되었던 동일한 단어이다.5:19, 7:21, 12:50 참조

하늘 나라가 오는 방식 13:24-33

하나의 비유를 해석한 후에 예수는 세 가지를 거듭 말한다. 각각은 또 다른 비유로 소개되고 각각은 다음과 같은 어떤 비유의 공식으로 시작한다. **하늘 나라는 …에 비유될 수 있다**24 **혹은 하늘 나라는 …과 같다.**31-33절 이 공식들은 마태복음의 다른 비유들을 소개하고13:44, 18:23, 20:1, 22:2, 25:1 참조 때로는 유사한 공식이 랍비의 비유에서 발견된다. 즉 "이 문제는 어떤 것과 같은가?" 각각의 경우 이 공식은 두 상황 사이의 흡사함을 암시한다. 그러므로 24절에서의 요점은 하늘 나라가 씨 뿌리는 사람과 같다는 것이 아니라 이 나라의 출현이 앞선 이야기에서의 줄거리를 닮았다는 것이다.

세 비유의 첫 번째는24-30절 도마복음서의 다른 곳에서 나타나지만 신약성서에서는 마태복음에만 나타난다.G. Thom. 57 13장 1-9절의 씨 뿌리는 사람의 비유와 같이 이 이야기는 심는 것과 자라는 것을 다룬다. 그러나 이번에 이 대조는 열매를 많이 맺는 것과 열매를 맺지 못하는 씨혹은 땅 사이의 대조가 아니라 같은 밭에서 자라나고 있는 밀과 가

라지 사이의 대조이다.36절 참조, 그곳에서 마태는 이 이야기에 밭의 가라지 비유라는 라벨을 붙인다. 의문시 되고 있는 가라지는 아마도 처음 자랄 때는 밀처럼 보이는 유독한 식물인 독보리일 것이다.

이 이야기에서 새로운 요소는 가라지가 자연적으로 싹이 난 것이 아니라 악의를 가진 이웃이 이 농작물을 방해하려고 심었다는 것이다. 최종적으로 이 행위가 분명해질 때 주인은 가라지를 뿌리째 뽑을 것인지 혹은 밀과 가라지가 서로 싸우며 자라도록 놔둘 것인지를 결정해야만 한다. 상세한 설명을 위해 우리는 36–43절까지 기다려야만 한다. 그러나 이 비유 자체가 분명하게 우리에게 말하는 것은 하늘 나라가 전면적으로 악과 싸워야만 한다는 것이고 게다가 하나님이 선과 악이 종말까지 공존하도록 허락하신다는 것이다.

31–32절과 33절의 두 개의 더 짧은 비유들은 누가복음에서도 역시 필적할만한 짝을 형성하는데눅13:18–21 참조 이것이 뒤에 숨은 전통에서 이들이 함께 옮겨진다는 것을 암시한다. 한 이야기는 **남자**에 관한 이야기이고 다른 이야기는 **여자**에 관한 이야기라는 사실에 주목하라.24:40–41의 유사한 현상 참조 두 비유에는 작고 분명하지 않은 시작과 놀라운 마지막 결과 사이의 현저한 대조가 있다. 이처럼 겨자씨가 **가지에 공중의 새들이 와서 둥지를 만들 수 있을 정도**로 우뚝 솟은 관목으로 자란다.막4:30–32; G. Thom. 20 참조 그늘과 거처를 제공하는 나무의 표상은 다니엘서 4장 10–22절에서 오는데겔31:5–6; 1QH8:4–9 참조 그곳에서 나무는 강력한 나라나 왕국을 가리킨다. 여기서 나무는 하나님 나라를 묘사하는데 사람들이 모든 나라와 땅에서 이 나라로 올 것이다.8:11, 28:19 참조

마찬가지 방식으로 소량의 누룩이 **서 말의 밀가루**부셀[말]에 관해; 창18:6 참조를 부풀리고 이것의 영향은 반죽 전체에서 분명하다.G. Thom. 96 참조 상징으로서의 발효는 가장 자주 부패나 오염을 암시한다.16:6; 고전5:6–8; 갈5:9 참조 그러나 이곳에서 이 의미는 긍정적이다. 즉 하늘 나라의 존재와 능력이 잠시 동안 숨겨져 있지만 이 나라는 모든 인간 역사의 미래를 형성할 것이다.

숨겨둔 지혜를 알게 하다 13:34–35

34–35절은 마가복음 4장 33–34절에 기초한 진술의 요약으로 이루어지는데 거기에 마태가 성취 인용을 덧붙였다. 마태에게 예수가 무리에게 아무것도 말하지 않는다는 관찰은 13장 10–15절에서 지적했던 요점을 되풀이하는 비유와 별도이다. 하나님의 말씀을 들으려 하지 않는 사람은 이제 이 말씀을 이해할 수 있는 능력을 빼앗길 것이다.

그러나 이 비유들은 이어지는 인용의 배경이 되는 요점을 감출 뿐만 아니라 드러낸다. 인용된 말씀은 음악가 아삽의 것으로 여겨지는 시편 78편 2절에서 온다.아삽은 역대하 29:30에서 "선견자"로 불린다는 것에 주목하라. 그리고 이것이 마태가 예언자에 대한 인용을 신뢰하는 이유를 설명해준다. 시편 기자가 **이전의 것인 그의 어두운 말씀**에서 하나님의 영광의 행위들을 다시 인용하는 것처럼 예수도 자신의 비유를 통해 무미건조한 행동에서 하나님의 통치를 묘사한다. 또는 존 마이어가 쓰듯이 "예수는 창조로부터 감추어진 신비를 말하는 완전한 지혜의 선생이다. 즉, 왕으로 오실 하나님에 대한 묵시적 계시이다."Meier, 1980:149

제자들과 하늘 나라

마태복음 13:36-52

사전 검토

마가복음의 예수의 비유 담화의 결론에서 우리는 그가 **은밀하게 자신의 제자들에게 모든 것을 설명했다**는 것을 듣게 된다.막4:34 마태복음은 13장 36-52절에서 이 말씀을 이 사적인 모임의 주제 문제로 제시하는데 이전에 주목했던 바와 같이 이 일이 어떤 집에서 발생한다.가르침을 위해 집에 모인 제자들의 환경이 이후의 기독교 가정 교회에 신자들의 모임을 미리 말한다! 이 말씀에 가라지의 비유에 대한 해설, 하늘 나라의 세 부가적인 비유, 다른 이들을 위한 하나님의 말씀을 해석하는 사람들에 관한 특별한 비유가 포함된다. 우리가 도마복음서에서 몇 개의 병행기사를 발견하지만 이 자료 가운데 어떤 것도 신약성서의 다른 곳에 나타나지 않는다.도마복음 8,76,109

개요

내부자들을 위한 해설, 13:36-43

하나님의 통치에 열중하다, 13:44-50

하늘 나라를 위한 율법학자, 13:51-52

주석적 해설

내부자들을 위한 해설 13:36-43

제자들의 요구에 대한 응답으로 예수는 밀 가운데 있는 가라지의 비유를 해석한다.13:24-30 참조 이 비유에 대한 논평은 두 부분으로 이루어진다. 37-39절은 비유에서 일곱 요소들에 대한 풍유적인 해설을 제공한다.씨 뿌리는 사람, 밭, 씨앗, 가라지, 원수, 추수, 일꾼 다음 40-43절은 이 설명이 세워지는 종말에 관한 전통적 묵시 견해를 묘사한다. 마지막 심판에서 행악자들은 최종적으로 하나님 나라에서 제거될 것이다. 대조적으로 의인들은 하나님 나라에 거주할 때 하나님의 영광을 보게 될 것이다.단12:2-3 참조 **'세상 끝날'** 이라는 구절39-40절은 마태가 복음서에서 몇 번 사용한 설명이다.13:49, 24:3, 28:20 참조 이것은 현 세대에 대한 종말과 역사를 위한 하나님의 목적이 **완성되는** 시간이라는 이중적 개념을 전달한다.

마태의 하늘 나라의 신학의 부분으로서 이 해설이나 설명은 몇 가지 중요한 요점들을 밝힌다. 비유들의 드라마가 연결되는 경기장은 단지 교회가 아닌 **세상**으로 밝혀진다는 사실에 주목하라. 그리고 인자로서 예수의 통치는 이 세상을 포함한다. 그때 우리가 가지는 것은 신자들이 어떻게 교회에서 악을 다루어야 하는가에 대한 이야기가 아니라이것은 마태복음 18장의 주제이다 하나님이 교회를 포함하여 세상에서 악을 어떻게 다루시는가에 대한 이야기이다.

이 비유들과 이것의 해설이 결합된 본문을 통해 마태는 하나님이 악과 행악자들을 정한 시간에 심판하실 것임을 우리에게 납득시킨다. 동시에 본문은 우리에게 우리의 편에서 사악한 자들을 제거하는 십자군은 잘못 안 것이며 위험한 것이라는 사실을 경고한다. 메노시몬즈의 사악한 자들을 몰아내려고 폭력을 사용하려는 사람들에 대한 비평: 48, 605; 그리고 윌리엄스[Williams]: 252-253에서 디트리히 필립스[Dietrich Philips]가 한 비평 참조

하나님의 통치에 열중하다 13:44-50

24-33절의 세 비유와 마찬가지로, 이곳의 세 비유는 유사한 도입 구절로 시작된다. "다시 **하늘 나라는 … 같으니"** 이번에 공통의 주제는 하나님의 통치의 출현과 미력에 반응하여 제자들이 되는 사람들의 주제이다. 오히려 의미심장하게 이 세 이야기의 어떤 것도 실지로 비유라는 표시가 붙어있지 않다. 예수가 이해의 선물을 받은 제자들을 가르치고 있기 때문에11,51절 이 이야기들은 헤아릴 수 없는 신비가 아니라 오히려 명백한 계시이다.

첫 번째 두 비유는 이것을 발견하는 즐거움 혹은 열광과 진정한 제자가 이 발견에 놓인 요구에 따라 하게 되는 전적인 투자라는 하늘 나라의 무한한 가치를 강조한다. 두 이야기는 유대 전통이 지혜를 귀중한 금속이나 보석에 비유하는 것과 매우 흡사한 방식으로 하늘 나라를 위한 은유로서 보물을 사용한다. 잠2:4, 3:13–15, 8:10–11,19; 욥28:12–19 참조

첫 번째 이야기에서 44절 예수는 우연히 묻혀 있는 보물에 발부리가 걸린 일용직 노동자를 말한다. 약탈을 일삼는 군대나 산적의 손아귀에서 안전하게 지키려고 밭에 보물을 묻는 것은 고대 세계에서 일반적인 일이었다. 이런 은닉처 어떤 조급하게 서두르는 주인에 의해 남겨진를 발견하자 노동자는 이 밭을 사려고 그가 가진 모든 것을 팔고 이처럼 보물에 대한 정당한 권리를 가진다.

두 번째 이야기의 45–46절 주요 등장인물은 진주를 취급하는 보석 상인이다. 어떤 진주는 고대 세계에서 금보다 더 높은 가치가 있었다 그의 어떤 조사 여행에서 값진 진주를 발견하고 상인은 그것을 얻으려고 자신이 가진 보석 전부를 판다. 눅14:33; 빌3:7–8; 도마행전108–113 참조

그물의 비유 47–50절는 갈릴리 바다의 고기 잡는 이야기이다. 많은 고기를 잡는 데 사용된 방법 가운데 하나는 크고 무거운 그물을 호수에 매달고 그것을 해변을 향해 끌어당기는 것이었다. 보트나 손으로 끄는 밧줄을 사용하여 이 호수는 20가지가 넘는 고기를 포함했기 때문에 그물에 잡힌 고기는 보통 여러 가지가 섞여 있었다. 분류의 과정은 먹을 수 없는 것이나 유대 율법에 따라 정결하지 않은 레11:9–12 참조 다양한 것들을 제거하는 것이다.

그렇다면 이것은 견인과 분리라는 두 주제를 가진 비유이다. 현재에 하나님은 하늘 나라에 참여할 모든 종류의 사람들을 이끌고 모으신다. 그러나 미래에 **의인들에게서 악인들을** 분리하는 시기인 분류의 과정이 있을 것이다. 49절; 41–42절 참조 우리는 후에 복음서의 결혼잔치의 비유에서 같은 두 주제를 발견한다. 거기에서 모든 종류의 손님들이 초대되거나 부름을 받지만 예복을 입은 사람들만이 이 잔치에 머물고 즐기는 것이 허용된다. 22:9–14 절

하늘 나라를 위한 율법학자 13:51–52

예수는 다시 **이해**의 문제를 제기하고 51절 이해하는 사람들의 과업에 대한 비유를 말함으로써 52절 자신의 비유 담화를 마무리한다. 씨 뿌리는 사람의 비유와 마찬가지로 이 비유는 소통에 관해 말한다. 그리고 13장 3–9절과 함께 인클루지오를 형성한다. 이곳의 특별한 주제는 다른 이들을 위해 하나님의 말씀을 해석하는 사람인 **율법학자**의 역할이다. 시락서39:1–11의 율법학자의 초상 참조, 마태가 이것과 친숙한 것으로 보이는 마태에 따르면 유대

공동체에 율법학자들이 있는 것과 마찬가지로 **하늘 나라를 위하여 훈련을 받은 율법학자들이 있다.** '훈련을 받은' 이라는 단어는 제자를 위한 단어와 연관된다.

그러나 마태는 정확히 누구를 염두에 두고 있는가? 가장 넓은 의미에서 세상을 연구하고 해석하는 모든 신자들이 율법학자이다. 가장 좁은 의미로 **율법학자**는 예수의 공동체에서 랍비와 같은 기능을 담당하는 교사들이다.23:34절 이 후자의 의미에서 마태는 우리에게 복음서 기자로서의 자신의 역할을 보는 방식을 언뜻 보여주면서 자기 자신을 언급하는 것인지도 모른다.

넓게 정의하든 혹은 좁게 정의하든 기독교 율법학자는 **그의 보물에서 새 것과 낡은 것을 꺼내는 주인과 같다.** 보물이라는 단어는 곳간보다 잘 번역되었고GNB, JB, NIV 가족들에게 공급하려고 양식을 보관하는 방을 가리킨다. 어떤 양식은 자연히 오래 되었거나 보관된 상품이었을 것이다. 반면 다른 것들은 새롭고 신선했을 것이다. 하늘 나라를 위한 율법학자로 적용되었듯이 새 것과 낡은 것은 옛 계시와 새 계시를 가리킬 것이다. 그 나라의 복음과 소통하는 사람들은 옛 이스라엘의 풍부한 성서의 유산낡은 것을 이용한다. 그러나 이들은 예수의 메시지와 사역을새 것 통한 하나님의 최종 계시를 고려하여 이 옛 말씀을 해석한다. 이런 노력을 통해 다른 사람들을 이해로 이끌고 믿음의 가족의 필요를 충분히 공급한다.

성서적 맥락에서의 본문

그리스 문학의 이솝 우화와 같이 비유는 이스라엘의 전통에서 아주 이른 시기에 나타났다. 요담의 나무 우화비유를 포함하여 약간의 잘 알려진 예들은 나단의 암양의 우화와 이사야의 포도원의 노래이다.사5:1-7 뒤에 우리는 토라에 관한 해설의 많은 방식들 가운데 하나로서 우화를 사용하는 랍비들을 발견한다.

그러나 비유가 독특하고 특징적인 소통의 유형이 된 것은 예수에게서이다. 공관복음서들은 예수의 이야기들로 충만하고 마태는 우리에게 많은 견본을 제공한다. 마태복음 13장의 자료이외에도 우리는 이곳저곳에 흩어져 있는 개개의 이야기들뿐만 아니라 비유들의 더 짧은 두 수집물을 발견한다.21:28-22:14, 25 마태복음 13장의 비유 담화는 이처럼 의미 있는 방식으로 믿음의 언어를 형성하는 비유의 더 큰 담화에 속한다.

마태복음 13장이 우리를 더 넓은 전통에 연결해주는 또 다른 차원은 이것이 그리는 역사를 능가하는 하나님의 통치에 대한 그림이다. 하나님의 통치권의 주제는 성서의 이야기의 수많은 요점들에 나타나는 것이다. 따라서 예를 들면 시편 기자는 모든 나라들에 대한 고양된 통치를 축하하고 시93-100편 참조 이사야 40-55장의 기자는 하나님이 세상의 정치를 하나님의 구원의 계획안으로 통합시키는 방식을 증언한다.

그러나 마태복음 13장의 하나님의 통치 비전에 가장 가까운 전례는 다니엘서와 같은 묵시 작품에서 발견된다. 이 문학의 흐름에서 우리는 역사가 여전히 하나님의 손에 있고 게다가 하나님의 통치는 마지막에는 승리할 것이라는 확신과 더불어 현재의 선과 악 사이의 고통스런 투쟁에 관한 강조를 발견한다. 이 일이 일어날 때 악은 멸망하고 의인들은 정당함이 입증될 것이다. 이런 것이 마태복음 13장의 이야기들에서 우리가 듣는 메시지이다.

교회생활에서의 본문

예수의 비유들은 수세기에 걸쳐 기독교 관습의 다양한 방식에서 취급되었다.Kissinger, 1979 참조 이전에 주목한 바와 같이 비유에 대한 첫 번째 접근 방식 가운데 하나는 우화적 의미를 찾는 것과 완전히 일치했다. 19세기까지 비유 연구를 지배했던 우화적 접근 방식은 어거스틴의 선한 사마리아인의 이야기에 대한 고전적 설명에서 좋은 예가 되었다.Quaestiones Evangeliorum 2.19, Dodd: 1-2에서 인용된

역사 비평의 출현과 더불어 우화화에서 벗어나 비유를 하나의 혹은 주요 요점을 가진 단순한 이야기로 다루려고 시도하는 변화가 있다. 다른 이들이더욱 적절하게 비유의 메시지를 예수의 하나님 나라의 선포와 관련하여 해석하는 동안 어떤 학자들은 이 점을 일반적 도덕적 종교적 원칙의 용어에서 정의를 내렸다. 더욱 최근에 비유 연구는 지난 백년간의 연구를 전제로 하지만 새로운 방향들에서 이 점에 어떤 문제들을 제기한다. (1) 비유들이 단순히 우리가 다른 방식으로 추출하고 진술하는 진리들을 설명하는가? 혹은 비유들이 우리가 연극이나 영화 속으로 들어가는 것과 매우 유사한 방식으로 우리에게 이들이 말하는 이야기 속으로 들어갈 것을 요구하는가? (2) 비유를 위한 단 하나의 의미를 강요하는 것이 가능한가? 혹은 비유들은 새로운 상황에서 이들이 다시 들려질 때 다양한 의미의 차원들에 열려 있는가?

교회의 본질에 대한 장기간의 논쟁에 연료를 공급하는 방식 때문에 마태복음 13장에서 발견되는 비유들 가운데 특별히 하나가 여기서 해설을 요구한다. 이것은 밭의 가라지의 비유이다.13:24-30, 36-43 특정 지역 교회의 변호자에 의해 이해되듯이 이 비유는 **교**

회를 혼합된 공동체로 그리는데 여기서 진정한 신자들과 다른 이들은 밀과 가라지와 같이 함께 발견된다. 예를 들어 칼빈은 "교회가 이 세상에서 순례의 길에 있는 한 선하고 신실한 사람들은 나쁜 사람들과 위선자들과 함께 교회에 섞일 것이다."라고 말한다.1972, 2:74–75

그러나 아나뱁티스트들은 이 해석을 반박한다. 본문 자체가 활동의 영역을 제한하는 방식에 대해 관심을 요구하면서38절 참조 메노 시몬즈와 다른 이들은 밀과 가라지의 혼합은 **세상**을 묘사하는 것이지 교회를 묘사하는 것이 아니라고 주장했다.Menno Simons: 750; Augsburger: 176–177 참조 교회를 위한 예수의 뜻은 마태복음 18장에 한정된다고 이들은 주장하는데 이것은 신실한 사람들의 훈련받은 공동체를 구상한다. 본문에 대한 해설들의 개념이 드러내듯이 위에서 묘사된 논쟁은 지금도 진행 중이다.

연구와 토론을 위하여 본문을 제공하면서 예수의 이야기는 다른 이들이 비유를 말하고 쓰도록 격려했다. 이런 사람 가운데 한 사람이 네덜란드의 철학자 쇠렌 키에르케고르인데 그는 19세기 종교 세계를 비평하려고 비유를 사용했다.오덴의 수집물, 1978 참조 종종 그의 바꾸어 말하는 이야기들 가운데 말을 훈련시키는 법을 아는 왕의 마부의 이야기, 어리석게 헛간 앞마당에 정착한 야생 거위, 군중들에게 화재를 경고하려한 어릿광대, 별을 가리는 마차의 등불이 있다.6:19–7:12을 위한 TLC 참조 현대에 비유와 동등한 것이 "땅콩"과 같은 연재만화에서 발견되는데 이것은 독자들이 자신들의 삶을 이해하는 이야기를 하려고 말뿐만 아니라 그림을 사용한다. 어디에서 어떻게 우리가 비유를 통해 진리를 말하든 우리는 갈릴리에서 예수가 그의 청중들에게 말했던 이야기에 신세를 지고 있다는 것을 인정해야 한다.

마태복음 13:53-16:20

믿음과 불신, 2부

사전 검토

13장 53절에서 시작하는 새로운 섹션은 주로 이야기체의 섹션인데 이를 위해 마태는 마가복음에 이중으로 빚지고 있다. 첫 번째, 이야기되고 있는 이 이야기들은 마가복음의 이야기에서 온 것이다. 포함된 이야기들 가운데 나사렛의 예수의 거절 이야기, 5000명을 먹이는 것, 이방 여인의 딸의 치료, 가이샤라 빌립보에서의 제자들과의 대화가 있다. 두 번째, 마태는 이 이야기들을 제시하면서 마가의 이야기체의 질서를 따른다.그리고 이곳부터 복음서의 마지막까지 계속 그렇게 할 것이다 그 결과 13장 53절-16장 20절은 마태 자신이 모든 주제별 수집물의 다른 어떤 것들만큼 단단히 구성되지 않는다.

여전히 11장 1절에서 시작되었던 더 큰 섹션을 지배하는 믿음과 불신의 주제는 이곳의 이야기들에도 스며들어 있다. 이 에피소드에서 열린 줄거리가 보고하듯이 한편으로 믿지 않는 이스라엘과 다른 한편으로 예수와 그의 제자들 사이의 불화는 돌이킬 수 없게 되었다. 예수는 정결한 것과 부정한 것을 놓고 벌인 논쟁에서 랍비들의 전통을 거부했다.15:1-20 예수는 자신의 제자들에게 유대교의 눈먼 지도자들을 떠나 이들의 가르침을 주의하라고 가르쳤다.15:13-14, 16:5-12 그리고 예수는 고유의 가르치는 권위로 자신이 새로운 기초 위에 세울 공동체에 대해 분명하게 말한다.16:18-19 이 모든 것에서 우리는 마태가 회당을 능가하고 넘어서는 교회의 정체성을 밝히면서 자신의 공동체를 이야기하고 있음을 감지한다.

16장 18-19절의 교회에 대한 약속은 16장 16절의 베드로의 믿음의 고백에 대한 반응으로 온다. 모든 제자들을 대표하여 말한 **'선생님은 살아계신 하나님의 아들 그리스도십니다.'** 라는 고백과 함께 11장 1절-16장 20절의 믿음과 불신의 묘사는 그 절정에 이른다.

환영받지 못하는 예언자

마태복음 13:53-14:12

사전 검토

13장 53절-4장 12절로 이루어진 두 개의 이야기들은 마가복음 6장 1-6절과 마가복음 6장 14-29절에서 왔다.[마태복음은 이미 선교 담화에서 마가복음 6:7-13의 개재하는 자료를 사용했다.] 이 이야기들에서 우리가 가진 것은 예언자들의 운명에 관한 두 면의 항목이다. 1면은 나사렛에서의 예수의 거절을 특징짓고, 2면은 헤롯의 법정의 세례 요한의 참수를 보고한다. 두 이야기와 두 그림을 연결하는 것은 예수와 요한이 예언자로서 동일하다는 사실이다.[13:57; 14:5] 예수의 능력이 요한의 기억들을 일깨운다는 기록과 예수의 거절이 요한과 같은 운명으로 이끌 것이라는 독자들의 인식이 둘을 연결한다.[17:9-13 참조]

개요

자신의 교향에서의 예수, 13:53-58

헤롯의 법정의 요한, 14:1-12

주석적 해설

자신의 교향에서의 예수 13:53-58

예수가 자신의 비유 담화를 마쳤을 때[담화의 마지막과 53절의 새로운 섹션의 시작을 위한 보통의 공식에 주목하라; 7:28-29; 11:1 참조] 그는 자신의 고향으로 간다. 나사렛이 내포되지만[2:23, 4:12-13 참조], 헬라어 본문[문자적으로 그의 고향]에서 용어가 모호하여, 이어지는 이야기는 이스라엘 전체를 대표하게 된다.

이 이야기에서 우리가 배우는 것들 가운데 예수의 형제들의 이름과 예수의 아버지의 가업이 있다. 마가복음 6장3절에 따르면 이것은 예수 자신의 직업이기도 하다. 목수라는 그리스어 단어는 영어 번역이 제시하는 것보다 더 넓은 범위의 의미를 가지고 있다. 물건을 만드는 장인이나 건축에 종사하는 건축가이든 목수는 나무, 돌, 혹은 금속으로 일하는 모든 사람을 가리킬 수 있다. 그렇다면 요셉이 생계를 위해 정확히 어떤 일을 했는지는 불확실한 것으로 남는다.

어떤 경우든 이 이야기의 목적은 예수의 가족의 배경을 재구성하려는 것이 아니고 이 배경을 아는 고향 사람들 가운데 예수가 어떻게 대접을 받았는지를 말하려는 것이다. 이 결과는 예측이 가능하고, 사람들이 54–56절에서 제기한 일련의 질문들에서 효과적으로 이것이 제시된다. 화를 도발하는 질문과 함께 시작하고 끝나는 이 질문들에 주목하라. 그는 이 지혜와 권능의 행위들을 어디에서 얻었는가? 독자들에게 이 질문은 예수의 하나님과의 특별한 관계를 가리킨다. 그러나 나사렛의 주민들에게 이 질문은 예수에 대한 회의적인 반응을 포함한다. "우리는 그의 친척들을 알고 있고 그들은 우리들과 다르지 않다."고 이들은 말한다. 요6:41–42 참조 이들은 자신들이 보고 들은 것에 대해 몹시 놀라지만 이들의 놀라움은 믿음을 향하기보다는 불신의 차원에 머무른다. 11장 6절의 말씀을 상기시키는 본문이 기록하고 있듯이 이 사람들은 예수에게 기분이 상한다.

예수는 57b절에서 모든 곳에서의 예언자들의 경험에 관한 말씀과 함께 이 에피소드를 요약한다. 고향에서 이들은 존경을 받지 못한다고 예수는 말한다. 이 말씀은 예수의 날들에 유명한 격언처럼 반복되었고 이 말씀은 모든 복음서에 나타난다. 막6:4; 눅4:24; 요4:44; G. Thom. 31 참조 어떤 경우든 예수에 대한 경의를 부인하는 불신은 나사렛에 대한 중요한 것 역시 부인한다. 58절 이것 때문에 예수의 나사렛에서의 사역은 제한을 받는다. 그래서 사람들은 예수가 주어야만 하는 모든 것 가운데 단지 소량만을 얻게 된다.

헤롯의 법정의 요한 14:1–12

마태복음 14장 1–12절은 마가복음 6장 14–29절의 병행 기사를 많이 축소한 이야기 안에 있는 이야기로 구성된다. 헤롯은 예수의 보통이 아닌 능력에 대한 소문을 들었을 때 다름 아닌 되살아난 세례 요한이라고 추측한다. 1–2절; 16:13–14 참조 그러나 독자는 요한의 죽음에 관해 아는 바가 없고 따라서 마태는 마가를 따라 요한이 헤롯의 죄수로 어떻게 왜 죽었는지에 대한 회상 장면을 제공한다. 3–12절, 4:12, 11:2 참조 요세푸스 또한 비록 그의 이야기의 자세한 부분이 복음서의 내용과 다르지만 헤롯에 의해 죽은 요한을 보고한다. Antiquities 18.116–119

여기서 요한을 어려움에 빠진 이유는 헤롯이 자신의 조카이며 헤로디아의 시누이인 여인과 결혼한 것을 요한이 비난했기 때문이다. 헤로디아는 이전에 우리가 작은 헤롯으로 알고 있는 또 다른 헤롯과 결혼했었다. 3절은 아마도 그를 헤로디아의 딸과 결혼했던 분봉왕 빌립과 혼동하여 그를 빌립으로 언급한다.

본문에 따르면 헤롯의 생일잔치는 왕가 사람들에게 그들을 비판하는 사람들을 제거할 기회를 제공한다. 이 사건의 화려한 이야기는 유혹6-7절, 음모8-9절, 그리고 최후로 폭력10-11절을 포함하는 TV 드라마의 모든 구성 요소를 포함한다. 적어도 이야기의 세 가지 특징이 더 강도 깊은 해설을 요구한다.

(1) 자기 어머니의 요청에 의한 것으로 보이는 헤로디아의 딸의 춤은 전례가 없는 일이다. 이런 종류의 오락은 왕가 구성원에 의한 것이 아닌 헤롯에 의해 보통은 제공된 적이 없는 종류의 것이다.

(2) 이 이야기는 이전의 성서의 사건들을 상기시키는 이와 같은 방식에서 들려진다. 요한을 죽이려는 그녀의 계획에서 헤로디아는 이세벨 역할을 하게 된다. 왕상19:3 참조 그리고 자신의 딸에게 한 그녀가 원하는 모든 것을 주겠다는 헤로디아의 약속은 에스더 이야기의 어법을 반영한다. 에5:2-3; 막6:22-23 참조

(3) 헤롯은 **스스로** 요한을 죽이려는 사람으로 나타나고5a절; 마가복음 6:20의 조금은 다른 그림 참조 요한의 머리를 원하는 헤로디아의 요구는 단지 왕의 손을 빌린 것이다. 헤롯의 유일한 후회는왕은 마음이 괴로웠지만, 9절 세례 요한의 처형이 그를 숭배하는 백성들을 당황하게 하는 것이다. 5b절; 21:46과 26:4-5 참조, 거기서 백성에 대한 두려움이 예수의 적들을 억제한다.

이미 제시한 바와 같이 헤롯의 손아귀에서의 요한의 섬뜩한 종말은 빌라도의 손에서의 예수의 비극적인 종말을 예고한다. 이것이 서절과 불신이 마지막으로 인도하는 곳이다. 그리고 요한의 제자들이 이 예언자의 죽음을 예수에게 전했을 때12절 이들은 요컨대 예수 자신의 임박한 운명을 공표하는 것이다.

성서적 맥락에서의 본문

마태의 복음에서 이미 온 구절에서, 예수는 자신을 대적하는 자들을 이들의 적대적인 조상들의 발자취를 따라23:29-39 참조 예언자들을 살해한 사람들의 후손23:31으로 혹평한다. 예언자들을 환영하지 않고 박해한다는 주제는10:16-42을 위한 성서적 맥락에서의 본문에서 이미 논의했던 성서의 전통에서 중요한 역할을 한다. 그리고 13장 53에서 14장 12절의 두

이야기는 분명하게 이 주제를 예로 들어 설명한다.

각각의 경우 가까이 있는 이 이야기와 유사한 이목을 끄는 구약성서의 에피소드가 있다. 우리는 이미 요한의 죽음이 이세벨 때문에 아합의 법정에 섰던 위기에 처한 엘리야를 상기시킨다는 것에 주목했다. 그리고 예수가 나사렛에서 거절될 때 우리는 예레미야의 설교에 대한 아나돗 주민들의 고향에서의 반응을 돌아보았다. "너는 주님의 이름으로 예언하지 말아라. 주님의 이름으로 예언을 계속하다가는 우리 손에 죽을 줄 알아라." 렘11:21; 1:1 참조 예레미야와 유사한 것은 누가복음의 나사렛에서의 에피소드에 대한 버전이 훨씬 더 가까운데 이것은 예수를 죽이려는 시도를 보고한다.[눅4:29; 4:16-30 참조] 폭력이 있거나 없다면 나사렛 이야기는 "그[예수]가 자기 땅에 오셨으나, 그의 백성은 그를 맞아들이지 않았다."라는 말씀의 요점을 이룬다.[요1:11]

교회생활에서의 본문

13장 53절-14장 12절의 이야기들을 사용하는 것에서 교회는 자주 부차적인 문제에 초점을 맞추었다. 주석가들이 좋아하는 주제는 헤롯의 생일 파티의 방탕함이다. 이렇게 교부인 요한 크리소스톰의 이 이야기에 관한 설교에서 우리는 춤, 음주, 바람둥이 여자의 위험에 관한 경고를 발견한다.[296-303]

또 다른 부차적인 문제는 13장 55-56절에서 언급된 예수의 형제와 자매들의 지위이다.[12:46-50 참조] 예수는 마리아와 요셉이 정상적인 부부관계로 낳은 형제와 자매들을 가졌는가? 혹은 본문이 이전 결혼에서의 요셉의 자녀들을 가리키는가? 혹은 마태는 사촌과 같은 확장된 가족을 생각하고 있는가? 두 후자의 견해들은 마리아의 영원한 처녀성의 전통과 종종 연관된다. 그러나 오늘날 대부분의 해석자들은 이 전통의 렌즈를 통해 본문을 읽는 것을 우려한다.

마태 자신이 이야기하고 있는 관심에 더 적절한 것은 세상에서의 하나님의 종의 운명을 위한 패러다임으로서 본문을 사용하는 것이다. 13장 57절에서 예수가 인용한 유대의 속담은 기독교 세계에서도 역시 표준적인 말씀이 되었다. 그리고 요한의 이야기는 기독교 순교사와 교회 상태 문제 모두를 위한 자료를 제공했다. "성도들의 십자가"에서 메노 시몬즈는 성서의 고난 받은 성도들의 목록에 요한을 포함하고 이 말씀으로 요한의 운명을 암시한다. "오 주님, 비탄스럽과 통탄스럽게 이 지긋지긋하고 피로 더렵혀지고, 살인적인 세상에 의해 의인들이 자신의 경건함 때문에 죽었습니다."[592]

똑같이 마틴 루터의 논평도 시각적인데, 본문의 헤롯의 그림에 초점을 맞춘다. 루터에 의하면 이 세상의 위대한 통치자는 “모두 경건하고 존경 받을 수 있게 보이기를 원하지만 시종 악을 추구하느라 열중하는 교활한 여우들인 헤롯”이다.[491-492] 루터의 말은 오히려 가혹하고, 많은 통치자들은 의심할 여지없이 더 신중한 판단을 받을 자격이 있다. 그러나 모든 세대의 진실한 것과 진실했던 것은 예언자들과 왕들이 종종 자신들을 충돌에서 발견하고 모든 예언자들은 너무나 자주 자신들의 증언에 대해 대가를 치른다.

자비와 위엄

마태복음 14:13-36

사전 검토

이 이야기 이전에[8-9장 참조] 마태는 예수의 기적 혹은 전능한 사역의 이야기들의 수집물을 제시했다. 이런 이야기 둘이 더 14장 13-36절의 특징을 이루는데 이것은 마가복음 6장 30-56절에 기초한다.[눅9:10-17; 요6:1-21 참조] 첫 번째 이야기에서, 예수는 멀리 떨어진 혹은 외진 환경에서 배고픈 무리를 먹이는[15-21절] **선물 기적**을 행한다.[Theissen, 1983:103-106 참조] 이 기적 이야기 유형의 특징들 가운데[또 다른 예로 요2:1-11 참조] 기적에 대한 조심성이 있는데 기적은 점차로 분명해지고 오직 소수에게만 알려진다.

두 번째 이야기는 하나님 혹은 하나님의 속성이 드러나는 사건으로 **구출의 기적**과 **현시**라 할 수 있다.[Theissen, 1983:94-99 참조] 이 특별한 현시에서 예수는 물 위를 걷고 베드로에게 같은 일을 가능하게 한다.[22-33절] 이미 논의되었던 기적 이야기와 같이 이곳의 이야기는 이중의 역할을 한다. (1) 이들은 예수가 이스라엘에서 행하는 메시아의 권위를 드러낸다. (2) 이들은 예수가 어떻게 교회에서 혹은 교회와 관련하여 행동하는지를 묘사한다.

광야에서의 음식 이야기와 물 위를 걷는 사건을 일괄적으로 처리하는 것은 이 항목의 처음과 끝에서의 짧은 요약 진술이다.[13-14와 34-36절] 이 두 진술은 예수를 찾고 그를 추구하는 사람들의 무리를 가리킨다. 그리고 둘 모두 예수의 아픈 사람들의 치유를 말한다. 이 진술들은 함께 예수의 **긍휼**을 강조하는 자료와 한 몸을 유지하며 문학적 인클루지오를 형성한다.[14절]

개요

궁핍한 큰 무리, 14:13–14

배고픔과 먹을 것, 14:15–21

바다에서의 구원, 14:22–33

모든 사람이 나왔다, 14:34–36

주석적 해설

궁핍한 큰 무리 14:13–14

마가복음 6장 30–34절에서 채택한 13–14절의 이 이야기는 이전 에피소드에서 무리를 먹이는 변화를 제공한다. 이 구절들에서 핵심 단어는 **'물러나다'** 라는 단어이다. 이전에 헤롯이 세례 요한을 가두었을 때 예수는 갈릴리로 **물러나** 자신의 사역을 시작한다.[4:12] 이제 예수가 헤롯이 자신을 살해된 다시 살아난 예언자라고 생각한다는 것을 들었을 때[14:1–2] 그는 다시 물러나는데 이번에는 대중적인 견해에서 그렇게 한 것이다. 두 언급은 예수가 위험이나 적대감을 피하려고 한 장소에서 다른 장소로 움직이는 자료의 더 큰 가닥의 부분이다.[2:22, 12:15, 15:21 참조] 각각의 경우 하나님의 목적은 위협적인 상황들에도 불구하고 앞으로 전달된다.

예수가 물러난 **외딴** 곳은 확인되지 않는다. 또한 그 외딴 곳은 오랫동안 홀로 있거나 격리되지도 않았다. 예수님이 바닷가로 갔을 때, 많은 마을 사람들이 예수님을 만나려고 갔다. 14절의 사람들에 대한 예수의 **긍휼**에 대한 언급은 9장 36절의 유사한 어법을 상기시킨다. 그곳의 해설에서 주목했듯이 이 긍휼은 인간의 감정 이상이다. 이것은 예수가 자신의 메시아 사명에서 명백하게 한 이스라엘을 위한 하나님의 긍휼을 표시한다. 마가의 병행기사에서 이 긍휼은 예수가 무리를 **가르치도록** 이끈다.[막6:34] 그러나 마가의 이야기에서 무리가 이미 예수의 메시지를 이해할 기회를 상실한 곳에서 대신 긍휼은 앓는 사람들의 치료를 초래한다.[또한 막10:1과 마19:1–2 참조]

배고픔과 먹을 것 14:15–21

무리를 먹이는 것은 복음서에서 가장 명백하게 입증된 기적이다. 이 기적은 사복음서 각각에서 자세히 다루어진다.[막6:35–44; 눅9:12–17; 요6:1–14 참조] 게다가 마가복음과 마태복음은 모두 두 번째 먹이는 사건을 보고하는데[막8:1-10; 마15:32-39 참조] 이것은 같은 전통에서 생겼다. 우리 앞에 있는 이야기는 엄중히 마가의 이야기를 따르지만 더 생략되고 더 엄숙하게 표현된다. 여기에 제자들이 예수와 나누는 대화에서 무리들에게 어떻게 할 것인지를 결정하는 데 머뭇거림이 적다. 그러나 기적 자체는 두 이야기에서 같은 방식으로 구체화된다.

무리들을 배고픈 채 돌려보내기보다 예수는 식사를 위해 이들을 앉게 하고 어떻게 해서든지 빵 다섯 개와 물고기 두 마리라는 빈약한 재료로 모두를 먹인다. 어떻게 이 일이 일어났는지는 자세히 설명되지 않고 무리들 자신이 무언가 비범한 일이 일어났다는 것을 알았다는 어떤 증거도 없다. 독자들에게 기적의 범위는 이야기의 말미에서만 분명해진다.[20-21절] 그곳에서 우리는 (1) 5000명 넘는 사람들이 이 식사에 참여했고, (2) 모든 사람들이 배부를 때까지 먹었으며 (3) 심지어 열두 광주리가 남았다!

마태와 초기 교회를 위한 이 이야기의 능력을 파악하려면 우리는 이 이야기의 구약성서와 유대 전통에 대한 많은 암시를 인식할 필요가 있다. 첫째, **인적이 끊긴 장소**[그리스어: erēmos topos, 13, 15절]에서 무리에게 주어진 빵이라는 선물은 출애굽기 16장의 **광야**[erēmos]에서 무리에게 주어졌던 만나라는 선물을 상기시킨다. 둘째, 빵, 나머지, 그리고 이야기의 기본적인 주제는 우리에게 열왕기하 4장 42-22절의 이야기를 상기시키는데 거기서 엘리사는 20개의 빵으로 100명을 먹인다. 셋째, 열두 제자 자신들과 같은 모든 이스라엘을 위한 양식을 암시하는 남은 음식 열두 바구니는 아마도 이스라엘의 열두 부족을 상징한다. 마지막으로 예수가 축복 기도를 드리고 빵을 쪼개어 나누며 하나님을 찬양할 때[19절] 그는 식사를 주재하는 유대인 가족의 머리로 행동한다.[행27:33-36 참조]

종합하면 이 암시들은 독자에게 **여호와**[주님]**가 옛 시절에 했던 것처럼 예수가 하나님 백성의 필요를 공급하는 자비한 주인이라는 것**을 알린다. 예수는 "이들이 마음껏 먹고 배부르도록" 백성에게 "음식을 풍성하게" 공급하는 "광야의 식탁"을 펼친다.[시78:19-29]

바다에서의 구원 14:22-33

22-23절의 바다에서의 예수의 신현의 이야기는 마가복음 6장 45-52장에 기초하지만[요6:15-21 역시 참조] 28-31절에서 베드로를 포함하는 에피소드로 확장되었다. 이것은 마태복음이 베드로와 관련된 특별한 전통에 관해 그리고 있는 몇 개의 이야기들 가운데 첫 번째이다.[16:17-19, 17:24-27, 18:21-22 참조] 다가오고 있는 행동의 무대를 위한 무대를 설정하려고 본문은 예수와 제자들이 어떻게 헤어졌는지,[22-23] 그리고 제자들이 밤에 호

수를 건너가는 길에[5절] 어떻게 위험에 처하게 되었는지를 우리에게 말한다. 우리는 제자들이 바람과 풍랑에 대항하여 시달리고 있다는 것을 알게 된다. 더욱이 제자들을 나르고 있는 배는 **땅에서 멀리 떨어져 있다.**[그리스어: 땅에서 여러 펄롱[거리를 나타내는 단위로 대략 200미터-역자주]]

이것이 예수가 **바다 위로** 새벽 3시와 6시 사이에[그리스어: 밤의 네 번째 시각, NIV 참조] **이들을 향해 걸어올 때**의 장면이다.[25절] 신현에서 늘 그렇듯이[17:6-7 참조; 사6:5; 눅24:36-37 참조] 제자들의 첫 반응은 두려움과 공포이다.[26절] 이들은 유령을 보고 있다고 믿었다. 그러나 예수가 안심시키는 말과[27절] 바다에게 잔잔하라는 말과 함께 배에 오르자[32절] 두려움은 경배로 바뀐다.[33절, 8:27 참조]

다시 한 번 우리는 구약성서의 본문과 주제에 대한 암시로 가득한 이야기를 접한다. 시편기자와 다른 이들과 같이 기자는 바다와 출렁거리는 물을 혼돈과 멸망의 장소로 묘사한다.[창1:2; 시69:2; 74:13-14 참조] 바다의 능력보다 위대한 능력이 있고 예수는 이 능력을 뚜렷하게 보여준다. 예수가 바다 위를 걸어 나타날 때 이 그림은 여호와가 창조 때에 바다 위를 혹은 바다를 통해 걷는 것[욥9:8, 38:16; 시77:19]과 이스라엘을 위해 바다에 길을 냈던 것을[사43:16] 상기시키는 그림이다.

하나님의 권위는 예수가 27절에서 제공한 보증에서 똑같이 분명히 나타난다. 두려움에 찬 제자들에게 한 예수의 말씀은 출애굽기 3장 14절의 "나는"이라는 확인과 이사야 43장 1-2절의 위로의 말씀 "두려워하지 말아라"를 되풀이 한다. 마지막으로 베드로를 구하려고 손을 뻗은 예수의 행동은 다음과 같은 시편 18편 16절의 하나님의 구원에 대한 증언을 상기시킨다. "주님께서 높은 곳에서 손을 내밀어 나를 움켜잡아 주시고, 깊은 물에서 나를 건져 주셨다."[시69:1-2; 144:7 참조] 이 모든 것은 33절의 제자들의 단호한 환호로 이끈다. **"선생님은 참으로 하나님의 아들이십니다."**

18장 23-27절의 바다 이야기처럼, 이 이야기는 구원의 비유로 간주될 수 있다. 바람과 풍랑으로 흔들리는 배는 교회에 대한 은유로 기여한다. 이야기의 이런 기능은 베드로를 포함하는 이 에피소드의 몇 가지 특징에서 분명해진다. 예를 들어 베드로의 처음 말과 행동이 진정한 제자의 모형을 만드는 방식에 주목하라. 그는 자신에게 명하라고 예수에게 청하고 다음으로 이 명령에 순종한다.[28-29절]

비록 그다지 훌륭하지 못하지만 두려움과 의심을 극복하고 빠져들어 가기 시작할 때 베드로는 계속해서 교회를 상징한다.[30절] 여기서 베드로의 행동은 역경의 시기에 흔들리는 교회의 믿음을 대표한다.[31절의 적은 믿음과 의심은 불신이 아니라 역경에 이를 때 쉽게 침수되는 믿음을 의미한다; 6:30; 8:26; 16:8 참조 마지막으로 자신의 딜레마 가운데 베드로는 모든 세대의 고통당하는 공동체의 부르짖음을 말로 나타낸다. **"주님, 살려 주십시오"**30절, 8:25 참조 이 외침을 듣고 예수는 격랑이 이는 바다와 비틀거리는 믿음 모두에서 자신의 공동체를 구원할 수 있다는 것을 입증한다.

모든 사람이 나았다 14:34-36

이 항목을 끝맺는 요약 진술은막6:53-56에 근거한 예수와 제자들을 땅으로 그리고 무리에게로 데려온다. 이 항목에서 처음으로, 특별한 지리적 위치가 언급된다. **게네사렛**은 이 이름으로 도시나 이 도시가 위치한 갈릴리 바다의 북서쪽 해변이 있는 비옥한 평야, 혹은 갈릴리 바다 자체 가운데 하나를 가리킬 수 있다.마카비1서11:67; 눅5:1 참조 여기서 도시는 긴네렛이라는 구약성서의 도시의 터에 혹은 가까운 곳에 건설된 로마의 도시를 함축한다.게네사렛과 마찬가지로 긴네렛은 도시 뿐만 아니라 주변 지역 혹은 호수를 가리킬 수 있다; 왕상15:20; 신3:17

이전에 주목한 바와 같이 이곳의 요약은 13-14절의 이 항목의 시작의 요약과 인클루지오를 형성한다. 그리고 이 내용은 이 이야기의 수많은 곳에서 발견되었던 요약 진술의 전형이다.4:23-25, 8:16-17 참조 **이 지역 전체의** 모든 병자들이 예수에게 왔고 온 모든 사람들은 병이 나았다. 이 항목은 처음과 같이 전체적으로 도움이 필요한 사람들을 위한 예수의 신적 긍휼을 증언함으로써 마무리된다.

성서적 맥락에서의 본문

지금까지 우리의 관찰에서 빵의 기적이 하나님 백성을 먹이는 것에 관한 더 넓은 성서 전통의 부분이라는 것이 이미 분명해졌다. 우리는 이 이야기가 가장 현저한 것으로 광야에서의 빵의 전통에 대한 앞선 이스라엘의 유산에 연결되는 몇 가지 방식을 확인했다. 그러나 그 에 못지않은 의미 있는 다른 관계들이 있다.

이러한 연결 가운데 하나는 예수의 넓은 범위의 주인과 손님들과의 논쟁의 대상이 되는 식사에 대한 이야기를 포함하여 **예수와 먹는 것**에 집중하는 제자들과의 마지막 만찬 이야기26:20-29와 초기 교회의 성찬 교제에 대한 언급행2:46; 고전11:17-34 참조인 가족 본문이다.9:10-13, 14:1-14 참조 14장 15-21절의 이 이야기는 성찬 축하를 암시하는 것과 같은 방식으로 들린다.

확실히 말하면 ⑴ 이 이야기는 26장 20절의 마지막 만찬을 소개하는 같은 구절로 시작한다.그리스어에서 동일한: 저녁이 되었을 때/저녁 때 ⑵ 빵을 쪼갤 때 하나님께 감사하는 예수의 행동과 빵을 제자들에게 주는 것은 26장 26절에 묘사된 장면을 예고한다. ⑶ 빵을 분배하는 탁월한 제자들의 역할은 우리를 사랑의 축하연을 관리하는 집사들과 다른 사람들을 생각하라고 초대한다. 폴 미니어Paul Minear가 썼듯이 "마태는 그의 독자들이 이 갈릴리에서의 식사와 자신들의 저녁식사 사이의 유비를 보도록 의도했다."[89]

5000명을 먹인 것이 교회의 식사를 예고한다면 이것은 하나님 나라에서의 하나님 백성의 메시아의 잔치 역시 예고한다. 그러므로 이 이야기의 또 다른 연결은 식사나 잔치의 용어에서 다가올 세대의 구원을 묘사하는 전통의 가닥과의 연결이다. 이 전통을 증명하는 많은 본문들 가운데사25:6-9; 마22:1-14; 눅22:15-16; 계19:9 참조 세 번째 복음서의 예수의 식탁 동료들의 감탄이 있다. "하나님의 나라에서 음식을 먹는 사람은 복이 있습니다."눅14:15 때때로 이런 본문은 광야 시기의 음식 기적에 대한 문자 그대로의 재연에 대한 희망을 반영한다.바룩2서29:8 참조

가까이 있는 이 이야기에 기적적으로 먹이는 것은 만나이건 혹은 더 값비싼 식사이건 그 자체로 종말의 식사를 구성하지 않는다. 그러나 이것이 제공하는 것은 예수를 찾는 이들의 배고픔을 만족시키는 예수에 대한 맛보기이다. 그렇게 함으로써 이것은 네 번째 복5:6의 약속을 확인하고 예수 자신의 능력과 자비에 대한 종말의 음식물을 연결한다.

바다에서의 구원의 에피소드 역시 다른 본문들과 비교하도록 초대한다. 이 이야기에 대한 우리의 이전 분석에서 우리는 이 본문들 가운데 얼마를 살펴보았고, 바다를 능가하는 예수의 능력이 구약성서의 여호와의 능력과 유사하다는 것을 살펴보았다. 본문의 이 구절과 연관된 또 다른 몸통은 성서 전체에서 발견되는 신현의 이야기와 연결된다. 마태복음 자체의 신현 이야기들 가운데 예수의 수세3:16-17, 이전의 바다에서의 폭풍8:23-27, 예수의 변형17:1-8, 예수의 죽음을 수반하는 사건27:51-54이 있다.

그러나 예수의 초월적인 능력이 발생하는 가장 완전한 현시는 그의 부활 이후에 나타난다.28:9-10, 16-20 어떤 학자들에 따르면 예수가 물 위를 걷는 이야기는 부활 이후에 발생한 보고요21:1-14 참조로 시작되었을 것인데 후에 예수의 사역 기간 동안 바다에서의 폭풍 이야기와 결합되었다. 그것은 그렇다 치고 우리 앞에 있는 본문의 신현은 분명하게 부활에서의 예수의 영광의 발현을 예고한다.

교회생활에서의 본문

보통 5000명을 먹인 사건에 대한 교회의 해석은 이 이야기에 대한 우화적 혹은 도덕주의의 접근 방식이 지배해왔다. 이처럼 다섯 덩어리의 빵은 종종 모세오경과 동일시되었고 이 기적은 율법이 복음으로 변화되는 것으로 해석되었다. 혹은 예수의 감사의 행동에 주목하게 되는데 이것은 하나님의 선물을 감사의 태도와 감사를 드리는 것으로 받는 것에 대한 그리스도인을 위한 본보기로서 취급된다.

현대가 되어서야 위에서 제의한 본문의 성찬과 관련된 해석이 두드러지게 되었다. 그럼에도 이 이야기는 기독교 식사에 대한 족적을 남겼다.반대의 경우도 마찬가지 사복음서에서 이미 우리는 이 이야기에 관한 성찬의 해설을 발견한다.요6:51-58 후에 성찬식과 함께든 혹은 다른 축하의 식사이든 기독교 그림에서 상징으로서의 빵과 물고기가 나타난다. 그 후에 여전히 하늘을 향해 그의 눈을 드는 예수의 몸짓은14:19 가톨릭 미사의 주인을 위한 기도자의 신성화의 부분이 되었다.

먹이는 이야기에 대한 교회의 토론 가운데 또 다른 차원은 "실제로 무엇이 일어났는가."에 대한 생생한 논쟁이다. 제기된 이론들 가운데 있을 법하지 않은 것들 가운데 하나는 '옮기 쉬운 관대함' 이라는 면에서 이 사건을 설명하는 것이다. 예수와 제자들은 이들이 가져온 적은 양의 음식을 나누었을 때 다른 사람들이 자신의 소풍 바구니에 손을 내밀고 함께 음식을 나누었다! 다른 이들은 이 이야기가 메시아의 느낌과 함께 광야에서의 상징적인 식사에 근거한다고 주장한다.알버트 슈바이처[Albert Schweitzer]의 견해에서, "종말론적 성례전" 이 이론에 따르면 이 이야기의 기적적인 요소는 후대의 첨부이다.

그러나 이 이야기의 유형을 우리가 지금 가지고 있는 액면 그대로로서 받아들이기를 선호하는 사람들과 일종의 기적이 전통을 위한 설명에 대해 가장 좋은 방식이라는 것에 만족하는 해석이 있다. 이야기 배후에 어떤 것이 있는지 없는지는 조사할 수 없다. 접근 가능한 것은 여호와가 이전 시기에 이들의 필요를 공급하셨던 것과 마찬가지로 예수가 그의 백성들의 필요를 공급한다는 메시지이다. 우리가 이 이야기를 더 문자적으로 혹은 더 상징적인 방식으로 취급하든지 간에 이 메시지는 틀림없다.

바다에서의 예수의 신현의 경우 이전에 강조했던 이 이야기의 비유적 의미는 주목되지 않고 지나치지 않는다. 물 위를 걷는다는 구절은 보통이 아닌 능력과 보통이 아닌 믿음을 요약하는 것이 되었다. 그리고 배는 널리 교회를 위한 상징으로 사용되었다.세계 교회협의회의 로고로 사용되고 있듯이 은유로서의 배에 대한 가장 이른 진술 가운데 하나는 교부인 어거스틴에게서 왔다. "제자들을 나르는 배는, 즉 교회는 폭풍우의 유혹에 동요하고 흔들린다. 그리고 반대에서 불어오는 바람은, 즉 교회의 적인 악마는 쉬지 않고 교회가 휴식에 도달하는 것을 방해하려고 싸운다. 그러나 위대하신 이는 '우리를 위해 중재하시는 분' 이다."337; 337-339 참조

이 이야기에서 교회에 대한 묘사가 그 절정에 도달하는 것은 베드로의 모험에서 이루어진다. 모든 시대의 기독교 교사들은 베드로가 보여준 믿음에 관한 교훈들을 정의하는 방법들을 찾았다. 베드로의 이야기의 한 면은 불충분한 믿음을 비난하는 줄기를 가진 실패의 이야기이다. 그러나 베드로가 배운우리가 배워야만 하는 것인 "예수의 말씀에 관해 혼자서만 관심을 집중하는 그런 종류의 믿음"Schweizer: 323은 분명한 실패이다. 이런 믿음은 마태가 독자들에게 맡기는 믿음이다.

누가 정말로 더렵혀졌는가?

마태복음 15:1-20

사전 검토

15장으로 이동하면서 우리는 또 다른 충돌이나 논쟁에 휩쓸리는 예수를 발견한다.12장의 충돌 이야기들 참조 이 충돌의 당면한 문제는 제자들이 먹기 전에 손을 씻는 랍비의 전통을 준수하는 데 실패했을 때 제자들이 자신들을 **더럽힌 것인지**의 여부이다.눅11:38절에 따르면 예수 자신이 이 관습을 준수하는 데 실패한다. 의문을 제기하는 사람들에 대한 반응에서 예수는 랍비의 전통 자체에 관한 더욱 더 근본적인 질문을 제기한다. 이 전통이 토라에 표현된 하나님의 뜻을 이해하고 복종하도록 우리를 돕는가? 아니면 이 전통이 토라를 왜곡하고 때때로 회피하여 그렇게 함으로써 하나님 백성을 오도하는가?

1-9절은 이 공격과 반격이 모양이 갖추어지도록 공식적 논쟁을 제시한다. 이것은 10-20절에서 예수의 비유의 말씀과 이것이 일깨우는 그 다음 토론에 잇따라 일어난다. 여기서 예수는 정결의 주제로 되돌아가고 무엇이 진정으로 사람을 더럽히는지에 대한 자신의 의견을 제공한다.

이 자료를 위한 마태의 자료는 마가복음 7장 1-23절이다. 두 본문을 비교해 보면 우리는 마태가 몇 가지 방식으로 마가의 이야기를 채택했다는 것을 알게 된다. 즉, (1) 마태는 마가복음 7장 3-4절의 마태의 공동체가 이미 친숙했던 유대교의 정결예식에 관한 묘사를 생략했다. (2) 마태는 논쟁의 체재와 위기에 처한 문제가 더욱 분명하게 드러나도록 이 어법을 날카롭게 했고 논쟁의 자료 가운데 얼마를 다시 정리했다. (3) 마태는 예수가

바리새파에게 가혹한 판단을 선언하고 이들의 가르치는 권위를 거절한 곳에 12–14절에 서 발견된 말씀들을 덧붙였다. (4) 마태는 예수의 반대자들의 비난하는 말들이 더럽히는 것의 주요한 본보기가 되도록 10–20절의 부정함의 정의에서 입의 역할을 강조한다.

개요

성서와 전통, 15:1–9

더럽게 하는 것들, 15:10–20

주석적 해설

성서와 전통 15:1–9

1절의 논쟁을 소개하는 간단한 진술에서 불길한 조짐이 들린다. 마태는 예수에게 따지는 율법학자들과 바리새파가 **예루살렘에서 온** 대표라는 것을 우리에게 알린다. 이것은 예루살렘에서 얼마 안 있어 일어날 충돌을 예고하면서21:23–23:39 참조 이 논쟁의 성격이 공식적인 조사라는 것을 알린다. 이어지는 구절에서 이 논쟁은 네 가지 움직임의 결과로 벌어진다.

(1) 율법학자들과 바리새파 사람들은 유도 심문을 한다.2절 당신의 제자들은 어찌하여 우리의 종교적장로들의 전통을 어기는 것입니까?

(2) 예수는 대응하는 질문을 한다.3절 그러면 너희는 어찌하여 너희의 전통 때문에 하나님의 계명을 어기느냐?두 질문의 유사한 구조와 어휘에 주목하라

(3) 예수가 자신의 대응하는 질문을 십계명과 전통에 의해 인가된 관습 사이의 갈등을 보임으로써 설명한다.4–6절

(4) 예수가 자신에 대한 비난과 논쟁으로 묶으려는 것을 묘사하려고 예언자에서 인용한 것을 끌어온다.7–9절

장로들의 전통은 랍비의 선생들의 해석이나 율법 적용에서 후에 미쉬나와 탈무드에서 성문화된 자료의 몸통이었다. 유명한 랍비 아키바마태와 동시대 인물에 따르면 이 전통은 사람들이 율법 자체를 어기는 것을 막으려고 율법을 둘러싼 울타리로서 기여한다.아보스 3:14

먹기 전에 손을 씻는 특별한 전통은 신성한 음식을 먹기 전에 **제사장들**에게 목욕할 것

을 명한 본문에 기초했을 것이다.레22:1-9 이 본문은 부정한 것을 만지거나 거기에 참여하는 것에서 더렵혀지는 것을 피하려고 그리고 이런 일이 일어났을 때 더러움을 씻어내려고레14:1-9, 15:1-33; 출30:17-21 참조 하나님 백성들에게 "거룩한 것과 일반적인 것, 정결한 것과 부정한 것"을 구별하라고레10:10 촉구하는 의식에 대한 더 긴 목록의 일부이다.

신약성서시기에 이방인의 세계에서 구별된 정체성을 유지하려는 유대인 공동체의 노력은 레위기의 금지 명령에 추가된 의미를 부여하였다. 이처럼 의식적 정결 예식은 바리새파와 에세네파와 같은 사회에서 주요한 역할을 하였다.CD 10:11-13; IQS 5:13-14 참조 그리고 정결함과 부정함이라는 문제의 토론은 결국 미쉬나에서 열두 평론을 채울 만큼 많은 자료를 산출하였다.

전에 주목한 바와 같이 예수는 바리새파 사람들과 율법학자들에 대한 반응에서 더러운 것의 문제에 관해 직접적으로 논하지 않았다. 대신 예수는 이들이 어떻게 성서를 능가하는 자리에 전통을 받아들이게 하였는지를 지적하면서 자신의 비판의 진실성에 도전한다.6절이 3절과 함께 인클루지오를 형성하는 것에 주목하라 자신의 요점을 설명하려고 예수는 구속력이 있는 맹세그렇게 함으로 예물에 대한 어떤 주장에도 우선권을 가지는와 함께 성전에 예물을 드리는 관습민30:2 참조을 인용한다.사람들은 그것에 의하여 이 재산의 사용을 포기하지만 단지 재산의 법적 지위를 세속적인 것에서 신성한 것으로 변화시켰다. 본문에 따르면 이 전략은 심지어 나이든 부모에 대한 지원을 거절하는 데 사용될 수 있었다.

후에 유대의 선생들은 이 같은 목적을 위해 택한 맹세가 사실상 취소할 수 없는 것인지의 여부에 대해 논쟁했다. 그러나 예수의 시대에 이 관습은 명백하게 랍비들의 지지를 받았고 예수는 이것을 확정되지 않은 용어로 비난한다. 이것이 사람들이 자신의 부모를 **공경하지 않도록** 허용하는 5계명을 범하는 악명 높은 위반이라고 예수는 주장한다.출20:12; 신5:16; 출21:17; 레20:9 참조 예수에게 하나님이 십계명에서 명령한 부모를 돌보는 사회적 의무는 사람의 재산을 종교적인 제도에 기부하려고 겉으로 보기에 신성한 맹세를 하는 행위를 능가하는 우선권을 가진다.

예수가 7-9절에서 자신의 대답을 종결하는 성서 본문은 이사야서 29장 13절에서 온다.이곳에 인용된 형태를 우리는 70인역에서 발견한다 인용한 본문이 제시하듯이 예수의 적대자들의 **위선**은 이들의 전통이 이들이 지지하려고 주장하는 바로 그 하나님의 말씀을 무효로 하는 방식에 놓여 있다. 이들이 옹호하는 전통은 하나님에 대한 헌신을 증진시키려는 외양을 가지고 있다. 그러나 실재로 이들은 토라에 드러난 하나님의 뜻에 대해 심각한 무감각이라는 가면을 쓰고 있다.

더럽게 하는 것들 15:10-20

더럽게 하는 것에 대한 주제가 다시 10-11절에서 표면화되었을 때 예루살렘에서 온 대표단과의 논쟁이 끝나고 예수는 무리들에게 말한다. 예수가 11절에서 말하는 작은 비유는 제자들마저 즉각적으로 해설을 부탁할 정도로 충분히 불투명하다. 그러나 예수의 반대자들에게 이 비유의 말씀은 이들을 불쾌하게 만들기에 충분했고 제자들은 12절에서 이것을 예수에게 보고한다. 이것은 다음에 13-14절의 말씀을 소개하는 기회를 제공하는데 이 말씀을 통해 예수는 바리새파에 대한 신랄한 비판을 계속한다.

두 말씀 가운데 하나는G. Thom. 40 참조 식물의 이미지를 중심으로 다룬다. 이것은 다른 곳에서 이스라엘을 하나님이 기르시는 것과사5:1-7; 60:21; 61:3; 렘45:4 참조 자신을 진정한 이스라엘로 간주하는 사람들 그룹의 자신에 대한 지칭으로 비유하는 경우에솔로몬의 시편 14:3-4; IQS 8:5; 11:8 참조 사용된 이미지이다. 의심할 여지없이 바리새파 사람들은 자신을 이 방식으로 생각했다. 그러나 예수에 따르면 "이스라엘과 이스라엘의 통치 계층인 바리새파 사람들은 하나님이 기르시는 포도넝쿨이 아니고 야생의 덤불이다!"Schweizer: 327

두 번째 말씀도눅6:39 참조; G. Thom. 34 똑같이 노골적이다. 율법의 가르침을 받은 유대의 지도자들은 자신들을 "맹인들에 대한 안내자, 어둠에 있는 사람들에 대한 빛"으로 간주했다.롬2:19; 사42:6-7 참조 예수는 이들에게 눈 먼 사람이면서 눈 먼 사람을 인도하는 길잡이들이라는 딱지를 붙였다. 이들에 제공하는 안내는 의존할 수 있는 것이 아니고 멸망으로 이끈다. 결과적으로 예수는 자신의 추종자들에게 이들을 홀로 내버려두라고 말하는 것이다.14절 바리새파 사람들이 대리하는 랍비의 전통을 바라보는 대신 예수의 공동체는 하나님의 뜻에 관한 마지막 말씀인 자신의 가르침을 보아야 한다.

이 점을 확립한 후에 예수는 제자들을 위해 11절 말씀을 설명하려고 15-20절로 간다. 사용된 어법은 매우 노골적이다. 입으로 들어가는 것은 더럽히지 않는데 이것은 사람에게 남아 있지 않기 때문이라고 예수는 말한다. 이것은 **뱃속으로 들어가 뒤로 나온다.** 더럽게 하는 것은 안에 깊이 자리한 악이다. 이것은 종종 **입에서 나오는 것,** 즉 거짓말, 중상, 거짓 가르침으로 자신을 표현한다.15:8-9 참조 악한 말은 마가복음 7상 21-22절의 악의 범위보다 규모에서 더 적은 19절의 죄의 목록의 일부이고 그렇게 만들어졌기 때문에 이 목록은 십계명의 나머지 절반에 일치한다.출20:13-16 참조

요컨대 예수는 더러움을 의식적 용어보다는 도덕적 용어로 밝힌다. 더럽게 만들거나 신성을 모독하게 하는 것은 특별한 세정 의식을 준수하는 데 실패하는 것이 아니라 우리의 하나님과 동료 인간과의 관계 전체와 행동하는 데 실패하는 것이다. 예수는 20절의

최후의 선언에서 이 요점을 배경으로 삼는데 이것은 이 이야기 처음에 제기되었던 문제를 상기시키고2절 제자들에게 어떤 실질적인 죄에 대해서도 무죄라고 선포한다.

성서적 맥락에서의 본문

마태복음 15장에서 예수가 자신의 적대자들을 혹평하는 데 사용한 용어들 가운데 **'너희 위선자들아'** 라는 모멸적인 어구가 있다. 위선적인 종교의 관습은 예언자들이 세차게 고대 이스라엘을 비난하던 죄들 가운데 하나이다. 때때로 비판주의의 무거운 짐은 백성들이 공들인 종교의 축전에서 기뻐하는 도중에 있지만 이들이 축하하는 하나님과의 바로 그 연약을 침식시키는 사회적 불의를 허용한다. 사1:10–17; 암5:21–24; 미6:6–8 참조

다른 경우에 관심의 초점은 지도자들이 사건에 대한 자신들이 제공하는 불완전한 가르침에 다른 사람들의 발부리가 걸리도록 만드는 원인이 되는 이 유감스러운 진술을 발전시키도록 허용하는 도중에 있다. 렘23:9–32; 미3:9–12; 말2:7–9 참조 마태는 그의 복음서에서 한 번 이상, 가장 극적으로 예수가 성전에서 율법학자들과 바리새파 사람들을 대면할 때23장 선포한 재앙woes에서 이 전통에 의존한다. 같은 전통이 1–20절에서 15번 분명히 나타난다.

마가복음의 병행기사는 그럼에도 본문이 더 넓은 대화에 연관되는 또 다른 요점을 드러낸다. 마가복음에 따르면 예수는 어떤 것이 더럽게 하고 더럽게 하지 못하는지에 관한 자신의 비유를 말할 때 "모든 음식이 깨끗하다고 선포했다."막7:19b 이 점에 관한 명료성은 마가복음의 진술이 제시하는 것만큼 쉽게 이루어지지 않는다. 우리는 초기 교회가 정결하고 정결하지 않는 음식의 문제 그리고 유대인과 이방인 사이의 식탁 교제의 문제와 관련하여 길고 어려운 씨름을 했던 이 증거를 수많은 신약성서의 구절들에서 발견한다. 행10:9–16, 15:19–20, 28–29; 갈2:11–14; 골2:20–23 참조

이 문제에 대한 가장 확장된 논의는 로마서 14장에서 일어난다. 거기서 바울은 마가와 같이 기독교 공동체를 위해 어떤 음식도 부정하지 않다는 원칙을 확인한다. 동시에 바울은 정결과 부정의 옛 전통이 어떤 지체들에게 어떤 문제가 되는 음식을 만든다고 인정한다. 그런 곳에서 그는 죄의 원인이 되는 음식을 먹지 않음으로써 모든 신자들을 위한 공통의 식탁을 유지해야 한다고 주장한다.

교회생활에서의 본문

마태복음 15장 1-20절은 기독교 해석을 위한 창의력이 풍부한 줄거리가 되었다는 것이 입증되었다. 어떤 면에서 **더러운 것**은 특별한 유대인의 주제이지만 깨끗한 삶은 사실 기독교의 관심이기도 하고 주석자들은 때때로 이 시각에서 본문을 해석한다. 좋은 예는 크리소스톰의 이 구절에 관한 훈계인데 그는 이렇게 말한다. "무엇이 사람을 더럽게 하는 것인지를 배워야 한다. 배워서 이들에게서 우리를 떠나게 해야 한다. 왜냐하면 교회 안에서조차 우리는 일반적인 것들 가운데 널리 행해지는 이런 관습들, 깨끗한 의복으로 들어오려고 기울이는 부단한 노력, 자신의 손을 씻는 것을 보기 때문이다. 하지만 이들은 하나님께 깨끗한 영혼을 선사하는 것에 대해서는 어떤 설명도 하지 않는다."319

본문이 해설자들을 매혹시키는 두 번째 요점은 진정한 믿음의 적으로서의 종교적인 관습에 대한 본문의 묘사이다. 위에서 주목한 바와 같이 신성한 맹세조차도 이것이 기본적인 도덕적 의무와 충돌한다면 신성하지 않은 것이 될 수 있다. 마틴 루터는 본문의 이 측면에 주의를 기울였고 이것을 우상숭배의 문제와 연결시킨다. 루터에 따르면 우상숭배는 하나님에 명령하시는 방법보다 우리 자신이 한정하는 방식으로 하나님을 공경하려고 시도하는 지점에서 시작된다.499-500 본문은 우리가 실천하는 경건이 하나님의 언약의 핵심인 정의에 대한 요구를 지지하거나 방해하는지를 잘 생각하라고 우리를 강권한다.

마지막으로 본문은 성서와 전통사이의 관계를 한정하는 틀을 제공하고 전통에 성서를 능가하는 우선권을 주는 사람들을 판단한다. 말할 나위도 없이 해석자들이 이런 경우였던 상황을 지적하는 것은 어려운 일이었다. 종교 개혁 시기에 유대의 전통을 비판하는 예수는 종종 로마 가톨릭의 관습이나 제도에 적용되었다.Luther: 497-498; Calvin, 1960:4.10.10과 4.10.23; Calvin, 1972, 2:159-161; Menno Simons: 178,362 참조 그러나 전통이 지배하는 것은 기독교제국이라는 한 특별한 갈래의 실패가 아니라 정말로 일반적인 문제이다. 모든 교회는 자신에게 이렇게 물어야 한다. 성서가 우리의 전통을 지배하는가, 혹은 우리의 전통이 성서를 지배하는가?

무한한 긍휼

마태복음 15:21–39

사전 검토

깨끗한 것과 깨끗하지 않은 것에 대한 개념의 전통적인 방식에 도전한 후에 예수는 **깨끗하지 않은 땅**으로의 여행을 추진한다. 예수는 페니키아오늘날의 레바논 남쪽 이방 지역인 **두로와 시돈**으로 향한다. 이 지역의 주민과의 에피소드 이후에 예수는 갈릴리 바다 북쪽 가장자리 주변의 지역으로 되돌아온다.15:29 그러나 여기에서도 역시 묘사된 사건들이 유대 세계의 경계에서 일어나고 있다는 암시가 있다. 지금까지의 전형적인 청중과 달리 이곳의 무리들은 예수의 사역에 열렬한 찬사로 반응한다. 그리고 마태가 이해한 갈릴리라는 바로 그 이름은 이스라엘뿐만 아니라 다른 나라들을 위한 희망의 장소를 표시한다.4:15–16, 28:16–20 참조

그 다음 우리가 15장 21–39절에서 보는 것은 예수의 사역 자체가 이스라엘에 한정되지만 이방인들의 구원으로 향하는 몇 개의 이야기들이다. 에피소드들 각각은 공식적으로 이 항목이 기적 이야기들의 수집물이 되도록 예수의 기적적인 능력을 증명한다. 첫 번째 에피소드에21–28절 예수의 자비가 얼마나 멀리 확장되는지에 관한 대화가 마침내 딸을 가진 한 여인의 치료로 이끈다. 두 번째 이야기는 다양한 질병과 장애를 가진 수많은 사람들의 치료를 묘사하는 마태의 요약으로29–31절 구성된다. 그리고 세 번째와 마지막 이야기에서32–39절 우리는 14장 15–21절의 이야기에 대한 반복처럼 읽히는 선물 기적을 발견한다.

개요

가나안인을 위한 부스러기, 15:21–28

산 위에서의 자비, 15:29–31

광야의 음식, 15:32–39

주석적 해설

가나안인을 위한 부스러기 15:21-28

전에 논의되었던 단어를 사용하여14:13-14에 관한 해설 참조 마태는 우리에게 예수가 이방 땅으로 **나갔거나 물러났다**는 것을 이야기한다. 본문은 예수가 실지로 두로와 시돈 지역 안을 가로질러 갔는지 혹은 단지 22절에 언급된 여인이 예수를 만나러 왔을 때 이 가장자리에 단지 접근한 것인지에 대해 열린 채로 남아 있다. 어떤 경우든 이 의문의 여인은 분명히 유대인이 아닌 이방인이다.

마태가 끌어온 마가복음의 병행기사에서막7:24-30 참조 이 여인은 **시로페니키아 출신의 이방인**으로 확인된다. 마태 자신은 이 여인을 구약성서의 약속의 땅의 이방인 점유자를 향한 경멸적인 용어인 가나안인으로 부른다. 이 가혹한 어조는 이어지는 예수와 이 여인 사이의 대화를 지배한다. 이처럼 27절의 말씀은 유대인을 가족의 자녀에 비유하지만 이방인들은 식탁에서 어떤 자리도 가지지 못하는 개에 비유된다.

이에도 불구하고 여인의 딸에 대한 치료의 요구는 결국 승인될 것이다. 그리고 여인 자신은 믿음의 모범으로 드러난다. 이 믿음은 그녀가 입 밖에 낸 첫 번째 말에서 분명히 나타난다. 이방인이지만 그녀는 예수를 예수의 메시아의 권위를 인정하는 **다윗의 자손**으로 환영한다.

더욱 놀라운 것은 이 여인이 자신의 요구가 가망이 없어 보일 때도 지속적으로 요구하는 방식이다. 조용한 거절23절도, 예수의 사역이 유대인들만을 위한 것이라는 주장도24절, 10:6 참조 그녀가 포기하도록 설득하지 못한다. 그녀는 계속해서 자신의 요구를 간청한다.25절 그리고 예수가 자녀와 개에 대한 말씀을 했을 때26절 이 여인은 예수가 사용한 용어에 대해 논쟁을 계속했다. 그녀는 예수에게 개들도 즐길 권리가 있는 식탁에서 떨어지는 부스러기 약간을 간청한다.27절

마침내 예수를 감탄하게 한 것은 이 끈질김이다. **여자여 참으로 네 믿음이 크다!**28절 8장 5-13절의 가버나움의 백부장과 마찬가지로 이 여인은 이스라엘을 부끄럽게 만드는 이방인의 믿음을 보여준다.11:21 참조 그리고 백부장의 하인 혹은 아들처럼, 이 여인의 딸은 예수가 **'네 소원대로 되리라.'** 라고 말할 때 즉시 치료된다.15:28; 8:13 참조

산 위에서의 자비 15:29-31

마가의 복음서에서 여인의 딸의 치료는 귀먹고 말 더듬는 사람의 치료에 이어진다.막7:31-37 참조 그러나 마태는 이 이야기를 예수가 치료한 사람들의 다양한 범주들을 열거

하는 요약인, 29-31절에서 우리가 발견하는 요약 안으로 흡수한다. 우리가 이 요약을 4장 23-25절의 요약과 비교하면 우리는 어떤 현저한 유사점을 알게 된다. 그곳에서도 역시 우리는 다양한 병의 목록을 발견한다. 그곳에서도 역시 예수는 **산으로 올라간다.**5:1 그리고 마찬가지로 우리는 어떤 특정한 지역이라기보다는 모든 방향에서 오는 무리들이라는 느낌을 가진다. 이처럼 이곳의 요약은 독자들에게 예수가 사역을 시작했던 이후의 모든 치유의 기록들을 회상하라고 초대하며 4장 23-25절과 인클루지오를 형성한다.

15장 29-31절의 유형이 다른 요약들과 연결된다면 그 내용은 이것을 두 부가적인 본문에 연결한다. 하나는 11장 2-6절의 구절이다. 그곳에서 예수는 그의 사역에 동반된 전능한 사역들을 다시 인용하면서 세례 요한에게 반응한다. 나머지 본문은 이사야서 29장 17-24절인데 이것은 "눈 먼 사람이 눈을 떠서 볼 것이다."라는 말씀이 이루어지는 구원의 시간의 도래와 "'야곱의 거룩한 분'을 거룩하게 받들며, 이스라엘의 하나님을 경외할 것이다."라는 말씀이 이루어지는 구속받은 사람들을 말한다.29:18, 23; 마15:31b 참조

이사야서 본문을 더욱 의미 있게 만드는 것은 이사야서 29장 13절이 15장 7-9절의 율법학자들과 바리새파 사람들을 비난하는 예수의 말씀의 자료였다는 사실이다.사29:20-21 참조 이사야서 29장의 말을 사용함으로써 마태는 예수의 행동에 대해 화를 내기보다는 하나님을 찬양하는 "대조적인 사람들"의 그림을 만든다. 그렇게 할 때 이들은 이스라엘의 하나님의 예배하는 혼합된 교회 공동체를 대리한다.

광야의 음식 15:32-39

32-39절의 광야의 음식 이야기는 마가복음 8장 1-10절에 기초하고 29-31절에서 묘사된 같은 무리를 포함한다. 14장 15-21절의 앞선 음식을 먹이는 에피소드와 마찬가지로 제자들 편에서의 당황함으로 시작하는33절 이곳의 기적은 빵을 다른 사람들에게 분배하는 핵심 인물인 제자들을 포함하고36b절 충분한 음식 이상을 초래하고37-38절 예수를 이 상황을 담당하는 인자한 주인으로 묘사하면서34-36a절 예수의 긍휼을 반영한다.32절 그 숫자만 다르다. 이번에는 일곱 개의 빵과 일곱 개의 남은 음식 광주리가 있다.일상의 그리스어 단어가 광주리를 위해 사용되고 반면 14장 20절의 유사한 단어는 유대인에 의해 사용되는 광주리를 표시한다는 것에 주목하라 그리고 여자들과 아이들 외에도 4000명의 남자들이 먹었다.

해석자들이 이 숫자의 의미에 대해 다를지라도 이 숫자가 상징적인 의미를 전달하는 것은 유력하다. 7은 완성이나 완전을 암시하는 수이다.계1:4 그리고 마태의 족보에서 7의 배수 참조 그리고 4000은 4의 배수인데 이것은 보편성의 개념과 연결된다.이사야 11:12와 요한계

시록 20:8의 땅에서 오는 네 사람, 그리고 예레미야 49:36의 하늘의 네 끝에서 오는 사방의 바람 참조 이 항목에서 다른 정보에 따라 생각한다면 이 숫자들은 15장 32-39절의 먹이는 것은 단순하게 14장 15-21절의 반복이 아니다. 거기서 초점은 이스라엘을 위해 제공하는 메시아로서의 예수에 있었다. 그러나 여기서 먹이는 무리는 이스라엘뿐만 아니라 교회에서 예수를 바라보는 전 세계적인 공동체이다.

14장 22절에서와 같이 이 이야기는 무리의 해산과 배로 떠나는 것으로 끝난다.[39절] 그러나 이번에는 호수를 가로지르는 여행이 새로운 이야기를 낳지 않는다. 단지 예수가 알려지지 않은 채 남아 있는 **마가단 지역**으로 갔다[막8:10 참조]는 것만을 우리에게 알린다.

성서적 맥락에서의 본문

15장 32-39절의 음식물 기적을 위한 더 넓은 성서의 본문은 음식과 식사를 특징으로 삼는 일련의 목록을 포함한다. 우리는 이미 14장 15-21절의 이전 음식물 기적에 관한 해설에서 이 전통의 본문들 가운데 얼마에 대해 논의했다. 이곳의 자료를 되풀이하는 대신 우리는 가나안 여인의 이야기에 집중할 것이다. 이 에피소드에 대한 더 넓은 본문은 유대인과 이방인 문제에 관해 전하는 성서의 모든 것으로 구성되지만[사도행전 15장이나 에베소서 2:11-3:6과 같은 구절] 특별히 이 여자와 같은 이방인들이 이스라엘의 하나님께 접근하는 방법을 얻는 어떤 이야기들이다.

이런 이야기 하나가 사르밧[시돈 근처!]에 설정되는데 거기서 엘리야를 먹인 과부의 사망한 아들이 이 예언자에 의해 살아난다.[왕상17:8-24] 또 다른 하늘의 도움을 받은 이방인은 시리아 군대 장관 나아만인데 그는 예언자 엘리사에게 문둥병을 고침 받는다.[왕하5.1-19] 군대 장교는 신약성서의 두 이야기에서 주연 역할을 한다. 하나는 예수가 그의 아들 혹은 하인의 병을 고친 이름 없는 백부장이다.[마8:5-13; 눅7:1-10] 그리고 다른 하나는 역시 백부장인 고넬료인데 그의 가족들이 베드로의 방문 기간 동안 성령을 받는다.[행10]

이 이야기와 다른 연관된 이야기들의 사람들과 같이 가나안 여인은 구원하는 하나님의 능력이 민족적 경계를 넘어설 수 있다는 것을 보여준다.[8:1-9:34를 위한 TBC의 기적 이야기들의 특징적인 주제로서 경계를 가로지르는 것에 관한 해설 참조] 그녀가 예수의 도움을 간청할 때 이 여자 스스로 발견하듯이 분명하게 이런 경계들은 만만찮은 것으로 입증된다. 그러나 마지막 분석에서 구원은 "믿음을 가진 모든 사람들, 먼저 유대인에게 그리고 또한 그리스 사람에게" 하나님의 선물이다.[롬1:16; Bornkamm, Barth, Held: 197-200 참조]

교회생활에서의 본문

많은 독자들에게 가나안 여자의 이야기는 우리가 "문제가 되는 구절"로 분류하는 얼마간의 본문들에 속한다. 우리는 예수가 여자를 대하는 방식에 기분이 상한다. 예수는 자신의 동시대인들의 인종적 선입견을 반영하는 것처럼 보인다. 그리고 예수는 이 여자를 오히려 힘들게 한다.

우리가 이 본문을 자체의 용어로 읽는다면 예수의 행동은 다른 시각으로 나타난다. 이 이야기가 그리고자 하는 것은 믿음이 이방인들에게 하나님의 자비를 얻게 하는 방식이다. 그리고 예수의 이 여자에 대한 저항은 그녀의 이방인 믿음이 두드러지도록 하는 역할을 한다. 다른 말로 하면 이것은 단지 이 여자의 믿음이 얼마나 대단한지를 밝히려고 예수가 그녀의 길에 놓은 넘어야 하는 장애물이다.유대인과 유대 그리스도인에게 매우 중요한 장애물인

놀라울 것도 없이 메노 시몬즈는 이 여자를 진정한 믿음을 예시하는 성서의 인물 목록의 열 명의 본보기 가운데 하나로 선택한다.383-391 참조 다른 저자들은 그녀의 믿음을 동일한 찬양의 대상으로 본다. 어떤 본문에서 주목하는 믿음의 측면은 그녀의 겸손이다.그녀는 개라는 표시를 받아들이고 자비의 부스러기를 요구한다 다른 경우 포기할 줄 모르는 믿음인 끈질김이라는 특성을 강조한다. 이 여자는 하나님이 돌아서서 거절하는 것처럼 보일 때조차도 하나님의 자비와 선하심에 대해 흔들리지 않는 확신을 보여준다. 루터가 말하듯이 이것은 진정한 믿음의 정수이다.

참 이스라엘

마태복음 16:1-20

사전 검토

11장 1절부터 계속해서 마태복음은 이스라엘의 다양한 사람들과 그룹들이 어떻게 예수의 사역에 **반응하는지**를 보여 왔다. 일반적인 반응은 불신과 거절 가운데 하나이다. 열두 제자들에게서만 예수는 수용하는 따름을 발견한다. 이 사건들의 진술은 마태가 16장 1-20절에서 추구하는 질문을 위한 배경을 형성한다. 어디에서 **참** 이스라엘이 발견될 것인가? 본문에 따르면 참 이스라엘은 성전이나 회당에서 발견되지 않을 것이다. 대신 참 이스라엘은 그가 자신의 생명을 발전시키는 권위를 준 예수 자신이 세운 공동체에서 발견될 것이다. 그곳에서 신자들은 하나님의 뜻을 분별하고 서로를 훈련시키고 유대인

독자들과 이들의 선생의 강제에서 자유로워진다.

이 주제가 발전되는 이야기는 세 개의 에피소드로 구성된다. 표징에 대한 논쟁으로 말미암아 1-4절의 일들을 움직이게 하고 두 유대인의 모임의 연합에 대응하여 예수는 싸우게 된다. 이 두 같은 모임의 사람들은 예수가 5-12절에서 제자들과 가진 대화에서 지명된다. 그곳에서 예수의 말씀은 오해되고 뚜렷해져야만 한다.

3-20절의 그 후의 대화는 우리를 혼동에서 고백으로 이끈다. 이중의 이름을 짓는 행위에서 베드로는 예수를 하나님의 아들로 환호하고 예수는 베드로를 그 위에 교회를 세우는 반석이라고 갈채를 보낸다. 이 세 개의 정확한 묘사의 자료 대부분은 마가복음 8장에서 도출된다.[11-21절과 27-30절] 그러나 베드로와 교회에 대한 말씀에 대해 마태복음은 베드로와 관련된 특별한 전통에 신세를 진다.[14:28-31; 17:24-27; 18:21-22 참조] 이 전통은 생각건대 예수의 부활에 이어지는 베드로의 위임을 보고할 수 있었는데[고전15:5a; 눅24:34; 요21:15-19 참조] 마태는 이 복음서의 마지막에서보다 이곳에서 통합하기로 선택했다. 어떤 경우든 마태는 우리에게 가이사랴 빌립보의 확장된 에피소드를 제공한다.

개요

남은 또 다른 시험, 16:1-4

너희가 소비하는 것을 경계하라, 16:5-21

메시아의 공동체, 16:13-20

주석적 해설

남은 또 다른 시험 16:1-4

1-4절의 **표징**에 관한 요구는 마가복음 8장 11-13절에 기초하고 예수의 권위의 문제를 제기한다. 예수는 자신의 메시지와 사역에 정당성을 입증할 수 있는 어떤 하늘의 표징을 산출할 수 있는가? 이 지점까지 마태복음의 이야기를 따랐던 사람들에게 이곳의 이 에피소드는 두 이전 사건을 회상하게 할 것이다. 하나는 그의 사역을 시작하기 전 광야에서 예수가 받았던 시험이다. 그때 사탄 자신이 예수에게 그의 아들 됨의 징표를 보이라고 몰아댄다.[4:1-11] 나머지 하나는 12장의 포괄적인 논쟁에서의 표징을 위한 요구인

데[12:38-42] 이것은 우리 앞에 있는 이야기처럼 뒤에 숨은 전통에서 이끌어 올 수 있다.[눅11:16; 요2:18-19, 6:30도 참조; G. Thom. 91]

마태복음에서 보고했던 것처럼 16장 1절의 요구는 널리 다른 의제를 가진 모임인 **바리새파와 사두개파**의 있을 것 같지 않은 연합에서 온다. 자주 이들은 서로 충돌했다.[행23:6-10 참조] 그러나 여기서 이들은 예수와 그의 사역을 불신할 방법을 찾는 유대의 지도자들의 연합된 전선을 대표한다.

대부분의 번역에서 바리새파와 사두개파 사람들에 대한 예수의 응답은 2-3절의 말씀으로 시작한다. 너희가 날씨를 예보하는 징조를 읽는 것에는 숙련되었지만 나의 사역에서 무엇이 진행되고 있는 지에는[시대의 표징] 눈이 멀었다. 그러나 이 말씀은 가장 이른 시기의 그리스어 사본들에서 실종되었고[NRSV와 NIV의 각주 참조] 후대의 필사자들에 의해 마태의 본문에 추가되었을 것이다.[눅12:54-56 참조]

어떤 경우든 예수는 자신의 반대자들이 구하는 것을 주기를 거절한다. 이들이 얻게 될 유일한 징표는 자신의 죽음에서의 귀환이다.[요나의 표징, 4절; 12:39-40 참조] 하나님은 그의 부활에서 예수의 정당성을 입증할 것이지만 예수는 비판하는 사람들을 만족시키려고 하나님의 손을 강요하려 하지 않을 것이다. 이 이야기는 예수가 그의 반대자들을 떠난다는 간단한 기록과 함께 끝난다. 하나의 정보 이상으로 이 진술은 다른 어떤 곳을 바라볼 준비를 하고 이스라엘의 지도자 지위에서 물러나는 예수를 묘사한다.

너희가 소비하는 것을 경계하라 16:5-21

16장 1-4절의 에피소드 후에 제자들은 예수와 합류하고 흥미 있는 대화가 이어진다. 마가복음 8장 14-21절에 기초하여[눅12:1 참조] 이 이야기는 교차대구법 유형으로 구축된다.[a b b' a'] 우리는 다음과 같은 그림으로 나타낼 수 있다.

a. 예수는 바리새파와 사두개파의 **누룩**에 대해 경고한다.

  b. 제자들은 예수의 말씀을 오해한다. 이들이 이미 음식의 부족함에 몰두하기 때문이다.

  b'. 예수는 이 오해와 음식에 대한 관심에 반영된 **적은 믿음**을 다룬다.[두 번의 음식물 섭취 후에 제자들은 예수가 자신들의 필요를 마음대로 공급할 수 있다는 것을 알아야만 했다.]

a'. 제자들은 마침내 유대 지도자들이라는 누룩에 대한 예수의 말씀을 이해한다.

이곳과 성서의 다른 곳에서[그리고 랍비들의 본문에서도 역시] 누룩이나 효모는 타락한 어떤 것에 대한 상징이다.[고전5:6-8; 갈5:7-9 참조; 마13:33은 예외이다] 마가의 이야기에서 유대인

지도자들의 누룩은 정의가 내려지지 않고 우리는제자들과 마찬가지로 예수가 무엇을 의미하는지 모르는 채로 남게 된다. 그러나 마태복음에서 제자들은 마침내 예수가 얻으려는 것을 이해하고 이들의 분별은 이 이야기의 독자들과 공유된다. 피해야 할 누룩은 그것을 소비하는 사람들을 오도하는 가르침인 이스라엘 지도자들의 **가르침**이다.15:7–9와 15:13–14 참조 이것이 사실이라면 하나님의 뜻을 구하는 사람들은 진정한 가르침이 제공되는 곳으로 가야만 한다. 그리고 그곳은 마태에게 이런 일이 일어나는 교회이다.

메시아의 공동체 16:13–20

13–20절의 예수의 제자들과의 대화는 고대 이스라엘의 가장 북쪽의 경계에 있는 가이사랴 빌립보= Philip's Caesarea 근처 어디에선가 일어난다. 이전에 파니아스 혹은 파니온으로 알려진 가이사랴 빌립보 도시는 헤르몬 산의 밑자락에 위치했고 분봉왕 빌립에 의해 재건축되고 새 이름이 주어졌다.눅3:1 참조 새 이름은 황제 가이사 아우구스투스를 기념하고 같은 이름을 가진 근처 연안의 도시와 이 가이사랴를 구별했다.행10:1 참조

마가복음의 병행기사에서막8:27–30 가이사랴 빌립보에서의 대화에는 하나의 기본적인 주제가 있다. 예수는 누구인가? 그러나 마태복음의 이야기에서 두 번째 주제가 나타난다. 제자들은 누구인가? 본문에 대한 이 이중의 대답은 예수는 메시아이고 게다가 그의 제자들은 메시아의 공동체를 구성한다. 이것을 다르게 표현하면 본문은 그리스도와 교회, 기독론과 교회론과 연결된다. 그리고 이 대화에서 이것을 구체화하는 사람은 시몬 베드로이다. 모든 제자들을 대표하여 예수에 대한 믿음을 고백하는 이는 바로 베드로이다. 그러므로 제자들이 곧 이루게 될 공동체에 대한 예수의 약속을 받은 이도 바로 베드로이다.

예수의 정체성에 대한 질문은 다음 두 질문을 통해 13–16절에서 탐구된다. (1) 이스라엘의 예수에 대한 일반적인 의견은 무엇인가? (2) 제자들 자신들은 예수를 어떻게 생각하는가?

예수가 첫 번째 질문을 제기할 때 제자들은 일련의 대중적인 견해들을 대납한다. 각각의 경우, 사람들은 예수를 살아서 돌아오거나 그의 역할이 예수 안에서 완성된 이스라엘 역사의 이전 인물과 동일시하였다. 그 사람은 세례 요한이나14:2에서 헤롯이 신봉하던 견해 엘리야그의 귀환은 말라기 4:5–6에 약속되었다 혹은 예레미야그는 마카비2서15:13–16에 하늘에 살아서 활동하는 것으로 묘사된다 혹은 또 다른 이와 같은 인물이신18:15–22 참조 될 수 있었다. 이 대중적인 견해들 각각에 공통적인 것은 예수가 **예언자**라는 사실이다. 어떤 의미에서 이것

은 사실이지만 복음서의 견지에서 불충분한 견해이다. 이것은 예수를 옛 시대의 역할과 가능성으로 제한한다.

그래서 예수는 계속해서 다음 그의 두 번째 질문으로 규명한다. 나의 추종자들인 너희는 사역에서 나를 볼 때 무엇을 보느냐? 제자들의 대변인으로서 베드로가 제시한 대답 14장 33절에서 이미 예견되었다. 그러나 이곳에서 예수의 질문에 대한 직접적인 대답으로서 이 말씀은 추가된 의미를 더한다. 예언자 이상인 예수는 이스라엘의 예언자적 희망을 **성취하는** 권위를 가진 분인 **메시아**이다. 그에 앞선 기름 부음을 받은 왕들과 같이 그는 하나님의 아들이라고 불릴 수 있지만삼하7:14; 시2:7; 89:26-27 참조 이들을 훨씬 능가하는 지위를 가진다. 그의 아들 됨은 단순히 대관식의 행위의 결과, 즉 양자인 아들이 아니라 유일하고 친밀한 하나님과의 관계에서 오는 아들 됨이다.11:27 참조 예수는 특히 빼어난 **살아 있는 하나님의 아들**이다. 왜냐하면 살아 있고 생명을 주시는 하나님이 태초에 그의 생명을 주었기 때문이다.1:18-25 참조[그리스도/기독론, p. 436.]

17-19절에서 대화의 초점은 베드로에서 그가 제시한 신자들의 공동체로 이동된다. 여기서 우리는 지복17절, 명명의 행동과 연관된 약속18절, 수여의 공식19절을 포함하는 세 개의 예수의 간결한 선언을 발견한다. 이 지복은 다음 절에서 그가 받게 될 새로운 이름을 위한 배경을 마련하면서 그의 옛 가족 이름바요나=요나의 아들으로 베드로에게 이야기된다. 다른 곳의 지복에서와 같이5:3-12 참조 너는 **복이 있다**는 구절은 다음과 같이 바꾸어 쓸 수 있다. "너는 매우 운이 좋다." 그럼에도 이것은 행운이 아닌 하나님에게서 온 선물이다.

베드로는 호의적인 위치에 있다. 왜냐하면 그는 인간의 이해를 능가하는 방식으로 예수를 이해할 수 있기 때문이다.혈과 육은 인간이라는 것 혹은 땅의 것이라는 것을 표시한다; 고전15:50; 갈1:16 참조 인간의 지각은 예수에게서 위대한 예언자에 지나지 않는 것을 본다. 그러나 하늘의 계시로 베드로와 그의 동료 제자들은 예수를 하나님의 아들로 본다.11:25-27 참조, 그리고 바울이 갈1:11-12, 15-16의 자신의 이해를 묘사하는 방식

예수가 18절에서 준 약속은 그가 **내 교회**라고 부르는 영구한 공동체를 세우는 것이다.18:17; 고전1:2; 행9:31 참조 교회라는 단어의 그리스어는 70인역에서 이스라엘의 집회를 위해 사용된 단어인 **'에클레시아**ekklēsia' 이다.신31:30; 삿20:2; 왕상8:14 참조 그렇다면 예수가 약속한 것은 그 자체의 기초와 운명을 가진 믿음의 메시아의 공동체를 건설하는 하나님의 백성을 재건하는 것이다. 그리고 베드로는 어떻게 해서든지 이 건축 계획에 관련된다. NRSV와 NIV의 각주가 가리키듯이 18절은 말씀에 관한 도발적인 역할과 함께 시

작한다. **"너는 베드로Petros다. 이 반석petra 위에 내가 나의 교회를 세울 것이다."**라고 예수는 말한다. **'페트로스Petros'** 는 **돌** 혹은 **바위**라는 의미의 남성 명사이고 따라서 남자의 이름으로 사용될 수 있다. **'페트라petra'** 는 바위 토대의 개념을 전하는 여성 명사이다.7:24 에서와 같이

여기서 핵심 의문점은 교회의 바위 토대가 베드로 자신이냐 아니면 베드로와 구별된 어떤 것이냐 하는 것이다. 만일 후자라면 예수는 **베드로**의 믿음 혹은 베드로가 받은 **계시**를 말한 것일 수 있다. 그러나 십중팔구 예수가 그 위에 교회를 지을 것이라고 약속한 바위는 사실상 교회가 형성될 때 제자들 그룹 전체를 대표하는 첫 번째 제자4:18, 10:2 참조인 **베드로 자신**일 것이다. 적어도 다음 네 가지 고려사항이 이 견해를 지지한다.

(1) 성서 이야기의 사람이 새로운 이름을 받을 때 이 이름은 그 사람의 새로운 정체성이나 역할을 가리킨다.창17:5-6, 15-16; 32:27-28 참조 그가 받은 베드로라는 이름을 교회를 세우게 될 역할과 관련시키는 것은 이처럼 자연스러운 것이다.

(2) 이곳의 그리스어 본문 뒤에 놓였을 아람어 어법은 베드로와 반석을 위해 이처럼 둘을 동일시하는 같은 단어kepha라는 단어를 사용했을 것이다.편지에서 베드로를 위해 바울이 사용한 이름인 게바라는 이름이 유래된 곳은 아람어 어법이다; 고전1:12; 갈1:18 참조

(3) 신약성서의 다른 곳에서 교회가 사도들의 터 위에 세워진다는 견해가 발견된다.엡2:20 더욱이 베드로가 유대의 신자들 가운데서 교회의 **기둥**의 한 사람으로 존경을 받았다는 증거가 있다.갈2:9 참조

(4) 구약성서는 아브라함을 이스라엘이 떨어져 나온 바위로 말하고사51:1-2 예수에게 응답한 첫 번째 제자가 같은 방식으로 동일시되어야 한다는 것은 적절하다. 아브라함과 마찬가지로 베드로는 이들을 통해 모든 나라들을 축복하게 될 백성인 특별한 백성의 기원을 의미한다.

예수의 약속의 두 번째 부분은 **죽음의 문이 교회에 대항하여 이기지 못할 것**이라는 사실이다. 어떤 해석자들에 따르면 이 어법은 지옥의 요새를 공격하고 악을 정복하는 발전 중인 교회를 묘사한다. 이 견해의 문제점은 18절의 교회의 기본적인 이미지가 바위 위에 세워지는 것이지 움직이는 군대가 아니라는 사실이다. 성서 기자들은 죽은 사람들이 체류하는 지옥이나 저승은 물이 많은 심연으로 그렸다.삼하22:5; 욥26:5-6, 38:16-17 참조 이 관문이 봉인되지 않았다면 격랑의 물이 밀려 나와 홍수로 땅을 멸망시킬 것이다.

그러므로 은유로서 죽음의 문은 안전한 장소를 찾는 사람들이 직면한 멸망의 위협을 대표한다.사28:14-22; 1QH 6:23-27; IQS 8:7 참조 예수에 따르면 자신이 세우는 이와 같은 장

소인 공동체는 멸망을 견딜 능력이 있다. 교회를 치는 홍수가 아무리 격렬할지라도 교회의 기초는 안전하고 교회는 매몰되지 않을 것이다.

전에 주목한 바와 같이 17–19절의 세 번째 말씀은 임명의 행위와 같이 읽을 수 있다. 예수는 **하늘 나라의 열쇠**를 베드로에게 맡기고천국의 문을 지키는 베드로의 그림이 나오게 된 그에게 **열고 닫을 수 있는** 권한을 부여한다. 언뜻 보기에 우리는 예수가 교회의 최고의 관직을 부여하는 것으로 생각할 수 있다. 그리고 어떤 그리스도인들은 19절을 이런 식으로 해석했다. 그러나 다른 구절은 마태복음이 이 같은 줄거리를 따라 사고하지 않는다는 것을 암시한다. 16장 9절에서 베드로에게 부여된 권한은 18장 18절에서 모든 제자들에게 부여된다. 그리고 23장 8–12절의 예수의 말씀은 교회에서 어떤 사람도 다른 사람들을 능가하는 계층제의 권위를 가지는 것을 금지한다.

본문을 바르게 이해한다면 우리는 16장 13–20절 전체에서 베드로의 기능을 생각할 필요가 있다. 그는 그룹으로서의 제자들의 대표로서 기여한다. 그러므로 베드로가 열고 닫을 수 있는 열쇠와 권한을 부여받을 때 **그는 교회를 대표하여** 받은 것이다. 이것을 다르게 표현하면 19절 말씀은 교회에서 베드로에게 특별한 권위를 부여한 것이 아니라 역사 속에서 교회에게 특별한 권위를 부여한 것이다.

이 권위에 대한 두 은유는 모두 유대의 전통에 근거한다. 열쇠의 이미지는 이사야서의 신탁에서 온 것으로 보이는데 이것은 히스기야의 궁전의 새로운 청지기 혹은 집사의 취임을 말한다. 그곳에 이렇게 쓰여 있다. "내가 또 다윗 집의 열쇠를 그의 어깨에 둘 것이니, 그가 열면 닫을 자가 없고, 그가 닫으면 열 자가 없을 것이다."사22:22 마태복음 16장 19절은 교회를 위해 같은 역할을 마음에 그린다. 집사가 왕의 가족에게 접근하는 것을 좌우했던 것처럼 교회도 하나님의 나라에 접근하는 것을 좌우한다. 그러나 23장 13절의 하나님 나라로 향하는 길을 막는 죄를 범한 자인 비난 받은 지도자들과 다르게눅11:52 참조 교회는 하나님 나라에 더 많이 접근하게 하려고 열쇠를 사용하라는 부름을 받는다.

열고 닫는다는 은유는 때때로 귀신을 축출하는 것을 가리키지만 여기서는 회당에서 나오는 관습을 반영한다. 이 본문에서 **열고 닫는 것**은 ⑴ 어떤 행동들을 금하고 허용하는 것, 혹은 ⑵ 파문을 부과하고 철회하는 것 가운데 하나를 가리킬 수 있다. 요컨대 열고 닫을 수 있는 권위는 자신의 생명을 위한 규범을 설립하고 주장할 수 있는 공동체의 권위이다. 마태복음에 따르면 예수는 교회에 이런 종류, 즉 하나님 나라 자체에서 실증된 권위를 준다. 그 결과 교회는 성서를 해석하고 회당을 바라보지 않고 공동체의 결정을 내릴 수 있다.

20절에서 마태복음은 마가의 이야기와[막8:30] 예수의 메시아직의 주제로 되돌아간다. 예수가 베드로의 믿음의 고백을 받아들였지만[16절] 예수는 이제 제자들에게 자신이 **메시아**라는 사실을 드러내지 못하도록 금지한다. 이 금지의 이유는 진술되지 않지만 이어지는 자료에서 추론할 수 있다.[16:21–28 참조] 십자가 이후에만 예수의 메시아직에 대한 진정한 본질이 이해될 것이다. 그때까지 메시아라는 직함의 정치적인 의미는 잘못된 기대를 자극할 수 있었고 예수가 자신의 사역을 완성하는 것을 방해할 수 있었다.

성서적 맥락에서의 본문

너희는 나를 누구라 하느냐? 16장 15절에서 예수가 한 이 질문은 초기 교회에서 반복해서 물었던 질문이었다. 이 질문에 함축된 것은 예수 자신이 기독교 메시지에 대한 핵심이라는 믿음이다. 이에 일치하여 우리는 베드로의 믿음의 고백을 요구하거나 설명하는 수많은 신약성서의 본문들을 발견한다. 이처럼 요한1서의 기자는 자신의 공동체에게 이렇게 쓴다. "누구든지 예수를 하나님의 아들로 시인하면, 하나님이 그 사람 안에 계시고, 그 사람은 하나님 안에 있습니다."[요일4:15, 4:1–3, 5:1 참조; 행16:30–31; 롬10:9–10] 그리고 믿음에 대한 명백한 진술들은 복음서 이야기들과[마27:54; 요1:49 참조] 바울과 다른 사람들의 편지에 깊이 박힌 신조의 요약들[롬1:3–4; 빌2:5–11; 딤전3:16 참조] 모두에서 발견될 수 있다.

본문이 속한 신약성서의 다른 가닥들은 **건물**로 교회를 묘사하는 구절들로 구성된다. 이 구절들 대부분이 성전이라는 보통 건물을 염두에 두지만 이들은 다양한 방식으로 이 은유를 발전시킨다. 마태복음 16장 18절에서 예수는 건축자의 역할을 한다. 그리고 베드로는 이 건물의 기초와 동일시된다. 이 역할들은 고린도전서 3장 9–17절에서 거꾸로 되는데 거기서 예수 그리스도는 교회의 기초로 거명되는 반면 바울과 베드로[그리고 다른 지도자들]는 건축자들로 묘사된다.

그럼에도 세 번째 그림은 예언자들과 사도들이 기초의 나머지를 형성하고[엡2:19–22; 마21:42 그리고 병행기사 참조], 신자들은 새로운 건축물에서 "살아 있는 벽돌"이 되는[벧전2:4–8] 건물의 **모퉁잇돌**로서의 그리스도의 역할이다. 이 본문들은 함께 초기 교회의 성전 주제와 살아 있는 공동체를 묘사하는 이 주제의 변형의 중요성을 증명한다.

마지막으로 마태복음 16장은 사도들의 지도자로서의 베드로의 역할을 강조하는 본문의 더 넓은 모음에 공헌한다.[Brown, 1973 참조] 첫 번째 복음서 자체 안에서 베드로는 몇 가지 점에서 지도자 혹은 대표하는 지위의 역할을 맡는다.[10:2, 14:28–33, 17:24–27 참조] 복음서들의 다른 곳에서 베드로는 부활하신 주님의 특별한 나타나심을 보고[눅24:34] 예수의 양들을 양치기와 같이 돌보라는 지시를 받아[요21:15-17] 그의 "형제들"을 강하게 하는 과업을 맡게 된다.[눅22:31-32]

베드로의 의미심장함에 대한 같은 의미가 신약성서의 다른 부분에서 증명된다. 이처럼 사도행전의 이야기에서 베드로는 유대와 사마리아의 제자들을 위한 최고의 대변자로서 나타난다.[행1:15, 2:14, 8:14-25, 10:1-11:18 참조] 그리고 바울은 갈라디아인들에게 보낸 편지에서 베드로를 "할례 받은 사람들에 대한" 사역의 우두머리로 언급한다.[갈2:6-10] 이와 같은 자료들이 주어졌기 때문에 베드로가 교회의 생활의 기초에서 바위라고 불리는 것은 놀라운 일이 아니다.

교회생활에서의 본문

교회가 그 위에 세워진 바위는 해석의 역사 전체에서 생기에 넘친 토론의 주제였다. 흥미롭게도 사람들은 교부들 가운데서 이 바위의 다양한 이해에 대한 각각의 변호자들을 발견할 수 있다. 어떤 이는 바위를 베드로와 동일시하는 반면[Tertullian] 다른 이는 이것을 베드로의 믿음[Chrysostom], 그리스도[Augustine], 혹은 그리스도를 고백하는 모든 제자들[Origen]에 연결한다. 후에, 베드로가 바위라는 견해는 우세한 견해가 되었고 이 본문은 점점 이른바 베드로를 계승한 로마 주교의 교황직을 지지하는 데 사용되었다.

이처럼 베드로에게 부여되었던 직임을 로마 가톨릭이 가진다는 주장에 대한 개신교 지도자들의 논박과 함께 본문은 개신교와 로마 가톨릭 사이의 논쟁의 요점이 되었다. 다행스럽게 수 세기에 걸친 논쟁은 이제 본문에 대한 더욱 현명한 해석에 굴복한다. 한편으로 예수가 교회를 세우겠다고 약속한 바위가 실제로 제자 베드로라는 점차 증가하는 의견의 일치가 있다. 다른 한편으로 예수의 말씀이 누가 교회를 지배해야 하는가의 문제를 결정하지 않는다는 다양한 고백에 대해 다양한 지도자들이 널리 동의한다.

믿음과 삶을 위한 더 넓은 관심은 본문이 베드로가 아니라 **교회**에 돌리는 역할이다. 20세기 초반에 프랑스 비평가 알프레드 로지[Alfred Loisy]는 "예수가 하나님 나라를 선포했고 온 것은 교회였다."는 도발적인 진술을 했다.[Kung: 69에서 인용] 로지의 표명은 하나님 나라와 교회 사이의 관계에 대한 질문을 제기한다. 하나님 나라의 도래가 실패했기 때문에 교회가 발전했는가? 아니면 교회가 다가오는 하나님의 통치의 없어서는 안 될 부분인가?

예수의 추종자들이 "교회"가 되는 방식과 때에 대한 역사적인 질문은 논쟁의 문제로 남는다. 그러나 처음부터 예수의 하나님 나라의 메시지는 **하나님 나라의 공동체**가 있을 것임을 가정하고 마태복음 16장은 이 방식을 자세하게 묘사한다. 교회는 **하나님 나라의 열쇠**를 받고 실행한다. 하나님의 통치가 교회의 경계 이상으로 확장될지라도 교회는 하나님의 통치를 알게 하는 영역이고 사람들이 하나님 나라의 약속과 요구들에 대한 권리를 주장하는 곳이다. 그러므로 본문은 우리에게 교회는 결코 우연이나 보충이 아니라 오히려 인간을 구속하려는 하나님 계획의 중심이다.

4부

예수의 마지막 여행

마태복음 16:21-20:34

사전 검토

16장 21절의 '그때부터' 라는 구절은 마태복음 이야기의 큰 변화를 가리키는 신호이다.4:17의 같은 구절 참조 지금까지 예수의 이스라엘에 대한 사역은 갈릴리에 집중되었다. 그러나 지금부터는 모든 것이 예루살렘을 향하게 될 것이고 예수가 예루살렘에 도착하면 만나게 될 그를 기다리고 있는 운명을 향한다. 마태복음이 이 변화를 독자들에게 분명하게 만드는 방식들 가운데 하나는 예수가 자신의 열정 혹은 고난에 대해 예언했던 말씀들을 통해서이다.16:21, 17:22-23, 20:17-19 참조 또한 마태복음은 여행의 주제를 이 섹션을 위한 이야기체의 구조로 사용한다.19:1-2, 20:17, 20:29 참조 이 여행이 19장 1절까지 실제로 시작하지는 않지만 여행을 하겠다는 예수의 결정은 처음부터 분명하고, 이후로 이에 대한 걱정스러운 예감의 분위기가 있다.

이 이야기가 방금 묘사한 줄거리를 따라 형성되지만 예수는 앞에 놓여 있는 것을 위해 자신의 추종자들을 준비하느라 바쁘다. 한 가지 면에서 예수가 준 가르침은 이들이 예루살렘과 이를 넘어 직면하게 될 특별한 상황을 위해 열두 제자를 준비시킨다. 또 다른 면에서 예수는 그가 세우기로 약속한 교회의 미래의 지체들인 모든 세대의 제자들을 가르친다.16:18-19 참조 다른 말로 표현하면 16장 21절-20장 34절의 가르침은 믿음과 공동체의 형성을 위한 자료이다.

수많은 주제들과 문제들이 이처럼 토론의 대상이 된다. 신자들에게 십자가를 지고 예수의 고난을 공유하라는 부르심이 있다.16:24-28, 20:20-23 참조 제자들이 가정생활과 소유에 대한 옛 질서에 어떻게 관련되는지에 대한 가르침이 있다.19장 참조 그리고 공동체의 공동생활과 이것의 지도자들을 형성해야 하는 것의 가치에 대한 조언이 있다.17:24-18, 20:24-28 참조

문자적으로 16장 21절-20장 34절의 자료는 매우 다양하다. 우리가 이 섹션을 구성하는 가지각색의 조각들을 시험할 때 이 자료의 형태와 기원에 관해 더 많이 말하게 될 것

이다. 지금은 마태복음이 독자들에게 마가복음의 이야기의 확장된 버전을 제공한다는 사실에 주목하는 것으로 충분하다.

개요

고난과 영광, 16:21–17:21

- 16:21–28 십자가의 길
- 17:1–13 희미한 영광
- 17:14–21 믿음의 위기

예수 공동체의 삶, 17:22–18:35

- 17:22–27 자유와 복종
- 18:1–14 돌봄의 공동체
- 18:15–35 깨어짐 다루기

제자도의 요구 19:1–20:34

- 19:1–15 결혼과 자녀
- 19:16–20:16 주는 것과 얻는 것
- 20:17–34 지위인가 섬김인가?

마태복음 16:21-17:21

고난과 영광

사전 검토

가이사랴 빌립보의 에피소드의 결론에서 예수는 자신의 메시아직의 주제에 대한 발설을 금한다.[16:20] 예수는 제자들이 여기에 그리스도가 있다는 뉴스를 발표하는 것을 허락하지 않는다. 그러나 제자들 자신에게 예수는 자신의 소명에 대한 말씀을 훨씬 더 많이 했다. 예수는 자신이 궁극적으로 자신의 백성을 구할 길을 분명히 해야만 했다.[1:21 참조] 이것은 이어지는 마태복음이 마가복음에서 이끌어낸 자료를 위한 의제를 설정한다.[막 8:31-9:29 참조]

첫 번째 이야기에서[16:21-28] 예수는 십자가가 왕관에 선행한다는 환영받지 못하는 요점을 지적한다. 예수가 고난을 받은 이후에만 그가 영광 가운에 많은 것들을 통치할 것이며 이 영광이 분명해질 것이다. 두 번째 이야기는 보통 "변모"라는 표지가 붙은 신현을 통해 예수의 영광의 미리 보기를 제공한다.[17:1-13] 예수는 태양과 같이 빛나고 그의 탁월함이 확인된다. 그러나 이 이야기가 끝날 때 대화는 고난의 주제로 회귀한다.[9-13절 참조] 그리고 이 섹션의 마지막 이야기는[17:14-21] 예수가 없는 삶의 문제와 씨름하는 것처럼 보인다. 제자들은 예수가 그곳에 없을 때 무력해질 것인가 아니면 이들이 어려운 상황들을 다루는 데 필요한 힘을 발견하게 될 것인가?

십자가의 길

마태복음 16:21-28

사전 검토

16장 21절에서 시작한 이 항목은 이미 마가의 이야기에 연계된 두 개의 더 짧은 단편으로 구성된다.막8:31-9:1 참조 첫 번째 단편에서21-23절 주제는 예수의 고난과 그 후의 변호이다. 이곳의 자료는 이 예보에 대한 베드로와 예수 사이의 가혹한 말씀에 이어지는 소위 말하는 "수난 예언"의 첫 번째를 포함한다.16:21, 17:22-23, 20:17-19, 26:1-2 참조 두 번째 단편에서는 초점이 예수의 운명에서 고난과 그의 제자들의 변호로 전환된다. 여기서 우리는 본래는 서로가 독립적이었지만 이제 예수를 따르는 것에 대한 대가와 보상의 주제를 이야기하려고 결합된 다섯 개의 말씀의 수집물을 발견한다. 연속된 자료의 단편을 제시함으로써 마태복음과 마가복음은 중요한 신학적 요점을 만들어낸다. 예수가 가는 것처럼 그의 제자들 역시 가야만 한다. 예수의 십자가는 기독교 제자도를 위한 준거의 틀을 제공한다.

개요

예정된 고난, 16:21-23

잃고 발견하는 삶, 16:24-28

주석적 해설

예정된 고난 16:21-23

21절에서 예언되는 고난이 예수의 선포에 대한 해설자의 요약의 유형에 선정된다. 마태가 사용한 어법에서 다음 몇 개의 특징들은 주목할 만하다.

(1) 우리는 다가오는 사건의 계시를 위한 묵시적 어휘의 예를 발견한다. 예수는 자신의 제자들에게 하나님의 목적을 성취하고자 **일어나야만 하는 것**을 **보여준다.**계1:1의 같은 어법 참조

(2) 마태는 예수의 사망의 장소로서의 **예루살렘**에 주의를 환기시킨다. 이전에 예언자들이 자신들의 운명을 마주했던 장소23:37 참조인 이 거룩한 도시는 다시 한 번 거룩하지

못한 도시가 될 것이다.

(3) 우리는 예수가 **장로들**영향력이 있는 유대교의 일반 신도, **대제사장**성전 성직자 계급, 그리고 **율법학자들**율법 교사을 포함하는 이스라엘의 종교 당국에 의해 거절될 것이라는 사실을 안다. 세 그룹 모두는 유대 최고의 의회이며 법정인 예루살렘 산헤드린을 대표했다.

(4) 본문은 자신의 고난에 이어지는 예수의 변호를 묘사하려고 초기 기독교 신앙 고백의 구절을 사용한다. 예수는 무덤에 갇혀있지 않을 것이며 **사흗날**에 살아날 것이다.고전 15:4; 호6:2 참조

사용된 어법은 베드로와 예수 사이에 일어난 개인적인 변화에서도 역시 의미심장하다.22-23절 베드로가 예수를 비난할 때 그는 문자적으로 **'은혜의 하나님이 이 일이 당신에게 일어나지 못하게 하실 것입니다.'** 라는 의미인 **'자비가 그대에게'** 로 읽을 수 있는 판에 박은 말을 사용한다. 하나님이 금지한 해석은 이 사고를 표현하는 간단한 지름길이다.

베드로에게 반응하여 예수는 자신의 질책을 공표하는데 이것은 모순으로 가득하다. 전에 베드로는 하나님의 계시를 분별할 수 있는 사람으로 갈채를 받았지만 이제 그는 **하나님이 아니라 사람이 생각하는 것처럼 생각하는 것**에 대해 비난을 받는다.NJB 전에는 베드로가 교회의 반석이라고 불렸는데16:18 이제는 넘어지게 하는 그 무엇으로 예수의 길에 걸림돌로 불린다.사8:14-15; 벧전2:7-8 참조 사실 예수가 하나님의 계획을 성취하는 것에서 벗어나게 하는 것으로 베드로는 예수를 유혹하거나 시험하는 사탄의 역할을 맡게 된다. 그래서 예수는 4장 10절의 자신의 말을 상기시키는 말을 한다. **사탄아 내 뒤로 물러가라. 내가 나의 사역을 하는 것을 방해하지 마라.**

잃고 발견하는 삶 16:24-28

24-28절의 다섯 말씀으로 예수는 그의 대화를 제자 그룹 전체와 함께 다시 시작한다. 첫 번째 말씀24절, 10:38 참조; 눅14:27; G. Thom. 55은 제자가 되려는 사람들에게 자신의 십자가를 지라고 초대한다. 이 말씀을 처음 들은 사람들에게 이 어법은 사형 집행하는 곳으로 십자가를 나르고 있는27:32 참조 저주 받은 죄수의 그림을 불러일으킬 것이다.혹은 그를 도우려고 징집된 어떤 사람 이 은유는 이처럼 강하고 단순하게 삶의 무게를 지는 것 이상을 의미한다. 이 은유는 필요하다면 죽음에 이를 때까지 증오와 고통을 견딜 것을 요구한다. 자신의 안전과 안녕을 구하는 대신 진정한 추종자들은 자기를 부인하고 제자도의 대가를 지불할 것이다.

이어지는 말씀에서25절; 요12:25 참조 우리는 십자가를 지는 것이 생각하는 것처럼 그렇게 어리석지 않다는 것을 알게 된다. 세상적인 관점에서 자신의 삶을 희생하는 것은 완전하고도 회복할 수 없을 정도로 상실하는 것이다. 따라서 자기 보존은 최고로 우선하는 것이 된다. 그러나 예수에게 완전한 의미에서 생명은 하나님의 영역에 있는 생명이고 이 생명을 얻는 것은 가장 중요한 문제이다. 예수의 말씀이 분명히 하듯이 이곳의 역설은 하나님 나라에서 생명을 **발견하는** 사람은 자신의 현재의 생존에 끈기 있게 매달리는 사람이 아니라 새로운 질서를 위해 그들 자신을 위태롭게 하는 사람들이다.

다음 말씀의 수사적인 질문들은26절; 눅12:15 참조 중요한 생명을 잃지 않는 것의 중요성을 강조한다. 지혜 선포의 유형과 함께 하며 이 말씀은 시편 49편 7-9절의 언어에 의존한다. "아무리 대단한 부자라 하여도 사람은 자기의 생명을 속량하지 못하는 법, 하나님께 속전을 지불하고 생명을 속량할 사람은 아무도 없다.…" 그곳의 **생명**은 오늘 우리가 지금 이곳에서 향유하는 **생명**이다. 그러나 마태복음에서 세상의 부로 사거나 대치할 수 없는 **생명**은 하나님의 영역에 있는 **영원한 생명**이다. 어떻게 사람이 이 생명을 잃는 것을 속량할 수 있겠는가?

마지막 두 말씀은 예수가 자신을 따르는 사람들에게 한 약속들로 구성된다. 두 말씀 모두 묵시적인 어법을 사용하고 다스리고 심판하는 인자의 **오심**에 대해 말한다.13:41-43, 24:44, 25:31, 26:64; 단7:13-14 참조 복음서의 다른 곳과 마찬가지로 이곳에서 **인자**는 예수를 가리키지만 지금은 그의 종말의 권위와 함께 그렇게 한다. 27절에 따르면 예수는 심판 때에 각 사람과 계산할 때 그의 제자들에게 빚을 갚고 보상할 것이다.시62:12; 마6:1-6, 25:14-30; 롬2:6; 계22:12 참조

더욱이 28절은 어떤 제자들은 죽음을 맛보지 않고 살아서 예수의 오심을 살짝 보게 될 것이다. 원래 이 말씀은 매우 문자적으로 종말이 기독교의 첫 세대들이 아직 살아 있을 때에 발생한다는 것을 의미할 수도 있었다.살전4:15 참조 그러나 마태복음에서 이 말씀은 28장에서 열한 명의 제자에게 예수가 나타난 것을 가리키는 것 같다.10:23에 대한 해설 참조 다시 살아나신 분이 이제 자신이 하늘과 땅의 권세로 명할 때28:18 "그의 제자들은 그가 자신의 왕권을 가지고 오는 것을 보고"Meier, 1980:188 이처럼 종말에 그의 오심에 대한 맛보기를 즐긴다.

성서적 맥락에서의 본문

큰 고난을 지나야만 하는 사람으로서의 예수의 초상은 소량의 수난 예언에 국한되지 않는다. 다른 본문들 역시 하나님의 계획의 일부로마26:39; 눅12:50; 행2:23 참조 그리고 성서의 성취로서눅24:26-27; 행3:18; 고전15:3 참조 예수의 죽음을 말한다. 구약성서의 어떤 기자도 고난 받는 **메시아**를 예견하지 못했을 지라도 몇몇 본문과 전통들은 더 넓은 의미에서 하나님의 종들을 위한 고난의 사역을 묘사한다.

이처럼 역대기하 36장 15-16절은 거절당하고 박해 받는 예언자의 전통을 증명한다. 눅13:31-34 참조 외경 솔로몬의 지혜서는 자신을 인자라고 부르는 의로운 사람에 대해 말하는데 그의 적들은 그에게 부끄러운 죽음이라는 유죄판결을 내린다.솔로몬의 지혜서2:12-20; 시22장 참조 그리고 포로기의 이사야는 그의 고난과 죽음에서 다른 사람들의 죄를 지니는 종의 모습에 대해 쓰고 있다.사52:13-53:12 이런 본문들은 하나님의 사람들이 하나님의 전달자로서 예수의 사역에서의 십자가의 **불가피성**을 지적한다.

제자들에게 **자기의** 십자가를 지라는 부름에서 마태는 그의 복음서의 다른 곳에서 들을 수 있는 기록과5:10-12, 10:16-39, 24:9-14 참조 초기 교회의 다른 사람들이 수집한 기록을 다시 말한다. 한 예는 우리가 베드로전서에서 발견하는 권면이다. "바로 이것을 위하여 여러분은 부르심을 받았습니다. 그리스도께서는 여러분을 위하여 고난을 당하심으로써 여러분이 자기의 발자취를 따르게 하시려고 여러분에게 본을 남겨 놓으셨습니다."벧전2:21; 히12:1-2; 13:12-13 참조

바울 서신에서보다 이 주제가 더 완전하게 발전된 곳은 없다. 갈라디아인들에게 바울은 이렇게 쓴다. "나는 그리스도와 함께 십자가에 못박혔습니다. 이제 살고 있는 것은 내가 아닙니다. 그리스도께서 내 안에서 살고 계십니다."갈2:19-20, 6:14,17 참조 똑같이 강력한 것은 그가 자신의 고통과 박해를 말하는 고린도후서의 바울의 어법이다. "우리는 언제나 예수의 죽임 당하심을 우리 몸에 짊어지고 다닙니다. 그것은 예수의 생명도 또한 우리 몸에 나타나게 하기 위함입니다."고후4:10, 1:3-7 참조 이처럼 십자가는 신약성서에 널리 스며들어 있는 그리스도인의 삶을 위한 이미지를 제공한다.

교회생활에서의 본문

십자가와 십자가에 대한 예수의 말씀에 대한 교회의 반응은 다양한 형태를 띤다. 가장 분명한 것은 믿음의 상징인 십자가 길들이기라고 부를 수 있다. 콘스탄틴 이후 십자가는

기독교 미술과 경건의 주요한 표시가 되었다. 우리는 십자가를 보석으로 장식하고 십자가를 제단 위에 전시하고 편지의 인쇄 문구로 새기고 십자가를 첨탑에 놓고 무덤 앞에 세운다. 그 사용처가 이처럼 유행하여 사람들은 사형 선고인 십자가가 표현하는 것을 쉽게 잊는다. 그렇다 하더라도 십자가는 중요한 기억들을 일깨우는 상징에서 고유한 힘을 가진다.

어떤 그리스도인들에게 상징으로서의 십자가는 분명히 특별한 의미를 지녀왔다. 십자가는 신실해지려는 씨름에서 가장 직접적으로 알려진 고난의 상징이 되었다. 여기서 본문에 대한 반응은 본문에 반영되어 있는 교회의 운명을 발견하는 것 가운데 하나이다. 그리고 그것에 의하여 가까이에 있는 고난에서 목적을 발견하는 것이다. 메노 시몬즈가 동료 아나뱁티스트들을 격려하는 작품인 "성도들의 십자가"The Cross of the Saints가 그런 경우이다. 본문을 바꾸어 쓴 거기서 우리는 "이것십자가은 여러분도 잘 알고 있듯이 예수 그리스도에게 복종하고 그를 따르려는 모든 사람들은… 모든 빈곤함, 곤란함, 경멸, 애통함, 슬픔의 무거운 십자가를 자신들이 져야만 하고 거절된 사람들, 추방된 사람들, 피 흘리는 사람들 그리고 십자가에 못 박힌 그리스도를 따라야만 하는 것 이외의 결코 다른 것이 될 수 없다.[583] '이것이 역사 전체에서의 하나님 백성의 경험이고 이것이 신실한 교회의 표시이다.' 라고 메노는 말한다.

박해를 받던 받지 않던 교회는 필사적으로 본문이 함축하는 것과 씨름했다. **십자가의 공동체가 된다는 것은 무엇을 의미하는가?** 위르겐 몰트만Jürgen Moltmann에 따르면[97-98] 교회는 적어도 다음 세 가지 방식으로 십자가에 연결된다.

(1) 교회는 자신의 바로 그 생명을 십자가 위의 예수의 죽음에서 얻는다. 이 희생의 행위는 교회를 만들고 교회의 특징을 밝힌다.

(2) 교회는 십자가 밑에 있는 공동체이다. 교회는 하나님의 통치에 반대하는 거짓 권세들에 직면하여 이러한 권세들이 가하는 고난을 참으며 그리스도의 예루살렘으로의 여행에 참여하는 것이라 불린다.

(3) 교회는 십자가의 그늘에 사는 비참한 사람들의 연대라고 불린다. 무시당하는 사람들과 거절당한 사람들과의 교제에서만 우리는 십자가에 못 박힌 그리스도와의 진정한 교제를 가질 수 있다.

희미한 영광

마태복음 17:1-13

사전 검토

17장 1절에서 시작한 이야기는 계시의 이야기이다. 드러난 부분은 예수의 변형과 함께 발생하고1-8절 또 다른 부분은 엘리야에 관한 그 후의 토론에서 발생한다.9-13절 질문을 정면으로 받는 사람들에게제자들의 내적인 집단, 독자들이 이에 대해 비밀히 관여하는 주어진 계시는 다음 세 가지 일들을 달성한다. (1) 이 계시는 하나님의 아들인 예수의 유일성을 확인한다. (2) 이 계시는 예수의 통치의 영광을 희미하게 보여준다. (3) 이 계시는 **엘리야**가 예수 이전에 고난을 받았던 것과 마찬가지로 예수는 반드시 먼저 고난을 당한다는 사실을 되풀이한다. 각각의 요점에서 이 폭로는 16장에서 제기된 문제를 상기하고 세운다.16:15-16,21,27-28 참조

17장 1-3절의 자료를 위한 마태의 원천은 마가복음 9장 2-13절의 병행기사이다. 두 이야기에서 이 이야기는 하나의 연속된 이야기로 읽혀지고 산과 산을 내려오는 여행에 연관된다. 그러나 이 이야기는 두 개의 나뉜 전통의 조각들에 기초한 두 개의 특징적인 에피소드를 포함한다. 이들 가운데 하나는 신현의 모습을 보여주는 이야기인 변모에 대한 이야기이다. 복음서에서 이야기된 다른 신현들과 마찬가지로3:16-17, 14:22-33, 눅 24:28-32 참조 변모는 예수의 하나님의 위엄을 드러낸다. 엘리야에 대한 토론인 전통의 두 번째 조각은 종말의 기대들에 대한 논쟁에서 기인한다. 이것의 이전 범위와 환경이 무엇이든 이 논쟁은 이제 부활에 대한 질문과 연결된다. 종말의 예언자가 아직 나타나지 않았는데 어떻게 어떤 사람이 부활되고 **높여져** 하나님 나라를 개시할 수 있는가?

개요

아들의 영광, 17:1-8

예수와 엘리야, 17:9-13

주석적 해설

아들의 영광 17:1-8

이 복음서의 몇 가지 요점에서 산은 예수의 권능이나 권위를 드러내는 사건들의 무대를 제공한다.4:8–10, 5:1–2, 15:29–31, 28:16–20 참조 따라서 17장 1–8절의 이야기도 마찬가지로 그것의 위치는 독자들의 상상에 맡기고 놓은 산 위에서 열린다. 첫 네 장면에서 예수는 세 제자들 앞에서 **변모**된다.1–2절 **변모**이라는 말의 그리스어는 내부의 변형이나고후3:18; 롬12:2 참조 바깥 외관의 변화를 제시할 수 있다. 여기서는 예수의 얼굴과 옷이 보통이 아닌 광휘로 달아오른 후자의 경우이다.

다소 유사한 사건이 시내에서의 모세의 경험에 대한 이야기에 관련된다.출24:9–18; 34:29–35 참조 예수와 같이 모세는 세 명의 가까운 동료와 산에 오른다. 6일 후에 하나님의 음성이 산을 덮은 영광의 구름에서 말한다. 그리고 모세가 6일이 지난 후 산에서 내려올 때 하나님과 친밀하게 만났기 때문에 그의 얼굴은 빛났다. 이 유사성은 인상적이다.

그러나 빛나는 얼굴은 과거는 물론 미래와도 관련된다. 다양한 본문들이 부활의 때에 의인들의 얼굴이 해같이 빛날 것이라는 견해에 대해 증언한다.마13:43; 단12:3; 에스드라2서7:97; 바룩2서51:3 참조 그리고 높여진 그리스도는 계시의 책에서 그의 얼굴이 해가 강렬하게 비치는 것 같이 빛나는 분으로 묘사된다.계1:16

마태에게 변모의 사건은 이처럼 두 가지 의미를 가진다. (1) 이 사건은 한때 모세를 둘러쌌던 영광이 이제 하나님의 아들을 둘러싸고 있음을 선언한다. (2) 이 사건은 자신의 죽음과 부활에 이어지는 예수의 우주적인 통치에 대한 영광을 미리 보여준다.

이 이야기는 예수가 모세와 엘리야와 만나는 3절과 4절에서 계속된다. 이들의 출현이 의미하는 것은 여전히 미해결의 문제이다. 모세는 예수의 원형인가? 그리고 엘리야는 예수의 선구자인가? 두 인물이 종말의 예언자들로 그려지고 있는가?계11:3 참조 어떤 경우든 두 인물이 예수의 이전을 가리키는 옛 시대의 전조가 되고 이들의 출현은 5절의 장면을 위한 배경을 제공한다.

한편 베드로는 예수와 그의 손님들에게 환대를 제공한다. **'당신들의 필요를 돌보고자 우리가 여기 있는 것이 좋습니다.'** 라고 베드로는 공손하게 말한다.요약하면 베드로는 초막 셋을 짓겠다고 제의하는데 이것을 NRSV는 **거처**로느8:14–18 참조 GNB는 **텐트**로 명시한다. 정확한 뉘앙스가 무엇이건 베드로가 이 시간 이곳에 하늘과 땅이 함께 거주하도록 예수와 그의 손님들이 산 위에 함께 거주하기를 원했다는 점은 분명하다.슥8:3; 계21:3 참조 이것을 달리 표현하면 베드로는 지금부터 끝까지 영원히 십자가를 지지 않고 미치는 범위 내에 영광을 가지기를 원한다!

그러나 이 바람은 하나님의 계획에 직면하여 날아간다. 그리고 베드로가 여전히 말하고 있는 동안에 하늘은 그의 사고를 고치도록 분명히 나타낸다.5절 예수의 모임과 이들의 손님들을 위해 빛나는 구름이 뒤덮었고 구름에서 한 목소리가 이들에게 말하기 시작한다. 말하자면 우리가 가진 것은 예수의 탁월함을 드러내고 독자들에게 이에 따라 행동하라고 주장하는 다른 것 안에 있는 하나의 신현이다.

구름은 시내를 뒤덮었고출24:15-17 이후에 만남의 텐트 혹은 성막을 보호하던출40:34-38 영광의 구름을 마음에 떠올리게 할 수 있다. 전통에 따르면 이 구름은 미래의 어떤 지점에 다시 나타날 것이다.마카비2서2:8 하나님이 구름에서 말씀하실 때 우리가 예수의 수세 때 들었던 같은 선포가 들린다. 예수는 하나님의 목적을 성취하려고 하나님이 선택하신 하나님의 아들이다.3:16-17 참조 이 환호는 **그의 말을 들으라**는 훈계로 이끈다. 초기 교회에서 예수에게 적용되었던 신명기의 말씀들을 되풀이하면서신18:15-22; 행3:22-26 참조 이 구절은 이 이야기를 절정에 도달하게 하는 메시지를 전한다. 예수를 섬기는 바른 방식은 산 위에 남아 있는 것이 아니라 어디로 이끌던지 예수의 말씀을 따르는 것이다. 십자가까지!

6-8절의 이 이야기에 대한 결론은마태복음이 어떻게 마가복음의 결어를 재형성하는지에 주목하라 환상을 묘사하는 다른 곳에 있는 본문들에서 발견되는 유형을 따른다.겔1:28-2:1; 단8:17-18, 10:7-14; 행26:13-18; 계1:17 참조 하나님의 출현에 직면하여 세 제자들은 위압당하고 얼굴을 땅에 대고 엎드린다.6절 그래서 예수는 하나님의 위안을 제공한다. 예수는 예수가 환자들과 죽은 자를 일으키는 이전의 장면을 상기시키며8:15; 9:25 참조 이들에게 손을 대고 일어나라고7절 초청한다.

그때 갑자기 환상이 끝난다. 셋이 **눈을 들어서** 볼 때8절, 문자적으로 이들의 눈을 들어 올리다; 창18:2; 22:13 참조 예수만이 정상적인 인간의 모습으로 이들과 함께 있었다. 따라서 이것은 복음서의 끝까지, 또 다른 산의 꼭대기에 제자들이 다시 영광 가운데 예수를 보게 될 때까지 남아 있을 것이다.

예수와 엘리야 17:9-13

이 전에 주목했듯이 9-13절의 토론의 주제는 올 엘리야이다. 3-4절의 엘리야의 짧은 출현은 이 토론이 왜 지금 이 이야기의 일부가 되었는지를 설명해줄 수 있다. 어떤 경우든 9절은 이 토론으로 이끄는 과도기의 진술을 제공한다. 예수가 **이 환상을**이곳에서만 변형을 환상이라고 부른다 **아무에게도 말하지 말라**고 명령할 때 그는 자신이 죽은 자들 가운데서 살아나는 순간까지 침묵하라고 명령한 것이다. 이 말씀은 16장 21-28절의 말씀을 상기시키고 우리가 10절에서 발견하는 종말에 관한 질문을 자극한다.

질문 뒤에 숨은 것은 예수에 관한 기독교의 주장에 대한 유대인들의 반대이다. 예언자 엘리야가 아직 돌아오지 않았는데 어떻게 하나님의 메시아로서 예수가 통치한다고 주장할 수 있는가?말4:5-6; 시락서48:10 참조 본문에서 들어 올리듯이 이 반대는 예수 자신을 향한다. 우리가 아직 엘리야를 보지 못했는데 당신은 어떻게 당신의 부활과 임박한 통치를 말할 수 있는가, 누가 먼저 오기로 되어 있는가?

'그러나 나는 너희에게 말한다.' 는 권위 있는 공식으로 소개되는 예수의 대답은 11-12절에 나타나 있다.5:21 이하 참조 마가복음의 병행기사보다 더 질서 있고 분명하게막 9:12-13 참조 이 대답은 다음 몇 가지 요점들을 만들어낸다. (1) 엘리야가 이스라엘을 회복하려고 되돌아올 것이라는 기대는 근거가 확실한 기대이다. (2) 엘리야는 하나님 나라를 선포하고자 세례 요한이라는 사람 안에 이미 왔다. (3) 아무도 엘리야를 알아보지 못했고 그는 쫓겨나 사형에 처해졌다.14:1-12; 왕상19:1-2 참조 (4) 엘리야의 운명은 메시아로서의 그의 사역에서 예수 자신의 운명이 될 것이다.

이 개념의 결과와 함께 예수는 제자들을 자신의 **고난**의 주제로 되돌아가도록 이끈다. 13절에 따르면 제자들은 엘리야에 대해 분명하게 이해하게 된다. 예수의 고난을 이해하는 데에는 상당히 오랜 시간이 걸릴 것이다.

성서적 맥락에서의 본문

마태가 변모를 다루는 기사에서는 **영광**이라는 단어가 나오지 않는다. 그러나 영광은 산 위에서 분명하게 나타나고벧후1:17-18 참조 영광은 성서 이야기 전체에서 본문들의 중심주제이다. 영광은 그것을 가진 사람이 동반하는 훌륭함의 표시인 무게감과 중요성으로 정의될 수 있다. 따라서 빛과 빛남은 종종 영광과 관련되게 된다. 인간이 어떤 영광의 척도를 소유할 수 있다할지라도 이스라엘의 하나님은 모든 면에서 위엄 있는 "영광의 왕"이시다.시24:7-10, 29 참조 역사의 위대한 행위에서 이미 볼 수 있기 때문에출15:11; 신5:24 참조 하나님의 영광은 어느 날 완성된 모습으로 드러날 것이다.사35:2; 60:1-2 참조

신약성서는 이 소망을 예수 그리스도 안에 있는 하나님의 현존에 연결한다. 그리스도 안에서 우리는 세상이 그가 올 때에 보여줄 영광인 인간 안에 있는 하나님의 영광을 본다.요1:14; 히1:3 참조 이처럼 복음은 그리스도의 영광의 복음이라고 불릴 수 있고고후4:4 이 복음을 받은 사람은 예수의 광휘의 분담자가 될 것이다.고후3:18 이 모든 것은 17장 1-8

절의 그림에 있다.

이스라엘의 많은 사람들에게 영광의 소망은 성서의 두 가지 요점에서 그의 이름이 나타나고 그의 경력이 이스라엘의 기억에 관한 강력한 영향을 만들었던 **엘리야**와 관련되었다.시락서48:1-11; 왕상17:1-왕하2:12 참조 엘리야 주변에서 자란 기대는 놀라운 것이 아니다. 열왕기하 2장 11절에 따르면 전능한 예언자는 결코 죽지 않고 대신 회오리바람을 타고 하늘로 오른다. 그러므로 어려움에 처한 사람들을 돕거나마27:47, 49 참조 종말의 그리스도의 재림에서 결정적인 역할을 하려고 언제라도 돌아올 수 있는 사람으로시락서48:10; 에스드라2서6:26-28; Shek.2:5; Sota9:15 엘리야를 생각하는 것은 자연스러운 일이다.

신약성서는 본래 하나님의 오심을 준비하는 사람이라는 의미의 **선구자**로 엘리야를 묘사하는 이 역할에 관한 특별한 관점을 세우지만말3:1; 4:5-6; 사40:3 참조 후에 메시아에 앞서 오는 사람이라는 의미를 가지게 된다. 이것이 17장 10절의 질문 뒤에 놓인 전통이다. 그리고 복음서들에 따르면 이 전통은 세례 요한에 의해 성취된다.3:1-6, 11:7-15; 눅1:16-17,76-79 참조

교회생활에서의 본문

17장 1-8절의 많은 부분에서 기독론이 어렴풋이 나타나고 기독론은 본문에 대한 기독교 사상의 초점이 된다. 이 이야기의 두 양상이 특별한 관심을 만들어내는데 하나는 이것의 **시각적** 메시지이고 다른 하나는 **구두의** 메시지이다. 시각적으로 관심의 요점은 그리스도의 영광이고 산 위에서 나타났던 빛남에서 우리가 배우는 것이다. 어떤 해석자들이 이 이야기를 **미래**의 영광의 미리 보기로 취급하지만 다른 사람들은 이것을 처음부터 그리스도가 누구였는가를 밝히는 성육신 교리의 견지에서 다룬다. 후자의 경우 이 이야기는 네 번째 복음서의 관점을 통해 읽힌다.

구두의 메시지는 종종 이 이야기가 **그의 말을 들으라**는 명령에 관한 논평에 중점을 두는데 이것은 **교사**로서의 예수의 권위에 배경이 된다. 예를 들면 칼빈은 "예수가 **자신의 말을 들으라**고 이들에게 명령할 때 예수는 자신을 자신의 교회의 가장 높고 유일한 의사로서의 권위에 놓는다."라고 쓴다.1972, 2:201, 201-202 참조; 루터: 578-579 칼빈에게 이것은 그리스도의 말씀이 구약성서와 교회 전통 위에 자리한다는 것을 의미했다.

아나뱁티스트는 이와 일치하지만 이 문제를 더 나아가도록 압축했다. 우리가 그리스도를 들으려 한다면 우리는 무저항, 맹세의 거부 등등을 포함하여 예수의 명령 모

두를 엄격하게 준수해야만 한다고 메노와 다른 사람들은 주장한다.Menno Simons: 283,518,713,735; Williams: 250-251 안에 있는 Dietrich Philips 우리의 유산이 무엇이든 본문은 우리를 상상에서 순종으로 감동시키는, 그리스도의 말씀이 교회생활을 형성하고 안내하도록 허락하는 믿음을 요구한다.

믿음의 위기

마태복음 17:14-21

사전 검토

16장 21절에서 시작했던 이야기에서 제자들의 믿음은 몇 가지 점에서 부족하다. 베드로는 예루살렘의 가혹한 현실보다 산 위에서의 영광을 좋아하면서17:4 임박한 고난과 죽음의 예언에 반대한다.16:21-22 이후 예수가 자신의 부활에 대해 말할 때 예수의 세 동료들은 어리둥절해 하며 예수의 반대자들은 율법학자들에게서 온 질문을 말로 나타낸다.17:9-10 한편으로 예수와 함께 산에 오르지 않은 제자들은 자신들만의 문제를 가지고 있다.17:16 예수가 없는 동안변모가 있기 며칠 전에 이들은 자신들이 고통 받는 아이를 치료할 수 없다는 것을 발견한다.

이 진퇴양난의 이야기는 다시 한 번 마가복음에서 온다.막9:14-29 참조 마태복음은 전형적인 방식으로 마가복음의 이야기를 크게 요약한다. 생략한 항목들 가운데 아이의 상태에 관한 생생한 묘사와 예, 율법학자들과 제자들 사이의 논쟁에 관한 언급, 예수의 아이의 아버지 사이의 고전적인 대화가 있다. 응축의 과정에서 이 이야기는 새로운 유형과 초점을 요구한다. 아이와 그의 아버지의 맹세에 집중하면서 이것은 더 이상 기적의 이야기가 아니다. 대신 **제자**들의 **믿음**과 이들의 더 큰 믿음에 조점이 맞추어진다. 그리고 본문의 결과는 **제자들을 위한** 한 편의 **가르침**으로 묘사될 수 있다.

개요

예수가 불신에 도전하다, 17:14-18

예수가 자신의 제자들에게 권면하다, 17:19-21

주석적 해설

예수가 불신에 도전하다 17:14-18

예수와 17장 1절에서 언급되었던 세 제자들은 무리가 이들을 기다리고 있는 산 밑에 도착한다. 즉각적인 필요는 **간질병**으로 묘사된 아이를 위한 치료이다.간질병으로 번역된 단어는 간질병이 달이라는 구절에 연결되었던 고대의 개념을 반영하면서 실제로 발작을 의미한다. 그의 상태 때문에 본문은 이 아이가 생명을 위협하는 상황불, 물으로 빠져드는 경향이 있다고 말한다. 그러므로 이 아버지는 예수에게 도움을 간청한다. 이 복음서의 다른 탄원자들과 마찬가지로 이 아버지가 신자들의 표시로 예수를 주님으로 부르면서 하나님의 자비를 요구한다는 것8:5; 9:27; 15:22 참조에 주목하라. 그의 믿음의 세기는 위에서 주목했듯이 예수의 치료의 대리인으로서 행동할 수 없었던 제자들의 약함과 날카롭게 대조된다.16절 참조

제자들의 실패의 소식은 예수를 17절의 가혹한 비난의 문제로 이끈다. 하나님이 예언자의 불평에서 말씀하시는 것과 같이 말하면서민14:27-35; 렘5:20-31 참조 예수는 수사적으로 이렇게 질문하며 이들의 악과 **불신**에 대한 자신의 **세대**를 혹평한다.신32:5, 20; 마12:39 참조 **얼마나 오래 걸리겠느냐?**

이 비난은 이것이 **제자들**을 불신하는 이스라엘과 연결한다는 점에서 깜짝 놀라게 한다. 불신은 예수가 누구인지를 알고 그의 말씀을 이해하는 예수의 바로 그 추종자들을 위협한다. 그러나 제자들의 문제를 다루기 전에 예수는 간질병에 걸린 아이를 돌본다. 예수는 또 다른 **비난**을 말하는데18절 이번에는 고통 받는 아이를 괴롭히는 귀신에 대한 것이다. 그리고 이전 치료의 사역에서와 같이8:13, 9:22, 15:28 참조 소년은 그 **순간에**NRSV: 즉시 치료된다.

예수가 자신의 제자들에게 권면하다 17:19-21

이어지는 사적인 장면에서13:36-43, 15:12-20, 19:10-12의 유사한 장면들 참조 제자들은 자신들의 실패의 이유에 대하여 묻는다. 20a절에 따르면 치료에 대한 무능은 확신과 신뢰의 실패인 **적은 믿음**의 결과이다.두 번째 이유는 마가복음 9장 29절에 기초한 21절에서 주어지지만 이 구절은 가장 이른 사본에서는 발견되지 않고 복사본에 의해 본문에 부가된 것으로 보인다.

20절의 나머지는 복음서들의 다른 곳에서 발견되는 두 개의 말씀에 관해 그리는 것에서 나타난다. 하나는 겨자씨와 같은 믿음에 관한 말씀이고눅17:6 참조 다른 하나는 산을 움직일 수 있는 믿음에 관한 마가복음의 말씀이다.막11:22-23 참조; G. Thom. 48,106; 고전13:2 새로이 합성된 말씀을 통해 예수는 그의 제자들에게 믿음은 이들에게 부족한 능력

에 관련된다고 말한다. 이들이 진정으로 하나님을 신뢰한다면 이 신뢰가 아주 작을지라도 이들은 예수가 있건 없건 예수가 이들에게 하라고 요구하는 모든 것을 할 수 있게 될 것이다.요14:12 참조

성서적 맥락에서의 본문

첫 번째 복음서 도처에는 불신과 믿음 사이의 생생한 상호작용이 있다. 이스라엘은 하나님이 예수를 통해 하시는 일을 이해하는 데 실패한다.8:10, 11:20, 13:13, 58, 17:17, 21:32 참조 반면 제자들은 무슨 일이 일어나는지를 이해하고 그래서 믿고 예수를 따른다.11:25, 13:16, 16:15–17 참조 그러나 제자들의 믿음이 비틀거릴 수 있으며, 마태복음의 이에 대한 용어는 보통 적은 믿음으로 번역되는 '올리고피스티아oligopistia' 이다. 위에서 암시하듯이 '올리고피스티아oligopistia' 의 언외의 의미는 확신의 부족인 약함이나 흔들리는 믿음이다. 이처럼 제자들은 자신들의 필요를 위한 양식에 관해 걱정할 수도 있고6:30, 16:8 위기 가운데 자신들의 안전을 두려워할 수도8:26, 14:31, 혹은 자신들의 사역을 수행할 수 있는 자신들의 능력을 의심할 수도 있다.17:19–20

문제는 마태와 같은 이들이 교회의 목회적인 문제로 다루고 있는 다른 기자들 역시 언급하는 것이다.약1:5–6; 히10:23, 35–39 참조 '올리고피스티아oligopistia' 의 반대는 바울이 족장 아브라함에 대해 묘사한 믿음이다. "그는 하나님의 약속을 믿고 의심하지 않았습니다. 오히려 그는 믿음이 굳세어져서 하나님께 영광을 돌렸습니다. 그는, 하나님께서 스스로 약속하신 바를 능히 이루실 것이라고 확신하였습니다."롬4:20–21 이런 믿음이 산을 옮길 수 있는 믿음이다.

교회생활에서의 본문

17장 14–21절의 이야기는 종종 변모의 계속으로 취급된다. 예를 들어 바티칸에서 우리는 아래 있는 인간의 필요의 혼돈에 대한 해답으로서 산꼭대기에 있는 영광스러운 그리스도를 그린 라파엘의 그림을 발견한다. 두 이야기에서 주제들의 같은 병치는 땅의 차원에서 거친 실제와 함께 산꼭대기의 특별한 믿음의 경험과 내조되는 많은 설교에서 발견될 수 있다.

영광의 배경이 있거나 없다면 본문의 장면은 믿음이 존재하고 믿음에 도전해야만 하

는, 무리들이 아우성치고, 회의론이 지배하고, 구원이 필요한 세상을 묘사한다. 한 저자에 따르면 본문은 "교회는 언제나 세속적인 마음을 가진 세대의 회의적인 심적 상태로 되돌아갈 위험이 있다."Sand: 360고 우리에게 경고한다. 그러나 본문은 또한 약속의 말씀을 포함한다. 즉, 우리가 불신의 한가운데서 하나님을 담대하게 신뢰한다면 우리는 예수의 이름으로 행동하는 데 필요한 능력을 발견할 것이다.

마태복음 17:22-18:35

예수 공동체의 삶

사전 검토

예수와 열두 제자들이 예루살렘으로의 여행을 시작하기 전에 갈릴리에서의 마지막 가르침이 있다. 이 가르침의 대부분은 18장 1-15절에서 우리가 발견하는 이 복음서의 예수의 말씀의 수집물 가운데 네 번째 담화이다. 이 담화의 주제는 "제자들 가운데 건강한 상호 작용을 위해 필요한 조건들인 교회 안에서의 관계"로 묘사될 수 있다.[Meier, 1980:200]

공식적으로 이 담화는 두 섹션으로 구성되어 있는데 하나는 교회에서 작은 사람들을 위한 돌봄을 다루고[18:1-14], 두 번째는 죄를 지은 지체의 회복을 다룬다.[18.15-35] 각각의 두 섹션은 비유로 끝을 맺고 각 비유는 아버지의 뜻을 가리킨다. 연결하는 이야기로서 담화를 향해 이끄는 것은 17장 22-27절의 이야기이다. 이 본문의 전면의 문제가 세금 납부일지라도 이 이야기의 더 넓은 관심은 모욕을 주려는 것이 아니다. 그리고 이 관심은 이어지는 담화의 중심이다.

각각의 다섯 개의 담화에서 마태는 그의 원천 가운데 하나에서 자료의 핵심을 취하고 이것을 다양한 방식으로 확장한다. 여기서 핵심은 마가복음 9장 30-50절에서 오는데 이것 자체가 제자들을 위한 교훈의 형태를 가진다. 이 가르침을 확대하려고 마태복음은 다른 마가복음의 말씀들[막10:13-16 참조], 또한 누가복음에서 사용된 또 다른 문자로 쓴 자료[눅15:3-7 참조], 그리고 마태 자신의 공동체에서 온 것으로 보이는 전통을 이끌어 온다.

자유와 복종

마태복음 17:22-27

사전 검토

17장 22-27절의 이야기는 수난 예고로 시작하고 그 다음 성전세 토론으로 진행된다.[24-27절] 수난 예고와 본문의 지리적 틀에 대해 마태복음은 마가복음에 신세를 진다.[막 9:30-33 참조] 그러나 성전세 납부에 관한 이 에피소드는 첫 번째 복음서에서만 발견되고 마태 공동체의 구전 전통을 반영한 것으로 보인다. 이것의 전례가 무엇이든 이제 이 이야기는 토론이나 논쟁, 제자들을 위한 가르침과 기적 이야기의 특징을 결합한다. 한편으로 우리가 옛 사회적 질서에 대한 의무에서 자유롭다고 본문은 말한다. 다른 한편으로 우리는 다른 사람에게 영향을 미치는 우리의 행동 방식에 민감해야만 한다.

개요

죽음에 대한 복종, 17:22-23

세금에 대한 복종, 17:24-27

주석적 해설

죽음에 대한 복종 17:22-23

22절에서 우리는 갈릴리에서 일어난 모임을 보게 되는데 분명히 예수와 열두제자들의 모임이다. 이 개념은 단순하게 17장 1-20절의 사건 후에 다시 모인 것이 될 수 있지만 19장 1절에서 시작될 여행을 위한 모임의 의미 역시 될 수 있을 것이다. 시니어[Senior]는 다음과 같이 분명하게 주해한다. "예수는 사령관이 전쟁 전에 자신의 부대를 불러 모으는 것처럼 제자들을 함께 모았다."[1977:173]

모인 그룹이 들은 첫 번째 말씀은 예수의 임박한 운명의 발표이고 두 번째 자신의 수난에 대한 공식적 예고이다.[막9:31/눅9:44 참조] 22b절 말씀의 재담에 주목하라. **인자는 사람들의 손에 넘겨질 것이다.**[의미: 인간 권세자들의 권력으로] 어떤 학자들에 따르면 이것처럼 수수께끼 같은 말씀은 더욱 발전된 예수의 죽음의 예고의 기초가 되었을 것이다.

이 말씀은 **'배반당하다'** 라는 핵심 용어를 소개하는데 이 말은 또한 단순하게 넘겨지다[REB] 혹은 **인도되다**[RSV]를 의미할 수 있다. 여기서 더 일반적인 의미는 의도적일지도 모르고, 수동태는 인간뿐만 아니라 하나님의 행위를 암시할지도 모른다. 궁극적으로 예수를 죽음에 넘기고 죽음에서 일으키는 것은 하나님이시다.[롬4:25 참조] 죽음 후의 부활이라는 약속에도 불구하고 이 예고는 전체적으로 열두 제자에게 **커다란 슬픔으로 가득한**[REB, NIV] 근심을 남긴다.[23절] 이들은 예수를 기다리는 마지막과 맞붙기 시작하고 이것을 사실로 생각하는 것은 고통스러운 일이다.

세금에 대한 복종 17:24-27

복음서의 초반에서 예수는 가버나움의 갈릴리에서 사역을 시작했었다.[4:13-16] 이제 갈릴리를 떠나기 전에 예수는 이 사역을 마무리하려고 가버나움으로 되돌아온다. 세금 걷는 자가 예수가 **성전세**를 납부할 것인지를 묻는 곳이 바로 이곳이다. 이 성전세는 실제로 **두 배의 드라크마** 혹은 **2 드라크마**를 말하는데[NIV 참조] 이 그리스 동전은 유대의 반 세겔과 같다. 어떻게 말하든 문제가 되고 있는 세금은 아마도 성전을 유지하기 위해 19살 이상의 유대 남자들에게서 매년 요구되었던 부과금이었을 것이다.[출30:13; 느10:32; Josephus, Antiquities 3.8.1, 18.9.1 참조]

세금 걷는 자가 베드로에게 예수의 실천에 대해 물었을 때[공식적인 대변인으로서의 베드로의 역할에 주목하라] 이들이 사용한 어법은 긍정적인 대답을 가정한다. **너의 선생은 반 세겔을 낸다. 그렇지 아니하냐?** 다음으로 베드로는 거의 생각하지 않고 그렇다고 대답한다.

그러나 집에서 이어지는 장면에서[9장 10절에서 언급되었던 같은 집 그리고 다른 본문들] 예수는 더욱 뉘앙스를 가진 대답으로 이어지는 대화로 베드로를 이끈다. 세상에서 세금이 면제되는 것을 생각하도록 베드로를 초대하면서 예수는 자신과 자신의 추종자들이 자동적으로 세금을 납부해야 한다는 가정에 도전한다. **인간** 통치자들의 가족이 세금에서 제외된다면[그리고 고대 왕들의 영역이 이런 경우이다] 하나님의 아들과 그의 형제와 자매들의 경우는 얼마나 더 그러한가![12:49-50, 13:38 참조]

이 관점에서 예수와 그의 공동체는 성전과 같은 제도의 요구들에서 자유롭다. 이들은 세금을 납부할 의무가 없다. 그럼에도 예수는 **실족하지 않도록** 성전세를 납부해야 한다고 조언하고 기적적인 수단으로 필요한 세금납부를 제공하는 데 자신의 자유를 사용한다. 베드로가 발견하게 될 동전은 한 세겔 혹은 4 드라크마의 가치를 지닌 그리스의 것인데 이것은 예수와 베드로를 위한 성전세를 내기 위해 필요한 정확한 금액이다. 복음서의 다른 곳에서와 마찬가지로 베드로는 여기서 제자들의 공동체를 대표한다. 그의 성전세 납부는 교회의 방향을 설정한다.

더 나아가 문제는 마태가 그 당시에 교회생활에 관한 이 이야기의 영향을 어떻게 보았느냐는 것이다. 마태가 쓰던 시기에 예루살렘 성전은 파괴되었고 매년의 인두세는 로마로 갔다. 그렇다면 예수의 조언은 독자들에게 어떻게 적용되는가?

다음과 같은 몇 가지 가능성이 있다. (1) 마태는 그의 독자들에게 일반적으로 유대 관습에 민감하고 유대 공동체의 필요에 기여하는 것에 민감하라고 촉구한다. (2) 마태는 독자들에게 교회에 적대적인 분위기를 만들지 않도록 세금을 납부하라고 조언하면서 이 이야기를 일반적인 세금의 문제에 대해 말하는 것으로 사용한다. (3) 마태는 교회 안에서건 더 넓은 사회에서건 그의 독자들이 공동체에서 어떻게 살 것인지에 대한 준거의 틀로서 이 이야기를 제공한다.

이것을 다르게 표현하면 마태는 그리스도 안에서의 자유에 대한 기본적인 교훈을 가르치려는 이야기를 포함한다. 이 이야기의 특별한 적용이 무엇이든 18장의 서곡으로서의 이 이야기의 사용은 후자의 문제가 마태의 마음에서 으뜸가는 것이었음을 암시한다.

성서적 맥락에서의 본문

성전세에 관한 토론은 신약성서의 두 개의 더 넓은 토론에 양분을 공급한다. 그 하나는 그리스도인들이 세금을 납부해야 하는지에 대한 질문을 포함한다. 여기서 본문과 연관된 열쇠는 마태복음 22장 15–22절과 로마서 13장 1–7절이다. 우리는 마태복음 22장을 연구하는 동안 이 질문을 살필 것이다. 이 이야기가 기여하는 토론의 또 다른 집단은 **자유**에 대한 질문을 포함한다.

여기서 다시 더 넓은 대화에서 마태의 상대자는 무엇보다 먼저 바울이다. 마태와 같이 바울은 자유의 삶으로서의 아들 됨의 삶을 정의한다. "그리스도께서 우리를 해방시켜 주셔서, 자유를 누리게 하셨습니다. 그러므로 굳게 서서, 다시는 종살이의 멍에를 메지 마십시오."갈5:1; 롬8:14–15, 21; 갈3:23–4:7 참조 동시에 바울과 마태는 그리스도 안에서 자유란 앞뒤를 가리지 않는 자유가 아니다. "하나님께서는 여러분을 부르셔서, 자유를 누리게 하셨습니다. 그러나 여러분은 그 자유를 육체의 욕망을 만족시키는 구실로 삼지 말고, 사랑으로 서로 섬기십시오."라고 바울은 쓰고 있다.갈5:13, 바꾸어 썼다; 고전8:9, 9:1,19 참조

유사한 분위기가 베드로전서에서 울려 퍼진다. 거기서 이 주제는 사회에서의 그리스

도인의 의무이다. "여러분은 자유인으로 사십시오. 그러나 그 자유를 악을 행하는 구실로 쓰지 말고, 하나님의 종으로 사십시오."벧전2:16 그럴 때 자유는 교회를 세울 때 평화와 완전을 증진하며 모든 사람들의 안녕을 구하면서 바르게 사용된다.

교회생활에서의 본문

본문에 대한 대부분의 연구들은 어떤 방식 혹은 다른 방식으로 "자유, 그러나…"의 개념을 다룬다. 루터의 주석에서 이 주제는 두 왕국의 주제와 연결된다.[582–584] 본문은 예수와 그의 제자들을 지금은 이 세상의 통치자들의 영역에 있는 손님이지만 다른 나라의 왕족으로 그린다고 루터는 말한다. 자신들의 이 세상에서의 주인들의 기분을 상하지 않게 하고 불안의 원인이 되는 고발을 불러일으키지 않도록 이곳에 있는 동안 이들은 자신의 손님으로서의 값을 치러야 할 것이다.

본문을 조명하는 데 도움을 주는 자유에 관한 좀 더 최근의 말은 에드아르드 슈바이처 Eduard Schweizer에게서 온다. 한편으로 슈바이처는 본문이 자유의 의미에 대한 실천의 중요성의 배경이 된다고 기록한다. "자유와 노예 사이의 특징이 확립된 이후에라야 우리는 더 이상 해야 할 요구를 받지 않는 자신의 자유 의지를 행하기 위한 이유가 있는지를 물을 수 있다."

다른 한편으로 본문은 자신의 자유를 보여야만 하는 사람들을 지지하지 않는다. 슈바이처에 따르면 "근본적인 자유는 어떤 대가를 치르더라도 반드시 논증되어야 한다고 가정할 때 긍정적인 율법주의와 다름없는 부정적인 율법주의가 있게 된다." 노예와 속박의 구속과 대조하여 본문은 돌봄과 책임이 병행되는 자유인 목적과 방향을 가진 자유를 권고한다.

돌봄의 공동체

마태복음 18:1–14

사전 검토

마태복음 18장의 예수의 담화는 여러 가지 방식으로 분류된다. 어떤 이들은 이것을 예수의 추종자들을 위한 "가정 규례"인 교회 질서에 관한 논문으로 언급한다. 다른 이들은 우리가 가진 것은 법률적인 규정이 아니라 지혜 문학에서 발견되는 일종의 충고라고 주장한다. 이 경우 18장은 교회에서 서로 함께 살아가는 방식에 관한 조언인 공동체 권고로 불릴 수 있다. 어떻게 분류하든지 이 담화는 교회를 가정생활의 용어를 사용하여 교회 지체들에 관해 언급하는 가정과 같은 공동체로 묘사한다.

18장 1-14절에서 들어 올리는 이 같은 용어 두 개는 **어린아이와 작은 사람들**이다. 예수의 제자들은 반드시 작고 힘없는 젊은이로 낮은 지위로 추정되는 어린아이와 같이 되어야만 한다.[1-4절] 더욱이 제자들은 약하고 취약한 지체들을 해치거나 잘못 인도하지 않도록 작은 자들을 보듯이 서로를 돌봐야만 한다.[5-9절] 이 같은 지체들을 경멸이나 난처하게 바라보는 대신 진정한 제자는 사랑의 돌봄으로 작은 사람들에게 다가가야 할 것이다.[10-14절]

개요

어린아이와 같은 제자, 18:1-4

다른 사람을 걸려 넘어지게 하지 말라, 18:5-9

작은 자들을 보살피라, 18:10-14

주석적 해설

어린아이와 같은 제자 18:1-4

베드로와 예수가 성전세에 대한 토론을 끝낼 때[17:24-27] 다른 제자들이 이들에게 합류하고 **위대함**의 문제라는 새로운 문제를 제기한다. 이 사건에 대한 마가의 이야기는 이 이슈를 제자들 가운데 있었던 언쟁의 결과로 그린다. **우리들** 가운데 누가 가장 큰 자인가? [막9:33-37 참조] 그러나 마태복음에서 제자들은 아직 오지 않은 하나님 나라에서의 계급에 관한 탐구인 신학적인 질문으로 이 문제를 제기한다. **하나님 나라에서 누가 가장 큰 자인가?** 이 질문은 종종 위대함이 토라의 가르침에 연결되었던, 랍비들에 의해서도 역시 토론되었던 질문이다. 그러나 예수는 자신의 독특한 방식으로 반응한다.

예수의 대답의 일부는 2절에서 보고되었던 기호 같은 행동이다. 예수는 제자들 가운데 한 고대 세계에서 어떤 지위도 없고 계급도 없는 사람인 어린아이를 세운다. 설명조차 없었지만 이 동작은 많은 것을 말한다. 예수는 그럼에도 3절과 3절의 자신의 행동을 해석하기 시작하는데 이것은 어린 아이를 흉내 내야 할 제자들의 모범으로 말한다. 마태복음이 마가복음 10장 15절에서 채택한 3절의 선언은 널리 퍼졌던 말씀이었음이 드러난다.요 3:3, 5와 G. Thom. 22에서 발견된 번역 참조

'어린아이와 같이 되지 않으면' 이라는 구절에서 **'같이'** change라는 동사는 **회심**한다는 전문적인 의미를 전달할 수 있었지만 여기서는 제자들이 사고하고 행동하는 방식에서의 변화를 요구하는 것처럼 보인다. 이 역전은 4절 말씀에서 더욱 깊이 묘사되는데 거기서 어린아이와 같이 된다는 것은 자신이 **작다는 것**을 아는 사람들의 태도를 가정함과 더불어 자기 겸손과 동등하게 다루어진다.23:12; 눅14:11; 18:14 참조 어린아이와 같이 된다는 것은 이처럼 우리 자신을 어떤 자기 위대함이나 자기 충족의 망상이 없는 어린아이의 의존적인 관점에서 새롭게 이해하는 것이다. 이것을 다르게 표현하면 어린아이와 같이 된다는 것은 우리 자신을 팔복의 **마음이 가난한 사람**으로 보는 것이다. 이런 태도는 하나님 나라에 **들어가기** 위한 조건이며 그 나라의 위대함의 척도이다.

다른 사람을 걸려 넘어지게 하지 말라 18:5-9

5절과 6절에서막9:37, 42 참조 **어린아이**는 예수를 따르는 사람을 위한 은유가 된다. **이처럼 어린아이와 같은 사람**은 어린아이다운 제자문자적 의미에서 어린아이가 아닌를 의미하고 **나를 믿는 이 작은 사람들 가운데 하나와** 동등하다.10:42; 11:25 참조 이 구절들의 관심은 우리가 어린아이처럼 상처입기 쉬운 제자들로 행동하는 방식이다. 우리가 이들을 향해 돌보고 환대하는 행동으로 약한 제자들을 환영하면 우리는 이들 안에서 그리고 이들을 통해 예수 자신을 섬기는 것이다.10:40 참조 그러나 우리가 이들을 **죄를 짓게 하거나 넘어지게 하면** 가장 무서운 심판이 우리를 기다린다.사람의 목에 큰 맷돌을 다는 것은 커다란 방아의 무거운 윗돌을 당나귀에게 돌리게 하는 것이다!

넘어지게 하거나 앞에 걸려 넘어지게 하는 장애물을 앞에 놓는다는 동사는 '스칸달리조skandalizō' 인데 이것은 특별히 **다른 사람을 죄짓게 하거나 더 넓게 성나게 하도록 하거나 혹은 어떤 사람을 몰락하게 하는 것**을 의미할 수 있다. 시니어Senior가 제안하듯이 이곳의 의미는 "약한 사람들의 길에 방해물을 던지는 모든 범위들을" 포함한다.1977:178 '스칸달리조skandalizō' 와 같은 기원의 '스칸달론skandalon' 성나게 하다, 유혹, 방해물은 5-9절에서 몇 번 사용되고 복음서 전체에 자주 나타난다.5:29-30, 13:21, 16:23, 17:27, 24:10, 26:31,33 참조

7-9절은 작은 자들을 넘어지게 하는 원인이 되는, 사람들이 직면하는 심판에 대해 구

체적으로 상술한다. 7절의 화가 있다는 말은 누가복음에도 나타나고눅17:1 임박한 "넘어지게 하는 방해물"을 묵시적으로 말한다. 세상은 자신의 악한 길로 굽어지기 때문에 불가피하게 넘어지는 일이 발생하겠지만 이런 일이 일어나도록 하는 사람은 매우 끔찍할 것이다! 이것을 피하려고 제자들은 8절과 9절이 지시하는 것과 같이 극렬한 행동을 할 준비를 해야만 한다. 만일 신체의 일부가 문제의 원인이 된다면 이것을 제거하는 것이 이로 말미암아 우리가 멸망에 이르게 되는 것보다 낫다고 예수는 말한다.

여기서 마태복음은 산상수훈에서 간음에 대한 토론에서 이전에 인용한 말씀을 사용한 마가복음을 이용한다.막9:43-47의 세 병행기사 참조 18장의 본문에서 이 말씀은 두 다른 방식으로 해석될 수 있다. 어떤 저자에 따르면 **찍어 버리고 빼어 버리는 것**은 파문을 가리킨다. 교회는 이들의 행동이 다른 사람들의 믿음과 공동체의 삶을 위험에 빠뜨리는 사람들을 제거해야만 한다.고전5:2, 13, 그리고 Williams:-246의 Dietrich Philips 그러나 이 말씀이 신자들 각자의 위치에서 자기 시험을 요구한다는 것이 더욱 있음직한 일이다. 우리의 삶의 어떤 부분이 우리를 넘어지게 하는 원인이 된다면 그래서 다른 그리스도인들의 믿음에 우리가 방해물이 되게 한다면 우리는 이 상황을 바르게 만들기 위한 어떤 일이라도 해야만 한다.5:29-30에 관한 해설 참조

작은 자들을 보살피라 18:10-14

연약한 제자들에 관한 관심은 10-14절의 토론의 주제로 남는다. 이 섹션의 중심에 12-13절의 마태복음과 누가복음이 공통적으로 가지고 있는 전통에서 온 이야기인 잃은 양의 비유가 있다.눅15:3-7 참조; G. Thom. 107 누가복음의 이야기에서 예수는 유대 공동체의 경계에 있던 사람들인 의지할 곳 없는 사람에 대한 그의 사역을 뒷받침하는 비유를 말한다. 그러나 마태복음은 이 비유를 길을 잃었던 교회의 지체들의 문제에 연결하고 교회에게 이 이야기의 양치기의 역할을 맡을 것을 요구한다. 사용된 어법에서 길 잃은 양이 단지 옆길로 빗나간 것인지 혹은 누군가에 의해 길을 잃게 된 것인지는 분명하지 않다. 어떤 경우이든 양떼의 길 잃은 일원은 넘어진 사람들을 표현한다. 그리고 이 이야기는 이런 사람들을 교정하는 데 헌신하는 특별한 관심과 이 교정이 이끄는 엄청난 기쁨을 강조한다.

이 비유를 다루고 그것으로 이 비유를 어떻게 해석할 것인가를 우리에게 말하면서 마태복음 10절과 14절은 이 말씀을 제공한다.11절은 눅19:10에 기초한 후대의 필사자가 추가한 것이다 두 말씀은 독자들 앞에 이 이미지를 유지하면서 **작은 자들**이라는 표현을 사용하고 두

말씀은 **작은 사람들을** 하나님 자신의 의제와 연결한다. 10절은 약한 지체들이 하나님이 자신들의 곤경을 완전하게 아시도록 **자신들의 천사들**을 통해 하나님께 나아간다고 주장한다.

하나님 백성의 안녕을 구하는 천사들에 대한 믿음은 유대교에 널리 보급되었고 구약성서에 근거한다.시91:11; 1QH 5:20–22 참조 그러나 단지 가장 높은 천사들 소수만이 하나님과 대면하여 말할 수 있는 특권이 있었다고 믿어진다.에녹1서40장 그리고 본문에 따르면 작은 사람들을 위해 중재하는 것은 정확하게 이 천사들이다. 더 간단하게 표현하면 작은 자들은 가장 높은 곳의 친구들을 가진다!

14절에서 예수는 우리에게 하나님은 작은 자들을 아실뿐만 아니라 아무도 멸망하거나 잃지 않도록 **하실 것이라고 말한다.** 그러므로 더 약한 지체들일 길을 잃을 때 공동체는 이들의 약함 때문에 이들을 무시해서는 안 되고 오히려 이들을 발견하고 회복시키려고 사랑으로 돌보는 행동을 해야 한다.

성서적 맥락에서의 본문

본문을 더 넓은 전통과 연결하는 특징들 가운데 신자들의 의미에서의 **어린아이**의 사용이 있다. 이미 구약성서에서 하나님 백성은 종종 이스라엘의 "자녀들"이라고 불렸다. 출19:6, RSV; 신31:23, RSV; 사17:3 참조 신약성서에서 **어린아이**와 **어린아이들**은 가지각색의 언외의 의미를 가질 수 있다. 무엇보다도 젊은 사람들의 이미지가 공동체의 구성원들의 **어린아이 같은 특성**을 암시하는 본문들이 있다. 마태복음 18장에서와 같이 때때로 이 묘사된 특성은 다른 본문들에서 '어린아이와 같은'이 변하기 쉬운 혹은 미숙을 의미하는 반면마11:16–17; 고전13:11, 14:20; 엡4:14 참조 이곳에서는 긍정적이거나 특성상 중립적이다.

본문의 두 번째 세트는 그곳에서 믿음의 어린아이인 자신을 발견하고 이 관계의 친밀한 본성을 강조하는 **자녀와 부모 관계**를 가리킨다. 어떤 경우들에서 문제가 되는 부모는 공동체의 구성원들이 자라는 것을 보기를 열망하는 공동체의 설립자이거나 지도자이다. 바울과 요한의 용법: 고전4:14; 갈4.19; 살전2:11; 요일2:1 다른 경우들에서 우리를 어린아이로 부르고 가족을 위해 상냥하게 보살피는 부모는 다름 아닌 하나님 자신이다.요일3:1, 5:1; 요1:12; 롬8:16–17; 빌2:15 참조

이미 주목한 바와 같이 마태복음 18장의 어린아이 혹은 **작은 자**의 뉘앙스 가운데 하나는 **연약한 그리스도인**이라는 뉘앙스이다. 그리고 이 주제는 바울서신에서 이 구절을 약

한 자들과 강한 자들에 대한 토론에 연결한다. 거기서 약한 자들은 이들의 양심이 우상에게 바쳐졌던 고기를 먹는 것을 다루지 못하거나고전8:7–13, 10:23–11:1 참조 받아들일 수 있고 받아들일 수 없는 음식과 관련하여 양심의 가책을 받는롬14:1–4 참조 지체들이다. 마태와 마찬가지로 바울은 약한 자들의 필요에 특별한 민감성을 요구한다. 바울은 자신의 독자들에게 우리가 우리 자신들보다 약한 사람들을 무시할 수 있는 어떤 이유도 가지지 못하도록 우리 모두가 십자가의 "연약함"을 통해 믿음에 이른다는 것을 상기시키는 것으로 시작한다.고전1:18–31 참조

반대로 바울은 "믿음이 강한 우리는 믿음이 약한 사람들의 약점을 돌보아 주어야 합니다."롬15:1 그리고 우리의 자유가 "약한 사람들에게 걸림돌이 되지 않도록 조심하십시오."고전8:9; 롬14:13; 고후11:29 참조라고 주장한다. 더욱 특별하게, "그러므로 음식이 내 형제를 걸어서 넘어지게 하는 것이라면, 그가 걸려서 넘어지지 않게 하기 위해서, 나는 평생 고기를 먹지 않겠습니다."고전8:13라고 말한다. 이와 같은 본문들에서 바울은 마태의 것과 유사한 목회적 접근을 보이고 같은 용어들 가운데 얼마를 사용하기까지 한다.

그러나 본문이 성서의 다른 곳에서의 구절들을 상기시키는 세 번째 지적은 예수가 양과 양을 치는 것에 대해 말하는 비유 안에 있다. 예를 들면 예레미야와 에스겔은 양떼를 학대하고 무시했던 방식에 대해 이들을 비난하면서 양치기의 이미지를 이스라엘의 통치자를 묘사하는 데 사용한다. "너희는 약한 양들을 튼튼하게 키워 주지 않았으며, 병든 것을 고쳐 주지 않았으며, 다리가 부러지고 상한 것을 싸매어 주지 않았으며, 흩어진 것을 모으지 않았으며, 잃어버린 것을 찾지 않았다. 오히려 너희는 양 떼를 강압과 폭력으로 다스렸다."겔34:4, 34:1–6; 렘23:1–4 참조 이런 상황에 직면하여 하나님은 이스라엘 지도자들이 실패한 일을 하시려고 자신이 잃어버린 양을 찾아나서는 양치기 역할을 담당할 것이라고 약속하신다.겔34:11–31; 사40:11 참조

신약성서는 이 약속을 다시 거론하고 몇 가지 방식으로 이것을 발전시킨다. 기독교 이야기의 중심은 예수가 하나님의 백성을 찾고 구하는 하나님의 양치기라는 확신이다.마9:36; 요10:1–18; 히13:20; 벧전2:25; 계7:17 참조 그러나 양을 치는 것은 또한 공동체의 몫이 된다. 양떼를 돌보는 과업은 교회의 지도자들과벧전5:2–4; 행20:28; 요21:15–17 참조 모든 교회 지체들에게마18장 맡겨진다.

교회생활에서의 본문

교회에서 18장 1-4절의 토론은 종종 **'너희가 돌이켜서 어린아이들과 같이 되지 않으면'** 이라는 구절에 초점을 맞추었다. 전에 주목한 바와 같이 이 구절을 회심에 대한 묘사로 간주하는 것은 가능하다. 이럴 경우 예수는 영적 갱생과 거듭남에 대한 필요성을 강조하는 것이다. 이것이 사복음서들이 이 말씀을 해석하는 방식이고요3:3, 5 참조, 이것은 아나뱁티스트 전통에서 잘 증명된 이해이다.Menno Simons: 213, 411; Augsburger: 215 참조

마태복음 자체의 이해에 더욱 일치하는 것으로 보이는 대안적인 견해는 예수가 자신의 공동체의 구성원들에게 어린아이와 같은 특성을 요구하고 있다는 견해이다. 18장 3절이 그렇게 해석되는 곳에서 우리는 어린아이와 같아지는 것이 의미하는 것에 관한 수많은 독창적인 제안들을 발견한다. 이처럼 어린아이들은 믿고, 혹은 열려 있고, 혹은 순수하고, 혹은 기꺼이 훈련받고자 하는 것으로 정의를 내릴 수 있다. 가장 가능성이 높은 제안은 어린아이들은 자신들이 **적다는 것을 안다**는 것이다.18:3-4에 관한 해설 참조 그리고 이처럼 어른으로 특징짓는 큰 것에 관한 암묵의 요구에서 거의 자유롭다. 이것이 어린아이가 제자를 위한 모범이 되는 지점이다.

주석가들은 이 **작은 자**들에 관한 마태복음의 관심에도 역시 매료되었다. 자만과 약한 자들을 위한 경멸 사이의 연결에 주목하는 칼빈의 이 구절에 관한 주석은 특별히 통찰력이 있다.1972, 2:215-219 하나님은 작은 자들에게 상을 주시고 이들을 특별한 사랑으로 포용하신다. 그리고 그리스도인들이 약한 자들을 향해 손을 내밀도록 격려하시고 "이들이 자신의 길에 충실하도록 도우신다."

해석의 역사 전체에서, 어떤 이들은 마태복음이 준 교훈을 **교회 지도자**들을 위한 말씀으로 다루었다. 폴 미니어Paul Minear에 따르면 본문은 "지도자들의 구원은 자신들의 양들을 위한 보살핌을 요구한다고 주장하면서100,101; Luther: 598-601 참조 "지도자들이 자신들의 회중 가운데 약하고 대수롭지 않은 구성원들을 다룸에 있어 직면하게 되는 위험"을 이야기한다. 본문이 단지 **지도자들에게만** 말한다는 견해가 너무 제한적일지라도 이 견해가 주는 조언은 분명하게 지도자의 역을 맡고 있는 사람들을 위해 **결정적**이다. 더욱 특별한 것으로 본문은 그 자체에 몰두하는 리더십과 다른 사람들을 포악하게 다루는 것에 반대되는 것으로 민감하게 양육하는 리더십을 요구한다.

깨어짐 다루기
18:15-35

사전 검토

18장 1절에서 시작한 예수의 공동체 삶을 위한 이 담화는 18장 15-35절에서 계속된다. 그러나 자료에 대한 초점에서 변화가 일어난다. 넘어지거나 길을 잃을 가능성을 인정한 후에 마태복음은 계속해서 다음과 같은 질문을 다룬다. 믿음의 공동체로서 우리는 형제가 죄를 지을 때 어떻게 해야 하는가? 1-14절에서와 같이 가족의 어법은 문제의 이야기를 위한 분위기를 설정하고 여기서 가족 용어는 형제이다. NIV, NRSV는 교회의 지체 혹은 형제 혹은 자매; 15,21,35절 참조 죄에 직면하여 우리는 십자군이나 기소자들이 아니라 가족의 모든 구성원들과 전체적인 관계를 구하는 자매와 형제들로 부름을 받는다.

이 점을 발전시키려고 마태복음은 죄와 용서에 관한 세 자료를 가져온다. 15-29절은 죄를 다루기 위한 교회의 권위에 관한 몇 개의 말씀으로 뒷받침되는 연속되는 세 단계를 묘사한다. 그 다음 21-22절에서 용서가 어떤 한계를 가지는지에 대한 질문 주위의 간단한 대화가 이어진다. 사람이 얼마나 자주 죄를 지을 수 있고 여전히 용서를 받을 수 있는가? 다음으로 이것이 빚과 빚의 취소에 관한 하나님 나라 이야기인 23-25절의 비유로 이끈다.

개요

죄를 지었을 때, 18:15-20

일흔 번을 일곱 번, 18:21-22

서로 불쌍히 여기라, 18:23-35

주석적 해설

죄를 지었을 때 18:15-20

많은 사람들이 주목했듯이 15-17절에서 제기된 죄에 대한 접근방법은 현저하게 유대적인 특성을 가진다. 세 단계 가운데 둘이 토라의 말씀에 근거하고, 전체적으로 이 과정은 분명하게 쿰란에서 따랐던 과정을 상기시킨다.IQS 5:25-6:1 참조 그러므로 우리는 이 과정이 유대 기독교 공동체에서 형성되었다고 추측할 수 있다. 더욱이 이 과정은 단지 형제나 자매들에 대해 저지른 잘못들이 아니라 모든 그리고 모든 종류의 부적절한 행위들을 다루려고 의도된 것으로 보인다.15절의 '너에게'는 어떤 핵심 사본들에서 실종되고 아마도 21절과 누가복음 17:4에 근거하여 후대의 본문에 대한 첨가되었을 것이다.

이 과정의 첫 번째 단계는 죄를 지은 형제와의 일대일 대면이 포함된다. 예루살렘 성서는 다음과 같이 쓰고 있다. **가서 그 사람과 너희 두 사람 사이에서 그것을 해결하라. '그에게 그의 잘못에 대해 말하라'** 는 RSV의 구절 뒤에는 동사 **'엘렌코**elenchō' 가 놓여있다. 같은 동사가 레위기 19장 17절에 사용되는데 그곳에서 사람이 그의 이웃이나 형제에게 가진 불평 문제로 토론을 한다. 우리 앞에 있는 본문에서 이 동사는 다른 사람에게 개인적인 행위를 바꾸라고 설득하려고 나쁜 행위가 일어났다는 것을 보이거나 논증하는 것을 암시한다. 이런 일이 일어난다면 범죄자는 가족과의 전체적인 관계가 회복된다고 마태복음은 우리에게 말한다.

그렇지 않다면 16절에서 묘사한 두 번째 단계로 나아간다. 대화에 한 두 증인을 데려오라는 가르침은 신명기 19장 15절에서 이끌어온 것인데 이것은 법정의 배경에서 개인의 죄를 확정하기 위해 두 세 사람의 증인이 필요하다는 것을 조건으로 지정한다. 마태복음에서 증인의 목적은 법적 판결을 확보하려는 것이 아니라 넘어진 사람이 죄를 인정하고 회복될 수 있도록 더 강력하게 호소하려고 형제의 교정에서의 노력을 강화하려는 것이다.

이것 역시 실패한다면 그 다음으로 이 문제는 반드시 **교회**ekklēsia 앞으로 가져와야 하는데 여기서 교회는 신자들의 회중 혹은 지역적 모임을 가리킨다. 이 마지막 단계 역시 회복을 위한 것이지 처벌을 위한 것이 아니다. 그러나 회중의 권고에 주의하기를 거절한다면 분리가 그 결과이다. 그를 믿음의 사회 밖에 있는 사람인 **이방 사람이나 세리와 같이 여겨라.** 마음에 그리고 있는 것은 죄인에게서의 격리가 아니라 관계의 근본적인 재정립이다. 이 견해에서 공동체는 더 이상 동료 제자로서 이 사람과 관계할 것이 아니라 아직 제자화되지 않은 세상의 누군가로 관계하게 될 것이다.

본문을 이처럼 멀리 따른다면 독자는 당연히 다음과 같이 질문할 것이다. 교회는 이 방식으로 행동할 권위를 가지는가? 18-20절은 이 질문에 대한 답을 제공한다. 18절에 따르면이것은 엄숙한 공식인 '내가 진정으로 말하노니'로 시작한다 16장19절에서 베드로에게 부여된 묶고 푸는 권한이 이제 예수에 의해 그룹으로서의 제자들에게 부여되고 이처럼 모든 신자들의 공동체에 부여된다. 교회의 죄에 대한 토론의 맥락에서 묶고 푸는 것은 **유죄**와 **무죄**의 의미를 전하고 극단의 경우인 파문에 대하여 언급할 수도 있다. 그렇다면 교회는 하나님의 이름으로 판단을 선언할 수 있는 권위를 가지고, 이 판단에서 사람들을 석방하고 이들을 교제에 복구시킬 수 있는 권한을 가진다.

19–20절은 이 권위와 이 권위가 기능하는 방식을 더욱 한정한다. 본문에 묘사된 것과 같이 하나님이 묶고 푸는 것을 확정한 공동체는 다음 몇 가지 특성들을 나타낸다.

⑴ 이 공동체는 그리스도의 이름으로 모인다.

⑵ 이 공동체는 기도에서 하나님의 뜻을 구한다.

⑶ 이 공동체는 일치와 교감 가운데 행동한다.

아무리 작더라도 이런 공동체에는두셋일지라도 예수는 이들의 심의를 안내하려고 지체들과 함께 참여한다.G. Thom. 30 참조 18장 20절과 놀랍게 유사한 내용이 초기 유대 랍비들의 말씀 모음집에서 발견된다. "둘이 함께 앉아 있고 율법의 말씀이 이들 가운데 있다면 이들 사이에 하나님의 현존이 머무른다."아보스3:2 18장 20절에서 주목할 만한 것은 예수가 회당에서 율법의 역할을 말하는 방식이다. 예수 자신이 주변에 교회들이 모이는 분이고 예수 자신이 공동체의 하나님의 현존이다. 이 방식으로 하나님과 연결되어 공동체는 하나님이 죄를 범한 사람들을 대신하여 이들의 요구를 승인하실 것이라는 사실을 보증 받는다.

일흔 번을 일곱 번 18:21–22

잘못된 방식으로 읽는다면 본문에서 옹호된 죄에 관한 강경 노선은 긍휼의 종말을 초래할 수 있다. 마태는 자신이 21–22절에서 제시한 대화를 통해 이런 오해에 대항하여 보호하려고 행동한다.눅17:4; G. Naz. 15 참조 다시 한 번 베드로는 용서에 대한 질문을 제기하며 열두 제자의 대변인으로 등장한다.15:15, 16:16,22, 17:4, 19:27 참조 **나에게 죄를 지은 사람을 몇 번이나 용서해야만 합니까?**

죄는 이제 매우 개인적인 문제이고 죄에 대한 용서를 일곱 번까지 하겠다는 베드로의 제안은 인간의 기준으로서는 매우 관대한 것이다. 그러나 이것은 우리의 용서에 대한 신속함이 **어떤 한계**가 있어야 한다고 가정한다. 예수는 베드로에 대한 대답에서 이 가정에 도전한다. **일흔 번씩 일곱 번** 혹은 **일흔일곱 번이던**NRSV 각주 참조 예수는 베드로에게 계산을 멈추라고 말하는 새로운 숫자를 제안한다. 이 숫자 자체는 창세기 4장 24절의 성서의 기록에 일찍이 나타난다. 거기서 라멕은 그의 원수들에게 "일흔일곱 갑절"을 복수하겠다고 맹세한다. 마태복음 18장 22절에서 예수는 한계가 없는 복수에 대한 이 외침을 거꾸로 하여 교회가 한계가 없는 용서로 확장할 것을 요구한다.

서로 불쌍히 여기라 18:23-35

용서의 주제를 소개한 후에 마태는 빚과 용서에 대한 이야기를 계속한다. 이것은 그의 나라를 관리하고 왕에게 빚을 진 지위가 높은 **종** 혹은 **관원**과 빚을 계산하려는NIV 고대 군주의 법정에 **설정된 이야기**이다. 문제의 빚은 대상에게서 징수한 세금과 관련되었을 것이지만 아직 왕에게 납부되지 않았거나 왕의 국고에서 기금으로 이 관리에게 대여된 것일 수도 있다.

어떤 상황이든 한 관원의 이야기는 갚지 못하고 밀려 있는 천문학적인 금액인 **일만 달란트**의 액수에 있다. 당시 한 달란트는 돈의 가장 큰 단위였고 일만 달란트는 계산할 수 있는 가장 큰 숫자였다. 우리의 정황으로 말하면 그가 수십억 달러를 빚졌다고 말할 수 있을 것이다!

이것은 이 관원이 결코 갚을 수 있다고 바랄 수 있는 빚이 아니다. 그래서 26절의 시간을 더 달라는 그의 요구는 절망적이고 불합리한 것이다. 그럼에도 왕은 사람들과 거의 가족들을 팔 것이라는 자신의 위협에서 마음이 누그러졌다. 관원의 맹세를 불쌍히 여기면서 왕은 기한을 연장해달라는 그의 청을 넘어 나아간다. 듣지도 보지도 못한 관대한 마음으로 왕은 빚을 완전 탕감해준다. 그는 금액 전체를 탕감해준다.

이 이야기가 이어지면서 우리는 방금 빚을 탕감 받은 관원에게 **백 데나리온**을 빚진 두 번째 관원의 이야기를 듣게 된다. 한 데나리온이 단지 하루치 노동자의 품값이었으므로 상대적으로 이것은 작은 금액이다. 더욱이 이번에는 이 빚을 갚을 수 있다는 현실적인 가망이 있다. 분명이 우리는 속으로 이 줄거리는 반복될 것이고 자비가 자비를 낳을 것이라고 생각할 것이다. 그러나 이런 일은 일어나지 않는다.

두 사람이 만날 때 채권자의 갚으라는 요구는 잔인했고 그는 돈을 갚을 시간을 달라는 청을 거절한다.이 청은 자신이 방금 전에 했던 바로 그 청이다! 완고하게 용시하지 않으면서 그는 자신의 동료 관원을 감옥에 가둔다. 이 처리의 소식을 들은 왕의 반응은 정당한 분노이다. 왕은 자신의 동료 관원을 다룬 이 무정한 방식 때문에 이 **악한 관원**을 부른다. 왕은 자비의 선물을 받고 다른 사람에게 자비를 베풀지 않은 데 대한 모순을 지적한다. 그리고 왕은 이 관원을 돈을 갚을 때까지 옥에 가두고 고통을 받도록 한다. 이것은 이 관원 자신이 자신의 동료와의 관계에서 했던 같은 행위이다.30절 참조 문제의 빚을 결코 갚을 수 없었던 곳에서 이제 이 판결의 결과는 영원한 투옥이다.

우리가 처음에 들은 이 이야기의 줄거리는 하나님 나라의 줄거리에 대한 무언가를 말한다.23절 인자하신 통치자로서 하나님은 우리의 모든 채워지지 않은 약정의 빚을 탕감해주신다. 이 선물로 자유로워지고 영향을 받아서 우리가 교회의 동료 관원들의 결점을 용서해야 할 차례이다. 그 대신 우리의 형제와 자매들에 대한 용서를 부인하면서 우리가 받은 자비에 반대로 행동한다면 우리도 우리 자신을 자비의 궤도 밖에 놓을 것이다. 이것이 35절의 이 이야기의 적용에서 강조하는 요점이고 이것은 이전의 산상수훈의 상호 관계의 주제에 대한 말씀을 상기시킨다.6:14-15, 7:1-2 참조 이것은 전체적으로 이 이야기와 담화를 끝내는 것에 대한 불쾌한 기록이다. 그러나 이 가혹한 말은 목회적인 의미를 가진다. 이것은 교회에게 자비가 지체들이 제자들 서로에게 취하는 모든 행동에 퍼진다는 것을 확실히 해두고자 자신의 삶을 시험하라는 요구의 방식이다.

성서적 맥락에서의 본문

성서 이야기 구석구석에 공동체의 죄는 심각한 문제이고 초기 교회의 경우에는 더더욱 그랬다. 하나님의 종말의 구원을 미리 맛본 사람들 가운데서 어떻게 죄를 발견할 수 있겠는가? 그리고 신자들이 하나님의 은혜를 받은 후에 죄를 짓는다면 이들이 영원한 생명을 가지고 있다는 희망을 가질 수 있겠는가?히10:26-31 참조 요한일서에서보다 이 같은 질문들과 더 분명하게 씨름하는 곳은 없다. 거기서 "하나님에게서 태어난 사람은 누구든지 죄를 짓지 않는다는 것을, 우리는 압니다. 하나님에게서 태어나신 분이 그 사람을 지켜주시므로, 악마가 그를 해치지 못합니다."5:18, 3:4-10 참조라고 기자는 쓰고 있다.

원칙적으로 이것은 사실이다. 교회생활은 악한 생활이 아니다. 그러나 기자는 기독교 경험의 실제는 다소 더 복잡하고 죄는 분명히 발생한다. 그래서 기자는 이렇게 쓴다. "우리가 죄가 없다고 말하면, 우리는 자기를 속이는 것이요, 진리가 우리 속에 없는 것입니다."요일1:8 이처럼 그분은 자신의 독자들에게 자신들의 죄를 고백하고1:9 우리의 변호자이신 예수 그리스도를 통해 용서가 있다는 것을 알고2:1-2 죄를 범한 다른 사람들을 위해 기도하라고 권면한다.5:14-17 이것이 우리가 "하나님에게서 난" 완전한 삶을 향해 나아가는 길이다. 따라서 교회는 죄를 대면시키고 죄를 범한 지체들을 회복시키려는 계획을 발전시켰다.고전5장; 고후2:5-11 참조 그리고 마태복음 18장은 적어도 어떤 사회에서 이것이 작동되었던 간단한 본보기를 제공한다.

죄의 용서는 명백히 본문의 회복에 대한 이해의 중심이다. 복음서의 이곳과 다른 곳에서 복음서 기자들은 용서에 대한 다음 세 가지 기본적인 가정을 가지고 다루어진다.

(1) 하나님은 우리를 죄에서 자유롭게 하려고 온 예수 그리스도를 통해 우리에게 용서를 베푸신다.1:21, 26–28 참조

(2) 하나님은 믿음의 공동체의 구속적 행동을 통한 이 용서를 전달하신다.18:18; 9:2, 8 참조

(3) 하나님의 용서는 우리들 서로간의 용서의 모범이며 긴밀하게 연결되어 있다.6:12 참조

이 가정들은 결코 마태복음에만 특별한 것이 아니고 신약성서의 공통적인 믿음의 일부이다. 하나님의 자비의 공급은 여러 방식들, 예를 들어 죄를 위한 속죄물로 보낸 그리스도에 관한 어법에서 증명된다.롬3:23–25; 요일4:9–10 참조 자비의 통로로서의 교회의 역할은 마태복음 18장 18절의 병행 기사인 요한복음에서 다시 거론된다. "너희가 누구의 죄든지 용서해 주면, 그 죄가 용서될 것이요, 용서해 주지 않으면, 그대로 남아 있을 것이다."요20:23; 약5:15–16 참조 마지막으로 우리에게는 에베소서 4장 32절과 같은 본문들이 있는데 이것은 신자들에게 "서로 친절히 대하며, 불쌍히 여기며, 하나님께서 그리스도 안에서 여러분을 용서하신 것과 같이, 서로 용서하십시오."라고 훈계한다.요일4:7–12 참조

교회생활에서의 본문

사역초기에 마틴 루터는 적은 그룹에서 만나 이들의 기독교 소명에 더 심각하게 일하기 원하는 신자들을 위해 "복음의 질서"를 제안했다. "이 질서에 따르면 기독교의 삶을 안내하지 않는 사람들은 그리스도의 규정에 따라 알려지고, 다시 증명되고, 징정되고, 내쫓기고, 파문당할 수 있다."고 루터는 썼다.Durnbaugh, 1968:3에서 인용 더욱 신실한 공동체를 위한 관심은 개혁주의 전통에서 어느 정도 받아들여졌다. 그리고 이것은 교회의 표시 가운데 하나인 규율을 만들었다.

그러나 루터의 비전의 가장 철저한 이행은 개혁주의의 아나뱁티스트 날개와 이후의 유사한 교회 이해에 헌신한 운동들에서 발생했다. 이 전통의 작품들에서 우리는 마태복음 18장 15–20절에 관한 반복되는 언급과 이 본문에 근거한 "금지"의 실천 혹은 파문의 실천을 발견한다.Williams: 246–248의 Dietrich Philips; Menno Simons: 407–418, 453–485, 959–998; Alexander Mack in Durnbaugh, 1958:336–338, 365–370; Snyder and Shaffer: 17–20 참조 자주 이 금지는 바울서신의 언급에 근거한 실천인 형제나 자매들을 구별하는 것을 막거나 피

하는 것을 동반했다.

가장 좋은 상태에 마태복음 18장에 따른 규율은 지체들을 제자로서의 이들의 소명을 책임질 수 있도록 유지하는 공동체의 보살피고 사랑하는 시도로서 기능했다. 메노는 한 곳에서 다음과 같이 쓰고 있다. "우리는 잘라내기 보다는 치유하고, 버리기보다는 오히려 되찾고, 슬프게 하기보다는 오히려 위로하고, 비난하기보다는 오히려 구하려고 누구도 쫓아내기를 원하지 않고 오히려 받아들인다."413 이곳의 강조는 분명히 회복이다.

불행하게도 이것이 언제나 그러지는 못했다. 복음에 대한 더 큰 신실함을 증진시키려는 수단으로서보다 모두가 너무 자주 공동체의 문화적 전통들에 대한 복종을 강요하는 이 금지를 가혹하고 법률적으로 사용한 이야기들이 많이 있다. 이에 대한 반응으로 많은 교회들이 훈련받은 공동체의 개념을 그만두는 경향이 있었다. 우리의 역사에서 이 본문에 대한 남용들이 무엇이건 마태복음 18장은 신실한 교회들이 결코 무시할 수 없는 질문을 제기한다. 믿음의 공동체에서 서로가 책임질 수 있는 존재가 되도록 행동하려면 우리가 어떻게 해야 하는가 그리고 우리가 넘어지고 쓰러진 이 지체들을 어떻게 회복할 것인가?Gish: 133-171; Jeschke; Klassen: 175-200 참조

마태복음이 말하는 도움이 되는 다른 요점들은 본문에 대한 최근의 토론에서 나타났다. 이러한 요점들 가운데 하나는 교회의 **갈등**이고 우리가 이것을 다루는 방법이다. 죄이건 혹은 단순한 오해에서 비롯되었든지 갈등은 인간 경험의 정상적인 일부이다. 그리고 18장 15-17절에 묘사된 과정은 갈등을 다루고 우리의 차이를 해결하는 방법을 제공한다.Snyder and Shaffer: 19-20 참조 다른 것들 가운데 본문은 우리가 깨어짐을 부정하거나 그것에서 도망하기보다 다른 모임과의 차이를 해결하고 갈등이 간단히 직접적으로 해결될 수 없을 때 중재안을 구하고자 대면하여 마주앉는 시도로 그것에 직면할 것을 주장한다.

본문이 가지는 많은 해야 할 말들 가운데 더 멀리 나아가는 요점은 **용서의 공동체**로서의 교회의 역할이다. 대부분의 그리스도인들은 용서의 선물을 개인화하는 전통에 심각하게 영향을 받는다. 어떤 사람들의 경우 이 선물은 개인적인 기도에서 얻어지고 다른 사람들의 경우 성직자들의 면제의 선언에서 얻어진다. 그러나 마태복음 18장에서 용서는 믿음의 공동체 전체가 포함되는 과정으로 생각된다. 자매와 형제들이 서로에게 연결될 때 죄는 지명되고, 고백되고, 그리스도의 이름으로 용서가 제공된다. 진정한 교회의 중요한 표시는 이처럼 교회생활과 예배가 이 과정을 격려하는지의 여부이고 따라서 교회의 지체들에게 하나님의 용서를 경험하게 할 수 있느냐이다.

마태복음 19:1-20:34

제자도의 요구

사전 검토

16장 21절에서 알린 예루살렘으로의 여행이 마침내 19장 1절-20장 34절에서 이야기된다. 그 길에서 예수는 논쟁하고, 가르치고, 비유를 말하고, 갈릴리에서 이전에 했던 치료를 한다. 열리는 에피소드에서 다양한 역할을 하는 사람들이 나타나지만 예수의 으뜸 의제는 제자들이 자신들의 소명을 추구할 때 씨름해야만 하는 문제들인 섹스, 부, 권력에 관한 전통적 주제와 관련된 문제들로 구성된다. 이처럼 19장 1-15절은 결혼과 이혼, 독신주의, 어린이를 다룬다. 19장 16절-20장 16절의 주제는 영원한 삶에 대한 대가와 선물과 보상으로서의 하나님 나라이다. 20장 17-34절의 경우, 이 질문은 종 됨이냐 지위이냐에 관한 것이다. 각각의 예에서 예수는 자신의 추종자들을 위한 어떤 요구 혹은 기대를 설명한다.

이 섹션 도처에서 마태는 마가복음의 윤곽을 따르고 마가복음의 자료에서 많은 것을 끌어온다. 동시에 마태는 이 섹션을 구성하는 세 항목 각각에 자신의 흔적을 남긴다

결혼과 자녀

마태복음 19:1-15

사전 검토

위에서 언급했듯이 19장 1-15절은 인간생활에 대한 핵심문제인 섹스와 가정의 문제를 다룬다. 제자들은 세상에서 삶의 이 무대에 어떻게 관련되는가? 이 넓은 질문 아래 본문은 다음 세 가지 특별한 질문을 이야기한다. ⑴ 제자들은 언제나 결혼을 해야 하는가? ⑵ 결혼했다면 제자들은 자신의 배우자와 언젠가 이혼해야 하는가? ⑶ 어린이들은 예수의 공동체에서 자리를 차지하는가?

이 항목은 18장의 담화를 끝맺고 유대에서의 예수의 사역을 시작하면서 과도기적인 진술로 시작한다.[1-2절; 막10:1 참조] 이어지는 이 짧은 진술에서 우리는 예수에게 다가와 이혼 문제에 대해 그가 어떤 입장을 가지고 있는지를 묻는 바리새파 사람들을 포함하는 논쟁을 발견한다.[3-9절; 막10:2-12 참조] 이것은 다음에는 마태복음에서만 발견되는 독신주의에 대한 말씀에서 절정에 달하는, 예수와 제자들 사이의 논쟁으로 이끈다.[10-12절] 마지막으로 우리는 축복을 받게 하려고 어린이들을 예수에게 데려오는 에피소드에 이르고 예수는 다시 자신의 공동체를 인도하는 말씀을 제공한다.[13-15절; 막10:13-16; G. Thom. 22 참조]

개요

갈릴리에서 유대까지, 19:1-2

둘이 한 몸이 될 때, 19:3-9

독신으로 부름 받은 사람들, 19:10-12

어린이들을 오게 하라, 19:13-15

주석적 해설

갈릴리에서 유대까지 19:1-2

마태는 독자들을 예수의 담화에서 이 이야기의 새로운 단편으로 이끌고자 전형적인 공식예수께서 이 말씀을 마치시고; 7:28–29; 11:1; 13:53; 26:1 참조을 사용한다. 여기서 새로운 발전은 예수의 갈릴리에서의 출발과 **요단 강 넘어 유대 지역**으로의 진입이다. 기술적으로 본문이 언급하는 요단 동쪽은 베레아이다. 그러나 마태는 이 지역을 유대의 범주 하에 포함하는데 이곳이 예수의 최종 목적지이다. 유대는 예수와 그의 부모가 이전에 피신해야 했던 땅이고2:13–23 참조 이곳은 예수가 세례 요한에게 세례를 받은 후에 **물러났고,** 마귀에게 시험을 받았고, 세례 요한이 체포되었던 곳이다.4:12–16 이제 예수는 이 위협과 위험의 장소로 되돌아 온 것이다. 언제나처럼 예수는 무리들을 동반하고 환자들을 치료함으로써 계속해서 무리를 향해 신적 긍휼을 보인다.

둘이 한 몸이 될 때 19:3–9

3절에서 예수에게 접근한 바리새파 사람들은 그가 말한 것으로 그가 올무에 걸리도록 예수를 시험하는 질문을 제기한다. 적어도 이 질문을 이해할 수 있는 **어떤 경우**든 이 구절의 힘에 의존하는 두 방식이 있다. 어떤 학자들에 따르면 바리새파 사람들은 예수에게 그가 이혼을 위한 가능한 토대들에 관한 랍비들 사이의 논쟁에서 어디에 위치해 있는 가를 묻고 있는 것이다. **자신이 원하는 어떤 이유로 자신의 아내와 이혼하는 것이 정당한가?**

그러나 다른 사람들에 따르면 바리새파 사람들은 보다 근본적인 질문을 하고 있다. **자신의 아내와 이혼하는 것이 정당한 어떤 근거가 있는가?**NEB 각주 참조 이 경우, 바리새파 사람들은 이혼에 대해 예수가 반대할 것을 알고 행동하고 있고,5:31–32 참조 예수를 성서와 충돌하게 만들 수 있는 대답을 구하고 그것에 의해 예수를 불신하려는 것이다. 이 질문의 정확한 의미가 무엇이든 이것은 생기에 넘친 토론으로 이끌고 이 유형은 랍비들의 논쟁을 닮았다.마태가 일련의 논쟁과 반론을 구성하며 마가복음 10:2–12의 자료를 어떻게 재정리하는지에 주목하라.

바리새파 사람들에 대한 자신의 대답에서 예수가 만든 첫 번째 움직임은4–6절 하나님의 계획에 일부인 결혼의 본질을 정의하는 것이다. 그렇게 하려고 예수는 창조의 이야기에서 두 본문, 창세기 1장 27절과 2장 24절을 인용한다. 이 본문을 근거로 예수는 "하나님은 영원한 결합이라는 분명한 목적을 위해 인간을 창조하셨다"고 주장한다.Meier, 1980:215 그렇다면 결혼은 사람이 마음대로 무시할 수 있는 법적인 관습이기는커녕 하나님의 약속과 축복과 함께 하는 삶에 참여하는 양육과 보호라는 관계의 언약적인 삶이다.

바리새파 사람들은 이번에는 신명기 24장 1–4절의 이혼을 위한 조건으로 법률을 제정한 자신들만의 성서로 반대한다.[7절] **모세가 그렇게 명령한다면 우리가 우리의 아내들과 이혼하는 것을 금하는 당신은 누구냐**고 이들은 질문한다.[바꾸어 말하면] 자신의 응답에서[8절] 예수는 창세기에서 설명한 하나님의 궁극적인 의도에 모세의 법을 아래에 두면서 마지막 말씀을 한다. 모세는 이혼을 **허락**했는데 그 이유는 하나님 뜻에 대한 반대가 이러한 필연적인 관습을 만들었다고 예수는 자신의 반대자들에게 말한다. 그러나 결혼의 규범은 창조의 처음부터 구체화된 비전으로 남아 있고 이후에 인간의 실패를 다루려고 만들어진 양보가 아니다.

예수는 9절에서 신약성서에 다양한 형태로 나타나는 선언인 이혼에 관한 선언을 하려고 나아간다.[마5:32; 막10:11-12; 눅16:18; 고전7:10 참조] 우리 앞에 있는 5장 32절의 어법에 이것의 어법을 동화시키려는 필사자의 노력의 증거가 되는 본문은 몇몇 번역에서 바로 이것으로 발견된다.[NRSV 각주 참조] 본문의 가장 이른 시기의 유형에서 이혼에 관한 예수의 말씀은 대부분 **부정을 위한 예외조항**을 포함하지 않은 것으로 보이고[5:32 참조, 부정에 근거한 예외] 오히려 무조건적인 용어로 이혼에 반대하여 말한다. 예외 조항은 이 무조건적인 말씀을 공동체의 삶과 관습에 적용하려는 시도를 표현한다.

5장 31-32절에 관한 우리의 주석에서 이전에 주목한 바와 같이 **부정**에 해당하는 그리스 단어는 여기서 **간음**이나 **근친상간**이라는 두 의미 가운데 하나를 전달한다. 이 문제가 근친상간이라면 마태는 다음과 같이 말하고 있는 것이다. 이혼은 이방인 개종자가 이들이 아주 밀접하게 관련된 사람과 결혼하는 경우 허용될 수 있다.[유대 율법에 따라] 간음이 문제인 경우 이혼은 결혼으로 이루어진 결합이 이미 성적 불신으로 남자에게서 멀어졌을 때 허용될 수 있다. 이 경우 우리는 다시 **마음의 완고함**으로 인한 양보를 다루는 것이다. 그러나 예외 조항이 있다고 해도 이혼에 관한 말씀은 결혼은 분리될 수 없는 것이 되도록 의도된 것으로 가정한다. 이 목적은 이것을 통해 결혼을 끝낼 수 있는 빠져나갈 구멍을 제공하려는 것이 아니라 신자들에게 평생의 관계로서 결혼을 유지하라고 주장하려는 것이다.

독신으로 부름 받은 사람들 19:10-12

마태복음과 마가복음은 모두 바리새파 사람들과의 논쟁에 이어지는 제자들과의 예수의 개인적인 대화를 보고한다.[막10:10-12 참조] 마태복음의 이야기에서 이 대화는 이혼과 결혼에 관한 예수의 입장의 엄격함으로 자극된 새로운 주제로 전환된다. **결혼이 예수가 말하는 것처럼 구속력이 있다면 처음부터 결혼하지 않는 것이 더 나을 것**이라고 제자들은 생각한다! 예수는 제자들의 견해에 담겨 있는 냉소적인 분위기를 무시하지만 어떤 사람들에게 독신주의는 오히려 더 나은 상태일 수 있다고 동의한다.

12절에 따르면 사람들은 성적으로 다음 세 가지 이유 가운데 하나로 독신의 삶을 살수도 있다. 어떤 경우 사람들은 성적인 관계를 할 능력이 없이 태어날 수 있다. 두 번째 범주는 환관에 한정된 역할로 봉사하기 위해 거세당한 사람들로 구성된다. 마지막으로 상징적인 의미에서 고자가 된 사람들이 있는데 이들은 특별한 소명을 위해 자발적으로 결혼을 하지 않는 사람들이다. 여기서 특별한 소명이란 하나님 나라와 관련되고 독신주의는 (1) 결혼과 가정을 초월하는 새로운 질서를 예표하거나 (2) 가정에 대한 관심과 의무에서 벗어나 사역을 추구할 수 있도록 선택한 것이다.고전7:32-36 참조

예수가 독신인 제자를 위한 은유로 고자라는 용어를 사용한 것은 오히려 이목을 끈다. 고대 이스라엘에서 고자는 장애나 오점으로 간주되었고 따라서 회중에게서 배제되었다. 신23:1; 레21:17-23 참조 그러나 이후에 우리는 하나님에게 충성하는 고자들을 위한 하나님의 공동체의 자리를 약속하는 말씀을 발견한다.사56:3-5; 솔로몬의 지혜서3:14 참조 만약 그렇다면 예수는 결혼한 상태보다 독신 상태에서 하나님을 섬기는 제자들을 위한 교회 안의 자리가 있다고 말하는 것으로 보인다. 동시에 독신주의라는 사명감은 모든 사람들을 위한 것이 아니다. 독신주의에 대한 예수의 말씀은 독신주의를 **받아들일 수 있는** 사람들을 위한 말씀이라는 해설로 시작되고 이어진다.11, 12d절 참조 이것을 다르게 표현하면, "각 사람은 하나님께로부터 받은 은사가 있어서, 이 사람은 이러하고 저 사람은 저러합니다."고전7:7

어린이들을 오게 하라 19:13-15

13-15절에 묘사된 장면은 예수를 전통적인 유대인의 역할로 묘사한다. 마태복음의 독자들에게 이 에피소드는 이들의 부모들의 축복을 구하는 자녀들이나 자신의 스승의 축복을 구하는 제자들의 모습을 마음에 불러올 것이다. 속죄의 날에 장로들이 어린이들을 축복하는 것에 대한 암시일 수도 있을 것이다. 어떤 경우든 본문은 우리에게 어린이를 예수에게로 데려오라고 말한다.아마도 이들의 부모들이 그리고 어린이들을 데리고 와서, 손을 얹어서 기도하여 주시기를 바랐다는 언급은 예수의 **축복**을 받기 위함이다.

제자들이 이 요청을 거절했던 정확한 이유는 설명되지 않는다. 그러나 이들의 반대로 제자들은 예수가 어린이에 관한 중요한 말씀을 전할 수 있는 기회를 선사한다.14절 이 말씀에 따르면 어린이는 하나님이 하나님 나라에서 생명을 주시는 사람들인 약한 자들, 의

지할 데 없는 사람들, 도움이 필요한 사람들, 천한 사람들을 상징한다.[5:3, 18:3 참조] 이처럼 어린이는 하나님 나라의 교제에서 특별한 자리를 가지고 따라서 환영받아야 한다. 예수는 어린이들을 축복함으로 교회생활의 모범을 제공하면서 이것을 상징화한다.

성서적 맥락에서의 본문

이처럼 토론에서 더더욱 분명하듯이 마태복음 19장 1-15절은 결혼에 관한 더 넓은 유대교와 기독교 전통의 일부이다. 에베소서 5장 21-33절은 결혼에서 협력, 사랑, 존경을 요구하는데 이것은 그리스도와 교회와의 관계에 비유된다. 마태복음 19장과의 비교로 초대하는 특별한 본문이 고린도전서 7장인데 거기서 바울은 섹스와 가정생활에 관련된 많은 질문들을 이야기한다. 바울이 탐구한 주제들 가운데 **이혼**에 관한 것이 있고 그가 택한 접근 방식은 두 가지 관점에서 마태복음과 유사하다. 한편으로 바울은 결혼은 지켜져야 하고 배우자들은 결혼에서 서로에게 부부로서의 권리를 인정해야 한다는 예수의 가르침을 확언한다. 바울은 어떤 배우자도 결혼관계를 끊는 행동을 해서는 안 된다고 주장한다.[고전7:10-14]

다른 한편 바울은 마태가 문제의 경우들과 씨름하는 공동체에게 썼던 것 같이 쓰고 있고 예수의 가르침을 민감한 방식으로 이런 경우들에 적용하려고 시도한다. 그에 따라서 바울은 사람이 독신으로 남고 그리고/혹은 화해를 구한다면 별거의 가능성을 인정한다.[7:11] 그리고 바울은 믿지 않는 배우자가 결혼에서 헤어지기를 원한다면 그에게 이혼을 해주라고 그리스도인에게 충고한다.[7:15-16] 이것을 다르게 표현하면 마태와 바울 모두 이들이 교회를 위해 이혼에 관한 예수의 말씀을 해석할 때 우리에게 "예외 조항"을 제공한다.

마태복음과 고린도전서의 표면에 있는 두 번째 문제는 **독신** 혹은 **독신주의**이다. 바울은 자신의 편지에 그 자신이 독신이고 그는 이 상태를 선호하며 다른 결혼하지 않은 사람들에게 "자신처럼 독신으로 남으라"고 충고한다고 기록하고 있다.[7:8; 6-7, 40절 참조] **독자들에게** 이것은 독신주의의 문제가 아니다. 왜냐하면 바울은 다른 곳에서 사도들이 일반적으로 배우자와의 동반을 즐긴다고 지시한다.[고전9:5] 또한 바울은 결혼관계에서의 성관계를 신자들에게 다소 부석낭하나고 보지도 않는다.[7:3-4]

오히려 바울은 독신을 선택한다. 왜냐하면 바울은 결혼이 (1) 지금 막 사라지려는 옛 질서에 사람을 빠뜨리고, (2) 그리스도와 새 질서에 완전한 헌신에서 사람을 흐트러뜨리기 때문이다.[7:25-35] 동시에 바울은 독신이 모든 사람들을 위한 것이 아니라는 점에서 마태와 일치한다. 바울은 결혼이 억제되지 않은 성적 열정의 생활양식에 오히려 낫다고 재빨리 인정한다.[7:1-2, 9, 36] 더욱 중요하게 바울은 하나님이 우리에게 어떤 사람들은 결혼에 봉사하고 어떤 사람들은 독신에 봉사하도록 다른 방식들을 부여하셨다는 것을 인정한다.[7:7, 전에 인용했던] 요컨대 바울에게는 우리가 결혼을 하느냐 독신으로 남느냐가 아니라 우리의 삶이 그리스도 안의 새 창조를 명백하게 드러내느냐 아니냐가 관건이다.

교회생활에서의 본문

결혼이 평생의 관계라는 교회의 가르침은 예를 들어 마태복음 19장과 같은 본문들에 기반을 두고 있다. 교회가 본문을 지지하려는 노력은 사람들이 결혼에서 벗어나는 것을 어렵게 하거나 불가능하게 하는 데 집중했다. 넓은 범위의 문화와 종교의 법은 이혼을 제한하거나 금지하려고 발전되었다. 이혼을 하거나 재혼한 사람들에게 교회의 심판은 종종 가혹하고 무자비했다.

오늘날의 더욱 허용하는 문화, 교회와 사회에서 다른 문제가 우리에게 들이닥친다. 이혼은 하기 쉽고, 자유는 매우 중요하고, 결혼의 붕괴는 평범한 일이다. 많은 사람들에게 평생의 관계일 가능성은 의심스러워 보인다. 우리가 어떻게 이런 상황에서 예수의 **결혼**에 관한 비전을 존중할 것인가? 이 대답은 이혼을 힘들게 하는 법으로의 회귀에 있지 않고 결혼이 예수가 의도한 것이 되도록 돕는 방식에 있다. 교회가 할 수 있는 가장 중요한 일 가운데 하나는 관계가 분리되도록 깨지는 것이 아니라 합쳐지는 공동생활의 모범이 되는 것이다. 그렇게 할 때 교회는 기능을 배우고 결혼에서 한 몸을 이루는 것을 받아들이는 것을 지지하는 실험실로서 기여한다.

19장 10-12절에서 언급되었던 결혼을 해야 하느냐의 문제는 기독교 공동체에서 다양한 방식으로 다루어졌다. 교회는 일반적으로 유대주의에서 발견되는 것과 달리 결혼을 찬성하고 가정을 찬성하는 입장을 채택했다. 그러나 규범으로서의 이 결혼의 개념과 함께 우리는 석어도 어떤 신자들에게는 가장 바람직한 것으로 독신상태를 고양시키면서 독신주의에 관한 신약성서 본문을 되돌아보는 전통을 발견한다. 가장 분명한 본보기는 일찍이 4세기 서구 교회에서 권고했던 성직자와 주교를 위한 독신주의이다.[그리고 오늘날 로마 가톨릭 사회의 살아 있는 문제] 선택적 생활양식이든 필수 생활양식이든 독신주의 역시 종교적 질서와 공동체에 연결된다. 신자들의 교회 유산에서 실제의 경우는 독신주의와 결혼의 질서를 모두 가졌던 식민지 당시의 펜실베이니아의 에브라다Ephrata 공동체이다.

더욱 최근에 교회는 결혼하는 것을 지지하는 문화적 선입견과 교회생활에 영향을 끼친 방식을 비평적으로 바라보기 시작했다. 결혼뿐만 아니라 독신도 예수를 따르는 사람들을 위한 타당한 선택으로 지지되어야 하지 않을까? 그리고 그렇다면 교회는 이들 가운데 독신자와 결혼한 사람들 모두의 필요에 더욱 주의해야하지 않을까?

해석자들이 씨름하고 있는 마태복음 19장의 세 번째 문제는 자녀들에 관한 교회의 실천이다. 본문은 분명하게 공동체의 어린이의 존재의 정당성을 입증하고 이들의 존재의 중요성을 지적한다. 그러나 가능하다면 이것을 더 말해야 하는가? 어떤 이들은 예수가 **어린이가 내게 오는 것을 금하지 말라,** 그리고 **이들을 방해하지 말라**는 예수의 명령이 유아 세례의 관습을 지지한다고 주장했다.사도행전 8장 36절의 방해하다 혹은 금지하다를 위해 같은 동사를 사용한 것 참조 그러나 아나뱁티스트가 읽을 때 예수의 말씀은 어린이가 하나님의 자비에 접근하는 것은 어떤 의식과 독립된 것이고 따라서 세례를 받을 필요가 없다고 가르친다.Menno Simons: 280–281; Alexander Mack in Durnbaugh, 1958:333–335, 351–352 참조

오늘날 대부분의 해석자들은 이 구절이 어떤 방식 혹은 다른 방식으로 유아 세례의 주제를 이야기하지 않는다는 데 동의한다. 그럼에도 본문은 교회가 다음과 같이 질문하도록 초대한다. 예수가 어린이를 축복할 때 예수 자신이 의미했던 것을 우리가 어떻게 상징화해야 하는가? 어떤 신자들의 교회 지체들은 본문에 반응하여 유아와 부모를 위한 봉헌 예배를 실시한다. 확실히 필그램 마펙Pilgram Marpeck이라는 한 아나뱁티스트는 회중의 유아 봉헌을 위한 지침을 제공했다.Klaassen: 124–125 이런 예배에서 공동체는 어린이를 **받아들이고**, 하나님의 축복을 구체화하고, 젊은이들의 믿음의 발전에서 이것의 역할을 확인할 기회를 가진다. 유아보다 나이든 어린이를 위한 유사한 축복들이 때때로 삶의 이정표와 영적 발전으로 축하된다. 마찬가지로 중요한 것은 교회가 어린이들에게 이들의 은사를 공동체에 공헌하도록 제공하고 그것에 의하여 이들의 존재가 가치 있다는 것을 알게 되는 경우이다.

주는 것과 얻는 것

마태복음 19:16–20:16

사전 검토

19장 1–15절에서 무엇보다 소중한 주제는 제자도와 가정생활이다. 새로운 주제가 19

장 16절-20장 16절에서 나타나는데 제자도와 **부**라는 주제이다. 한편 우리는 제자들이 포기해야만 하는 부에 대해 듣는다. 다른 한편 우리는 제자들이 받게 될 부에 대해 듣는다.

이 항목은 19장 16-22절에서 부자 젊은이의 이야기로 시작하는데 성공하지 못한 부르심으로 분류할 수 있는 이야기이다.[4:18-22, 8:18-22 참조] 마가복음 10장 17-22절에 근거하여[G. Naz. 16 참조] 이 이야기는 영원한 생명의 대가에 대한 질문을 규명한다. 예수와 열두 제자의 대화가 19장 23-30절로 이어지는데 거기서 예수는 부가 야기하는 어려움과 제자도의 보상 모두에 관해 말한다. 여기서 마태복음은 누가복음의 다른 본문에서 인용한 말씀을 추가하며 마가복음 10장 23-31절을 그리고 있다.[눅22:28-30 참조] 마지막으로 19장 30절의 수수께끼 같은 말씀에 대한 해설로 마태복음은 우리에게 20장 1-16절의 포도원 품꾼들의 비유를 제공한다. 첫 번째 복음서에서만 발견되는 이 이야기는 우리에게 하나님 나라의 부자들은 하나님이 선택한 자인 하나님이 사용하는 자라는 것을 상기시킨다.

개요

대가가 너무 큰가? 19:16-22

측정이 불가능한 보상, 19:23-30

하나님의 선하심, 20:1-16

주석적 해설

대가가 너무 큰가? 19:16-22

마태가 예루살렘으로 가는 여정에 있는 예수를 만난 부자의 이야기를 되풀이할 때 그는 몇 가지 요점에서 자신만의 필치를 더한다. 이처럼 이 도입은 예수가 **선하냐**의 문제에 관해서라기보다는 하나님이 찾으시는 **선함**에 집중한다.[막10:17-18 참조] 이후에 무엇이 선한 것이냐를 정의하는 십계명이 명령의 목록에[18-19절] 마태는 이웃을 사랑하라는 것에 관한 요약 진술을 덧붙인다.[레19:18]

또 다른 특징은 부자 자신이 스스로 여전히 무언가가 부족하다는 것을 인정하고 그것이 무엇인지를 묻는 방식이다.[20절; 막10:1 참조] 다음으로 예수는 **완전해지려는** 모색으로 그 이상을 묻는 이 사람의 모색에 대해 말하고[21절, 5:48 참조!] 이 모색을 성취하는 방법으로 제자로의 부름을 제공한다. 마지막으로 마태의 이야기에서 부자는 40살 이하의 **젊은 이**로 확인된다.[20, 22절]

영원한 삶을 얻는 방법, 곧 하나님 나라에 들어가는 방법에 관한 질문에 대해 최종적인 대답이 **"와서 나를 따르라"** 인 것은 분명하다. 사람이 하나님이 찾는 선함의 범위, 곧 선함을 달성하는 수단을 발견하는 것은 예수를 따르는 데 있다. 부자의 문제는 와서 따르라는 명령이 그의 부를 버리라는 명령과 연결된다는 것이다. 우리 앞에 있는 다른 사람들과 마찬가지로 우리는 우리 자신도 이상하게 여긴다는 것을 발견하게 된다. 왜 예수는 이 사람에게 자신의 부와 결별할 것을 요구하는가?

한 가지 면에서 이 요구는 이스라엘에 대한 예수의 사역에서 예수와 자유롭게 함께 하기 위해 택해야만 하는 단계로서 순회하는 사역을 위해 특별하게 요구되는 것으로 볼 수 있다.[10:9-10 참조] 이 정도까지 부와 관계를 끊으라는 요청은 역사적으로 조절된다. 그러나 다른 면에서 이 요구는 제자가 되려는 모든 사람들이 이렇든 저렇든 직면하게 되는 충성에 대한 상징적인 시험이다. 우리는 하나님을 섬기고 먼저 그의 나라를 구할 것인가 아니면 우리의 야망을 추구하며 부와 지위를 섬길 것인가?[6:19-34 참조] 부유한 젊은이가 슬퍼하며 돌아갈 때[22절], 그는 두 번째를 택한 모든 사람들의 슬픈 처지를 보여준다.

측정이 불가능한 보상 19:23-30

23-30절의 대화는 앞선 에피소드 위에 세워지고 두 가지 주제를 탐구한다. 부자들의 딜레마와[23-26절]제자들의 운명이다.[27-30절] 각각의 주제에 대해 예수는 **'내가 진정으로 너희에게 말한다.'** 는 엄숙한 공식으로 소개하는 몇 개의 강력한 선언을 한다.[23,28절]

이 강력한 진술들 가운데 하나는 낙타가 바늘구멍으로 들어가는 것에 관한 24절의 속담과 같은 말씀이다.[랍비식의 병행기사는 낙타 대신 코끼리를 말한다] 여기서 우리는 예수의 또 다른 연설의 대담한 상징인 과장법 사용의 본보기를 보게 된다. 부자들이 하나님 나라에 들어가도록 자신들의 삶을 새 방향으로 향하게 하는 것은 불가능하다. 제자들에게 예수의 말씀의 함의는 매우 충격적이다. 제자들의 관점에서 부는 하나님과의 좋은 관계의 상징이었다. 그러므로 부자들이 하나님 나라에 들어가지 못한다면 하나님 나라가 우리 나머지에게 어디에 남아있겠는가?[25절]

열두 제자에 대한 예수의 응답은 이들의 관심을 인정하지만 한편으로는 전적으로 새로운 관점에서 무엇이 가능하고 그렇지 않은지에 대한 질문에 당도한다.26절; 창18:14; 욥 42:2 참조 아무도 스스로 구원을 얻을 수 없다고 예수는 말한다. 수많은 넘어지게 하는 방해물들이 방해할 수 있다. 그러나 **하나님**의 능력으로 사람들은, 아마도 부자들까지도 그 나라의 부르심에 대해 예라고 확실하게 말할 수 있다.

물론 열두 제자는 예수의 부르심에 **응답했고,** 27절에서 대화는 이들에게 열릴 미래가 어떤 것인지에 대한 주제로 전환된다. 베드로는 다시 한 번 모든 제자들을 위해 이렇게 말한다. **그러니 우리가 무엇을 받겠습니까?** 대답에서 예수는 두 가지를 약속한다. 28절에 따르면 열두 제자 자신들이 현재의 질서가 근본적으로 변화되는사65:17; 희년서1:29; 에녹1서45:4–5; 계21:1, 5 참조 새로운 세상 혹은 새로운 세대에 예수의 메시아적 통치를 공유할 것이다.GNB 이 말씀에서 **'심판하다'** 라는 동사는 **'지배하다'** 를 의미할 수도 있다.GNB 참조 따라서 이 역할은 열두 제자가 종말의 하나님의 백성을 다스리거나솔로몬의 시편17:26–29; 계3:21 참조 혹은 이스라엘의 마지막 심판에서 거드는 역할 가운데 하나에 속하는 것으로 생각한다. 그러나 미래의 축복은 열두 제자에게 국한되지 않는다. 제자도에 수반하는 학대와 분리를 견디는 모든 사람들에게 예수는 **100배**의 보상이 있을 것이라고 약속한다. 이 응답은 영원한 생명의 선물이다.29절

단지 30절이 이 모든 것에 연결되는 방식만이 분쟁의 대상이 된 문제이다. 본질적으로 **첫째가 된 사람들이 꼴찌가 되고 꼴찌가 된 사람들이 첫째가 될 것**이라는 예수의 언급을 해석하는 두 가지 방식이 있다.13:30; G. Thom. 4 참조 이 말씀은 현재의 부에 대한 종말의 반전을 묘사하는 일종의 요약 진술이 될 수 있다. 적어도 부유하고 힘이 있는 사람들이 간신히 하나님 나라에 들어가고 반면 비천하고 가난한 제자들이 하나님 나라에 들어가는 첫째가 될 것이다.21:31, 5:3 참조 한편 이 말씀은 제자들을 위한 미래의 보상을 곰곰이 생각하는 사람들에 대한 경고의 말씀인 특별한 추신이 될 수 있다. 교회에서의 너희의 종신 재직권 혹은 지위가 다가오는 세대에 다른 사람들 보다 앞설 것이라고 추정하지 말라! 이 경우 이 말씀은 당연히 이어지는 이야기로 이끌면서 20장 16절과 인클루지오를 형성한다.

하나님의 선하심 20:1–16

포도원 품꾼의 비유는 여러 면에서 예수 당시의 삶과 문화를 반영한다. 지금과 같이 긴급한 사회 문제들 가운데 하나는 실직이었는데 이것이 포도원 주인이 장터에서 일을 기다리며 빈둥거리고 서있는 사람들을 발견한 이유이다. 주인이 품꾼에게 준 **데나리온**

은 관례에 의한 품꾼들의 하루치 임금이었다. 마지막으로 지불은 유대 율법에 따라 낮의 끝 무렵에 이루어진다.레19:13, 24:15 참조 이처럼 묘사된 장면은 여러 면에서 전형적이고 정상적인 장면이다.

정상적이지 않은 것은 주인이, 이들이 열두 시간, 아홉 시간, 여섯 시간, 세 시간, 혹은 한 시간을 일했던지 모든 품꾼들에게 같은 임금을 지불했다는 사실이다. 이것에 관해 누가 이의를 제기하지 않겠는가? 무언가 별난 일이 일어나고 있다.Jeremias: 138-139에서 인용된 랍비식 비유의 유사한 구성 참조, 그러나 그곳의 초점은 인간 장점에 관한 것이다.

독자로서 우리는 사전에 이 이야기의 포도원이 보통이 아니라는 것을 알고 있다. 이것은 하나님 나라에 관련된 행동의 장이고 주인은 이스라엘의 하나님을 위한 은유이다. 본문이 제기하는 문제는 그렇다면 인간 노동법의 용어에서의 정의 가운데 하나가 아니라 이보다 더 큰 문제인 하나님의 정의이다! 더 정확하게 하나님이 모든 제자들에게 같은 보상인 영원한 생명을 주시는 것이 공정한가?

본문에 따르면 하나님은 적당한 품삯을 주겠다고 약속하고4절 그것은 정당하다. 아무도 처음에 동의한 것보다 덜 받지 않는다.13절 동시에 하나님은 법적인 기준으로 정당한 것을 넘어서실 수 있고 순수한 관대함으로 행동하신다.15절 이 사실에 기분이 상하는 것은 하나님의 선하심을 악이나 시기심에서 나온 시선으로 보는 것이라고 예수는 말한다.15b절에 관한 NRSV의 각주 참조, 그리고 이 구절이 19:17의 선이신 하나님에 대해 어떻게 논평하는가에 주목하라. 그러므로 결국 품꾼의 비유는 일과 품삯의 틀을 파괴하는 방식으로 구원에 관해 생각하도록 우리에게 강요한다. 영원한 생명은 결국 **하나님에게서 오는 선물**이지 하나님에 관한 주장이 아니다.

마태에게 이와 같은 이야기와 더불어 19장 27-29절의 보상의 토론에 대해 균형을 잡는 것은 중요했다. 제자들은 하나님이 자신들의 충성에 보상할 것이라는 사실을 확신할 수 있지만 이 약속을 점수를 매기는 방식으로 전환할 수는 없다. 이 공동체의 설립 구성원들은 두 번째와 이후 세대를 능가하는 우선권도 가질 수 없다. 강한 사람들은 약한 사람들보다 먼저 이 나라의 정문을 통과할 수 없을 것이다. 마태복음이 첫째와 꼴찌에 관한 이 말씀에 대해 우리가 이해하기를 바라는 것은 바로 이 의미이다.19:30, 20:16 이 말씀의 목적은 우위에 관한 새로운 질서를 세우는 것이 아니라 오히려 우리에게 계산을 멈추라는 것이다. 전에 주목한 바와 같이 이 나라의 풍요로움은 분배하는 하나님의 것이고 하나님은 놀라움으로 가득한 분이시다!

성서적 맥락에서의 본문

마태복음 6장 19-34절의 논의에서 우리는 성서가 부의 주제에 관해 이야기하는 방식에 주목했다. 복음서가 직면한 이 문제들 가운데 하나는 본문 뒤에 있는 질문이다. **부자가 구원을 받을 수 있는가?** 누가는 이 질문을 세 번째 복음과 사도행전에서 발견되는 자료들을 통해 자세하게 추적한다. 어떤 예들에서 이 이야기들은 이 질문에 대한 분명하게 부정적인 대답을 전한다. 더 큰 곳간을 짓기로 한 부자눅12:13-21, 부자와 나사로눅16:19-31, 부유한 관원눅18:18-30, 마태복음19:16-22에 대한 누가의 병행기사에 관한 이야기들이 이런 경우이다.

그러나 다른 이야기들은 회심한 부자들에게는 구원이 가능하다는 것을 가리킨다. 바나바와 리디아가 초기 교회를 받치던 부유한 신자들을 대표하지만행4:36, 16:11-15 복음서에서 이에 해당하는 경우는 삭개오의 이야기이다.눅19:1-10 실제로 마태 자신은 첫 번째 복음서의 **말미 근처에서 하나님으로서는 모든 것이 가능하다**는 사실을 설명한다. 예수의 매장을 위한 무덤을 제공했던 아리마대 요셉의 이야기와 연결하면서 독자들에게 요셉이 **부자**이며 예수의 **제자**라고 말한다. 그렇다면 이따금 낙타가 바늘귀를 통과할 수 있다.

포도원 품꾼들의 이야기는 고유한 놀라움이나 기대의 반전, 수많은 성서의 이야기들에 대한 공통적인 특징들을 가진다. 이처럼 사람들은 다윗 왕의 조모가 된 이방인인 룻의 이야기나룻4:13-17 참조, 왕이 되려는 그의 형제들을 넘어 선택된 가장 어린 아들인 다윗 자신을삼상16:1-13 참조 생각한다. 좁은 문 이야기눅13:22-30와 큰 잔치에 초대된 손님들의 이야기눅14:15-24; 마22:1-14를 포함하여 예기치 못한 결과가 발생하는 예수의 이야기들이 복음서들에서 발생한다.

그러나 20장 1-16절에 대한 가장 이목을 끄는 부본은 탕진하는 아들과 그의 형에 관한 이야기이다.눅15:11-32 마태복음의 이야기에서 첫 번째 품꾼들 그룹과 같이 이 이야기에서 큰 아들은 오래도록 충실하게 일했다. 대조적으로 탕진하는 아들은 자신을 입증하고자 단 한 시간조차도 일하지 않았다. 그럼에도 아버지는 포도원 주인이 보여주었던 것과 똑같은 관대함을 보여주면서 그 아들의 가정에서의 지위를 회복시켜준다. 그리고 이 선한 행동은 다시 심각하게 불공정하다는 불평의 항의를 자아낸다. 이 이야기가 끝날 때 누가는 큰 아들의 겉모습을 흘낏 묘사하는데 **이것은 첫째가 꼴찌가 되고 꼴찌가 첫째가 되는** 이야기의 또 다른 방식이다.

교회생활에서의 본문

이 부유한 사람에게 그의 재산을 버리라는 예수의 말씀은 분명히 강경한 말씀이고 해석자들은 이 메시지를 수용하려고 씨름했다. 본문에 대한 전통적인 접근방법 가운데 하나는 구원 받는 데 필요한 것과 완전해지는 데 필요한 것을 구별한다.[19:21] 여기서 약간의 사람들이 열망할 부의 포기는 최고의 이상으로 추앙받지만 믿음의 요구사항으로 간주되지는 않는다.

다른 접근 방법이 알렉산드리아의 클레멘트와 같은 저자에게서 발견되는데 그는 잘 알려진 마가복음의 부자에 대한 이야기에 관한 논문 "Quis Dives Salvetur?"구원 받게 될 부자는 누구인가?를 썼다. 클레멘트에 따르면 예수는 문자적인 의미에서 부자들에게 자신의 부를 포기해야 한다고 요구한 것이 아니라 오히려 부에 대한 내적인 집착에서 자유로워져서 자신의 부를 다른 사람들의 유익을 위해 사용하라는 것이다.

> 소유를 보유한 자에게… 하나님의 선물로서 … 그리고 자기 자신만의 것으로보다 형제들을 위해 소유한다는 것을 알고, 자신이 소유한 것의 노예가 아니라 소유를 능가하고, 소유를 자신의 영혼으로 가져오지 않고 소유 때문에 자신의 삶이 눈멀지도 않고 경계선을 긋지만 선한 하나님의 일을 늘 하면서 … 즐거운 마음으로 자신의 풍요와 똑같이 부를 제거하려는 마음을 품을 수 있다. 이런 사람은 부자로 살 수 없었던 사람이 아니라 하나님 나라의 유산을 받은 주님의 축복을 받은 사람이고 심령이 가난한 자로 부름을 받은 사람이다.[16]

위에서 인용한 두 접근 방식 가운데 어떤 것도 완전히 만족스럽지 않다. 본문에서 예수가 한 요구는 추가적인 신뢰를 지시하는 것이 아니라 제자도에 대한 기본적인 부름에 속한다. 더욱이 이것은 단지 부에 대한 새로운 태도가 아니라 구체적인 행동을 위한 요구이다. 유일한 질문은 이 요구가 보편적이냐는 것이다. **예수는 본문에서 젊은 부자에게 요구한 것을 제자가 되려는 모든 사람들에게 요구하는가?**

적어도 두 가지 고려사항이 이곳에 관계된다. 한편으로 신약성서는 부자를 향한 행동의 한결같은 진로를 처방하지 않는다. 초기 교회에 회중들을 위한 부유한 후원자들을 위한 자리도 분명히 있었다. 다른 한편으로 신약성서는 부를 추구하는 것이 하나님 나라의 추구를 심각하게 위태롭게 할 수 있다는 사실에 대해서는 의문의 여지를 남기지 않는다. 사람이 어떻게 이 갈등을 극복하느냐는 경우에 따라 다양할 수 있다. 그러나 모든 제자들에게 소유는 우리가 세례 받을 때에 포기한 모든 삶의 일부이다.

다른 부의 종류는 포도원 품꾼들에 관한 이야기의 주제이다. 이 이야기의 탐구에서 교회는 고용된 다양한 품꾼 그룹을 확인하는 데 상당한 상상력을 보였다. 어떤 해석에 따르면 이 그룹들은 열한 시의 품꾼인 그리스도인이나 이방인과 함께 구속 역사의 성공적인 세대들을 표현한다. 또 다른 견해는 다른 그룹들이 사람들이 신자가 되는 삶의 다양한 무대를 의미한다는 것이다. 그럼에도 세 번째 제안은 이 품꾼들을 통해 오래 전에 설립된 교회를 아침 품꾼으로 그리고 젊은 그리스도인 그룹을 나중에 온 품꾼으로 발전하는 기독교 선교를 그리고 있다는 것이다.

이 그룹들의 정체성보다 더 중요한 것은 이야기의 줄거리에서 드러나는 쟁점인데 거기서 우리는 이 줄거리와 관련하여 자기 자신을 발견한다. 확실히 말하면, 모두 똑같은 임금을 제공하는 이상한 고용주에게 우리가 어떻게 반응할 것인가? 우리의 보상을 위한 규칙을 무시하는 하나님의 이 이상한 처신은 우리에게 쓰라림과 시기심을 남기는가? 아니면 우리가 은혜와 자유가 지배하는 세상의 삶에 우리 자신을 열 것인가?

지위인가 섬김인가?

마태복음 20:17–34

사전 검토

예수의 예루살렘으로의 여행은 20장 17–34절의 마지막 단계에 있다. 그러나 이 여행이 끝나기 전에 예수는 제자의 일상생활의 또 다른 측면을 이야기한다. 예수는 가정생활 19:1–15과 부 19:16–20:16에 관해서는 이미 자신의 기대를 분명히 밝혔다. 이제 예수는 **권력**과 **명예**의 문제에 대하여 말한다. 하나님의 계획에서 다른 사람들 가운데서 위대해진다는 것은 무엇을 의미하는가? 그리고 예수 자신의 삶은 어떻게 자신이 자신의 추종자들에게 명령하는 모범에 대한 좋은 본보기가 되는가?

마가복음 10장 32–52에 근거한 이 항목은 고난의 예고로 시작한다. 17–19절 이것은 마태복음의 수난 예고에서 세 번째이고 16:21, 17:22–23 참조, 셋 가운데 가장 특별하다. 이어지는 에피소드에서 20–28절 자신의 자녀에게 특별한 영광을 부여해달라는 한 어머니의 요구에 반응하여 예수는 다시 임박한 고난에 대해 이야기한다. 이 반응 자체는 23절에서 마무리되지만 24–28절의 섬김에 관한 말씀으로 확장된다. 종으로서의 예수의 역할 8:17, 12:15–21 참조을 설명하려고, 이 항목은 두 눈 먼 사람의 치유 이야기로 종결된다. 29–34절.

9:27-31에서의 이 이야기의 중복 참조

개요

고난으로 가는 길, 20:17-19

종의 길, 20:20-28

보게 된 선물, 20:29-34

주석적 해설

고난으로 가는 길 20:17-19

17-19절에서 본문의 어법은 예수와 자신의 모임의 목적지를 강조한다. 우리는 예루살렘으로 올라간다는 구절을 두 번 발견하는데, 첫 번째는 이 이야기에서이고 다시 예수의 선포에서 그것을 발견한다. 또한 주목할 만한 것은 "전체 수난 이야기의 짧은 요약"Meier, 1980:226; 26:14-16, 45-57, 66; 27:1-2; 24-31 참조에 해당하는 예수의 임박한 고난이 설명되는 자세한 이야기이다. 이 예고의 새로운 요소들 가운데 예수가 **십자가에 못 박힐 것**이고26:2 참조 이것이 이방인들로마인의 손에서 일어날 것이라는 진술이 있다. 그러나 독자들을 놀라게 하는 세 번째 특징은 **열두 제자**들이 발전되고 있는 드라마 속으로 이끌려 들어오는 방식이다. 예수는 고난과 변명의 주제가 이들의 이야기 역시 결정할 것이라는 것을 암시하며 우리가 예루살렘으로 올라갈 것이라고 제자들에게 말한다. 이것은 10-18절의 세베대 가문의 이야기를 위한 무대를 설정한다.

종의 길 20:20-28

이름이 언급되지는 않았지만 20절의 **세베대의 아들들**은 제자 야고보와 요한이다.막10:35; 마10:2 참조 마가복음의 이야기에서 이 두 형제 본인들이 예수에게 다가가 오는 세대에서 가장 높은 영광의 지위를 요구한다. 그러나 마태복음에서 이 청원은 야고보와 요한의 어머니에게서 듣게 되는데 아들들을 대신한 그녀의 개입은 성서 시대의 다른 어머니들의 개입과 닮았다.왕상1:15-31; 창27:5-17; 마카비2서7장

누가 이것을 요청하든지 예수는 22-23절에서 야고보와 요한에게 직접 이야기한다.대

명사 너희는 그리스어 본문에서 복수형이다 예수의 중요한 반응은 이 두 형제들이 요구하는 것이 이들이 인식하는 것 이상너희는 모른다이라는 점을 알린다. 왜냐하면 미래의 영광으로 가는 길은 고난으로 이끈다. 이곳에서 예수가 사용한 고난의 은유는 때로는 하나님의 심판을 낳는 것과 연결되는 이미지인 사람이 마셔야만 하는 잔의 비유이다. 사51:17; 렘25:15; 겔23:32-34; 시75:8 참조

야고보와 요한이 이 같은 잔을 마실 준비가 되어있다고 말했을 때, 예수는 자신이 이들에게 줄 수 있는 것과 줄 수 없는 것을 분명하게 밝히면서 두 번째 응답을 제공한다. **나는 너희에게 고난과 순교를 약속할 수 있지만**바꾸어 말하면; 행12:1-2 참조 **하나님 한 분만이 그 나라에서 사람이 높아지는 것의 본질을 결정하신다**고 예수는 말한다.

25절에 기록된 다른 제자들의 항의는 예수가 25-28절에서 발견되는 말씀을 전할 기회를 제공한다. 18:1-4;23:11-12; 눅22:24-27 참조 예수에 따르면 자신의 공동체에서 지위의 표시는26-27절의 '너희 가운데서' 라는 구절이 세 번 반복된다는 것에 주목하라 세상이 인식하는 방식과 근본적으로 다르다. 세상에서는 위대함이 지배의 정도에 의해 측정되지만 교회에서는 동료 지체들에 대한 섬김의 정도에 따라 결정된다. 이 요점을 주장하는 쌍둥이 진술 26b, 27절은 한 연에서 다음 연까지 대거 쌓아올린 역설을 나타낸다.

위대하게 되고자 한다면, **섬기는 사람**이 되어라.

으뜸이 되고자 한다면 **종**이 되어라!

마지막 말씀에서 이 어법은 똑같이 강제적인데28절 이것은 종의 모델인 예수 자신의 사역을 언급한다. 사람들의 주인노릇을 하는 대신 예수는 사람들의 필요를 섬기고 많은 노력을 기울여 이들이 구하는 안녕을 구하기로 선택한다. **대속**이라는 단어그리스어: lutron는 노예, 채무자, 전쟁 포로와 같은 감금된 사람들을 풀어주는 데 시급한 비용을 나타낸다. 여기서 문제가 된 속박은 마귀의 손아귀이고 구원자로서의 예수의 역할은 이사야 53장의 종의 역할이다. 예수는 **많은 사람들**, 즉 이들의 삶이 자신의 삶과 연결된 모든 사람들에게마26:27-28 참조 용서를 가져오려고 **자신**을 희생한다. 사53:10,12

보게 된 선물 20:29-34

19장 1절로 20장 34절의 여행 이야기를 마무리하는 이 에피소드는 예루살렘의 북동쪽 요단 계곡에 있는 도시 여리고에 거처를 정한다. 예수가 이 도시를 떠날 때 자신의 시력을 되찾기 원하는 눈 먼 사람 둘이 다가와서 말을 건다. 마태복음은 마가복음 10:46절에 언급된 "눈 먼 거지" 한 사람 대신에 두 명의 눈 먼 사람에 대해 말하는 것에 주목하라

두 번 탄원자들은, 후에 교회의 의식에서 채택한 구절, 즉 **"주님 우리를 불쌍히 여겨주십시오!"**[30,31절]로 예수에게 청한다. 다윗의 아들이라는 호칭으로 이 구절은 이 두 사람에게 신자의 역할을 하도록 한다. 이어지는 이 대화와 이야기는 눈 먼 사람들에게 시력을 주는 하나님의 종으로서 행동할 수 있는 예수의 능력을 부각시킨다.[33절; 사42:7; 35:5 참조] 복음서의 다른 이야기들에 언급된 같은 신적 동정심과 긍휼이 나타나고[9:36; 14:14; 15:32 참조], 예수는 탄원자들의 눈을 만지고[막8:22-26 참조] 그렇게 이들의 시력은 회복된다.

예수가 행한 이 기적의 추이는 본문의 마지막 두 말씀에서 발견된다. 눈을 뜨고 두 사람은 **예수를 따랐다.** 이 이야기에 대한 종결은 두 가지 측면에서 주목할 만하다. 한 가지 면에서 이것은 이 줄거리에 새로운 발전의 전조가 된다. 지금까지 예수의 제자들의 사회는 열두 제자 이상으로 확장되지 않았다. 이제 마태는 우리에게 이 복음서의 마지막 대위임령을 기대하며 제자들의 범위가 확장될 준비가 되었다고 말한다. 또 다른 면에서 이 이야기는 독자들이나 청중 개인에게 적절한 신학적 요점을 지적한다. 우리를 완전하게 만드는 하나님의 자비에 대한 적절한 반응은 감사하는 제자로 예수를 따르는 것이다.

성서적 맥락에서의 본문

섬김에 관한 예수의 말씀은 복음서 기자들이 다른 방식으로 이어간다. 마태가 이 자료의 자신의 위치에서 마가를 따르는 반면 누가는 이것을 마지막 만찬에서의 대화의 일부로 만든다.[눅22:24-27] 누가 크냐는 것에 대한 토론은 예수와 열두 제자가 식탁에 앉아 있을 때 일어나고 예수는 이 기회를 제자들에게 자신이 **섬기는 자**로 이들과 함께 있음을 생각나게 하는 데 사용한다. 네 번째 복음도 마찬가지로 섬김에 대한 토론을 예수의 마지막 식사에 연결하지만[요13:1-20], 한 걸음 더 나아간다. 여기서 예수는 자신이 섬기는 자라는 것을 말할 뿐만 아니라 모델 혹은 본보기로서 섬김의 행동을 이행한다. 수건을 두르고 대야에 물을 담아 주님이며 선생인 그가 제자들의 발을 씻긴다.

전에 주목한 바와 같이 종으로서의 예수의 그림은 이사야 40-55장의 종의 노래에 의해 부분적으로 형성된다.[사42:1-4, 49:1-6, 50:4-11, 52:13-53:12 참조] 마태복음 20장은 이같은 종의 노래에 관한 신약의 몇몇 구절들 가운데 하나이다.

이처럼 마태 자신은 예수의 치유사역을 묘사하려고 자신의 복음서 다른 곳에서 이사야서 42장과 53장의 구절들을 인용한다.[8:17, 12:17-21] 에티오피아 내시에 대한 빌립의 증언은 예수를 이 내시가 읽고 있던 두루마리에서 언급한 고난 받는 종과 동일시한다.[행

8:26-35 그리고 베드로전서 2장 21-24절은 초기 그리스도인들이 이사야 53장을 바꾸어 말하는 것과 같이 읽히고 있다. 이 언어에 대한 이사야서의 영향이 논쟁 중이지만 관련된 본문은 빌립보서 2장의 찬가 구절이다. 거기서 바울은 그리스도를 "자기를 비워 종의 모습을 취하신" 분 그리고 "자기를 낮추고 죽기까지 복종하신" 분으로 말한다. 빌2:7, 8 이 본문들은 함께 마태가 그의 복음서에서 강조하는 기독론인 종 기독론을 증언한다.

교회생활에서의 본문

본문에 근거한 유명한 20세기의 찬송은 다음과 같은 구절로 시작한다.

"할 수 있겠느냐", 주인이 말했다.

"나와 함께 십자가에 못 박히는 것을?"

"예", 튼튼한 꿈꾸는 사람이 대답했다,

"죽는 데까지 우리는 당신을 따르겠습니다."

이곳의 분위기는 고상한 명분을 위해 고상하게 행동하려는 자신 있는 용감한 준비가 되어 있는 영웅적 행위 가운데 하나이다. 그러나 본문 자체에서 우리가 발견하는 것은 야고보와 요한과 같은 영웅들의 야심에 대한 통찰력 있는 비평이다. 제자들이 예수와 함께 마셔야 하는 고난의 잔은 매력 있는 도전이 아니라 인간 꿈에 방해가 되는 가혹한 현실로 제공된다. 그리고 섬김에 관한 예수의 말씀에 묘사된 삶의 유형은 기독교의 지위를 구하는 자들에게 조금도 영감을 주는 특성이 아니다. 이것을 다르게 표현하면 본문은 십자가의 길을 인간의 견지에서 마음을 끄는 어떤 것으로 만들려는 어떤 시도에도 저항한다.

동시에 이 구절은 경쟁하는 모형을 제공하고 두 가지 결정적인 점에서 기독교 공동체에 영향을 미쳤다. 이 가운데 하나는 신실함의 가능한 결과로 순교를 평가하는 것이다. 아나뱁티스트 작품인 순교자의 거울의 마태복음 20장에 대한 언급 참조 다른 구절들과 더불어 본문은 순교를 그리스도의 고난과 그 후의 영광에 참여하는 방식으로 제시한다.

본문이 중요한 역할을 하는 두 번째 요점은 종의 생활양식을 옹호하는 것에 있다. 교회 스스로의 사역을 평가하는 잣대를 제공하는 것과 더불어 본문은 삶의 모든 영역에서 공동체의 선에 기여하도록 부름을 받은 "공복"으로 지도자를 이해하는 데 공헌했다. 그렇다면 우리는 살든지 죽든지 세베대의 아들들에 대한 예수의 응납에서 이야기되었던 우리 자신을 발견할 것이다.

5부
예루살렘의 예수

마태복음 21:1-25:46

사전 검토

이 복음서의 초반에는 예수가 자신의 적대자들과의 대면에서 물러나는 몇 개의 에피소드가 있다.12:14-15, 14:13, 15:21 참조 그러나 마태복음 21-25장에서는 모든 것이 변한다. 예수는 이제 유대인 세상의 중심인 예루살렘에 있는데 그곳은 적대자들이 모여 있는 곳이며 이들이 권력을 휘두를 수 있는 곳이다. 여기서 예수와 유대 관원들의 임박한 대면은 더 이상 회피할 수 없다. 마태에게 이 대면의 중심에 있는 문제는 예수의 메시아로서의 권위이다. 예수의 예루살렘 입성 이야기는 스스로 독자들이 알고 있는 그런 방식으로 들려진다. 다윗의 도시에 다윗의 자손이 여기 있다! 유일한 질문은 예루살렘이 예수의 왕권을 인정할 것이냐이다.

이론적으로 이어지는 에피소드는 자신의 적대자들에게 이기고 자신의 공동체에 대한 환호를 즐기는 예수의 이야기를 말할 수 있었다. 그러나 우리는 수난 예고와 중도에서의 다른 실마리에서 이것이 진행될 방식이 아니라는 것을 이미 알고 있다. 이미 갈릴리에서 분명하게 드러났던 첨예한 갈등이 예루살렘에서 강화될 뿐이며, 이는 마침내 23장의 예수의 결정적인 예루살렘에 대한 심판으로 이어진다. 이 심판은 25장 31-46절의 이 복음서의 예수의 다섯 번째인 마지막 담화의 결론에서 그렸던 모든 나라들에 대한 최종 심판을 미리 말한다. 거기서 예루살렘에서 거절당한 겸손한 왕은 오는 세대에서 영광 가운데 통치한다. 이것을 다르게 표현하면, 하나님은 예수의 메시아적 통치의 정당성을 입증하고 세우신다. 그래서 예루살렘의 대면에서 마지막 말씀을 하신다.

일어난 이 모든 일의 이야기는 마가복음 11-13장의 이야기의 윤곽을 따르고 마가복음의 이야기의 확장된 편집으로 볼 수 있다. 우리가 이 확장된 이야기의 구성 요소들의 일부를 시험할 때 우리는 마태가 어떻게 어디서 마가복음의 자료를 풍부하게 하였는지를 논의할 것이다.

개요

충돌과 대결, 21:1-23:39

21:1-17 다윗의 도시의 다윗의 아들

21:18-22:14 거절의 이야기들

22:15-46 유대 지도자들과의 논쟁

23:1-39 쓰라린 공적 작별

종말에 관한 교훈, 24:1-25:46

24:1-35 종말은 어떻게 오는가?

24:36-25:30 준비 가운데 살아가기

25:31-46 예수가 나라들을 심판하다

마태복음 21:1-23:39

충돌과 대결

사전 검토

16장 21절-20장 34절의 연대순으로 기록된 예루살렘의 여행은, 이스라엘에 대한 예수의 사역의 마지막 사건을 위한 배경을 설정하면서, 마태복음 21장에서 마침내 목적지에 도착한다. 이 사건들은 이틀간의 이야기의 틀 안에서 열리고 성전 주변에서 전개된다. 첫째 날은 예수가 이 도시에 들어가고 성전의 여느 때와 같이 선매권에 의해 장사하는 생기 있는 행동을 특색으로 삼는 반면21:1-17, 두 번째 날은 이야기꾼, 토론자, 예루살렘에 대한 예언적 비평을 하는 사람인 예수에 집중한다.21:18-23:39

이야기의 시작에서 예수를 동반한 순례자들의 말과 몸짓은 기쁨과 희망의 분위기를 만든다. 그러나 이야기의 마지막에서 찬양의 소리는 저주와 유감의 소리로 바뀌었다. 예루살렘이 오시는 이를 받아들이려하지 않았기 때문에 예루살렘의 미래를 위한 유일한 노래는 비탄의 노래이다.

21-23장을 건설하며 마태는 다음 두 가지 요점에서 튼튼한 방식으로 마가복음 11-12장의 유사한 이야기를 확장했다. (1) 마태는 이스라엘의 복음의 거절에 대한 3부작 이야기를 제공하는데 마가복음에는 오직 한 번뿐이다.막12:1-12; 마21:28-22:14 참조 (2) 마태는 이 섹션을 결론지으려고 예수가 가능한 가장 강경한 용어로 이스라엘의 지도자들을 혹평한 성전에서의 예수의 설교를 덧붙인다.23장 참조 게다가 마태는 우리가 이제 주목하게 될 항목인 이 섹션을 여는 항목 안으로 새로운 자료를 합병했다.

다윗의 도시의 다윗의 아들

마태복음 21:1-17

사전 검토

20장 29-34절의 눈 먼 사람이 예수를 다윗의 자손이라고 환호하며 맞았을 때 이 소식을 포함하는 다른 어떤 시도도 더 이상 없다.9:30과 대조적으로, 16:20 참조 예수의 "왕 같은 위엄과 권위"의 공적인 표명이 임박했다.Sand: 411 이것은 두 개의 화를 도발하는 에피소드 근처에서 일어나는 예루살렘에서의 예수의 첫 번째 날 이야기에서 분명하게 발견되는 이야기이다.

첫 번째 에피소드에서1-11절; 막11:1-11; 눅19:28-40; 요12:12-19 참조, 예수는 자신의 메시아의 권위를 드러내는 방식으로 이 도시로 들어간다. 두 번째12-17절; 막11:15-19; 눅19:45-48; 요2:13-22 참조, 예수는 성전의 목적과 종교적인 제도가 마땅히 되어야 하는 바에 대한 논증을 뒤틀리게 만들었던 사람들에게 도전하는 예루살렘 성전에 대한 주장을 이야기한다.

이 이야기의 두 부분은 상징적인 행위, 일어나고 있는 일을 해석하려는 구약성서의 인용5 13,16절, 그리고 **'호산나 다윗의 자손께!'** 9,15절라는 외침과 함께 하는 예수에 대한 환호를 포함하는 수많은 유사한 특징들을 보인다. 이 외침 자체가 암시하듯이 메시아에 대한 환호는 이 이야기가 가지는 형태를 위한 적절한 표시이다.

개요

왕의 행렬, 21:1-11

하나님의 집을 정화하기, 21:12-17

주석적 해설

왕의 행렬 21:1-11

예수는 올리브 산의 동쪽 비탈에 있을 것으로 추정되는 벳바게를 경유하여 예루살렘으로 접근한다. 그곳에서 자라는 풍부한 올리브 나무 때문에 이름 지어진 올리브 산은 기드론 골짜기를 가로질러 곧장 예루살렘 동편에 있다. 올리브 산은 예루살렘의 회복을 위해 하나님이 오실 장소라는 유대인의 종말론에서 특별한 의미를 가진 언덕이었다.슥 14:1-5 참조 그러므로 이 이야기의 지리적 위치는 이 이야기가 하고 있는 진술을 뒷받침하고 있다.예수가 제자들에게 종말에 관한 교훈을 주려고 올리브 산으로 돌아올 것이라는 24장에 주목하라

2-7절은 예루살렘으로 들어올 때 예수가 타고 온 수송수단에 초점을 맞춘다. 예수는 어린 나귀를 타고 온다. 본문의 몇 가지 특징 가운데 이 짐승이 이 이야기의 일부가 된 방식은 여기서 해석을 요구한다. 예수가 내린 명령과 이 명령이 암시하는 것에 대한 반응은 예수의 입장에서 신비한 통치권을 암시하는데 제자들은 가서 이 짐승을 데려옴으로써 이 사실을 인정한다.26:17-19의 마지막 만찬에 대한 교훈의 같은 상황 참조.

똑같이 주목할 만한 것은 마태가 예수의 행동을 해석하려고요12:14-15 참조 4-5절에 덧붙인 성취 인용이다. 70인역에서 인용한 이 인용은 구약성서의 다음 두 구절을 결합한 것이다. 여는 구절은 이사야 62장 11절에서 온 반면 왕이 나귀를 탄다는 말씀은 스가랴 9장 9절에서 인용된다. 스가랴서에 대한 마태의 독서는 이 이야기의 또 다른 특성을 설명하기도 한다. 즉 두 짐승에 관한 언급이다.나머지 복음서들은 단지 하나만을 언급한다

스가랴서의 히브리어 본문이 유사한 구절에서 나귀와 나귀 새끼로 묘사된 단지 한 마리의 짐승만을 마음에 두지만 70인역은 필사자가 두 다른 짐승을 생각하는 것을 허용하는 두 구절 사이의 **'그리고'** end라는 접속사를 소개한다. 마태는 분명하게 상세한 이유를 붙인다. 스가랴서가 나귀와 그 나귀의 새끼를 예언했다면 이 예언을 성취하는 사람은 실제로 예루살렘으로 들어올 때 이 둘 모두를 사용해야만 했다.

짐승의 수보다 더 중요한 것은 스가랴서 9장 9-10절의 배경에 대항하여 이들이 가정하고 있는 의미이다.창49:11; Sasson: 72-73 참조 첫째, 나귀를 타고 예루살렘으로 들어오는 바로 그 행동은 마태와 같은 시대 사람들 가운데 많은 사람들에게 왕의 그리고 메시아의 의미를 함축했을 것이다. 더욱이 강력한 전쟁마 대신 나귀를 사용한다는 것은 메시아의 통치의 특성에 대한 무엇인가를 말한다. 나귀를 타고 이스라엘에 오는 통치자는 폭력과 군사적인 정복의 나라가 아닌 공익을 도모하는 겸손한 통치를 상징한다. 그렇다면 마태에게 나귀를 타고 예루살렘에 입성하는 예수의 장면은 예수가 메시아가 될 것임을 선포하고 예수의 메시아직을 정의하는 종의 역할이라는 그림을 전달한다.

예수의 행동의 속편은 예수를 따르던 무리들의 반응이다.8-9절 예후가 왕으로 기름부음을 받던 때의 순간을 상기시키는 몸짓으로왕하9:13 참조, 무리들 가운데 어떤 사람들은 예수 앞에 자신들의 겉옷을 길 위에 폈다. 다른 사람들은 의식의 과정에서 사용되었던 초막절과 같은 축하 행사 가운데 하나를 상기시키는 나뭇가지를 꺾어다 길에 깔았다.시

118:27; 마카비1서13:51; 마카비2서10:7 참조

호산나라는 외침 역시 성전 의식에서 온 것이다.시118:25-26 참조 원래 구원이나 도움을 의미하는 청원인 이 외침은 후에 찬양과 환호의 더욱 일반적인 외침이 되었다. 여기서 무리들의 입으로 외친 호산나는 하나님의 이름으로 오는 메시아적 통치자다윗의 자손로서 예수를 환영하는 환호의 공식으로 기여한다. 가장 높은 하늘에서 호산나라는 더 온전한 표현은 실제로는 **하나님이 직접 환호하는 우리들과 함께하소서**라는 것을 의미한다.

마지막으로 마태복음에서만 발견되는 이야기 부분에서10-11절, 예루살렘 자체가 예수의 축제 참가자로서 반응한다. 마태는 다른 곳에서 폭풍이나 지진을 묘사하려고 사용한 같은 동사로 **예루살렘 전체가 소란하게 되었다**는 것GNB을 우리에게 이야기한다. 이 서술적 묘사는 예수가 탄생했다는 소식에 모든 예루살렘이 **당황했다**는 2장 3절의 장면을 상기시킨다! 그래서 예루살렘의 거주자들은 **"이 사람이 누구냐?"**고 물었다. 다소 완화된 대답은 그가 곧 예루살렘과 직면할 갈릴리 나사렛에서 나신2:23, 4:12-16 참조 예언자라는 용어로 예수를 확인한다. 이것은 우리가 곧 알게 될 불길한 대답이다. 왜냐하면 예루살렘은 하나님의 예언자들을 **죽이는** 도시라는 평판을 가지고 있기 때문이다.23:37 그러므로 예수를 예언자라고 부르는 것은 예수를 기다리고 있는 운명에 대한 사전 신호이다.

하나님의 집을 정화하기 21:12-17

소위 성전정화라 불리는 두 번째 에피소드는 즉각적으로 예수의 승리의 입성에 이어진다.마가복음의 이야기에서 이 이야기는 예수의 방문 두 번째 날에 일어난다. 예수가 이방인의 뜰로 알려진 바깥뜰로 성전에 들어올 때 그는 별난 것이 아닌 장면에 맞닥뜨린다. 상인들이 희생 제물로 드려질 동물들을 팔고 있었고 환전상들이 그리스와 로마의 돈을 성전세를 드리는 데 필요한 전통적인 동전을 환전하고 있었다. 제사장의 귀족 정치의 이점에서 이런 행동은 성전 생활에 필수적이었다. 그러나 예수에게 이것은 권력을 가진 자들이 종교의 이름으로 가난한 사람들을 이용해 먹는 성전의 바른 기능을 망각한 제도에 지나지 않았다.

본문이 우리에게 말하는 예수의 반응은, 성전을 정화하러 온 하나님의 사신의 역할을 맡아 이 상업적인 행위를 붕괴시키는 상징적인 행동에 관여하는 것이다.말3:1-4; 슥14:21b 참조 자신의 행동을 뒷받침하려고 예수는 구약성서의 두 구절, 이사야 56장 7절과 예레미야 7장 11절을 인용한다.이전의 성전에서의 예언자적 항의인 후반부! 한 본문은 성전의 진정한 목적을 밝히는 반면 다른 하나는 성전이 자신들의 경제적 이득을 위해 사용하는 사람들

을 저주한다.

하나님의 **집**에서 **일어나야** 하는 일을 그리고자 마태는 14-16절에서 우리가 발견한 자료를 덧붙인다. 여기서 복음서의 다른 곳에서와 같이 이 이야기와 특징은 교회생활에 대하여 미리 지적하고 있다. 자신들의 장애 때문에 지금까지 성전에서 배제되었던 눈멀고 저는 사람들은삼하5:6-8; IQSa 2:5-7 참조 모든 사람들에게 열려 있는 예수가 모은 공동체에서 환영을 받을 것이다. 이스라엘에 대한 자신의 사역9:27, 11:2-5, 14:14, 15:30-31 참조을 드러내는 하나님의 자비와 교회에서의 자신의 현존을 입증하며 예수 자신이 이런 사람들이 오는 것을 받아주고 치료해준다. 이 자비를 보면서 아이들은 이 이야기9절와 예수를 알고 예배하는 어린아이 같은 제자들을 위한 은유로서의 기능에서 이전에 들었던 호산나와 같은 외침을 부르기 시작한다.18:3, 19:14 참조

이 목가적인 광경을 파괴하는 유일한 특징은 **대제사장**과 **율법학자**들의 불평인데15-16절; 눅19:39-40 참조, 이들은 예수가 도전하는 옛 질서를 대표한다. 이들은 자신들이 보고 듣는 것으로 인해 불쾌해진다. 그러나 예수는 어린아이의 찬양을 시편 8편 2절의 시편 기자의 말씀의 성취로 해석함으로써 이들의 비판을 피한다.랍비의 논쟁과 닮은 16절의 질문과 대답의 구성에 주목하라. 요컨대 유아나 작은 자들은 복음서의 처음부터 끝까지 견지하는 대로 예수 안에서 자신들이 보는 것을 분별하고 기뻐하는11:25! 참조 반면 이스라엘의 보호자들은 일어나고 있는 일을 인식하지 못한다.

이 이야기는 예수가 예루살렘을 떠나 근처 베다니 마을로 밤을 지내려고 짧은 여행을 한다는 언급과 함께 17절에서 끝난다. 한 가지 면에서 **예수가 이들에게 남긴** 말씀은 단지 예수의 여정에 관한 이 기록으로 이끄는 과도기적인 구절이다. 그러나 다른 면에서 이 말씀은 예수와 이스라엘 사이에 발생하는 근본적인 간격을 가리킨다.

성서적 맥락에서의 본문

성서 이야기에서 한 번 이상 주님은 메시지를 전달하고자 비유적인 행동을 사용하는 이스라엘의 예언자들을 가리켰다. 이처럼 예레미야는 임박한 유다의 바빌로니아 예속을 극적으로 표현하려고 자신의 목에 멍에를 메었다.렘27-28장 참조 에스겔은 포로로 끌려가는 사람의 짐을 가지고 사람들 앞을 행진했다.겔12장 그리고 생생하고 정신적 충격이 컸던 호세아는 하나님의 불충성한 이스라엘과의 관계를 상징하고자 창녀와 결혼했다.호1장 예수가 나귀를 타고 예루살렘에 입성할 때 그리고 성전에서 그 같은 행위들을 몰아낼 때

마태복음에서 계속되고 있는 것은 단지 이 같은 종류의 비유적인 소통이다.

성전에서의 행동은 성전과 성전 지도자들이 비판을 받은 수많은 성서의 구절들과 함께 본문에 연결된다. 예레미야의 성전 설교에서렘7장과 26장 비판은 불의가 이스라엘에 들어차 있을 때라도 하나님의 집을 하나님이 보호하신다는 거짓 주장인 성전 신앙심에 집중된다. 마태복음 21장과 마찬가지로 여기서 성전은 공동체의 믿음의 중요한 상징이라고 가정한다. 예언자의 관심은 이 상징에 대한 남용에 항의하는 것이다.

더욱 급진적인 질문은 우선 성전이 타당하거나 적절한 제도냐는 것이다. 이런 질문은 스데반이 구약성서에 근거한 마찬가지 전통들을 그리면서사66:1-2; 삼하7:4-7 참조 사도행전 7장특별히 44-50절에서 제기한 질문과 같은 것이다. 히브리 기자들은 이스라엘의 제사장들과 신성한 장소들이 예수가 제공한 하나님께 접근하는 참된 수단의 전조가 된다는 견해에 따라 더욱 중재의 역할을 하는 견해를 제공한다. 이들은 일시적으로 타당했지만 이제는 필요 없게 되었다.히9:1-10:25 참조

복음서들에서 성전의 문제는 본문의 이야기에서 뿐만 아니라 성전의 **미래**에 대한 예수의 말씀에도 표면화된다. 이런 말씀 하나는 종말에 관한 예수의 담화의 시작에서 생기는데마24:1-2; 막13:1-2; 눅21:5-6, 거기서 예수는 성전이 돌 하나도 돌 위에 남지 않고 다 무너질 것이라고 예언한다. 더욱 자극적인 것은 산헤드린의 예수의 재판에서 예수에 반대하여 증언하는 사람들에게 예수가 한 말씀이다.마26:60-61; 막14:57-58 참조

이것의 원형이 무엇이든 이 선포는 성전의 파괴와 예수가 세우는 새로운 성전 모두에 대해 말한다. 요한복음의 저자는 자신의 평상시의 창조적인 방식으로 이 말씀을 택하고 이 말씀을 성전 정화에 연결한다.요 2:13-22 참조 요한에 따르면 예수 자신이 하나님이 현존하시는 진정한 성전이다.요1:14 참조 성전 뜰에서 예수가 행할 때 예수에게 행동할 권위를 준 것은 바로 이 실재이다. 그리고 이 실재는 성전인 예수의 몸인 죽음에서 부활할 때 온전히 분명하게 나타날 것이다.

교회생활에서의 본문

그리스도인들이 사순절을 지나야 하기 때문에 마침내 종려주일이 되어서야 이 기간의 침울한 분위기를 뚫고 기쁨이 시작된다. 이 경우에 자주 불리는 찬양은 9세기의 왕 되신 우리 주께로 돌아가는 서정시를 가진 다음 노래이다.

모든 영광과 찬양과 명예를 구세주 왕이신 당신께
어린아이의 입술이 호산나 외침을 당신께 드리나이다!
당신 앞에 종려나무를 든 히브리 사람들이 달려가고
우리의 찬양과 기도와 칭송을 우리 앞에 계신 당신께.

당신은 다윗의 자손이신 이스라엘의 왕
주의 이름으로 오시는 축복받은 왕
당신의 고난 앞에서 당신께 찬양의 노래를 드리고
이제 높이 올라가신 당신께 우리가 드리는 선율을 올린다.

이와 같은 노래들은 분명하게 예수의 예루살렘 입성 이야기에 근거한다.종려나무에 대한 언급이 마태복음에서라기보다 요한복음 12:12–19의 병행 기사에서 온 것이지만 그리고 종려주일 찬양은 이 이야기가 생생하고 매력 있는 방식으로 우리에게 말하는 것을 가능하게 한다.

예수의 왕으로서의 입성 이야기가 축제의 분위기를 고무한다 해도 성전에서의 예수의 행동 이야기는 더욱 관심을 일깨우고 우리의 감각을 거슬릴 개연성이 있다. 우리는 의자를 둘러엎고 상인들을 성전 밖으로 몰아내는 외관상으로 폭력적인 행동을 어떻게 해석해야 하는가? 몇몇 해석자들은 이 세부적인 것들을 예수가 열심당원처럼 행동한다는 것을 의미하는 것으로 그리고 기록된 이 에피소드는 폭력적 행동의 더 큰 대본의 일부라고 받아들인다. 그러나 이것이 그런 경우라면, 틀림없이 성전 경비들이 이 사건에 개입했을 것이다. 하지만 우리는 본문에서 그런 이야기들을 전혀 듣지 못한다.

전에 제시한 바와 같이 예수의 행동은 폭력으로 체제를 뒤엎으려는 시도가 아니라 배역에 꼭 맞는 상징적이고 비유적인 것으로 보인다. 그럼에도 이 사건은 분명히 항의이고 이 항의는 명백하게 강제적이다. 그러므로 본문이 예수의 공동체에게 야기하는 질문들 가운데 하나는 종교의 행위나 정치적 제도가 하나님의 목적에 모순되는 상황을 **우리가** 어떻게 다루어야 하느냐이다. 우리도 역시 새로운 질서인 성서의 비전을 가진 권력을 가진 사람들에 직면하여 담대한 비유적 행동으로 관여하라는 부름을 받은 경우가 있는가?

거절의 이야기들

마태복음 21:18–22:14

사전 검토

우리는 이미 예수의 예루살렘에서의 공적 활동이 이틀간의 이야기의 틀 안에 설정된다는 사실에 주목했다. 두 번째 날은 예수가 베다니에서 예루살렘으로 돌아오고 다시 성전을 향하는 마태복음 21장 18절에 열린다. 여전히 가는 도중에 마태는 우리에게 예수가 즉석에서 시들게 한 무화과나무가 야기한 이스라엘의 운명을 미리 보여준다.21:18–22; 막11:12–14, 20–25 참조 하지만 여기서 우리는 예수에 의해 자행된 또 다른 비유적인 행동을 이번에는 기적 이야기의 맥락에서 보게 된다.

성전으로 가면서 예수는 가르치기 시작하지만 곧 예수의 권위를 묻는 지도자들의 대표단과 만난다.21:23–27; 막11:27–33 참조 발생한 토론은 랍비의 논쟁 형식으로 표현되는데 거기서 예수는 자신의 권위를 세례 요한의 권위에 연결한다. 그러나 예수의 반대자들이 이 권위를 인정하지 않을 것이라는 사실은 분명하고 예수는 이어지는 비유의 수집물에서 이들의 불신을 이야기한다.21:28–22:14

마태복음에서만 발견되는 이 비유의 첫 번째는 두 아들의 비유이다.21:28–32 현재의 모습에서 이것은 종교지도자들에 의한 세례 요한의 거절을 강조한다.

두 번째 이야기는 마가복음에서 가져온 것으로 포도원의 비유 혹은 사악한 소작인 등으로 다양하게 분류된다. 이 이야기에서 절정은 거절과 예수 자신의 살인에서 이루어지는데 그는 포도원 주인의 아들로 묘사된다.

세 번째 불행한 이야기는 마태복음은 물론 누가복음도 사용한 사료의눅14:15–24 참조, G. Thom. 64 혼인 잔치의 이야기이다.22:1–14 여기서 거절에 대한 긴 이야기는 예수의 제자들에 대한 거절과 학대를 포함하는 것까지 확대된다.

마태가 기술적으로 모은 이 3부작 이야기에서 우리가 가지게 되는 것은 하나님의 반복하지만 성공하지 못하는 이스라엘의 신실한 반응에 대한 간청과 하나님 나라를 제공하려는 시도에 대한 3중의 그림이다. 이 이야기들이 강조하는 결과는 이스라엘 자체가 거부될 것이며 다른 사람들이 이스라엘이 잃어버린 것을 받게 될 것이라는 사실이다.

개요

열매 없는 나무, 21:18-22

무슨 권한으로? 21:23-27

하나님에게 '아니요' 라고 말하는 것, 21:28-32

열매 없는 포도원, 21:33-46

누가 하나님의 식탁에서 먹게 될 것인가? 22:1-14

주석적 해설

열매 없는 나무 21:18-22

소위 무화과나무의 저주는 복음서에서 유일한 종류의 이야기이다. 여기서 예수의 기적적인 행동은마태의 이야기에서 예수의 말씀의 효과는 즉각적이다 치료보다는 파괴에 기여하며 구원이라기보다는 심판에 기여한다.행13:9-11 참조 이 마가의 이야기의 기원이 무엇이든어떤 사람들은 누가복음 13:6-9의 무화과나무 비유와의 연결을 암시한다 이것은 상징적인 의미로 가득 차 있다.

예수의 분노를 불러일으킨 열매 없는 무화과나무는 결국 예레미야가 묘사했던 하나님의 백성이다. "나 주의 말이다. 그들이 거둘 것을 내가 말끔히 거두어 치우리니, 포도덩굴에 포도송이도 없고, 무화과나무에 무화과도 없고, 잎까지 모두 시들어 버릴 것이다. 그러므로 내가 그들에게 준 것들이 모두 사라져 버릴 것이다."렘8:13; 렘24:1-10; 호9:10; 욜1:7; 미7:1 참조 그렇다면 예수의 행동은 "외적 경건을 과시하는 잎으로 가득하지만 그 안에 종교의 열매인 진정으로 순종하는 행동은 부족한"Meier, 1980:237 종교적인 공동체에 대한 하나님의 심판을 의미한다.

의미의 두 번째 차원은 20-22절의 예수의 제자들과의 대화에서 겉으로 드러난다.17:20 참조; G. Thom. 48, 106 예수의 기적은 심판의 표시일 뿐만 아니라 하나님에 대한 확고한 믿음의 표현인 기도를 통해 제자들이 이용 가능한 능력이기도 하다.7:7-11, 18:19; 요14:13-14 참조 지금까지 예수의 추종자들의 믿음은 망설이고 흔들리는 적은 믿음이었다.14:31; 17:14-20 참조 그러나 이 믿음이 굳세고 분명해진다면 제자들은 예수가 방금 행한 일보다 더 위대한 일도 할 수 있게 될 것이다.

무슨 권한으로? 21:23-27

23-27절에서 이야기된 논쟁은 예수를 두 그룹의 유대인 지도자, 즉 관직의 권력을 가진 사람과[대제사장] 권위를 대표하는 사람들[백성들의 장로; 출19:7; 사3:14; 렘19:1 참조]에 대항하여 싸우게 한다. 곧 예수의 죽음을 모의하고[26:3-5] 체포하여 사형선고를 내리게 될 사람들은[26:57-68, 27:1-2] 같은 적대자들의 연합이다. 이 당국자들이 예수에게 예수의 **권한**에 대해 물었을 때 이들은 복음서 전체에서 예수를 수반하는 문제를 제기한 것이다.[7:28-29, 12:38, 16:13-15, 28:18 참조] 예수의 신임장은 무엇인가? 누가 혹은 무엇이 예수가 성전에서 지금 행하고 있는 행동을 할 수 있는 권한을 주었는가?[요2:18 참조]

직접적으로 대답하는 대신, 예수는 랍비식의 논쟁의 전형적인 책략에 의존한다. 예수는 이들의 질문에 의존하는 반응으로 그의 질문자들에게 방어 자세를 취하는 반대 질문을 제기한다. **세례 요한이 하나님을 위해서 일했는지 아니면 자신을 위해서 일했는지**를 자신에게 대답하라고 말한다.[바꾸어 말하면] 이 이야기가 가리키듯이 예수의 반대자들은 자신들이 할 모든 대답이 자신들을 불리하게 만들 것이라는 것을 알았다. 패배를 인정하며 이들은 예수의 질문에 대답하기를 거절하고 이에 따라 예수가 자신들의 질문에 대답하는 것을 면제해 준다.

한 가지 면에서 이 이야기는 단순히 자신의 역경을 조종할 수 있는 예수의 노련함을 드러낸다. 진짜이지만 인정되지 않는 권위를 가진 예수는 영리하게 예수에 대항하여 자신들의 권위를 사용하려고 한 사람들을 패배시킨다. 다른 면에서 이 이야기는 실제로 반대자들이 제기한 질문에 대답한다. 반대질문을 제시함으로써 예수는 하나님의 권위가 자신의 사역과 요한의 사역을 뒷받침한다는 것을 암시한다. 요단에서 그의 비유적인 행동으로 세례를 주었던 요한과 마찬가지로[3:1-6] 예수는 성전에서 임박한 하나님의 통치의 출현을 상징하는 행동을 한다. 이것을 다르게 표현하면, 본문은 예수를 하나님의 이름으로 행동하도록, 하나님의 보내심을 받은 사람으로 인정하도록 독자를 23절의 질문에 대답하도록 초대한다.

하나님에게 '아니요' 라고 말하는 것 21:28-32

두 아들의 비유는 우리 앞에 있는 항목에서 축의 역할을 한다. 이야기의 견지에서 이것은 23-27절의 에피소드의 연장으로 읽힐 수 있다. 이것은 세례 요한의 메시지를 믿고 행동하는 것에 실패한 것에 대해 지도자들을 비난한다.[25b,32절 참조] 그러나 이 비유는 단지 앞선 것에 대한 추신이 아니다. 전에 살펴본 바와 같이 이것은 하나님의 사자를 거절한 이스라엘에 대한 일련의 비유들을 소개하는데, 각각의 비유들은 이 이야기에 새로운 차원을 더한다.

첫 번째 비유에서 우리가 가진 것은 간단한 실례가 되는 논평31b절에 이어지고 다음에는 더욱 복잡한 설명에 이어지는32절 짧은 이야기이다. 그리스어 본문 뒤에는 두 아들이 등장하는 명령에 대한 어떤 혼동이 있다. 어떤 사본들은 아버지의 명령에 '아니요' 라고 대답하는 아들로 시작하고 다른 사본은 '예' 라고 대답하는 아들로 시작한다.

본문의 어떤 유형이 더 원형이든 이 이야기의 요점은 아주 분명하다. 중요한 것은 단순하게 하겠다고 약속하는 것이 아니라 실천하는 행동이다.7:21-23, 12:50, 23:3-4 참조 '예' 라고 대답하고 '예' 로 행하는 것이 가장 좋을 것이다. 그러나 자신의 마음을 바꾸어 하나님이 요구한 대로 행동하는 반역자는 하나님의 의향을 성취한다. 반면에 경건하게 하나님의 뜻을 행하겠다고 공언하고 그것을 실천하는 데 실패한 사람은 잘못으로 끝난다. 따라서 우리는 31b절에서 세리와 창녀와 같이 쫓겨난 사람들은 하나님의 통치 가운데 삶을 즐기게 될 것이지만 존경 받는 공동체의 지도자들은 배제될 것이다.당신 앞에 있는 이 구절은 참여의 명령이라기보다는 분리의 의미를 가장 잘 암시한다

32절에 제공된 설명과 더불어 예수의 비유의 드라마는 하나님의 이스라엘과의 언약 이야기에 더욱 분명하게 연결된다. 전통적인 견해의 관점에서 이 이야기는 약속을 지키기로 동의한 신실한 사람들과 약속하지 않은 죄인들의 용어에서 해석될 수 있을 것이다. 이것이 이 비유가 시작하는 방식이다. 그러나 이 상황은 하나님이 세례 요한을 통해 이스라엘을 새롭게 하려고 나타나실 때 변화된다.

요한은 자신의 메시지와 세례가 모든 이스라엘이 하나님의 의로운 공동체가 되려는 방법을 드러냈다는 의미에서 **의로운 방식으로**셈 어의 표현; 잠8:20; 12:28 참조 이스라엘에게 왔다.3:15에 관한 해설 참조 이 도전에 직면하여 어떤 놀라운 일이 발생했다. 전에 '아니요' 라고 말한 사람은 요한을 믿고이들은 회개하고 세례를 받았다, 전에 '예' 라고 말한 사람은 그를 무시했다.눅7:29-30 참조 이 이야기의 어법과 더 깊이 움직이면서 마태복음은 한때 '아니요' 라고 말한 사람은 **나중에라도** 회개했고29절의 '그 뒤에' 와 32절의 '끝내' 참조 하나님의 뜻을 따르겠다고 주장했던 지도자들은 자신들의 마음을 바꾸기를 거절할 것이다. 이들은 매우 견고하게 요한을 통한 하나님의 호소를 거절했다.

열매 없는 포도원 21:33-46

이번에는 생생한 이미지와 함께 33-46절의 비유 역시 포도원에서 열린다. 이 이야기

의 직접적인 자료가 마가의 복음이지만[12:1-12], 이 비유의 주제와 어법은 이사야서 5장 1-7절의 포도원의 노래에 신세를 진다.[33절 그리고 사5:2 참조] 사회문화적인 관점에서 이 이야기는 1세기의 소작 일꾼들과 부재지주 사이에 빈번하게 존재했던 적대감을 입증한다.

그러나 이 이야기에서 복음서 기자들의 관심은 사회학적이기보다는 신학적이다. 이것의 가장 이른 형태가 무엇이든, 마가복음과 마태복음에 나타나는 이 비유는 예수를 하나님의 언약 백성[소작인]에게 보내졌지만 계약[포도원]을 맡은 사람들에게 무참하게 거절된 하나님의 아들로 묘사된다. 28-32절의 앞선 비유에 대한 결과로서 이 이야기는 우리에게 예수가 세례 요한보다 더 낫지 않은 대접을 받을 것이라는 사실을 말해준다.

마태가 다시 만든 이 이야기의 특유한 특징 가운데 어떤 것들은 특별한 관심사이다.

(1) 포도원을 건설한 사람은 주인으로 확인된다.[20:1-16 참조, 거기서 하나님과 같은 이가 주인으로 나타난다]

(2) 주인은 하나님의 이스라엘에 대한 전체적 요구와 선한 일에 대한 온전한 수확의 기대를 암시하는 어법으로 그냥 열매 가운데 어떤 것[막12:2 참조]이 아니라 자신의 열매를 요구한다.

(3) 열매를 얻게 하려고 보낸 하인들[종들]은 두 그룹으로 급파되는데 이것은 소위 이전과 이후의 이스라엘의 예언자들을 가리킬 것이다.[예언자들의 운명에 관해, 23:29-37, 5:12; 렘7:25-26; 대하24:19-21; 느9:26. 참조]

(4) **가장 마지막으로** 주인의 아들이 보내지고[NIV; GNB; 히1:1-2 참조], 그의 운명에 대한 묘사는 예수의 십자가에 못 박힘의 결과에 일치한다. 먼저 그는 포도원에서 쫓겨나고 죽임을 당한다.[요19:17-18; 히13:12 참조]

(5) 예수는 이들이 자신들에 대한 심판을 선언하도록 하면서 자신의 청중들이 40-41절의 이야기에 대한 결론을 이끌도록 초대한다.

(6) 이 이야기의 결과에 대한 명백한 해설은 43절에서 제공된다. 지금까지 하나님의 이스라엘과의 약속의 일부였던 하나님의 통치의 약속이 이제 더 가치 있는 **사람들**, 즉 예수와 그의 메시지에 반응하는 사람들에게 제공된다.

(7) 하나님이 요구하시는 **열매**를 생산하고 제공할 필요에 대한 반복되는 강조가 있다.[41절과 43절 참조] 하나님이 기대하시는 자비와 정의의 행동을 수행하는 사람들에게만 하나님 나라가 상속될 것이다.

이 이야기에 대한 그 이상의 해설은 성서의 소환과 암시의 형태에 주어져 있다. 42절은 시편 118편 22–23에서 온 것인데[사28:16 참조] 이것은 초기 교회의 증거 본문으로 널리 사용되었던 것으로 보인다.[행4:11; 벧전2:7 참조] 몇몇 초기 사본에는 없는 44절은 몇몇 구약 성서 구절의 어법을 이용한다.[단2:34–35, 44–45; 사8:14–15 참조] 어떤 주석가들은 이 절을 마태복음의 본문에 대한 원형으로 간주하는 반면, 다른 사람들은 이 절을 누가복음의 비유 버전의 유사한 말씀에 기초하여 후대에 덧붙인 것으로 본다.[눅20:18 참조] 42–44절은 함께 다음과 같이 바꾸어 말할 수 있을 것이다. **거절당하고 죽음에 처해진 하나님의 아들은 새로운 믿음의 공동체의 머리로 고양되었다. 하나님에 아들에 반대한 사람들은 이 과정에서 자신들을 파괴하고 그의 엄청난 심판 아래 서게 된다.**

거절의 세 번째 비유로 진행하기 전에 마태는 45–46절에 짧은 이야기를 하나 삽입한다. 여기서 독자는 성전에서 예수가 도전했던 당국자들과[21:12–17,23] 예수가 이 이야기들에서 이야기하고 저주한 사람들[21:28–41]이 가장 먼저 이스라엘의 지도자들이었다는 사실을 상기하게 된다. 이것을 알고 지도자들은 예수에 대항하는 행동을 즉각적으로 취했을 것이다.[막11:18 참조: "어떻게 예수를 없애 버릴까 하고 방도를 찾고 있었다."] 그러나 예언자인 예수에 대한 대중적 존경[21:11 참조]은 잠시 동안 예수를 보호하는 완충 장치로 기여한다.

누가 하나님의 식탁에서 먹게 될 것인가? 22:1–14

혼인잔치의 비유와 누가복음 14장 15–24절의 병행기사는 수많은 공통적인 요소들을 공유한다.[G. Thom. 64 참조] 각각의 경우 선택된 손님들은 큰 잔치에 초대되지만 이런저런 이유로 이 초대를 거절한다. 이것이 잔치의 주인을 분노하게 하는데 그 이후에 주인은 자신의 하인들[종들]을 거리로 보내 이 잔치에 올 대체 소님들을 초대하게 한다. 이런저런 방식으로 식사는 진행될 것이고 식탁은 가득 찰 것이다.

그러나 다시 한 번 예수 이야기의 마태복음의 버전은 수많은 특징들을 포함한다. 여기서 잔치는 자신의 **아들**을 대신하는 **왕**이 주인 노릇을 하는 혼인잔치이다.[2절] 되풀이되는 초대는 의도된 손님들에게 전해지는데 참석하기를 거절할 뿐만 아니라 설명할 수 없는 일이지만 왕의 하인들을 학대하고 심지어 이들 가운데 몇몇을 죽이기까지 한다.[3–6절, 21:34–36에서 주인의 하인들이 경험했던 같은 운명] 같은 방법으로 반응하며 왕은 초대 받았던 사람들과 이들의 도시를 함께 파괴하려고 군대를 보낸다.[7절]

새로운 손님들을 찾기 위해 왕의 종들은 그 도시에서 세상 먼 곳으로 나가는 길인 큰 길로 나갔고[8–9절] 많지만 섞여 있는 무리를 데려온다.[10절] 이것이 적절하게 차려입지 않은 어리둥절한 손님들이 있는 장면을 위한 길을 마련하고[11–13절] 이들의 추방은 마지막 심판의 선고와 같이 의심하며 읽게 한다.8:12, 13:42, 25:30, 솔로몬의 지혜서17:1-2 참조 이 이야기의 종결은 사실상 간결한 속담과 같은 말씀이다. 초대는 참여를 보장하지 않는다.에스드라2서8:3,41; 마7:13-14 참조

본문을 여는 말씀이 가리키듯이 이 이야기의 나라는 하나님 나라이고 이 이야기는 이 나라에서 하나님이 제공하시는 삶에 관한 역사적인 풍유에 대한 모든 것을 말했다. 혼인 잔치는 다가올 세대의 기쁨과 축제를 상징한다.사25:6-8; 마25:1-10; 계19:7-9; 에녹1서62:14; 바룩2서29:4-8 참조 잔치에 오라는 초대는 지혜의 부름을 상기시키는 반면 말씀을 이스라엘에 전하는 두 그룹의 종들은 옛 예언자들과 예수 자신의 제자들을 대표한다.렘7:25; 마10:5-7,40-42, 21:34-36, 23:34; 눅11:49 참조 도시의 화재A.D. 70년 예루살렘의 파괴에 대한 암시 같은와 알맞지 않은 원래 손님들의 선언은 하나님의 제의와 하나님의 사자를 거절한 이스라엘에 대한 하나님의 심판을 상징한다.

그러므로 9절의 **나가라는** 명령은 28장 19절의 대위임령을 예고하고 이방인에 대한 사명을 암시하는데 이것은 참되고 거짓된 제자들인 **좋고 나쁜 사람**들 모두를 끌어들인다. 다음에는 **혼인 예복**이 참된 제자들이 입는 의로움으로 상징화되는데사61:10; 롬13:14; 골3:10,12-14; 계19:8 참조 그 옷을 입지 않으면 하나님 나라에 거주할 수 없다.마5:20

마태복음에 따르면 그래서 사람들이 하나님의 식탁에서 먹을 수 있는 기회를 놓치는 두 가지 길이 있다. 하나는 초대를 무시하는 것이다.1-8절 다른 하나는 초대를 당연한 것으로 받아들이고 하나님의 의에 진정으로 굶주린 자로 사는 데 실패하는 것이다. 어떤 길이건 그 손실은 계산이 불가능하다.

성서적 맥락에서의 본문

이스라엘이 하나님을 거절할 때 하나님은 이스라엘을 거절하시는가? 이 질문은 성서 이야기에서 계속되고 있는 것이고 호세아서에서의 대답은, 마음 아프게 '그렇다' 이다. 호세아가 하나님 자신의 이 질문과의 씨름을 기록하면서 호세아는 우리를 한 방향으로 이끌고 그 다음 다른 방향으로 이끈다. 이 대답은 하나님이 다음과 같이 선포하실 때 분명하고 결정적이 된다. "나를 떠나서 그릇된 길로 간 자들은 반드시 망한다! 나를 거역한 자들은 패망할 것이다."7:13 이스라엘의 운명은 하나님이 다음과 같이 선언하실 때 봉인되어 나타난다. "너는 이제 망했다. … 이제는 내게 동정심 같은 것은 없다."13:9, 14

그러나 이런 선언과 함께 우리는 매우 다른 감정을 전하는 말씀을 발견한다. "에브라

임아, 내가 어찌 너를 버리겠느냐? 이스라엘아, 내가 어찌 너를 원수의 손에 넘기겠느냐? … 아무리 화가 나도, 화나는 대로 할 수 없구나. 내가 다시는 에브라임을 멸망시키지 않겠다."11:8-9 대신 하나님은 약속하신다. "내가 그들의 반역하는 병을 고쳐 주고, 기꺼이 그들을 사랑하겠다."14:4

신약성서에서 이 곤경에 대한 양 극단이 하나는 마태에 의해 다른 하나는 바울에 의해 표현된다. 우리가 지금 막 시험해보았던 세 가지 이야기는 이스라엘과 불확실한 용어들로 이스라엘의 진로를 형성한 지도자들을 비난한다. 이스라엘은 하나님이 찾으시는 열매를 맺는데 실패했고 하나님의 사자를 거절했고, 그리고 하나님 나라의 잔치로의 초대를 일축했다. 그 결과 하나님은 이스라엘에서 떠나셨고 새로운 언약 백성을 모으기 시작하셨다고 마태는 우리에게 말한다.21:43, 16:1-20에 대한 해설 참조 아브라함의 개인적인 후손들은 이 백성을 향한 자신의 길을 발견할 수도 있지만 나라로서의 이스라엘은 상속자와 하나님의 통치의 청지기가 되기를 멈추었다.

로마서 9-11장에서 우리는 하나님의 계획에서 이스라엘의 운명에 대한 더 희망적인 평가를 발견한다. 바울은 이스라엘이 넘어졌고 하나님의 뜻에 반대했다는 점에 있어 마태와 똑같이 분명하다. 바울은 이스라엘의 상황을 나무에게서 잘려나간 것에 비유한다. 그렇다 하더라도 바울이 수사적으로 하나님이 자신의 백성을 버리셨느냐고 물을 때 그는 "그럴 수 없습니다!"라고 외친다.11:1 이스라엘의 하나님과의 특별한 관계는 취소할 수 없는 것이라고 주장하면서11:28-29 바울은 그럼에도 **모든 이스라엘**이 복음을 받게 될 것이며 이스라엘과 이방인들이 하나님의 미래에 대한 공동 상속자가 될 것이라는 기대를 준다.11:11-12,25-27

마태와 바울이 이스라엘의 전망에 대한 자신들의 평가에서 갈라지지만 이들은 이스라엘의 곤경이 이방인의 교만함에 어떤 여지도 남기지 않는다는 점에 완전히 동의한다. 바울은 자신의 독자들에게 우쭐대지 마십시오, 여러분이 이제 하나님의 백성에 속하게 된 것은 오직 하나님의 은혜입니다. 여러분이 믿음에 굳게 서 있을 때에만 그런 은혜가 계속될 것입니다.롬11:18-22 마태는 열매를 맺고 혼인 예복을 입는 것에 대한 중요성을 강조할 때 같은 요점을 만들고 있다. 예수 공동체의 지체로서 하나님이 이스라엘에게서 찾으셨던 같은 의를 나타낼 때만 이들은 하나님 나라의 삶을 즐기게 될 것이다.

교회생활에서의 본문

일반적으로 예수의 비유가 그렇듯이 거절의 세 가지 비유의 표상과 주제는 교회를 매혹시켰다. 매혹의 특별한 요점은 22장 11-12절의 혼인 예복이었다. 하나님이 사회적 예절에 대한 기준에 영원한 판단의 토대를 둔 적이 거의 없었는데 이 예복은 무엇을 표현하는가? 해석자들이 제시한 대답은 믿음, 사랑, 성례전, 종말의 구원 율법의 성취, 의의 행위를 포함한다. 자기 시대 당시의 제안들 가운데 어떤 것들에 직면하여 칼빈은 다음과 같은 유용한 조언과 견해를 제공한다.

> 혼인 예복에 대한 논쟁에는 어떤 요점도 없다. … 모든 그리스도인은 여기서 우리는 우리의 영이 그의 형상으로 새로워지는 조건 하에 주님에게 부름을 받았고 그러므로 우리가 그분의 집에 언제나 남아 있고 싶다면 모든 자신의 오점을 가진 옛 사람에게서 벗어나야만 하고 우리의 외모습관가 우리의 명예로운 소명에 일치하도록 새로운 삶을 실천해야만 한다고 말하고 싶어 한다.1972, 2:109

그럼에도 본문의 이야기들이 해석자들을 끌어들이는 또 다른 요점은 이들의 가차 없는 이스라엘에 대한 비평이다. 액면 그대로 받아들이면 이 이야기들은 유대인들을 하나님의 적으로 보는 판에 박은 견해로 쉽게 이끄는 이스라엘과 유대 지도자들에 대한 전적으로 부정적인 그림을 전달한다. 이런 정형이 지배하는 곳에서그리고 본보기들이 본문에 대한 오래된 설교와 주석들에 풍부한 우리는 기껏해야 유대교가 막다른 길이라고 결론짓는다. 그러나 논쟁 중에 있는 이 결론은 적어도 다음 두 가지 고려 사항을 요구한다.

(1) 본문의 이스라엘에 대한 가혹한 그림은 교회와 마태의 세계의 회당 사이의 긴장으로 채색되었을 것이다. (2) 위에서 주목했던 바와 같이 마태의 목소리는 성서의 이스라엘의 운명에 대한 질문과 우리가 들은 대화는 마무리가 덜 된 특징을 가진다고 말하는 많은 목소리들 가운데 하나이다.

그러나 1세기 이스라엘이 아무리 신실하거 신실하지 않건 우리는 기독교 공동체에 못지않게 유대 공동체가 하나님의 목적에서 계속되는 역할을 가지고 있을 가능성에 열려 있어야만 한다. 교회가 본문의 이야기들을 사용할 수 있는 가장 적절한 방법은 이처럼 유대인들을 판단하는 것이 아니라 우리 자신의 언약 역사에서 하나님의 초대에 대한 신실한 반응의 중요성을 강조하는 것이다.

유대 지도자들과의 논쟁

마태복음 22:15-46

사전 검토

이전 항목에서 우리는 이스라엘의 지도자들에 대항하여 공세적이었던 예수를 보았다. 이 축어적인 공격을 꺼려하여 이 같은 지도자들은 이어지는 에피소드에서 자신들만의 행동을 취하기 시작한다. 이들은 한 가지 요점이나 다른 요점에서 예수를 넘어뜨려 그의 가르침의 권위를 의심하게 만들려는 희망을 가지고 예수에게 일련의 질문들을 던진다.

만남들 가운데 하나는 제사장 모임과 예루살렘의 귀족에 속하는 사두개파 사람들을 포함한다. 나머지 셋은 마태와 그의 공동체와 긴장상태에 있는 랍비들의 전임자인 예수의 적대자 바리새파 사람들을 특징으로 삼는다. 마가의 이야기인 같은 네 개의 대화에서 가져온막12:13-37; cf. G. Thom. 100 이 항목은 시편 2편을 반영하는 어법으로 틀을 잡는다. 그곳에서도 역시 "통치자들이 음모를 함께 꾸며 주님을 거역하고, 주님과 그의 기름 부음 받은 이를 거역하면서"시2:2; 마22:15,34,41 참조 그러나 하나님과 하나님의 아들과의 논쟁에서 분명하게 패한다.시2:4-12; 마22:41-46 참조

때때로 이 항목의 에피소드는 9장 1-17절과 12장 1-50절의 이야기들과 같은 충돌이나 논쟁 이야기들로 분류된다. 그러나 이러한 이야기들과 달리 22장 15-46절의 자료는 예수의 사역의 도발적인 사건들 주변에서 일어나지 않고 1세기 유대교에서 상세하게 논의되었던 문제들 주변에서 일어난다. 이 에피소드는 이처럼 **가르침 논쟁**으로서 적절하게 정의된다.

이 다양한 논쟁을 제시하는 마태의 목적은 아마 다음 두 가지일 것이다. (1) 이 에피소드들은 예수가 어떻게 그의 적대자들에게 그의 가르침의 정당성을 충분히 입증하는 방식으로 대답하는가를 밝힌다. (2) 예수가 한 대답은 자신의 추종자들에게 이들이 믿음과 삶에 연결된 문제를 다룰 때의 지침을 제공한다.

개요

황제의 것 아니면 하나님의 것? 22:15-22

살아 있는 사람의 하나님, 22:23-33

가장 큰 계명, 23:34-40

메시아는 어떻게 오나? 22:41-46

주석적 해설

황제의 것 아니면 하나님의 것? 22:15-22

예수를 **덫에 걸리기**를 열망하며이 동사는 사냥에서 사용되는 덫 혹은 함정에서 유래한다 바리새파 사람들은 예수가 예민한 정치적인 질문에 직면하도록 만든다. 이것은 이 문제를 제기하려고 보낸 대표단에 헤롯의 통치를 지지하고 로마에 민감한 헤롯당이 포함된 이유를 설명할 수 있다.

그러나 명백히 16절의 아첨에서 우리가 듣고 있는 바리새인들의 발언들이 바로 이 질문으로 유도하고 있다. 바리새파 사람들이 예수를 묘사하려고 사용한 구절은 옳다. 예수는 정말 하나님의 뜻을 정확하게 설명하고, 인기 있는 의견의 지표가 자신의 말에 영향을 미치도록 하지 않는다. 그럼에도 이들은 결코 예수를 존경하지 않는다. 이들은 예수가 즉시 알아차릴 때 악의와 책략으로 조작한다.18절

그럼에도 이들이 17절에서 제기한 질문은 의미심장하다. 이방 통치자에게 세금을 납부하는 것이 정당한가? 이것이 토라와 유전을 지키는 것인가? 문제의 세금은 A.D. 6년 유대에 소개된 인두세였는데 12혹은 14세에서 65세까지의 주민들에게 요구되던 세금이었다. 은화 한 데나리온으로 납부하였는데 한 데나리온은 노동자들의 하루 품삯에 해당된다.

그러나 세금에 대한 반작용이 일어났던 것은 금액 때문이 아니라 로마에 대한 종속의 구조 때문이었다. 세금 납부에 사용되는 동전에 하늘의 황제 아우구스투스의 존경할만한 아들로서 추앙하는 명문과 더불어 티베리우스 황제의 초상이 찍혀 있었다는 사실이 분노를 더했다.19-21a절 다른 사람들과 마찬가지로 바리새파 사람들은 세금이 불쾌한 것이라는 것을 알고 마음이 내키지 않았지만 세금 납부를 지지했다.

이 질문에 반응하여 예수는 다시 한 번 현명하게 대응한다. 첫 번째, 예수는 자신에게 질문한 사람들에게 자신들이 헌신하고 있는지를 밝히라고 했다. 예수는 세금 납부에 사용되는 동전을 보이라고 요구하고 이들이 황제의 돈을 자신의 소유로 하고 있음을 보인다! 두 번째, 예수는 단순히 긍정하거나 부정하는 대답을 피하는 방식으로 자신의 입장을 진술한다. 그렇게 하면서 예수는 (1) 로마의 통치와 백성들을 멀리하는 죄를 뒷받침하

거나 (2) 로마의 통치를 거절하고 폭도로 체포되도록 하는 어떤 것도 피한다.

황제의 것은 황제에게 하나님의 것은 하나님에게 돌려드리라는 예수의 대답의 요지는 다음과 같이 바꾸어 말할 수 있다. **우리가 시민 질서 안에 살고 참여하는 한 달성해야 할 시민으로서의 의무가 있다. 그러나 다른 모든 의무들의 경계를 정하고 규정짓는 우리의 궁극적인 의무는 모든 창조의 통치자이신 하나님에 대한 충성이다.** 인상적이든 혹은 단순하게 당황스러운 것이든22절 예수의 적들은 그가 자신들에게 그 질문에 대한 책임을 넘겼다는 것을 알고 잠시 중단하기로 선택한다.

살아 있는 사람의 하나님, 22:23-33

많은 구약성서 구절들이 가정하고 있는 것으로 보이는 것처럼시6:5, 49:10-12, 88:4-5 참조 개인적인 삶이 죽음으로 끝나는가 아니면 죽은 후 부활이 있을 것인가? 사두개파 사람들의 부활이 있다는 믿음에 대항하는 주장과 더불어 이 질문은 유대 사회에서 상당한 논쟁을 불러 일으켰다.시6:5, 49:10-12, 88:4-5 참조 사두개파 사람들이 인용한 주장들 가운데 하나인 이 믿음은 이들이 권위 있는 것으로 여기는 성서인 토라에서 가르치지 않는다는 것이다.

그러나 우리 앞에 있는 논쟁에서 사두개파 사람들에게서 듣는 질문은 다른 각도에서 온다. 이들은 예수에게, 부활이 있다고 가정하는 믿음에 근거한 믿음을 우스꽝스러운 것으로 보이게 만드는 경우를 제시한다. 토라에서 가르친 계대 결혼에 근거하여신25:5-6; 창38:8 참조, 이들이 덫을 놓은 우스꽝스러운 이야기에서 한 여인은 그녀가 사는 동안 일곱 명의 형제들과 각각 연달아 결혼했던 것으로 끝난다. 그렇다면 이들이 모두 부활한다면 운이 나쁜 이 여인은 누구의 침대에서 자야하는가? 이것은 분명히 조롱을 자아내고자 만들어진 이야기이다.

예수에게 분명하게 풀 수 없는 수수께끼를 냄으로써 사두개파 사람들은 신학자로서의 자신들의 우월성을 과시할 수 있기를 바란다. 그러나 예수는 이 도전에 그 이상의 이중적인 반박을 한다. 첫 번째 예수는 부활의 때가 우리가 지금 알고 있는 것처럼 단순한 생명의 연장이라는 이 난제가 의존하고 있는 전제를 논박한다. 반대로 예수는 부활을 가능하게 만드는 하나님의 권능이 결혼 제도가 더 이상 역할을 담당하지 않는 새로운 세상을 만들 것이라고 말한다. 사두개파 사람들은 하나님의 가능성에 대해 너무 세속에 얽매인 견해를 가지고 있다.

두 번째 예수는 사두개파 사람들이 부활을 **지지하는** 증거로 받아들이는 성서의 일부에서 본문을 인용한다. 출3:6; 마카비4서7:19; 16:25 참조 예수는 "나는 아브라함의 하나님이다."라는 모세에게 한 하나님의 말씀이 현재 시제라는 것을 강조한다. 이것을 근거로 예수는 하나님을 부르는 사람들은 죽음이 파괴할 수 없는 깨어지지 않는 언약의 관계 안에 있고 부활은 완전히 새로워지는 것이라고 주장한다.

이 모든 것을 듣고 무리는 자신들이 예수의 산상수훈에서 들었던 권위의 같은 목소리를 느낀다. 다시 한 번 이들은 **놀랐다.** 33절, 7:28-29 참조

가장 큰 계명 22:34-40

2세기경의 랍비의 선통에 따르면 토라는 613개나 되는 조항을 포함한다. 365개의 금지 조항과 248개의 명령 예수의 시대에 이미 유대의 선생들은 이 모든 계명들이 서로에게 연결되는 방식과 이들 전체가 한 개 혹은 몇 개의 기본적인 명령에서 유래될 수 있는지에 대한 질문과 씨름하였다.

본문은 35절에 언급되어 있는 법률가율법학자가 예수에게 **"율법 가운데 어떤 계명이 가장 큽니까?"**라고 질문할 때 이 계속되는 토론을 반영한다. 마가복음 12장 28-34절의 병행기사에서눅10:25-28 참조 뒤이어 우호적인 양방향 대화가 이어지는데 그곳에서 예수와 율법학자는 각각 서로에게 표현된 통찰을 칭찬한다. 그러나 마태복음에서의 어조는 적대 관계에 있고율법학자가 예수를 시험하고 예수 혼자만 질문한다. 37-40절에서 예수가 한 대답은 다음 세 가지 주목할 만한 특징을 가지고 있다.

⑴ 이 대답은 모든 것을 다하여 하나님을 사랑하라는 신명기 6장 5절에서 발견되는 명령을 **가장 큰 첫 번째 계명**으로 지시한다. 70인역에서와 같이 이 세 번째 구절은 **'네가 할 수 있는 모든 것을 다하여'** 원래의 히브리어 어법 내신 **'네 모든 마음을 다하여'** 로 읽을 수 있다.

⑵ 이 대답은 첫 번째와 마찬가지인 계명으로서 레위기 19장 18절의 '너의 이웃을 네 몸처럼 사랑하여라.' 라는 명령을 두 번째 기준으로 제시한다. 유대인 철학자 필로가 좀 더 일반적인 용어로 하나님과 인간에 대한 친절을 위한 존경에 대한 기본적인 강조를 말하지만 이런 두 구절의 연결은 1세기에는 어떤 유사한 경우가 없었다.

⑶ 이 대답은 **율법과 예언자들**의 모든 것이 이 두 계명에 매달리거나 중심으로 삼았다는 사실을 분명하게 진술한다. 5장 17-29절7:12 참소의 이전의 율법에 대한 논쟁을 다시 거론하면서 마태는 여기서 우리에게 성서에 있는 율법의 다수가 하나님과 이웃을 사랑하라는 예수의 중심적인 명령을 구체화하는 **한 그 범위 내에서** 타당하다는 것을 말해준다.

메시아는 어떻게 오나? 22:41–46

바리새파 사람들이 여전히 그룹으로 모여 있는 동안41, 34절 참조 예수는 자신의 질문으로 네 번째 논쟁을 주도하며 시작한다. **메시아는 어떻게 오는가?** 메시아에 대한 사색은 예수 당시 유행하던 것이었고, 이곳의 논쟁은 이 토론을 부각시키며 초기 기독교 기독론의 관점에서 이야기한다. 마가의 이야기에서막12:35–37 이 에피소드는 예수의 독백으로 구성된다. 마태복음에서는 예수와 바리새파 사람들 간의 대화가 오간다.

예수의 이중적인 질문42a

  바리새파 사람들의 대답42b

예수의 두 번째 이중적인 질문43–45

  침묵46

예수의 첫 번째 질문에 대해 바리새파 사람들이 한 대답은 당시의 주류 유대인들의 믿음을 대표한다. 메시아는 이스라엘의 적들을 이겨내고 다윗이 통치했던 것보다 더 위대하게 통치할 다윗의 자손아들일 것이다.사11:1이하; 렘23:5; 겔34:23; 시89:20이하; 솔로몬의 시편 17:23이하 참조 자신의 두 번째 질문으로 토론을 더 깊이 끌고 가면서 예수는 초기 교회의 인기 있는 증거 본문인 시편 110편 1절을 인용한다.행2:34; 고전15:25; 히1:3 참조 원래 전례학자가 고대의 왕에 대해 말하는 즉위식 본문인 이 시편은 여기서 다윗이 미래의 이스라엘의 메시아에게 말하는 구절로 이해된다. 이 견해에 따르면 인용된 말씀에서 첫 번째 주님은 하나님을 가리키고야훼 두 번째 주님은 메시아를 가리킨다. 그렇다면 예수의 주장은 다음과 같이 이어진다. **만일 다윗이 메시아를 자신의 주님으로 부른다면 메시아가 단순한 인간인 다윗의 후손 이상이라는 것을 의미하지 않는가?**

마태에게 바른 대답은 메시아가 분명 다윗의 자손이지만 더욱 더 중요한 하나님의 아들이라는 것이다.1:18–25 참조 마태복음의 독자는 이것을 알고 보지만 바리새파 사람들은 그러지 못한다. 이 하나님의 아들이 예수라는 것을 이들은 더더욱 알지 못한다. 이전의 사두개파 사람들과 마찬가지로34절 바리새파 사람들은 침묵에 빠진다.46절 그리고 예수는 일련의 논쟁 전체에서 명백한 권위와 지혜로 가르치는 분으로 드러난다.

성서적 맥락에서의 본문

예수의 바리새파 사람들과 사두개파 사람들과의 각각의 논쟁에서 이야기된 주제는 성서 이야기에서 되풀이하여 발생하는 문제들을 다룬다. 여기서 우리는 세금 납부와 하나님과 이웃을 사랑하는 것이라는 이 두 주제가 더 큰 이야기와 연결되는 방식을 살펴볼 것이다.

이미 주목했던 것처럼 로마에 대한 세금 납부는 하나님의 백성이 지배하는 권세에 대해 제공할 수 있거나 제공해야만 하는 충성이라는 더 큰 질문을 야기한다. 놀라울 것도 없이 성서기자들은 이 질문에 대한 단 하나의 모범 답안을 제공하지 않는다. 어떤 경우 성서는 하나님과 정부 사이의 긍정적인 관계를 가정하는데 거기서 정부는 질서를 만들고자 하나님을 대신하여 행동하고 그렇게 함으로써 인간 사회를 파괴하는 혼돈을 방지한다.롬13:1-7; 벧전2:13-17; 딤전2:1-2 참조 이런 곳에서 하나님의 백성은 정부에 복종하고, 통치자를 위해 기도하고, 세금 납부와 같은 시민 의무를 다해야 한다.

그러나 다른 경우에 성서는 알력 과정에 있는 하나님과 정부를 묘사한다. 요한계시록에 그런 경우가 있는데 거기서 바울이 기꺼이 인정했던 로마 당국은 짐승과 같이 뒤틀어진 것이 되었다.계13장 통치자가 하나님의 목적에 반대할 때, 이들의 요구에 대한 저항은 피할 수 없고행5:27-29; 단1-3장 참조 반역은 믿음의 행위가 된다.출2:15-21; 렘26장 참조 요컨대 황제가 추구하는 정책들은 하나님의 백성이 황제가 요구하는 것을 그에게 주는 만큼 결정된다.

가장 큰 계명에 대한 논쟁은 이전의 문제들과는 관계가 없다. 이것은 직접적으로 다음과 같이 질문한다. 하나님의 백성의 첫 번째 의무는 무엇인가? 위의 해설에서 예수가 신명기 6장 5절과 레위기 19장 18절과 연결할 때 우리는 예수가 지금까지 볼 수 없었던 대답을 명확히 말한다는 것을 알게 되었다. 그러나 하나님 사랑과 이웃 사랑을 분리할 수 없다는 것은 "새로운" 가르침이 아니라 성서 전체에서 전제로 했던 것 역시 사실이다. 이처럼 예언자 미가는 다음과 같이 말한다. "주님께서 너에게 요구하시는 것이 무엇인지도 이미 말씀하셨다. 오로지 공의를 실천하며 인자를 사랑하며 겸손히 네 하나님과 함께 행하는 것이 아니냐?"미6:8

이전에도 이미 십계명 자체가 우리에게 한편으로 하나님을 사랑하는 법출20:1-11과 다른 한편으로 우리 인간들을 사랑하는 법출20:12-17을 말하는 명령들을 결합시킨다. 예수가 강조했던 경건과 긍휼의 연결은 이처럼 이미 이스라엘의 삶에 중심이었고 이 연결은 예수 자신의 공동체에도 중심으로 남아 있다. 요한일서의 기자는 자신의 주장에서 다른 목소리로 이렇게 말한다. "누가 하나님을 사랑한다고 하면서, 자기 형제자매를 미워하면, 그는 거짓말쟁이입니다. 보이는 자기 형제자매를 사랑하지 않는 사람이 보이지 않는 하나님을 사랑할 수 없습니다."요일4:20; 롬12:1,9-21, 13:8-10 참조

교회생활에서의 본문

황제의 것은 황제에게 하나님의 것은 하나님에게 드리라는 것은 무엇을 의미하는가? 예수의 말에 대한 가장 일반적으로 행해지는 초기의 접근 방식은 예수가 한편으로 영적 문제로 다른 한편으로 시민 혹은 세속적 문제로 깔끔하게 나누었다고 가정하는 것이었다. 이런 경우 예수는 우리에게 영적인 영역에서는 하나님께 복종하고 정치적인 영역에서는 인간 통치자에게 복종하라고 말하는 것이다. 저스틴 마터, 첫 번째 변증 17; 칼빈, 1972, 3:26-27 참조 그렇다면 다른 시민들과 같이 신자들은 언제나 자신의 세금을 납부하고 세워진 질서를 지지하고 대부분의 전통에서 자신의 나라의 전쟁에 나가 싸우는 것에 동의한다.

이 해석의 문제는 이것이 사실상 정치적이고 영적인 삶의 모든 영역에서 하나님의 통치를 부인한다는 것이다. 위에서 제시한 바와 같이 예수의 말의 가장 있음직한 영향력은 먼저 하나님 나라를 구하는 우리의 근본적인 헌신의 맥락에서 세금 납부와 같은 정치적인 문제들을 결정하도록 초대한다. 이처럼 하나님의 의제를 반영하여 정부의 정책이 더 큰 평화와 정의에 공헌하는 곳에서 정부를 지지하는 것은 바르고 적절하다. 그러나 정부의 정책이 권력 있는 자들을 보호하고 약한 사람들을 파괴하고 삶 자체를 위협하는 곳에서 우리는 사실 하나님께 '예' 라고 말하기 위하여 정부에 대해서는 선택적으로 '아니요' 라고 말해야만 하지 않을까? 전도서가 말하는 방식에 따라 말하면 시민으로서 복종해야 할 때가 있고 시민으로서 불복종해야 할 때가 있다. 행5:29 참조

가장 큰 계명에 대한 예수의 대답은 세금 문제에 관한 대답에 비해 덜 모호한 것으로 나타난다. 그렇다 하더라도 가장 큰 계명에 대한 예수의 대답은 기독교 공동체에서 격렬한 토론을 낳았다. 어떻게 이웃 사랑에 대한 명령이 하나님 사랑과 같거나 동등할 수 있는가? 가능한 대답들 가운데 적어도 다음 네 가지를 주목할 만하다.

(1) 예수는 단순히 하나님에 대한 사랑과 이웃 사랑을 중요한 한 쌍의 의미로 나란히 놓았는가?

(2) 예수는 하나님 사랑과 이웃 사랑을 동등하게 다루는가? 이웃을 사랑하는 것은 우리의 하나님 사랑에 대한 의무를 완전히 이행하는 것이다.

(3) 예수는 이것이 저 진술을 포함하는 것으로 만든다. 우리가 하나님을 진실하게 사랑한다면 이웃 사랑은 확실히 따라올 것이다.

(4) 예수는 우리에게 이웃 사랑이 우리가 하나님 사랑을 구체화하고 보여주는 행동의 장이라고 말한다.

이 네 진술은 예수의 대답의 뉘앙스를 가장 적절하게 파악하는데 루터가 다음과 같이

셨을 때 이에 대해 잘 적응했다.

> 내가 하나님에 대하여 가진 사랑은 이웃에게로 그 사랑을 향하도록 하는 사랑이다…. 하나님은 이렇게 말씀하신다. 내가 너희에 대해 매우 존중하는 인간이라도 너희는 나를 붙잡을 수 없다. 그러나 너희 이웃 안에 내가 나 자신을 너희에게 주었다. 내가 만든 작품이며 이웃인 이들을 사랑하라. 그러면 너희는 나를 사랑하는 것이다.767, 756

쓰라린 공적 작별

마태복음 23:1-39

사전 검토

미술 작업에서 그림자와 대조는 자주 중요한 역할을 한다. 어두운 배경과 불길한 분위기 가운데 빛과 빛이 조명하는 대상은 더욱 두드러진다. 마태복음 23장의 통렬한 설교가 마태복음의 문학적 그림에서 하는 역할이 그와 같다. 예언자 예레미야의 통렬한 성전 설교를 상기시키는 배경인 이곳에서렘7; 26장 참조 예수는 자신의 적대자들의 어두운 행위를 묘사하고 비난한다. 예수가 그렇게 할 때 그는 5-7장의 산상수훈과 또 다른 설교에서 의로운 제자들의 묘사를 위한 강력한 방해물을 만든다. 이것을 다르게 표현하면 성전에서 예수가 선포한 저주는 독자가 갈릴리 산 위에서 예수가 선포한 팔복을 상기하고 날카롭게 대조되는 두 운명을 깊이 생각하도록 자극한다.

마태복음 23장의 설교를 위한 시발점을 제공하는 마가복음 이야기의 에피소드는 마가복음 12장 38-40절의 율법학자들에 대한 예수의 경고이다.23:6-7 참조 마가가 이 몇 구절에서 다룬 것을 여러 자료들에서 도출한 자료로 마태는 자세하게 발전시킨다.막 9:34-35; 10:43 참조 우리는 마태와 누가가 다른 곳에서 주목했던 일반적인 자료에서의 예언자적이고 지혜의 말씀뿐만 아니라눅11:37-52; 13:34-35; 14:11 참조; G. Thom. 39,89,102 마태 자신의 공동체에서 이끌어냈을 자료 또한 발견한다.23:1-5,8-10 참조

마태가 이 다양한 자료에서 구축한 연설이나 설교는 세 부분으로 나뉘는데 각각 예수의 청중의 이떤 그룹들을 언급하는 공식으로 시작한다. 무리와 제자들에게 이야기했던 첫 번째 부분에서 예수는 세 번째 사람들인 율법학자들과 바리새파 사람들에 대하여 말한다.1-12절 두 번째 부분에서 이 저주들이 격렬하게 선포될 때 점점 강해지는 일곱 개의

저주를 전달하며 예수는 율법학자들과 바리새파 사람들에게 직접적으로 말한다.[13–36절] 세 번째이자 마지막 부분에서 예수는 자신의 사역에 반응하는 것에 대한 예루살렘의 실패와 이 도시에 곧 떨어질 멸망을 탄식하는 신탁을 온 예루살렘에게 말한다.[37–39절]

마태와 그의 독자들에게 우리 앞에 있는 설교는 다음 이중의 목적에 기여한다. (1) 이 설교는 예수의 성전에서의 권위 있는 가르침에 대한 극적인 최후를 만드는데 거기서 예수는 그의 대적자들을 이들이 예수를 비난했던 것만큼 맹렬하게 비난한다. 이것은 이 이야기에서 가능한 최고의 수준으로 충돌의 높이를 끌어올린다.

(2) 이곳의 예수의 적들에 대한 그림은 교회가 이 적들과 자신을 구별 짓도록 초대하며 마태 시대의 교회의 적들을 있는 그대로 반영한다. 한 가지 면에서 반대편 지도자들의 불신은 회당과 교회 사이의 사회적인 거리를 만들거나 정당화하도록 하는 움직임이다. 더욱 깊은 차원에서 마태는 자신의 공동체에게 스스로의 생활양식을 시험하라라고 훈계하는데 이것은 실제로 이런 일이 너희에게 일어나지 않도록 하라는 말이다.

개요

구함 – 새로운 모델, 23:1–12

위선자들아 너희에게 화가 있다, 23:13–36

잃어버린 도시를 향한 한탄, 23:37–39

주석적 해설

구함 – 새로운 모델 23:1–12

자신의 개막 진술에서 예수는 모세의 자리에 앉은 사람들을 가리킨다.[2절] 더 늦은 시기의 회당 앞에 장식된 돌 의자나 벤치는 실제로 모세의 자리로 불렸고 이것은 이미 마태의 시기에 관습이었을 가능성이 있다. 어떤 경우든 이 구절은 회당에서 가르치는 사람들은 모세 자신에게서 유래한 권위를 가지고 가르쳤다는 유대인의 확신을 입증한다.[아보스1:1 참조] 이곳에서 이 가르치는 의자를 점유한 사람들은 **율법학자들과 바리새파 사람들**과 동일시되는데 이것은 A.D. 70년의 예루살렘 함락 이후 유대교의 상황을 반영한다.

예수의 진술에서 놀라운 것은 율법학자들과 바리새파 사람들이 가르치는 것을 실천하고 준수하는 것에 대한 예수의 권고이다.[3a절] 이 이야기 이전에 우리는 이 지도자들이 제공하고자 지니고 있는 가르침을 거절하는 예수를 발견했다.[15:1-20, 16:5-12 참조] 우리는 이 긴장을 어떻게 풀 수 있는가? 가장 좋은 해법은 율법학자의 전통에 대한 총괄적인 승인이 아니라 다음 이어지는 것을 위한 길을 마련하는 것으로 3절의 첫 절반을 읽는 것이다. **율법학자들과 바리새파 사람들이 하나님의 토라를 전하는 것에 관한 한 이들의 소명을 수행하는 방식을 묘사하는 것이 아니다!**

두 번째 이 지도자들은 자신을 보는 모든 사람들의 갈채를 얻으려고 자신들의 신앙심이 깊다는 것을 공개적으로 과시한다.[이런 행위에 대한 6:1-8의 이전의 비난 참조] 이런 경건함에 대한 왜곡의 예들은 이목을 끄는 과도한 종교적인 상징을 차려 입고[5절; 출13:9; 신11:18; 민15:37-39 참조] 공공적으로 모이는 장소에서 높고 대단하다는 것을 인정받는 자리를 요구하고[6절; 눅14:7-11 참조] 명예를 주는 직함을 탐내는[7절] 것을 포함한다. 낮은 계급의 사람들이 이런 직함을 가진 높은 사람에게 절하고 인사하는 것은 동양의 관습이었고 율법학자들과 바리새파 사람들은 이런 종류의 인정에 대한 자신들의 몫을 얻고자 했다.

8-10장에서 우리가 듣는 **예수의** 공동체에서 지도자들을 다른 사람들보다 높게 하는 직함에 대한 요구는 설 자리가 없다. 교회는 형제와 자매들의 평등한 공동체이지 피라미드를 닮은 조직이 아니다. 세 가지 특별한 직함이 본문에서 열거된다. 7절이 우리에게 말하고 있는 랍비[8절, 문자적으로 나의 위대하신 분]는 율법학자들과 바리새파 사람들에게 특별히 중요했다. 원래 다양한 훌륭한 인물들을 맞이하는 데 사용되는 인사말의 형태인 **랍비**는 결과적으로 성직으로 임명된 유대인 학자/선생이라는 더 기술적인 의미를 획득했다.

아버지[9절]는 우리가 아는 한 유대인 사회에서 공식적인 직함은 아니다. 그러나 고대 이스라엘이 예언자는 때때로 "나의 아버지"로 불렸고[왕하2:12, 6:21, 13:14 참조] 족장들과 선생들은 이스라엘의 "아버지"로 묘사될 수 있었다.[시락서44, 그리고 아보스 논문인 미시나의 직함인 아버지 참조]

지도자[10절]는 그리스의 철학적 전통에서 온 단어이고 유대인의 직함인 랍비와 유사한 의미를 전달한다. 마태 공동체에서 자신들이 지도자에게 경의를 표하는 직함을 어느 정도 채택했는지는 분명하지 않다. 어느 경우이든 마태는 그의 독자들에게 하나님 한 분만이 "아버지"로 존경을 받을만한 자격이 있고 그리스도만이 고귀한 선생의 지위를 가질 수 있다는 것을 상기시킨다.

11-12절은 예수의 두 개의 짧은 말씀의 도움으로 신학적 맥락에서 직함의 문제를 평가한다. 첫 번째 말씀[11절]은 큰 사람에 대한 복음서의 이전 논쟁을 반영한다.[18:1-4,

20:26-27 참조 두 번째 말씀12절은 하나님이 거만한 자를 비천하게 만들고 겸손한 자를 높이신다는겔21:26; 욥22:29; 잠29:23; 사2:17 참조 이스라엘의 믿음에서 오래 계속된 강조를 거론한다. 이 말씀들은 함께 예수의 공동체에서 큰 사람은 다른 사람을 주관함으로써가 아니라 다른 사람들에 대한 스스로의 겸손한 섬김으로써 이루어진다고 주장한다.

위선자들아 너희에게 화가 있다 23:13-36

성서의 글들에서 화의 선포는 자주 발견된다. 때로는 단 하나의 말씀으로민21:29; 사31:1-3; 마11:21-22 참조 때로는 우리가 본문에서 발견하는 것과 같이 일련의 유사한 말씀들에서 연결된다.사5:8-30; 합2:6-19; 눅6:24-26 참조 문학적 유형으로 화의 선포는 일반적으로 재난을 초래한 행동이나 행위의 묘사와 이것의 결과로서 생기는 심판의 선포로서 언급되는 사람들을 이름 짓는 구절로 '너에게 화가 있다.' 라는 소개를 포함한다.

여기서 다가올 심판의 선포는 이야기의 마지막 그리고 이어지는 탄식이 끝날 때까지 정지된다.36, 37-39절 참조 기분이나 어조의 용어에서 **'너희에게 화가 있다'** 라는 말씀은 때로는 앞에 놓여 있는 것을 능가하는 슬픔의 의미에 동반된 실망과 분개를 표현한다.11:20-30에 대한 사전 검토에서 화에 대한 말씀에 관한 추가적인 해설을 보라

13-36절에서 예수가 선포한 일곱 개의 화14절은 본문에 대한 후대의 첨부이고 셈에는 포함되지 않는다는 율법학자들과 바리새파 사람들 모두를 위선자라는 단지 하나의 예로 이야기한다. 각각의 경우 이 지도자들이 전하는 존경할만한 대중적 이미지와 이들이 하는 것 혹은 실패하는 것의 우울한 실재 혹은 요지 사이의 유별나게 눈에 띄는 모순을 가리킨다. 율법학자들과 바리새파 사람들을 **눈 먼 안내자**로 만드는 것이 바로 이 현상이다.16,17,19,24, 15:14절 이들은 다른 사람들을 안내할 정도로 충분하게 잘 볼 수 없고 그러므로 다른 사람들을 생명보다는 죽음으로 이끌게 되는 지도자들이다. 외관과 실재 사이의 모순의 구체적인 경우들은 개인적인 선포에서 인용되는데 우리는 이것을 다음과 같이 도표로 나타낼 수 있다.

선언	출현	실재
13절	지도자들은 다른 사람들을 생명으로 인도하는 영적 지도자들로 나타난다.(23:2; 롬2:17-20)	지도자들은 이들이 부과하는 무거운 짐과 예수의 사역에 반대함으로써 실재로는 하나님 나라에 접근하는 것을 막는 방해물이다.

15절	지도자들은 자신들의 박력 있는 개종 권유로 이스라엘의 하나님을 믿도록 다른 사람들을 이기는 것으로 나타난다.	지도자들은 실재로 다른 사람들을 자신의 방식에 따라 개종시키는데 이것은 생명이 아니라 파멸을 초래한다.
16-22절	지도자들은 자신들이 맹세의 유형 사이를 분별할 때 분별의 교사로 나타난다.	지도자들은 실재로 자신의 미묘한 추론으로 하나님을 관련시키는 모든 맹세와 그러므로 사람들을 묶는 방식을 이해하기 어렵게 한다.
23-24절	지도자들은 필수적인 것들(곡식, 기름, 포도주; 신14:22-23)뿐만 아니라 선택적인 채소들의 십일조까지 바치면서 최고의 경건을 가진 것으로 나타난다.	지도자들은 실재로 정의, 자비, 신뢰를 위한 토라의 관심을 무시하기 때문에 소수를 대변한다.(미6:8; 마12:1-14)
25-26절	지도자들은 먹는 도구의 안뿐만 아니라 밖도 닦으며 모든 방식으로 율법을 준수하며 세심한 사람들로 나타난다.	지도자들은 실재로 가장 중요한 이들 자신의 내면인 안을 깨끗이 하는데 실패한다.(15:1-20)
27-28절	지도자들은 자신을 보는 모든 사람들에게 매력적인 의로운 역할 모델로 나타난다.	지도자들은 실재로 겉으로는 아름답게 보이지만 그 안은 죽은 사람의 뼈와 온갖 더러운 것이 가득한 팔레스타인의 회칠한 무덤처럼 표면상의 의로움을 가지고 있다.
29-36절	지도자들은 이전의 하나님의 사자들을 기념하는 무덤을 만들면서 자신들을 하나님의 예언자와 동일한 태도를 취하려는 것으로 나타난다.	지도자들은 실재로 예수의 사자들을 박해하면서 예언자들을 죽였던 자신들의 조상과 동일한 태도를 취한다.

일곱 번째이자 마지막 선포에서 29-31절의 핵심 말씀은 이어지는 구절의 몇 개의 지혜의 말씀을 통해 확장된다. 신랄한 아이러니로 예수는 자신의 적대자들에게 이들의 선조들이 시작했고 따라서 자신들이 정말 누구인지와 이들이 받을만한 심판을 드러내는 과정을 끝내채우도록 몰아댄다.32-33절, 3:7, 12:34; 살전2:14-16 참조

세나가 예수는 계속해서 34-36절에서 이것이 일어날, 즉 옛 하나님의 종들에 의해 가정된 역할에서 이스라엘에게 자신의 사신을 보내는 환경을 정의한다.예언자, 현자, 율법학자; 10:40-41 참조 누가복음 11장 49-51절의 병행기사에서 예수는 예언자들을 보내시는 "지

혜의 하나님"을 언급한다. 마태의 번역에서 예수는 자신이 말할 때 스스로를 하나님의 지혜를 구현하는 사람으로서 **'내가 너희에게 예언자를 보낸다.'** 고 말한다.

예수의 이 사절들에 대해 유대의 지도자들은 아벨의 살인에서창4:8 **바라갸의 아들 사가랴**의 살인에 이르기까지 성서 이야기 도처에 하나님의 종들의 생명을 요구하는 폭력적인 반대의 유형을 계속할 것이다. 여기서 고려중인 사가랴는 아마도 히브리 성서에서 마지막 순교자로 지명된 역대하 24장 20-22절에 언급된 제사장 사가랴일 것이다. 구약성서에 나타나는 몇 명의 사가랴에 대한 혼동은 유대와 기독교의 전통 다른 곳에서 분명히 나타나고 그리고 순교자 사가랴가 **바가랴의 아들**로 잘못 확인된 본문의 경우에 나타난다.= 더 뒤의 예언자 사가랴; 슥1:1 참조 어떤 경우든 예수는 이 유혈의 기록이 책임이 있는 자들에게 예수 시대이 세대가 향하고 있는 심판으로 부메랑이 되어 돌아올 것이라고 말한다.

잃어버린 도시를 향한 한탄 23:37-39

37-39절에서 예수가 입 밖에 낸 탄식은 예언자들의 죽음에 대한 언급으로 이전 말씀과 연결된다. 거룩하지 않은 역사를 가진 거룩한 도시인 이곳 예루살렘은 하나님의 종들이 자신들의 운명을 만나는 **장소**와 동일시된다.눅13:33 마태에게 예루살렘은 예수가 암탉이 병아리에게 하듯이 그곳의 자녀들을 모으려 노력했던 이스라엘에 대한 자신의 사역의 처음부터 끝까지 직면했던 악의 권세의 집결을 대표한다.

본문의 생생한 은유는 예수를 구약성서의 몇 가지 점에서 하나님에게 속한 것으로 생각하는 어머니처럼 돌보는 역할을 맡게 한다.사31:5; 신32:10-11; 시17:8, 36:7, 91:1-4 참조 슈바이처는 다음과 같이 적절하게 논평한다. "하나님은 단순하게 사람들에게 자신에게 오라고 요구하지 않는다. 그분은 자신이 주도권을 가지고 자신의 것인 사람들을 모으기를 원하신다."444; Calvin, 1972, 3:68-69 참조

그러나 아무런 쓸모없이 병아리는 모이기를 거부한다. 결과적으로 멸망이 꼭 올 것이라고 예수는 말한다. 38절에서 **너희 집**으로 번역된 말씀은 전체적으로 이스라엘, 예루살렘, 혹은 훨씬 더 특별하게 예루살렘의 **성전**을 가리킬 수 있었다.다양한 것들과 때로는 렘12:7,26:6; 에녹1서89:5이하.; 바룩2서8:2의 집의 의미들과 중복된다 곧 이어질 성전에 관한 상징적 떠남과 논평을 고려하여 예수의 황폐해진 집에 대한 언급은 성전을 염두에 두고 있는 것으로 보인다. 성전에게 일어날 심판은 하나님의 성소에서의 물러남과 이스라엘의 적들의 손에서 오게 될 멸망이라는 이중의 비극으로 특징지어진다.왕상9:7-8; 렘12:7; 22:5; 토비

트서14:4 참조

예수의 성전에서의 떠남과 그의 임박한 죽음을 미리 말하면서 예수는 39절에서 이 순간부터NRSV: 다시 그의 청중들의 삶이 그가 없는= 하나님이 없는 삶이 될 것이라고 알린다. 이 부재는 예수가 심판하러 올 때까지 지배적일 것이며26:64 참조 모든 역사는 21장 19절, **"복되시다, 주님의 이름으로 오시는 분!"**이라는 순례자들의 환호 속에 결합된다. 어떤 사람들은 여기서 우리가 로마서 11장 25-32절에서 발견하는 것과 같은 이스라엘을 위한 미래의 희망에 대한 희미한 빛을 발견한다. 그러나 마태의 의도는 우리에게 예수를 보고 아는 것을 위한 상황을알게 되는 상황이 예수살렘은 너무 늦을 때까지 만나지 못할 상황이라고 말하려는 것이나.

성서적 맥락에서의 본문

초기 기독교 믿음에 중요한 방식으로 공헌했던 유대인들의 믿음과 사고의 한 줄기는 **지혜**이다. 창조와 역사에서 하나님의 상대로 인격화된 지혜의 형상은 하나님의 대리인으로서의 예수의 역할에 대한 사고를 위한 유용한 모델을 제공했다. 신약성서 기자들의 지혜 자료에 대한 이 의존의 분명한 예들 가운데 사복음서의 머리말과 거할 장소를 찾는 **진리**[Logos]말씀에 대한 그림요1:1-18, 골로새서 1장 15-20절의 그리스도의 우주적 역할에 관한 경축이 있다.

마태가 지혜 주제에 관해 그리는 요점은 지혜의 율법과 예언자들에 대한 관계이다.7:13-29에 관한 이전 해설; 11:16-19; 그리고 11:22-30 참조 하나님의 자기 계시의 인격화로서 지혜는 토라와 하나님의 말씀을 신포하고사 보내신 예언자들의 표현에서 나타난다. 이제 마태복음에 따르면 지혜는 예수 안에 개인적으로 현존하는데 예수는 토라를 재 정의하고 자신의 제자들을 새로운 지혜의 전달자로 파견한다.23:34 참조

마태복음 23장이 더 큰 성서의 맥락과 연결하는 두 번째 요점은 이스라엘의 지도자에 대한 가혹한 비평이다. 이것은 결코 마태복음의 이 같은 자료의 첫 번째 예가 아니지만 6:1-18에 관한 해설; 15:1-20; 그리고 21:28-22:14 참조 분명히 가장 파괴적이다. 하나님의 목적에 정 반대로 행동하는 사람들의 비난은 성서의 많은 페이지를 채우고 놀랍지 않게 가장 날카로운 말씀들 가운데 어떤 것들은 지도자들을 향한다.

사람들은 하나님의 양들을 돌보는 데 실패한 통치자들에 대한 예레미야와 에스겔의 비난렘22:13-23, 23:1-8; 겔34장 혹은 자신들의 소명을 남용한 예언자들과 제사장들에 대한

반복되는 예언적 비난렘5:30-31, 23:9-40; 호4:4-6; 미3:5-8; 롬2:17이하 참조을 생각한다. 그러므로 예수가 성전에서 화와 탄식을 입 밖으로 낼 때 그는 자신의 이전 하나님의 많은 종들이 말했던 것을 말하는 것이다. 예수와 그의 전임자들의 말씀의 전제는 하나님이 자신의 백성과의 언약을 매우 심각하게 여기시고 백성들이 구하는 조언과 방향을 이들에게 설명하실 것이라는 확신이다.

교회생활에서의 본문

우리 자신보다 다른 그룹을 깎아내리는 신성한 본문을 정경으로 인정하고 읽을 때의 위험성은 우리가 비판주의의 합창에 합류하라는 부르심을 받았다고 가정하는 것이다. 교회 역사에서 이 위험은 가정에 근거한 상황 이상인 것으로 증명되었다. 마태의 이스라엘과 이스라엘의 지도자들에 대한 비난은 기독교의 수세기에 걸쳐 때로는 본문보다 훨씬 더 가혹하게 말과 행동에 표현된 반유대주의에 연료를 보급했다.[반유대주의, p.434.]

본문에 대한 이 감정적인 오용에서 간과하는 것은 다음 두 가지 기본적인 사실이다. (1) 23장의 지독한 어조는 부분적으로 마태 시대의 교회와 회당 사이의 상호 적대감에서 비롯된다. (2) 예수와 마태는 자기 비난을 밖에서의 중상이 아니라 자신들 역시 속해 있는 사람들의 자기비판으로 표명한다. 마태 자신이 23장 8-12절에서 그의 제자들에게 암시하듯이 예수의 비난을 사용하는 바른 방법은 **교회의 자기 시험을 위한 자료**로 사용하는 것이다.

이와 같은 자기 시험을 암시하는 본문이 집중하는 것에 관한 한 가지 특별한 문제는 교회의 역할과 관계를 우리가 어떻게 정의하느냐의 문제이다. 어떤 사람들은 마태의 직함에 대한 논쟁은 시리아 기독교에 작동중인 위계적 경향에 대항하여 연출되고 있는데 이런 일은 마태의 시기 이후 즉시 안디옥의 이그나티우스의 주교의 권위에 대한 진술에서 예증된다.Meier, 1980:265 참조 어떤 경우든 교회의 그 후의 역사는 다른 사람들이 고상한 직함의 주인으로교부, 장로, 목사, 등등 경의를 표하는 이상적인 아버지상이 많이 있는 역사이다. 본문 자체는 명백하게 이 같은 발전에 도전한다.

엘리자베스 쉬슬러 피오렌자Elizabeth Schüssler-Fiorenza은 이 구절에 대해 다음과 같이 적절하게 논평한다. "동등한 제자들의 새로운 형제 관계는 '아버지들' 을 인정하지 않는다." 그리고 "가부장적 권위와 이들에게 주어지는 존중"을 배제한다.150,149-152 참조 의미심장하게 하나님을 하나님 백성들의 계층적 관계를 가장 근본적으로 잘라낸 아버지와 왕으로 가장 빈번하게 묘사하는 것이 바로 복음이다. 대신 우리에게는 상호관계의 생활 양식을 지시한다.

마태복음 24:1-25:46

종말에 관한 교훈

사전 검토

24-25장은 마태복음에서 다섯 번째이자 마지막으로 중요한 담화를 제시한다. 이 담화의 결론을 표시하는 공식에서 제자들을 가르치는 예수의 사역을 확인하는 이전의 공식에서 사용되었던 것과 약간 바뀐 다음 어법이 이제 막을 내린다. **예수께서 이 모든 말씀을 마치셨을 때에…**26:1, 7:28-29, 11:1 참조 언어에서 메아리치는 것은 성서의 이전 이야기인 모압 평지에서의 모세의 고별 연설에서 온 어법이다. "모세가 이 모든 말을 온 이스라엘 사람에게 한 뒤에…"신32:45 이목을 끄는 유사성이 24-25장의 담화가 23장의 공적인 고별사에 대한 추이를 형성하는 제자들에 대한 사적인 고별 연설인 예수의 진술을 구성하는 견해를 지지한다.

5-7장의 설교와 마찬가지로 24-25의 이야기는 언덕 혹은 산에서 전달된다. 이곳의 배경은 때때로 종말의 기대와 관련된 장소인 예루살렘 동쪽의 올리브 산이다.3절 이것은 이 담화가 종말에 관한 질문에 집중하고 실제로 종종 종말론적 담화라는 이름으로 불리기 때문에 적절한 위치선정이다.

언급된 세 개의 주요 주제는 예수의 오심과 그 이전의 사건들24:1-35, 신자들이 종말을 기다리며 경성하며 준비하는 삶을 살아야 할 필요성24:36-25:30, 예수가 오실 때 주도할 마지막 심판25:31-46을 포함하고 있다. 형태와 방향이 종말론적인 우리 앞에 있는 이 말씀은 역사가 종말이 가까울 때만큼 맹렬하게 요동치고 있는 세대로서 현재의 세대를 묘사하고 있다. 이러한 불안 가운데서 예수의 제자들은 환란의 시기를 증인과 신실함을 위한 기회로 삼고 기대와 인내를 가지도록 고무된다.

각각의 담화에서 그의 방법이 늘 그러하듯이 이곳에서도 역시 마태는 다양한 출처에서 자료를 모은다. 마태가 이 담화를 형성하고 고정하는 데 사용한 닻의 역할을 하는 부분은 마가복음 13장의 소위 말하는 "작은 종말론"이다. 우리는 이제 마태가 24장 1-35절에서 어떻게 마가의 자료를 끌어오는지를 보러 나아갈 것이다.

종말은 어떻게 오는가?

마태복음 24:1-35

사전 검토

현재의 이 구절보다 처음부터 스스로의 주제를 더 명확하게 진술하는 본문은 성서에서 드물다. 예수가 임박한 성전의 파괴를 알린 이후에 제자들은 24장 3절에서 **이런 일들이 언제 일어나고, 선생님께서 다시 오시는 때와 세상 끝 날에는 어떤 징조가 있을 것인지에 대해 자신들에게 말해달라고 요구한다.** 에스드라2서4:33; 6:7 위에서 살펴보았듯이 질문과 이어지는 대답을 위한 마태의 주요 자료는 마가복음 13장이다. 마가의 본문은 차례로 성전에 자신의 형상을 세우겠다는 갈리굴라의 위협이나 A.D. 40 유대 로마 전쟁의 시작 A.D. 66-70과 같은 위기에 대한 예수의 메시지와 연관된 이전의 종말론적인 사실을 이용한다.

그 계통이 무엇이든 25장 1-35절에 제시된 자료는 종말이 형성하는 충격적인 과정에 대한 그림을 제공한다. 1-3절의 간단한 과도적인 이야기와 대화에 이어 예수는 4-14절에서 자신의 떠남과 다시 올 시간 사이의 기간을 특징 지어줄 미리 일어날 떠들썩한 사건들에 대한 개요를 제공한다. 15-28절에서 이어지는 섹션은 이미 지시했던 사건들을 묘사하지 않고 오히려 23장 9-14절에서 예언된 어려운 시기에 관해 더 밀접하게 집중한다. 29-31절에서 예수는 미침내 자신의 다시 올 때의 징표에 관한 질문에 답하고 헌 세대에 종말을 가져올 무시무시한 드라마를 묘사한다. 이후에 이 항목은 32-35절에서 예수의 승리를 얻은 강림이 임박하고 확실하다는 것을 마태복음의 독자들에게 확신시켜주는 말씀과 더불어 종결한다.

개요

무대의 설정, 24:1–3

이 모든 것이 일어난 후에야, 24:4–14

큰 재난, 24:15–28

인자가 올 징조, 24:29–31

새롭고 확실한, 24:32–35

주석적 해설

무대의 설정 24:1–3

24장 1절에 기록된 예수가 성전을 떠난다는 것은 이야기를 전개하는 데 이중으로 의미가 있다. 첫째, 이 떠남은 대중적인 분위기에서 제자들에 대한 사적인 가르침을 위해 적절한 것으로의 전환을 드러낸다.3절의 따로 참조 둘째, 이 떠남은 23장 38–39절에서 예언된 신성한 장소의 황폐함을 상징한다. 후자의 말씀을 마음에 간직한다면 독자는 **이 기념비적인 건물이 황폐하게 될 것**이라는 또 다른 예언으로 제자들의 성전에 대한 인상적인 건축물이라는 논평에 대해 반박할 때 놀라지 않는다.헤롯대왕의 업적 가운데 하나인

이 새로운 예언은 자연히 제자들이 3절에서 한 질문으로 이어진다.예수는 그의 추종자들이 자신에게 올 때 유대인 선생의 전통적인 태도로 앉아 있다는 것에 주목하라; 5:1–2 참조 마가복음 13장 4절보다 더욱 분명하게 이곳의 이중의 질문은 두 개의 분리된 주제 혹은 문제를 구별한다.

3a: **이런 일들이 언제 일어나겠습니까**성전의 파괴?

3b: **선생님께서 다시 오시는 때와 세상 끝 날에는 어떤 징조가 있겠습니까?**

이 질문의 유형은 예수의 대답에서 나타날 다음 요점을 예고한다. 성전의 파괴는 시간을 둘로 나누는 간격인 종말이 **오기 전에 일어날** 소란의 일부이다.

24장 3절의 질문에 대한 또 다른 주목할 만한 국면은 종말 드라마에 대한 중심으로 예수의 다시 오심을 강조하는 방식이다. 사복음서 기자들 가운데서 마태만이 존재 혹은 현재가 되고 있는 행동을 나타내는 용어인 다시 오심이라고 번역된 단어를 사용한다. 당시 문화에서 이 용어는 때때로 왕이나 황제의 방문 혹은 숨겨진 신적 존재의 출현을 가리키는 데 사용되었다. 이 용어의 다양한 함축은 초기 교회가 예수의 종말의 승리를 얻은 재

림을 지시하는 데 사용하는 것을 적절한 것으로 만들었다.[살전4:15; 약5:7–8; 요일2:28 참조]

'세상 끝날' 이라는 구절은 마태에게 특별한 해석이지만[13:39,40,49, 28:20 참조] 하나님의 통치가 온전히 확립되는 새로운 세대에게 계승될 현재의 악한 세대가 극적으로 끝날 것이라는 일반적인 종말론적 견해를 표현한다.[단11:35, 12:4,11; 히9:26 참조]

이 모든 것이 일어난 후에야 24:4–14

3절의 질문에 대한 예수의 대답은 종말의 도착이 곧 있을 것을 스스로 알리는 전달자들에게 속지 말라는 경고와 함께 시작한다. 종말이 오기 전에 수많은 일들이 **일어나야만** 하고[6절] 그 일들 역시 다가올 세대에서 결국 안내의 역할만을 하게 될 고통스러운 과정[해산에 비유된]의 시작에 지나지 않을 것이라고 예수는 말한다.[8절; 롬8:22이하 참조] 교회가 강력한 고난과 재난의 기간을 거치고[9절 이하의 절들을 보라] **전 세계에 걸친** 하나님의 통치라는 복음을 전하는 교회의 사명을 완성한 이후에라야 종말이 올 것이다.[4절]

6–7절에서 거론된 이 예비적인 사건들은 사회적 질서의 충돌[전쟁과 반란]과 창조 자체에서 만들어진 무질서[기근과 지진]를 모두 포함한다. 마태복음의 독자들은 유대 로마 전쟁이나 폼페이를 멸망시킨 지진 혹은 글라우디오 황제 통치기간 중에 있었던 기근과 같은 이 목록에 포함된 특별한 재난들을 생각하는 것에 약간은 어려움이 있을 것이다.[행11:28]

본문이 1세기의 일들에 대해 암시하는 것이 무엇이든 이것은 분명하게 유대 문헌의 다른 곳, 특별히 종말론적 본문들에서 나타난 주제를 발전시킨다. 이처럼 에스드라2서 13장 31절은 사람들이 "서로에 대해, 도시가 도시에 대항하여, 장소가 장소에 대항하여, 민족이 민족에 대항하여, 그리고 나라가 나라에 대항하여 전쟁을 일으키는" 종말의 폭력에 대해 말한다.[사19:2; 대하15:6; 에녹1서99:4; 에스드라2서6:22; 바룩2서70:8; 계6:1–8 참조] 이 자료에서 반복해서 강조하는 것은 고통스러울지라도 이런 일들이 하나님이 역사를 위한 목적을 완성하려는 더 큰 계획이나 설계의 일부라는 확신이다. 때로 메시아의 저주라 불리는 이러한 일들이 **일어나야만 한다**는 것은 이런 의미에서이다.[단2:28; 계1:1; 마18:7 참조]

불행이나 산고에 이어지는 고난에서[9–12절] 교회는 외부자들과 내부자들 모두에게서 고통을 받게 될 것이다. 예수의 제자들이 복음을 선포하는 **나라들**은[14절; 28:19; 계14:6 참조] 증오로 반응할 것이며 예수의 증인들을 박해할 것이다.[9절; 9절과 14절의 모든 민족에게 미움을 받을 것이라는 사실에 주목하라, 그리고 10:18,22a; 요15:18–21 참조] 더욱 비극적인 것은 기독교 공동체 **내부에서** 일어나게 될 고난이다. **모든 민족**이 신자들을 미워하고 넘겨주듯이 신자들 역시 서로에게 그렇게 할 것이다.[동일한 핵심 단어가 9절과 10절에서 사용된다]

많은 사람들이 걸려 넘어지게 될혹은 비틀거릴; 사용된 동사는 '스칸달리조[skandalizō]' 이다; 18:5-10의 넘어지게 하는 장애물 참조 이 시기의 다른 표시들은 거짓 예언자들의 기만과 점증하는 도덕적 무관심NRSV: 그리스어 '아노미아[anomia]에서 온 무법의을 포함한다. 이곳에 묘사된 냉랭한 교회는 하나님과 이웃에 대한 사랑의 열정이 없을 것이다.계2:4; 딤후3:1-5 참조 그러나 이 그림은 전적으로 차가운 것만은 아니다. 어떤 신자들은 종말이 올 때까지 인내할 것이며 이들은 하나님의 통치 안에 있는 삶을 즐기게 될 것이다.13절, 10:22b; 계2:9-11 참조

큰 재난 24:15-28

위에서 제시한 바와 같이 15-28절의 담화는 새로운 사건의 순서를 소개하지 않을 가능성이 크지만 오히려 독자에게 이미 열거된 일부 사건들에 대한 상세한 관찰을 제공한다. 이 상세한 관찰은 15절에 공포와 실망을 자아내는 신성한 어떤 것을 혐오할만하게 모독하는, 황폐하게 하는 가증스러운 물건으로 묘사된 유대의 충격적인 에피소드에 대한 언급으로 시작한다. 독자들이 이 분명치 않은 언급을 해석하는 방법에 대해 의심하지 않도록 마태는 예언자 다니엘에게 속하는 것으로 생각되는 어떤 구절들로 이것들을 지적한다.단9:27, 11:31, 12:11; 살후2:4 참조

여기에 이들 당시에 특별한 의미를 가진 구약성서 본문들이 초기 교회의 경험에서 새로운 성취를 발견하는 것으로 간주되는 많은 예들 가운데 하나가 있다. 우리는 다니엘서가 언급했던 황폐하게 하는 가증스러운 일이 시리아의 통치자 안티오코스 에피파네스의 불쾌한 행동이었다는 것을 마카비의 문헌을 통해 알게 된다. B.C. 168년에 안티오코스는 예루살렘 성전의 번제단에 제우스 올림피오스의 형상을 세웠고 이 제단에 이교도의 희생 제물을 바치도록 명령하였다.마카비1서1:41-59

그러나 마태에게 다니엘서에서 온 말씀은 훨씬 더 최근의 **거룩한 곳**에서의 황폐하게 하는 가증스러운 일을 적절하게 묘사한다. 마태가 염두에 두고 있는 신성 모독은 A.D. 70년의 로마 정복자들의 손아귀에서 성전과 모든 예루살렘이 경험했던 것이다.

16-20절의 도망에 대한 가르침은 유대인 그리스도인들이 여전히 유대의 전통적인 안식일 관습에 관심을 가지고 있던 유대 역사의 혼돈의 순간을 전제로 한다.20절 참조 마태는 사회적인 역사에 대한 관심 때문이 아니라 바내가 A.D. 66-70년의 혼란을 닥쳐올 더 큰 재난의 원형 혹은 전조로 여겼기 때문에 이 자료를 보존한다.21-22절 마태는 아마도 자신의 공동체를 기간과 궁극적인 강도는 오직 하나님만이 아시는 그가 말하고 있는

재난의 한 가운데서 살아 있는 것으로 볼 것이다. 마태 이전의 다른 성서 기자들과 마찬가지로 마태는 이 재난의 시기를 하나님이 때맞추어 개입하시지 않으면 아무도 견딜 수 없는 시기인 인간 역사의 미증유의 것단12:1; 욜2:2 참조으로 묘사한다.

거짓 메시아와 거짓 예언자들이 인상적인 신임장을 가지고단7:22–23; 신13:1–3; 계13:11–18 참조 **일어나게 되는 것**23이하의 절을 보라; 5, 11 참조은 이와 같은 위기의 때이다. 이들의 호소를 더욱 강력하게 만드는 것은 이들이 교회 내부에서 그리스도의 이름으로5절 온다는 사실이다. 어떤 사람들은 해방 운동을 시작하려는 전통적인 장소인 광야에서 활동을 시작하기도 하고출3:1–12; 행5:36–37, 21:38 반면 다른 사람들은 숨겨진 메시아의 모형에 적합할 수 있다.골방에 있는; 요7:27 참조

문학적인 관점에서 마태가 23–26절의 일련의 보았다는그리스어: idou 진술을 조직하는 방식을 보는 것은 매혹적이다. 구원자를 보았다는 거짓 호소에 대해 제자들에게 경고하면서 예수는 25절에서 자신만의 강한, 그 보았다는 다음 진술을 제공한다. **보아라, 내가 너희에게 미리 말하여 둔다.** 27–18절의 예수의 말씀에 따르면 인자가 정말로 나타날 때 짐작을 할 필요가 없을 것이다. 그것은 "지평선의 번개가… 동에서 서까지 모든 지구를 동시에 비추는 것"처럼 명백할 것이다.Schweizer: 454 그리고 그것은 독수리가 모인 것을 볼 때 주검이 있는 것처럼 확실할 것이다.28절; 눅17:37 참조

인자가 올 징조 24:29–31

여기까지 예수는 종말이 오기 전에 일어나게 될 일들의 상태를 분명히 했다. 예수가 마침내 재난의 시기에 종말을 가져올 마지막 드라마에 관해 이야기하기 시작하는 곳인 29절에서 변화가 일어난다. 하나님이 모든 창조를 개조하시려 한다는 사실의 상징으로 하늘의 세력들이 빛을 발하거나 삶을 지배하기를 멈춘다.29절; 사13:10, 34:4; 욜2:2,10; 에스다라2서5:4 참조 이들의 영광이 사그라짐에 따라 하늘 구름을 타고 오는 인자의 영광과 권능이 더욱더 분명해진다.30절, 16:28, 26:64; 단7:13–14 참조

예수와 그의 사자들을 거절했던 모든 민족들에게 그의 갑작스런 출현은 비탄을 자극한다.여기서 마태가 스가랴 12:10의 언어를 끌어들이는 방식에 주목하라, 그리고 계1:7도 참조하라 그러나 예수의 사자들을 받아들였던 사방에서 선택된 사람들에게는땅의 모든 구석에서 온 신자들 기쁨의 시간이다.31절, 8:11, 13:41 43; 신30:3–4 참조

이런 그림 같은 묘사 한가운데에서 예수는 제자들이 요구했던 **하늘에서 나타날 인자의 징표**에 대해 말한다.30절 그러나 예수는 무엇을 가리키는가? 이 암시에 대한 가장 초

기비록 덜 있음직하지만의 해석들 가운데 하나는 십자가를 상징한다. 더욱 최근에 주석가들은 이 징표는 군대의 표준 혹은 기수나사18:3; 렘4:21, 6:1, 51:27 참조 빛의 큰 표시 가운데 하나인 31절에 언급된 나팔 소리에 대한 부본으로 구성된다고 제안했다. 여전히 다른 사람들은 이 징표가 예수 자신이고 우리는 논쟁 중에 있는 이 말씀, **인자라는 이 징표**를 번역해야 한다고 주장한다. 어떻게든 예수는 자신의 제자들에게 너희가 그것을 볼 때 그것을 알게 될 것이라고 말하고 있다.

새롭고 확실한 24:32–35

팔레스타인의 대부분의 나무들과는 다르게 무화과나무는 매년 잎이 떨어진다. 새로운 잎이 나타날 때 이 나무들은 여름이 곧 올 것이라는 징후를 보이는 것이다. 예수는 종말의 **때**에 관한 제자들의 관심에 반응하여 이 단순한 비유를 사용한다.에스드라2서8:63–9:2 참조 예수의 추종자들이 4–28절에서 묘사된 사건의 전경인 **이 모든 것**을 볼 때33절 이들은 인자그가 곧 장엄하게 도착할 것이라는 사실을 알게 될 것이다.NRSV에서 '그' 라고 번역된 대명사는 NIV에서와 같이 이 세대의 완성이라는 의미로 번역될 수 있다.

이 모든 일들이 **이 세대**가 끝나기 전에 다 일어난다는 34절의 더 자세한 진술은 후대 독자들에게 문제가 되는 것으로 입증되었다. 어떤 사람들은 이 세대를 연대기적인 용어가 아니라 이스라엘 백성을 의미하는 것으로 해석함으로써 이 문제를 교묘하게 회피하려고 했다. 그러나 이 복음서의 다른 곳에서 이 세대는 일관되게 예수 당시를 가리키고 11:16; 12:38–42 참조 그것이 아마도 이곳의 경우일 것이다. 시간에 대한 자신의 견지에서 마태는 이처럼 예수가 종말 이전에 일들이 일어날 것이라고 약속하고, 이 약속이 이미 성취되었고, 이제 우리는 오는 세대를 안내할 출산의 과정24:8이라는 마지막 단계를 살고 있는 것으로 이해한다.눅21:31–32 참조, "하나님의 나라가 가까 온 줄로…"

34절이 예수의 **재림**이 **가까울 것**이라고 증언하듯이 35절은 그것의 **확실성**을 증언한다. 하늘과 땅을 포함하여 옛 질서의 모든 것들은 끝날 것이다.5:18; 벧후3:10 참조 그러나 예수의 가르침은 새 질서를 개시하는 권위 있는 말씀이고 따라서 바뀌지 않을 것이다.사40:8 참조 예수가 하나님의 종말의 승리에 대해 말할 때 그의 제자들은 그의 말씀을 완전히 확신할 수 있을 것이다.

성서적 맥락에서의 본문

24–25장의 도입에서 우리는 이 자료가 유형과 특색에서 종말론적이라는 것에 주목했다. 종말론적인 본문들은 포로기 이후 시기에 이스라엘에 번성하기 시작했고 다니엘서, 요엘서, 스가랴서 9–14장, 에녹1서, 에스드라2서, 그리고 유사한 작품들을 포함한다.사 24–27; 34–35; 65–66; 겔38–48 참조 종말론적 사고의 특징은 역사의 현 시기가 악의 손아귀에서 절망한 상태에 있고 이 억압적인 상황에서의 구원이 정상적인 일들의 흐름으로는 일어나지 않을 것이고 역사와 창조 세계를 변화시키고 새로운 세대를 안내하는 데에는 하나님의 가공할만한 개입이 요구된다는 견해를 가진다는 것이다.

이 견해를 표현하는 본문들은 때로는 그 의미가 아주 분명한 시적인 이미지를, 때로는 해석을 요구하는 모호한 암호 같은 언어를 가진 상징적인 담화가 풍부하다. 신약성서의 유일하게 완전한 종말론은 요한계시록일지라도 종말론적인 사고는 우리 앞에 있는 이 본문에서 분명한 것처럼 초기 교회의 믿음을 형성하는 데 중요한 역할을 했다.

초기 교회의 종말론적인 믿음의 핵심은 종말의 예수 그리스도의 오심 혹은 **재림**에 대한 기대였다. 가장 이른 것으로 보이는 신약성서에서 바울은 "명령의 외침", "천사장의 외침과 하늘에서 내려올 하나님의 나팔 소리"와 함께 "주님의 오심"을 기록하고 있다.살전4:15–16 물론 첫 세 복음서의 종말론적 담화를 포함하여 수많은 본문들이 이 주제를 되풀이한다.막13장; 눅21:7–36; 또한 고전15:23; 살후2:8; 약5:7–8; 히9:28; 벧후3:4,12; 요일2:28 참조

신학적으로 예수의 종말의 출현에 대한 확언들은 몇 가지 점에서 성서의 더 큰 드라마에 연결된다. (1) 이 확언들은 새롭고 결정적인 방식으로 역사를 관리하고자 오시는 여호와에 대한 구약성서의 기대를 기독교의 형태로 재정비한다.사40:10; 미1:2–3; 말3:1–2 참조 (2) 이 확언들은 예수가 이스라엘에 대한 자신의 사역에서 하나님 나라를 개시하는 수단이었지만 이 나라의 미래의 완성에서 수단이 될 것이라고 단언한다. (3) 이 확언들은 예수의 부활에 대한 믿음의 추이 혹은 결과물을 명확히 표현한다. 예수가 자신의 부활에서 하나님에 의해 높여졌듯이 종말에 그는 고양된 주님으로 행동할 것이다.고전15:20–28

교회생활에서의 본문

종말론적 본문에 대한 교회의 반응과 교회가 표현하는 희망은 다양한 형태를 취했다. 일부 진영의 개인들이나 그룹들은 퍼즐 조각처럼 이들을 모아 공들인 도표와 예정표를 만들어 이런 본문들을 문자적으로 혹은 열광적으로 채택했다. 또 다른 모임에서 역사의

종말에 대한 관심은 각 개인의 삶의 종말죽음을 위한 관심으로 대치되었고 새로운 시기의 종말론적 비전은 위에 있는 천국과 동일한 것으로 간주되었다. 여전히 다른 그리스도인들은 심판과 부활을 지금 이곳에서 하나님과의 만남에서 일어나는 사건으로 이해하면서 종말론적인 언어를 영적인 것으로 만든다.요5:24와 같은 본문에서 이런 방향을 가지는 경향 참조; 11:25-26

교회를 넘어 다가올 세대의 종말론적인 그림들은 마르크스주의자들의 새로운 질서로 이해했던 새로운 사회에 대한 비전에 공헌했다. 그러나 이것은 하나님의 개입을 통해서라기보다는 역사 속에서 인간의 혁명을 통해 이루어질 수 있는 것이다.

종말론적 본문들에 대한 각각의 이러한 접근들은 나름대로 창조적이지만 이들 역시 마태와 다른 사람들이 전하려고 노력했던 비전을 왜곡하거나 제한한다. 이 비전에서 (1) 우리는 단순히 지금 역사를 장악하고 있는 악에서 개인적으로 피할 수 있는 길을 제공하는 것이 아닌 역사와 창조 세계를 구원하시려는 하나님의 결정을 본다. (2) 지금 실현될 수 있는 구원과 아직 우리에게 미치지 않은 구원 사이의 계속되는 긴장이라는 실제적 의미가 있다. (3) 하나님은 동터오는 하나님 나라의 드라마에 참여하라고 인간을 초대하신다. 그러나 오고 있는 것이 **하나님** 나라이기 때문에 종교적인 광신자들도 정치적인 혁명가들도 그것이 오는 것을 통제할 수 없다. 이런 비전은 하나님의 백성들에게 현재와 미래에 대한 통전적인 접근방식을 제공하고 이에 따라 살 것을 촉구한다.

준비 가운데 살아가기

마태복음 24:36-25:30

사전 검토

예수의 종말론적 담화에 대한 첫 번째 항목이 끝날 때 독자는 예수의 오심이 임박했다는 것을 알게 된다. 현대의 언어를 사용하면 예수의 오심은 매우 가까이 느껴지고 거의 그것을 맛볼 수 있다. 그러나 이것은 전체 이야기가 아니다. 24장 36절-25장 30절 말씀에 따르면 예수의 떠남과 그의 돌아옴 사이의 간격은 예상했던 것보다 길거나 짧을 수 있다. 이 시대의 종결을 위한 예정표는 인간의 계산을 넘어서는 하나님의 손에 남아 있다.

이러한 배경에 대항하여 우리 앞에 있는 이 항목은 예수의 공동체가 그의 오심을 기다리며 어떻게 행동해야 하는가에 대한 질문을 이야기한다. 얀 람브레흐트Jan Lambrecht는 본문이 제공하는 대답을 다음과 요약해서 적고 있다. "돌아오는 시간이 알려지지 않고 가깝기 때문에 그리고 재림이 예기치 않게 곧 일어날 것이기 때문에 유일하게 적절한 태도는 **경성하는** 태도이다."1972:326, 강조체는 필자가 본문 자체의 언어를 인용하면 신자들은 **깨어 있어야 하고 준비하고 있어야** 한다. 경성 혹은 준비는 예수의 추종자들이 자신들에게서 발견한 종말론적 상황에 대한 적절한 윤리적 반응이다.

마태는 이 주제를 몇 가지 자료와 배경에서 결합된, 우리가 24장 36-44절에서 발견하는 간단한 선포와 비교라는 구성을 통해 소개한다.막13:32-37; 눅12:39-40; 17:26-35; G. Thom. 21, 103 참조 이곳의 말씀은 분명하게 예기치 않게 다가오는 사건을 위해 준비할 필요성을 수립한다. 준비가 의미하는 것의 예를 들면서 마태는 세 가지 일련의 비유 이야기를 진행한다.

24장 45-51절의 신실한 종과 신실하지 못한 종의 이야기는 누가복음의 병행기사를 가지고 주인의 가정을 위한 적절한 보살핌의 용어로 준비를 정의한다. 마태복음에 유일하지만 다른 곳에서도 발견된눅12:35-36, 13:25-27 참조 어떤 요소들을 가지고 있는 이야기인 25장 1-13절의 슬기롭고 어리석은 처녀의 비유에서 준비는 적절한 양식을 가지는 것으로 묘사된다. 25장 14-30절의 세 가지 비유를 종결하는 소위 달란트 비유는 실지로 누가가 누가복음 19장 11-27절에서 사용한 같은 이야기에 기초한 신실하고 신실하지 못한 종의 또 다른 이야기이다. 이번에는 준비의 표시가 이 종이 자신에게 맡겨진 재산을 다루는 것에서 보여주는 임기응변의 재능이다.

개요

경성하고 준비하라, 24:36-44

자기 집을 돌보라, 24:45-51

충분한 양식을 준비하라, 25:1-3

슬기로운 청지기가 되라, 25:14-30

주석적 해설

경성하고 준비하라 24:36-44

알려지지 않은 예수의 오실 날과 시간에 대한 36절의 강력한 진술은 42절너희는 어느 날

오실지 알지 못한다과 44절생각지도 않은 시각에에서도 반복된다. 다른 본문에서도 역시 우리가 듣는 짧은 해설을 알리면서에스드라2서4:52; 바룩2서21:8; 행1:7; 살전5:1 참조 이 말씀은 하나님의 계획에 대한 우리의 제한된 이해와 역사의 결과에 대한 하나님의 예지 사이에 있는 심연의 배경이 된다.

특별히 이목을 끄는 것은 하나님의 공식적인 안내자천사도 하나님을 다른 어떤 사람들보다 친밀하게 아는 절친한 친구도아들: 11:27 참조 이 정보에 대해 알지 못한다. 어떤 초기의 필사자들은 분명히 예수의 지식에 내포된 제한으로 곤란을 겪었기 때문에 자신들의 사본에서 이 말씀이나 아들이라는 단어를 삭제하였다. 그러나 마태에게 이 강한 언어는 다음의 중요한 요점이 된다. 예수 자신이 적절한 시기에 행동하려고 하나님을 신뢰해야만 하고 하나님이 예비한 것을 위해 언제라도 준비되어 있어야 했다면 예수의 공동체 역시 그래야만 할 것이다.

모두 준비나 경계가 부족한 상황을 묘사하는 37-44절에 이어지는 말씀은 기대치 않았던 장애가 이들에게 일어날 때 사람들에게 재난을 초래한다. 문자 그대로 폭풍우로 인해 홍수가 이들에게 일어났을 때 일상생활을 추구하느라 열중했던, 걱정이 없었던 노아 당대의 사람들의 경우가 이와 같았다!37-39절; 창6-8장; 벧후2:5 참조 하나님의 추수가 갑자기 개시되고 준비된 사람들과 준비되지 않은 사람들을 가를 때 한 쌍의 남녀가 습관적으로 밭을 갈거나 맷돌을 갈고 있을 때의 종말이 이와 같을 것이다.40-42절, 13:36-43 참조

이 여러 가지 그림들과의 비교들은 42절과 44절의 경성하라는 소환을 지지한다. 적절하게 준비가 되어 있을 때만 예수의 추종자들은 예수의 갑작스런 오심과 그것이 가져오는 심판을 환영할 수 있을 것이다.

자기 집을 돌보라 25:45-51

마태가 준비혹은 준비가 부족한 것에 대해 예를 들어 설명하려고 사용한 세 이야기 가운데 첫 번째는 주인과 종 관계의 주변에서 일어나고 있다. 이집트의 보디발의 집에서의 요셉과 같이 종은 모든 사람들이 적절하게 양식을 먹고 있는가를 살펴야 하는 과제를 가지고 자신의 주인의 가정을 돌보아야 한다. 과제라는 말은 시편 104장 27절과 145장 15절에서 하나님이 때를 따라 먹이를 주시는 분으로 묘사되었던 것을 상기시킨다! 그 이후에 종이 자신의 책임과 각각의 결과를 수행하는 근본적으로 다른 방식을 묘사하는, 대조되는 두 대본이 이어진다.

한 경우에서 종은 지시된 대로 정확히 행하며 신실하고믿을만하고 현명하다는신중한 것

을 입증한다. 주인이 돌아올 때 이런 종을 위한 보상은 훨씬 더 많은 권위를 포함하는 승진이 된다. 그러나 다른 경우 가정을 학대하고 술친구들과 흥청대던 종은 자신의 종의 지위와 몫을 모두 잃게 된다. 나쁜 종으로 드러난 이런 종은 주인이 돌아올 때 처벌을 받는 슬픈 운명에 직면하게 된다.[삼상15:33; 단2:5]

마태에게 이 비유는 교회의 청지기가 자신의 소명을 수행하는 방식에 관한 특별한 초점과 더불어 **예수의** 가정의 삶의 이야기를 전한다.[고전3:5–9, 4:1–2; 벧전5:1–5; 딤전3:2–3,8,14–15; 딛1:7–9 참조] 교회 지도자들은 예수의 공동체를 양육하라고 부름 받고 이 소명을 이행하는 신실함은 예수의 오심을 위한 이들의 준비를 결정짓는다. 이 이야기에서 **축복받은 자**로서의 신실한 종에 대한 환호는 하나님의 인정과 행운을 암시한다.[즉, 하나님의 통치에서 중요한 자리]

추방이라는 나쁜 종에 대한 처벌은 아마도 하나님의 통치 안에 있는 삶에서 배제되는 것에 대한 과장의 역할을 하는 것 같다.[시37:22,28; IQS 2:16–17 참조] 이 사실을 확인하는 것은 23절과 다른 곳[8:12, 22:13, 25:30 참조]에서의 **위선자들**인 예수를 거절했던 사람들과 함께 종의 일반적인 운명에 대한 51절의 언급이다.

이 이야기에서 특별히 주목할 만한 것은 이어지는 비유에서도 제시하는 주제인 주인이 늦게 오시는 것에 대한 암시이다.[25:5, 19 참조] 이 주제가 다시 이어지는 것은 마태의 공동체와 다른 기독교 그룹들이 소위 말하는 재림의 지연과 싸우고 있었다는 것을 암시한다. 예수는 초기 신자들이 예상했던 것처럼 곧 바로 영광 중에 돌아오지 않았다.[벧전3:3–4 참조] 그렇다면 24–25장의 마태복음의 의제의 일부는 지연에도 불구하고 경성이 적절하고 필요하다는 것을 입증하려는 것이다. **이 종의 주인이 예상하지 못한 날과 알지 못하는 시간에 돌아올 것이기 때문에**[50절] **준비하는 것은 더욱 더 중요하다.**

충분한 양식을 준비하라 25:1–3

열 **처녀**[그리스어: parthenoi, 이것은 처녀로 번역될 수 있다]의 비유는 1절의 줄거리의 요약으로 시작하는데, 다음으로 이어지는 구절들에서 가다듬어진다. 본문이 가리키듯이 이 이야기의 배경은 이 복음서의 다른 말씀들의 주제인 결혼식이다.[9:14–15, 22:1–14 참조] 이 이야기가 하나님 나라에 관한 비유로 소개되고 있다는 사실에 주목하라. 종말에 하나님의 통치가 시작될 때 **이 이야기**의 줄거리는 우리 앞에 있는 결혼 이야기의 줄거리와 비교할 수 있을 것이다.

1세기 팔레스타인의 혼인 관습에 대한 우리의 지식은 오히려 제한되어 있다. 그러나 이 이야기의 행동은 신랑의 집 가까이에서 혹은 그의 집에서 일어나는 것으로 드러날 것이다. 혼인잔치는 잘 준비되어 있고, 일단의 친구들 혹은 시중드는 사람들신부 들러리이 한밤중의 행렬에서 신랑을 맞이하여 그를 집의 문으로 안내하는 극적인 순간을 향해 움직인다.신부가 신랑을 동반하는지 혹은 이전에 도착해 있었는지는 분명하지 않다 처녀들이 마련한 등불 혹은 횃불은8절은 등불을 암시하는 것으로 보인다 빛을 제공하고 이 행렬을 활기 있게 만든다.

조금은 난해하지만, 신랑의 도착은 이 줄거리의 결과를 형성하는 위기로 이끌면서 지연된다. 충분한 기름을 마련하는 데 실패했기 때문에 처녀들 가운데 다섯은 늦은 밤에 마을에 있는 가게로 서둘러 사러갔지만 너무 늦었고 자신들의 혼인 잔치의 문이 닫혔다는 것을 발견한다. 반면 다섯 명의 신부 들러리들은 계획했던 대로 신랑을 맞을 준비를 하고 그의 집에서 연회를 즐긴다.

역사적인 견지에서 아무리 현실적이든 비현실적이든, 이 이야기는 우화적인 의미로 가득하다. 마태와 그의 독자들에게, 공동체졸고 있는 처녀들가 열망하고 있지만 지루하게 기다리고 있는 예수는 도착이 지연되고 있는 신랑이다. 신랑의 도착을 위해 준비하려면 신자들은 모든 사람들이 볼 수 있는 등불인 선한 일이라는 기름으로 잘 준비된 등불과 같이 되어야만 한다.5:14-16, 13:43; 단12:3; 민7:19 참조 이렇게 예수의 가르침에 따라 준비된 사람들은 자신을 슬기로운 것으로 입증하게 된다. 반면 준비되지 않은 사람들은 **어리석은** 것으로 드러난다.25:2-4, 7:24-27! 참조 어리석은 사람들에게 이 이야기는 절망적인 최후의 순간의 작전이 이들을 어느 곳으로도 인도하지 못할 것이라는 것을 말해준다.25:11의 주여, 주여, 그리고 7:21-23! 참조 이처럼 이 비유는 13절에서 **준비를 위해 깨어 있으라**는 또 다른 긴급한 호소로 끝난다.

슬기로운 청지기가 되라 25:14-30

어떤 사람의 종노예에게 자기 재산을 위탁했던 달란트의 비유는 독자를 상업과 은행업의 세계로 밀어 넣는다. 노골적으로 진술되지 않았지만 세 종들의 주인은 분명히 부유한 상인인데 사업 때문에 14절에 언급된 여행을 떠난다. 모든 훌륭한 자본가들처럼 주인은 자기 재산이 자신이 없는 동안 방치되어 있는 것을 원하지 않았다. 그래서 그 재산을 투자하거나 거래에 사용하도록 세 종들에게 맡겼다. 이들에게 맡겨진 자금은 꽤 많은 돈을 나타낸다. 전에 주목한 바와 같이 달란트는 그리스 세계에서 가장 큰 통화의 단위였다. 한 달란트는 노동자들 임금의 15년 치에 해당하는 금액이었다!

이야기의 반응은 개막 장면에서 재빨리 움직인다.14-15절 세 종들이 이 재산을 임의로 다룬 방식들에 관한 짧은 보고가 주어지고[16–18절], 그 다음으로 주인이 돌아온 후 발생한 계산에 대한 긴 이야기가 이어진다.[19–30절] 극적인 효과를 위해 첫 번째와 두 번째 종을 다룬 장면은 서로 정확하게 일치한다.[20–21절과 22–23절 참조] 각각의 경우, 종은 맡겨진 재산의 두 배를 보고하고, 각각의 종에게 신뢰를 선포하고 책임의 영역을 넓혀준다.

그러나 매우 자세하게 묘사된 세 번째 종에 대한 계산은 첫 번째 두 종의 모범을 충격적인 방식으로 깨뜨린다. 여기서 이 종은 창조적인 투자보다는 안전을 택했던 자신의 겁 많은 결정을 변명하려고 주인을 헐뜯는다. 분명히 재산을 땅에 묻어두는 것은 도둑맞을 경우를 대비하여 책임을 회피할 수 있는 그 당시의 일반적인 전략이었다. 종의 게으름과 상상력의 부족을 비난한 후에, 주인은 사용하지 않은 재산을 재분배하고 이 종을 분명하게 해고한다. 이 복음서의 독자에게 이것이 예수의 재림을 위한 준비를 암시하는 또 다른 이야기라는 점은 분명하다. 14절의 여는 말씀은[마치 조건과 같은] 이 비유를 13절의 깨어 있으라는 말씀과 이전의 하나님 나라 이야기와 연결한다. 더욱이 종들에 대한 이야기는 이전 24장 45–51절의 종 이야기를 상기시킨다.

위에서 주목한 바와 같이 달란트 비유에서 거론한 준비에 대한 이해는 교회의 지도자들과 더 많은 지체들 모두의 편에서 슬기로운 청지기에 대한 이해이다. 공동체의 각 사람에게 예수[혹은 하나님]는 사용하고 증가시켜야 하는 많은 은사[달란트의 가치를 기억하라!]를 맡겼다. 이것을 예수의 제자들이라는 기본적인 생명의 선물로 해석할 수 있다.[13:44–46의 값진 진주와 숨겨 놓은 보물 참조] 또는 이것을 특별한 은사와 소명으로 의견을 달리할 수도 있을 것이다.[15절 참조, 각자의 능력에 따른; 그리고 롬12:3–8] 어떤 경우든 이 이야기의 줄거리는 기꺼이 위험을 무릅쓰는 것과 하나님의 은사를 발전시키는 것이 준비의 결정적인 구성 요소임을 드러낸다. 에두아르드 슈바이처는 이것을 29절의 알기 어려운 진술에 관한 자신의 논평에서 다음과 같이 잘 표현하고 있다.[13:12; 눅8:18; G. Thom. 41 참조]

> 하나님의 은사가 이미 열매를 맺은 곳에 하나님은 매우 풍부하게 주신다. 열매가 없이 그대로 있는 곳은 완전하게 모든 것을 잃는다. 이것은 하나님의 은사가 결코 수동적으로 보유될 수 없다는 것을 의미한다. 이것은 마치 근육과 같다. 이것은 일을 해서 늘어나야만 한다. 그렇지 않으면 사그라든다.[472]

성서적 맥락에서의 본문

하박국서에서 예언자는 자신의 시대를 괴롭히는 악과 폭력을 바라보며 왜 하나님은 그토록 느리게 상황을 바로잡지 않으시냐고 묻는다. "살려 달라고 부르짖어도 듣지 않으시고, "폭력이다!" 하고 외쳐도 구해 주지 않으시니, 주님, 언제까지 그러실 겁니까? 어찌하여 나로 불의를 보게 하십니까? 어찌하여 악을 그대로 보기만 하십니까? …"합1:2–3 하박국에게 준 하나님의 최종적인 대답은 명백한 지연에도 불구하고 하박국에게 다음과 같이 계속해서 신뢰할 것을 권한다. "이 묵시는, 정한 때가 되어야 이루어진다. 끝이 곧 온다는 것을 말하고 있다. 이것은 공연한 말이 아니니, 비록 더디더라도 그 때를 기다려라. 반드시 오고야 만다. 늦어지지 않을 것이다. …그러나 의인은 믿음으로 산다."합 2:3–4

24장 36절–25장 30절의 비유에서 **지연**의 주제는 이처럼 새로운 것이 아니라 오래된 주제이다. 새로운 것은 예수의 재림이라는 특별한 의제에 연결된 방식이다. 교회의 삶의 초기에 예수의 지연된 출현에 대한 관심은 **재림** 이전에 죽은 신자들이 새로운 시대를 경험할 기회를 상실하게 될 것이라는 두려움에 집중되었다. 이것은 분명하게 바울이 데살로니가전서에서 이야기하고 있는 이슈이다.4:13–18

지연에 대한 더욱 급진적인 질문은 우리가 베드로후서에서 발견하는 다음 진술들 뒤에 놓여있다. "여러분이 무엇보다 먼저 알아야 할 것은 이것입니다. 마지막 때에 조롱하는 자들이 나타나서, 자기들의 욕망대로 살면서, 여러분을 조롱하여 이렇게 말할 것입니다. '그리스도가 다시 오신다는 약속은 어디 갔느냐? 조상들이 잠든 이래로, 만물은 창조 때부터 그러하였듯이 그냥 그대로다.'"벧후3:3–4 이런 질문에 대한 응답으로, 기자는 8–13절에서 하나님의 명백한 느림이 실제로는 증언과 회개를 위한 자비로운 시간의 확장을 표현하고, 신자들이 갑작스런 "주님의 날"의 오심을 위해 준비를 계속할 필요가 있다고 주장한다. 이 관심과 반응은 모두 이 마태복음의 말씀에서 발견하는 것과 유사하다.

교회생활에서의 본문

신약성서가 쓰인 이후 재림의 지연은 계속해서 염려를 낳았고 토론으로 이어졌다. 어떤 사람들에게 지연의 현상은 단지 기대에 대한 집중을 고조시키는 데 기여했다. "예수가 어제 오지 않았다면 오히려 그는 오늘이나 내일 오기 쉬울 것이다." 다른 사람들에게 1세기의 임박한 것으로 선포된 사건이 아직 발생하지 않았다는 사실은 "뒤로 미룬" 종말론으로 이끌었다. "하나님은 의심할 여지없이 어느 날 세상을 끝내실 것이다. 하지만 그것이 어떻게 지금 내 삶에 영향을 미치는가?" 그 밖의 다른 사람들에게, 예수의 재림에 관한 이야기는 유대 기독교의 종말론적 사회의 산물로 분류되고 오늘날의 믿음에 부적절한 것으로 무시된다.

마태복음과 더불어, 우리는 인용되었던 대안들 가운데 어떤 것보다도 건설적인 예수의 재림에 대한 초기 기독교 믿음에 적절한 방식을 찾아야 할 필요가 있다. 우리는 교회로서, 우리가 기대하는 것이 초기 그리스도인들의 것과 다를지라도, 이들 초기 신자들의 믿음을 뒷받침했던 하나님의 종말의 승리에 대한 같은 확신을 살아내야 할 필요가 있다. 에두아르드 슈바이처가 본문을 다음과 같이 주석할 때 그는 우리에게 바른 방향을 지적한다.

> 예수가 제자들에게 깨어 있으라고 요구했을 때, 이들이 하나님의 실재를 매우 심각하게 받아들여 자신들에 삶에서 어느 순간에 재림이 이루어져도 그것을 받아들일 수 있도록 요구하는 것이다. 왜냐하면 제자들은 이 실재가 어느 날 하나님의 나라에서 무한하게 다가올 것이라는 것을 명확하게 알기 때문이다.[468]

해석의 역사에서 25장 14-30절의 비유는 재림을 위한 준비보다는 현세의 목적들을 일깨웠다. 소위 말하는 달란트의 비유는 빈번하게 청지기 설교를 위한 본문으로 나타나는데 거기서 듣는 이들은 자신의 "재능"을 주님의 일을 위해 사용하도록 촉구된다. 이런 유형의 설명이 비유에서의 **달란트**를 너무 문자적으로 취급한다 해도, 이것이 전적으로 잘못된 것은 아니다. 실제로 이 본문은 독자들에게 다음 질문을 제기하도록 조대하면서 청지기에 관한 이야기를 하고 있는 것이다. 나는 하나님의 가족인 우리의 소명을 형성하는 하나님의 통치에 대한 신실한 청지기로서 할 바를 행하고 있는가? 우리가 이 질문에 반응할 때, 우리가 해야 할 대답은 지역 교회에서의 청지기역과 관련될 것이다.

예수가 나라들을 심판하다

마태복음 25:31-46

사전 검토

깨어있어야 할 필요성에 관해 제자들을 완전히 훈련한 상태가 되도록24:36-25:30, 마태는 24장 29-31절에서 소개했던 종말의 묘사를 다시 시작하려고 준비한다. 거기서 우리는 예수가 영광 중에 나타날 때 **땅에 있는 모든 족속이 가슴을 칠 것**이라고 배웠다.24:30 이들이 슬퍼하는 이유는 예수의 재림이 심판을 의미하기 때문이다. 종말론적 담화를 종결하는 우리 앞에 있는 항목에서, 우리는 모든 나라들이 참여하고 차지하는 이 심판의 정교하고 자극적인 그림을 발견한다.

마태복음에서만 발견되는 본문이 제시하는 자료는 때때로 양과 염소의 "비유"라고 불린다. 이런 명칭은 32-33절의 간단한 비유적인 말씀에 기초하는데 그곳에서 심판의 과정은 무리를 두 그룹으로 분리하는 것에 비유된다. 그러나 곧바로 이 형상은 심판의 장면에 대한 묘사 그 자체에 길을 내준다. 이처럼 이 항목은 에녹서와의 비교에서 묘사된 심판의 장면과 유사한 것으로, 심판의 종말론적 비전으로 더 정확하게 분류된다.에녹1서 38; 62 참조

몇 가지 다른 면에서, 25장 31-46절의 심판의 장면은 **마지막** 심판을 포함한다. 이 심판의 장면은 이전의 많은 심판을 가리키는 암시에 대한 피날레인, 복음서 이야기의 용어에서 결정적이다. 이것은 이 세대의 종말을 표시하고, 모든 인간 역사에 대한 하나님의 결정적인 평결을 만드는 방식에 있어서 최종적이다. 그리고 이것은 심판하시는 분이 선포한 인간을 위한 두 대조적인 운명의 최종 의미라는 점에서 최종적이다.

개요

모으기와 가르기, 25:31-33

복을 받은 사람들아, 오라, 25:34-40

저주 받은 자들아, 떠나가라, 25:41-46

주석적 해설

모으기와 가르기 25:31-33

이 구절들의 표제가 지시하듯이, 마태는 마지막 심판을 모으고 가르는 행위로서 묘사하고 있다. 모인 사람들은 '판타 타 에스네' panta ta ethnē를 포함하는데 이는 **모든 이방인들**과 **모든 나라들**로 번역될 수 있다. 모든 나라들이라는 번역은 가까운 장래의 심판이라

는 포괄적인 특성을 표현하기에 더 적합하다. 복음은 모든 인류가 이 세대의 마지막에 책임져야 할 모든 민족과 나라에 전해져야 하기 때문이다.24:14, 28:19

'모으다' 라는 동사는 동물의 무리를 묘사하는 데 사용되었고 이어지는 가르는 장면에서 무리의 은유와 잘 들어맞는다. 32절의 표현형식에서 무리를 양과 염소염소는 밤에 격리된 공간의 따뜻함을 좋아한다, 혹은 암양과 숫양으로 분리하는 것인지는 분명하지 않다. 어떤 경우든, 본문은 심판이 포함하는 두 그룹으로 나누는 것을 묘사하고 있는 에스겔서 34장 1-7절의 유사한 비유적인 묘사를 그리고 있다. 한 그룹은 심판자의 오른쪽에호의적인 위치 다른 그룹은 왼쪽에덜 호의적이거나 탐탁하게 여기지 않는 위치 놓인다.

심판을 위한 **모으기**라는 무엇보다 소중한 그림은 몇몇 구약성서 구절에서 발견된다. 욜3:1-12; 슥14:2-5; 사66:18 참조 이 본문들에서 역사의 통치자로서 행동하고 심판자의 역할을 실행하는 분은 하나님이시다. 그러나 마태복음 25장에서 와서, 통치하고, 하나님의 심판을 수행하는 분은 인자=예수이다. 인간의 모양에서 고귀한 인물의 표상은 다니엘서에서 비롯되어단7:13-14; 에녹1서62:2,5 참조 첫 번째 복음서의 수많은 **인자**라는 말씀에 반영된다.13:41-42, 16:27, 19:28, 24:30-31, 26:64 참조 마태복음에 따르면 이스라엘에게 하나님 나라의 복음을 선포했던 거절된 인간은 종말에 모든 나라들의 고귀한 심판자로서 나타나실 것이다.

복을 받은 사람들아, 오라 25:34-40

의심할 여지없이 정치적인 함축 때문에 복음서에서 예수에게 **왕**이라는 칭호는 거의 사용되지 않는다.막15:2-32; 요1:49, 18:33-38 참조 그러나 마태복음과 다른 곳에서 예수가 종말에 하나님을 대신하여 통치하기로 예정되어 있다는 점은 분명하다.2:1-12, 16:28, 21:5, 25:34; 계17:14, 19:16 참조 이에 따라 34-46절에서, 예수는 먼저 복을 받은 사람들로 분류한 오른쪽에 있는 그룹을 향해 **왕으로서** 말한다. 이들은 이전에 팔복에서5:3-12 약속되었던 선물을 이제 받게 될 것이므로 복을 받은 사람이라고 불린다. 이스라엘이 약속된 땅에서 기업을 받았던 것처럼, 복을 받은 사람들은 종말에 약속된 나라를 차지한다.

하나님의 통치에서 생명을 약속받은 복을 받은 사람들의 구별되는 특징은 이들이 의롭다는 것인데, 이는 35-36절에서 여섯 가지 자비의 행위로 해설이 붙어 있는 용어로 밝혀진다. 이들은 먹을 것을 주었고, 목마를 때에 마실 것을 주었으며, 나그네로 있을 때에 영접하였고 헐벗을 때에 입을 것을 주었고, 병들어 있을 때에 돌보아 주었고, 감옥에 갇혀 있을 때에 찾아 주었다. 인용된 행위들은 모두 도움이 필요한 사람들을 향한 환대의 좋은 예가 되고 모두가 유대 문헌에서 하나님의 시각에서 사람들에게 권고되는 행위들로 언급된다. 사58:7; 겔18:7; 욥22:6-7; 시락서7:35; 토비아스서4:16; T. Jos. 1:6; 에녹2서9-10장; 미드라쉬 시118편 참조

37-39절에 기재된 의인들이 놀란 것은 자신들이 이런 행위들로 신뢰를 받는다는 사실이 아니라 자신들의 자비의 행위의 수혜자가 고귀한 왕 자신이었다는 사실이다! 이들은 "언제 그랬느냐?"고 묻는다. 신명기 15장 9절에 관한 유대교 미드라쉬에서 하나님은 이스라엘 백성들에게 다음과 같이 말씀하신다. "내 자녀들아, 네가 가난한 사람들에게 음식을 주었을 때, 나는 네가 나에게 음식을 준 것으로 인정한다." 또한 잠19:17; 히13:2-3 참조 마찬가지 방식으로 예수는 25장 40절의 익숙한 말씀으로 복을 받은 사람들에게 대답한다. **너희가 여기 내 형제자매 가운데, 지극히 보잘 것 없는 사람 하나에게 한 것이 곧 내게 한 것이다.**

이 구절을 위한 해석의 요점은 이 지극히 보잘 것 없는 사람들의 정체성이다. 우리가 가장 익숙한 본문의 설명에서 지극히 보잘 것 없는 사람들은 누구라도 될 수 있는, 가난한 사람들과 세상의 빈곤한 사람들이다. 그러나 첫 번째 복음서에는 마태가 가난한 사람들과 빈곤한 사람들의 더 특별한 그룹을 염두에 두고 있다는 상당한 증거가 있다.

(1) 지극히 **보잘 것 없는 사람**이라는 구절은 예수가 **제자들에게 작은 사람들**이라고 언급한 구절을 생각나게 한다. 10:42, 18:6,10

(2) 예수가 그의 **가족** 혹은 **형제들**에 대해 말했던 다른 본문에서만 이 용어는 하나님의 뜻을 행하는 예수의 제자들을 묘사한다. 12:46-50; 23:8-9

(3) 예수는 10장의 자신의 **제자들**을 받아들이는 사람은 자신을 받아들이는 것이고 10:40, 목마른 제자에게 냉수 한 그릇을 제공하는 사람은 보상을 받을 것이라는 사실 10:42을 선포한다.

(4) 예수가 이 세대가 끝날 까지 세상에서 함께 할 것이라는 약속은 자신의 **제자들**에게 한 것이다. 28:20, 18:20 참조

그렇다면 마태에게 예수가 마지막 심판에서 모든 나라들과 가지는 대화는 가장 위대한 사람에서 이 지극히 작은 사람들에게 이르기까지 자신의 제자들인 사람들 가운데 예수에 대해 인간이 반응했던 방식에 집중된다. 이 장면은 마태복음 10장을 미리 말하는데 거기서 주제는 열두 제자들에 대한 이스라엘의 반응이다. 10:11-15,40-42 참조 이제 배경은 28장 18-20절에서 묘사된 제자들의 우주적인 사역에 대한 온 세상 모든 민족의 반응을 전제로 하는 우주적인 것이다. 24:14 참조 이 사역이 진행되면서 예수는 이들이 여기저기로

움직일 때 역경과 궁핍에서 자신을 발견하게 되는, 제자인 사자들을 통해 세상을 방문한다.

복을 받은 사람들은 예수의 사자들을 환영하고 환대를 베풂으로써 자신을 예수에게 열었던 사람들이다. **저주받은 자들**은 사자들을 배격하고 이들에게 환대 베풀기를 거절함으로써 예수를 배격했던 사람들이다.

저주 받은 자들아, 떠나가라 25:41-46

41-45절의 예수와 왼쪽에 있는 사람들 사이의 대화는 34-40절에 기록된 대화와 유사하다. 우리가 발견하는 일반적인 특징들은 다음과 같다.

(1) 이야기의 공식적인 말씀. 34절의 '내 아버지께 복을 받은 사람들아, 와서' 와 41절의 '저주받은 자들아, 내게서 떠나서' 참조

(2) 이미 **준비되었던** 두 그룹의 저마다의 운명에 대해 동의하는 명령. 34절과 41절

(3) 두 그룹이 했거나 하지 않았던 자비의 행동들에 대한 묘사. 35-36절과 42-43절

(4) 도움이 필요한 사람으로 이들 가운데 있었다는 예수의 주장에 대한 놀라움의 표현. 37-39절과 44절

(5) **'진정으로 내가 너희에게 …말한다.'** 라는 엄숙한 방식으로 시작하는 예수의 대답. 40절과 45절

대화에서 두 섹션의 **형태**가 동일하지만 41-45절에서 주어진 판결은 34-40절의 판결과 날카롭게 대조된다. 예수의 사자들인 사람들을 환영하는 데 실패했기 때문에 이곳의 이야기는 영원히 그의 존재에서 추방된다. 7:23 참조 이들이 보내지는 장소는 악한 모든 것을 소멸시키고 파괴하려고 마련된 불 속이다. 5:22, 13:42,50; 계14:10, 20.10 참조

어떻게 읽든 이 은유는 엄한 것이다. 그러나 하나님이 이런 운명을 인류의 일부로 예정했다는 어떤 제안도 조심스럽게 피하는 마태의 어법에 주목하라. **하나님 나라가 하나님의 백성들을 위해 준비되었던** 반면 34절 불 연못은 **악마와 그의 동료들에게 준비되었다.** 41절 어떤 사람들이 하나님의 목적에 반대하는 악의 세력들의 무서운 미래를 공유하게 되는 것은 이들 스스로의 선택에 따른 것이다.

마지막 심판 이야기를 끝맺는 46절의 말씀은 복을 받은 사람들의 운명과 저주받은 자들의 거꾸로 된 운명을 요약한다. 더 큰 이야기의 결과로서 생기는 유형은 이처럼 교차대구법이다.

a. 축복 받은 사람들에 대한 칭찬 34-40절

b. 저주 받은 자들에 대한 비난41–45절

b'. 저주 받은 자들의 운명46a절

a'. 축복 받은 사람들의 운명46b절

다니엘서 12장 2절을 되풀이하는 말을 듣고요5:28–29 참조, 독자는 왕에게 칭찬을 들은 사람들의 운명이 **영원한 생명**인 반면 왕에게 저주를 받은 사람들의 운명이 **영원한 형벌**이라는 것을 배운다. **영원한 형벌**이 끝없는 고통, 전멸, 혹은 단순히 하나님에게서의 전적이고 돌이킬 수 없는 분리인지는 분명하지 않다. 반면 하나님이 창조하신 새로운 시대의 하나님의 모든 약속이 성취되고 악과 죽음이 결코 파괴할 수 없는 생명인 예수와 그의 공동체와 함께 하는 생명에 대해 명확하게 언급한다. 이와 관련하여 마태는 본문을 종결하기로 선택하고, 그렇게 함으로써 그의 독자들이 얻게 될 그가 바라는 운명을 강조한다.

성서적 맥락에서의 본문

마태복음 25장 31–46절의 생생한 장면이 설명하듯이 예수의 재림과 규칙적으로 연관된 주제는 심판의 주제이다. 이처럼 야고보는 다시 오실 분을 "심판하실 분께서 이미 문 앞에 서 계십니다."약5:9라고 묘사한다. 데살로니가후서 기자는 "주 예수께서 하늘에서 오실 때"살후1:5–10 일어날 불법에 대한 보상을 말한다. 그리고 요한계시록의 환상은 "흰 보좌" 이전의 마지막 심판을 포함하여 심판의 장면으로 충만하다.계20:11–15, 11:15–18 참조

이 상황은 구약성서와 다른 유대 문헌과 유사한데, 그곳에서 하나님의 현존 또는 오심은 이스라엘과 이방 나라들 모두를 위한 심판으로 이끈다.시50:1–6; 사59:15–19; 욜3장; 습3:8; 말3:5–6; 에녹1서38,62 참조 유대교와 기독교 본문들에 똑같이 토대를 이루는 것은 하나님이 인간의 행동에 책임을 지도록 하시며 하나님이 인간이 하나님의 목적에 반대로 행동할 때 이 상황을 수정하도록 행동하실 것이라는 가정이다.

그러나 최소한 다음 두 가지 특징들이 심판에 대한 초기 기독교의 예언을 이스라엘의 유사한 말씀들과 구별한다.

(1) 하나님의 가장 면밀한 검증을 이끄는 인간 행동의 활동 무대는 더 이상 나라들 가운데서의 이스라엘의 정치적인 드라마가 아니라 예수와 그가 가져온 구원에 반응하는 사람들의 믿음과 불신의 드라마이다.

(2) 진행 과정의 핵심 증인으로서든눅12:8–9 참조, 혹은 하나님의 심판의 사실상의 대리인으로서든마25:31 이하에서 그렇듯이, 예수 자신이 마지막 심판의 중심 무대를 차지한다.

교회생활에서의 본문

마태복음 25장 31-46절의 심판의 장면은 무시되지 않았다. 이 심판의 장면은 로마의 시스티나 성당의 유명한 마지막 심판과 같은 예술 작품들에 영감을 불어넣었다. 이것은 레오 톨스토이의 고전적 이야기에서 구두 수선공 마틴의 "사랑이 있는 곳에 하나님이 계시다."라는 말과 같은 이야기에 영감을 불어넣었다. 그리고 이 심판의 장면은 종파적인 프로그램과 "세상을 위한 빵"Bread For the World, "기독교 세상 봉사"Church World Service, "월드 비전"World Vision과 같은 협력적인 모험사업을 포함하는 굶주린 자들과 억압받는 자들을 위한 기독교 긍휼 사업에도 영감을 불어넣었다. 하나의 몸인 신자들의 교회의 경건에 관한 이 심판의 장면의 영향을 시험하려면, 두른바우에서 발견된 Alexander Mack, Jr.의 16연으로 이루어진 시를 보라, 1967:579-582.

그러나 더욱 최근에, 마지막 심판에 대한 개념은 심각하게 의문시되었다. 어떤 예들의 경우에서, 이 질문들은 심판 본문들이 때때로 두려움으로 회심을 촉진하거나 그룹의 규범에 대한 준거를 확실하게 하려는 수단으로 유도하고자 사용된 방식들을 문제로 삼는다. 다른 예들에서 이 질문들은 하나님의 형상이나 **심판자**로서의 예수가 여전히 타당한지 여부에 집중한다. 이것을 다르게 표현하자면, 십자가와 법정이 양립할 수 있는 은유인가?

이러한 질문들에 대한 신약성서의 무엇보다 소중한 대답은 **하나님의 무한한 목표는 구속과 회복**이지 저주와 파멸이 아니라는 것이다. 이것이 십자가에 대한 모든 것이며 기독교 공동체 사역의 본질이다.

동시에, 성서 기자들은 하나님과 인간 이야기의 결과는 하나님의 의도뿐만 아니라 인간의 결정과 반응에도 역시 달려 있다고 선세한다. 역사는 하나님이 끝으로 "이것은 단지 게임이었다."라고 말하는 단순한 활동의 장이 아니고 생명이 정말로 중요한 것을 선택하는 도덕적 책임의 활동 무대이다. Meier, 1980:305-306 참조 이 실재의 어두운 면은 누군가 하나님의 통치의 은혜와 요구 안에서 살기를 꺼려하고, 정의를 구하고 자비를 실천하는 것을 꺼려하는 그 통치에 완고하게 저항하는 상대로 남을 것이라는 가능성이다. 이것이 마지막 심판 이야기의 본질이다.

마태복음 25장의 왕의 심판 이야기에서 적어도 두 이슈가 더 깊은 주의를 요구한다. 하나는 **교회**가 역사 어디에서 자신을 발견하느냐의 문제이다. 우리가 이전 페이지에서 제시한 해석에 머문다면, 우리는 교회가 예수의 빈곤한 형제와 자매들이라고 말하기 쉬울 것이다. 초기 제자들과 마찬가지로, 그리스도인으로서 우리는 세상에서 예수를 대리하고 구현한다. 그러나 우리가 이 대답을 줄 위치에 정말 있는가? 우리가 예수의 집 없고, 순회하는 제자들, 고통 받는 사람들과 예수의 사자로서 봉사하는 어려움에 처한 역할에서 우리 자신을 발견하는 한, 우리는 이러한 **지극히 보잘 것 없는 사람**과의 동일함을 주장할 수 있을 것이다. 1775년 자신들의 평화 입장에 관해 펜실베이니아 총회에 공동의 청원을 제시했을 때의 형제단과 메노나이트의 주장이 그러했고Durnbaugh, 1967:362-365 참조, 이러한 동일시가 여전히 적절한 경우가 오늘날에도 있다. 사람들은 불의에 항거하고 소망의 공동체를 짓고자 남미의 가난한 사람들과 살고 일하는 자원봉사자들을 생각할 것이다.

그러나 자주, 우리가 더 긴밀하게 알고 있는 서구 문화에서의 교회는 예수의 사자들이 보내졌던 **나라들**과 비슷하다. 우리는 우리가 예수를 받아들이게 될 방법을 결정해야만 하는 안정된 공동체들이다. 이 유리한 입장에서, 우리 자신에게 물어야 할 가장 중요한 질문은 다음과 같다. 우리는 예수의 이름으로 우리의 통상적인 선입견에 도전하는 급진적인 제자들을 환영했는가? 세상의 권세가 이들을 괴롭힐 때, 우리는 사랑과 연대로 이들 곁에 서서 이 어려움에 처한 사람들을 적극적으로 돌보았는가? **내가 진정으로 너희에게 말한다. 너희가 여기 내 형제자매 가운데, 지극히 보잘 것 없는 사람 하나에게 한 것이 곧 내게 한 것이다.**

이야기해야 할 더 넓은 이슈는 어디에서 발견되든 인간의 필요에 봉사하는 것에 관한 이야기로서 25장 31-46절을 이해하려는 인기 있는 해석이다. 여기서 예수의 형제와 자매들은 세상의 굶주리고 가난한 사람들과 동일시되고 그리스도인들은 이들을 돌보라는 부르심을 받는다. 이것이 위에서 언급한 긍휼과 봉사에 대한 세계적인 프로그램들을 낳은 이 본문에 대한 접근방식이다. 우리는 마태의 이야기를 이런 방식으로 사용하는 것을 어떻게 평가할 것인가? 해석의 입장에서, 이것은 본문에 대한 오해이다. 이 이야기에서의 마태복음의 고유한 의제는 세상이 예수를 어떻게 받아들이고 반응하느냐이지 그리스도인들이 세상에 어떻게 반응하느냐가 아니다. 동시에 마태는 자신의 이야기에 우리가 주었던 새로운 언급의 틀로 인해 불행해서는 안 될 것이다. 마태의 복음 다른 곳에서, 그는 하나님을 위한 우리의 사랑을 보이는 곳으로서의 이웃 사랑을 배경으로 하는 에피소드를 포함한다.22:34-40, 5:43-48 참조 인간의 필요를 발견하고 거기에 봉사하는 곳에서 우리가 하나님을 발견하고 그분께 봉사한다는 관점은 이처럼 마태의 믿음에 내해서도 직절한 것이고 다른 성서의 목소리들에서도 되풀이되고 있다.히13:2-3; 창18:1-15 참조 이 말을 다르게 표현하면, 우리가 언제든지 쓸 수 있는 이 본문을 도움이 필요한 모든 사람들에게 긍휼을 보이는 하나님 백성에 대한 호소로 사용한다면, 우리는 이 당면한 이야기를 넘어서는 것이지만 성서의 이야기를 넘어서는 것은 아니다!

6부

예수의 죽음과 부활

마태복음 26:1-28:20

사전검토

복음서들이 모두 그러하듯이, 마태의 예수 이야기는 예수의 죽음과 부활이라는 극적인 이야기에서 절정에 달한다. 십자가 사건과 그 직전의 사건들[26-27]을 보여주는 이 드라마의 일부는 일반적으로 수난 이야기로 분류된다.[수난=고난] 삽화들 가운데서 이것이 구성하는 것은 제자들과 함께 하는 마지막 만찬, 배반과 부인의 사건, 몇 가지 들려주는 이야기와 시련, 십자가 사건 자체이다. 이 수난 이야기가 일종의 원시복음으로서, 초기 교회에서 모아지고 사용되었던 예수에 관한 첫 번째 합성된 이야기 가운데 하나였다는 사실에 관해서는 대부분 학자들의 견해가 일치한다.

이 이야기의 종결은 예수의 매장에 관한 간단한 보고이다. 일견에, 독자들이 이 이야기를 떠날 수 있도록 해주는 장치로서, 이 보고는 십자가 사건이라는 비극의 단순한 부차적인 사건으로 보인다. 그러나 사실상, 이 보고는 빈 무덤의 발견과 살아나신 주님으로서의 예수의 출현이라는 예수 수난에 대한 놀라운 추이를 위한 배경을 설정한다. 여기서 이 보고는 마침내 예수 안에서 작용한 하나님의 능력이 패하지 않았다는 것을 분명하게 만든다. 하나님에 의해 높아지신 예수는 이제 자신의 공동체를 통해 세계적인 규모로 자신의 사역을 계속할 위치에 있다.

예수의 죽음과 부활에 대한 마태복음 이야기의 핵심은 마가복음에서 온다.[막14-16장 참조] 사실 마가복음은 이 시점에서 마태복음의 단 하나의 문자로 쓴 자료인 것으로 보인다. 그러나 마태는 여러 가지 방식으로 마가복음의 이야기를 풍성하게 한다. 마태는, 예를 들어 유다의 운명[27:3-10]에 관한 것과 같은, 자신의 공동체의 구전 전통을 합병했다. 마태는 빌라도 앞에서의 재판과 같은 이야기들을 강화하고 다시 만들었다.[27:11-26] 그리고 마태는 복음의 수많은 핵심 주제들을 모으는 부활에 이어지는 예수의 제자들과의 재회에 대한 보고를 그렇게 구성했다.[28:16-20 참조] 그 결과로 에피소드에서 에피소드로 매우 자연스럽게 움직이기 때문에 이 섹션을 중요한 갈라짐과 분할을 간파하는 것이 어려운 이야기로 만들었다. 그럼에도 문학적인 항목으로서 함께 분류할 수 있는 다음 다섯 개의 에피소드 그룹이 있다.

개요

수난 예고, 26:1–16

고별 모임, 26:17–46

시험의 시간에, 26:47–27:10

십자가에 못 박힌 왕, 27:11–56

죽음에서 생명으로, 27:67–28:20

수난 예고

사전 검토

수난 이야기를 시작하는 이 항목의 분류에서 저자들은 일반적으로 서곡, 서언, 도입 부분과 같은 말들을 사용한다. 이와 같은 범주들은 이 항목을 잘 묘사한다. 이어지는 항목들에서 더욱 온전히 발전될 주제들이 26장 1-16절에서 소개된다. 그리고 언급되는 사건들은 예수의 죽음으로 이끌게 될 음모를 움직이게 한다.

마가복음 14장 1-11절에 근거한 마태의 수난 예고는 주요한 이야기가 두 번째 이야기로 가로막히고 그런 후에 다시 시작되는 a b a' 유형을 나타낸다. 이 기법과 유사한 용법을 위해 막5:21-43/마9:18-26을 보라 이처럼 우리는 본문의 구조를 다음과 같이 도표로 나타낼 수 있다.

a. 대제사장과 장로들의 모임에서 예수에 대한 음모를 시작하다.

b. 대립의 한 가운데서 친근한 사랑의 행위로, 여인이 베다니에서 예수에게 향유를 붓다.

a'. 예수에 대한 음모가 대제사장에게 예수를 넘겨주겠다는 유다의 제안으로 다시 시작하다.

개요

죽음으로 넘겨지다, 26:1-5

장례를 위해 향유를 붓다, 26:6-13

배반의 표시, 26:14-16

주석적 해설

죽음으로 넘겨지다 26:1-5

예수가 24-25장의 담화를 끝낼 때이 담화의 도입에서 26:1에 관한 해설을 보라, 예수 자신이 미리 이 이야기로 전환한다. 그럼에도 예수는 16장 21절, 17장 22-23절, 20장 17-19절의 예고와 일치하는 임박한 죽음을 다르게 **예고한다.**2절 여기서 이 선인은 이스라엘의 이집트 노예에서의 구원을 기념하는 7일간의 무교병 축제와 일치하는 잔치인 유월절과 예수의 죽음을 연결한다.출12:1-28 참조 유월절은 음력 니산월3월/4월 15일이고 이것은 예수의 십자가 사건의 개연적인 날짜이기도 하다. 물론 선언의 목적은 역사가의 호기심을 만족시키려는 것이 아니다. 대신 이 선언은 독자들이 예수의 죽음을 유월절 유형의 사건으로 생각하도록 자극한다.

이야기의 시작에 자신의 죽음에 대한 예수의 예언을 놓음으로써, 마태는 예수가 예기치 않은 어쩔 수 없는 희생자가 결코 아니라는 점을 분명히 한다. 예수는 지도자들이 자신을 죽이려는 음모를 시작하려 할 때혹은 전에조차도 지금 막 일어나려는 일이 무엇인지를 알았다. 사실, 예수는 "단지 이들을 참는 대신 수난 사건을 안내하는 대리인"으로서 행동한다.Meier, 1980:309; 요한복음 수난 이야기의 유사한 예수의 묘사 참조 결국 3-5절에 묘사된 적대적인 모임은 예수의 반대자들이, 알지 못한 채, 예수의 말씀을 성취하는 사건이 된다.

마태는 이 모임을 A.D. 18년에서 A.D. 36년까지 대제사장의 직무를 수행했던요11:49 참조 가야바가 소집한, **대제사장과 백성들의 장로들**이 공모자로서 함께 했던 산헤드린의 특별 회의로 묘사한다.21:23 이하에서 예수의 권위에 도전한 같은 두 그룹의 공모 참조 본문에 따르면 이 회의는 누그러지지 않은 긴장으로 끝난다. 공모자들은 예수가 유월절을 위해 예루살렘에 있는 동안에 그를 체포하기를 원한다. 그러나 예수의 지지자들의 민란을 유발하지 않으려고 그렇게 할 수는 없었다. 14-16절에 가서야 그 해법이 나타난다.

장례를 위해 향유를 붓다 26:6-13

사복음서 모두 예수에게 향유를 부은 한 여인에 관한 이야기를 담고 있다.막14:3-9; 눅

7:36-50; 요12:1-8 참조 아마 다른 에피소드를 반영하는 누가의 이야기를 제외하고, 이 이야기는 예수가 베다니에 머물던 집에서 일어난다.21:17 참조 마태복음과 마가복음에 따르면, 이 집의 주인은 그의 이름이 이전의 이야기에서 예수가 치료했던 다른 나병환자를 상기시키는 **나병환자 시몬**이다.8:1-4

이름 없이 소개된 이 여자는 열두 제자 집단의 바깥에 있지만 제자다운 적절한 몸짓 혹은 말로 예수를 존경하는 복음서의 몇몇 인물 가운데 하나이다. 사실 이 여자는 제자들에게 이해되지 않던 방식에서의 예수의 필요에 민감했다! 따라서 예수는 신명기 15장 11절에 대해 자신이 그렇게 하고 있다는 것을 암시하며, 10-12절의 여자의 행동을 옹호해 줄 필요가 있었다. 예수의 요점은 가난이 운명이라는 것도 자신의 공동체가 가난한 사람들을 무시해야 한다는 것도 아니다. 대신, 예수는 이 특별한 사치스러운 사랑의 행동이, 앞에 놓여 있는 상황을 고려할 때 이 이야기의 특별한 이 시점에 적절하다는 것을 주장하는 것이다.

이 여자의 자신의 행동에 대한 견해가 무엇이든, 예수는 그녀의 행동을 장례 이전의 의식으로 해석한다. 장례를 위해 시체에 향유를 사용하는 것은 관습적인 유대인의 경건 행위였다. 그러나 여기서 향유가 부어진 몸은 아직 분명히 살아 있고 이 의식은 죽음에 대한 예상으로 진행된다. 이야기의 두 번째 가능한 의미는 향유를 예수의 머리에 부은 것에 관해 초점을 맞춘다. 이런 행위는 고대 이스라엘의 왕의 대관식에서의 관습이었고삼상 16:12-13 참조 마태는 여자의 행동을 하나님의 기름 부은 통치자로서의 예수의 운명을 확인하는 것으로 묘사한다. 어떤 경우이든, 여자의 행동은 **이 복음**이 전파될 때 다시 전해질 것으로 묘사된다. **이 복음**이라는 구절은, 특별히 이 통치가 예수의 수난이라는 드라마에서 형성될 때, 하나님의 나라에 관한 구절과 동일시된다. 자신의 행동으로 이 여자는 자신을 이 드라마의 일부로 만들었고, 이에 따라서 기억될 것이다.

배반의 표시 26:14-16

14-16절에서 마태는 3-5절의 해결되지 않은 질문으로 되돌아간다. 예수가 어떻게 백성의 소동 없이 체포될 수 있는가? 그 대답은 예수 자신의 내부 사회의 구성원이 예수를 배반하고 그 사람이 가룟 사람 유다라는 것이다.10:4 참조 마태의 수난 이야기에서 유다는 네 번 등장한다. 이곳 대제사장의 방문, 마지막 만찬26:20-25, 배반의 자리26:47-56, 마지막으로 후회의 장면27:3-10이다.

예수를 배반하기로 한 유다의 결정 뒤에 있는 이유는 여전히 분명치 않다. 스스로의 동기 재현에 대한 시도에서, 마태는 유다가 탐욕에 이끌렸다는 것을 암시하는 15절의 대화를 제공한다. **"내가 예수를 여러분에게 넘겨주면, 여러분은 내게 무엇을 주실 작정입니까?"** 이 같은 질문은 그 사람의 **보물**이 잘못된 곳에 있고, 그 사람이 아직 하나님과 재물을 겸하여 섬길 수 없다는 것을 배우지 못했다는 것을 암시한다.6:19-24, 19:16-24 참조

유다가 도움을 주고서 받은 **은돈 서른 닢**은 유다의 후회와 자살 이야기에 두드러지게 나타난다. 그렇다면 이야기의 견지에서, 이 금액은 여기서 나중에 중요한 것으로 밝혀질 것으로 언급된다. 그러나 우리가 이후의 에피소드에 도달하기 전에도, 서른 닢에 대한 언급은 의미심장하다. 서른 닢은 선한 목자가 삼십 세겔의 노예 품삯을 지불하는 스가랴서 11장 12절의 구절을 상기시키는데출21:32 참조, 유다는 이것을 성전에 내던진다. 이 암시를 통해, 마태는 두 가지 목적을 달성한다. (1) 마태는 예수의 수난 드라마가 성서의 줄거리를 따라 일어나고 있다는 것을 우리에게 상기시킨다. (2) 마태는 유다가 자신의 가치관을 상실했다는 더 멀리 나아가는 지표로, 예수가 팔린 금액이 하찮은 금액이라는 것을 우리에게 알려준다.

그 순간, 본문은 우리에게 유다가 일을 벌일 기회를 찾고 있었다는 것을 말해준다. 이것은 이 이야기의 중요한 전환점을 선포하려고 마태복음에서 이전에 사용되었던 같은 구절이다.4:17, 16:21 참조 지금부터 예수가 자신의 적들에게 **잡힐 것인지**는 더 이상 문제시되지 않는다. 다만 **언제 어떻게** 잡힐 것인가가 남아 있다.

성서적 맥락에서의 본문

26장 1절에서 시작된 수난 이야기는 조금도 놀라움으로 다가오지 않는다. 반내로 마태는 예수의 사역의 폭력적인 결과를 위해 독자들을 주의 깊게 준비시켰다. 26장 3-5절에 묘사되어 있는 대제사장의 모임이 있기 오래 전에 같은 사람들 가운데 얼마가 모였던 본문과 유사한 불길한 모임이 예수의 탄생 때에 보도된 적이 있다.2:3-6 이미 당시에도 예수는 멸망에 노출되었고 하나님의 섭리적인 간섭으로만 그 어려움에서 벗어날 수 있었다.2:13-23

이 이전의 다가올 일에 대한 예고는 이야기의 발전으로 강화된다. 예수의 전임자는 투옥되고 목이 잘리고14:1-12, 예수와 이스라엘 지도자들 사이의 적대감은 고조되어12:14, 21:45-46 참조, 예수 스스로 자신의 예루살렘에서의 최후의 사형집행을 예언한다.16:21,20:17-19,21:33-41 이 이야기의 유형에 휩쓸리면서, 독자는 인간과 하나님의 군대

가 어떻게 해서든지 예수를 십자가로 이끌려고 한 점에 모일 것이라는 것을 알게 된다.

이 하늘과 인간의 집중성은 결국 26장 1–16절에서 발생한 것이고 그 이상이 된다. 이전 이야기에서 우리는 유다와 대제사장과 같이 이들이 예수의 죽음을 음모할 때의 악과 적대적인 의도에 인도되는 인간 배역들을 발견한다. 그러나 배경에는 하나님이 만드시는 목적이 있는 역사의 모습이 있는데, 이것은 구속을 위한 하나님의 계획에서 인간의 악까지도 포함할 수 있다. **인자가 넘겨져서 십자가에 달릴 것**이라고 예수가 선포할 때 본문은 2절의 모호한 수동태에서 행동의 두 차원들을 다시 거론한다.17:22–23에 대한 해설을 보라, 그리고 26:24도 참조하라

마태가 이 인간의 악과 하나님의 선의 상호작용에 대한 이해를 발전시킬 때, 그는 자신 이전의 성서 이야기의 안내를 받는다. 마음에 다가오는 특별한 이야기는 요셉의 이야기이다. 요셉이 그의 형들의 손에서 참았던 잔인한 취급은 궁극적으로 요셉의 가족들을 기근에서 구하시려는 하나님의 목적에 기여한다. "형님들은 나를 해치려고 하였지만, 하나님은 오히려 그것을 선하게 바꾸셔서, 오늘과 같이 수많은 사람의 생명을 구원하셨습니다."창50:20 마태에게 그리고 전체적으로 신약성서에게 이것은 예수가 십자가의 시련을 통과하여 나아갈 때 일어났던 바로 그것이다.

교회생활에서의 본문

예수의 수난이라는 드라마의 모양이 갖추어지면서 스포트라이트는 중심인물예수과 무대에서 간헐적으로 움직이는 다른 사람들 사이에서 앞뒤로 방향을 바꾼다. 놀랍지 않게, 교회에서의 본문의 사용은 자주 다양한 인물들의 묘사와 이들의 출현을 둘러싸고 있는 대화에 집중한다. 예수에게 향유를 부은 여자의 장면은 그 적절한 경우인데, 그녀는 초기부터 계속하여 복음서의 마리아 혹은 다른 마리아와 동일시되었다.요12:3 참조 더욱 최근에는 이 여인이, 여성의 관점에서, 역할과 목소리에 있어 우리의 전형적인 복음서 읽기의 균형을 맞추도록 도와주는 예수 이야기의 수많은 여성 출연자들 가운데 하나로 중요하게 여겨졌다.

이 여자 자신보다 더욱 매혹적인 것은 제자들의 항의와 이 여자의 행동을 옹호하는 예수의 대화였나. 이 때 기난한 사람은 늘 우리와 함께 있을 것이라는 말씀은 세상의 가난은 제거될 수 없다는 견해를 지지하고자 인용되었다. 다른 경우에 이 여자의 행동은 교회= 그리스도의 몸의 낭비나 사치를 정당화하려고 제시되었다. 이런 해석들은 적절하지 않다.

베다니의 향유를 부은 사건이 제기하는 진짜 이슈는 때와 장소에 맞게 그리스도에게 반응할 수 있느냐는 것이다. 우리의 통상적인 헌신의 일상용어에 따르면, 그리스도에 대한 헌신은 자발적이고, 타산적이지 않고, 심지어 기이할 정도의 행동을 이끌어내는 특별한 경우가 있다. 그것은 아무도 모른다. 우리 고유의 문화적 맥락에서 그리스도에 관한 이런 낭비적인 사랑의 대상은 다름 아닌 가난한 사람들일 수 있다!

베다니에서의 이 여자가 사랑과 헌신의 모델로서 매력적이었다면, 가룟 유다는 배반의 모델로서 여전히 더 많은 관심을 받았다. 신약성서가 제공하는 유다의 행동을 설명할 수 있는 실마리가 거의 없다는 사실은 다양한 결론으로 이끌었다. 이전에 살펴보았듯이, 본문 자체는 중요한 인물의 결점에 내한 행동의 탓으로 돌리는 방향으로 움직인다. 또한 요12:6 참조 그 후의 많은 저자들이 기꺼이 유다를 고전적인 악인으로 묘사하는 이 노선을 따른다. Calvin, 1972, 3:125–126 참조

근대에 있어, 해석자들은 유다가 더 복잡한 동기들을 가지고 행동했는지를 물었다. 유다는 이스라엘을 로마에게서 해방 하려는 목적에서 군대를 일으키거나 **천사 군단**26:53을 부르도록 예수에게 압박을 가했던 것일까? 예수가 자신에게 부여된 백성들의 희망을 저버렸다고 믿었기 때문에 예수를 배반한 유다가 환멸을 느꼈는가? 유다는 예수가 거짓 예언자였다는 대제사장의 견해를 공유하게 되었는가?

이 해석들 가운데 하나 혹은 다른 것이 역사적으로 바른 것이었는지, 우리는 말할 수 없다. 분명한 것은 유다라는 인물이 모든 세대의 제자들을 위한 배반의 가능성이라는, 비극적 가능성을 표현하는 본문에 제시되었다는 점이다. 예수에게 가까이 있다는 것은 예수의 사역을 촉진하거나 예수의 사역을 전복시킬 수도 있는 위험한 기회를 가진다는 것이다.

마태복음 26:17-46

고별 모임

사전 검토

마태복음의 수난이야기의 두 번째 항목은 예수가 마지막 시간을 위해 제자들과 함께 하는 몇 개의 장면들로 구성되어 있다. 중심사건이 고별식사인 이 섹션은 처음부터 끝까지, 분위기가 작별 인사와 보내는 것이다. 여기서 예수가 죽음의 길에 직면하는 것은 옛 속박을 끊고 앞에 있는 고난의 대본을 받아들이려는 발버둥이다. 마태가 부속물로 함께 바라보고 있는 다양한 장면들이라는 더 심도 깊은 표지는 18절과 46절이 형성한 문학적인 함유물이다. 예수가 이 항목의 마지막에 **"때가 이르렀다"**고 선포할 때 그의 말씀은 처음에 했던 같은 선포를 되풀이하는 것이다. **내 때가 이르렀다.** 두 개의 구절이 이 항목을 떠받치고 여러 가지 에피소드를 여는 본문을 밝힌다.

이 섹션에서 마태복음이 제시하는 자료는 마가복음 14장 12-42절에서 오는데, 이것은 다음과 같은 사건들의 연속물들을 포함하고 있다. 즉, 유월절 준비, 배반에 관한 식탁 대화, 마지막 만찬 자체, 빵과 잔에 대한 예수의 말씀을 포함하는 버림과 부인, 예수의 겟세마네의 기도가 그것들이다. 이 에피소드들 각각은 예수의 기억할만한 선포들을 포함하고, 이들 가운데 어떤 것들은 아래 개요에 있다.

개요

나는 유월절을 지킬 것이다, 26:17-19

너희 가운데 한 사람이 나를 넘겨줄 것이다, 26:20-25

이것은 내 몸이다, 26:26-29

오늘 밤에 너희는 모두 나를 버릴 것이다, 26:30-35

아버지의 뜻대로 해주십시오, 26:36-46

주석적 해설

나는 유월절을 지킬 것이다 26:17-19

본문은 우리 앞에 있는 이 에피소드를 **무교절 첫째 날**에 놓는다. 기술적으로 이 축제는 니산월 14일 목요일이 끝나고 니산월 15일 금요일이 시작되는 일몰까지 시작될 수 없었을 것이다. 사람들이 이 경우에 준비했을 때, 여기서 이 어법은 목요일 낮 시간을 포함하는 것으로, 다소 느슨하게 사용된다.

이 준비들은 누룩을 넣지 않고 구운 무교병을 배치하고 유월절 어린 양을 도살하는 것을 포함한다. 요한복음에서, 기자는 예수가 준비의 날에 **십자가에 못 박힌**, 사건들의 연대순 배열을 따른다.요19:14-30 참조 그러나 마태복음에서는마가복음과 누가복음에서와 같이 예수와 제자들은 유월절 음식을 준비하고 먹는다. 그리고 예수는 다음날 아침 혹은 오후까지 십자가에 못 박히지 않는다.

17절에서 제자들이 예수에게 접근할 때 이들의 심중에 있는 으뜸가는 질문은 유월절을 위한 적당한 장소를 찾는 것이다. 예수는 제자들에게 21장 1-3절의 예루살렘 입성 때 했던 지시를 상기시키는 방식으로 내답한나. 즉, **마을로 가서… 즉시 발견할 것이다.** …라는 식으로 이곳에서 다음과 같이 명령한다. **성 안으로 아무를 찾아가서, … 말하여라.** 각각의 경우 모든 것을 보살피고, 제자들은 단지 그의 말대로 하기만 하면 된다는 것을 알고 예수는 일종의 통치권을 가지고 말한다.

이제 이 메시지에서 주목할 만한 것은 위에서 언급되었던 선포이다. **내 때가 이르렀다.** 이 말씀은 종말론적인 울림을 가지는데, 이 시간그리스어: kairos은 다가올 세대를 개시하는 하나님 계획의 중요한 순간을 가리킨다. 마태복음에 따르면 예수의 죽음과 부활은 단지 이런 결정적인 순간이고, 이제 이 순간에 도달했다.요12:23, 16:32 참조

너희 가운데 한 사람이 나를 넘겨줄 것이다 26:20-25

막이 두 번째 장면으로 옮겨질 때, 우리는 예수와 열두 제자들이 유월절을 경축할 준비를 하고 식탁에 비스듬히 기대앉아 있는 것을 발견한다.NIV 예수는 이 정찬의 참가자 중 하나에게 배신당하게 될 것이라는 선언으로 분위기를 기쁨에서 우울함으로 바꾼다. 이 소식에 당황하여 제자들은 저마다 질문을 하게 된다. **주님, 나는 아니지요? 정말로 내가 그렇다는 것은 아니지요, 그렇지요?**

23절에서 주어지는 대답은 제자들 모두가 공동의 대접에 빵을 담그는 것을 바라보려고 고개를 숙이게 한다. 이 말씀은 특별한 개인을 지시하지는 않고 단지 예수에게 가까운 식탁에 있는 누군가의 배반이 있을 것이라는 사실의 배경이 된다. 24절에서 계속되는 예수의 대답에서 그는 비록 이 사건이 구속을 위한 하나님의 대본의 일부가 될 것이지만 배신자가 지게 될 끔찍한 화27:3-4 참조를 설명한다. 인자는 자기에 관하여 성경에 기록되어 있는 대로 떠나가지만…

마지막으로, 유다와 예수 사이에 개인적으로 주고받은 것으로 좁혀진 대화는 마태복음에서만 발견된다. 다른 제자들이 했던 것처럼, 유다도 질문을 한다. **선생님 나는 아니지요?** 그러나 다른 제자들이 예수를 주님으로 불렀던 반면, 유다는 예수를 외부인이나 적들이 사용했던 호칭인 선생님으로 부른다. 이것은 유다 자신이 믿음의 공동체와 거리를 두고 있다는 표시이다. 유다가 수작을 부리고 있다는 것을 다 알고, 예수는 자신이 후에 다시 사용하게 될 모호한 대답을 한다.26:64, 27:11 **네가 말하였다.** 이것은 질문자가 대답에 책임이 있다는 것을 사실로 만들면서 그렇다는 대답 없이 그렇다고 말하는 방식이다. 그렇다면 예수는 유다에게 실상 이렇게 말하는 것이다. **그 질문에 대한 답을 너는 알고 있다!**

이것은 내 몸이다 26:26-29

유대의 관습에 따라 예수가 빵과 잔을 들어 축복하고 하나님께 감사를 드릴 때 식탁에서의 대화는 이 세 항목의 장면에서 계속된다. 그런 다음 예수는 이것의 중요한 의미를 재 정의하고 함께 하도록 제자들을 초대한다. 본문의 배경에서 이 이야기에서의 이 순간은 보통 "마지막 만찬"으로 불려진다. 교회의 배경에서, 빵과 잔을 재연하는 의식에서, 이 사건은 주의 만찬, 성찬, 성체 성사로 불린다. 성체 성사는 **감사를 드린다**는 그리스어 동사 '유카리스테오eucharisteō' 에서 온 것으로 27절에서 사용되고 있다.

본문에 인용된 예수의 말씀은 자주 "성찬의 말씀"으로 언급된다. 이처럼 이 말씀은 예수 공동체의 삶에서 주의 만찬의 경축을 **구성하는** 지침으로 여겨진다. 우리는 본문이 초기 교회에서 실제로 이런 방식으로 읽혔다고 생각하는 것은 합리적인 생각이고 마태가 마가의 이야기에 더한 두 개의 작은 부가는 의식적으로 사용되는 예수의 말씀을 반영한다. 마태는 빵을 들어 축복하신 다음에 **먹으라**는 말을 덧붙였고, 잔에서 **마시는** 것에 대한 가르침을 포함했다.

복음서 이야기의 범주 안에서 주의 만찬에서 예수가 한 것을 보는 가장 자연스러운 방식은 비유의 행동으로 보는 것이다. 예수는 이것을 자신의 말을 통해 해석한다. 빵을 잘라 나누는 것은 예수가 다른 사람들을 위하여 자신의 몸/자신으로 하고 있는 것을 행동에 나타내는 것이다. 잔을 돌려가며 마시는 것은 예수의 보혈이 다른 사람들을 위하여 희생으로 드려지는 방식을 행동에 나타내는 것이다. 이런 의미로 예수는 **이것이 나의 몸**이고 **이것이 나의 피**라고 선포하는 것이다.

해석이 더 긴 잔의 경우, 마태는 이것을 죄의 용서를 위한 구절이라는 부가로 더욱 확장한다.28절; 1:21 참조; 계1:5 **'많은 사람**을 위하여' 라는 말씀은 이사야 53장의 고난당하는 종의 역할을 묘사하고자 사용되는데53:10–12 참조 이는 한 개인이 이들을 위해 행동하는 셀 수 없이 많은 군중을 표시한다.

언약의 피는 시내 산의 언약이 확립되었던 피의 의식을 암시하고출24:8; 슥9:11 참조, 이 언약을 **예수**의 피와 동일시하는 것은 새로운 또는 변경된 언약을 암시한다.렘31:31; 눅22:20; 롬3:25 참조 마태복음에 따르면, 시내 산에서 만들어진 언약은 "예수 자신에게서 새롭게 되고 구체화되었다. 예수는 하나님과 하나님 백성 사이의 살아 있는 피의 약정이 된다."Senior, 1985b:67

빵을 **먹고**, 잔을 **마심**으로써 제자들은 이 살아 있는 피의 약정의 일부가 되려는 자신들의 바람의 전조가 될 것이다. 이들은 예수가 시작했던 행동에 대한 반응으로 자신들 고유의 비유를 행동으로 나타내게 될 것이다. 예수가 29절에서 우리에게 말한 이 모든 것은 주의 만찬 교제가 종말의 하나님 나라 식탁에서 다시 시작되고 완성될 그 순간을 예고한다.22:1–14; 계19:9; 사25:5–8참조

오늘 밤에 너희는 모두 나를 버릴 것이다 26:30–35

할렐=찬양고 불리는 찬송 보음집인 시편 114–118편을 노래하는 것으로 유월절을 끝내는 것이 관습이었다. 본문은 마지막 만찬에서 올리브 산으로 활동의 장이 변하는 30절에서 이 관습에 대해 언급한다. 다시 한 번 예수는 정상적인 축제 사건에 불협화음을 소개

하는데, 이번에서는 버림받음과 부정의 예언이다. 예수는 죄를 범하거나 어떤 것에 걸려 넘어지는 것을 암시하는 동사를 사용하여 **너희는 모두 버리는 사람이 될 것**이라고 말한다.11:6, 13:57, 15:12 참조 잠시 동안, 예수의 임박한 시련은 그의 동료들이 다루기에는 너무 어마어마한 것이 될 것이다. 이들은 예수에게서 떠나 다른 길을 달려갈 것이다.

이것 역시 "성서에 따른 것"이고 예수가 인용한 특별한 본문은 스가랴 13장 7절인데 거기서 예언자는 흩어진 양떼를 "작은 사람"으로 계속해서 묘사한다.마18:6-9 참조 하나님의 권능으로, 목자인 예수는 죽음에 대해 승리할 것이고, 갈릴리에 그의 흩어진 양들을 다시 모을 때 이들은 다시 만날 것이다.28:7,10,16 참조 도날드 시니어Donald Senior가 관찰했듯이, 본문이 묘사하는 것은 자신들의 것과 일치하는 예수 공동체의 수난 경험이다.Senior, 1985b:72 이 둘은 죽음과 부활의 주제로 관리된다.

관례대로 베드로는 여기서 예외가 아닐 것이다. 전에도 예수가 고난 받을 것이라는 사실을 받아들이지 않았지만16:21-23, 그는 지금 이 모든 것을 통과해야 하는 예수와 함께할 것이라고 똑같이 단호하게 주장한다. 모든 사람들이 다주를 버릴지라도, **나는 절대로 버리지 않겠습니다.** 어떤 대가를 치르더라도 **나는 결코 주님을 버리지 않을 것입니다.** 그러나 예수가 알고 있듯이 베드로의 용기는 그의 말처럼 되지 않을 것이다. 동이 트기 전에닭이 우는, 베드로는 실제로 예수를 부인할 것이다. 단지 한 번뿐만이 아니라, 세 번을 부인할 것이다. 말하자면, 그의 부인은 절대적일 것이다.

아버지의 뜻대로 해주십시오 26:36-46

기름 짜는 곳을 의미하는 겟세마네는 올리브 산 서쪽 경사면에 있는 올리브나무 과수원이었을 것이다.요18:1의 "동산" 참조 이 항목의 마지막 장면이 일어나는 곳은 그곳이다. 창세기 22장 5절의 자신의 종에 대한 아브라함의 말을 반향 하면서, 예수는 제자들에게 자신이 **기도하고자 그곳에 가 있는** 동안 앉아/머물러 있으라고 요구한다.

아브라함에 못지않게, 예수는 자신을 희생의 제물로 드려야 하는 저항할 수 없는 임무에 직면해 있다. 자신의 앞에 무엇이 놓여있는지를 알고, 그는 자신이 기도한 대로 되기를 원하고, 자신과 동행하도록 선택한 제자들은 변모 사건에 참여 했던 그 세 사람이다.17:1-13 예수가 자신의 깊은 감정을 털어놓은 사람들은 바로 이들이다. **내 마음이 괴로워 죽을 지경이다.**38절 이 말씀은 원래 시편 42편 6절에서 온 것으로, 이 상황에 적절하고 예수의 기도의 배경을 제공하는 탄식 시편이다.

이 에피소드의 중요한 구조를 제공하면서 이 기도 자체는 분명하게 횟수가 확인된다.[42, 44절] 세 번의 기도 가운데 두 번, 고난의 잔을 의미하는 잔에서 벗어나기를 요구하는 예수의 말씀이 인용된다.[39절과 42절; 20:22–23, 26:27–28 참조] 예수는 결코 자신의 생명을 포기하기를 바라는 자칭 순교자가 아니다. 예수가 다른 선택을 기도했음에도 불구하고, 그는 하나님의 계획에 자신의 열망을 복종시키려는 헌신을 표현한다.[6:10 참조] 두 번째 기도로 가면서, 우리는 예수가 이 헌신을 똑똑히 표현하는 방식에서의 확실한 발전을 발견한다. 첫 번째의 경우, 예수는 다소 낙천적으로 기도한다. **하실 수만 있으시면, 이 잔을 내게서 지나가게 해주십시오.** 두 번째 경우, 예수는 벗어날 길을 발견할 수 없을 것이라는 것을 아는 것으로 보인다. 내가 마시지 않고서는 **이 잔이 내게서 지나갈 수 없는 것이면, 아버지의 뜻대로 해주십시오.**

예수가 세 번의 청원을 하는 사이에, 자신의 세 동료들에게 돌아와 이들이 자고 있는 것을 발견하는 막간들이 있다.[40,43절] 이들은 위기의 시간에 자신과 함께 깨어 있으라는 예수의 요구를 완수할 수 없는 것으로 입증되었다.[38b절] 기다리라 혹은 깨어 있으라는 말은 하나님의 종들이 하나님 나라가 오는 충격이 큰 사건들을 준비할 필요를 암시하는 것으로 매우 은유적이다.[24:42–43, 25:13; 살전5:1–11; 벧전5:8 참조] 이것을 다르게 표현하면, 예수가 겟세마네에서 직면한 임박한 고난의 시련은 단지 자신의 공동체에게 준비를 요구하는 일련의 종말론적인 위기들에 대한 첫 번째이다.

이처럼 예수는 믿음이 시험을 받을 때 신실하게 남으라는 요구에서 신앙심이 깊은 경계를 가질 것을 촉구하며, 41절의 깨어서 기도하라는 자신의 명령을 갈고 닦는다. 마음과 육신을 대조할 때, 예수는 영과 몸의 이원론을 말하고 있는 것이 아니다. 대신 예수는 "한 인간의 몸에서 지배권을 놓고 싸우는 두 반대되는 경향을" 묘사하고 있는 것이다.[Senior, 1985b:81] 그렇다면 우리는 약해지려는 육체의 경향과 믿음의 사람들로서 우리의 헌신을 위태롭게 하는, 유리한 상황을 만들 수 없는 약함을 위해 깨어서 기도해야 한다.

이 장면이 끝날 때[45–46절], 세 제자들은 결코 준비되었다고 말할 수 없는 상태로, 여전히 잠에 취해 비틀거리고 있었다. 예수 수난의 위기는 자신이 이미 예언한 대로 전적으로 혼란에 빠진 상태로 남겨질 것이다. 그러나 예수 자신은 완전하게 준비가 되었다. 왜냐하면 예수는 깨어 기도하라는 자신의 권고를 따랐기 때문이다. 다시 한 번 책임을 지고, 예수는 제자들에게 오고 있는 것을 나가 맞을 때가 되었다고 말한다. 배반의 시간이 이르렀고[18절 참조], 배반사를 낮이한다.

성서적 맥락에서의 본문

바울이 고린도에 있는 교회에 다음과 같이 편지를 썼을 때는 예수 사후 겨우 20년이 지났을 뿐이었다. "내가 여러분에게 전해 준 것은 주님으로부터 전해 받은 것입니다. 곧 주 예수께서 잡히시던 밤에, 빵을 들어서 감사를 드리신 다음에, 떼시고 말씀하셨습니다. '이것은 너희를 위하는 내 몸이다. 이것을 행하여 나를 기억하여라.'"고전11:23–24, 또한 25–26절 참조

마지막 만찬에 대한 이 언급은 바울이 자신의 편지에서 예수의 이야기를 거의 인용하지 않는다는 사실에 주목할 때 더욱 충격적이다. 이것은 명백하게 교회생활을 위한 기반이 되는 자료인 전통이다. 이 사실을 확고하게 하는 것은, 요한복음의 이 만찬 이야기에는 이상하게 세족식 이야기가 빵과 잔의 에피소드를 대치하고 있지만, 사복음서 모두에 이 마지막 만찬이 있다는 것이다.요13:1–17 참조

마지막 만찬에 대한 신약성서의 언급들을 단순히 요약하는 것보다 더 호기심을 자극하는 것은 마지막 만찬이 기자들의 신학적 반영 안으로 들어오는 방식을 관찰하는 것이다. 고린도전서에서 바울은 주님의 만찬을 기억과 기대의 의식으로11:26, 또한 그것을 통해 우리가 그리스도 안에 참여하거나 또는 그리스도와의 교제를 향유하는 경험으로 말한다.10:14–22 후자의 본문은 신자들이 주님의 식탁과 다른 신들을 경배하는 신성한 식사 사이에서 선택해야만 한다는 것을 강조하는 것으로 넘어간다. 즉 둘 모두에 참여하는 것은 우상 숭배를 하려는 것이다.

요한복음의 마지막 만찬에서 실종된 빵에 대한 언급은 요한복음 6장의 생명의 빵에 대한 담화에서 더 발전된 모습으로 나타난다. 오천 명을 먹인 후에 이어지는 그곳에서 예수는 자신을 성찬의 용어로 묘사한다. "나는 하늘에서 내려온 살아 있는 빵이다. 이 빵을 먹는 사람은 누구나 영원히 살 것이다. 내가 줄 빵은 나의 살이다."6:51

이 같은 말을 듣는 것은 교회의 예배가 어떻게 이스라엘의 예배에서 나오고 갈라졌는지를 이해하는 것이다. 마지막 만찬에 대한 배경은 분명히 유월절에 기념되는 영광의 탈출의 드라마이다. 그러나 이제 구원의 새로운 행동이 일어났다. 즉 새로운 언약이 제정되었다. 그리고 새로운 축제가 준비되었다. 그리스도는 "우리의 유월절 어린양"이고고전5:7 그리스도는 만나를 대치한 하늘에서 내려온 빵이다.요6:48–50 이것을 다르게 표현하면, 교회가 자신의 생명을 위한 의식의 중심을 발견한 것은 그리스도의 죽음과 부활 안에서이다.

교회생활에서의 본문

신약성서의 모든 본문 가운데 마지막 만찬보다 교회생활에 더 분명하게 각인을 남긴 본문은 없다고 해도 과언이 아니다. 가장 이른 시기로부터, 기독교 공동체들은 자신들만의 고유한 주의 만찬의 경축을 위하여 마태복음에서 증명된 전통을 채택하였다. 얼마나 자주 경축되었고, 교제 또는 **애찬**에 부속되거나 분리되었는지의 여부는 여전히 논쟁 중에 있는 문제이다. 분명한 것은 빵과 잔의 예배는 초기 가톨릭교회의 의식에서, 그리고 그 후의 대부분의 기독교 전통에서도 중심 자리를 차지하게 되었다는 사실이다.

슬프게도, 같은 본문이 또한 쓰라린 논쟁의 근원이 되었다. 논쟁 가운데 많은 것들이 소위 말하는 성찬 제정의 말씀 주변에서 공전하였다. 예수가 **이것은 나의 몸이고 이것은 나의 피**라고 말했을 때 그것은 무엇을 의미하는가? 우리가 성찬의 일부로 같은 선언을 할 때 어떤 일이 일어나고, 또는 일어나지 않는가?

전통의 한 흐름에 따르면 성찬의 말씀은 이들의 성분 자체가 어떤 방식으로 그리스도의 몸과 피가 될 만큼 빵과 포도주를 변화시키는 결과를 초래한다.성분의 변화에 대한 기술적인 용어는 화체설이다. 이 스펙트럼의 또 다른 극단은 급진적인 프로테스탄트의 견해인데, 이 견해를 제안한 사람은 빵과 포도주를 "단지 상징"이라고 말한다. 여기서 빵과 포도주는 성찬용 빵과 포도주 밖이나 너머에 놓여 있는 실제를 단지 설명하는 모양으로, 책에 있는 그림과 같이 여겨진다. 이 경우에 성찬식은 교제의 성례전으로서가 아니라 예수가 명령법령한 것을 상기하는 의식으로 간주된다.

가톨릭과 급진적인 프로테스탄트 사이 어디에선가, 성찬식의 개념은 주의 만찬에 그리스도가 "실재 현존"한다고 말하는 전통이 있다. 이 용어가 암시하듯이, 이 견해에 충실한 사람들은 이 요소들이 나누어질 때 그리스도가 빵과 잔 안에, 그리고 빵과 잔을 통해서 성찬을 받는 사람에게 자신을 나타나도록 한다고 믿는다. 이것이 일어나는 방법은 믿음의 신비로 남아 있다.

아나뱁티스트 전통에서는 많은 목소리들이 위에 묘사된 급진적인 프로테스탄트의 견해를 반영한다.Klaassen: 190이하; Eller 참조 그러나 메노 시몬스는 주의 만찬을 상징으로서 뿐만 아니라 성례전과 신비의 어휘를 사용하여 이 견해를 넘어서는 방식으로 말한다.Klaassen: 208-210; Menno Simons: 142-151 메노에게 주의 만찬은 동시에 기념의 행위이고, 함께 먹는 지체들 가운데 연합의 행위이며, **교제의 행위**이다.

주의 만찬에 대한 현대의 아나뱁티스트 신학은 그리스도가 자신의 공동체에 언제나 성례적으로 현존한다는 것을 전제로 시작할 것이다.마1:23, 18:20, 28:20 참조 왜냐하면 이것이 그렇기 때문에, 이 공동체는 성찬식 모임에서 주의 만찬의 비유적 드라마를 재연할 때 그리스도와 **교제**할 수 있고, **교제**한다. 어떤 교회들에게 이 드라마의 풍부함은 주의 만찬과 다른 특징, 예를 들어 교제의 식사, 세족식, 혹은 이 둘 모두를 성찬식과 결합할 때 강화된다. 이 더 깊은 대본과 함께 혹은 이 대본 없이도, 우리가 주의 만찬을 나눌 때 강력한 무엇인가가 일어난다. 우리는 예수가 자신의 죽음과 부활을 통해 제정한 것을 기억할 뿐만 아니라 하나님과 또한 서로의 사랑의 결합 안에서 다시 새로워진다.

우리가 성찬식과 관련하여 붙잡고 있는 전통이 무엇이든, 우리가 성찬식을 행하는 이 이야기의 능력에 대해 우리 자신을 개방하는 것은 중요하다. 주의 만찬은 단지 교회의 의식일 뿐 아니라 우리가 지키고 소중히 여겨야하는 것이다. 주의 만찬은 자신을 죽음에 내줌으로 **세상**을 구원한 사랑의 초상화이다. 그렇다면 빵을 **먹고** 잔을 **마시는** 것은 단지 우리 자신을 채우는 문제가 아니다. 이것은 하나님의 구원을 갈구하는 모든 사람들을 대표하여 그리스도와의 연합을 선포하는 것이다.

마태복음 26:47-27:10

시험의 시간에

사전 검토

마침내 체포의 시간이 다가왔을 때, 예수와 그의 주변 사람들은 스스로 어떻게 행동하는가? 우리 앞에 있는 항목은 유다의 배반으로 시작하고 유다의 자살로 끝나는 일련의 에피소드들을 통해 그 대답을 우리가 마음에 그리도록 한다. 아래 예가 예증하듯이, 이 에피소드들은 다음과 같이 교차대구법의 유형을 서서히 발전시킨다.

a. 유다가 예수의 생명을 팔다

    b. 예수가 적들에게 고발당하다

        c. 베드로가 예수를 부인하다

    b' 예수가 적들을 비난하다

a'. 유다가 자신의 생명을 취하다

다섯 개의 에피소드 가운데 하나를 제외하고 모두 마가의 이야기에서 오는데막14:43-15:1 참조, 그 예외는 유다의 후회와 죽음이다. 이 예외는 마태에게 전해진, 교회의 기억에서 다른 유형을 따르는 구전 전통에 기초한 것으로 보인다.행1:15-20의 다른 버전 참조

개요

배반의 입맞춤, 26:47-56

비난 받는 신실함, 26:57-68

강압 하의 부인, 26:69–75

죽이기로 한 결의, 27:1–2

배반의 결과, 27:3–10

주석적 해설

배반의 입맞춤 26:47–56

47–56절에서 열리는 광경은 실소를 머금게 하면서도 비극적이다. 이것은 예수를 체포하려는 무리가 수색하고 파괴하려는 사명을 가진 특공대와 같다는 점에서 실소를 머금게 한다.55절 참조 이 무장한 무리가 **열두 제자 가운데 한 사람,** 즉 유다에게 이끌리고 있다는 것은 비극적이다. 유다가 예수를 확인케 하려고 했던 입맞춤은 관습적으로 선생님이것은 다시 한 번 유다가 예수에게 인사하는데 사용한 직함이다; 26:25 참조에 대한 인사로 존경의 표시였다. 그러나 이곳에서 이 몸짓은 사무엘하 20장 8–10절의 아마사를 포옹하며 칼을 찔렀던 요압의 입맞춤과 더욱 유사하다! 그러므로 예수가 유다를 친구라고 불렀을 때, 그 어조는 분명히 반어적이고20:13, 22:12 참조, 예수가 알고 있다는 표현에 이어지고 **지금 막 일어나려는 일에 동의하는 간결한 말씨이다.** 네가 이곳에서 하려는 것을 행하라. 그리스어 본문을 문자적으로 읽으면, 네가 여기에 있는 것을 위해

그 이후에 체포가 이루어지지만 사건은 없었다. 마가의 이야기에서와 같이 누군가 칼을 내밀고 대제사장의 하인의 귀를 자른다. 그러나 마태는 이 사건을 무리 측에서의 우발적 폭력 행동이 아니라 예수의 추종자들 가운데 한 사람의 방어의 행위로 묘사한다.요 18:10 참조, 그곳에서 추종자는 베드로로 더 분명하게 밝힌다 이것이 예수가 이 이야기의 마태의 버전에서만 발견된 말씀으로, 그런 방어를 거절하는 52–54절 말씀을 위한 무대를 설정한다. 다른 사람들이 관찰했듯이 이 말씀은 예수가 무기에 의한 방어를 거절한 세 가지 이유를 제공한다.

(1) 폭력은 궁극적으로 폭력을 채택한 사람을 파괴하는 전략이다.52절, A.D. 70년의 유대인의 반란에 대한 로마의 파괴에서 실마리를 얻을 수 있는 속담과 같은 말씀 ; 계13:10; 렘15:2 참조

(2) 만일 예수가 자신의 사역을 위해 군사적 원조를 원했다면, 그는 즉각 그의 옆에 셀 수 없이 많은 하나님의 전사들을 가질 수 있었다.53절, 그곳에서 열두 영은 72,000명의 전투원으로 이루어진 군대와 같다!

(3) 예수의 방어는 실제로 자신을 십자가로 부른 성서의 성취를 이루지 못하게 하였을

것이다.[54절]

이 장면을 끝내면서, 예수는 밤에 비밀리에 움직인 것에 대해 자신을 체포한 무리를 꾸짖는다.[55절] 그 이후에 이 추악한 시도가 그럼에도 **예언자들의 성서**를 성취할 것이라는 주제를 반복한다.[56절] 예언자들에 대한 강조는 마태복음서의 특징이다. 마태는 몇 가지 점에서 성서의 예언적인 차원을 강조하고[5:17, 11:13, 13:35 참조], 다시 자신의 이야기에 풍부한 인용의 성취를 위해 예언자의 시대로 돌아간다.[1:22-23, 4:15-16, 21:4-5 참조]

비난 받는 신실함 26:57-68

예수는 잡히고, 제자들은 도망간 채로[56b절 참조], 장면은 겟세마네에서 대제사장, 가야바의 저택으로 이동된다. 거기서 예수는 유대 당국의 취조를 겪어야 할 것이다. 이 말에 관한 보고를 하기 전에 마태는 독자들로 하여금 안마당에 관찰자로 머무는 베드로에게 주목하도록 한다.[58절] 이것은 69-75절의 에피소드를 위한 무대를 설정한다.

역사에 따르면, 유대 당국의 예수에 대한 심문은 몇 가지 문제를 야기한다. 장소[대제사장의 거처]와 시간[밤의 모임]과 같은 데이터는 선택된 그룹이나 특별한 평의회의 사법적 수단[산헤드린]의 취조임을 암시한다. 그러나 마태와 마가는 이 사건을 **전체 평의회**의 청취로 묘사하는데[59절], 여기에 대제사장들, 장로들, 율법학자들이 모두 참석한다.

취조의 범위가 무엇이든, 우리는 이 평의회가 가장 중요한 선고를 수행할 수 있는 최종 권한을 가지고 있지 않다는 것을 알고 있다. 그렇다면 취조를 하는 목적은 당국이 빌라도 앞에서 하려는 요구를 지지하는 자료를 모으려는 것이었다. 따라서 본문은 우리에게 이 평의회가 **예수에 대항하는 거짓 증거**를 찾았다고 말해준다. 이들은 믿을 수 있는 것이든 아니든 간에 예수를 걸려들게 할 수 있는 증언을 찾고 있었다.

두 증인이 동의할 수 있는 유일한 혐의는[유대의 법은 사람에게 사형선고를 내리려면 최소한 두 명의 증인이 요구되었다; 신17:6 참조] 61절의 예수가 했던 말이다. **"이 사람이 하나님의 성전을 허물고, 사흘 만에 세울 수 있다고 하였습니다."** 마태의 복음 어디에서도 예수가 그런 선언을 했다는 기록이 없다.[가장 유사한 것은 요2:19; G. Thom. 71 참조] 그러나 예수는 성전을 뛰어넘는 자신의 권위를 주장하고[21:12-16; 12:6 또한 참조], 성전의 파괴를 예언한다.[24:2; 23:38]

더욱이, 마태는 예수의 죽음과 부활을 이스라엘의 제도를 대치하는 새로운 현실의 개시로 본다.[27:51-54 참조] 두 증인의 증언은 비록 악의에 의해 동기가 유발되었지만 이처럼 거짓으로 분류되지 않는다. 새 성전을 세우는 것이 메시아의 요구를 포함한다는 것에 관한 범위 내에서 대제사장에게 이 증언은 적절하다.사53:5에 대한 탈굼 참조 그 결과 대제사장은 예수가 그의 고소인에게 대답하도록 밀어붙이고62절, 어디에서도 예수를 자신의 메시아직에 대한 직접적인 질문과 대면시키지 않는다.63절

가야바의 질문은 최소한 다음 두 가지 점에서 주목할 만하다. (1) 이 질문은 16장 16절의 베드로의 믿음의 고백에 대한 말을 향해 던져진다. (2) 이 질문은 예수에게 맹세하며 대답할 것을 요구한다.왕상22:16 참조 자신의 맹세에 대한 반대에 일치하여, 예수는 이 질문에 대해 다음과 같이 간접적으로 대답한다. 네가 말하였다.64a절; 26:25 참조 요컨대 예수는 **'당신이 나를 대신해 나의 고백을 하였소!'** 라고 말하는 것이다.

그 이후에 예수는 자신의 고소인에 대한 관계에 관해 시편 110편 1절과 다니엘서 73장 13-14절에서 온 표상을 묘사하는 복음서의 인자의 다른 말씀과 비슷한 자신만의 진술을 하기 시작한다.16:27-28, 19:28, 24:29-31 참조 예수의 말씀을 이렇게 바꾸어 말할 수 있다. **너희가 심판하고 있는 사람은 후에 하늘의 고귀한 심판관으로서 너희와 다시 만나게 될 것이다!** 65-66절에 묘사된 감정 폭발을 유발하는 것은 바로 이 주장인데 이것 때문에 예수는 신성모독이라는 가장 중요한 죄로 기소된다.레24:16 참조 대제사장은 자신의 옷을 찢는 동작으로 이것을 보증한다.산헤드린7:5 참조 이어지는 것은 이후의 로마병사들이 예수를 조롱하는 것과27:27-31 아주 닮은 조롱의 장면이다.67-68절 그러나 예수의 운명에 대한 마지막 결심공판은 아직 이루어지지 않는다. 결심공판은 스포트라이트가 중심 무대의 한쪽 면에 대한 다른 장면으로 움직이고 있는 동안 정지된다.

강압 하의 부인 26:69-75

가야바의 안마당에 베드로와 함께 있는 장면은 예수에 대한 청취가 계속되고 있던 같은 시간 동안 열리는 부차적인 줄거리로 제시된다. 이 같은 장면의 병치는 독자를 예수가 하고 있는 평온하고 용기 있는 증언과 베드로가 스스로 행하는 유감스러운 길을 대조해보도록 초대한다. 이 이야기의 유형은 예수와 그의 제자들에게 자신을 연관 짓고 있는 다른 이들에 대해 베드로가 한 일련의 세 진술이다. 각각의 도전은 어떤 연관도 부인하는 베드로의 항의를 불러낸다.

더욱이 베드로의 부인하는 진술은 격렬하게 이루어진다. 첫 번째 한 하녀에 대한 대답에서69-70절 베드로는 이 문제를 회피하려 한다. **나는 네가 무슨 말을 하는지 모르겠다.** 다른 하녀에 대한 대답에서 베드로는 자신의 부인을 지지하는 **맹세**를 한다.제자라기보다는 외부인과 같이 행동하는; 5:34 참조 마지막으로 그의 특유의 갈릴리 말씨를 인식한 전체 구경꾼

들에게 압박을 받게 되자73-74절 그는 예수와 어떤 관계도 없다는 자신의 부인에 대한 배경으로 저주하며 맹세한다. 베드로가 이 저주를 자신에 대해 한 것인지 예수에 대해 한 것인지는 분명하지 않다; 고전12:3 참조

첫 번째 대화에서 이미, 마태는 우리에게 베드로의 예수에 대한 부인이 **모든 사람들 앞에서** 한 것임을 우리에게 말해준다.70 이곳의 어법은 사명 담화의 언어를 들어 올리는데, 거기서 예수는 **다른 사람들 앞에서** 자신을 인정하는 사람과 **다른 사람들 앞에서** 자신을 부인하는 사람을 대조한다.10:32-33, 5:16 참조 최소한 잠시 동안 베드로는 믿음이 무기력한 사람들과 함께 있었고, 시험의 시기에 위축되었다. 이 장면이 끝날 때75절, 수탉의 울음소리가 베드로와 독자에게 이 밤 전에 예수가 했던 숙명적인 예언을 상기시킨다. 실패에 대한 압도적인 인식과 실패를 넘어설 수 있도록 이끄는 회개의 의미를 암시하는 응답으로 베드로를 몹시 울게 만든 것은 바로 이 수탉의 울음소리였다.

죽이기로 한 결의 27:1-2

베드로가 울고 있는 동안 마태는 우리의 주의를 예수의 심문으로 돌아가게 한다. 그 밤의 시간 후에 평의회의 회원들은 새벽에 공식 행동을 취한다. 이들은 예수를 죽음에 넘기기로 결정하고NIV 자신들의 바람을 수행하려고 예수를 빌라도에게 넘겨주었다. 이 이야기 이전에, 예수의 수난에 대한 예고의 하나로서 **인자가 대제사장과 율법학자들에게 넘겨질 것이며, 이들이 예수에게 사형을 선고할 것이며, 그를 이방인에게 넘겨줄 것이라는 사실**을 알려주었다.20:18-19 이 모든 것이 이제 일어났다고 마태는 우리에게 전한다.

배반의 결과 27:3-10

이 항목을 시작했던 배반의 이야기는 배반자가 자살하는 것으로 끝나는 우울한 보고에서 그 추이를 발견한다. 3절에 따르면 유다는 결과를 볼 수 있을 때까지 진행의 과정에 매우 가까이 머물고 있었다. 그리고 자신이 행한 일이 불의한 일이었다는 것을 깨달았을 때 그는 **뉘우치게**NIV **되었다**. NRSV에서 '회개했다'로 번역된 단어는 신약성서에서 보통 사용하는 회개라는 단어가 아니다. 왜냐하면 회개라는 단어는 급진적인 회심을 포함하지만 이보다는 오히려 유감이라는 생각 혹은 후회와 같이 이전과는 다르게 느끼는 것을 암시하는 용어이다.

유다는 뉘우친 후에 대제사장과의 계약을 원상태로 돌리려고 하였다. 그러나 냉소적인 당국은 유다의 죄나 예수의 무죄에는 전혀 관심이 없었기 때문에 유다의 그런 시도는 소용이 없었다. 그래서 더 이상 해결방법이 없었고, 유다는 절망에 빠져 스스로 목을 매

달아 죽었다. 유다의 이야기와 유사한 구약성서의 사건을 위해 삼하17:23 참조

전에 지시한 바와 같이 유다의 폭력적인 죽음은 마태복음과 사도행전에 기록되어 있고 모두 이 사건이 일어난 밭의 이름을 **피밭**으로 이야기한다. 그러나 이 일이 어떻게 일어났는가에 대하여 다르게 기록한다. 사도행전에 따르면 유다 본인이 이 밭을 사고, 유다의 피가 이 밭에 뿌려진 불쾌한 사건의 결과로 피밭이라는 이름을 얻게 된다. 행1:18-19 반면에 마태복음에서는 대제사장이 유다가 목을 매었던 그 밭을 유다가 되돌려준 **피 값**으로 샀고, 이것이 그 밭을 **피밭**으로 부르게 된 요인으로 기록하고 있다.

사건의 정확한 전말이 무엇이든, 유다가 돌려준 돈은 마태에 의해 유다의 이야기에 잘 맞게 재구성되었다. 어떤 면에서 이 이야기는 위선자인 이스라엘 지도자들의 모습을 확인해준다. 15:1 이하, 23:13 이하 참조 지도자들은 **무죄한 피**에 유죄판결을 내린 것에 대해서는 어떤 양심의 가책도 받지 않지만, 자신들의 목적을 달성하려고 지불했던 **피 값**의 적절한 처분에 대해서는 매우 양심적이 된다. 6절; 신22:19 참조

또 다른 면에서, 이 이야기는 **예언서**에 예수의 수난 사건을 더 깊이 연결한다. 이 이야기는 스가랴서와 예레미야서에 모두 기록된 슥11:12-13; 렘18:2-3, 19:1-13, 32:6-9 참조, 예를 들어 은돈 서른 닢, 토기장이, 밭, 묘지와 같은 자세한 사항들을 포함하고 있다. 마태에게 이런 축어적인 유사점들은 단순한 일치가 아니고 오히려 이 유사점들이 유다의 이야기가 고대의 예언들을 성취하는 것을 의미한다. 이처럼 마태는 독자들 스스로 연결점을 발견하도록 초대하면서 이 구절들에서 9-10절 이끌어온 인용의 성취를 합성하는 것으로 이 이야기를 종결한다.

성서적 맥락에서의 본문

앞에 있는 이 항목에서 마태가 말하고 있듯이, 그는 몇 개의 드러나는 예리한 프로필을 주는 방식으로 그렇게 하고 있다. 그 하나는 표리부동과 절망의 그림인 유다의 프로필이다. 두 번째 프로필은 베드로의 것인데, 가야바의 안마당에서의 그의 믿음의 실패는 가이사랴 빌립보서에서의 그의 통찰력 있는 믿음의 고백과 대조된다. 그러나 가장 조심스럽게 발전된 프로필은 그의 체포와 심문의 한 가운데서 우리가 보았던 예수 자신의 프로필이다. 그 프로필의 개요는 적어도 두 가지 관점에서 주목할 만하다.

첫째, 우리가 여기서 관찰하는 예수는 복음서에 있는 이전의 자신의 가르침에 일치하는 방식으로 행동한다. 예수의 사역을 위해 **자신의** 생명을 잃을 위험을 무릅쓰라고 제자

들에게 도전했던 대로, 예수 스스로 **자신의 생명**을 구하려고 돌아서 달아나지 않는다. 대신 그는 자신의 고난의 운명에 기꺼이 복종한다. 청중들에게 원수를 사랑하고 보복을 위한 폭력을 단념하라고 가르쳤던 대로5:38–48, 예수 스스로 자신의 체포기간 동안 가질 수 있었던 폭력의 선택을 단념한다. 자신의 추종자들에게 적대적인 당국과 마주할 때 염려하지 말고 충실하게 증언할 것을 지니라고 시켰던 대로10:16–39, 예수는 스스로 평정을 유지하면서 위원회 앞에서 한 증언에서 용기를 보여준다. 다시 말해, 예수는 마태의 복음서에서 그토록 강조하는 말과 행위 사이의 일치의 좋은 예가 된다.

둘째, 우리가 여기서 관찰하는 예수는 구약성서 이야기의 의로운 종들에게 하나님이 주시는 고난으로 여겼던 경험을 구체화한다. 의로운 종들과 마찬가지로, 예수는 시편에서 "그들이 거짓으로 증언하며, 폭력을 휘둘러서 나에게 대항해 오니"시27:12; 마26:60; 시35:11, 37:32 참조라고 말하는 것처럼, 거짓으로 고발된다. 의로운 종들과 마찬가지로, 예수는 "마치 도살장으로 끌려가는 어린 양처럼, 마치 털 깎는 사람 앞에서 잠잠한 암양처럼, 끌려가기만 할 뿐, 아무 말도 하지 않았다"사53:7; 마26:63; 시38:14, 39:9 참조라는 이사야서의 말씀처럼 고소인들 앞에서 침묵한다. 의로운 종들과 마찬가지로, 예수는 "나는 나를 때리는 자들에게 등을 맡겼고, 내 수염을 뽑는 자들에게 뺨을 맡겼다. 내게 침을 뱉고 나를 모욕하여도 내가 그것을 피하려고 얼굴을 가리지도 않았다"라는 이사야서의 말씀처럼 지독한 조롱거리가 된다.

상응하는 요점들이 이후에 십자가 사건의 이야기에서 여전히 나타날 것이다.27:32–50과 시22편 참조 마태에게 예수의 수난은 이전 성서 드라마의 고통의 외침들이 강력한 절정의 방식으로 새로운 몸체를 가지는 이야기이다. 그것을 다르게 표현하면, 의로운 종에게 하나님이 주시는 고난으로서의 이스라엘의 사명을 완성하는 것은 예수 안에서이다.

교회생활에서의 본문

본문에서 제시된 세 개의 프로필은 그 후의 교회의 가르침에서 의미 있는 역할을 했다. 미국 역사에서 베네딕트 아놀드Benedict Arnold의 초상과 달리 유다의 초상은 배반의 본보기가 되었다.26:1–16을 위한 TLC 참조 같은 방식으로, 베드로의 부인은 믿음의 기둥조차도 붕괴되고 부스러질 수 있는지의 본보기로 반복해서 서론된다. 이후의 사도행전 5장의 아나니아와 삽비라의 그림과 같이, 유다와 베드로의 부정적인 모범은 신실한 사람들을 깨닫게 하는 데 사용되었다. "이 일이 너에게 일어나지 않게 하라"

성격에 있어 매우 다른 것은 예수의 프로필인데, 교회는 초기로부터 이 프로필에서 자신의 소명을 위한 명확한 실마리를 발견했다. 이 프로필의 다양한 국면들 가운데 26장 52절에서 폭력에 대해 예수가 가진 입장보다 더 흥미를 자아내는 인물은 없었다. **네 칼을 칼집에 도로 꽂아라. 칼을 쓰는 사람은 모두 칼로 망한다.** 이 말씀은 처음부터 아마도 대중적인 반역자들에게 참가하는 것을 피하라는 권고로서 예수 공동체의 행동을 생각한 것으로 보인다.

그것의 본래의 한계가 무엇이든, 이 말씀은 이어지는 수세기 동안 널리 다른 방식으로 해석되었다. 칼빈과 같은 많은 사람들이 개인들이 법을 들어 문제들을 개정하려고 폭력적으로 행동하는 상황에 대해 이 말씀의 적용을 제한했다.1972, 3:159-160 이 관점에서 이 말씀은 전쟁의 참여와 정부의 명령으로 범죄자들을 폭력적으로 벌하는 것을 배제하지 않는다. 약간의 아나뱁티스들까지도 본문에 대한 이런 이해를 지지하는 목소리를 낸다.Balthasar Hubmaier in Klaassen: 271-272 참조

그러나 대부분의 신자들의 교회 사회에서의 지배적인 견해는 예수의 말씀을 예수의 추종자들에게 어떤 폭력의 사용도 금지하는 말씀으로 본다. "우리는 성령의 검인 하나님의 말씀 이외의 다른 어떤 검도, 하나님 나라나 그리스도의 교회의 어떤 폭동도 가르치거나 인정하지 않는다. … 그것은 보답고자 하는 사람들에게 남긴 시민의 검이다. 모든 사람들이 검으로 멸망하지 않도록 검의 사용에서 자신이 법을 어기지 않도록 주의하게 하자."Menno Simons: 200 형제단 교회의 연례 모임은 미국 독립전쟁에서 불거져 나온 문제에 대해 다음과 같이 같은 노선을 따라 반응했다.

> 우리는 알 수 없다… 우리가 폭력에 대해 우리 자신을 포기할 수 있는지, 혹은 사람들의 피를 흘리려는 자신들의 무기를 스스로 만드는 것에 대해 이 같은 방식으로 더 높은 권세에 복종할 수 있는지…. 죄가 없지만 우리의 사랑하는 구세주는 살인적인 방식으로 공격당했고… 베드로는 재빨리 그리고 기꺼이 하나님의 합법적인 정의에 따라 검을 뽑아들었다. … 하지만 주님은 이렇게 말씀하신다. "네 칼을 칼집에 도로 꽂아라. 칼을 쓰는 사람은 모두 칼로 망한다."Durnbaugh, 1967:356

우리 자신의 상황에서 예수의 말씀은 분명하게 교회가 자행하는 폭력에 대한 책임을 뒷받침하지만, 그것을 능가한다. 전에 살펴본 바와 같이, 검을 포기하라는 예수의 명령은 폭력이 폭력을 낳는 세상의 방식에 대한 탁월한 관찰에 근거한다. 폭력은 예수 공동

체의 사명을 위해서만 부적절한 것이 아니라 전반적인 인간 가족을 위한 파괴적인 과정에 대해서도 그렇다. 그러므로 이 말씀은 사회적 문제들을 다룰 때 교회의 구성원들과 전반적인 사회 모두를 폭력에 대한 대안을 찾으라고 초대할 수 있는 근거를 제공한다.

태복음 27:11-56

십자가에 못 박힌 왕

사전 검토

수난 이야기의 이전 두 항목에서, 이 행동은 먼저 예수와 제자들 주변에 관한 것을 다루고26:17-46, 이후에 예수와 유대인 체포자들을 다룬다.26:47-27:10 이제 죄수를 빌라도에게 넘겨주면서 이야기는 이방인의 손에 맡겨진 예수의 운명으로 전환된다. 예수는 이방인 병사들의 조롱을 받으며 로마의 통치자에게 재판을 받을 것이고, 그 병사들에 의해 십자가에 못 박힐 것이다. 이 항목의 받침대가 되는 것은 질문과 고백인데 둘 모두 예수의 정체성을 다룬다. 처음에 빌라도가 죄수에게 묻는다. **당신이 유대인의 왕이요?** 로마의 백부장과 그의 보병대가 이 항목의 끝부분에서 한 이 놀라운 고백은 예수가 유대인의 왕이며 그 이상이라는 것을 확인한다. **참으로 이분은 하나님의 아들이셨다.** 이 이야기의 이 부분을 위해 마태는 마가복음 15장 2-41절의 이야기를 끌어오는데 그는 그 과정에서 몇 가지 요점을 채택하고 확장한다.

개요

내가 예수를 어떻게 하랴? 27:11-26

환호하라, 유대인의 왕, 27:27-31

십자가에 달린 그리스도, 27:32-44

참으로 이분은 하나님의 아들이셨다, 27:45-54

끝까지 신실한, 27:55-56

주석적 해설

내가 예수를 어떻게 하랴? 27:11-26

빌라도가 예수를 심문할 때, 소송 절차는 예수가 **유대인의 왕**이 되려고 했느냐는 혐의로 향한다. 이 항목을 통틀어 핵심 역할을 하는 이 직함은30, 37절 참조, 비유대인 혹은 외부인이라는 유리한 위치에서 명확해진다.2:1-2 참조 만일 유대인이었다면 **이스라엘의 왕**이라고 불렀을 것이다.42절에서 우리가 발견한 표현 이 직함이 단언하는 것은 예수가 로마와 로마를 대표하는 빌라도에 대한 위협으로, 메시아인척 하는 사람이라는 것이다.

빌라도가 예수에게 이 직함이 적절한 것인가를 물었을 때, 예수는 이 이야기에서 이전에 두 번 사용했던 동일한 불확실한 표현으로 응답한다. **당신이 그렇게 말하고 있소.**26:25,64의 네가 말하였다 참조 이 대답은 동방박사들의 이야기를 알고 있는 독자가 명확한 대답을 듣게 될 대답이다. 동시에, 이 대답은 이 직함에 대한 활력이 넘치는 정치적인 울림에 대한 **긍정**을 피한다. 그러므로 예수의 고소인들은 계속해서 자신들의 입장을 강요한다. 그러나 이들에게도 빌라도에게도 예수는 다른 어떤 말도 하지 않는다. 대신 예수는 이미 알고 있는 침묵으로 일관한다.26:62-63; 시39:1b,9; 사53:7 참조

예수를 고소한 자들의 동기가 전혀 바른 것이 아니라는 것을 알았지만 이들에게 나쁜 의도를 초래하고 싶지 않아서, 빌라도는 무리들이 자신 대신 예수의 판결을 결정하도록 하였다. 더욱이 그의 이런 행동에 영향을 미친 것은 마태의 이야기만의 특이한 것으로, 빌라도의 아내가 예수의 무죄를 확인하며 남편에게 관여하지 말라는 충고이다.탄생 이야기에서와 같이 하나님이 꿈을 통해 사람들에게 충고하신다는 것에 다시 한 번 주목하라; 1:20, 2:12,13,19 참조

빌라도가 추구한 전략은, 만일 그가 말하지 않았더라면 알려지지 않았을 내용으로, 유월절에 무리들이 선택한 유대인 죄수 하나를 풀어준다는 알려지지 않았던 관습이다. 이번 경우, 빌라도는 예수 바바라와 그리스도 예수 가운데 하나를 무리에게 선택하게 한다! 이 이야기는 빌라도가 무리들이 악명 높은 바바라보다 예수를 선택하고 그렇게 함으로써 예수의 유죄 혹은 무죄를 판정하는 것에서 벗어나기 원했다는 것을 보여준다. 그러나 그렇게 되지는 않는다. 본문은 무리가 예수를 죽일 방도를 찾는 지도자들에게 완전히 지배당하고 있음을 보여준다. 그 결과 무리는 예수를 십자가에 못 박을 것과 바라바의

사면을 요구한다.

재판 장면을 마감하는 것은 빌라도가 무죄한 사람을 죽이는 책임에서 벗어나려고 자신의 손을 씻는 동작이다. 이것은 이 이야기에 대한 이상한 왜곡이다. 왜냐하면 이 의식은 로마인들의 법정 관습이라기보다는 구약성서의 실천에 근거한 것으로 묘사되기 때문이다. 신21:1-9 참조 그러나 역사적인 관점에서 이상한 것은 문학적이고 종교적인 견지에서 풍부한 아이러니를 만들어낸다. 이방인인 빌라도는 훌륭한 이스라엘 사람처럼 언약적 정의를 범한 행동에서 자신을 분리하는 반면 언약 백성들은 다음과 같이 말하며 적극적으로 이 행동에 대한 책임을 기꺼이 받아들인다. **그 사람의 피를 우리와 우리 자손에게 돌리시오.** 25절

본문이 이 선언을 **온 백성의** 부르짖음으로 묘사하고 있는 방식에 주목하라. 마태복음에 따르면 예수의 죽음을 구하고 그것이 가져오게 될 결과를 초청한 것은 바로 이스라엘의 단체적인 행동이다. 그렇게 하는 것에서 무죄한 예언자들의 피를 흘리게 했던 자신들의 조상들에 대한 기록과 같은 삶을 계속해서 끝까지 살아낸다. 렘26:15; 마21:33-44, 23:29-32 참조 이와 같이 본문을 사용하고 해석하는 방법은 우리가 이후에 거론할 문제이다. 한편, 이 이야기 자체는 계속 진행되고 빌라도는 예수를 죽이는 것에 동의함으로써 무리의 요구에 굴복한다.

환호하라, 유대인의 왕 27:27-31

예수가 전형적으로 십자가에 못 박히기 이전에 행해졌던 가혹한 채찍질의 대상이 된 이후, 그는 아직도 예비적인 시련에 지나지 않는 그 시련을 당하게 된다. 예수는 이전에 산헤드린 회원들에게 조롱을 당했던 것과 똑같은 조롱을 빌라도의 병사들에게 당한다. 26:67-68 이 에피소드가 일어난 곳은 빌라도가 예루살렘에 짧게 머무는 기간에 거하는 총독 관저이다. 통상적으로 로마 통치자들은 가이사랴에 거했다. 빌라도의 휘하에 있는 시리아인 대대와 다른 보조적인 군대는 전원이 모인다면 600명 혹은 그 이상이었을 것이다. 여기서 예수를 조롱하는 **보병대 전체**는 이보다는 상당히 적었을 것이다.

마태가 묘사한 것처럼, 이 조롱의 행위는 2막에 걸쳐 진행된다. 첫째, 병사들은 예수를 왕처럼 대하는 패러디를 연출한다. 28-29절 이들이 입혀준 주홍색 걸침 옷은 아마도 병사들의 붉은 망토였을 것이다. 가시로 엮은 면류관과 살대왕의 상징으로와 함께 이 예복은 예수를 왕으로 꾸민다. 마찬가지로 병사들이 조롱하는 경의를 표하고 **유대의 왕이라고 환호**할 때 이들의 언어는 황제에게 환호할 때 사용했던 "황제 만세"를 모방하고 있다.

병사들에게 이 모든 것은 완전한 희롱이고 그 정도의 잔인한 익살에 지나지 않았다. 그러나 독자는 병사들이 예수의 진짜 운명인 왕권을 선포하고 있다는 것을 안다. 조롱의 두 번째 무대는 30절에 기록된 육체적인 학대로 구성되어 있다.사50:6 다시 참조 마침내 병사들은 자신들의 놀이에 지쳐 예수가 입었던 겉옷을 다시 입히고 죽음의 장소로 이끈다.

십자가에 달린 그리스도 27:32-44

십자가에 못 박는 것은, 누구에게 들어도 잔인하고 극단적으로 고통스러운 사형 집행 수단이었다. 십자가형의 희생자들은 노예, 산적, 반역자로 판결 받은 이들과 같이 사회의 경멸의 대상이 되는 다양한 사람들을 포함했다. 실제로, 예수가 십자가에 못 박힐 때 함께 못 박힌 이들은 그런 사람들이었다.38절을 보라 그렇다면 여기 피투성이의 멜로드라마의 가능성이 있는데, 그것은 감사하게도 복음서 기자가 제시하려고 선택한 것이 아니다.

짧게 남겨진 채로, 예수의 십자가형에 대한 기사는 십자가의 가로대를 나르는데 필요한 조력자를 기록하는 것으로 시작한다.수직으로 선 기둥은 이미 세워져 있었을 것이다 우리가 듣는 목적지는 '해골 곳'이라 불렸는데, 그 장소의 지형이 해골과 같기 때문인지 단순하게 그 지역이 죽음의 장소였기 때문인지는 알 수 없다. 어쨌든 종종 죄수들에게 제공되었던 마약 성분을 가진 쓸개를 탄 포도주를 거절한 후 예수가 십자가에 못 박히는 장소는 바로 그곳이다.

관례에 따라, 사형집행인들은 예수의 옷을 나누고 그의 죄목을 알리는 죄패를 붙였다. "이 사람은 유대인의 **왕**이다"라는 표시와 함께, 두 강도 혹은 폭동 선동자는 예수의 가엾은 왕궁의 시중드는 사람들로 예수 양편에 매달린다. 마침내 이 에피소드는 또 다른 조롱의 장면과 더불어 마감되는데 그곳에는 다음 세 부류의 사람들이 예수를 비웃는다. 먼저 약간의 구경꾼들, 다음으로 의로운 지도자들, 마지막으로 두 강도다.

간결한 범위지만, 마태복음이 주는 보도는 성서의 암시들로 풍부하다. 더욱 특별하게, 사용된 언어는 몇 가지 점에서 시편의 언어를 반영한다. 아래의 병행기사들에 주목하라.

⑴ 예수에게 주어진 마실 것34절: "배가 고파서 먹을 것을 달라고 하면 그들은 나에게 독을 타서 주고, 목이 말라 마실 것을 달라고 하면 나에게 식초를 내주었습니다."시69:21

⑵ 예수의 옷을 세비뽑기 한 배역35절: "나의 겉옷을 원수들이 나누어 가지고, 나의 속옷도 제비를 뽑아서 나누어 가집니다."시22:18

⑶ 예수의 조롱39-44절: "나를 보는 사람은 누구나 나를 빗대어서 조롱하며, 입술을 비

쭉거리고 머리를 흔들면서 얄밉게 빈정댑니다." 시22:7

(4) 지도자들의 조롱43절: "그가 주님께 그토록 의지하였다면, 주님이 그를 구하여 주시겠지. 그의 주님이 그토록 그를 사랑하신다니, 주님이 그를 건져 주시겠지!" 시22:8; 솔로몬의 지혜서2:17–20!

이 암시들은 함께 의로운 종인 하나님의 고난으로서의 예수의 모습을 강화한다.

이에 못지않게 주목할 만한 것은 이 이야기 속의 풍부한 신학적인 아이러니이다. 이처럼 예수의 왕권에 대한 공격적인 주장을 단언하는 죄패는 예수를 불신한다는 것을 의미한다. 그러나 마태에게 이 말을 덧붙인 사람은 예수에게 비문을 적은 것이며막15:26, 죄패는 공공연하게 예수가 하나님의 기름 부은 통치자라는 것을 선포한다.

같은 상황이 예수의 조롱에서 발생한다. 예수가 십자가에서 내려와 자신을 구원하라는 요구에 대답하지 않았을 때, 얼핏 보기에는 그가 실패한 것으로 보일 것이다. 그러나 조롱하는 자들이 보지 못하는 것은 자신들의 요구가 4장 1–11절또한 16:1 참조 이야기에 대한 추이를 설정한다는 사실이다. 이 견해에서, 예수가 십자가에서 내려오지 않은 사실은 결코 실패의 증거가 아니다. 대신 이것은 예수의 소명에 대한 신실함의 표시이다. 그렇다면 독자들은 지도자들이 자신도 알지 못한 채 하나님이 예수에게 전하게 한 이들의 조롱을 이루려고 성서를 인용할 때 크게 놀라게 된다는 사실을 안다. 사실, 이것은 정확하게 하나님이 지금 막 하시려는 일이다.

참으로 이분은 하나님의 아들이셨다 27:45–54

하나님이 행동하실 것이라는 확인은 빠르게 온다. 45절에 따르면 하나님은 하나님의 슬픔 혹은 하나님의 불쾌함일 수 있는 표징으로 온 땅이 어둠에 덮임으로써 예수의 십자가 사건에 반응한다. 암8:9; 출10:22 참조 어둠은 아마도 마침내 예수가 죽은 12시에서 오후 3시까지 지속되었다고 한다.

그 시간이 가까워질 때, 시편의 이야기와 더욱 관련된 두 가지 일이 발생한다. 22장 1절을 인용하여, 예수는 지금 자신이 하나님에게 버림받고 있다고 느끼면서도 하나님에 대한 신뢰를 선언하는 기도를 토해낸다. **나의 하나님, 나의 하나님 어찌하여 나를 버리셨습니까?** 이 기도는 인간이 하나님의 부재를 경험하는 고난과 샬롬 사이의 단절을 넘어서는 겉치레가 아닌 기도이다. 그러나 이에도 불구하고 예수는 하나님이 자신을 도우러 오실 것을 바라며 기도한다. 시22:19–24 참조

예수가 **나의 하나님**이라는 말로 사용한 **'엘리'** 라는 아람어 단어를 듣고, 어떤 방관

자들은 예수가 세상으로 돌아와 자신을 돕도록 엘리야를 부르고 있다고 잘못 생각한다.17:9-13에 대한 해설 참조 이것은 다음에 다른 사람들이 어떻게 되나 보자는 입장을 취한 반면, 방관자들 가운데 한 사람이 엘리야가 도착할 때까지 예수가 견딜 수 있도록 신 포도를 적신 해면을 가져오도록 한다.시69:21b 참조 그러나 더 이상의 기다림은 없다. 마지막으로 소리를 지른 후에시22:2, 5 참조, 예수는 자신을 이 소명으로 부르신 분에게 생명을 의탁한다.

그 후 즉각적으로 "예수의 기도에 대한 하나님의 응답인 우주적인 표징"Senior, 1985b: 141인 몇 가지 격변하는 사건들이 발생한다. 이 사건들은 예수의 죽음으로 시작된 새로운 세상이 이제 옛 세상 한가운데 선취적으로 명확해졌다는 것을 고지하는 사건들이다. 마태가 열거한 세 가지 표징 가운데 하나인 성전 휘장이 찢어진 사건51a절은 마가도 보고한다. 이 성전 휘장은 아마도 성전의 가장 신성한 지역인 지성소를 나머지 성역과 구별하는 휘장일 것이다.출26:31-35 참조 성전 휘장이 찢어진 것은 성전에 대한 하나님의 심판과 하나님의 자비를 향해 제한 없이 다가갈 수 있는 시대의 출현 모두를 의미한다.21:14-16; 히10:19-20 참조

한편, 땅 아래에서 극히 중대한 어떤 것이 움직이고 있다는 것을 확인할 수 있다고 마태는 우리에게 말한다.51b절; 또한 28:2 참조 지진과 바위가 갈라지는 것은 정기적으로 성서 이야기에서 하나님의 오심과 연관되고삿5:4; 왕상19:11; 시68:8 참조 따라서 하나님의 종말의 표징이 되기도 한다.욜3:14-17; 에스드라2서9:2-3; 마24:7-8 참조 마태복음의 목록 가운데 마지막 항목은 땅이 흔들리는 주제 위에 세워지고 이것은 의심할 여지없이 새로운 시대가 나타나기 시작한다는 것을 알린다.52-53절 무덤이 열리고 잠자던 예언자들과 다른 고대의 하나님의 종들이 살아나고 전에 죽었던 사람들이 놀랍게도 살아있는 사람들을 방문한다.그러나 마태는 자신의 이야기가 앞질러 가는 위험을 무릅쓰고, '예수께서 부활하신 뒤에!' 라는 말을 덧붙인다

여기서 이것들을 묘사하려고 사용된 사건들과 어법은 하나님이 자신의 백성들의 무덤을 열고 이들을 새로운 생명으로 들어 올리는 날에 대한 에스겔이 약속을 반영한다.겔37:11-14; 단12:1-2 참조 원래 유배 후의 이스라엘을 위한 새로운 희망의 예언인 에스겔의 환상은 후대의 독자들 가운데 죽은 사람들의 종말의 부활과 하나님 백성의 재구성에서 희망을 촉발시켰다. 본문이 암시하는 이것이 예수의 죽음 안에서와 예수의 죽음을 통해 일어나기 시작한 것이다.

이 이야기에서 일찍이, 우리는 예수의 사형을 집행하고 계속 **지키고 있던** 병사들의 자

세한 이야기를 들었다.[36절] 이들은 지진이 일어났을 때에도 여전히 감시하고 있었고[54절] 발생한 일에 두려워하고 있었다. 단지 백부장뿐만 아니라 그와 함께 예수를 지키던 자들 전체가 공통된 고백을 한다. **참으로 이분은 하나님의 아들이셨다.** 이 말을 다르게 표현하면, 이방인 병사들은 유대인 구경꾼들과 지도자들이 방금 전에 조롱으로 하던 말을 고백하고 있는 것이다.[39-43절] 이 모든 것은 모든 나라에서 모인 제자들의 새로운 공동체의 창조를 앞서 지적하고[28:18], 이미 한 번 더 반복되었던 시편 22편을 되풀이한다.[22:27-28 참조]

끝까지 신실한 27:55-56

55-56절은 이 항목에 대한 해설을 포함한다. 이 절들은 우리에게 십자가 사건을 목격한 부가적인 한 그룹의 목격자들인 예루살렘으로의 여행에서 예수를 **따라온** 상당히 많은 **여자들에** 대해 알려준다. 이 여자들 가운데 중요한 사람들로 이름이 거명된 세 여자들 가운데 막달라 마리아가 있다.[눅8:2 참조] 열두 제자와 달리, 이 여자는 이 지역에서 도망가지 않았고 충성스럽게 **멀찍이** 서서 바라보았다.[시38:11] 이들은 전에 예수에게 필요한 것을 공급했고 다시 예수의 필요에 시중을 들 준비를 하고 있었다. 곧 이들은 기회를 가질 것이고 예수의 부활의 증인도 될 것이다. 이곳에 출연한 이들의 등장은 다가올 일을 위한 무대를 설정한다.

성서적 맥락에서의 본문

우리가 방금 살펴보았던 이 항목의 초점이 되는 두 요점은 빌라도에 의한 예수의 재판과 골고다에서의 **예수의 십자가 사건**이다. 각각의 경우, 본문은 이 일 이전에 있던 이스라엘의 이야기와 이어지는 교회의 이야기 모두를 연결한다. 예수의 재판은 예언자 예레미야의 시련을 생각나게 하는데, 의로운 지도자들이 그의 죽음을 구하지만 그는 "고관들"의 옹호를 받았다.[렘26:7-24; 특별히 8,16절 참조] 예수의 경우, 빌라도는 정치적으로 옹호하는 역할을 하였지만[그리고 누가복음과 요한복음의 병행기사에서는 더욱 더 그러하다] 아무 소용이 없었다.

더욱 의미심장한 것은 그의 추종자들에게 법정의 모습의 전조가 된 위원회의 심문과 함께 빌라도 앞에서 있었던 예수의 재판 방식이다. 마태는 제자들이 자신의 선생이 얻었던 것을 얻었다고 우리에게 말하고[10:24-25], 이것은 **총독들과 임금들에 대한 증언으로서**

그들 앞에 끌려오는 것을 포함한다. 누가의 두 책누가복음과 사도행전에서 심문과 재판에 회부되는 것은 예수의 경험과 그의 증인들의 경험 사이에서 기자가 강조하는 일련의 유사점들 가운데 하나이다. 이 유사한 재판의 상황들의 예에는 예루살렘 당국 앞에서의 베드로와 요한의 출연 그리고 스데반의 출연과행4:1–22, 5:17–42, 6:8–7:60 유대와 로마 관원들 앞에서의 바울의 수많은 경우들행18:12–17, 22:30–23:10, 25:6–12, 25:23–26:32이 포함된다.

십자가 사건과 관련하여, 예수의 죽음에 대한 구약성서의 배경은 이미 기록되어 있었다. 예수는 시편과 이사야서에 묘사되었던 하나님의 의로운 종으로서 고난을 받고 죽는다. 이곳에서 더욱 관심을 끄는 공적은 예수의 십자가 사건이 형성하는 표현 형식과 초기 교회의 사고의 방식이다. 신약성서 기자들은 예수의 죽음의 중심적 역할을 들어 올릴 뿐만 아니라 자신들의 메시지를 표현하는 다양한 방식으로 "십자가 이야기"를 사용한다. 이처럼 사복음서는 하나이고 같은 사건으로서의 십자가 사건과 승천을 가리키는 이중적 의미를 가진 은유로 예수의 죽음에서 "높여주심"을 말한다.요12:23–33 참조

바울은 십자가에 못 박힌 예수의 공적인 묘사로서갈3:1 갈라디아인들에게 보낸 복음에 대한 그의 설교에서 그리스도 안에서 믿는 것은 "그리스도와 함께 십자가에 못 박히는 것"이라고 묘사한다.갈2:19 다른 곳에서 바울은 십자가와 그것이 의미하는 부끄러움은 믿음의 삶의 패러다임을 제공하는데 거기서 하나님의 강함이 인간의 약함에 분명하게 나타난다고 주장한다.고전1:18–31 우리의 소명과 관련하여 십자가를 말하는 다른 본문들은 자신의 십자가를 지고 예수를 좇으라는 복음 구절을 포함한다.막8:34–35 참조 히브리서와 베드로전서의 본문은 "성문 밖" 혹은 "진영"에서 치욕을 짊어질 것과 십자가에서 본이 된 예수의 인내를 열심히 흉내 내라고 요구한다.히13:12–13, 12:1–2; 벧전2:18–25 참조 이런저런 방식으로 신약성서의 믿음의 언어는 곧고다 이야기에 대한 빛을 드러낸다.

교회생활에서의 본문

2세기와 3세기의 교회가 얼마나 온전히 신약성서의 "십자가 이야기"를 이어받았는지는 명백하지 않다. 초기 기독교 고고학은 이 기간 동안 십자가가 으뜸가는 상징이 아니었을 수도 있다는 사실을 암시한다. 그러나 4세기부터는 십자가의 경건이 교회생활에서 점차적으로 두드러지게 된다. 원래 중세에 시작된 이 경건의 잘 알려진 두 가지 유형은 수난 연기와 십자가 성로의 기도예수의 고난을 상징하는 14개의 상[像] 앞에서 차례로 하는 기도–역자주이다. 십자가 성로의 기도는 예수의 무덤과 함께 빌라도의 집에서의 유죄 판결과 함께

시작하는 예수의 고난이 일어난 열네 개의 기념상을 포함한다. 예루살렘을 향한 수난 주간 순례자들은 더욱 글자 그대로의 방식으로 이 장소들을 통과할 수 있지만 관례상 이것은 일련의 그림 혹은 조각상으로 끝난다.

본문에 의해 만들어지는 경건의 더욱 친숙한 모습은 성금요일 예배와종종 여러 복음서들에서 발견된 십자가상에서의 예수의 말씀에 근거한 사순절과 다른 시기 동안 불리는 십자가에 관한 수많은 찬송들을 포함한다. 쉽게 떠오르는 제목들은 "예수의 십자가 밑에서", "그리스도의 십자가에 영광 돌리세", "놀라운 십자가를 생각할 때"와 같은 것들이 있다.

그러나 본문이 기독교 역사에 영향을 주었던 모든 방식이 훌륭한 것은 아니었다. 파괴적인 역할을 하는 본문의 한 가지 요소는 예수의 재판의 순간에 이스라엘 백성들이 모여 외쳤던 말이다. **그 사람의 피를 우리와 우리 자손에게 돌리시오.** 자주 이 말씀은 모든 시대의 모든 유대인들에게 적용되는 집단적인 유죄에 대한 진술로 해석되었다. 그래서 저주 받은 백성들로서의 유대인들에 대한 박해를 정당화하는 데 사용되었다. 이것은 분명히 이 본문을 잘못 사용하는 비극적인 예를 보여준다.

마태에게 **우리의 자녀들**이란 예수의 죽음에 대한 책임을 가지는 사람들의 직접적인 후손들을 가리키고, 이들이 초래한 유죄는 A.D. 70년 예루살렘 멸망에서 완전히 심판을 받았다.23:34-39 참조 더욱이 이 말씀들은 교회와 마태 시대의 회당 사이의 적대감이라는 맥락에서 고려되어야만 한다. 각각의 편은 가능한 가장 나쁜 견지에서 다른 편을 묘사하기 마련이다.

우리에게 이스라엘 백성들의 외침이 야기한 결정적인 질문은 누가 예수를 죽였느냐가 아니다. 대신 이것은 우리가 세상의 불의한 폭력적인 행동에 대해 우리들 자신이 공모하고 있는 죄를 어디에서 발견하느냐에 관한 질문이다. 우리가 더욱 충분하게 이 질문을 추구해나간다면, 우리는 유대인들을 저주하는 것에는 관심을 기울이지 않게 될 것이다.[반유대주의, p.434]

마태복음 27:57-28:20

죽음에서 생명으로

사전 검토

마태복음의 마지막 항목은 우리에게 예수의 매장과 부활에 관해 말해준다. 전에 살펴본 바와 같이 매장 에피소드는 두 가지 관점에서 생각할 수 있다. 한편으로, 이 에피소드는 예수의 고난 이야기인 수난 이야기에 대한 결론을 표시한다. 다른 한편으로 이 에피소드는 빈 무덤이라는 새로운 이야기의 기초를 놓는데, 이것은 다음으로 죽음에서 일어난 분을 볼 수 있는 가능성을 암시한다.

매장과 부활 전통들은 이미 마가복음에서 연결되고, 이들은 마태복음에서 더욱 복잡하게 서로 뒤엉킨다. 이것은 아래와 같이 윤곽을 그리는 이 항목의 교차대구 구조에서 분명히 나타난다.France, 1985:402를 보라

a. 예수의 죽음과 매장

b. 지키는 경비병을 세움

c. 빈 무덤과 살아나신 주님

b'. 경비병에 대한 보고

a'. 살아서 통치하는 예수

이 이야기를 구성하고자 마태가 사용한 자료는 형태와 기원에서 다양하다. 마가복음에서 매장과 빈 무덤 이야기의 핵심이 오는데27:57-61과 28:1-10; 막15:42-16:8 참조, 마태는 이것을 몇 가지 관점에서 채택한다. 경비병을 둔 이야기27:62-66와 경비병에 대한 보고28:11-15는 마태 공동체에서 전해지는 구전 전통을 반영한 것으로 보인다. 이 자료와 함께 마태는 예수의 무덤이 비었던 이유에 대한 유대인과 그리스도인 사이의 계속되는 논

쟁에 대한 최근의 가설을 덧붙인다.

28장 16–20절의 마지막 에피소드를 위해, 마태는 부활 이후에 제자들에게 나타난 약간의 예수의 이전 보도에 의존한다. 그러나 이 이전 전통이 구전이었는지 문서였는지는 분명하지 않다.다른 복음서에 나타난 어떤 이야기도 마태복음 기사와 완전히 유사하지 않다 분명한 것은 28장 16–20절이 부활 이야기와 전체적인 마태복음에 대한 결론으로서 기여한다는 점은 분명하다.

개요

제대로 된 매장, 27:57–61

무덤을 지키다, 27:62–66

죽음에서 살아나다, 28:1–10

달갑지 않은 소식, 28:11–15

모든 민족을 제자 삼기, 28:16–20

주석적 해설

제대로 된 매장 27:57–61

1세기에, 사형당한 시체는 우리가 제대로 된 매장이라고 부르는 것을 정상적으로 치룰 수 없었다. 이 시체들은 땅에서 썩도록 내버려두거나 공동 무덤에 던져 넣었다. 그러나 복음서들은 예수가 이 불명예를 당하지 않았다는 사실을 기록한다. 북부 유대 아리마대 출신의 요셉이라는 사람이 빌라도에게 가서 유대의 전통에 따라 해가 지기 전에 예수를 묻을 수 있도록 허락을 받았다. 이 이야기에서 처음 나타나고 있는 요셉은 마가복음에서 예수와 하나님 나라에 대한 예수의 소망을 공유했던 산헤드린의 회원으로 확인된다.막15:43 대신 마태는 예수의 부유한 제자로 요셉을 묘사하기로 하고 이 정보를 생략한다.27:57

이 진술은 우리를 놀라게 하는데, 이는 복음서의 다른 곳에서는 부유한 사람들을 제자가 될 가망성이 거의 없는 것으로 묘사하기 때문이다!19:23 이하 참조 게다가 열두 제자만이 지금까지 이야기에서 제자들로 특징지어졌다. 이 표현이 무엇이든, 요셉은 베다니에서 예수에게 향유를 부었던 여자의 행동에 대한 속편을 제공하면서 **제자처럼** 행동한다.[26:6-13]

부자로서 요셉이 임의로 처분하려고 가지고 있던 무덤은, 아마도 가족 구성원들을 위해 여러 개의 방을 가진, 예루살렘 주변의 바위가 많은 곳에 있는 동굴에 만들어져 있던 많은 무덤들 가운데 하나였을 것이다. 그 무덤은 사용된 적이 없었기 때문에 **새 무덤**이라고 불린다. 벌거벗겨진 채로 묻히는 수치를 피하려고 **깨끗한 삼베**로 싸인 예수의 몸이 누여진 곳은 바로 그 새 무덤이었다. 전형적인 방식에 따라 무덤을 지키고 침입자를 막으려고 입구에 큰 돌을 굴려 놓았다.

매장에 수반되는 어떤 의식도 없었다는 사실에 주목하라. 요셉은 사랑의 행위로서 개인적인 존경심을 담아 이 일을 했다. 그러나 이 일은 아무도 모르게 진행되지 않는다. 예수의 십자가 사건을 목격했던 여자들 가운데 두 사람이 요셉의 매장 역시 목격하고 있다.[55-56,61절 참조] 이 여자들은 밤을 새워 슬퍼했는데 이것이 그들을 시간과 장소에 맞춰 부활의 아침을 맞게 해줄 것이다.[28:1 참조]

무덤을 지키다 27:62-66

본문이 우리에게 에둘러 말하고 있지만, 62-66절과 연관된 에피소드는 안식일[금요일]에 일어난다. 이 에피소드는 사람들이 안식일을 준비한 것이 **다음** 날이라고 말한다.[막 15:42 참조] 이날 발생한 사건들은 57-61절의 매장 이야기에 기반을 둔다. 빌라도가 매장하려는 예수의 시신을 자유롭게 처분할 수 있도록 했기 때문에 유대 지도자들은 빌라도에게 예수가 매장되어 있다는 사실을 확인할 수 있도록 무덤을 지키게 해달라고 요청한다.

NRSV에 따르면, 65절에서 빌라도는 이 목적을[경비병을 사용하도록] 위해 대제사장에게 자신의 경비병을 사용할 수 있게 해준다고 말한다. 그러나 빌라도의 반응은 **'경비병을 두었다'** 로 바뀌어야 마땅하다.[NIV, NRSV 각주] 즉 빌라도는 지도자들의 요구를 수행하려고 자신의 군대에서 부대를 할당한다.[28:14 참조, 이 조치는 병사들이 빌라도에게 보고하는 것을 포함한다] 다음으로 무덤에 큰 돌이 봉인되고 단단한 안전망이 구축되고[단6:17 참조], 경비병들은 여자들과는 매우 다른 의미에서 철야를 한다.

경비병들을 둔 것은 이 이야기에서 최소한 두 가지 목적에 기여한다. 첫째, 이것은 예수의 제자들이 그의 시신을 무덤에서 훔쳐갔다는 후대의 주장에 대한 선제방어를 구축한다.[64절; 28:13-15 참조] 빌라도의 병사들이 무덤을 안전하게 지켰다면, 시신을 도둑질한다는 것은 생각할 수 없다. 둘째, 이 사건은 곧 이어질 일에 대한 극적인 배경을 만들어낸다. 이것은 하나님의 통치가 이들 자신의 통치에 도전하는 것을 막으려는 세상적인 권력의 마지막 저항을 상징한다. 그러나 빌라도조차도 이 시도가 성공하지 못할 것이라는 사실을 암시한다. 빌라도가 종교 지도자들에게 **무덤을 재주껏 지키라**고 한 것은 **그렇게 할 수 있다면 해보라는 것**이었다. 그리고 종교 지도자들은 그렇게 했다. 그러나 예수를 죽음의 손아귀에 붙들고 있을 만큼 충분히 안전하지는 않을 것이다.

죽음에서 살아나다 28:1–10

모든 복음서가 그렇듯이, 마태는 자신의 부활 이야기를 예수의 무덤이 비었다는 사실의 발견을 알리는 것으로 시작한다. 28장 1절 그리스어 본문에서 언급한 시간은 안식일이 끝나는 토요일 늦은 저녁에 발생했다는 것을 **포함할 수**도 있다. 그러나 NRSV가 본문의 의미를 바르게 이해하고 이 시간을 이른 새벽으로 말한 것으로 보인다.[막16:2 참조]

이 이야기의 중심은 무덤에 왔던 여자들이 예수가 살아났다는 메시지를 듣고 부활의 첫 번째 증인이 되었다는 사실이다. 이 이야기의 핵심이 세 공관복음서 모두에서 공통적이지만 이 에피소드에 대한 마태의 설명은 다음과 같은 수많은 특징들을 포함하고 있다.

(1) 전에 예수의 십자가 사건과 매장을 목격했던 두 마리아만이 무덤으로 간다. 더욱이 이들은 예수에게 향유를 바르기 위해서가 아니라[인봉된 무덤에서 그렇게 할 수는 없었다] 단순히 무덤을 보러 간 것이다. 아마 이들은 다시 밤을 새워 통곡하려 했을 것이다.

(2) 마가복음 16장 5절의 흰 옷을 입은 수수께끼 같은 젊은 남자가 이곳에서는 용모가, 이전 탄생과 유아 이야기에서 방문했을 때 언급되었던 모습과 일치하는 **주님의 천사**가 된다.[1:20,24, 2:13,19 참조] 다니엘서에서 온 생생한 이미지로 묘사된[10:6, 7:9–10], 이 하나님의 사자는 자신의 메시지를 전하기 전에 여자들이 보는 앞에서 돌을 굴린다.

(3) 천사의 방문은 강력한 지진을 야기한다. 이전 십자가 사건에서의 지진과 같이[27:51–54 참조], 이번 지진은 옛 질서가 파괴되고 새로운 질서가 동터온다는 것을 확인한다. 지진 자체가 예수를 무덤에서 자유롭게 하는 것이라기보다는 오히려 하나님이 예수를 살리셨다는 표징으로 기여한다.[12:38–40 참조]

(4) 이전 에피소드에서 소개되었던 경비병들은 여자들과 함께 표징 같은 사건들을 목격한다.[어떤 그룹도 부활 자체를 본 것은 아니다] 여자들과 달리, 경비병들은 두려워하고 마음내켜하지 않았다.

(5) 여자들이 무덤을 떠날 때, 이들은 두려움뿐만 아니라 **큰 기쁨**으로 그렇게 한다. 더

욱이 이들은 마가복음의 경우와 마찬가지로 침묵하지 않았고막16:8, 대신 제자들에게 좋은 소식을 전하라는 명령을 수행한다.

(6) 여자들이 제자들을 만나기 전에, 예수 자신이 여자들에게 나타난다.9-10절 사복음서가 예수와 막달라 마리아와의 개인적인 재회를 기록하고 있지만요20:1-18 마태만이 이 출현을 기록한다. 이 이야기에 대한 이 부가의 결말은 이 여자들이 예수가 살아났다는 것을 들은 첫 번째 사람들이라는 사실 뿐만 아니라 살아나신 주님을 **본** 첫 번째 사람이라는 것을 말해준다.

간단하지만, 여자들에게 나타난 예수의 출현에 대한 기록은 몇 가지 중요한 요점들을 지적한다.Meier, 1980:364 참조 첫째, 예수의 부활은 육체적 차원을 가진다. 여자들은 예수의 발을 만질 수 있었다. 두 번째, 부활은 예수와 그의 제자들의 가족 관계를 새롭게 한다. 예수는 자신의 형제들과의 재회에 대해 말한다. 세 번째, 갈릴리는 이 재회가 다시 일어날 장소로 거명된다.28:16-20, 26:32 참조 마지막으로 우리를 자신의 자매와 형제들로 불러주는 분 역시 주님이다. 그는 여자들과 만나 인사를 건넸을 때 그들이 경배한 분이다.

달갑지 않은 소식 28:11-15

여자들이 좋은 소식을 예수의 제자들에게 전하려고 달려온 반면, 병사들은 대제사장에게 보고하려고 무덤을 떠난다. 병사들의 경우 무덤에서 나타난 이 징표들을 보고하게 한 것은 기쁘거나 믿기 때문이 아니었다. 대신 여전히 그릇된 계획을 더 촉진하려는 것이었다. 12-14절에서 묘사된 산헤드린 공의회는 예수의 죽음을 모의했던 유대 지도자들의 모임26:3-5과 예수 탄생에 관한 헤롯과 종교지도자들의 걱정스러운 모임2:3-4을 떠올리게 한다. 지도자들이 진실을 거짓 이야기로 감추려고 병사들을 매수할 때 다시 한 번 이 음모에서 돈이 중요한 역할을 한다.

대제사장이 작성한 대본은 특별히 독창적이지 않다. 결국 기적이든 도둑질이든, 자고 있던 병사들이 무엇을 볼 수 있었겠는가? 지키는 의무를 다하지 못한 것이 가장 중요한 죄였다면행12:19 참조, 공의회가 어떻게 총독을 **만족시킬 수** 있었겠는가? 마태의 견지에서, 이 대본의 모순은 단지 부활을 부인하는 사람들의 거짓 증언의 배경으로서 기여할 뿐이다.

이 에피소드의 마지막 질은 우리에게 부활에 관한 그의 이야기에서 경비병들에 관한 자료를 포함시켰던 이유를 말한다. 저스틴 마터가 **유대인 트리포와의 대화**에서 확인하듯이, 기독교의 빈 무덤 이야기에 대한 초기 유대인들의 대응 가운데 하나는 제자들이 예수의 시신을 훔쳤고 예수가 죽음에서 살아났다고 주장했다는 것이었다. 우리는 위에서 경비병들이 이 주장을 먼저 하려고 시도하게 된 배경 이야기에 주목한 바 있다. 하지만 로마 병사들의 존재는 도둑질을 불가능한 것으로 만든다.

그러나 무덤을 지키고 있었다면 다음과 같은 새로운 질문이 제기된다. 예수의 시신을 도둑맞았다는 소문은 어떻게 시작되었는가? 본문이 28장 11-15절에서 병사들의 뇌물 수수로 대답한 것이 바로 이 질문이다. 이 자료의 역사성에 대한 우리의 판단이 무엇이든, 분명하게 이것은 극적인 진술로서 효과적이다. 뇌물을 받은 병사들의 거짓 증언은 두 여자의 기쁨에 넘치는 증언과 날카롭게 대조된다.

모든 민족을 제자 삼기 28:16-20

갈릴리에서 예수가 제자들과 다시 만날 것이라는 약속은 마태가 자신의 복음을 결론짓는 에피소드이다. 이 배경을 묘사하려고 잠시 망설인 후에, 마태는 18-20절의 살아나신 예수의 충만한 말씀으로 재빨리 이동한다. 이 말씀은 세 가지 특징적인 진술로 구성된다. 즉, 권위의 선포18절, 위임의 공식19-20a절, 보증의 말씀20b절이 그것이다.

마태의 이야기의 형식을 정의하려는 시도에서, 학자들은 이것을 구약성서의 소명과 위임 이야기출3 참조와 성서의 하나님의 말씀의 어떤 모범창46:3-4 참조에 대한 즉위 본문빌2:5-11; 단7:13-14 참조으로 비유한다. 인용된 병행기사들 가운데 어떤 것들은 매우 이목을 끈다.아래 해설을 보라 그러나 제시된 견본들 가운데 어떤 것도 우리가 본문에서 발견하는 것과 완전히 일치하지는 않는다. 보증의 말씀은 예수의 부활이 어떻게 이스라엘 이야기에서 하나님의 행위에 맞게 변화하고 하나님의 행위를 성취하는지를 보여주는, 수많은 구약성서 전통을 자유롭게 이용한 부활 이야기로서 가장 잘 받아들여진다.

16-17절 이야기는 우리에게 복음이 시작되었던 갈릴리에서 복음이 끝난다는 것을 말해준다.4:12-16, 2:19-23 참조 그러나 예수와 제자들은 단순히 집으로 돌아온 것이 아니다. 갈릴리는 이제 곧 제자들이 파송될 더 많은 민족들의 가정19절인 이방인들4:15-16을 위한 소망의 전조가 된다.

유다가 죽었기 때문에 예수를 만나려고 특별하지만 이름이 알려지지 않은 산으로 온 사람들은 단지 **열한 제자**이다. 이 장소는 유혹 이야기의 산4:8-10, 첫 번째 담화를 했던 산5:1 이하, 변화산17:1-8과 같은 이전 이야기에서의 산봉우리를 생각나게 한다. 이런 산들과 같이 이 산은 종말의 하나님 백성을 모으고 가르치는 예수의 권위를 의미한다.18절; 5:1의 산에 관한 해설 참조 마침내 재회의 순간이 이루어질 때, 이 경험은 두 가지 반응을 일깨운다. 예수 탄생 때 동방박사들이 그랬듯이2:11, 제자들은 예수에게 경배를 드린다. 그러나 이들이 경배할 때조차도 어떤 제자들은 복음서 전체를 통해 제자들을 특징지었던 동일한 망설임과 적은 믿음을 가지고 경배를 드린다. 제자들은 **의심한다.**14:28-33, 17:20-21 참조 이것은 이어지는 절에서 이들의 소명을 강화하려는 예수의 안심시키는 **말씀**을 필요로 한다.

18절의 권위의 선포는 두 개의 구약성서 구절을 상기시키는 어법의 틀을 잡는다. 히브리 성서의 마지막 책의 마지막 구절에서, 페르시아 왕 고레스는 "주 하늘의 하나님께서 나에게 이 땅 위의 모든 나라를 주셔서 다스리게 하시고"대하36:23라고 선포한다. 두 번째 구절은 다니엘의 환상에서 발견되는데, 그곳에서 하나님의 보좌 앞에 인간의 모습으로 나타나 "그에게 권세와 영광과 나라를 주셔서, 민족과 언어가 다른 뭇 백성이 그를 경배하게 하셨다."고 말한다.단7:14 이 본문들이 말하는 이 우주적인 권위는 하나님이 예수를 죽음에서 살리심으로 그에게 부여하신 권위이다.

이 이야기 이전에, 사탄은 예수에게 그런 권위를 약속함으로써 예수를 유혹할 방법을 찾았다. 이제 예수는 자신이 종말에 행사하게 될 통치의 맛보기로 하나님의 뜻에 따른 그 권위를 가지게 된다.19:28, 25:31 이하 참조 이 **권위**를 가지고 예수는 이어지는 위임을 말할 수 있는 지위에 있게 된다.

19-20a절의 **대위임령**은 10장에서 발견되었던 사명을 위한 훈령을 확장한다. 그곳에서 예수는 제자들에게 그들의 사역을 이스라엘에 제한하라고 명령했다. 이제 그 제한은 사라진다. 예수가 약속한 교회가 **모든 민족**으로 구성된 보편적인 공동체로 세워지는 것은 하나님의 계획이다. 대위임령의 그리스어 본문의 주요 동사는 '마테튀오mathēteuō' 인데, 이는 **제자를 삼는 것**이다. 예수는 그때까지 남아있던 열한 제자에게 다른 사람들이 예수를 따르는 제자들에 합류하게 초대할 수 있도록 사회의 범위를 확장하라고 가르친다.

본문의 나머지 세 동사들은 이 주요 동사에 연결된 분사이다. 이 구조를 고려하여 우리는 19-20a절을 다음과 같이 바꾸어 말할 수 있다. **너희가 갈 때 제자가 되려는 모든 곳의 사람들을 불러라. 이것은 세례를 준 그들이 하나님의 공동체에 포함되고 이들에게 자신의 삶에서 나의 가르침을 구현하게 하고자 소환하는 것이다.** 연합의 의식인 세례가 삼위일체 용어 안에서 묘사된다는 것에 주목하라. 우리는 성부, 성자, 성령이신 하나님의 이름으로 세례를 받는다.그리고 세례를 받음으로 하나님에 대한 새로운 충성 안으로 들어오게 된다

자신의 사역을 추구할 때 제자들은 예수가 20b절에서 하신 **"내가 항상 너희와 함께 있**

을 것이다."라는 보증을 가지고 그렇게 한다. 이것은 하나님이 창세기 46장 3-4절에서 야곱에게, 출애굽기 3장 12절에서 모세에게, 이사야서 43장 1-7절에서 유배된 자들에게 주었던 약속이다. 이것을 다르게 표현하면 복음서의 처음부터 하나님이 '우리와 함께 하신다' 라고 불리는 분이 계속해서 자신의 공동체에서 그렇게 하실 것이라는 약속이다.[28:20b과 1:23이 이처럼 문학의 인클루지오를 형성하는 방식에 주목하라] 이전에 예수는 이들이 자신의 이름으로 모일 때 이들과 함께 할 것이라는 사실을 나타냈다.[18:20] 이곳에서 예수는 지금 숨겨진 자신의 존재가 영광 가운데 나타나는 날이 밝아올 때까지 우리가 갈 때도 역시 함께 할 것이라는 사실을 보증한다.

성서적 맥락에서의 본문

고린도에 있는 가정 교회들에게 한 편지에서, 사도 바울은 "나도 전해 받은 중요한 것을 여러분에게 전해 드렸습니다. 그것은 곧, 그리스도께서 성경대로 우리 죄를 위하여 죽으셨다는 것과, 무덤에 묻히셨다는 것과, 성경대로 사흗날에 살아나셨다는 것과, 게바에게 나타나시고 다음에 열두 제자에게 나타나셨다고 하는 것입니다."[15:3-5]라고 쓰고 있다.

바울이 인용한 믿음의 요약은 예수의 부활이 결코 주변적인 문제가 아니라는 점을 분명하게 해준다. 예수의 부활은 초기 교회 선포의 핵심이다. 예수의 부활은 예수의 사역의 정당성을 입증하고 그의 주권을 세운다.[롬1:4; 행2:32-36] 예수의 부활은 모든 창조에 대한 하나님의 변형의 첫 열매인데[고전15:20-28], 우리 자신도 하나님의 영을 통해 거기에 참여하기 시작한다.[롬8:11; 고후5:17; 골2:12] 더욱이, 예수의 부활은 우리에게 우리도 부활할 것이고 따라서 고난에서 우리를 격려하는 소망의 이유를 준다.[벧전1:3-9]

빈 무덤과 예수의 출현에 관한 복음서 이야기들은 이 부활의 믿음이 시작되었던 이야기라는 방식으로 우리에게 말한다. 이 이야기들은 초기 교회에서, 실패한 것으로 보이는 성금요일의 절망에서 부활의 확신으로 그리스도인들을 어떻게 그토록 확신하게 만들었는지를 묘사한다. 많은 독자들이 당황하는 것에 대해 이 이야기들은 다음과 같은 수많은 질문들에 대한 호기심들을 남기면서 매우 상세하게 의견을 달리한다.[막16:1-8; 마28:1-20; 눅24; 요20:1-21:23 참조] 몇 명의 여자가 무덤에 갔고 이들은 정확히 무엇을 발견했는가? 여자들은 제자들에게 보고를 했는가 하지 않았는가? 예수는 누구에게 가장 먼저 나타났는가? 그리고 예수의 제자들과의 재회는 갈릴리에서 이루어졌는가 아니면 예루살렘에서 있었는가? 이런 다양한 변수에도 불구하고 복음서 이야기들은 예수의 이야기가 그의 죽음과 함께 끝났다고 말하지 않는다. 대신 부활한 예수는 자신이 이스라엘에서 개시했던 사역을 계속해서 수행하고 있다.

이처럼 예수의 출현 이야기들은 마태복음 28장 18–20절과 같은 위임 에피소드를 포함하는데 거기서 제자들은 사역을 위한 새로워지거나 확장된 명령을 받는다. 누가복음이 끝났을 때 사도행전은 우리가 마태복음에서 발견하는 보편성의 주제를 되풀이하는 위임의 장면으로 시작한다. "그러나 성령이 너희에게 내리시면, 너희는 능력을 받고, 예루살렘과 온 유대와 사마리아에서, 그리고 마침내 땅 끝에까지 이르러 내 증인이 될 것이다."행1:8; 눅24:46–49 참조

요한복음에서, 이 위임의 진술은 간단하지만요20:21–23 요한복음 17장에서 예수의 대제사장적 기도에서 발견되었던 세상에 대한 교회의 사명의 더 많은 진술들이 나타난다. 특별히 요17:18을 보라 마지막으로, 예수가 늦게 자신에게 나타났던 것과 관련하여 다음과 같은 바울의 자서전적인 증언이 있다. 그 아들을 이방 사람에게 전하게 하시려고, 그를 나에게 기꺼이 나타내 보이셨습니다.갈1:16; 고전15:8–11; 행26:12–18 참조

이 위임의 진술들은 이 점에서 꼼꼼하게, 부활 이야기를 세상에 대한 사역으로 말하면서 더 큰 성서 이야기를 통해 움직이도록 선택하고 주제로 초점을 맞춘다. 하나님이 한 백성을 자신을 대신하게 하려 선택했지만, 하나님의 궁극적인 관심은 세상의 모든 민족에게 있다. 우리는 요나의 짧은 이야기에서 이 메시지를 듣는다. 이 메시지는 마음 내켜하지 않는 예언자의 지평을 넓히고 니느웨라는 이방 도시에서 대중에게 복음을 전하도록 그에게 확신을 주려고 하나님의 편에서의 노력인 큰 물고기를 택한다.

우리는 하나님이 그들의 사역에 관하여 유배된 공동체에게 다음과 같이 말할 때 같은 메시지를 듣게 된다. "네가 내 종이 되어서, 야곱의 지파들을 일으키고 이스라엘 가운데 살아 남은 자들을 돌아오게 하는 것은, 네게 오히려 가벼운 일이다. 땅 끝까지 나의 구원이 미치게 하려고, 내가 너를 '뭇 민족의 빛' 으로 삼았다."사49:6 그러나 사실 우리는 하나님이 아브라함에 대한 약속을 선포하는 이스라엘의 이야기 처음부터 이 메시지를 듣게 된다. "내가 너로 큰 민족이 되게 하고, 너에게 복을 주어서, 네가 크게 이름을 떨치게 하겠다. 너는 복의 근원이 될 것이다. 너를 축복하는 사람에게는 내가 복을 베풀고, 너를 저주하는 사람에게는 내가 저주를 내릴 것이다. 땅에 사는 모든 민족이 너로 말미암아 복을 받을 것이다."창12:2–3 예수가 대위임령에서 자신의 제자들에게 위임한 것은 바로 이 보편적인 소명이다.

교회생활에서의 본문

마태복음 28장 1-11절의 무덤에서 전개되는 드라마는 강력한 방식으로 기독교 예배를 형성했다. 부활의 아침에 다가온 기쁨의 절정은 정통 교회의 철야 의식에서 보다 이것이 더 분명하게 나타나는 곳은 없다. 보다 적은 규모로, 부활의 해돋이 예배는 본문 이야기를 재현하는 시도로서 우리들 가운데 많은 사람들에게 친숙하다. 우리는 무덤을 봉인하려는 세상의 권세가 헛된 시도라는 노래를 부르고, 주님의 천사가 한 "그리스도 주께서 오늘 살아나셨다!"라는 선포에 참여한다. 우리는 교회력에서 부활절을 중심에 놓고, 우리 역시 좋은 소식을 첫 번째로 전했던 사람들과 함께 하는 부활의 공동체임을 확인한다.

그러나 그때와 마찬가지로 지금도 부활의 이야기는 다양한 반응을 일으킨다. 어떤 사람들에게, 부활 이야기를 다시 하는 것은 똑같은 회의의 혼용과 본문에서 제자들에 대해 묘사했던 두려움을 이끌어낼지도 모른다. 예수는 정말로 이상하고 예상치 못한 방식으로 이들의 경험을 깨뜨리며 그의 제자들에게 나타났는가? 아니면 제자들이 단지 자신들의 비전의 화면에 자신들의 바람을 투사하여 "그것을 보았던" 것인가? 이 이야기가 전하는 놀람의 요소들은 부활의 믿음이 하나님의 선물이고 인간의 투사가 아니라는 신약성서의 증언을 지지하는가? 그럼에도, 빈 무덤과 예수의 출현 이야기들은 우리에게 증거라기보다는 표징을 제공한다. 이 이야기들은 우리를 믿음과 그에 따른 우리를 위한 부활의 실재를 발견하라고 초대한다. 그러나 이 이야기들이 믿음을 강요할 수는 없다.

믿었던 사람들에게 20장 19-20a절의 대위임령은 영향력 있는 본문임을 입증한다. 첫 번째, 대위임령은 교회의 신학과 세례의 실천에 대해 중요하게 공헌했다. 살아나신 주님이 명령한 세례에 기반을 둠으로써, 대위임령은 이 의식을 예수 공동체에 없어서는 안 되는 의식으로 만들었다. 삼위일체 어법으로 이 명령을 구성함으로써 대위임령은 단지 예수의 이름으로 행했던 이전의 세례를 능가하는 삼면 장치의 세례의 행동 유형을 거들었다.[행2:38 참조] 그리고 세례를 제자도와 연결함으로써 대위임령은 아나뱁티스트와 신자들의 세례를 주장하는 이후의 그룹들을 위한 토대를 제공했다.

두 번째, 대위임령과 연관된 본문들은 교회가 자신을 **선교 공동체**로서 이해하도록 추진했다. 19세기와 20세기의 위대한 선교 운동이 그랬던 것처럼 예수회, 아나뱁티스트, 경건주의자들 모두 본문에서 자신들의 출발 신호를 발견했다. 확실히 대위임령의 이름으로 이루어지는 모든 것이 감탄을 자아내는 것은 아니다. 때때로 선교 계획은 모두 어떤 한 국가 혹은 다른 국가의 식민지에 대한 야망이 너무도 밀접하게 연결되어 있었다.

마태복음은 다른 방향에서 우리를 지적한다. 나라들을 제자 삼는 것은 지배와 의존의 문제가 아니고, 또한 한 민족에게 다른 자신의 문화를 강요하는 것도 아니다. 대신 제자 삼기는 부활하신 주님의 능력을 통해 우리가 즐기기 시작했던 하나님의 통치 안에 있는 약속된 생명을 스스로 발견하여 요구하도록 세상을 초대하는 것에 관한 문제이다. 이런 방식으로 이해할 때에만, 대위임령은 계속해서 우리에게 위임될 것이다.

마태복음 개요

1부 / 예수의 기원과 소명

예수의 가계 역사	**1:1–17**
머리말	1:1
아브라함에서 다윗까지	1:2–6a
다윗에서 포로기까지	1:6b–11
포로기에서 예수까지	1:12–16
요약	1:17
예수의 탄생과 유년기	**1:18–2:23**
성령으로 예언된 아이	1:18–25
요셉의 딜레마	1:18–19
천사의 메시지	1:20–21
예언의 뒷받침	1:22–23
요셉의 반응	1:24–25
왕으로 환영을 받은 아이	2:1–12
동방 박사들이 새 왕을 찾다	2:1–2
헤롯이 자신의 자문가들과 협의하다	2:3–6
헤롯이 동방 박사들과 협의하다	2:7–8
동방 박사들이 새 왕을 발견하다	2:9–12
파멸에서 구원 받은 아이	2:13–23
이집트로의 피신	2:13–15
베들레헴의 대량학살	2:16–18

이스라엘로의 귀향 2:19-23

예수의 사역을 위한 준비 3:1-4:16

선구자로서 요한의 사역 3:1-12

광야에서의 요한의 사역 3:1-6

요한의 회개하라는 외침 3:7-10

위대한 "침례자"인 요한의 약속 3:11-12

요한에게 받은 예수의 침례 3:13-17

적절한 행동 3:13-15

선택된 아들 3:16-17

광야에서의 예수의 시험 4:1-11

광야로 4:1-2

우선권에 대한 시험 4:3-4

확신에 대한 시험 4:5-7

충성에 대한 시험 4:8-10

마침내 끝나다 4:11

예수의 갈릴리로의 귀환 4:12-16

바닷가에 있는 가버나움 4:12-13

이방 사람들의 갈릴리 4:14-16

2부 / 예수의 메시아 활동

예수가 자신의 사명을 시작하다 4:17-25

예수의 하나님 나라 선포 4:17

예수의 제자도로의 초대 4:18-22

예수의 말씀 사역과 행동 4:23-25

예수가 권위로 가르치다 5:1-7:29

하나님 나라의 상속자 5:1-16

예수와 그의 청중 5:1-2

행복한 신실한 자들 5:3-12

약속과 필요	5:3–6
약속과 의	5:7–10
약속과 박해	5:11–12
가시적 공동체	5:13–16
더 위대한 의	5:17–48
성취하러 온 예수	5:17–20
더 큰 의를 구한 예수	5:21–48
평화를 만드는 사랑	5:21–26
경계를 존중하는 사랑	5:27–39
헌신을 유지하는 사랑	5:31–32
진리를 말하는 사랑	5:33–37
악을 이기는 사랑	5:38–42
모든 것을 포괄하는 사랑	5:43–48
참된 경건과 거짓	6:1–18
공적 혹은 개인적 경건	6:1
자선 행위의 실천	6:2–4
기도의 실천	6:5–15
기도의 방법	6:5–6
기도의 언어	6:7–13
용서와 기도	6:14–15
금식의 실천	6:16–18
집중된 삶 마태복음	6:19–7:12
하나님을 당신의 초점이 되게 하라	6:19–24
하나님의 선하심을 신뢰하라	6:25–34
다른 이들의 허물에 초점을 맞추지 말라	7:1–6
하나님의 선하심을 신뢰하며 기도하라	7:7–11
요약한 하나님의 뜻	7:12
결정적인 선택	7:13–29
두 개의 길	7:13–14
그들의 열매로 알리라	7:16–20

나는 너희를 도무지 알지 못한다	7:21–23
두 집에 대한 이야기	7:24–27
권위를 가진 분	7:28–29
예수가 권위로 행하시다	**8:1–9:34**
전능한 사역들, 주기 1	8:1–17
부정에서 완전으로	8:1–4
이방인을 위한 치유	8:5–13
그가 우리의 질병을 짊어지시다	8:14–17
예수 따르기, 막간 1	8:18–22
집이라 부를 수 있는 장소가 없다	8:18–20
모든 다른 곳을 버리기	8:21–22
전능한 사역들, 주기 2	8:23–9:8
폭풍우를 능가하는 권위	8:23–27
마귀를 능가하는 권위	8:28–34
죄를 용서하는 권위	9:1–8
예수 따르기, 막간 2	9:9–17
공적인 부르심	9:9
식탁의 은혜	9:10–13
새로운 것을 위한 새로운 부름	9:14–17
전능한 사역들, 주기 3	9:18–34
이중의 구원	9:18–26
믿음과 본다는 것	9:27–31
처음 보는 일	9:32–34
예수가 그의 제자들을 임명하다	**9:35–10:42**
추수할 일꾼들	9:35–10:4
추수할 일꾼	9:35–38
채워진 자리	10:1–4
열둘의 사역	10:5–15

3부 / 이스라엘 예수에 응답하다

비유 속의 많은 것들	**13:1–52**
하늘 나라의 비밀	13:1–35
씨와 땅	13:1–9
듣기와 이해하기	13:18–23
네 종류의 청중	13:10–17
하늘 나라가 오는 방식	13:24–33
숨겨둔 지혜를 알게 하다	13:34–35
제자들과 하늘 나라	13:36–52
내부자들을 위한 해설	13:36–43
하나님의 통치에 열중하다	13:44–50
하늘 나라를 위한 율법학자	13:51–52
믿음과 불신, 2부	**13:53–16:20**
환영받지 못하는 예언자	13:53–14:12
자신의 교향에서의 예수	13:53–58
헤롯의 법정의 요한	14:1–12
자비와 위엄	14:13–36
궁핍한 큰 무리	14:13–14
배고픔과 먹을 것	14:15–21
바다에서의 구원	14:22–33
모든 사람이 나왔다	14:34–36
누가 정말로 더렵혀졌는가?	15:1–20
성서와 전통	15:1–9
더럽게 하는 것들	15:10–20
무한한 긍휼	15:21–39
가나안인을 위한 부스러기	15:21–28
산 위에서의 자비	15:29–31
광야의 음식	15:32–39
참 이스라엘	16:1–20
남은 또 다른 시험	16:1–4

4부 / 예수의 마지막 여행

갈릴리에서 유대까지	19:1–2
둘이 한 몸이 될 때	19:3–9
독신으로 부름 받은 사람들	19:10–12
어린이들을 오게 하라	19:13–15
주는 것과 얻는 것	19:16–20:16
대가가 너무 큰가?	19:16–22
측정이 불가능한 보상	19:23–30
하나님의 선하심	20:1–16
지위인가 섬김인가?	20:17–34
고난으로 가는 길	20:17–19
종의 길	20:20–28
보게 된 선물	20:29–34

5부 / 예루살렘의 예수

충돌과 대결	21:1–23:39
다윗의 도시의 다윗의 아들	21:1–17
왕의 행렬	21:1–11
하나님의 집을 정화하기	21:12–17
거절의 이야기들	21:18–22:14
열매 없는 나무	21:18–22
무슨 권한으로?	21:23–27
하나님에게 '아니요' 라고 말하는 것	21:28–32
열매 없는 포도원	21:33–46
누가 하나님의 식탁에서 먹게 될 것인가?	22:1–14
유대 지도자들과의 논쟁	22:15–46
황제의 것 아니면 하나님의 것?	22:15–22
살아 있는 사람의 하나님	22:23–33
가장 큰 계명	23:34 40
메시아는 어떻게 오나?	22:41–46
쓰라린 공적 작별 마태복음	23:1–39

이것은 내 몸이다	26:26-29
오늘 밤에 너희는 모두 나를 버릴 것이다	26:30-35
아버지의 뜻대로 해주십시오	26:36-46

시험의 시간에 26:47-27:10

배반의 입맞춤	26:47-56
비난 받는 신실함	26:57-68
강압 하의 부인	26:69-75
죽이기로 한 결의	27:1-2
배반의 결과	27:3-10

십자가에 못 박힌 왕 27:11-56

내가 예수를 어떻게 하랴?	27:11-26
환호하라, 유대인의 왕	27:27-31
십자가에 달린 그리스도	27:32-44
참으로 이분은 하나님의 아들이셨다	27:45-54
끝까지 신실한	27:55-56

죽음에서 생명으로 27:57-28:20

제대로 된 매장	27:57-61
무덤을 지키다	27:62-66
죽음에서 살아나다	28:1-10
달갑지 않은 소식	28:11-15
모든 민족을 제자 삼기	28:16-20

에세이

약어/인용 성서의 책들과 더불어 대부분의 독자들에게 익숙한 수많은 고대의 본문들에서의 약어들이 해설에 인용된다. 아래는 해설에 인용된 다른 약어들뿐만 아니라 이 인용들에 대한 열쇠이다. 대부분 항목별로 번호를 매긴 후, 이어지는 작품의 범주들 가운데 하나를 가리키면서 괄호 안에 나타난다.

1=구약성서 외경

2=유대 위서

3=사해 문서

4=미슈나에서 온 랍비 문서

5=탈무드에서 온 랍비 문서

6=랍비의 미드라쉬

7=초기 기독교 작품

유대 문학의 다양한 범주들에 관한 더 깊은 정보를 위해 해설, "유대 작품들"을 보라

Aboth — 아봇 혹은 피르케 아봇 (4)
Acts of Thomas — 도마행전 (7)
Ass. Mos. — 가정 혹은 모세의 유언 (2)
Bam. — 바나바의 편지 (7)
2 Bar. — 제2의 혹은 시리아의 바룩의 묵시 (2)
Ber. — 축복(Berakoth) (4)
bBer. — 축복(Berakoth) (5)
bShab. — 안식일 (5)
CD — 다마스쿠스문서 (3)
1 Clem. — 클레멘트1서 (7)

Did.	디다케 혹은 열두 사도의 가르침 (7)
1 Enoch	에녹1서 혹은 에티오피아의 에녹의 묵시 (2)
2 Enoch	에녹2서 혹은 슬라보니아의 에녹의 묵시 (2)
2 Esd.	에스드라2서 (1)
Exod. R.	출애굽 라바(구원) (6)
G. Eb.	에비온파의 복음 (7)
G. Naz.	나사렛파의 복음 (7)
G. Thom.	도마복음 (7)
GNB	복음 성서
JB	예루살렘 성서
Jub.	희년서 (2)
Kalla	칼라서 (6)
KJV	킹 제임스 혹은 흠정역
Lev. R.	레위기 라바 (6)
L Adam	아담과 이브의 삶 (2)
LXX	70인 역 그리스어 성서
1 Macc.	마카비1서 (1)
2 Macc.	마카비2서 (1)
4 Macc.	마카비4서 (1/2)
Mek. Exod.	출애굽기에 관한 메킬타 (6)
Midr.	미드라쉬 (6)
NAB	New American Bible
NASB	New American Standard Bible
NEB	New English Bible
NIV	New International Version
NJB	New Jerusalem Bible
NKJV	New King James Version
NRSV	New Revised Standard Version
NT	신약성서
Num. R.	민수기 라바 (6)
OT	구약성서
Pesah.	유월절 (4)
Ps. Sol.	솔로몬의 시편 (2)
1QH	감사의 찬송 혹은 찬송 문서 (3)
1QM	전쟁 문서 (3)
1 QpHab	하박국 해설 (3)

1QS	제자 소책자 (3)
1 QSa	회중의 규칙 (3)
REB	Revised English Bible
RSV	Revised Standard Version
Sanh.	산헤드린 (4)
Shab.	안식일 (4)
Shek.	세겔 (4)
Sib. Ora.	신탁 (2)
Sir.	시락서 혹은 집회서 (1)
Sota	간음죄
T. Abr.	아브라함의 언약 (2)
T. Asher	열두 족장의 언약, 아셀 (2)
T. Iss.	열두 족장의 언약, 잇사갈 (2)
T. Jos.	열두 족장의 언약, 요셉 (2)
T. Jud.	열두 족장의 언약, 유다 (2)
T. Levi	열두 족장의 언약, 레위 (2)
T. Zeb.	열두 족장의 언약, 스불론 (2)
TBC	성서적 맥락에서의 본문
TLC	교회생활에서의 본문
Tob.	토비트서 (1)
Wisd. of Sol.	솔로몬의 지혜서 (1)
Yoma	요마 (4)
Yoma Bar.	요마 바라이타 (5)

반유대주의 반유대주의는 민족적, 사회문화적, 혹은 종교적으로 일치하든지 일치하지 않든지 유대인들을 향한 적대감을 가리키는 전문적 용어이다. 고대 그리스 로마 사회에 이미 널리 퍼져있던 반유대주의는 되풀이 하여 발생되었고 종종 기독교 시대 전체를 통해 폭력적인 현상을 낳기도 했다. 현대에서 반유대주의가 가장 충격적으로 표현된 것은 대학살 혹은 유대인 대학살이었다. 그때 수백만 명의 유대인들이 히틀러의 제삼제국의 정책의 결과로 희생되었다. 반유대주의는 더욱 미묘한 형태로 많은 그리스도인들이 유대인 공동체에 대하여 느끼고 생각하는 방식에 계속해서 영향을 미치고 있다.

어떤 비평가에 따르면, 신약성서 자체가 유대 지도자들과 유대교를 묘사하는 방식으로 반유대주의를 조장한다. 요한복음과 더불어, 마태의 복음은 종종 특히 까다롭다고 지목된다. 위선자, 독사의 자식, 눈먼 인도자와 같은 모멸적인 어구를 포함하여 거친 어법이 유대 지도자들의 대한 언급에서 넘쳐난다.[15:6, 23:13-28 참조] 같은 지도자들이 하나님의 종들을 살해한 피 묻은 유산을 범한 것에 대해 고발당한다.[23:29-36] 마태복음의 줄거리가 발전함에 따라, 이스라엘에 대한 묘사는 불신앙의 공동체가 된다. 절정은 무리가 예수의 피를 자기들과 자기 자손들에게 돌리라고 외치는 예수의 재판에서 이루어진다.[27:25] 마태복음에 따르면 그 결과는 하나님이 이스라엘의 거룩한 집을 버리고[23:38] 이스라엘에서 그 나라를 빼앗는 것이다.[21:43]

이런 자료가 반 유대인 감정을 유발하는 잠재력을 가진다는 점은 분명하다. 그러나 정말로 마태복음이 반유대주의라는 의세를 추구하는가? 다음 몇몇 고려 점들이 우 리에게 아니라고 말할 것을 촉구한다. (1) 마태는 이스라엘에 대한 하나님의 약속의 성취로서 자신이 하는 이야기를 이스라엘 이야기에 대한 부정으로 보지 않는다. (2) 마태는 이스라엘의 메시아로 추종하고 이스라엘의 율법으로 복종하는 것으로 예수에 대해 반응하는 새로운 공동체를 묘사한다. (3) 복음에 널리 스며들어 있는 유대주의에 대한 비판은 원래 종교적 제도에 관한 비평이지 민족 집단에 대한 비판이 아니다. (4) 마태는 외부의 편견을 가진 자로서가 아니라 유대 전통 안에 있는 사람의 고통과 비감을 반영하며 유대 그리스도인으로서 유대주의와의 논쟁을 수행한다. (5) 마태는 자신이 어떤 종교적인 우월성을 가지고 주장하려는 낙담시키려는 어떤 시도가 아니라. 교회에도 역시 적용하는 기준으로 이스라엘을 판단한다는 것을 지도자들에게 알게 한다.

이 모든 말들에게 불구하고 마태복음 본문의 무차별적인 사용은 유대주의에 관한 왜곡된 견해로 이끌 수 있고 고의가 아니더라도 반유대주의에 일조할 수 있다. 설교자들과 교사들이 어떻게 이를 막을 수 있을까? 다른 것들 가운데서, 우리는 유대주의에 대한 그의 묘사로 채색된 마태 시대의 교회와 회당 사이의 충돌하는 방식에 계속해서 주의를 환기시킬 수 있다. 게다가, 우리는 유대의 전통을 중요하고 건설적인 것으로 보아 유대주의를 부정적인 시각에서 묘사하는 본문들을 상쇄하는 고대와 현대의 자료들을 중용할 수 있다. 더욱이 우리는 마태복음의 지도자들과 전통에 대한 비평을 어떤 한 민족을 비방하는 수단이라기보다는 우리 자신을 포함하는, 모든 종교적인 제도에 적용하는 일반적인 비평으로 사용할 수 있다. 마지막으로, 우리는 하나님이 정말로 우리 자신의 역사뿐만 아니라 이들의 역사를 통해서도 일하신다는 사실을 발견할지도 모르는 유대인 형제와 자매들과의 대화에 참여할 수 있다.[좀 더 심도 있는 해설을 위해, 21:18-22:14에 관한 TBC와 TLC; 23:1-39에 관한 TLC; 그리고 27:11-56에 관한 TLC 참조]

묵시론 묵시론은 하나님이 현재의 악한 세대를 끝내고 새로운 세대를 열고자 개입하시는 방법을 밝히는 것그리스어: apokaluptō을 의미하는 작품이다. 연관된 형용사 '아포칼립틱apocalyptic' 은 이 같은 문학 혹은 이 같은 문학의 역사와 종말론적 특징에 관한 생각의 방식, 혹은 이 사고의 방식을 받아들이는 그룹이나 운동을 가리키는 것으로 사용될 수 있다. 묵시적 사고와 묵시 본문에 대한 심도 있는 논의를 위해 24장 1-35절의 TBC와 TLC를 보라.

외경 유대 작품들에 관한 용어해설을 보라

교차대구법 마태, 문학적 특징들을 보라

그리스도/기독론 그리스도라는 말은 기름 부음을 받은 자라는 의미의 그리스어 '크리스토스Christos' 에서 왔다. 신약성서 시대의 문헌에서, '크리스토스Christos' 는 보통 이스라엘을 속박에서 구원하고 힘과 정의로 통치할 수 있는 다윗과 같은 기름 부은 통치자인, 메시아히브리어: Mašia를 지시한다. '크리스토스Christos' 가 복음서에 나타는 곳마1:1, 11:2 참조과 메시아의 직임을 예수에 돌리는 곳비록 약간은 조심스럽지만이 그런 경우이다. 초기 교회의 본문에서 '크리스토스Christos' 는 곧 메시아로서의 예수를 지시하는 것에서 뿐만 아니라 예수의 적절한 이름의 일부로서 사용되게 되었다. 이처럼 바울 서신과 기독교 작품들은 그 후 줄곧 예수 그리스도에 대한 언급으로 풍부하게 되었다.

기독론이라는 말을 좁게 정의하면 메시아에 관한 가르침만을 지시하는 것이 될 것이다. 그러나 가장 자주 기독론은 예수가 누구이며 하나님의 계획에서 그의 역할이 무엇이냐를 정의하는 데 사용되었던 용어들과 개념들을 담당하는 우산으로서 기여한다. 이 더 넓은 개념의 정의를 염두에 둔다면, 우리는 **마태의** 기독론에 대해 무엇을 말할 수 있을까? 기독론의 주제나 범주는 마태복음에서 무엇을 나타내는가?

마태에게 **예수는 하나님의 통치를 개시하는 우리와 함께 하는 하나님이고 하나님의 권능으로 행동하고, 하나님과의 바른 관계 안에서 살아가는 공동체를 만드는 분이다.** 마태의 기독론은 이처럼 무엇보다 먼저 하나님이 나사렛 예수를 통해 하셨던 것에 대한 이야기로 형성하신 이야기체의 기독론으로 분류될 수 있다. 그 과정에서 마태는 유대 전통에서 초기 역사를 가지는 메시아, 주님, 종, 다윗의 자손, 하나님의 아들과 같은 수많은 이름들을 예수에게 사용한다. 그러나 이러한 범주들이 나타날 때, 이 이름들은 이전 유대의 맥락에서 이들이 의미했던 용어 안에서 단순하게 해석될 수 없다. 오히려 마태가 전하는 이야기는 옛 범주들을 재정의하고 이 범주들을 새로운 의미로 채운다. 그 적절한 예가 메시아라는 직함인데, 여기서 메시아는 더 이상 정치적인 정복으로 구원하고 통치하는 어떤 사람에 관한 언급이 아니라 깨어진 인간을 치료하시는 하나님의 자비와 권능을 중재하는 분이시다.

마태가 임의로 사용하는 다양한 직함과 동기들 가운데 그가 예수에 대한 자신의 이해를 강조하려고 사용하는 두 가지는 (1) 하나님의 아들과 (2) 하나님의 지혜이다. 마태에 따르면 예수는 성령으로 잉태한 순간부터 하나님과의 유일무이한 관계를 향유한다.1:18–23 이것은 하나님의 예수의 아들 됨을 증명한 예수 신현3:17, 17:5 참조, 예수가 하나님의 권위로 행동하는7:29, 9:6 연이어 이어지는 에피소드들, 예수가 하나님을 아버지로 부르는 것에서 보여준 하나님과의 가족관계의 친밀성7:21, 11:25 참조, 이야기의 전략적 연결에서 하나님의 아들로서의 예수의 공개적인 고백16:16, 27:54 참조에 이어지는 이야기에서 확인된다. 하나님의 아들로서 예수는 그 어떤 다른 사람도 하지 않았던 것을 알고 따라서 하나님의 목적과 뜻을 자신의 추종자들에게 계시할 수 있다.11:27 참조

이것을 다르게 표현하면, 하나님의 아들로서 예수는 처음부터 이스라엘에게 알려진 하나님의 방식을 만들었던 하나님의 지혜로서 말할 수 있다. 이처럼 예수는 모세의 말씀을 자신의 말에 종속시킬 수 있고5:21–22, 자신의 행위를 지혜의 행위로 묘사할 수 있고 11:19, 지혜를 발견하고자 자신에게 나아오라고 사람들을 초대할 수 있고11:28–30, 하나님의 사자로 파송되었다고 말하는 지혜로서 말할 수 있다.23:34; 눅11:49 참조

이러한 방법과 또 다른 방법으로, 마태의 이야기는 복음의 종말에 울리는 선포를 위해 우리를 준비시킨다. **하늘과 땅의 모든 권세가 살아나신 예수에게 맡겨졌다.**28:18 이스라엘의 하나님의 통치를 개시하려고 우리와 함께 하시는 하나님으로 오신 분은 모든 족속과 민족으로 구성된 하나님의 백성을 창조하심으로 그 통치를 확장하시는 우리와 함께 하시는 하나님으로서 지금 강력하게 일하신다.마태의 기독론에 관한 심도 있는 해설을 위해, 1:18–25, 2:1–12, 7:13–29, 11:20–30, 17:1–13에 관한 TBC와 TLC 참조

사해 문서 유대의 작품들을 보라

신현 신현은 어떤 명백한 방식으로 하나님의 현존과 능력이 명백하게 드러나는 사건이다. 신현의 특수형 가운데 **신의 신현**하나님의 현시과 **그리스도의 신현**그리스도의 하나님의 지

위 폭로과 천사의 신현하나님의 사자로서 하나 혹은 그 이상의 천사들의 출현이 있다. 신현이라는 말은 대부분의 그리스도인들에게 교회력의 축일 이름으로 가장 잘 알려져 있다. 이 축일은 동방 교회에서 예수가 수세시 하나님의 아들로 계시된 것과 연관되지만 서방 교회에서는 동방박사에게 그리스도의 영광을 드러낸 것과 연관된다. 마태의 이야기는 수많은 신현들을 보도하는데 이들 대부분은 그리스도의 신현이다. 예수의 수세와 동반된 계시적인 사건들 이외에, 예수가 바다의 풍랑을 꾸짖을 때, 물 위를 걸을 때, 산에서 변모될 때, 십자가에서 죽을 때, 부활하신 주님으로 추종자들에게 나타났을 때 신현이 일어난다.

종말론 **최후** 또는 **마지막**을 의미하는 그리스어 '에스카토스eschatos' 에서 유래된 것으로 **종말론**은 하나님의 역사와 창조의 관련에서 최후의 일들 혹은 마지막 사건들을 가리킨다. 더 간단히 말하자면, 종말론은 **종말**에 대한 가르침이다. 기독교 역사 바로 이전 세기들에서, 유대인의 희망은 점차로 종말론적 희망이 되었다. 하나님의 정의와 샬롬으로 풍부한 삶에 대한 동경은평화, 완전, 안녕 역사의 현재 과정에서 기대할 수 있는 축복보다는 하나님의 구원하시는 미래의 행동에 점점 더 집중되었다. 계시적 종말론에서, 하나님의 미래의 중재는 더욱 명백해졌다. 단지 하나님이 현재의 악한 세대를 파괴하고 전적으로 새로운 세대를 창조하실 때 고대 약속들은 성취될 것이다.

마태는 예수의 이야기를 계시적 종말론을 배경으로 전한다. 예수가 하늘나라 혹은 하나님의 나라를 말할 때, 그는 하나님의 종말의 통치에 대해 말하는 것이다. 예수는 삶의 모든 양상을 교정하고 개조하는 하나님의 행동에 대해 말하는 것이다. 그러나 예수의 선포에서 새롭게 이목을 끄는 것은 하나님이 다스리시는 이 종말을 더 이상 단지 계획 중인 어떤 것으로 보지 않는다는 사실이다. 대신, 이것은 사람들이 하나님의 마지막 말씀을 듣고 하나님의 종말의 자비를 받아들이고 하나님의 종말의 백성이 되는 것을 가능하게 하는 현재 진행중인 사안이다. 종말이 아직 이르지 않았지만, 창조를 결국 변화시킬 하나님의 능력이 이미 예수와 그의 제자들을 통해 작동하고 있다. 4장 17-25절에 대한 TBC와 TLC를 보라.

에세네파 유대인 그룹과 분파를 보라

유수 성서 이야기에서 유수는 B.C. 6세기 초 느부갓네살 왕에게 패한 유다에게 이어진 수천 명의 시민들의 바빌로니아로의 국외 추방을 가리킨다.마1:11-12 참조 몇 십 년이 지난 B.C. 539년 새로운 세상의 정복자인 페르시아의 고레스 왕에 의해 유대인들과 다른 유배자들이 자신들의 고향으로 돌아오는 것이 가능해졌다. 이 유배자들이 단지 유다 전체 인구의 적은 비율에 불과하지만, 이들은 유다의 가장 유명한 정치적, 종교적 지도자들을 포함했다. 그렇다면 유수의 경험과 유수에서의 최종적인 구원이 이스라엘의 공동체적 기억에 영구히 각인되었다는 것은 놀라운 것이 아니다. 유배된 사람들이 이스라엘의 삶의 모습을 근본적으로 변화시킨 성서 이야기의 주요한 단절이었기 때문에 학자들은 종종 유배된 사람들에 대한 사건과 인물들을 **유배 이전**과 **유배 이후**로 나눈다.

이방인 이방인이란 말은 라틴어 ‘젠스gens’ 민족, 나라에서 유래한 것으로 비유대인을 의미한다. 신약성서에서 복수형 이방인은 그리스어 ‘에스네ethnē’ 를 번역한 것인데, 이것 역시 나라들을 의미할 수 있다. 유대인과 이방인 사이의 구별은 수많은 신약성서 본문들에 반영되고 고대 세계에서 서로 갈라져 있다는 느낌을 있는 그대로 반영한다. 유대인의 관점에서 민족으로서의 이스라엘은 다른 나라들에게서 구별된 소명을 받았다. 더욱이 이 다른 나라들에 거주하는 사람들은 이들의 거짓 신에 대한 예배와 일반적으로 허술한 성적 행위로 인해 외국인으로 간주되었다. 유대인과 이방인이 일상생활의 과정에서 서로 거래하는 것을 피할 수 없을지라도, 유대인 공동체는 특별한 율법인 할례 의식과 다른 관습들을 통해 상징적으로 경계를 유지할 방법을 찾았다. 마태복음에서는 유대인과 이방인의 경계가 예수가 자신의 사역을 제한하고 그의 제자들의 사역이 유대 지역에 한정되는 방식에서 분명해진다. 그러나 역사의 도처에, 이방인들이 결국 하나님 나라를 공유하게 될 것이라는 암시가 있다. 그리고 복음의 마지막에서 예수는 이전의 제한을 거론하고 자신의 사도들에게 모든 나라를 제자 삼고, 유대인뿐만 아니라 이방인들도 속하는 공동체를 만들라고 위임한다.

복음 복음앵글로 색슨: godspel이라는 말과 그리스 용어 ‘유앙겔리온euangelion’ 은 모두 번역하면 **좋은 소식**이라는 의미이다. 초기 교회에서 복음은 예수 자신의 설교나 예수에 관한 설교 가운데 하나를 가리켰다. 예를 들어 마태는 하나님 나라의 복음을 선포하는 예수를 말한다.[4:23] 반면 바울은 예수 그리스도를 통해 우리를 구원하신 하나님의 복음을 자신과 다른 사도들이 설교하는 복음으로 말한다.롬1:16, 15:19; 고전15:1–2 참조 기독교 시대의 2세기 이후에야 **복음**이 예를 들어 마태에 따른 복음서와 같이 예수에 관한 문서로 된 기록을 지시하게 되었다. 마가복음의 기자는 아마도 그의 작업의 첫 줄에서 주제가 되는 사안을 묘사하려고 '유앙겔리온euangelion' 을 사용함으로써 이 발전에 공헌했을 것이다.Mark막1:1

신약성서 학자들 가운데 많은 논쟁이 있었던 문제는 이제 복음이라고 부르는 책들을 장르의 용어 혹은 문학의 유형으로 분류하는 방법이다. 복음은 새로운 문학 장르를 대변하거나 어떤 현존하는 분류에 속하는가? 오늘날 지배적인 견해는 복음이 그리스 로마 사회의 전기의 장르 가운데 특수한 형태를 이룬다는 것이다. 이것을 다르게 표현하면, 마가와 그의 계승자들은 산문 이야기로 구성된 형태로 예수의 말과 행동을 자세히 말하려고 노력했을 때 친숙했던 전기적 역사적 작품들의 모범에 영향을 받았다.Aune: 17-76 참조 동시에 전기의 범주는 복음서 기자들이 하려는 것을 전적으로 따르지 않는다. 복음서가 말하는 이야기는 예수에 대한 **전기로서의** 관심이 하나님이 예수와 그의 공동체를 통해 하시는 일에 대한 **신학적인** 관심에 종속된다.

수미쌍관(Inclusio)/**수미쌍관법** 마태복음, 문학적 특성을 보라.

유대인 그룹과 분파 B.C. 2세기 마카비 반란의 영향으로 신약성서 시대의 종교적인 풍경의 일부로 계속되었던 몇몇 그룹들이 유대주의 안에 나타났다. 이 그룹들은 **사두개파, 에세네파, 바리새파**를 포함했다. 이 그룹들에 대한 우리의 지식은 대부분 신약성서, 랍비 문서, 유대인 역사가 요세푸스라는 세 자료의 언급에 기초하고 있다. 그러나 에세네파에게 사해 문서는 부가적으로 귀중한 정보를 제공한다.

사두개파는 우리의 자료에 제사장과 평신도 귀족 계층으로 나타난다. 구속력 있는 것으로 문서로 된 토라만을 인정하기 때문에 이들은 바리새파와 다른 사람들의 살아 있는 전통에 대해 논쟁했다. 사두개파들은 초기에 하스몬가나 마카비 가문에 자신들의 대제사장 직을 넘겨줌으로써 자신들의 이러한 운동을 지지했다. 그러나 다른 사람들은 이 운동과 다르게 반응했다. 이스라엘의 거룩한 장소를 정화하려고 마카비 가문에 합류했던 이전 사람들인 **하시딤**이나 경건한 사람들에게마카비1서2:42, 하시딤, 하스몬가의 대제사장은 새로운 종류의 모독을 대변했다.

에세네파로 알려진 그룹은 이 환멸을 느끼는 **하시딤**에서 나왔다. 자신들을 주류 유대인 사회에서 분리하여, 에세네파는 더욱 훈련된 종교적 삶을 실천할 수 있는 공동체를 형성하였다. 이것은 제사장다운 정결 의식의 엄격한 준수를 포함했다. 고립된 지역에 있는 가장 잘 알려진 에세네파는 사해 근처의 쿰란 공동체였다. 그곳의 작품들은 풍성한 경건과 열렬한 종말론적 희망을 보인다.

에세네파와 마찬가지로 **바리새파**는 **하시딤**에서 유래되었고 훈련된 가시적인 방식으로 자신들의 유대인으로서의 믿음을 실천할 방법을 찾았다. 그러나 현존하는 제도를 버리거나 사회에서 물러나는 대신 바리새파는 토라를 유대인의 삶의 모든 영역에 적용하려고 노력했다. 랍비식의 유대주의와 구전 전통을 위한 기초를 다졌던 주로 평신도 운동이었던 바리새파는 이제 미쉬나에 포함되어 있다.

바리새파가 자신들을 쇄신 운동으로 보았던 반면 복음서는 이들을 다른 관점에서 묘사한다. 예수와 바리새파 사이의 폭넓은 공통의 기반이 있었다는 사실에도 불구하고 복음서 기자들은 바리새파에 대해 날카롭게 비판적이다. 마태복음에서 바리새파는 예수와 그의 새로운 의로의 소환에 대한 유대인 반대자의 선봉에 바리새파가 나타난다. 바리새파는 위선자로 묘사되는데 그것은 이들이 정의와 자비의 더 깊은 문제에 참여하는 것에 실패하지만 의로운 척 가장하기 때문이다. 이들의 구전 율법은 무거운 짐으로, 때로는 성서의 하나님의 말씀을 역행하는 것으로 비난을 받는다.

바리새파의 이런 부정적인 묘사를 평가할 때 두 가지 고려사항이 중요하다. 한편으로 종교적인 그룹이 경건의 특별한 프로그램에 대한 충성에 너무 몰두한 나머지 전체적으로 진정한 쇄신을 이루기보다는 그 반대로 끝날 수 있다는 것은 사실이다. 신약성서 시대의 바리새파 운동의 어떤 단편들의 경우가 이와 같았다. 그래서 마태와 다른 사람들이 이런 비판을 확장한 것은 타당하다고 할 수 있다. 반면에 논쟁에 갇힌 그룹들이 자주 자신의 상대방들을 품위를 떨어뜨리는 상투적인 문구로 풍자한다는 것 역시 사실이다. 복음서에서 바리새파 사람들을 도매금으로 비난하는 것은 오늘날 그리스도인들이 고착시키기를 거부해야만 하는 바로 그 같은 상투적인 문구를 느러낸다.

사두개파, 에세네파, 바리새파보다 더 늦게 등장하는 네 번째 그룹은 **열심당**이다.눅6:15 참조 비느하스민25와 마카비마카비1서2:23-28의 전통에서 열심당은 하나님의 율법에 열정적이었고 이방인 압제자들을 죽일 준비가 되어있었다. 우리가 열심당에 대해 분명히 알고 있는 것은 이들이 A.D. 66-70년 로마에 대한 유대인들의 반란의 주역이었다는 사실이다. 깊은 종교적 이유 때문에 열심당은 로마 통치의 굴레를 전복하는 데 전념하였다. 열심당이 예수의 시대와 마찬가지로 일찍 분명한 분파로서 존재했는지의 여부는 분명하지 않다. 오늘날 대부분의 학자들은 1세기 초기 수십 년 동안 존재했던 그런 정치적인 동요는 아직 단일화 된 운동으로 구체화되지 않았다고 주장하면서 당시 열심당은 존재하지 않았다고 생각한다.Merkel: 979-982

유대 작품들 마태의 세상의 언어와 사고를 밝히거나 유사함을 보이는 수많은 유대 작품들이 해설에 인용된다. 이 작품들 가운데 많은 것들이 히브리 성서 또는 구약성서의 일부인데 마태는 종종 **70인 역**으로 알려진 그리스어 번역본에 따라 이것들을 인용한다. 모든 유대인들과 그리스도인들이 정경으로 여기는 이러한 책들 이외에, 70인 역은 늦은 구약성서 시대의 우리가 **외경**숨겨진 작품이라고 부르는 열두 개 이상의 작품을 더 포함하고 있다. 솔로몬의 지혜서, 시락서, 마카비1, 2서와 같은 이 부가적인 작품들은 그리스어를 말하는 유대인 공동체에서 의미 있는 역할을 했고 초기 교회 성서의 일부이기도 했다.

정경으로서의 지위를 가진 것으로 여겨지는 이런 문서들을 넘어, B.C. 200년에서 A.D 200년 사이에는 **위서**로 알려진 방대한 유대 작품들이 있었다. 이 작품들 가운데 많은 것들이 모세와 에녹과 같은 고대 성서의 인물들의 권위를 거짓으로 주장하기 때문에 이 위서들은 묵시적인 작품들, 진술, 구약성서 이야기의 전설로의 확장, 지혜 문서, 시적인 자료를 포함한다. 더욱이 중간기의 더 많은 작품들에는 쿰란의 에세네파 공동체가 만든 **사해 문서**가 포함된다. 우리는 사해 문서 가운데서 이러한 작품들, 의식 본문, 묵시 본문과 이 공동체의 삶을 위한 지침을 제공하는 작품들에 관한 성서의 작품들과 해설을 발견한다.

새로운 작품들을 쓸 뿐만 아니라 유대인 공동체는 옛 본문들을 상세히 설명하는 데도 상당한 열정을 투자했고 이것 역시 결과적으로 문헌의 거대한 몸체를 이루게 하였다. 이 일에서 핵심적인 역할을 한 것은 성서가 **율법학자**라고 말하는 사람들이었는데 이들은 연구, 전달, 해석, 성서의 가르침에 헌신했다. 율법학자들이 유대주의의 어떤 특정한 분파에 속할 필요가 없었지만, 우리가 성서에서 보는 대부분의 율법학자들은 바리새파와 연결되어 있었다. 이들은 이처럼 마태 시대와 그 이후의 랍비 교사들의 선구자들이다.

구약성서의 필사에서 반영된 것에서 나온 본문들 가운데 **탈굼**이 있다. 탈굼은 히브리어 본문의 아람어 번역인데 이처럼 이것은 히브리어 본문을 번역하는 과정에 성서의 자료를 해석하고 있다. 성서 본문에 대한 더욱 공들인 주해와 해석은 **미드라쉬**라는 이름으로 진행된다. 히브리 성서에 관한 수많은 미드라쉬 해설이 있고, 종종 복수형으로 **미드라심**으로 언급된다.

바리새파에게 성시 해석의 초점은 구전 율법을 발전시키고 일상적인 삶의 모든 양상에 **문서로 된** 토라를 적용하는 것이었다. 마가복음 7장 32절은 이것을 "장로들의 유전"이라고 부른다. 이 합법적인 전통에 대한 문자로 된 주요하고 권위적인 편집물은 **미쉬나**

에서 발견되는데, 이것은 대략 A.D. 200경에 만들어졌다. 미쉬나는 63개의 논문을 포함하는데, 이것은 대략 성서의 길이와 맞먹는다. 랍비 교사들은 미쉬나의 이 자료들을 계속해서 발전시켰고 이들의 광범위한 부가적인 해설이 미쉬나와 함께 **탈무드**에 나타난다. 팔레스타인 탈무드가 팔레스타인의 유대인 학자들의 작품인 것처럼 바빌로니아 탈무드는 바빌로니아에서의 랍비들의 작품을 포함한다. 구약성서 이외의 유대 작품들에 관해 더 많은 것을 배우려 한다면 문헌학에서 유명한 니클스버그Nickelsburg와 페렐무터Perelmutter의 작품을 보라.

마태복음, 특징적인 주제들 이선 세대 학자들은 종종 주어진 성서의 주요 교리나 사상을 요약하는 것을 기뻐했다. 이 같은 행동의 배경은 성서 기자의 주요 목표가 독자들에게 어떤 진리들을 전달하는 것이라는 가정이었다. 그러나 그것은 모호한 가정이다. 특별히 복음서의 경우에는 더더욱 그렇다. 다른 복음서 기자와 마찬가지로, 마태는 무엇보다도 이야기를 전하는 것에 관심을 가지며, 이 이야기는 도덕적이거나 영적인 개념의 목록으로 축소될 수 없다. 그럼에도 마태가 구성한 이야기는 수많은 독특하거나 특징적인 주제들로 발전한다는 점은 분명하다. 이어지는 구절들은 이 주제들 가운데 어떤 것들을 복음서에서 관련된 구절과 함께 각각을 소개하며 강조하려고 한다.

(1) 하늘 나라가 가까이 왔다.(4:17) 마태복음의 모든 것을 포괄하고 무엇보다 소중한 주제는 하나님의 통치 혹은 다스림의 출현이다. 각각의 복음서가 그 나라에 대한 말씀을 포함하고 있지만 어떤 것도 마태복음보다 더 자주 혹은 더 완전하게 발전시키는 이 주제를 발표하지 않는다. 예수가 가져온 복음은 **하늘 나라의** 복음으로 특징지어진다.4:23, 9:35, 24.14 참조 팔복에서 의인들에게 약속된 축복은 하늘 나라의 삶이다.5:3,10 참조 아주 많은 예수의 비유들이 하늘 나라에 관한 이야기로 소개된다.13:24, 18:23, 20:1, 22:1, 25:1 참조 마태가 묘사한 것처럼, 하나님의 통치는 미래적이며 동시에 현재적이다. 종말에 예수가 재림하기 전까지 하나님의 통치는 우주적인 규모로 완전하게 성립될 것이다. 그러나 이 통치가 악한 세력과 싸우고 옛 질서의 한 가운데 새 질서를 만들면서 이미 역사를 장악하고 있다.4:17–25에 관한 TBC와 TLC 참조

(2) 그의 이름을 임마누엘이라고 할 것이다.(1:23) 기독론에 관한 위의 용어 해설에서 살펴보았듯이 마태는 예수를 다름 아닌 우리와 함께 하는 하나님으로 본다. 옛 시대에 이스라엘 역사에서 강력하게 활동했던 동일한 하나님이 이제 예수의 인격 안에서 다시 활동한다. 이것이 예수가 하늘 나라가 자신의 사역에서 가까이 왔다고 선포할 수 있었던

이유이다. 이것이 예수가 시내 산에서 이스라엘에게 주어졌던 토라를 재정의할 수 있었던 이유이다. 이것이 예수가 광야에서 이스라엘을 먹일 수 있었던 이유이다. 이것이 인간의 능력이 예수를 그의 무덤에 가둘 수 없었던 이유이다. 그리고 이것이 제자들이 예수를 하나님의 아들이자 자신들의 주님으로 경배한 이유이다.

(3) 내가 폐하러 온 것이 아니라 완성하러 왔다.(5:17) 마태의 이야기에서 예수가 착수한 사역은 충돌과 반대를 일으킨다. 예수는 자신의 말을 유대 전통들과 성서의 명령을 능가하거나 대항하는 것으로 만든다. 예수는 이스라엘의 지도자들에 대해 날카로운 비난을 한다. 이것에도 불구하고 마태는 예수와 그의 프로그램이 이스라엘의 유전을 결코 무효로 만들지 않는다고 주장한다. 대신 예수는 이스라엘의 역사를 **성취하러** 왔다. 예수는 그의 삶과 사역에서 이 역사의 핵심적인 순간들을 소생시키고 재연한다. 예수는 예언자들의 예언에서 예언되었던 방식으로 가르치고 행동한다. 예수는 청중들에게 토라의 기초가 되는 하나님의 뜻을 지적한다. 그리고 예수는 이스라엘의 하나님과의 신실한 언약에서의 이스라엘의 소명을 수행하는데 헌신하는 공동체를 형성한다.[5:17-48에 관한 TBC와 TLC 참조]

(4) 의에 주리고 목마른 자는 복이 있다.(5:6) 마태에 의하면, 의는 세례 요한과 예수 모두에게 핵심이 되는 의제이다.[3:15, 5:6, 5:20, 6:33, 21:32 참조] 마태복음에서 의라는 용어의 의미가 전하는 것은 하나님과의 올바른 관계이다. 이처럼 의는 선물이며 동시에 목표가 된다. 의는 예수 안에서의 하나님의 출현이 올바른 관계의 가능성을 열어준다는 의미에서 선물이다. 예수가 그렇게 보고 들을 수 있게 해줌으로써 하나님의 뜻 안에 있는 삶과 목표가 이제 가능해진다. 그러나 이것을 선물이라고 주장하면서도 우리는 아직 완전하게 그것을 소유하지는 못한다. 하나님과의 올바른 관계는 우리가 계속해서 찾아야 하는 끝없는 탐구로서의 목표이어야만 한다. 마지막에 이 목표를 발견하게 될 사람은 계속해서 이 목표를 향해 나아가는 사람이라는 점은 분명하다.

(5) 내 멍에를 메고 나한테 배워라.(11:29) 마태복음 이야기에서 제자로의 부름과 제자 삼는 것은 예수가 추구하는 프로그램의 핵심이다. 예수의 공적 사역의 첫 번째 이야기는 특별한 사람들에게 **나를 따르라**는 초대이고[4:18-22], 그 다음 이야기는 다른 소명의 에피소드이다.[8:18-22, 9:9] 제자가 된 사람들은 예수의 가르침을 받고[5:1-2, 18:1이하 참조] 무리들에게는 이해되지 않던 방식으로 예수의 메시지를 이해하게 된다.[11:25-27, 13:10-17,36이하 참조] 제자들의 믿음이 때로 비틀거릴지라도[14:31, 17:20 참조], 독자들은 제자들이 예수와 특별한 관계를 누리고 있다는 것을 안다. 그 다음으로 이 복음서 끝에서 독자가 제자들 사

회가 열둘에 국한되지 않는다는 사실을 발견할 때 이것은 복음으로 다가온다. 예수는 자신의 제자가 되라고 모두를 초대한다. 그리고 마태복음에 모아진 예수의 말씀을 통해 이후의 추종자들은 예수에게 나타난 하나님의 지혜에서 계속해서 배울 수 있다.

(6) **내 교회를 세우겠다.**(16:18) 마태에게 우리와 함께 하는 하나님으로서의 예수의 사역의 목표가 단순하게 많은 개인들을 만지는 것이 아니다. 오히려 예수는 세상의 빛으로 기여하는 바른 **공동체**를 만들 방법을 찾는다.[5:14-16] 이것은 열방 가운데 이스라엘의 소명이었고[사42:6-7 참조], 예수의 사역은 모든 이스라엘에게 호소하는 것으로 시작된다. 그러나 이야기가 진행되고 전반적으로 이스라엘이 예수의 소환에 불응하면서, 예수는 자신이 새로운 기초 위에 하나님 백성을 재건할 것이라고 선포한다. 예수는 자신이 제자로 부른 사람들 위에 하나님 나라의 메시아 공동체를 세울 것이다.[16:18-19] 마태가 우리에게 전하는 이 공동체는 스스로를 하나님의 가족이 되는 것으로 알고[23:8-10, 12:49-50 참조], 악한 권세가 공격할 때 하나님의 보호하심을 누리며[16:18], 예수가 그 가운데 현존하기 때문에 하나님의 권위로 스스로의 삶을 정할 수 있다.[18:18-20, 16:19]

(7) **그러므로 가서 제자를 삼으라.**(28:19) 마태가 전하는 이야기는 와서 보내는 것이 줄거리를 형성하는 선교의 이야기이다. 예수는 그 자신이 하나님의 보낸 자로 이스라엘에 온 것을 알고[9:13, 10:34,40, 11:19, 15:24, 20:28 참조], 자신의 사역을 확장하고 완성하려고 동역자들을 보낸다.[10:5이하,16이하, 23:34, 28:18-20 참조] 그 초기 무대에서 이 선교 모험은 **이스라엘 집의 길 잃은 양**에게 국한된다.[10:5-6, 15:24] 그러나 제자들은 이 이야기의 결론에서 확장된 과제를 받는다. 부활하신 예수의 사절로서, 제자들은 세상의 모든 민족에게 선교하도록 파견된다.[28:19-20, 5:13-16, 24:14 참조] 그러므로 예수가 형성한 공동체는 그 자신만을 위해 살지 않는다. 교회가 된다는 것은 하나님의 통치라는 좋은 소식을 받아들이라고 세상을 초대하는 사역에 투입되는 것이다.

마태복음, 문학적 특성 마태의 문학적인 예술성을 가장 잘 묘사하는 총체적인 진술은 그가 **뛰어난 기술과 관심으로 일들을 엮는다**는 사실이다. 마태가 이 목적을 달성하려고 사용한 기술들 가운데 다음의 것들은 주목할 만하다.

(1) **숫자의 배열.** 작고 큰 항목들 모두에서 마태는 수의 형태로 항목들을 열거하거나 배열한다. 즉 세 그룹, 일곱 그룹 등으로. 이처럼 1장 2-17절의 족보는 각각 열네 세대인 세 그룹을 포함한다. 예수의 말씀들은 다섯 개의 주요 담화로 구성된다. 5장 3-10절의 팔복과 13장의 비유들 모두는 넷으로 된 두 그룹을 포함한다. 21장 28-22장 14절에서

는 거절의 세 비유들을 듣게 된다. 일곱 개의 '화' 가 23장에서 율법학자들과 바리새파 사람들에게 선포된다. 이런 예들은 아주 많다.

(2) **주제별 그룹으로 나누기.** 마태가 자신의 자료에 의지하듯, 그는 종종 특별한 주제를 더 자세히 이야기하려고 관련된 자료를 그룹으로 나눈다. 이것은 특별히 다섯 개의 주요 담화에서 분명하다. 이처럼 10장의 여러 가지 말씀은 하나님 나라에 관한 13장의 논평과 종말의 심판을 다루는 24–25장의 논평인 사역의 주제를 발전시킨다. 주제의 구성에서의 같은 관심이 8–9장의 기적 이야기들의 수집물, 12장의 논쟁 이야기, 23장의 유대인 지도자들에 대한 비난에서 분명히 나타난다.

(3) **반복.** 마태는 그의 구성에서 어떤 단어들과 구절들을 반복해서 되풀이한다. 반복은 기억을 강화하며 핵심 주제의 배경이 되고, 독자가 중요한 연결을 지을 수 있도록 돕는다. 이 기술의 가장 의미심장한 사용들 가운데 하나가 **수미쌍관** 혹은 수미쌍관법으로 알려져 있다. 여기서 자료의 섹션을 여는 구절이 이처럼 이 항목을 마무리하는 마지막에 같은 형태로 반복되거나 바뀌 말해진다.5:1–2과 7:28–29, 5:17과 7:12, 4:23과 9:35, 1:23과 28:20 참조 반복의 다른 유형은 공식으로 구성된다. 예를 들어 성취 인용을 소개하려고 사용된 공식이나 1:22, 12:17 참조 담화를 **종결하는** 공식이다.7:28, 11:1 참조 또 다른 본보기는 우리가 팔복과5:3–10 참조 이전과 이후의 자료를 연결하려고 축어적인 되풀이 사용에서 우리가 발견하는 대구법이다.3:2와 4:17, 3:7과 23:33, 5:48과 19:21, 10:22와 24:9 참조

(4) **교차 대구법.** 교차 대구법은 유사한 문학적 요소들의 반전된 결과를 위한 기술적 용어이다. a a' b b' 대신 항목들이 a b b' a' 순으로 배열된다. 교차대구 유형의 분명한 본보기는 마태복음 13장 15절의 이사야서 6장 10절의 다음과 같은 인용이다.

a. 이 백성의 **마음**이 무디어지고,
　b. 이들의 **귀**가 먹고 ,
　　c. **눈**이 감기어 있다,
　　c'. 그들로 하여금 **눈**으로 보지 못하게 하고,
　b'. **귀**로 듣지 못하게 하고,
a'. **마음**으로 깨닫지 못하게 한다.

마태복음에 있는 교차 대구법의 다른 작은 본보기는 1장1,17절, 7장6절, 11장 17–19절, 그리고 23장 16–22을 포함한다. 더 큰 규모에서, 마태는 때로 문학적 항목 전체의 구성 요소를 배열하는데 교차 대구 유형을 따른다.26:47–27:10과 27:57–28:20에 대한 사전 검토 참조

(5) **비교와 대조.** 하지만 마태가 자신의 자료를 구성하려고 사용한 또 다른 기술은 이것과 저것을 대조하는 것이다. 때때로 대조는 연속된 그림에서 대조된다. 예를 들어 11장 20–30절이 이스라엘 도시들에 관한 심판과 제자들에게 약속된 나머지 도시들을 대조시키는 방식이나 26장 57–75절이 예수의 고백과 베드로의 부인을 대조시키는 방식에 주목하라. 다른 본보기들에서, 대조되는 항목들은 본문에서 더 넓게 분리되지만 그야말로 명확하다. 이처럼 23장 13–26절에서 반대자들에게 부어진 화는 5장 3–11절의 제자들에 대해 언급된 팔복에 대비하여 미루어진다. 그리고 약속과 희망의 땅으로서의 갈릴리에 대한 묘사는4:15–16, 28:7,10 참조 불신과 폭력의 장소로서의 예루살렘의 서술적 묘사에 대비하여 비루어진다.2:3, 21:10, 23:37 참조 이와 같은 대조들은 마태의 이야기를 형성하는 갈등의 줄거리를 발전시키는 것을 돕는다.Kingsbury, 1988:3–9 참조

(6) **전조.** 줄거리를 구성하는 일반적인 장치는 이후의 발전을 미리 말하는 이야기 이전의 에피소드들의 소개이다. 마태는 이 장치를 매우 효과적으로 사용한다. 이처럼 예수 탄생 시 예루살렘의 종교지도자들의 걱정스러운 회의는 수난 이야기에서 예수의 죽음을 구하는 지도자들의 음모의 전조가 된다.2:3–4, 26:3–5 참조 동방 박사들의 아기 예수에 대한 경배는 제자들의 살아나신 예수에 대한 경배를 예고한다.2:2,11, 28:16–17 참조 시험 이야기에서 사탄의 천하만국에 대한 지배권의 제공은 이 이야기의 마지막에 하나님이 예수에게 주는 같은 권위를 미리 보게 한다.4:8–9, 28:18 참조 그리고 이스라엘에 대한 사역을 제자들에게 위임하는 것은 후에 모든 민족에게 가서 제자 삼으라는 위임의 전조가 된다.10:5이하, 28:19–20 참조

미대의 자료들 19세기와 20세기 복음서에 대한 수많은 학문적 연구는 다음 두 질문에 대해 대답하려는 시도로 특징지어질 수 있다. [1] 왜 복음서들은 복음서들이 동의하는 곳에 **동의하는가?** [2] 왜 복음서들은 복음서들이 다른 곳이 **다른가?** 대부분의 학자들에 따르면, 첫 번째 질문에 대한 대답의 일부는 일반적인 자료들이다. 즉 복음서 기자들은 서로의 작업과/이나 부가적인 공통의 자료들을 사용했다. 누가복음의 기자는 그의 이야기에 대한 서문에 그러한 것을 암시하고눅1:1–4 참조, 마태복음도 마찬가지로 이전 자료들에 의존한다고 믿을만한 충분한 이유가 있다.

공통의 자료들을 제시하는 일치의 요점은 두 기본적 유형으로 구성된다. 첫째, 세 공관복음서마태복음, 마가복음, 누가복음 **모두에** 공통의 자료, 공통의 질서와/혹은 공통의 어법의 용어들에 동의하는 구절들이 있다. 예를 들어 마태복음 21장 1–27절과 마가복음 11

장 1-33절과 누가복음 19장 28-20장 8절을 비교해보라. 이 소위 3중의 전통이라고 불리는 차이가 발생하는 곳에서, 마가복음이 공통의 요소가 되는 것으로 보인다. 마태복음과 누가복음은 좀처럼 마가복음에 대항하여 서로에게 동의하지 않는다. 더욱이 마태복음이나 누가복음이 왜 마가복음의 버전을 편집했는지를 이해하는 것은 쉽지만 마가복음이 왜 마태복음이나 누가복음의 버전을 변경했는지를 논하기란 어렵다. 이런 이유와 또 다른 이유로 대부분의 학자들은 마가복음이 공관복음서 가운데 가장 이른 것이며 마태복음과 누가복음은 마가복음의 어떤 판을 자신들의 자료 가운데 하나로 사용했다고 주장한다.

둘째, 마가복음에서 발견되지 않는 마태복음과 누가복음이 공통으로 가지고 있는 자료가 있는 구절들이 있다. 예를 들어 마태복음 4장 1-11절과 누가복음 4장 1-13절, 마태복음 5장 1-48절과 누가복음 6장 17-36절, 마태복음 11장 1-19절과 누가복음 7장 18-35절을 비교해보라. 우리는 마태복음이 누가복음을 사용하고, 누가복음이 마태복음을 사용한 것으로 이러한 병행기사들을 설명할 수도 있다. 그러나 마태복음도 누가복음도 예수 탄생의 다른 이야기들을 인지한 것으로 보이지 않는다. 그 결과, 대다수의 학자들은 마태복음과 누가복음이 입수했고 그 이후에 사라진, 복음서 이외의 자료의 기초가 되는 공통의 자료를 가진다고 설명한다. 이 가설에 근거한 자료에 주어진 통상적인 명칭은 Q인데, 이것은 자료라는 의미의 독일어 퀠레Quelle의 첫 글자를 딴 것이다. 많은 저자들의 의견에서, Q는 고정된 본문을 가진 문서라기보다는 끝이 정해지지 않은 자료의 수집물구두와/이거나 문서로 된이었고, 마태복음과 누가복음은 서로 다른 Q자료집에 의존한 것으로 보인다.

앞에서 스케치해본 복음서 자료들에 관한 제안은 복음서 기원에 관한 두 자료로 일반적으로 알려져 있다.도표 참조 확실히, 마태복음이 마가복음에서도 Q에서도 발견되지 않

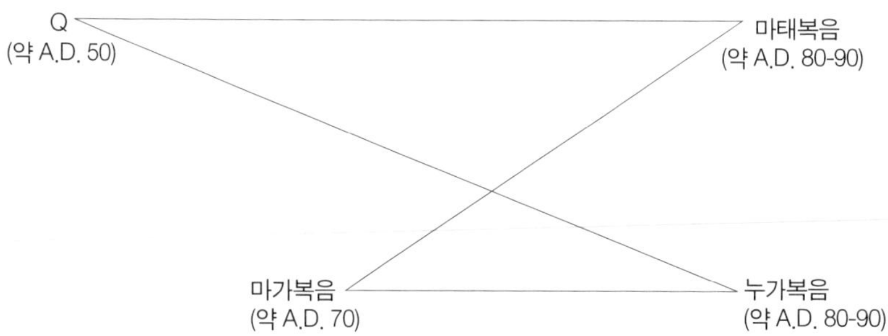

은 자료를 얻은 곳과 같은, 설명되지 않거나 어떻게 사복음서에서 발견된 다소 독립적인 전통이 공관복음서 전통에 연결되었는가와 같은 질문들이 있다. 그러나 그것에 관한한, 두 자료 이론은 복음서 병행기사들과 복음서들의 더 깊은 분석을 위한 건설적인 근거에 대한 그럴듯한 설명을 제공한다. 이전 페이지들의 마태복음에 대한 해설은 다소 불가해한 것의 상징인 Q에 대한 언급을 회피하지만 두 자료 이론을 가정하고 이루어진다.

메시아 그리스도/ 기독론을 보라

미드라쉬 유대 작품들을 보라

마쉬나 유대 작품들을 보라 MISHNAH See Jewish Writings.

바빌로니아 유수 이후 유수를 보라

쿰란 키르벳 쿰란은 사해의 북서쪽 구석에 위치한 에세네 공동체의 폐허를 가리키는 이름이다. "유대인 그룹들과 분파"를 보라 소위 말하는 이 공동체가 만든 사해 문서는 그 근처의 동굴에서 발견되었다.

70인 역(SEPTUAGINT) 유대 작품들을 보라.

공관 복음서 공관 복음이라는 형용사는 동일한 유리한 요점에서 무엇인가를 보고 있다는 사실을 암시한다. 마태복음, 마가복음, 누가복음은 자주 **공관 복음서**라고 불리는데 이들이 우리에게 예수의 사역과 가르침에 관한 유사한 그림들을 제공하기 때문이다. 관련된 표현들은 **공관 복음의 전통과 공관 복음의 문제**를 포함한다. **공관 복음의 전통**은 공관 복음서가 의존하는 말씀과 이야기들의 공통적인 몸체를 가리킨다. **공관 복음의 문제**는 이 복음서들 사이의 일치를 설명하는 방법에 대한 질문이다. 마태복음의 자료들 참조

달무드 유대 작품들을 보라.

탈굼 유대 작품들을 보라.

토라 히브리어 **토라**는 **가르침**이나 **교훈**을 의미한다. 원래 이스라엘 이야기에서 교훈의 특별한 예들을 언급하려고 사용되었기 때문에출13:9, 18:16; 민19:2; 신17:8–11; 수1:7–8; 렘6:19 참조 토라는 이후 모세오경에 관해 언급하는 특별한 용어가 되었다. 토라는 의문과 구전을 망라하는 유대의 가르침 전체를 가리키는 좀 더 넓은 의미로 사용되기도 한다. 이스라엘의 토라가 도덕적이고 의식적인 계명과 규칙이 풍부하기 때문에 **율법**이라는 말이 자주 토라와 동의어로 사용된다. 토라를 율법으로 이해하는 것은 70인 역에서 이미 분명한데, 거기서 토라는 **법**이라는 의미에서 '노모스nomos'로 번역되고 신약성서는 이 이해 위에 세워진다. 그러나 이스라엘의 토라는 율법의 법전 그 이상이다. 토라는 이야기와 약속의 맥락에서 만들어진 언약과 교훈을 준수하는 법을 이스라엘에게 가르치려는 하나님의 교훈이다. 따라서 마태가 예수를 토라인 율법을 완성하러 온 분으로 말할 수 있는 것 역시 같은 이유에서이다.또한 5:17–48에 관한 TBC 참조

지혜 고대 이스라엘의 예언자와 제사장의 전통과 나란히, **지혜**로 알려진 또 다른 전통이 있다. 여기에서 초점은 하나님의 신탁이나 하나님의 명령이 아니라 인간이 자신들의 일상의 삶의 경험에서 무엇을 배울 수 있느냐에 놓여 있다. 다시 말해, 지혜는 세상이 작동하는 방식에 관한 실용적인 숙고인 추론을 경유하여 온다. 구약성서의 지혜 문학의 본보기는 잠언, 욥기, 전도서를 포함한다. 지혜 전통이 발전함에 따라 어떤 작가들은 지혜를 이스라엘의 믿음과 이야기에 더욱 밀접한 것으로 연결하기 시작했다. 지혜는 단순히 인간 탐구의 대상으로서 뿐만 아니라 역사와 창조에서의 하나님의 자기 계시의 산물이나 표현으로 간주되게 되었다. 우리는 지혜 부인의 다양한 본문들에서 기능하는 다른 방식들에서 변화되는 것을 보게 된다. 어떤 경우, 지혜의 이해를 얻을 수 있도록 사람들을 부르는 여성으로의 의인화는 단순히 문학적인 장치이다.잠1:20이하, 9:1이하 참조 마태복음의 연구를 위해, 지혜 전통과 친밀해지는 것은 다음 두 가지 관점에서 중요하다. 1 예수에게 속하는 것으로 생각되는 수많은 말씀들은 지혜 전통에 적합하다.예를 들어, 마6:19–34 2 마태는 예수를 하나님의 지혜를 구체화한 사람으로 여기고 따라서 그가 가르치는 모든 것에서 하나님을 대신하여 말할 수 있다.11:25–30, 그리고 7:13–29에 관한 TBC 참조

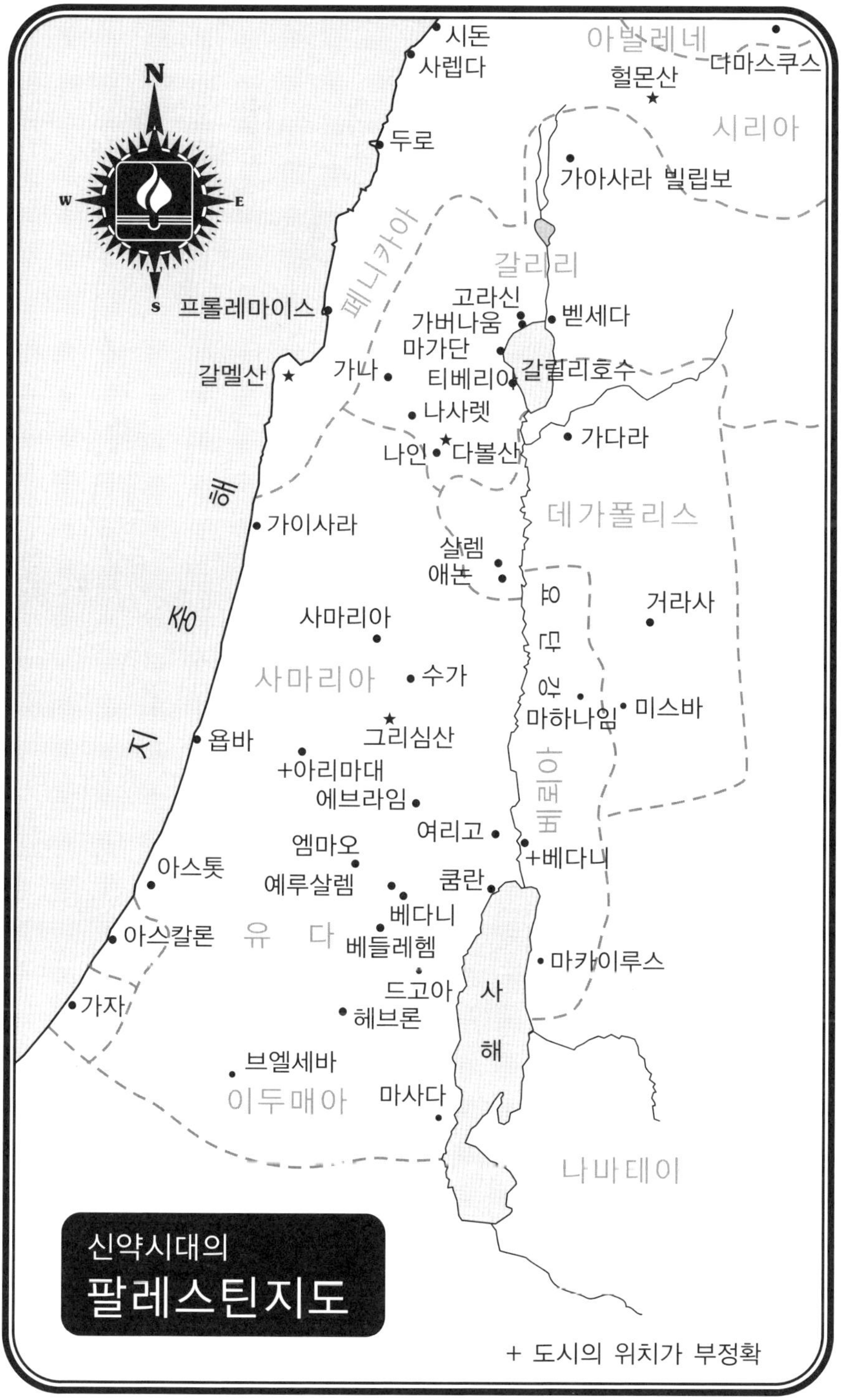

신약시대의

팔레스틴지도

이달리아
로마
아드리아해
일루리곤
달마디아
모에시아
흑 해
트라키아
마케도니아
빌립보
네압볼리
데살로니가
베뢰아
비두니아와 본도
안카라
타비움
미시아
드로아
앗소
아가야
버가모
아시아
두아디라
갈라디아
갑바도기아
사대
서머나
에베소
밀레도
아덴
고린도
겐그리아
에게해
안디옥
이고니온
루스드라
더베
밤빌리아
루기아
버가
길리기아
다소
실루기아
안디옥
시실리
레기온
수라구사
멜리데
크레타
피닉스
바다라
구브로
살라미
비보
수리아
지 중 해
시돈
다메섹
두로
프톨레미
가이사랴
예루살렘
가자
구레네
리비아
알렉산드리아
애굽
N
S
W
E

신약시대의
세계지도

Bibliography

Achtemeier, Paul J., ed.

1985 *Harper's Bible Dictionary*. San Francisco: Harper & Row, Publishers.

Albright, W. F., and C. S. Mann

1971 *Matthew* (The Anchor Bible). Garden City, N.Y.: Doubleday & Company, Inc.

Allen, Willoughby C.

1912 *A Critical and Exegetical Commentary on the Gospel According to S. Matthew* (International Critical Commentary). Edinburgh: T. & T. Clark Limited.

Allison, Dale C.

1987 "The Structure of the Sermon on the Mount." *Journal of Biblical Literature* 106: 423-445.

Augsburger, Myron S.

1982 *Matthew* (The Communicator's Commentary Series). Waco, Texas: Word Books.

Augustine of Hippo

1956 *Sermons on Selected Lessons of the New Testament* (Nicene and Post-Nicene Fathers of the Christian Church, vol. 6). Grand Rapids, Mich.: Willliam B. Eerdmans Publishing Company.

Aune, David E.

1987 *The New Testament in Its Literary Environment.* Philadelphia: The Westminster Press.

Bacon, Benjamin

1930 *Studies in Matthew*. New York: Holt. Barrett, C. K.

1987 *The New Testament Background: Selected Documents*, rev. ed. San Francisco: Harper & Row, Publishers.

Bauer, David R.

1988 *The Structure of Matthew's Gospel: A Study in Literary Design. Sheffield*, Great Britian: Sheffield Academic Press.

Bauman, Clarence

1985 T*he Sermon on the Mount: The Modern Quest for Its Meaning*. Macon, Ga.: Mercer University Press.

Beare, Frank W.

1981 *The Gospel According to Matthew*. San Francisco: Harper & Row, Publishers.

Beasley-Murray, G. R.

1986 *Jesus and the Kingdom of God*. Grand Rapids, Mich.: William B. Eerdmans Publishing Company.

Betz, Hans Dieter

1985 *Essays on the Sermon on the Mount*. Philadelphia: Fortress Press.

Bonhoeffer, Dietrich

1959 *The Cost of Discipleship,* 2nd ed. New York: Macmillan Company.

Bornkamm, Günther, Gerhard Barth, and Heinz Joachim Held

1963 *Tradition and Interpretation in Matthew.* Philadelphia: The Westminster Press.

Braght, Thieleman Janszoon van

1950 *Martyrs Mirror.* Scottdale, Pa.: Herald Press.

Brown, Raymond E.

1977 *The Birth of the Messiah.* Garden City, N.Y.: Doubleday & Company, Inc.

Brown, Raymond E., Karl P. Donfried, and John Reumann

1973 *Peter in the New Testament.* Minneapolis, Minn.: Augsburg Publishing House.

Brown, Raymond E., and John P. Meier

1983 *Antioch and Rome: New Testament Cradles of Catholic Christianity.* New York: Paulist Press.

Brown, Schuyler

1979 "The Matthean Apocalypse." *Journal for the Study of the New Testament* 4: 2-27.

1980 "The Matthean Community and the Gentile Mission." *Novum Testamentum* 22: 193-221.

Burnett, Fred W.

1979 *The Testament of Jesus-Sophia: A Redaction-Critical Study of the Eschatological Discourse in Matthew.* Washington, D.C.: University Press of America.

Calvin, John

1960 *Institutes of the Christian Religion* (Library of Christian Classics, vols. 20-21). Philadelphia: The Westminster Press.

1972 *A Harmony of the Gospels: Matthew,* Mark and Luke (Calvin's New Testament Commentaries, vols. 1-3). Grand Rapids, Mich.: William B. Eerdmans Publishing Company.

Charlesworth, James H., ed.

1983 *The Old Testament Pseudepigrapha*, 2 vols. Garden City, N.Y.: Doubleday & Company, Inc.

Chilton, Bruce, and J. I. H. McDonald

1987 *Jesus and the Ethics of the Kingdom.* Grand Rapids, Mich.: William B. Eerdmans Publishing Company.

Chrysostom, John

1956 H*omilies on the Gospel of Saint Matthew* (Nicene and Post-Nicene Fathers of the Christian Church, vol.10). Grand Rapids, Mich.: William B. Eerdmans Publishing Company.

Clement of Alexandria

1956 *Who Is the Rich Man That Shall Be Saved?* (The Ante-Nicene Fathers, vol. 2). Grand Rapids, Mich.: William B. Eerdmans Publishing Company.

Combrink, H. J. B.

1983 "The Structure of the Gospel of Matthew as Narrative." *Tyndale Bulletin* 34: 61-90.

Cope, O. Lamar

1969 "Matthew 25: 31-46-The Sheep and the Goats Reinterpreted." *Novum Testamentum* 11: 32-44.

1976 *Matthew: A Scribe Trained for the Kingdom of Heaven.* Washington, D.C.: Catholic Biblical Association of America.

Crosby, Michael H.

1988 *House of Disciples: Church, Economics, and Justice in Matthew.* Maryknoll, N.Y.: Orbis Books.

Crossan, John Dominic

1973 *In Parables: The Challenge of the Historical Jesus.* New York: Harper & Row, Publishers.

Davies, W. D.

1963 *The Setting of the Sermon on the Mount.* Cambridge, Great Britian: Cambridge University Press.

Davies, W. D., and Dale C. Allison

1988 *A Critical and Exegetical Commentary on the Gospel According to Saint Matthew*, vol.1 (International Critical Commentary, new series). Edinburgh: T. & T. Clark Limited.

Deutsch, Celia

1987 *Hidden Wisdom and the Easy Yoke: Wisdom, Torah, and Discipleship in Matthew.* Sheffield, Great

Britian: Sheffield Academic Press.

Dodd, C. H.

1961 *The Parables of the Kingdom,* rev. ed. New York: Charles Scribner's Sons. Donahue, John R.

1988 *The Gospel in Payable: Metaphor, Narrative, and Theology in the Synoptic Gospels*. Philadelphia: Fortress Press.

Donaldson, Terence L.

1985 *Jesus on the Mountain: A Study in Matthean Theology*. Sheffield, Great Britian: Sheffield Academic Press.

Driver, John

1980 *Kingdom Citizens.* Scottdale, Pa.: Herald Press.

Drury, John

1985 *The Parables in the Gospels: History and Allegory.* New York: Crossroad Publishing Company.

Durnbaugh, Donald F.

1958 *European Origins of the Brethren.* Elgin, 111.: Brethren Press.

1967 *The Brethren in Colonial America*. Elgin, 111.: Brethren Press.

1968 *The Believers' Church. The History and Character of Radical Protestantism*. New York: The Macmillan Company; 1985 ed., Scottdale, Pa.: Herald Press.

Edwards, Richard A.

1985 *Matthew's Story of Jesus*. Philadelphia: Fortress Press.

1985 "Uncertain Faith: Matthew's Portrait of the Disciples." *Discipleship in the New Testament*. Edited by F. F. Segovia. Philadelphia: Fortress Press.

Eller, Vernard

1971 "Beliefs." *Church of the Brethren Past and Present*. Edited by Donald F. Durnbaugh. Elgin, 111.: Brethren Press.

Ellis, Peter F.

1974 *Matthew: His Mind and His Message.* Collegeville, Minn.: The Liturgical Press.

Filson, Floyd V.

1960 *The Gospel According to St. Matthew* (Harper's New Testament Commentaries). New York: Harper & Row, Publishers.

Fiorenza, Elisabeth Schüssler

1983 *In Memory of Her: A Feminist Theological Reconstruction of Christian Origins*. New York: Crossroad Publishing Company.

France, Richard T.

1985 *The Gospel According to Matthew: An Introduction and Commentary* (Tyndale New Testament Commentaries). Grand Rapids, Mich.: William B. Eerdmans Publishing Company.

1989 *Matthew: Evangelist and Teacher*. Grand Rapids, Mich.: Zondervan Publishing House.

Frankemölle, Hubert

1974 *Jahwebund und Kirche Christi: Studien zur Form-und Traditionsgeschichte des 'Evangeliums" nach Matthäus*. Münster: Aschendorff.

Freyne, Sean

1988 *Galilee, Jesus, and the Gospels: Literary Approaches and Historical Investigations*. Philadelphia: Fortress Press.

Fuller, Reginald H.

1963 *Interpreting the Miracles*. London: SCM Press.

Funk, Robert W.

1985 *New Gospel Parallels,* vol. 1. Philadelphia: Fortress Press.

Garland, David E.

1979 *The Intention of Matthew 23*. Leiden: E. J. Brill.

Gerhardsson, Birger

1966 *The Testing of God's Son*. Lund: C. W. K. Gleerup.

1979 *The Mighty Acts of Jesus According to Matthew*. Lund: C. W. K. Gleerup.

Gish, Arthur G.

1979 *Living in Christian Community.* Scottdale, Pa.: Herald Press.

Gnilka, Joachim

1978-79 *Das Evangelium nach Markus*, 2 vols. (Evangelisch-Katholischer Kommentar zum Neuen Testament, 2/ 1 and 2/ 2). Neukirchen-Vluyn: Neukirchener Verlag; and Zürich, Einsiedeln, Köln: Benziger Verlag.

1986-88 *Das Matthäusevangelium*, 2 vols. (Herders Theologischer Kommentar zum Neuen Testament). Freiburg, Basel, Wien: Herder.

Goulder, M. D.

1974 *Midrash and Lection in Matthew*. London: S. P. C. K.

Gray, Sherman W.

1989 *The Least of My Brothers; Matthew 25: 31-46: A History of Interpretation*. Atlanta: Scholars Press.

Guelich, Robert A.

1982 *The Sermon on the Mount: A Foundation for Understanding*. Waco, Texas: Word Books.

Gundry, Robert H.

1967 *The Use of the Old Testament in St. Matthew's Gospel.* Leiden: EJ. Brill.

1982 *Matthew. A Commentary on His Literary and Theological Art.* Grand Rapids, Mich.: William B. Eerdmans Publishing Company.

Hagner, Donald A.

1985 "Apocalyptic Motifs in the Gospel of Matthew." *Horizons in Biblical Theology* 7: 53-82.

Hare, Douglas R. A.

1967 *The Theme of Jewish Persecution of Christians in the Gospel According to St. Matthew*. Cambridge, Great Britian: Cambridge University Press.

Harner, Philip B.

1975 *Understanding the Lord's Prayer.* Philadelphia: Fortress Press.

Hauerwas, Stanley

1983 *The Peaceable Kingdom: A Primer in Christian Ethics*. Notre Dame, Ind.: University of Notre Dame Press.

Hendrickx, Herman

1984 *The Infancy Narratives.* London: Geoffrey Chapman.

1984 *The Passion Narratives of the Synoptic Gospels*. London: Geoffrey Chapman.

1984 *The Resurrection Narratives of the Synoptic Gospels*. London: Geoffrey Chapman.

1984 *The Sermon on the Mount. London*: Geoffrey Chapman.

1986 *The Parables of Jesus. London*: Geoffrey Chapman.

1987 *The Miracle Stories of the Synoptic Gospels.* London: Geoffrey Chapman.

Hengel, Martin

1974 *Property and Riches in the Early Church*. Philadelphia: Fortress Press.

1981 *The Charismatic Leader and His Followers*. New York: Crossroad Publishing Company.

Hill, David

1972 *The Gospel of Matthew* (New Century Bible). London: Oliphants. Horsley, Richard

1987 *Jesus and the Spiral of Violence. Popular Jewish Resistance in Roman Palestine.* San Francisco: Harper & Row, Publishers.

Hubbard, B. J.

1974 *The Matthean Redaction of a Primitive Apostolic Commissioning: An Exegesis of Matthew 28:16-20*. Missoula, Mont.: Scholars Press.

Hummel, Reinhart

1963 *Die Auseinandersetzung zwischen Kirche und Judentum im Matthäusevangelium*. Munich: Chr. Kaiser.

Interpretation

1987 Vol. 41, no. 2 (special issue on Sermon on the Mount).

Jeremias, Joachim

1963 *The Parables of Jesus*, rev. ed. New York: Charles Scribner's Sons.

Jeschke, Marlin

1988 *Discipling in the Church: Recovering a Ministry of the Gospel*, 3rd ed. Scottdale, Pa.: Herald Press.

Johnson, Marshall D.

1969 *The Purpose of the Biblical Genealogies.* Cambridge, Great Britian: Cambridge University Press.

Jonge, Marinus de

1988 *Christology in Context: The Earliest Christian Response to Jesus*. Philadelphia: The Westminster Press.

Kennedy, George A.

1984 *New Testament Interpretation Through Rhetorical Criticism*. Chapel Hill, N.C.: University of North Carolina Press.

Kierkegaard, Søren

1948 *The Gospel of Suffering. Minneapolis, Minn.*: Augsburg Publishing House.

1961 *Christian Discourses*. New York: Oxford University Press.

Kingsbury, Jack Dean

1969 *The Parables of Jesus in Matthew 13*. London: S. P. C. K.

1975 *Matthew: Structure, Christology, Kingdom.* Philadelphia: Fortress Press.

1978 "Observations on the Miracle Stories of Matthew 8-9." *Catholic Biblical Quarterly* 40: 559-573.

1979 "The Figure of Peter in Matthew's Gospel as a Theological Problem." *Journal of Biblical Literature* 98: 67-83.

1984 "The Figure of Jesus in Matthew's Story: A Literary-Critical Probe." *Journal for the Study of the New Testament* 21: 3-36.

1986 *Matthew*, 2nd ed. (Proclamation Commentaries). Philadelphia: Fortress Press.

1988 *Matthew As Story,* 2nd ed. Philadelphia: Fortress Press.

Kissinger, Warren S.

1975 *The Sermon on the Mount: A History of Interpretation and Bibliography*. Metuchen, N.J.: Scarecrow Press, Inc.

1979 *The Parables of Jesus. A History of Interpretation and Bibliography*. Metuchen, N.J.: The Scarecrow Press, Inc.

Klaassen, Walter, ed.

1981 *Anabaptism in Outline: Selected Primary Sources*. Scottdale, Pa.: Herald Press.

Klassen, William

1966 *The Forgiving Community*. Philadelphia: The Westminster Press.

Koenig, John

1979 *Jews and Christians in Dialogue: New Testament Foundations*. Philadelphia: The Westminster Press.

Küng, Hans

1976 *The Church. Garden City*, N.Y.: Doubleday & Company, Inc.

Künzel, Georg

1978 *Studien zum Gemeindeverständnis des Matthäus-Evangeliums*. Stuttgart: Calwer Verlag.

Ladd, George Eldon

1964 *Jesus and the Kingdom*. New York: Harper & Row, Publishers.

Lambrecht, Jan

1972 "The Parousia Discourse: Composition and Content in Mt. XXIV-XXV." *L'Evangile selon Matthieu. Rédaction et Théologie*. Edited by M. Didier. Gembloux: Duculot.

1985 *The Sermon on the Mount: Proclamation and Exhortation*. Wilmington, Del.: Michael Glazier, Inc.

Lange, Joachim, ed.

1980 *Das Matthäus-Evangelium. Darmstadt: Wissenschaftliche Buchgesellschaft.*

LaVerdiere, Eugene A, and William G. Thompson

1976 "New Testament Communities in Transition: A Study of Matthew and Luke." *Theological Studies* 37: 567-597.

Liechty, Daniel

1988 *Andreas Fischer and the Sabbatarian Anabaptists*. Scottdale, Pa.: Herald Press.

Lindars, Barnabas

1983 *Jesus Son of Man.* Grand Rapids, Mich.: William B. Eerdmans Publishing Company.

Lohfink, Gerhard

1984 *Jesus and Community.* Philadelphia: Fortress Press.

Luther, Martin

1960 D. *Martin Luther's Evangelien-Auslegung, Zweiter Teil. Edited by Erwin Mülhaupt.* Göttingen: Vandenhoeck & Ruprecht.

Luz, Ulrich

1989 *Matthew 1-7: A Commentary* (Evangelisch-Katholischer Kommentar zum Neuen Testament, 1/1). Minneapolis: Augsburg Fortress.

Macmullen, Ramsay

1984 *Christianizing the Roman Empire*. New Haven, Conn.: Yale University Press.

M 'Neile, Alan Hugh

1915 *The Gospel According to St. Matthew*. London: Macmillan & Co. Ltd.

Matera, Frank J.

1986 *Passion Narratives and Gospel Theologies: Interpreting the Synoptics Through Their Passion Stories.* New York: Paulist Press.

1986 "The Plot of Matthew's Gospel." *Catholic Biblical Quarterly* 49: 233-253. Mays, James Luther, ed.

1981 Interpreting the Gospels. Philadelphia: Fortress Press.

McArthur, Harvey K.

1960 *Understanding the Sermon on the Mount.* New York: Harper & Brothers, Publishers.

Meier, John P.

1976 *Law and History in Matthew's Gospel*. Rome: Biblical Institute Press.

1979 *The Vision of Matthew: Christ, Church, and Morality in the First Gospel.* New York: Paulist Press.

1980 *Matthew* (New Testament Message). Wilmington, Del.: Michael Glazier, Inc.

Menno Simons

1956 *The Complete Writings of Menno Simons*, c.1496-1561. Scottdale, Pa.: Herald Press.

Merkel, H.

1976 "Zealot" in The Interpreter's Dictionary of *the Bible, Suppl.* Vol.: 979-982. Nashville, Tenn.: Abingdon. Minear, Paul S.

1982 *Matthew, the Teacher's Gospel*. New York: The Pilgrim Press.

Mohrlang, Roger

1984 *Matthew and Paul: A Comparison of Ethical Perspectives*. Cambridge, Great Britian: Cambridge

University Press.
Moltmann, Jürgen
1977 *The Church in the Power of the Spirit*. New York: Harper & Row, Publishers.
Montague, George T.
1989 *Companion God: A Cross-Cultural Commentary on the Gospel of Matthew*. New York: Paulist Press.
Mounce, Robert H.
1985 *Matthew: A Good News Commentary.* New York: Harper & Row, Publishers.
Neusner, Jacob
1975 *First Century Judaism in Crisis*. Nashville, Tenn.: Abingdon Press.
Newman, Barclay M., and Philip C. Stine
1988 *A Translator's Handbook on the Gospel of Matthew.* London, New York, Stuttgart: United Bible Societies. Neyrey,
Jerome H.
1985 *Christ Is Community: The Christologies of the New Testament*. Wilmington, Del.: Michael Glazier, Inc.
Nickelsburg, George W. E.
1981 *Jewish Literature Between the Bible and the Mishnah: A Historical and Literary Introduction.* Philadelphia: Fortress Press.
Nolan, Brian M.
1979 *The Royal Son of God: The Christology of Matthew 1-2 in the Setting of the Gospel.* Göttingen: Vandenhoeck & Ruprecht.
Oden, Thomas C.
1978 *Parables of Kierkegaard.* Princeton, N.J.: Princeton University Press.
Patte, Daniel
1987 *The Gospel According to Matthew: A Structural Commentary on Matthew's Faith.* Philadelphia: Fortress Press.
Perelmutter, Hayim Goren
1989 *Siblings: Rabbinic Judaism and Early Christianity at Their Beginnings*. New York: Paulist Press.
Perrin, Norman
1976 *Jesus and the Language of the Kingdom*. Philadelphia: Fortress Press.
Przybylski, Benno
1980 *Righteousness in Matthew and His World of Thought.* Cambridge, Great Britian: Cambridge University Press.
Reumann, John
1982 *"Righteousness" in the New Testament*. Philadelphia: Fortress Press.
Richard, Earl
1988 *Jesus One and Many: The Christological Concept of New Testament Authors*. Wilmington, Del.: Michael Glazier, Inc.
Richardson, Cyril C.
1953 *Early Christian Fathers (Library of Christian Classics*, vol. 1). Philadelphia: The Westminster Press.
Ridderbos, Herman N.
1987 *Matthew* (Bible Student's Commentary). Grand Rapids, Mich.: Zondervan Publishing House.
Rohde, Joachim
1968 *Rediscovering the Teaching of the Evangelists.* Philadelphia: The Westminster Press.
Sand, Alexander
1986 *Das Evangelium nach Matthäus* (Regensburger Neues Testament). Regensburg: Verlag Friedrich

Pustet.

Sasson, J. M.

1976 "Ass" in *The Interpreter's Dictionary of the Bible, Suppl.* Vol.: 72-73. Nashville, Tenn.: Abingdon.

Schnackenburg, Rudolf

1963 *God's Rule and Kingdom.* New York: Herder and Herder.

1985-87 *Matthäusevangelium 1, 1-16, 20; and Matthäusevangelium 16, 21-28, 20* (Die Neue Echter Bibel Kommentar zum Neuen Testament). Würzburg: Echter Verlag.

Schweizer, Eduard

1975 *The Good News According to Matthew.* Atlanta: John Knox Press.

Senior, Donald

1977 *Invitation to Matthew.* Garden City, N.Y.: Doubleday & Company, Inc.

1983 *What Are They Saying About Matthew?* New York: Paulist Press.

1985a "Healing As Boundary-Breaking: The Cross-Cultural Impulse of Early Christianity." Unpublished paper.

1985b *The Passion of Jesus in the Gospel of Matthew.* Wilmington, Del.: Michael Glazier, Inc.

Senior, Donald, and Carroll Stuhlmueller

1983 T*he Biblical Foundations for Mission.* Maryknoll, N.Y.: Orbis Books.

Shuler, Philip L

1982 *A Genre for the Gospels: The Biographical Character of Matthew.* Philadelphia: Fortress Press.

Simons, Menno See Menno Simons. Smith, Robert H.

1983 *Easter Gospels: The Resurrection of Jesus According to the Four Evangelists.* Minneapolis, Minn.: Augsburg Publishing House.

1989 *Matthew* (Augsburg Commentary on the New Testament). Minneapolis, Minn.: Augsburg Publishing House.

Snodgrass, Klyne

1988 "Matthew and the Law." *Society of Biblical Literature 1988 Seminar Papers.* Atlanta: Scholars Press.

Snyder, Graydon F., and Kenneth M. Shaffer, Jr.

1976 *Texts in Transit.* Elgin, III: Brethren Press.

Stanton, Graham, ed.

1983 *The Interpretation of Matthew.* Philadelphia: Fortress Press.

1984 "The Origin and Purpose of Matthew's Gospel: Matthean Scholarship from 1945 to 1980." *Aufstieg und Niedergang der römischen Welt, II.* 25.3. Edited by Wolfgang Haase. Berlin: Walter de Gruyter & Co.

Stegner, William R.

1989 *Narrative Theology in Early Jewish Christianity.* Philadelphia: Westminster/ John Knox.

Stendahl, Krister

1962 *"Matthew." Peake's Commentary on the Bible.* Edited by Matthew Black and H. H. Rowley. London: Thomas Nelson and Sons.

1968 *The School of St. Matthew*, rev. ed. Philadelphia: Fortress Press.

Strecker, Georg

1988 *The Sermon on the Mount: An Exegetical Commentary.* Nashville, Tenn.: Abingdon Press.

Suggs, M. Jack

1970 *Wisdom, Christology, and Law in Matthew's Gospel.* Cambridge, Mass.: Harvard University Press.

Talbert, Charles H.

1977 *What Is a Gospel? The Genre of the Canonical Gospels.* Philadelphia: Fortress Press.

Tannehill, Robert C.

1975 *The Sword of His Mouth.* Philadelphia: Fortress Press.

Theissen, Gerd

1978 *Sociology of Early Palestinian Christianity*. Philadelphia: Fortress Press.

1983 *Miracle Stories of the Early Christian Tradition*. Philadelphia: Fortress Press.

Thompson, Marianne M.

1982 "The Structure of Matthew: An Examination of Two Approaches." *Studia Biblical et Theologica* 12: 195-238.

Thompson, William G.

1970 *Matthew's Advice to a Divided Community: Mt. 17: 22-18: 35*. Rome: Biblical Institute Press.

1974 "An Historical Perspective in the Gospel of Matthew." *Journal of Biblical Literature* 93: 243-262.

1989 *Matthew's Story: Good News for Uncertain Times*. New York: Paulist Press.

Tilborg, S. Van

1972 *The Jewish Leaders in Matthew*. Leiden: E. J. Brill.

Trilling, Wolfgang

1964 *Das wahre Israel: Studien zur Theologie des Matthäus-Evangeliums*. Munich: Kösel Verlag.

Vermes, Geza

1968 *The Dead Sea Scrolls in English*. New York: Penguin Books.

Viviano, Benedict T.

1990 "The Gospel According to Matthew." *The New Jerome Biblical Commentary*. Edited by Raymond E. Brown, Joseph A Fitzmyer, and Roland E. Murphy. Englewood Cliffs, N.J.: Prentice-Hall.

Waetjen, Herman C.

1976 *The Origin and Destiny of Humanness: An Interpretation of the Gospel According to Matthew*. San Rafael, Calif.: Omega Books.

Weaver, Dorothy Jean

1990 *Matthew's Missionary Discourse: A Literary Critical Analysis*. Sheffield, Great Britian: Sheffield Academic Press.

Weber, Hans-Ruedi

1979 *Jesus and the Children: Biblical Resources for Study and Preaching*. Geneva: World Council of Churches.

Wilkins, Michael J.

1988 *The Concept of Disciple in Matthew's Gospel*. Leiden: E. J. Brill.

Williams, George H., and Angel M. Mergal

1957 *Spiritual and Anabaptist Writings* (Library of Christian Classics, vol. 25). Philadelphia: The Westminster Press.

Wink, Walter

1968 *John the Baptist in the Gospel Tradition*. Cambridge, Great Britian: Cambridge University Press.

1988 "Jesus' Third Way." *Society of Biblical Literature 1988 Seminar Papers*. Edited by David J. Lull. Atlanta: Scholars Press.

Yoder, John Howard

1972 *The Politics of Jesus*. Grand Rapids, Mich.: William B. Eerdmans Publishing Company.

1983 *What Would You Do?* Scottdale, Pa.: Herald Press.

Yoder, Perry B.

1982 *From Word to Life*. Scottdale, Pa.: Herald Press.

추가적인 자료들

Augsburger, Myron S. *Matthew* (The Communicator's Commentary Series). Waco, Texas: Word Books, 1982. Exposition by a well-known communicator in the Anabaptist tradition.

Bornkamm, Günther, Gerhard Barth, and Heinz Joachim Held. *Tradition and Interpretation in Matthew.* Philadelphia: Westminister Press, 1963. Scholarly study of Matthew's approach to law, miracles, and other topics

Brown, Raymond E. *The Birth of the Messiah. Garden City,* N.Y: Doubleday & Company, Inc. 1977. A comprehensive commentary on the infancy narratives of Matthew and Luke.

Davies, W. D., and Dale C. Allison. *A Critical and Exegetical Commentary on the Gospel According to Saint Matthew*, vol. 1 (International Critical Commentary, new series). Edinburgh: T. & T. Clark Limited, 1988. An impressive scholarly commentary covering Matthew 1—7. Volumes 2 and 3 will follow later.

France, Richard T. *The Gospel According to Matthew: An Introduction and Commentary* (Tyndale New Testament Commentaries). Grand Rapids, Mich.: William B. Eerdmans Publishing Company, 1985. A well-done evangelical commentary for the general reader.

Guelich, Robert *A The Sermon on the Mount: A Foundation for Understanding*. Waco, Texas: Word Books, 1982. A solid, scholarly commentary on Matthew 5—7, combining exegesis with theological reflection on the Sermon.

Gundry, Robert H. *Matthew: A Commentary on His Literary and Theological Art*. Grand Rapids, Mich.: William B. Eerdmans Publishing Company, 1982. A bold, detailed, and sometimes erratic analysis of Matthew's work as editor.

Kingsbury, Jack D. *Matthew As Story*. 2d ed. Philadelphia: Fortress Press, 1988. Kingsbury is one of the most prolific and informed contemporary interpreters of Matthew. This work provides an excellent introduction to the Gospel as narrative.

Lambrecht, Jan. *The Sermon on the Mount. Proclamation and Exhortation*. Wilmington, Del.: Michael Glazier, Inc. 1985. A readable introduction to the Sermon and its message.

Luz, Ulrich. *Matthew 1-7: A Commentary.* Minneapolis: Augsburg Fortress, 1989. A scholarly work translated from a European series, combining critical analysis with ecumenical reflection on the influence and interpretation of Matthean texts in the history of the church. Two additional volumes will follow.

Meier, John P. *Matthew* (New Testament Message). Wilmington, Del.: Michael Glazier, Inc. 1980. A stimulating popular commentary in a Roman Catholic series, attentive to Matthew's theological agenda and editorial tendencies.

Schweizer, Eduard. *The Good News According to Matthew*. Atlanta: John Knox Press, 1975. Translated from a series aimed at German-speaking pastors and teachers, this commentary focuses on the way Matthew adapts and shapes earlier Gospel tradition.

Senior, Donald. *The Passion of Jesus in the Gospel of Matthew*. Wilmington, Del.: Michael Glazier, Inc.

1985. A readable and stimulating analysis of the final chapters of the Gospel and how they relate to Matthew's overall agenda.

Senior, Donald. *What Are They Saying About Matthew?* New York: Paulist Press, 1983. A review of recent study of Matthew, concisely and simply written for the lay reader.

Stanton, Graham H., ed. *The Interpretation of Matthew.* Philadelphia: Fortress Press, 1983. A collection of key essays that have contributed to current scholarly understanding of Matthew.

Thompson, William G. *Matthew's Story: Good News for Uncertain Times.* New York: Paulist Press,1989. An excellent resource for personal or small group study of Matthew.